T.E. Lawrence

Les sept piliers de la sagesse

Un triomphe

Traduit de l'anglais
par Charles Mauron

Petite Bibliothèque Payot

Titre original :

SEVEN PILLARS OF WISDOM
(Jonathan Cape)

106, boulevard Saint-Germain, 75006 Paris.

UN CHAPITRE INCONNU
DES *SEPT PILIERS DE LA SAGESSE*

L'histoire qui suit fut d'abord mise au net à Paris durant la Conférence de la Paix à partir de notes prises quotidiennement en marche, renforcées par certains rapports envoyés à mes chefs du Caire. Après quoi, à l'automne de 1919, ce premier brouillon et certaines des notes furent perdus. Il me parut nécessaire, historiquement, d'en reproduire le récit, car personne peut-être à part moi dans l'armée de Fayçal n'avait songé à noter à l'époque ce que nous ressentions, ce que nous espérions, ce que nous tentions. Aussi fut-il, avec une répugnance extrême, reconstitué à Londres de mémoire et grâce aux notes qui survivaient, au cours de l'hiver 1919-1920. La trace des événements n'était pas émoussée en moi, et il se peut que quelques erreurs de fait s'y soient glissées — exception faite des détails de dates et de chiffres —, mais les contours et la signification des choses s'étaient estompés dans la nébuleuse de nouveaux intérêts.

Les dates et les lieux sont corrects, dans la mesure où mes notes les avaient préservés, mais les noms de personnes ne le sont pas. Depuis l'aventure, certains de ceux qui avaient œuvré avec moi se sont enterrés dans la tombe sans profondeur des charges publiques. Libre usage a été fait de leurs noms. D'autres sont restés eux-mêmes, et gardent ici leur secret. Parfois, un homme porte plusieurs noms. Cela peut dissimuler des individualités et faire du livre un éparpillement de marionnettes falotes plutôt qu'un groupe de gens vivants : mais tantôt on dit du bien d'un homme et tantôt du mal, et certains ne me sauraient pas davantage gré d'éloges que de blâmes.

Ce tableau séparé projetant sur moi l'essentiel de la lumière est injuste envers mes collègues britanniques. En particulier, je suis navré de n'avoir point dit ce qu'ont fait ceux d'entre eux qui n'avaient reçu nulle mission. Ils étaient incapables de s'exprimer, mais ils étaient merveilleux, en particulier lorsqu'on tient compte du fait qu'ils n'avaient ni les motifs ni la vision imaginative de la fin qui soutenaient les officiers. Malheureusement, mon souci se bornait à cette fin, et ce livre n'est que la procession concertée de la liberté arabe depuis La Mecque jusqu'à Damas. Son propos est de rationaliser la campagne, de sorte que quiconque puisse voir à quel point le succès était naturel, inévitable, et combien il dépendait peu d'une direction ou d'un cerveau, combien moins encore de l'aide extérieure des rares Anglais. C'était une guerre arabe menée et conduite par les Arabes pour un but arabe en Arabie.

Ma part personnelle y était modeste ; mais en raison d'une plume alerte, d'un franc-parler et d'une certaine agilité d'esprit, je m'arrogeai, comme je le décris, un simulacre de primauté. En réalité, je n'eus jamais aucun poste parmi les Arabes, car je ne fus jamais chargé de mission britannique auprès d'eux. Wilson, Joyce, Newcombe, Dawnay et Davenport étaient tous au-dessus de moi. Non qu'ils eussent plus de cœur ou d'esprit à l'ouvrage, mais parce que je me flattais d'être trop jeune. Je fis de mon mieux. Wilson, Newcombe, Joyce, Dawnay, Davenport, Buxton, Marshall, Stirling, Young, Maynard, Ross, Scott, Winterton, Lloyd, Wordie, Siddons, Goslett,

Stent, Henderson, Spence, Gilman, Garland, Brodie, Makins, Nunan, Leeson, Hornby, Peake, Scott-Higgins, Ramsay, Wood, Hinde, Bright, Macindoe, Greenhill, Grisenthwaite, Dowsett, Bennett, Wade, Gray, Pascoe et les autres firent également de leur mieux.

Il serait impertinent de ma part de faire leur éloge. Quand je veux dire du mal de quelqu'un qui est étranger à notre groupe, je le fais : encore qu'il y en ait moins que dans mon journal, le passage du temps semblant avoir blanchi les taches des hommes. Quand je veux faire l'éloge de gens de l'extérieur, je le fais ; mais nos affaires de famille ne regardent que nous. Nous fîmes ce que nous étions partis faire, et nous avons la satisfaction de le savoir. Libre aux autres de consigner par écrit leur histoire, parallèle à la mienne, mais sans parler de moi plus que moi d'eux, car chacun de nous faisait son travail tout seul et selon son gré, sans guère voir ses amis.

Ces pages ne sont pas l'histoire du mouvement arabe, mais celle de la part que j'y pris. C'est un récit de vie au jour le jour, de menus événements, de petites gens. On n'y trouvera ni leçons pour le monde ni révélations qui blessent des communautés. Il est rempli de choses banales, en partie afin qu'on ne prenne pas pour de l'histoire les ossements à partir desquels il se peut qu'un jour un homme fasse l'histoire, et en partie parce que j'avais plaisir à me remémorer la camaraderie de la révolte. Nous étions liés d'affection à cause de l'immensité des libres espaces, de la saveur des vents sans limites, de l'éclat du soleil et des espoirs pour lesquels nous œuvrions. La fraîcheur matinale du monde à venir nous enivrait. Nous nous emballions pour des idées aussi inexplicables que vaporeuses, mais pour lesquelles il fallut combattre. Nous vécûmes maintes vies au cours de ces tourbillonnantes campagnes, sans jamais nous épargner ; pourtant, lorsque nous accomplîmes notre dessein et que vint l'aube du monde neuf, les anciens réapparurent, et s'emparèrent de notre victoire pour la refaçonner à l'image du monde antérieur qu'ils connaissaient. La jeunesse pouvait gagner : elle n'avait pas appris à garder, et elle était pitoyablement faible face à l'âge ! Nous balbutiâmes que nous avions œuvré pour un nouveau ciel et une nouvelle terre… Ils nous remercièrent gentiment et firent leur paix !

Tous les hommes rêvent, mais inégalement. Ceux qui rêvent la nuit, dans les recoins poussiéreux de leurs esprits, s'éveillent le jour pour trouver que c'était vanité ; mais les rêveurs de jour sont des hommes dangereux, car ils peuvent, les yeux ouverts, réaliser leur rêve, pour le rendre possible. C'est ce que je fis. J'entendais créer une nouvelle nation, restaurer une influence perdue, donner à vingt millions de Sémites les fondations sur quoi construire un palais inspiré, le palais de rêve de leurs idées nationales. Un but si élevé en appelait à la noblesse innée de leur esprit et leur faisait la part belle dans les événements : mais lorsque nous l'emportâmes, on m'accusa d'avoir compromis les redevances du pétrole britannique en Mésopotamie et ruiné la politique coloniale française au Levant.

J'ai bien peur que tel soit mon espoir ! Nous payons pour ces choses trop cher en honneur et en vies innocentes. J'ai remonté le Tigre avec une centaine de Territoriaux du Devon, des garçons jeunes, propres, délicieux, débordants de dons pour le bonheur et pour rendre heureux femmes et enfants. Ils vous faisaient voir vivement la grandeur d'être de leur genre — et celle d'être Anglais ! Et nous les jetions par milliers dans le feu de la pire des morts, non pour gagner la guerre, mais afin de nous approprier le blé, le riz et le pétrole de la Mésopotamie ! L'unique nécessité était de défaire nos ennemis (dont les Turcs), ce qui fut enfin réalisé par la sagesse d'Allenby avec moins de quatre cents tués, en tournant à notre service les mains de ceux qu'opprimait la Turquie. Ma plus grande fierté, ce sont mes trente combats où pas une goutte du sang des nôtres ne fut versée. Toutes nos provinces sujettes ne valaient pas, pour moi, la mort d'un seul Anglais.

Nous passâmes trois ans à cet effort, et j'ai dû garder pour moi nombre de choses qu'on n'a pas encore le droit de dire. Même ainsi, des parties de ce livre seront des nouveautés pour presque tous ceux qui le liront, et beaucoup chercheront des choses familières sans les trouver. Il m'advint une fois de faire à mes chefs des rapports qui n'omettaient rien… mais j'appris qu'ils me récompensaient sur la foi de mon propre témoignage, ce qui ne devrait pas être. Les honneurs peuvent être nécessaires dans une armée de métier, comme tant d'emphatiques mentions dans les citations, et en nous engageant nous nous étions placés, volontairement ou non, dans la position de troupes régulières.

Pour mon travail sur le front arabe, j'avais fermement décidé de ne rien accepter. Le Cabinet poussa les Arabes à se battre pour nous en leur promettant sans ambiguïté qu'ils seraient ensuite autonomes. Les Arabes ont foi dans les personnes, non dans les institutions. Ils virent en moi un libre agent du gouvernement britannique, et exigèrent de moi que j'endosse ses promesses écrites. Et voilà comment je dus me joindre à la conspiration et, de toute la valeur de ma parole, assurer les hommes de leur récompense. Au cours de nos deux années d'association au feu, ils prirent l'habitude de me croire et de penser que mon gouvernement, comme moi-même, était sincère. Dans cet espoir, ils réalisèrent de belles prouesses, mais, bien entendu, au lieu d'être fier de ce que nous faisions ensemble, j'étais, moi, continuellement et amèrement honteux.

Il était évident depuis le début que si nous gagnions la guerre, ces promesses seraient lettre morte, et si j'avais été un conseiller honnête des Arabes, je leur aurais conseillé de rentrer chez eux et de ne pas risquer leurs vies en se battant pour pareille camelote : mais je me berçais de l'espoir qu'en menant follement ces Arabes à la victoire finale, je les placerais, les armes à la main, dans une position si forte, sinon dominante, que les convenances inciteraient les grandes puissances à un règlement équitable de leurs revendications. En d'autres termes, je supposais (ne voyant nul autre chef ayant cette volonté et ce pouvoir) que je survivrais à ces campagnes et serais capable de vaincre non seulement les Turcs sur le champ de bataille, mais mon propre pays et ses alliés dans la salle du conseil. C'était une supposition présomptueuse : il n'est pas encore évident que j'aie réussi ; mais il est évident que je n'avais pas l'ombre d'une autorisation d'engager les Arabes, à leur insu, dans pareille aventure. Je risquais la fraude, convaincu que l'aide arabe était nécessaire à notre victoire peu coûteuse et rapide en Orient, et que mieux valait pour nous gagner et manquer à notre parole, que perdre.

Le renvoi de Sir Henry McMahon me confirma dans ma croyance en notre essentielle insincérité : mais je ne pus pas pour autant m'expliquer avec le général Wingate tant que la guerre dura, car j'étais nominalement sous ses ordres, et il n'avait pas l'air de se rendre compte à quel point sa propre position était fausse. La seule chose qui me restait à faire était de refuser toute récompense pour avoir été un escroc à succès ; aussi, pour éviter toute contrariété de ce genre, commençai-je dans mes rapports à celer la véritable histoire des événements, et à persuader les rares Arabes qui savaient de faire preuve d'une égale réticence. Dans ce livre aussi, pour la dernière fois, j'entends être seul juge de ce que je dois dire.

(Traduction de Jacques Dars)

À S.A.

Je t'aimais ; c'est pourquoi, tirant de mes mains ces marées d'hommes, j'ai tracé en étoiles ma volonté dans le ciel
Afin de te gagner la Liberté, la maison digne de toi, la maison aux sept piliers : ainsi tes yeux brilleraient peut-être pour moi
Lors de notre arrivée.

La Mort semblait ma servante sur la route, jusqu'au moment où nous approchâmes et nous te vîmes qui attendais :
Tu souris alors, et dans sa jalousie chagrine elle courut devant, t'emporta
Dans sa quiétude.

L'Amour, las de la route, tâtonna jusqu'à ton corps, notre bref salaire, nôtre pour l'instant
Avant que la main molle de la terre n'explore ta forme et que les vers aveugles ne s'engraissent sur
Ta substance.

Les hommes m'ont prié d'ériger notre œuvre, la maison inviolée, en souvenir de toi.
Mais, pour que le monument fût exact, je l'ai fracassé, inachevé ; et maintenant
Ils grouillent, les petits êtres, pour se rafistoler des masures dans l'ombre et la ruine
Du don que je te destinais.

Sur la demande de Mr. Geoffrey Dawson, le Collège d'All Souls, en 1919-1920, me donna le loisir d'écrire sur la Révolte Arabe. Sir Herbert Baker me permit de vivre et de travailler dans ses maisons de Westminster.

Le livre ainsi écrit sortit des presses en 1921 ; encore en épreuves, il eut du bonheur dans les amis qui le critiquèrent. En particulier il doit remercier Mrs. et Mr. Bernard Shaw pour d'innombrables suggestions, aussi diverses que précieuses, et pour tous les points-virgules qu'il possède.

Je ne prétends pas être impartial. Je me battais pour ma cause, sur mon propre fumier. Que le lecteur ait la bonté de considérer ce livre comme un récit personnel, écrit de mémoire et bâti de pièces et de morceaux. Je ne pouvais, pendant l'action, prendre de véritables notes : en vérité j'aurais failli à mon devoir envers les Arabes si je m'étais amusé à cueillir ce genre de fleurs pendant qu'ils se battaient. Mes supérieurs, Wilson, Joyce, Dawnay, Newcombe et Davenport, pourraient chacun écrire une histoire semblable. J'en dirai autant de Stirling, Young, Lloyd et Maynard ; de Buxton et de Winterton ; de Ross, Stent et Siddons ; de Peake, Hornby,

Scott-Higgins et Garland ; de Wordie, Bennett et MacIndoe ; de Basset, Scott, Goslett, Wood et Gray ; de Hinde, Spence et Bright ; de Brodie et Pascoe, Gilman et Grisenthwaite, Greenhill, Dowsett et Wade ; d'Henderson, Leeson, Makins et Nunan.

Et il y eut bien d'autres chefs ou combattants solitaires à qui ce récit, tout préoccupé de moi-même, ne rend pas justice. Il rend encore moins justice, naturellement, comme toutes les histoires de guerre, aux simples soldats anonymes. Leur part d'honneur leur est dérobée, et le leur sera toujours, tant qu'ils n'écriront pas les bulletins eux-mêmes.

T.E.S.
Cranwell, 15 août 1926.

TABLEAU SYNOPTIQUE

À mi-chemin dans l'élaboration d'un index pour ce livre, je me suis souvenu de ma pratique personnelle pendant dix ans d'études historiques, et j'ai découvert n'avoir jamais utilisé l'index d'un livre lisible. Qui ferait à son *Decline and Fall* l'insulte de le consulter juste sur un point spécifique ?

Je n'ignore pas les faiblesses de mon travail d'écrivain ; quelque sens qu'on donne au mot « lisible », je demeure en deçà ; pas de si loin, pourtant, que je doive, comme un Stubbs quelconque, épargner aux lecteurs la douleur d'une page de trop. Le tableau synoptique suivant me paraît contenir assez de poteaux indicateurs pour qu'il soit possible de se retrouver dans le texte.

INTRODUCTION

Base de la révolte

Quelques Anglais — dont Kitchener était le principal — crurent qu'une révolte des Arabes contre les Turcs permettrait à l'Angleterre, tout en luttant contre l'Allemagne, de battre son alliée la Turquie. L'esprit des peuples de langue arabe que ces hommes connaissaient bien, leur puissance et la configuration de leur pays rendaient probable le succès de la révolte et permettaient d'en préciser le caractère et la méthode. Ils laissèrent donc le Mouvement naître et s'étendre, après avoir obtenu, du Gouvernement britannique, la promesse formelle d'un secours. Cette révolte du chérif de La Mecque n'en fut pas moins une surprise pour beaucoup, car les Alliés n'avaient pas été préparés à l'événement. Elle suscita des sentiments mêlés, créa de fortes amitiés, des inimitiés non moins fortes, et, dans le choc des jalousies, ne tarda pas à faire fausse route.

LIVRE I

Mon premier contact avec l'Arabie

[Découverte de Fayçal]

J'avais attribué nos insuccès pour la plus grande part à des fautes de commandement; mieux, à une absence de commandement, arabe et anglais. J'allai donc en Arabie sonder ses grands hommes. Le chérif de La Mecque était, nous le savions, âgé. Je trouvai Abdullah trop subtil, Ali trop propre, Zeid trop froid. Je remontai à la recherche de Fayçal et découvris en lui le chef possédant la flamme nécessaire, avec assez de raison pour ne pas rejeter l'appui de notre expérience. Ses sujets me parurent un instrument suffisant, et ses montagnes un avantage naturel. Je retournai donc, plein de joie et de confiance, en Égypte. Là, je dis à mes chefs que La Mecque était défendue non par l'obstacle de Rabigh, mais par la menace latérale de Fayçal dans le Djebel Subh.

LIVRE II

Première avance de Fayçal vers le Nord

[Le début de l'offensive arabe]

Mes chefs, étonnés de nouvelles aussi favorables, promirent cependant des secours et (tout à fait contre mon gré) me renvoyèrent en Arabie. Le jour même où j'arrivai au camp de Fayçal, les Turcs emportèrent la défense du Djebel Subh. J'avais mis ma confiance en une guerre défensive soutenue par les tribus : cet événement ruinait les bases de mon attente. Nous nous réfugiâmes pour un temps près de Yanbo avec l'espoir de reconquérir la position. Mais l'expérience montra que nos guerriers ne valaient rien pour l'assaut : il fallait donc ou laisser mourir la révolte, ou imaginer aussitôt un nouveau plan de campagne. Cette tentative était fort hasardeuse en l'absence d'experts militaires; or, ceux qu'on nous avait promis n'étaient pas encore arrivés. Nous décidâmes cependant que, pour regagner l'initiative, nous devions ignorer le corps principal de l'ennemi et opérer notre concentration très loin sur le flanc de son chemin de fer. La première

LIVRE III

Concentration contre le chemin de fer de Médine

[Diversion sur le chemin de fer]

La prise d'El Ouedj eut l'effet désiré sur les Turcs qui abandonnèrent leur offensive vers La Mecque pour une défense passive de Médine et de son chemin de fer. Nos experts militaires dressèrent donc des plans d'attaque. Les Allemands, voyant le danger d'un enveloppement, convainquirent Enver d'ordonner sans retard l'évacuation de Médine. Sir Archibald Murray nous demanda alors de déclencher une attaque soutenue pour détruire l'armée ennemie en retraite. Fayçal fut bientôt prêt à jouer son rôle et je partis voir Abdullah pour obtenir sa coopération. Je tombai malade en chemin et, pendant mon inaction forcée, je pus réfléchir à notre campagne. Cette méditation me convainquit que notre pratique récente avait été meilleure que notre théorie. Aussi tentai-je peu de chose après ma guérison du côté du chemin de fer. Je rentrai au contraire à El Ouedj avec des idées nouvelles que j'essayai de faire admettre à mes collègues. Nous devions, à mon sens, adopter le principe d'un déploiement maximum et donner au prêche plus d'importance qu'à la lutte même. On préféra s'en tenir à l'objectif limité et direct de Médine. Je décidai donc de filer vers Akaba pour mettre seul à l'épreuve ma propre théorie.

LIVRE IV

L'expédition contre Akaba
[Akaba]

Nacer, Aouda et moi partîmes ensemble pour Akaba. Jusqu'ici Fayçal avait été le chef officiel de notre expédition ; mais, puisqu'il demeurait à El Ouedj, tout le poids du nouveau mouvement vers le Nord retombait sur mes épaules. J'acceptai cette charge avec ce qu'elle impliquait de malhonnête parce que c'était, à mon avis, la seule chance de victoire. Ayant joué les Turcs, nous eûmes le bonheur d'entrer dans Akaba.

LIVRE V

Utilisation de la nouvelle base

[Nous marquons le pas]

La prise d'Akaba mit fin à la guerre du Hedjaz et nous donna pour tâche d'aider les Britanniques à envahir la Syrie. Les Arabes, avec Akaba pour base, devenaient en fait l'aile droite de l'armée d'Allenby dans le Sinaï. Pour marquer cette relation nouvelle, Fayçal et son armée passèrent sous le commandement d'Allenby. Celui-ci fut désormais responsable des opérations et de l'équipement arabes. Cependant, nous organisions le district d'Akaba pour en faire une base inattaquable d'où l'on pût harceler le chemin de fer du Hedjaz.

LIVRE VI
Échec du raid sur les ponts
[Le raid sur les ponts]

Au mois de novembre 1917, Allenby fut prêt à déclencher une offensive générale contre les Turcs sur l'ensemble du front. Les Arabes auraient dû faire de même dans leur secteur ; mais, craignant de tout jouer sur un coup de dés, je résolus d'aller plutôt couper la ligne de chemin de fer de la vallée du Yarmouk, pour jeter le

LIVRE VII

Une campagne d'hiver

[Campagne de la mer morte]

Après la, prise de Jérusalem, Allenby, pour soulager son aile droite, nous fixa un objectif limité. L'exécution commença bien ; mais lorsque nous eûmes atteint la mer Morte, le mauvais temps, les querelles et les divisions intestines vinrent émousser notre esprit d'offensive et briser notre force. Un malentendu m'ayant séparé de Zeid, j'abandonnai et revins en Palestine pour annoncer notre échec et demander la faveur d'un nouvel emploi. Allenby, plein d'espoir, était alors plongé dans de vastes plans d'offensive pour le printemps suivant. Il me renvoya aussitôt auprès de Fayçal avec des pouvoirs et des devoirs nouveaux.

1. Titre emprunté à une suite de Hogarth *(N.d.T.)*.

LIVRE VIII

L'orthodoxie entre en jeu

[La ruine du plus haut espoir]

Le plan établi en accord avec Allenby avait un triple objectif : faire notre jonction au travers du Jourdain, prendre Maan et couper Médine de sa base en une seule opération. C'était un projet trop ambitieux; aucun de nous ne réalisa toute sa part. Les Arabes échangèrent donc la surveillance du placide chemin de fer de Médine contre le fardeau beaucoup plus lourd d'investir dans

Maan une force turque aussi considérable que leur armée régulière. Pour nous aider, Allenby accrut nos moyens de transport, ce qui donnait à notre action plus de portée et de mobilité à la fois. Maan étant imprenable pour nous, nous concentrâmes notre effort sur un seul objectif : couper sa ligne du Nord et empêcher les Turcs de soulager leur garnison par un secours du côté d'Amman. Évidemment, cette tactique ne pouvait amener de décision. D'autre part, l'avance allemande dans les Flandres, à ce moment, priva Allenby de ses unités anglaises et, par suite, de son avantage sur les Turcs. Il nous fit savoir qu'il n'était pas en état d'attaquer. Laisser le « pat » actuel se prolonger pendant 1918 était une perspective intolérable. Nous nous proposâmes donc de renforcer l'armée arabe en vue des opérations d'automne près de Deraa, et dans le pays des Beni Sakhrs. Notre action, en éloignant une division turque du front de Palestine, permettrait une attaque anglaise correspondante qui devait aboutir, entre autres choses, à notre jonction dans la basse vallée du Jourdain, près de Jéricho. Après un mois de préparatifs, ce projet fut abandonné, d'abord à cause de ses risques, mais aussi parce qu'un meilleur plan se présentait à nous.

LIVRE IX

Manœuvres avant le coup final

[L'élan pour le dernier effort]

Allenby, dans son organisation rapide des renforts qui arrivaient des Indes et de la Mésopotamie, surpassa tous nos espoirs et fut bientôt capable de projeter une offensive pour l'automne. Nos forces et celles de l'ennemi étant à peu près égales, la victoire dépendrait de notre habileté à tromper les Turcs : il fallait les persuader que tout le danger pour eux était en deçà du Jourdain. Nous pouvions y contribuer en restant tranquilles pendant six semaines et en feignant une faiblesse qui inciterait les Turcs à attaquer. Les Arabes, alors, prendraient la tête du mouvement, au moment critique, en coupant les communications par chemin de fer avec la Palestine. Un tel enchevêtrement de bluffs exigeait de choisir pour chaque action le moment exact; l'équilibre eût été détruit, en effet, autant par la retraite prématurée des Turcs en Palestine que par leur attaque pré-maturée contre les Arabes en deçà du Jourdain. Nous empruntâmes à Allenby quelques troupes du Corps des Chameliers Impériaux pour prêter plus de vraisemblance à notre situation soi-disant critique. Leurs succès les couvrirent de gloire en assurant notre sécurité. Cependant nous préparions activement le raid sur Déraa sans autre difficulté que l'inopportun accès de pique du roi Hussein.

LIVRE X

Libération de Damas

[On achève la maison]

Notre colonne mobile d'avions, d'autos blindées, de réguliers et de Bédouins se rassembla à Azrag pour couper les trois lignes de chemin de fer qui convergeaient à Deraa. La ligne du Sud fut coupée à Mafrak; celle du Nord à Arar; celle de l'Ouest à Mézerib. Faisant le tour de Deraa, nous pûmes regagner le désert en dépit de raids aériens. Le jour suivant, Allenby attaquait. En quelques heures il eut dispersé les armées turques de façon irrémissible. Je pris alors l'avion pour la Palestine afin d'obtenir des secours aériens et je reçus des ordres pour la seconde phase de notre poussée vers le Nord. Nous encerclâmes Deraa pour hâter son évacuation. Le général Barrow fit sa jonction avec les Arabes. De concert, nous avançâmes sur Kisoué où l'on rencontra l'infanterie montée australienne. Nos forces unies entrèrent dans Damas sans rencontrer de résistance. Un certain désordre se manifesta dans la ville. Il fallut lutter pour l'apaiser. Allenby arriva et aplanit toutes les difficultés. Après quoi il me laissa partir,

PRÉFACE DE A. W. LAWRENCE

Les sept piliers de la sagesse sont mentionnés pour la première fois dans la Bible (Proverbes IX. I) :

« La sagesse a bâti une maison : elle a taillé ses sept piliers. »

Le titre fut d'abord choisi par l'auteur pour un livre écrit sur sept villes. Il décida de ne pas publier cette œuvre de jeunesse qu'il jugeait insuffisamment mûrie. Mais il voulut user ailleurs du même titre, comme souvenir.

Un prospectus de quatre pages intitulé Notes sur la composition des « *Sept Piliers de la sagesse par T. E. Shaw* » fut ajouté par mon frère aux exemplaires, vendus ou donnés, de l'édition de 1926. On y trouve les renseignements suivants :

MANUSCRITS

Texte I

J'ai écrit les livres Il, III, IV, V, VI, VII et X à Paris entre février et juin 1919. L'introduction fut écrite entre Paris et l'Égypte alors que je me rendais au Caire sur un

Handley-Page aux mois de juin et août 1919. Puis j'écrivis en Angleterre le livre I. Enfin je perdis tout, sauf l'introduction et des brouillons des livres IX et X, dans la gare de Reading, en changeant de train. Cela, aux environs de Noël 1919.

Le texte I, complété, aurait eu environ 250 000 mots, un peu moins que le volume des *Sept Piliers* tel que les souscripteurs l'ont reçu en édition privée. Mes notes du temps de guerre, sur lesquelles ce livre était largement basé, avaient été détruites au fur et à mesure de l'élaboration. Trois hommes seuls ont lu la plus grande part du manuscrit avant sa perte.

Texte II

Environ un mois plus tard, à Londres, je me mis à gribouiller ce que je pouvais retrouver du premier texte dans ma mémoire. L'introduction originale était, naturellement, toujours là. J'achevai les dix autres livres en moins de trois mois et en longues séances où j'écrivais chaque fois plusieurs milliers de mots à la suite. Ainsi le livre VI fut entièrement écrit d'un lever de soleil à l'autre. Naturellement je ne prêtais aucune attention au style : c'est pourquoi le texte II (quoique les épisodes nouveaux y fussent rares) dépassa 400 000 mots. Je le corrigeai par intervalles au cours de l'année 1920 en le comparant avec les documents du *Bulletin arabe*, deux listes de dates et ce qui me restait de mes notes prises sur le terrain. Ainsi, quoique littérairement affreux, ce texte finit par être complet et exact. Je l'ai brûlé entièrement, sauf une page, en 1922.

Texte III

Je commençai le texte III à Londres avec le texte II sur la table. Ce travail fut poursuivi à Djeddah, à Amman en 1921, et de nouveau à Londres jusqu'en février 1922. Il fut composé avec le plus grand soin. Le manuscrit en existe encore. Il comprend presque 330 000 mots.

TEXTES PARUS EN ÉDITIONS PRIVÉES

Oxford 1922

Quoique le récit tel qu'il avait été complété dans le texte III me parût diffus et peu satisfaisant, il fut, par mesure de sécurité, composé et imprimé textuellement en épreuves à Oxford pendant le premier trimestre de 1922 par les soins des imprimeurs de l'*Oxford Times*. L'impression fut choisie de préférence à la dactylographie parce qu'il m'en fallait huit exemplaires et parce que le livre était très gros. Cinq exemplaires (cousus et reliés pour la commodité des membres du Corps Expéditionnaire du Hedjaz qui voulurent bien le lire et m'en faire la critique) n'ont pas encore été détruits (avril 1927).

Édition souscrite — 1er janvier 1926

Le texte adressé aux souscripteurs en décembre 1926 et janvier 1927 était une révision des épreuves d'Oxford 1922. Je les avais condensées (d'un seul point de vue littéraire) durant les années 1923-24 (Royal Tank Corps) et 1925-26 (Royal Air Force) au cours de mes soirées libres. Les commençants en littérature, d'ordinaire, fourrent gauchement des poignées d'adjectifs autour de la ligne qu'ils veulent tracer. Mais, en 1924, j'avais appris les premières leçons de style et je pus souvent combiner en une seule deux ou trois de mes phrases de 1921.

Il y eut à cette règle de condensation quatre exceptions :

1° Un incident de moins d'une page fut coupé parce que deux aînés de notre groupe l'avaient trouvé déplaisant et inutile.

2° Deux portraits d'Anglais furent modifiés : l'un fut réduit à zéro parce que le ver ne valait plus la peine qu'on le foulât aux pieds; l'autre prit la forme d'une louange ouverte parce que les griefs que j'avais innocemment formulés furent jugés incertains par une autorité bien placée pour émettre un jugement.

3° Un chapitre de l'introduction fut omis, mon meilleur critique l'ayant estimé bien inférieur au reste.

4° On supprima dans le livre VIII, que j'avais conçu comme un «palier» à introduire entre les exaltations relatives du livre VII et de la marche finale sur Damas, le récit d'une reconnaissance avortée, soit environ 10 000 mots. Quelques-uns de ceux qui avaient lu le texte d'Oxford s'étaient plaints, en effet, de l'ennui immodéré que leur avait procuré ce palier-là et, à la réflexion, j'étais tombé d'accord avec eux qu'il était peut-être un peu trop réussi.

En coupant ainsi 3 % dans le texte d'Oxford et en condensant le reste, j'obtins une réduction totale de 15 %, ce qui ramena la longueur du texte souscrit à 280 000 mots environ. Il est plus rapide et plus âpre que le texte d'Oxford; je l'aurais amélioré encore si j'avais eu le loisir de poursuivre cette correction.

L'impression et la reliure des *Sept Piliers* ont été menées de telle sorte que je suis le seul à connaître le nombre des exemplaires sortis. Mon intention est de garder cette connaissance par-devers moi. Le chiffre de 107 exemplaires cité par les journaux peut aisément être contredit car il y eut plus de 107 souscripteurs; et j'ai donné en outre non pas, sans doute, autant d'exemplaires que j'en devais, mais autant que mon compte en banque pouvait me le permettre, aux hommes qui avaient partagé avec moi l'effort de la Révolte Arabe ou l'élaboration de ce volume.

TEXTES PUBLIÉS

Texte de New-York

Une épreuve du texte souscrit fut envoyée à New-York et réimprimée là par les soins de la George Doran Publishing Company. Cela était nécessaire pour assurer aux États-Unis le copyright des *Sept Piliers*. Dix exemplaires furent mis en vente à un prix assez haut pour empêcher qu'ils fussent jamais vendus.

Aucune autre édition des *Sept Piliers* ne sera faite pendant ma vie.

La Révolte dans le désert

Cet abrégé des *Sept Piliers* contient environ 130 000 mots. Les coupures furent faites par moi-même en 1926 avec le minimum d'adaptation nécessaire (peut-être trois nouveaux paragraphes en tout) pour conserver le sens et la continuité du récit. Des extraits parurent dans le *Daily Telegraph* en décembre 1926. L'ensemble fut publié en Angleterre par Jonathan Cape et aux États-Unis par Doran en mars 1927[1].

T.E. SHAW.

Pour mettre ces renseignements à jour j'ajoute que les exemplaires restants du texte d'Oxford 1922 existent toujours, mais ne seront pas rendus publics avant dix ans au moins et seulement dans une édition limitée. *La Révolte dans le désert* ne sera pas réimprimée, au moins avant les délais d'expiration légaux du copyright.

Le texte de la présente édition est identique à celui de l'édition à 33 guinées de 1926, hormis les omissions et les altérations énumérées ci-dessous. Les omissions sont nécessaires pour ne pas heurter les sentiments de personnes encore vivantes; le lecteur les trouvera aux

1. Édition française, un vol. in-8, Payot, Paris.

pages 77 et 402 où des blancs de la même longueur ont été laissés dans le texte présent. L'édition de 1926 ne contenait pas de chapitre XI ; les chapitres ont dû, par suite, être rechiffrés pour faire disparaître cette anomalie. À la page 293 (ligne 4) la phrase « Halts to breath » est devenue « Halts to breathe » en accord avec le passage correspondant du texte d'Oxford 1922 : « We let the camels breathe a little ». À la page 389 (ligne 10) le mot « Humber » a été imprimé en italiques au lieu de caractères romains pour rendre le sens plus clair ; en 1926 les noms de quelques autres vaisseaux avaient été de même transcrits en italiques[1].

L'orthographe des noms arabes varie considérablement dans toutes les éditions et je n'y ai fait aucun changement. Peut-être doit-on expliquer qu'il existe seulement trois voyelles en arabe et que quelques-unes des consonnes n'y ont pas d'équivalent en anglais. La pratique générale des orientalistes dans ces années récentes a été d'adopter l'une des nombreuses combinaisons possibles de signes conventionnels pour les lettres et les voyelles de l'alphabet arabe et de transcrire ainsi Mohamed en Muhammad, muezzin en mu'edhdhin et Koran en Qur'an ou Kur'an. Cette méthode est utile à ceux qui en connaissent la clef, mais l'auteur a suivi dans ce livre l'ancienne mode qui était d'adopter les meilleures approximations phonétiques de la langue anglaise. On trouvera donc le même nom géographique orthographié de plusieurs façons différentes, non seulement parce que le son de nombreux mots arabes peut être légitimement représenté en anglais de plusieurs façons différentes, mais aussi parce que les indigènes d'un même district ont souvent des prononciations différentes pour les noms de lieux qui n'ont pas acquis une renommée particulière ou été fixés

1. Ces phrases relevées par A.W. Lawrence dans l'édition anglaise correspondent, respectivement, aux pages 402 (lignes 6 et 7) et 528 (ligne 30) de la présente édition.

par l'usage littéraire. (Par exemple une localité près d'Akaba est appelée Abu Lissan, Aba-El-Lissan ou Abu Lissal.) L'auteur a exprimé quelque chose de ses vues à ce sujet à la page 761. Je retranscris ici, en outre, une série de questions posées par l'éditeur et les réponses que l'auteur y fit à propos des épreuves de la *Révolte dans le désert* :

Q. — Je joins une série de questions soulevées par F. qui relit les épreuves. Il les trouve très correctes, mais pleines de bizarreries dans l'orthographe des noms propres. C'est un reproche que les critiques font aisément. Voulez-vous annoter la liste en marge de façon que je puisse faire corriger les épreuves ?

R. — Annoté. De façon pas très secourable peut-être. Les noms arabes ne peuvent pas passer exactement en anglais car leurs consonnes ne sont pas les mêmes que les nôtres et leurs voyelles, comme les nôtres, varient de région à région. Il y a des « systèmes scientifiques » de transcription qui peuvent aider les gens sachant assez d'arabe pour ne pas avoir besoin d'aide, mais qui font fiasco avec le reste du monde. J'adopte une orthographe quelconque pour bien montrer l'imbécillité des systèmes.

Q. — Placard 1. Jeddahet Jidda sont employés indifféremment partout. Avec intention ?

R. — Plutôt !

Q. — Placard 16. Bir Waheida était Bir Waheidi ?

R. — Pourquoi pas ? C'est un seul endroit.

Q. — Placard 20. Nouri, émir des Ruwalla, appartient à la « principale famille des Rualla ». Dans le placard 23 « un cavalier Rualla » et au placard 38 « tua un Rueli ». Dans les autres placards : Rualla.

R. — J'aurais dû aussi employer Ruwala et Ruala.

Q. — Placard 28. La Bisaita est aussi écrite Biseita.

R. — Fort bien.

Q. — Placard 47. Jedha, la chamelle, était Jedhah dans le placard 40.

R. — C'était une bête splendide.

Q. — Placard 53. « Méléagre, le poète immoral ». J'ai mis « le poète immortel », mais après tout l'auteur peut avoir voulu dire « immoral ».

R. — Je connais l'immoralité. De l'immortalité, je ne puis rien dire. Ce sera comme il vous plaira : Méléagre ne nous poursuivra pas pour diffamation.

Q. — Placard 65. On appelle l'auteur « Ya Auruns » mais dans le placard 45 il était « Aurans ».

R. — Il était aussi Lurens et Runs : pour ne rien dire de « Shaw ». D'autres suivront, si nous avons le temps.

Q. — Placard 78. Le chérif Abd-El-Mayin du placard 68 devient El Main, El Mayein, El Muein, El Mayin et El Muyein.

R. — Épatant. J'appelle ça de l'ingéniosité.

Les cartes ont été dessinées pour cette édition par M. E.O. McIntosh ; elles sont basées, en gros, sur celles de 1926.

A.W. LAWRENCE.

LES SEPT PILIERS DE LA SAGESSE

INTRODUCTION

Base de la révolte

Chapitres I à VII

Quelques Anglais — dont Kitchener était le principal — crurent qu'une révolte des Arabes contre les Turcs permettrait à l'Angleterre, tout en luttant contre l'Allemagne, de battre son alliée la Turquie.

L'esprit des peuples de langue arabe que ces hommes connaissaient bien, leur puissance et la configuration de leur pays rendaient probable le succès de la révolte et permettaient d'en préciser le caractère et la méthode.

Ils laissèrent donc le Mouvement naître et s'étendre, après avoir obtenu, du Gouvernement britannique, la promesse formelle d'un secours. Cette révolte du chérif de La Mecque n'en fut pas moins une surprise pour beaucoup, car les Alliés n'avaient pas été préparés à l'événement. Elle suscita des sentiments mêlés, créa de fortes amitiés, des inimitiés non moins fortes, et, dans le choc des jalousies, ne tarda pas à faire fausse route.

CHAPITRE PREMIER

Du mal que contient cette histoire, une partie au moins fut sans doute imputable aux circonstances. Pendant des années nous avons vécu côte à côte, dans un désert nu sous un ciel indifférent. Le chaud soleil, pendant le jour, nous faisait fermenter et les rafales de vent nous rendaient ivres. La nuit nous étions tachés de rosée et l'innombrable silence des étoiles nous faisait honte de notre petitesse. Nous étions une armée concentrée sur elle-même, sans parade ni geste, toute dévouée à la liberté, la seconde des croyances humaines : but si vorace qu'il engloutit notre force, espoir si transcendant que nos précédentes ambitions se fanèrent à son éclat.

Peu à peu, le désir de nous battre pour cet idéal crût en nous jusqu'à devenir une hantise incontestée, domptant, bridant, éperonnant nos doutes. Bon gré mal gré nous y trouvâmes une foi. Nous nous étions vendus pour ses esclaves, nous nous étions nous-mêmes enchaînés à sa chaîne, courbés pour servir, satisfaits ou non, mais pleinement, sa cause sainte. La mentalité des esclaves ordinaires est terrible : et ils n'ont perdu que le monde ; nous avions livré non seulement notre corps, mais notre âme à cet appétit dominateur de victoire. De par notre propre volonté nous étions vidés de volition libre, de moralité, de responsabilité, comme des feuilles mortes dans le vent.

Une guerre sans arrêt nous dépouillait du souci de notre vie ou de celle des autres. Nous avions autour de nos cous des cordes, et sur nos têtes des prix, qui montraient bien à quelles atroces tortures nous étions voués si l'ennemi s'emparait de nos personnes. Chaque jour l'un de nous disparaissait et les vivants connaissaient leur sort de marionnettes humaines jouant sur la scène de Dieu. Sans merci était notre maître, en vérité ; sans merci tant que nos pieds las pouvaient encore trébucher sur la route. Les faibles enviaient leurs compagnons assez fatigués pour mourir ; car le succès apparaissait lointain et l'échec offrait un repos assuré, quoique atroce. Nous vivions, les nerfs toujours tendus ou brisés, tantôt sur la crête et tantôt au creux de vagues émotives. Une telle faiblesse nous était amère ; nous en arrivions à vivre seulement pour l'horizon visible, en casse-cous, insouciants des souffrances infligées ou subies puisque toute sensation physique apparaissait petitement passagère. Des bouffées de cruauté de perversion, de luxure couraient à la surface de notre vie sans la troubler : car les lois morales qui élevaient naguère leurs barrières autour d'accidents puérils apparaissaient comme des mots plus faibles encore que les sensations. Il y avait, apprenions-nous, des chocs trop aigus, des souffrances trop profondes, des extases trop hautes pour que nos « moi » finis les enregistrassent. À cette acuité d'émotion l'esprit perdait haleine et la mémoire pâlissait jusqu'au retour de circonstances plus banalement quotidiennes.

Une telle exaltation de la pensée, laissant l'esprit aller à la dérive et lui donnant licence en d'étranges climats, lui faisait perdre en même temps sa vieille autorité sur le corps. Le corps se montrait trop grossier pour ressentir l'extrême de nos chagrins et de nos joies. En conséquence, nous mîmes le corps au rebut ; nous le laissâmes au-dessous de nous pour aller en avant, simulacre animé, abandonné à son propre niveau, soumis à des influences que nos instincts eussent évitées en temps normal. Les hommes étaient jeunes et forts; la chair et le sang qui brûlaient en eux réclamaient inconsciemment leurs droits, tourmentaient leurs ventres d'étranges désirs. Privations et dangers, sous un climat aussi torturant qu'on puisse imaginer, attisaient encore cette ardeur virile. Nous n'avions point d'endroit clos pour la solitude, ni de vêtement discret pour la pudeur. En toute chose, l'homme vivait candidement à la vue de l'homme.

L'Arabe est par nature continent; et l'usage d'un mariage universel a presque aboli dans ses tribus les errements irréguliers. Les femmes publiques des rares centres humains que nous rencontrions dans nos mois d'errance n'auraient rien été pour notre foule, en admettant que leur chair harassée fût acceptable pour un homme sain. L'horreur d'un commerce aussi sordide nous fit user avec indifférence, afin d'éteindre nos rares ardeurs réciproques, de nos corps jeunes et lavés — commodité froide qui, par comparaison, apparaissait asexuelle et presque pure. Plus tard quelques-uns d'entre nous se mirent à justifier cet acte stérile, et affirmèrent que deux amis, frissonnant dans un creux de sable à l'enlacement intime de leurs corps brûlants, trouvaient, caché dans l'ombre, un adjuvant sensuel à la passion mentale qui soudait nos esprits et nos âmes en un seul effort flamboyant. Plusieurs enfin, heureux de châtier en eux des appétits qu'ils ne pouvaient dompter, trouvèrent une satisfaction orgueilleuse et sauvage à dégrader leur corps et s'offrirent farouchement à n'importe quelle habitude qui promettait au corps quelque souffrance ou quelque salissure.

Je fus mandé vers ces Arabes en étranger, incapable de penser leurs pensées ou de souscrire à leurs croyances, obligé seulement par devoir de les entraîner et d'assurer le succès de tous leurs mouvements quand ils seraient conformes à l'intérêt de l'Angleterre en guerre. Si je ne pouvais pas acquérir leur personnalité, je pouvais au moins leur cacher la mienne, et, sans friction ni protestation ni critique, me mêler à eux pour exercer une influence qu'ils ne sentiraient même pas. Mais puisque j'ai été leur compagnon, je ne songe maintenant ni à les louer ni à les défendre. J'ai repris aujourd'hui mes vieux habits; il me serait facile de jouer au spectateur obéissant aux délicatesses conventionnelles de notre propre théâtre. Il est plus honnête de me souvenir que l'idée et les actions du moment me parurent toutes naturelles. Ce qui me semble maintenant cruel ou sadique, je le jugeai alors inévitable ou sans importance.

Nous avions toujours du sang sur les mains : on nous en avait donné licence. Blesser, tuer, semblaient des douleurs éphémères, si brève et si meurtrie était la vie que nous possédions. La peine d'exister était si grande que la peine de punir devait être impitoyable. Nous vivions pour le jour présent et mourions de même. Aussitôt qu'apparaissaient quelque raison et quelque désir de punir, nous inscrivions le châtiment sans retard avec la balle ou le fouet dans la chair gonflée du patient, et le jugement était sans appel. Le désert ne permettait pas les châtiments longs et raffinés des tribunaux et des geôles.

Récompenses et plaisirs nous balayaient, il est vrai, aussi soudainement que les souffrances; mais, pour moi en particulier, ils avaient moins de poids. La vie bédouine est dure même pour ceux qui y sont accoutumés, terrible pour les étrangers : une mort vivante. Quand la marche ou le labeur cessaient, je n'avais plus assez d'énergie pour rappeler à moi la moindre sensation; et je n'avais aucun loisir, pendant qu'ils duraient, pour contempler quelque douceur spirituelle rencontrée parfois sur notre chemin. Dans mes notes, la cruauté plutôt que la beauté trouve sa place. Sans doute nous jouissions d'autant plus des rares moments de paix et d'oubli; mais je me souviens davantage des angoisses, des terreurs et des fautes. Notre vie n'est pas toute dans ce que j'ai écrit (il y a des choses que le moins honteux ne peut répéter de sang-froid) ; mais ce que j'ai écrit fut dans notre vie, fait de notre vie. Plaise à Dieu que les hommes ayant lu cette histoire n'aillent pas, par amour de l'étrange et de son flamboiement, prostituer au service d'une autre race leurs talents et leur être même.

L'homme qui accepte d'être possédé par des étrangers mène la pire vie d'esclave[1] parce qu'il a vendu son âme à une brute. Lui-même n'est pas l'un de ces étrangers. Il peut donc s'opposer à eux, croire à sa mission, tordre et forger cette matière humaine, lui donner une forme qu'elle n'eût jamais prise seule : dans ce cas il se sert des forces de son propre milieu naturel pour faire sortir du leur ces étrangers. Ou bien il peut, comme je l'ai fait, les imiter si bien qu'à leur tour ils l'imitent. L'homme qui agit ainsi abandonne son propre milieu ; il prétend à celui d'autrui ; et les prétentions sont vaines. Mais ni dans un cas ni dans l'autre il ne fait quelque chose de lui-même ; il ne crée pas non plus une œuvre assez nette pour être sienne (sans souci de conversion), laissant l'étranger agir ou réagir à son gré devant cet exemple silencieux.

Dans mon cas particulier, un effort, prolongé pendant des années, pour vivre dans le costume des Arabes et me plier à leur moule mental m'a dépouillé de ma personnalité anglaise : j'ai pu ainsi considérer l'Occident et ses conventions avec des yeux neufs — en fait, cesser d'y croire. Mais comment se faire une peau arabe ? Ce fut, de ma part, affectation pure. Il est aisé de faire perdre sa foi à un homme, mais il est difficile, ensuite, de le convertir à une autre. Ayant dépouillé une forme sans en acquérir de nouvelle, j'étais devenu semblable au légendaire cercueil de Mohammed. Le résultat devait être un sentiment d'intense solitude accompagné de mépris non pour les autres, mais pour tout ce qu'ils font. Épuisé par un effort physique et un

1. Mot à mot : une vie de Yahoo. Cf. *Voyages de Gulliver (N.d.T.)*.

isolement également prolongés, un homme a connu ce détachement suprême. Pendant que son corps avançait comme une machine, son esprit raisonnable l'abandonnait pour jeter sur lui un regard critique en demandant le but et la raison d'un tel fatras. Parfois même ces personnages engageaient une conversation dans le vide : la folie, alors, était proche. Elle est proche, je crois, de tout homme qui peut voir simultanément l'univers à travers les voiles de deux coutumes, de deux éducations, de deux milieux.

CHAPITRE II

La première difficulté du Mouvement arabe fut de définir les Arabes. Le nom de ce peuple artificiel a toujours changé de sens d'année en année. Il désignait autrefois les Arabesques, habitants d'un pays appelé l'Arabie. Mais ceci n'avait plus de sens pour nous. La véritable définition était fournie par le langage. L'arabique forme la langue courante de la Syrie, de la Palestine, de la Mésopotamie, et de la grande péninsule nommée Arabie sur la carte. Avant la conquête musulmane, ces contrées étaient habitées par des peuples divers parlant différents idiomes d'une même famille. Nous les appelons sémitiques, d'un terme incorrect comme beaucoup de termes en science. Quoi qu'il en soit, les langues arabiques — assyrienne, babylonienne, phénicienne, hébraïque, araméenne et syriaque — étaient voisines : certaines marques d'influences communes, voire même d'une commune origine, sont renforcées encore par le fait connu que les peuples actuels de langue arabe en Asie, pourtant aussi variés qu'un champ de fleurs, offrent, dans leur apparence physique et leurs coutumes, des ressemblances essentielles. Nous pourrions, d'un terme parfaitement propre, les appeler cousins — et cousins tristement avertis de leurs liens de parenté.

Cette définition admise, les régions de langue arabe en Asie dessinent vaguement un parallélogramme. Le côté nord va d'Alexandrette sur la Méditerranée à travers la Mésopotamie à l'est, jusqu'au Tigre. Le côté sud suit le bord de l'océan Indien d'Aden à Muscat. La frontière ouest est marquée par la Méditerranée, le canal de Suez et la mer Rouge jusqu'à Aden ; celle à l'est par le Tigre et le golfe Persique jusqu'à Muscat. Ce rectangle, aussi vaste que l'Inde, composait la patrie des Sémites : aucune race étrangère n'a pu y prendre pied définitivement, quoique les Égyptiens, les Hittites, les Philistins, les Perses, les Grecs, les Romains, les Turcs et les Francs aient tour à tour essayé de le faire. Tous ont été brisés à la longue, leurs éléments dispersés, engloutis par les fortes caractéristiques de la race autochtone. Les Sémites, en revanche ont quelquefois tenté de passer leurs frontières, mais se sont dissous à leur tour dans le monde extérieur. L'Égypte, Alger, le Maroc, Malte, la Sicile, l'Espagne, la Cilicie et la France ont absorbé et fait disparaître des colonies sémites. C'est seulement à Tripoli, en Afrique, et par le miracle persistant de la Juiverie, que les anciens Sémites ont gardé quelque chose de leur identité et de leur force.

L'origine de ces peuples était pour nous une question académique ; mais, pour l'intelligence de la Révolte, leurs différences présentes, sociales et politiques, offraient le plus grand intérêt. La géographie, d'ailleurs, les commande. Le continent arabe se divise en grandes régions naturelles dont la diversité physique impose aux indigènes des mœurs très variées. À l'ouest notre parallélogramme est encadré, d'Alexandrette à Aden, par une chaîne montagneuse qui compose au nord la Syrie, puis successivement du nord au sud la Palestine, le Madian, le Hedjaz et enfin le Yémen. La hauteur moyenne de cette chaîne est d'environ 1 000 mètres avec des pics de 3 000 à

4 000. Elle est tournée vers l'Ouest, arrosée par les pluies qui viennent de la mer, en général largement peuplée.

Une autre chaîne de montagnes peuplées, face à l'océan Indien, forme le bord sud du parallélogramme. Le bord est comporte en premier lieu une plaine d'alluvions, la Mésopotamie, puis, au sud de Bassora, un littoral bas appelé Koueït et Hassa jusqu'à Gattar. La plus grande partie de cette plaine est aussi peuplée. Par contre, collines et plaines encadrent une cuvette désertique, laquelle présente, en son centre, un archipel d'oasis populeuses, Kassim et Riadh. Dans ce groupe d'oasis était, découvrîmes-nous, le cœur de l'Arabie, la source de son esprit natif et son individualité la plus consciente. Le désert qui le conservait dans son sein le gardait pur de tout contact étranger, donnant ainsi au pays son caractère.

Le désert lui-même, d'ailleurs, accomplissant cette grande fonction, est de nature variée. Au sud des oasis il apparaît comme une mer de sable, sans une seule piste. Cette solitude s'étend presque jusqu'au pied de l'escarpement populeux qui borde l'océan Indien, et le coupe de l'histoire arabe en interdisant toute influence réciproque, morale ou politique. Hadhramaout (tel est le nom donné à la côte Sud) fait historiquement partie des Indes Néerlandaises ; sa civilisation a plus touché Java que l'Arabie. À l'ouest des oasis, dans la direction du Hedjaz montagneux, s'ouvre le désert du Nedjed, aire de gravier et de lave sans beaucoup de sable. À l'est des oasis, dans la direction de Koueït, s'étend de même une aire de gravier, mais traversée par de larges bandes d'un sable mou qui rend difficile les communications. Enfin, au nord des oasis, le voyageur rencontre une ceinture de sable, puis une immense plaine de gravier et de lave comblant l'espace entre le bord oriental de la Syrie et l'Euphrate, frontière de la Mésopotamie. Le fait que ce désert du Nord est praticable aux hommes et aux automobiles a permis le succès de la Révolte Arabe.

Les montagnes de l'Ouest et les plaines de l'Est ont

toujours été les parties de l'Arabie les plus peuplées comme les plus actives. À l'ouest en particulier, les montagnes de Syrie et de Palestine, du Hedjaz et du Yémen sont entrées maintes fois dans le courant de notre histoire européenne. Moralement, ces hauteurs fertiles et saines appartiennent à l'Europe plutôt qu'à l'Asie ; les Arabes ont toujours tourné les yeux vers la Méditerranée plutôt que vers l'océan Indien pour y trouver soit des sympathies culturelles, soit des buts d'entreprise guerrière, soit enfin des terrains d'expansion, cette dernière recherche étant d'ailleurs la plus pressante depuis l'époque où les courants de migration sont devenus en Arabie la force la plus grande, la plus complexe et la plus générale aussi, encore qu'elle varie beaucoup suivant les différents districts.

À cette époque, dans les villes du Nord (Syrie), le taux des naissances était bas, la mortalité, par contre, élevée, à cause des mauvaises conditions d'hygiène et de la vie épuisante que mène la majorité de la population. En conséquence, le surplus de la paysannerie trouvait une issue dans les villes. Dans le Liban, où l'état sanitaire avait été amélioré, un exode chaque année plus considérable entraînait la jeunesse vers l'Amérique, menaçant (pour la première fois depuis les Grecs) de modifier les visées extérieures d'un pays entier.

La solution du problème était différente dans le Yémen. Il n'y avait là ni commerce extérieur ni industrie massive comprimant la population dans des centres malsains. Les villes étaient simplement des lieux de marchés aussi propres et simples que de petits villages. La population avait crû ; le niveau de vie s'était abaissé ; les effets d'une congestion lente étaient généralement ressentis. Les hommes du Yémen ne pouvaient pas franchir la mer ; car le Soudan est pire que l'Arabie et les quelques tribus qui s'y sont aventurées ont dû, pour continuer à vivre, modifier profondément leurs mœurs et leur culture sémites. Ils ne pouvaient pas non plus émigrer vers le Nord le long des montagnes : car ils trouvaient là, devant eux, la ville sainte de La Mecque avec son port, Djeddah, — incise étrangère, ceinture sans cesse renforcée par l'immigration de l'Inde, de Java, de Bokhara et de l'Afrique ; cette population, de vitalité très forte, violemment hostile à la conscience sémite, se maintenait là en dépit des lois économiques, de la géographie et du climat, par le seul artifice d'une religion universelle. La congestion du Yémen, par suite, lorsqu'elle devenait extrême, trouvait sa seule issue à l'Est : sa population, repoussant les petits groupes plus faibles de la frontière, les contraignait à descendre les pentes des montagnes vers le Widian, province à moitié déserte où de grandes vallées (Bisha, Daouasir, Ranya et Taraba) mènent les eaux se perdre dans le désert du Nedjed. Ces clans plus faibles des frontières devaient sans cesse abandonner de bonnes sources et de fertiles palmeraies pour des sources plus pauvres et des palmeraies plus maigres. Rejetés dans une région où la vie agricole proprement dite devenait impossible, ils ne pouvaient dès lors assurer une existence précaire qu'en élevant des moutons et des chameaux ; et peu à peu l'élevage devenait leur seule ressource.

Enfin, sous une poussée ultime de la population toujours croissante derrière eux, les peuplades des frontières (désormais presque uniquement pastorales), repoussées des dernières misérables oasis, entraient dans le désert et devenaient nomades. Ce processus, observable encore aujourd'hui sur des familles individuelles et sur des tribus dont on peut nommer et dater exactement les étapes, a dû se poursuivre depuis le premier jour où le Yémen fut pleinement peuplé. Le Widian, entre La Mecque et Taif, est plein des souvenirs de cinquante tribus qui sont parties de là et que l'on retrouve aujourd'hui dans le Nedjed, le Djebel Chammar, le Hamad et jusque sur les frontières de Syrie ou de Mésopotamie. C'est là qu'il faut chercher le point de départ des migrations arabes, l'usine à nomades, la source du Gulf Stream errant dans le désert.

Car la population du désert est aussi peu statique que celle des montagnes. La vie économique y est basée sur la « production » de chameaux qui trouvent leur meilleure nourriture dans les sévères pâturages des Hauts Plateaux, avec leurs plantes épineuses, mais charnues et nutritives. Les Bédouins vivent de cette production qui modèle en retour leur existence, préside à la distribution des zones entre chaque tribu, entretient la révolution des transhumances, à mesure que les troupeaux rasent les pousses des pâturages de printemps, d'été puis d'hiver. Les marchés de chameaux en Syrie, en Mésopotamie et en Égypte déterminent la population du désert, fixent strictement son niveau de vie. Ainsi le désert, à son tour, put être parfois surpeuplé : d'où les soulèvements et les poussées de tribus trop nombreuses jouant des coudes vers la lumière. Le Sud leur était interdit, sable ou mer inhospitaliers. Elles ne pouvaient se tourner vers l'Ouest ; les pentes roides du Hedjaz étaient ourlées par rangs épais de populations montagnardes qui tiraient un plein avantage de leur position défensive. Elles refluaient parfois vers les oasis centrales de Riadh et de Kassim, et, si leurs hommes étaient vigoureux et bien armés, elles pouvaient réussir à les occuper en partie. Mais si le désert avait mal nourri leurs forces, ces peuples nomades étaient poussés graduellement vers le Nord entre Médine, dans le Hedjaz, et Kassim, dans le Nedjed. Enfin ils se trouvaient à la fourche de deux routes. Ils pouvaient s'avancer vers l'Est par l'ouadi Roum ou le Djébel Chammar, suivre le Batn vers Shamiya et devenir, peut-être, des riverains du bas Euphrate ; ou bien ils pouvaient remonter petit à petit l'échelle des oasis occidentales — Hénakiya, Kheibar, Teima, Jauf et le Sirhan — et laisser le destin les conduire aux alentours du Djébel Druse en Syrie, à moins qu'ils n'aillent abreuver leurs troupeaux près de Tadmor dans le désert septentrional, sur la route d'Alep ou celle d'Assyrie.

La pression, d'ailleurs, ne cessait pas pour cela ;

l'inexorable poussée vers le Nord continuait. Les tribus se trouvaient entraînées jusqu'au bord même des champs cultivés en Syrie ou en Mésopotamie. L'occasion et le cri de leur ventre affamé leur suggéraient de posséder des chèvres, puis des moutons ; un jour ils semaient, ne fût-ce qu'un peu d'orge pour leurs animaux. Dès lors, cessant d'être des Bédouins, ils commençaient, comme les villageois, à souffrir des nomades qui montaient derrière eux. Insensiblement, ils liaient partie avec les paysans établis déjà sur le sol ; enfin ils étaient paysans eux-mêmes.

Ainsi nous voyons certains clans, nés sur les hauteurs du Yémen, rejetés par d'autres plus forts, entrer dans le désert où ils adoptent contre leur gré, mais contraints et forcés, une existence de nomades. Nous les voyons errer à l'aventure, chaque année un peu plus au nord ou un peu plus à l'est suivant que le hasard les dirige sur l'une ou sur l'autre des routes jalonnées de puits. Puis la même pression inexorable les chasse du désert où elle les avait poussés, et, de ces hommes transformés en nomades malgré eux, refait, malgré eux, des agriculteurs. Telle est la circulation qui a gardé sa vigueur au corps sémite. Rares sont les Sémites du Nord, en admettant qu'il en existe, dont les ancêtres n'ont pas, dans quelque moyen âge, traversé le désert. La plus mordante et la plus profonde des disciplines sociales, le nomadisme, les a tous marqués à quelque degré.

CHAPITRE III

Si l'homme de la ville et l'homme de la tribu, en Asie de langue arabe, ne sont pas des races différentes mais seulement des hommes dans des situations sociales et économiques différentes, quelque ressemblance de famille peut bien être présagée dans le fonctionnement de leur esprit ; il est raisonnable, par suite, de rechercher les éléments communs de leurs activités spirituelles. Dès l'abord éclate, en effet, chez eux, je ne sais quelle universelle netteté ou dureté de croyance, quasi mathématique dans ses limites et repoussante dans sa forme par son absence de sympathie. Le clavier visuel des Sémites n'a pas de demi-tons. Ce peuple voit le monde sous des couleurs primaires ou, mieux encore, en contours découpés, noir sur blanc. Son esprit dogmatique méprise le doute, notre moderne couronne d'épines. Il n'entend rien à nos hésitations métaphysiques, à nos anxiétés introspectives. Il connaît simplement la vérité et la non-vérité, la croyance et la non-croyance, sans l'indécise continuité de nos nuances plus subtiles.

Ce noir et blanc de la vision arabe, nous le retrouvons dans l'esprit et son ameublement. Du noir et blanc ce peuple aime la clarté, mais aussi le contraste. Sa pensée n'est à l'aise que dans les extrêmes. Par goût elle se loge dans les superlatifs. Parfois, à quelque articulation de la pensée, deux contradictoires s'emparent des Arabes au même instant ; ils n'acceptent pas pour cela de compromis. Sans percevoir la moindre incongruité, ils poussent à l'absurde, avec logique, leurs opinions incompatibles. La tête froide, le jugement tranquille, dans une imperturbable inconscience de leur oscillation, ils volent d'asymptote en asymptote.

Ce peuple à l'esprit étroitement limité peut laisser en friche son intelligence avec une résignation dépourvue de curiosité. Son imagination est vive ; elle n'est pas créatrice. Il y a si peu d'art arabe en Asie qu'on peut presque le négliger ; et cependant les hommes riches y sont des patrons libéraux qui encouragent volontiers en architecture, en céramique ou dans toute autre industrie, les talents de leurs voisins et de leurs esclaves. La grande industrie leur est étrangère : il n'y a pas en Arabie d'organisations pour le corps ou pour l'esprit. Ils n'ont pas inventé non plus de systèmes philosophiques ou des mythologies complexes. Ils ont toujours poursuivi leur course étroite entre les idoles de la tribu et celles de la grotte. Le moins morbide des peuples, ils ont accepté le don de la vie comme un axiome incontestable. L'existence est à leurs yeux un usufruit imposé à l'homme et qu'un destin hors de notre contrôle accorde ou reprend à son gré. Le suicide, dès lors, est inimaginable et la mort cesse d'être un mal.

Peuple de convulsions, de soulèvements, d'illuminations mentales ; race du génie individuel. Leurs mouvements subits confondent d'autant plus qu'ils s'opposent à une quiétude quotidienne ; leurs grands hommes sont d'autant plus grands qu'ils se détachent sur la simple humanité d'une foule. L'instinct règle leurs convictions ; l'intuition, leurs activités. La plus grande industrie des Arabes est la fabrication des croyances : ils ont presque le monopole des religions révélées. Trois de ces élans se sont affermis chez eux, et deux sur trois ont supporté l'exportation (sous une forme modifiée) chez les peuples non sémitiques. Le christianisme, traduit en grec, en latin, en teuton suivant l'esprit de ces langues diverses, a conquis l'Europe et l'Amérique. L'Islam, en différentes métamorphoses, soumet encore l'Afrique et quelques parties de l'Asie. Ce sont là les succès des Sémites. Ils gardent pour eux leurs échecs. La frange des déserts arabes est jonchée de croyances brisées.

C'est un fait plein de sens que ces épaves religieuses gisent toutes dans la zone de rencontre du désert et des terres cultivées. Car l'origine des croyances s'en éclaire. Affirmations plutôt que raisonnements, elles ont besoin d'un prophète qui les répande. Les Arabes prétendent avoir fourni au monde 40 000 prophètes : nous possédons des témoignages historiques de quelques centaines au moins. Leurs vies ont toutes le même dessin. Ils naissent, non pas dans la solitude, mais au cœur d'une foule humaine. Un élan passionné et inintelligible les en chasse vers le désert. Ils passent là un temps plus ou moins long, dans la méditation et le mépris des exigences corporelles. Enfin, leur inspiration ayant pris forme, ils s'en reviennent l'insuffler à leurs vieux compagnons assaillis de doutes. Les fondateurs des trois grandes croyances ont parcouru ce cycle : et ce qui pourrait n'être qu'une coïncidence prend force de loi si l'on considère les existences parallèles d'une multitude d'autres prophètes infortunés qui n'ont pas réussi. Les messages de ceux-là n'étaient peut-être pas moins authentiques, mais le temps et les désillusions n'avaient pas accumulé pour eux des amas d'âmes sèches prêtes à l'incendie. L'appel du désert, pour les penseurs de la ville, a toujours été irrésistible : je ne crois pas qu'ils y trouvent Dieu, mais qu'ils entendent plus distinctement dans la solitude le verbe vivant qu'ils y apportent avec eux.

Le trait commun à toutes les croyances sémites, heureuses ou malheureuses, fut toujours et partout le mépris du monde terrestre. Une violente réaction contre la matière entraînait les prophètes à prêcher la nudité, le renoncement et la pauvreté. Une pareille atmosphère mentale enivrait implacablement de ses fumées l'esprit des hommes du désert. Les Arabes ont un sens aigu de cette pureté qui naît de la raréfaction. Je m'en avisai pour le première fois, voici des années, un jour où nous avions chevauché très loin par les plaines mouvantes du Nord de la Syrie jusqu'à une ruine de la période romaine. C'étaient, dirent mes compagnons, les restes d'un palais bâti dans le désert pour une reine par son époux, seigneur de la région limitrophe. Ils ajoutèrent que l'argile de cette construction avait été, pour plus de richesse, pétrie non pas avec de l'eau, mais avec de précieuses essences de fleurs. Reniflant l'air comme des chiens, mes guides me conduisaient de salle croulante en salle croulante, disant : « Voici le jasmin, voici la violette, voici la rose. »

À la fin Dahoum m'entraîna : « Venez sentir le parfum le plus doux » ; nous entrâmes dans le corps du logis, et là, dans l'embrasure des fenêtres béantes sur sa façade orientale, nous pûmes aspirer à pleine bouche le souffle sans effort ni tourbillon qui palpitait en frôlant les murailles. Il était né, ce souffle vide du désert, quelque part au-delà du lointain Euphrate ; et pendant des jours et des nuits il s'était traîné sur une herbe morte : rencontrant son premier obstacle en ce palais ruiné élevé par la main des hommes, il paraissait s'attarder alentour avec de puérils murmures. « Voilà bien le meilleur parfum, dirent mes guides : il n'a pas de goût ». Senteurs et luxe ne valaient pas pour eux une pureté où l'homme n'avait point de part.

Le Bédouin né et grandi dans le désert accueille de toute son âme cette nudité trop âpre pour les bonnes volontés étrangères : c'est que là seulement il se découvre libre ; et s'il ne dit pas cela, il le sent. Délié de tout lien matériel, confort, superflu et autres complications analogues, il atteint à une liberté personnelle absolue, fréquemment visitée par la faim et la mort. Non pas qu'il fasse une vertu de la pauvreté elle-même : le Bédouin jouit des petits vices et des luxes — café, eau fraîche, femmes — qui lui restent permis. Mais il possède l'air, les vents, le soleil, la lumière, les espaces découverts et un immense vide. Il ne voit plus dans la nature ni effort humain ni fécondité : simplement le ciel au-dessus et, au-dessous, la terre immaculée. C'est là qu'il approche inconsciemment de son Dieu. Car Dieu n'est pour lui ni anthropomorphique, ni tangible, ni moral, ni éthique, ni préoccupé du monde ou de lui-même, ni naturel enfin : il est l'être *άχρώματος, άσξημάτιστος, ἀγαφής*, ainsi qualifié non par dépouillement mais par investiture, l'Être qui embrasse tout, l'œuf de toute activité ; nature et matière ne sont qu'un miroir pour le refléter.

Le Bédouin ne saurait chercher Dieu à l'intérieur de lui-même : il est trop sûr d'être à l'intérieur de Dieu. Il ne peut même rien concevoir qui soit ou ne soit pas Lui. Cependant il trouve dans ce Dieu arabe, qui seul est grand, mais qui est aussi sa façon de manger, de se battre, de faire l'amour, sa pensée la plus familière, son appui et son compagnon, certaine qualité raciale, domestique, quotidienne, incompréhensible aux hommes toujours séparés de la Divinité qu'ils adorent par le désespoir d'une indignité charnelle et le décorum d'un culte formel. Les Arabes ne jugent nullement indécent de faire descendre Dieu au sein de leurs faiblesses ou de leurs désirs les moins honorables. Il est le plus familier de leurs mots ; et nous avons perdu en vérité beaucoup d'éloquence en faisant de Lui le plus court et le plus laid des monosyllabes de la langue anglaise.

Cette foi du désert parait inexprimable en mots et même, il faut l'avouer, en pensée. Mais on la sent aisément comme une influence. Ceux qui passent dans le désert assez de temps pour oublier son espace et son vide sont rejetés fatalement vers Dieu comme vers l'unique refuge et rythme de l'existence. Le Bédouin peut être nommément Sunni, ou Ouahabi, occuper en fait n'importe quel point de la rose des vents arabes, il prendra la chose fort légèrement, un peu comme les gardes aux grilles de Sion qui buvaient le la bière et riaient d'être sionistes. Chaque nomade individuel a sa religion révélée, non point orale, ni traditionnelle, ni même exprimée, mais instinctive en lui. Ainsi sont nées toutes les croyances sémites avec, toujours, dans leur caractère et leur essence, un accent sur la vanité du monde et la plénitude divine. Quant à leur expression elle a varié suivant la puissance du prophète et les hasards de sa destinée.

L'habitant du désert ne peut tirer de sa croyance aucun crédit humain. Jamais il ne fut évangéliste ou prosélyte. Il ne parvient à se confondre intensément avec son Dieu qu'en fermant les yeux au monde, en négligeant les possibilités latentes qu'un contact avec les richesses et les tentations aurait pu faire épanouir en lui. Il atteint ainsi, sans nul doute, une position spirituelle sûre et puissante : mais combien étroite ! Son expérience stérile le dépouille de compassion, détourne sa bonté humaine au profit d'une image dépeuplée, celle du désert cruel où il se cache. Il se fait donc souffrir lui-même, non pas simplement pour être plus libre, mais par goût. D'où un plaisir dans la souffrance, cruauté plus précieuse que tous les biens abandonnés. Pour l'Arabe du désert aucune joie n'égale celle de s'abstenir. Il trouve dans l'abnégation, le renoncement et la pénitence volontaire une volupté qui finit par rendre la nudité de l'esprit aussi sensuelle pour lui que la nudité du corps. Peut-être sauve-t-il ainsi son âme sans danger, mais non sans un dur égoïsme. Le désert est transformé en une sorte de glacière spirituelle où se conserve pour l'éternité, pure de tout contact mais aussi de toute amélioration, la vision de l'unité divine. C'est là que de temps à autre les chercheurs détachés du monde extérieur peuvent s'échapper pour une saison et contempler avec détachement la nature des hommes qu'ils devront convertir.

La foi du désert est impossible dans les villes. Elle est à la fois trop étrange, trop simple, trop impalpable pour l'exportation et l'usage commun. L'idée essentielle, la croyance fondamentale de toutes les religions sémites reste déposée là ; mais il faut la diluer pour nous la rendre compréhensible. Ce cri de chauve-souris sonne trop aigu pour les oreilles de la foule. Notre étoffe grossière laisse échapper l'esprit subtil. Les prophètes, retournant de la solitude éblouis par un seul regard jeté sur Dieu, montrent à travers leur propre noirceur (comme à travers un verre fumé) quelque chose de la majesté éclatante dont la pleine vision nous laisserait muets, aveugles et sourds, réduits, en vérité, à cette condition sauvage, étrange, singulière, qui est celle même du Bédouin.

Les disciples, cependant, dans leur zèle à se dépouiller et à dépouiller leurs voisins suivant la parole du maître, heurtent les faiblesses humaines et perdent la partie. L'Arabe de la ville, du village, pour vivre, doit s'abandonner chaque jour au plaisir d'acquérir et d'accumuler ; par un choc fatal en retour, il devient le plus grossier et le plus matériel des hommes. Le mépris éblouissant de l'existence qui conduisait les autres à une nudité ascétique l'entraîne, lui, au désespoir. Il se dissipe comme un prodigue, et, pour en finir au plus tôt, jette à tous les vents son héritage charnel. Le Juif dans la métropole à Brighton, l'avare, l'adorateur d'Adonis, le libidineux de Damas révèlent tous la capacité de jouissance sémite ; en eux s'épanouit la même force qui donne, renversée, l'ardent renoncement des Esséniens, des chrétiens primitifs ou des premiers Califes jugeant l'accès du ciel plus facile aux pauvres d'esprit. Le Sémite a toujours oscillé entre la luxure et la macération.

On peut lier les Arabes à une idée comme à une longe : la libre allégeance de leurs esprits en fait des serviteurs fidèles et soumis. Aucun d'eux n'essaie d'échapper avant le succès. Mais avec lui viennent les responsabilités, les devoirs, les engagements ; l'idée meurt et l'œuvre s'achève — en ruine. On entraînerait les Sémites, il est vrai, aux quatre coins du monde (mais non au ciel) sans croyance, rien qu'en leur montrant les richesses et les plaisirs de la terre. Mais qu'ils rencontrent sur leur route le prophète d'une idée, sans toit pour abriter sa tête et sans moyen de subsistance que la chasse ou la charité, et ils le suivront aussitôt en abandonnant leurs richesses. Ce sont d'incorrigibles enfants idéalistes, aveugles aux couleurs comme aux nuances, et pour qui le corps et l'esprit seront toujours fatalement opposés. Leur esprit est étrange et sombre, riche en affaissements comme en exaltations, sans mesure, mais plus ardent et fertile en croyances que n'importe quel autre au monde. Peuple des beaux départs : entraîné le plus follement par le concept le plus abstrait, déployant dans la lutte un courage et une invention sans limites, et indifférent à la fin ; peuple aussi instable que l'eau, mais, précisément, comme l'eau, assuré peut-être, à la fin, de la victoire. Depuis l'aurore de la vie, ses vagues, tour à tour, se brisent sur les falaises de la chair. Chacune d'elles est retombée, arrachant cependant un peu du granit qui l'arrête. Peut-être un jour une lame semblable roulera-t-elle sans obstacle sur le lieu où le monde matériel aura cessé d'exister, et peut-être l'esprit de Dieu planera-t-il alors sur le visage de ces eaux. C'est une de ces vagues (et non la moindre) que j'ai pu soulever en Arabie. Au souffle d'une idée abstraite elle a roulé, grossissant toujours davantage jusqu'au moment où, incurvant sa crête, elle est retombée à Damas. Son reflux écumeux, repoussé par la fixité des puissances matérielles, composera le corps de la vague suivante, lorsque le temps sera venu où la mer doit se soulever une fois encore.

CHAPITRE IV

La première grande invasion autour de la Méditerranée avait montré au monde, le temps d'une flambée, la puissance physique de cette race ; l'enthousiasme éteint, son manque de persévérance et d'esprit organisateur apparut aussi clairement. Les provinces conquises furent négligées, par pure haine du système, et les Arabes, pour l'administration de leur empire chaotique, durent recourir aux offices soit de leurs sujets mêmes, soit d'étrangers plus vigoureux. Aussi, très tôt au cours du Moyen Âge, les Turcs prirent pied dans les États arabes, d'abord comme serviteurs, puis comme associés ; enfin leur réseau parasite étouffa le vieux corps administratif. La dernière phase de cette évolution fut une guerre ouverte où l'on vit Hulagus ou Timur assouvir leurs instincts sanguinaires, brûlant et détruisant ce qui les heurtait par une prétention de supériorité.

Les civilisations arabes ont été de nature abstraite, intellectuelle et morale plutôt que pratique ; et l'absence d'esprit public de la race dominante y a bientôt rendu inutiles d'excellentes qualités privées. Le seul bonheur de la civilisation arabe fut son époque ; l'Europe était tombée dans la barbarie et le souvenir de la culture grecque et latine s'effaçait peu à peu des esprits. Par contraste, les copies des Arabes parurent cultivées, leur activité mentale fructueuse, et leur état politique prospère. Ils ont rendu un réel service à l'humanité en conservant, pour un futur moyenâgeux, quelque chose d'un passé classique.

L'invasion turque transforma ce bonheur en songe. Successivement tous les Sémites d'Asie durent se plier au joug turc : pour eux c'était une mort lente. Leurs biens leur furent arrachés ; leur esprit se ratatina aux souffles glacés de la servitude militaire. La loi turque était une loi policière, et la politique turque aussi crue en théorie qu'en pratique. Les Turcs apprirent aux Arabes à mettre les intérêts de la secte plus haut que ceux de la patrie et les soucis mesquins de la province au-dessus de la nationalité. Par des dissensions subtiles, ils semèrent entre eux la méfiance. La langue arabe même fut bannie des tribunaux, des services officiels, des écoles supérieures. Un Arabe ne pouvait plus désormais servir l'État qu'en sacrifiant ses caractéristiques de race. De telles mesures ne furent pas acceptées sans protestations. La ténacité sémite s'illustra dans les nombreuses révoltes de Syrie, de Mésopotamie et d'Arabie contre les formes les plus grossières de la pénétration turque. Les tentatives plus insidieuses d'absorption n'allèrent pas non plus sans résistance. Les Arabes refusèrent d'abandonner leur propre langue, riche et flexible, pour la grossièreté du turc ; fidèles au trésor de leur littérature, ils emplirent au contraire le turc de mots arabes.

Ils avaient perdu leur sens géographique, leurs souvenirs raciaux, politiques, historiques ; mais ils se cramponnèrent au langage ; ils l'érigèrent presque en une sorte de patrie. Le premier devoir d'un musulman est d'étudier le Coran, livre sacré de l'Islam, et, incidemment, le plus grand monument littéraire arabe. La conscience que cette religion lui appartenait, que lui seul avait qualité pour la comprendre et la pratiquer parfaitement, fournit à chaque Arabe un étalon pour juger la banalité des œuvres turques.

Puis vinrent la révolution, la chute d'Abdul Hamid, le triomphe des Jeunes-Turcs. L'horizon s'élargit momentanément pour les Arabes. Le Mouvement Jeune-Turc fut une révolte contre la conception hiérarchique de l'Islam et contre les théories pan-islamiques du vieux sultan. Abdul Hamid avait tenté de se constituer chef spirituel du monde musulman pour être aussi le maître (sans appel) de ses affaires temporelles. Il fut jeté en prison. La révolution Jeune-Turque se fit sous la poussée des théories constitutionnelles. À l'époque même où l'Europe occidentale, gravissant un nouvel échelon politique, dépassait les problèmes nationaux pour s'attaquer aux internationaux et retentissait de rumeurs guerrières où la voix des races n'avait plus de part, l'Asie occidentale au contraire, passait d'une politique religieuse universelle à une politique nationaliste et rêvait de combats établissant, à la place des dogmes, des gouvernements constitutionnels et des souverainetés nationales. Cette tendance apparut d'abord violemment dans les petits États balkaniques qu'une foi nouvelle avait soutenus dans le martyre presque sans exemple de leur libération. D'autres mouvements nationalistes éclatèrent plus tard en Égypte, dans les Indes, en Perse, et enfin à Constantinople même. Ce dernier trouva une arme puissante dans les nouvelles théories américaines sur l'éducation qui, répandues dans la vieille atmosphère des hautes classes orientales, y composaient une sorte de mélange explosif. Les écoles américaines enseignaient les méthodes expérimentales, prônaient le détachement scientifique et le libre échange des points de vue. À leur insu, elles enseignaient du même coup la révolution, puisqu'il était impossible à un sujet turc d'être à la fois moderne et loyal s'il faisait partie des races soumises — grecque, arabe, kurde, arménienne ou albanaise.

Les Jeunes-Turcs, enhardis par leurs premiers succès, furent entraînés par la logique de leurs principes : en protestation contre le pan-islamisme ils prêchèrent la fraternité ottomane. Les races sujettes — bien supérieures aux Turcs par le nombre — crurent naïvement qu'on les appelait à créer en commun un Orient nouveau. La tête pleine d'Herbert Spencer et d'Alexandre Hamilton, ils se ruèrent à l'ouvrage, établirent des projets de réformes radicales et saluèrent les Turcs comme des collaborateurs. Ceux-ci, terrifiés devant les forces ainsi libérées, reculèrent aussi promptement qu'ils s'étaient avancés. Leur cri devint *Yeni-Turan* — « aux Turcs la Turquie faite turque ». La même politique devait les incliner plus tard vers leurs *irredenti* — sujets de la Russie en Asie centrale ; mais la première tâche était de courber au joug de l'Empire les races sujettes et de mettre fin à leur résistance irritante. Les Arabes, qui formaient en Turquie la population étrangère la plus importante, devaient être mis à la raison les premiers. Les assemblées arabes furent dispersées, les sociétés arabes supprimées, les notables arabes proscrits. La langue et les manifestations arabes furent interdites par Enver Pacha avec une sévérité qu'Abdul Hamid, avant lui, n'avait jamais atteinte.

Cependant les Arabes avaient tâté de la liberté : leurs idées ne pouvaient changer aussi vite que leur conduite, et les esprits les plus fermes parmi eux ne devaient pas être matés si aisément. S'ils lisaient les exhortations patriotiques des journaux ils voyaient, à la place de « Turc », « Arabe ». La répression les bourra de violence malsaine. Privé d'issue constitutionnelle, leur patriotisme devint révolutionnaire. Les sociétés arabes se firent souterraines ; les clubs libéraux réunirent des conspirateurs. Quand l'Akhua, société-mère, eut été publiquement dissoute, elle fut remplacée en Mésopotamie par la très dangereuse Ahad, fraternité secrète qui groupait presque uniquement des officiers arabes de l'armée turque. Ses adhérents juraient d'acquérir la science militaire de leurs maîtres et de la retourner contre eux le moment venu.

L'Ahad possédait une base sûre dans la partie presque déserte de l'Irak méridional où Sayid Taleb, le jeune John Wilkes du Mouvement arabe, détenait un pouvoir exercé sans vergogne. 70 % des officiers nés en Mésopotamie appartenaient au Mouvement et le secret était si bien gardé que certains membres de l'Ahad occupèrent jusqu'à la fin des postes dans le haut commandement turc. Quand Allenby traversa Armageddon et que la Turquie s'écroula, un des vice-présidents de la société commandait les débris de l'armée de Palestine en retraite ; un autre commandait les forces turques au-delà du Jourdain dans la région de Amman. Plus tard encore, après l'armistice, de hauts postes de l'administration turque restaient aux mains d'hommes prêts à se tourner contre leurs maîtres officiels sur un mot de leurs chefs arabes. À la plupart d'entre eux le mot ne fut jamais donné ; ces sociétés, en effet, n'avaient en vue que l'indépendance arabe et, doutant de nos promesses, ne voyaient aucun avantage à soutenir les Alliés plutôt que les Turcs. La plupart d'entre elles, il faut le dire, eussent préféré une Arabie unie sous le joug turc à une Arabie indolente et divisée sous le contrôle plus facile de diverses puissances européennes se partageant des zones d'influence.

Plus vaste encore que l'Ahad était la Fétah, société pour la liberté de la Syrie. Elle groupait des propriétaires terriens, des écrivains, des docteurs, de hauts fonctionnaires unis par la foi du serment, avec des mots de passe, des signes de reconnaissance, une presse et un trésor commun : leur but était de ruiner l'Empire turc. Avec la facilité bruyante des Syriens — peuple simiesque, vif à la manière des Japonais, mais superficiel — ils avaient rapidement édifié une organisation formidable. Ils cherchaient des secours au dehors, espérant la liberté de négociations plutôt que de sacrifices. Leurs contacts étaient nombreux avec l'Égypte, l'Ahad (dont les membres, en vrais Mésopotamiens, les méprisaient), le chérif de La Mecque, la Grande-Bretagne :

en fait avec tous les alliés possibles pour la réalisation de leurs projets. Eux aussi gardaient un secret absolu ; et le gouvernement, quoiqu'il soupçonnât l'existence de leur organisation, ne put jamais l'établir sur un témoignage honorable ni découvrir ses chefs. Il dut donc s'abstenir de frapper dans la crainte de choquer les diplomates français et anglais qui jouaient alors en Turquie le rôle d'opinion publique moderne. La guerre de 1914 éloigna ces fonctionnaires et laissa le gouvernement turc libre de sévir.

La mobilisation donna tout le pouvoir aux membres les plus impitoyables, les plus logiques et les plus ambitieux à la fois des Jeunes-Turcs — Enver, Talaat et Djémal. Ayant résolu d'écraser définitivement dans l'état les tendances anti-turques et particulièrement les nationalismes arabe et arménien, ils trouvèrent d'abord une arme spécieuse mais fort appropriée dans la correspondance secrète d'un consul français de Syrie, lequel avait laissé en partant, dans son consulat, les copies de certaines lettres (sur l'indépendance arabe) échangées avec un Club Arabe. Ce dernier n'était pas relié à la Fétah mais groupait l'*intelligentsia*, plus bavarde et moins redoutable, de la côte syrienne. Les Turcs furent naturellement charmés de cette découverte ; car l'agression « coloniale » de l'Afrique du Nord avait donné aux Français, dans le monde musulman de langue arabe, une réputation détestable. Il était fort utile pour Djémal de pouvoir montrer à ses coreligionnaires que ces nationalistes arabes étaient assez infidèles pour préférer la France à la Turquie.

En Syrie, naturellement, de pareilles révélations ne surprenaient personne. Mais les membres de la société étaient connus et respectés, quoique d'un caractère un peu académique. Leur arrestation, puis leur jugement, et l'avalanche de déportations, d'exils et d'exécutions qui fut la conséquence de leur procès, émurent le pays jusque dans ses profondeurs. Les Arabes de la Fétah apprirent que le sort des Arméniens leur était réservé s'ils ne profitaient pas de la leçon. Les Arméniens étaient armés et bien organisés; mais leurs chefs les avaient trahis. Les Turcs les avaient désarmés et tués les uns après les autres : une fois les hommes massacrés, les femmes avaient été poussées, avec leurs enfants, en troupeaux sur les routes, en plein hiver, nues, affamées, offertes à tous les passants jusqu'au moment où elles étaient mortes de fatigue. Les Jeunes-Turcs avaient exterminé les Arméniens non parce qu'ils étaient chrétiens, mais parce qu'ils étaient Arméniens. Pour une raison analogue ils entassaient aujourd'hui dans les mêmes prisons musulmans et chrétiens arabes et les pendaient côte à côte aux mêmes gibets. Djémal Pacha, sous la pression d'une misère et d'un péril communs, fit en Syrie l'unité de toutes les classes, de toutes les conditions et de toutes les croyances. Dès lors une révolte générale devenait possible.

Les Turcs, soupçonnant les unités arabes de leur armée, espéraient adopter contre elles la tactique d'encadrement employée contre les Arméniens. Certaines difficultés de transport au début de la guerre créèrent une dangereuse concentration de divisions arabes (presque un tiers de l'armée turque d'origine parlait arabe) dans le Nord de la Syrie, au début de 1915. Les Turcs fragmentèrent ces divisions et dispersèrent leurs débris en Europe, aux Dardanelles, vers le Caucase ou sur le Canal de Suez — n'importe où, en fait, pourvu que ces troupes fussent mises rapidement sur la ligne de feu, loin de la vue et des secours possibles de leurs compatriotes. La Guerre Sainte fut proclamée pour donner à la bannière « Union et Progrès », aux yeux des vieux éléments cléricaux, la sainteté traditionnelle des croisades du Calife; et le chérif de La Mecque reçut l'invitation ou plutôt l'ordre — de faire écho à ce cri vénérable.

CHAPITRE V

La position du chérif de La Mecque était depuis longtemps anormale. Le titre de chérif est accordé seulement aux descendants de Fatma et de Hassan, fille et fils aîné du prophète Mahomet. Les chérifs authentiques sont inscrits sur l'Arbre Généalogique — immense rouleau conservé à La Mecque, sous la garde de l'émir de La Mecque, élu chérif des chérifs comme le plus âgé et le plus noble de tous. La famille du Prophète a gouverné effectivement La Mecque pendant neuf siècles et compte environ deux mille personnes.

Le gouvernement ottoman considérait autrefois ce clan de pairs religieux avec un mélange de respect et de méfiance : ils étaient trop forts pour être écrasés. Le sultan sauvait sa dignité en confirmant solennellement l'élection de l'émir. Cette approbation, d'abord sans valeur, acquit quelque dignité par une longue habitude : un moment vint où le nouvel élu sentit qu'elle mettait à son élection une sorte de sceau définitif. Enfin les Turcs éprouvèrent le besoin de maintenir le Hedjaz sous leur autorité indiscutée pour fournir un décor religieux convenable à leur théorie nouvelle du pan-islamisme. L'ouverture du canal de Suez leur permit, par hasard, d'établir une garnison dans les villes saintes. Ils projetèrent alors de construire le chemin de fer du Hedjaz et affermirent l'influence turque sur les tribus par l'argent, l'intrigue et les armes.

Le sultan prit ainsi l'habitude d'affirmer toujours davantage son autorité jusque dans La Mecque à côté de celle du chérif ; il lui arriva même de déposer un chérif trop magnifique à son gré pour faire élire à sa place un successeur choisi dans une famille rivale du même clan, avec l'espoir de retirer de ces dissensions les avantages ordinaires. Enfin Abdul Hamid osa emmener quelques membres de la famille à Constantinople où ils étaient l'objet d'une surveillance honorable. Tel fut le sort d'Hussein-ibn-Ali, futur Émir de la Révolte ; gardé prisonnier pendant dix-huit ans, il en profita pour faire donner à ses fils — Ali, Abdullah, Fayçal et Zeid — l'éducation moderne et l'apprentissage du monde qui devaient leur permettre de conduire au succès les armées arabes.

Après la chute d'Abdul Hamid les Jeunes-Turcs adoptèrent la politique inverse : ils renvoyèrent le chérif Hussein à La Mecque comme émir. Aussitôt celui-ci se mit au travail pour rétablir sur ses vieilles bases la puissance de l'Émirat, tout en gardant avec Constantinople un contact amical par l'intermédiaire de ses fils : Abdullah, vice-président du Parlement turc, et Fayçal, député de Djeddah. Ces derniers le tinrent au courant de l'opinion politique dans la capitale jusqu'au moment où la guerre éclata : ils retournèrent alors en hâte à La Mecque.

La déclaration de guerre atteignit durement le Hedjaz. Le pèlerinage arrêté, tout le mouvement d'affaires et, par suite, les revenus des villes saintes se tarissaient. On avait des raisons de craindre que les bateaux arrivant des Indes chargés de nourriture ne passent désormais leur chemin (puisque le chérif devenait officiellement sujet ennemi) ; et comme la province ne produisait presque rien, elle allait se trouver dans une dépendance étroite vis-à-vis des Turcs qui pourraient désormais l'affamer en coupant le trafic sur le chemin de fer du Hedjaz. Hussein n'avait jamais été auparavant à la merci des Turcs ; et cette dépendance survenait au moment où ils avaient précisément besoin de son appui pour leur « Jehad », Guerre Sainte des musulmans contre les chrétiens.

Pour devenir populaire, en effet, la Guerre Sainte devait être consacrée par La Mecque ; cette consécration risquait de noyer l'Orient dans le sang. Hussein était un homme d'honneur, ferme, bon politique et profondément pieux. Il comprit que la Guerre Sainte était doctrinalement incompatible avec une guerre d'agression, et, de plus, absurde, puisqu'on la faisait avec un allié chrétien, l'Allemagne. Repoussant donc la demande turque, il fit aux Alliés un appel plein de dignité, leur demandant de ne pas réduire sa province à la famine pour une faute qui n'était nullement la sienne. Les Turcs, en réponse, organisèrent sans tarder un blocus partiel du Hedjaz en contrôlant le trafic de la ligne. Les Anglais, de leur côté, laissèrent la côte ouverte à un service de ravitaillement spécialement organisé.

La demande turque, cependant, ne fut pas la seule que le chérif reçut. En janvier 1915, Yisin, chef des officiers de Mésopotamie, Ali Riza, chef des officiers de Damas, et Abd-el-Ghani-el-Areisi, délégué par les fonctionnaires syriens, lui firent des propositions concrètes pour une révolte militaire en Syrie. Le peuple opprimé de Mésopotamie et de Syrie, les comités directeurs de l'Ahad et de la Fétah faisaient appel à l'émir de La Mecque, Père des Arabes, Musulman des Musulmans, leur plus grand prince, leur plus vieux notable, le suppliant de les protéger contre les sinistres desseins de Talaat et de Djémal.

Hussein, en sa multiple qualité de prince, de musulman, de moderniste et de nationaliste, devait prêter l'oreille à cet appel. Il envoya Fayçal, son troisième fils, le représenter à Damas en le chargeant de discuter les projets de révolte et de lui en faire un rapport. Il envoya Ali, son fils aîné, à Médine avec l'ordre de lever des troupes dans les villages et les tribus du Hedjaz (sous le prétexte qu'il jugerait le meilleur) et de les tenir prêtes à l'action si Fayçal les appelait. Enfin Abdullah, son second fils, devait sonder les Anglais par lettres et rechercher quelle serait leur attitude envers une révolte éventuelle des Arabes contre les Turcs.

Fayçal fit son rapport en janvier 1915. Les conditions locales, dit-il, étaient bonnes, mais la situation internationale ne favorisait guère leurs espoirs. À Damas, trois divisions de troupes arabes étaient prêtes à la révolte. À Alep, deux autres divisions, bourrées de nationalistes, se joindraient sûrement au mouvement. Comme il y avait seulement une division turque de ce côté-ci du Taurus, les rebelles devaient s'emparer de la Syrie au premier effort. L'opinion publique, par contre, était moins préparée à des mesures extrêmes ; les cercles militaires ne doutaient pas de la victoire allemande et d'une victoire rapide. Si pourtant les Alliés faisaient débarquer leur Corps Australien (qui se préparait en Égypte) à Alexandrette, couvrant ainsi le flanc de la Syrie, on pouvait sans risque courir cette chance et la nécessité de conclure une paix séparée avec les Turcs.

Un certain retard s'ensuivit, les Alliés ayant débarqué aux Dardanelles et non à Alexandrette. Fayçal les y suivit pour recueillir sur les événements de Gallipoli des renseignements de première main : une défaite turque eût en effet déclenché la révolte arabe. Mais la campagne dura des mois : le retard devint de la stagnation. Dans l'abattoir des Dardanelles, cependant, ce qui restait de l'armée turque de première ligne s'était peu à peu fondu. Tant de pertes accumulées constituaient pour la Turquie un tel désastre que Fayçal revint en Syrie, jugeant le moment favorable. Alors il trouva que pendant son absence la situation locale avait tourné.

Les chefs syriens étaient arrêtés ou traqués et leurs amis pendus par douzaines sous des chefs d'accusation politiques. Les divisions arabes sympathisantes avaient été soit exilées vers des fronts lointains, soit découpées en détachements et encadrées d'unités turques. Le service militaire turc tenait solidement la paysannerie arabe, et la Syrie pliait l'échine devant l'impitoyable Djémal Pacha. Les atouts de Fayçal avaient disparu.

Il écrivit à son père pour lui conseiller d'attendre encore : on lancerait le Mouvement quand l'Angleterre serait prête et la Turquie à bout de souffle. Par malheur l'Angleterre était à ce moment dans une situation déplorable. Ses forces reculaient, brisées, des Dardanelles. La longue agonie de Kut assiégée touchait à sa fin, et le soulèvement des Senoussis, coïncidant avec l'entrée en guerre de la Bulgarie, menaçait sur de nouveaux fronts la puissance britannique.

La position de Fayçal lui-même était des plus dangereuses. À chaque instant il pouvait être vendu par quelque membre de la société secrète qu'il avait présidée avant la guerre. Il dut pourtant aller vivre à Damas dans la demeure même de Djémal Pacha et prétendre améliorer ses connaissances militaires ; son frère Ali, en effet, levait alors des troupes dans le Hedjaz sous le prétexte que lui et Fayçal les emploieraient à attaquer le Canal de Suez pour soulager les Turcs. Ainsi Fayçal, bon Ottoman et officier de l'armée turque, ne pouvait moins faire que de vivre au Grand Quartier Général où il devait écouter sans mot dire les insultes et les outrageantes accusations que le rude Djémal ne manquait pas de lui faire avaler en abondance.

Djémal, parfois, mandait Fayçal et l'emmenait voir pendre ses amis syriens. Les victimes qui connaissaient les véritables sentiments du chérif n'osaient rien en laisser voir ; lui-même n'osait trahir ce qu'il pensait : un mot, un regard malheureux eût condamné au même sort sa famille et peut-être sa race entière. Une fois seulement son indignation l'emporta ; il dit à Djémal que ces exécutions précipiteraient ce qu'il voulait empêcher. L'intercession de ses amis de Constantinople, tous notables de la Turquie, lui évita tout juste de payer chèrement ces paroles imprudentes.

À elle seule la correspondance de Fayçal avec son père était une aventure dangereuse. De vieux serviteurs de leur famille, hommes au-dessus de tout soupçon, allaient et venaient sur le chemin de fer du Hedjaz, portant les lettres dans un pommeau d'épée ou dans des gâteaux, cousues parfois entre les semelles de leurs sandales ou écrites à l'encre invisible sur l'emballage de paquets innocents. Toutes celles de Fayçal contenaient des rapports décourageants et suppliaient l'émir Hussein de remettre l'action à une époque plus favorable.

Hussein, de son côté, n'était nullement gagné par ce

découragement. Les Jeunes-Turcs n'étaient à ses yeux que des athées, félons à la religion de leur race comme à leur devoir humain, traîtres à l'esprit de l'époque et aux plus hauts intérêts de l'Islam. Quoique âgé de soixante-cinq ans, il était allégrement déterminé à soutenir contre eux une guerre : la justice divine ne manquerait pas d'en couvrir les frais. Sa confiance en Dieu affaiblit à tel point son sens militaire qu'il crut le Hedjaz capable de vaincre la Turquie dans un duel loyal. Il manda donc à Fayçal, par l'intermédiaire d'Abd-el-Kader-el-Adbu, que tout était prêt à Médine et qu'on n'attendait plus que son inspection avant le départ des troupes pour le front. Fayçal en informa Djémal et lui demanda la permission de descendre à Médine. À sa terreur Djémal lui répondit qu'Enver Pacha, le généralissime, se rendait précisément dans cette province, et qu'ils iraient ensemble passer la revue des troupes. Seul, Fayçal eût dressé l'étendard rouge de son père dès son arrivée à Médine; mais que faire flanqué de ces deux hôtes imprévus ? La loi de l'hospitalité arabe les protégeait entièrement et leur présence retarderait l'action sans doute si longtemps que le secret de la révolte en serait compromis.

Tout se passa bien à la fin. Mais l'ironie de la revue fut terrible. Enver, Djémal et Fayçal regardaient tournoyer les troupes dans la plaine poussiéreuse, hors des murs de la cité : les méharis, feignant une bataille, chargeaient de tous côtés; les cavaliers, éperonnant leurs bêtes, lançaient la javeline suivant l'immémoriale coutume. « Sont-ce là tous des volontaires pour la Guerre Sainte ? » finit par demander Enver à Fayçal. « Oui », dit Fayçal. « Décidés à se battre jusqu'à la mort contre les Infidèles ? » « Oui », dit encore Fayçal. À cet instant les chefs arabes s'avancèrent pour être présentés. Le chérif Ali-ibn-el-Hussein, de Modhig, entraînant Fayçal à l'écart, murmura : « Seigneur, faut-il les tuer maintenant ? — Non, répondit Fayçal, ce sont nos hôtes. »

Les cheikhs protestèrent : deux coups d'épée,

pensaient-ils, et voilà la guerre finie. Ils étaient bien déterminés à forcer la main de Fayçal. Celui-ci dut se rendre parmi eux, hors d'ouïe mais non pas hors de vue, et défendre la vie des tyrans turcs qui avaient envoyé au gibet ses meilleurs amis. Il fit, de retour, des excuses, ramena sans retard ses hôtes à Médine, fit garder la salle du festin par des piquets d'esclaves et reconduisit en hâte lui-même Enver et Djémal à Damas pour empêcher qu'on ne les assassinât en chemin. Il eut beau, d'ailleurs, mettre cette courtoisie renforcée sur le compte de l'hospitalité arabe, les soupçons d'Enver et de Djémal avaient été fortement éveillés. Le blocus du Hedjaz fut resserré et les garnisons turques renforcées largement. On voulut même retenir Fayçal à Damas. Par bonheur pour lui, des télégrammes arrivèrent de Médine demandant, si l'on voulait éviter des désordres, son retour immédiat. Djémal, à regret, laissa partir son hôte en exigeant toutefois qu'il laissât derrière lui sa suite comme otage.

Fayçal trouva Médine pleine de troupes turques; l'État-Major du XIIe Corps d'Armée s'y était installé sous les ordres de Fakhri Pacha, vieux boucher qui avait eu le courage de «purifier» dans le sang Zeitun et Urfa de leurs Arméniens. Les Turcs étaient évidemment sur leurs gardes; Fayçal ne pouvait plus nourrir l'espoir d'une surprise qui eût emporté la victoire presque sans coup férir. Mais la prudence, aussi, n'était plus de saison. Quatre jours plus tard la suite du chérif s'enfuit à cheval de Damas et s'enfonça dans le désert à l'est pour demander refuge à Nouri Châalan, le chef bédouin. Le même jour, Fayçal se découvrit. Lorsqu'il dressa le drapeau arabe, d'une part l'État supranational panislamique auquel Abdul Hamid avait consacré tant de travail, tant de vies humaines et la sienne propre, d'autre part l'espoir allemand d'une coopération de l'Islam aux plans universels du Kaiser, s'évanouirent en rêve. Le chérif, par son geste de révolte, venait de clore deux chapitres fantastiques de l'Histoire.

Une révolte est la plus grande décision que puisse prendre un homme d'État. Le succès ou l'échec de celle-ci apparaissaient trop également hasardeux pour se risquer à prophétiser. Pour une fois cependant la fortune favorisa les audacieux. À travers les faiblesses, les souffrances et les doutes, l'épopée arabe parcourut sa route orageuse jusqu'au triomphe. Sa hardiesse méritait cette fin. Mais après la victoire surgirent, une à une, les heures de désillusion, puis la nuit où les hommes qui s'étaient battus découvrirent que tous leurs espoirs les avaient trahis. Puissent-ils connaître aujourd'hui, dans la blanche paix du tombeau, l'immortalité de leur geste, lumière et source d'inspiration pour leur race.

CHAPITRE VI

De nombreuses années avant la guerre j'avais parcouru dans tous les sens l'Orient sémite, apprenant les mœurs des villages, des tribus et des villes de Syrie et de Mésopotamie. Ma pauvreté m'avait contraint de me mêler aux classes les plus humbles, celles que rencontrent rarement les voyageurs européens. Mes expériences m'avaient ainsi donné un angle de vision inhabituel : je pouvais comprendre et partager les pensées de la foule ignorante aussi bien que celles des hommes éclairés dont les opinions importent moins pour le présent que pour le futur. J'avais vu, en outre, quelque chose des forces politiques qui travaillaient les esprits du Moyen-Orient et noté particulièrement les signes multipliés de décrépitude de la Turquie impériale.

La Turquie mourait d'un effort trop considérable : elle tentait en vain, avec des ressources diminuées, de conserver sur des bases traditionnelles l'Empire qu'elle avait conquis. Le sabre, suprême vertu des fils d'Othman, était maintenant démodé, remplacé par des armes plus meurtrières et plus scientifiques. Toute la force de ce peuple enfant avait été dans sa simplicité, sa patience, sa capacité de sacrifice : la vie moderne devenait trop compliquée pour lui. La race turque est la plus lente de l'Asie occidentale, peu capable de s'adapter aux nouvelles formes de gouvernement et de vie. Comment eût-elle encore inventé à son usage des procédés nouveaux ? L'administration du pays était devenue nécessairement une affaire de dossiers et de télégrammes ; un complexe de haute finance, de démographie et de statistique. La race des vieux gouverneurs, forts de poignet comme de caractère, illettrés brutaux, personnels, devait forcément disparaître, faire place à des hommes neufs ayant assez d'agilité et de souplesse pour se plier à la machine gouvernementale. Les dirigeants Jeunes-Turcs, superficiels mais dégrossis, descendaient tous d'ancêtres grecs, albanais, circassiens, bulgares, juifs — n'importe quoi hormis seljuks ou ottomans. Le peuple avait cessé d'être à l'unisson de ses maîtres qui empruntaient leur culture au Levant et leurs théories politiques à la France. La Turquie était en décadence ; seul le bistouri pouvait lui rendre quelque santé.

Tandis que l'Anatolien, obstinément attaché à sa vieille façon de vivre, restait dans son village une bête de somme et hors de son village un soldat qui ne se plaignait jamais, les races sujettes de l'Empire (formant presque les sept dixièmes de sa population totale) croissaient en force et en science. Leur manque de tradition, leur légèreté, leur intelligence plus vive et plus agile les disposaient à accepter les idées nouvelles. Une comparaison chaque jour élargie eut bientôt dissipé le prestige jadis attaché au nom turc. Cette rupture d'équilibre entre la Turquie et les provinces sujettes rendit nécessaire le renforcement des garnisons. La Tripolitaine, l'Albanie, la Thrace, le Yémen, le Hedjaz, la Syrie, la Mésopotamie, le Kurdistan, l'Arménie devinrent autant de comptes déficitaires, donc autant de fardeaux pour les paysans d'Anatolie. Chaque année une part plus considérable de leurs revenus allait à cette consolidation de l'Empire : et la charge pesait le plus lourdement sur les villages les plus pauvres.

Les soldats, résignés, à la manière paysanne turque, acceptaient leur sort sans protestation. Ils étaient comme des moutons, neutres, sans vices et sans vertus. Abandonnés à eux-mêmes, ils ne faisaient rien, ou peut-être s'asseyaient par terre. Commandés, ils obéissaient. Qu'on leur ordonnât la bonté, sans hâte ils devenaient des amis excellents et de généreux ennemis ; qu'on leur ordonnât d'insulter leur père et d'éventrer leur mère, ils se mettaient aussitôt à l'ouvrage, faisant preuve du même calme dans le mal, ou le bien, ou le néant. Ce manque d'initiative, parfaitement désespérant, faisait d'eux les soldats les plus sûrs, les plus infatigables et les moins animés du monde.

De tels hommes étaient les victimes naturelles de leurs officiers levantins, vicieux et voyants, qui les conduisaient à la mort ou les rejetaient après usage sans la moindre considération. La guerre, en vérité, nous fournit la preuve qu'une troupe turque, sous les passions les plus viles de ses chefs, jouait le rôle de planche à hacher. Le cas que le commandement faisait des hommes était si bas qu'aucune des précautions ordinaires n'était prise. L'examen médical des prisonniers turcs choisis au hasard montra que presque 50 % d'entre eux souffraient de maladies vénériennes anormalement acquises. On ne savait pas dans la campagne se prémunir contre la variole et les maladies analogues ; l'infection courait donc d'un homme à l'autre à travers les bataillons, et comme le service durait six ou sept ans, les survivants, s'ils provenaient de familles décentes, avaient honte, à la fin, de retourner chez eux. Ils s'en allaient dès lors à la dérive, se faisaient gendarmes ou hommes de peine dans les villes. Le taux des naissances diminuait. La paysannerie turque, en Anatolie, mourait de son service militaire.

Pour sauver le Proche-Orient, il fallait, nous le

sentîmes, une force neuve, domination ou race, qui surpassât les Turcs par le nombre, la faculté créatrice et l'activité mentale. L'Europe pouvait-elle fournir cet apport ? L'Histoire ne nous encourageait pas à le penser. Les efforts des puissances européennes pour prendre pied dans le Levant ont toujours été désastreux : nous ne haïssions assez aucun peuple occidental pour le pousser dans cette voie. Nous devions donc chercher dans les forces locales la solution de ce problème. Par bonheur les résistances et les difficultés seraient aussi locales. C'était la Turquie que la puissance nouvelle devait abattre : et la Turquie était pourrie.

Quelques-uns d'entre nous estimèrent que les peuples de langue arabe (l'élément le plus important du vieil Empire turc) étaient, par leur force latente, désignés pour ces fins : l'agglomération sémite apparaissait prolifique, grande en pensée religieuse, raisonnablement industrieuse, marchande, politique, et cependant d'un caractère accommodant plutôt que brutalement dominateur. Après avoir, pendant cinq siècles, servi sous la livrée turque, ses hommes commençaient à rêver de liberté. Nous crûmes donc saisir là quelque chose du futur ; et quand la guerre, déchaînée à la fois en Orient et en Occident, fit de l'Angleterre et de la Turquie deux nations ennemies, nous décidâmes d'incliner notre effort militaire vers la création d'un nouveau monde arabe dans la Proche-Asie.

Nous étions peu nombreux, et presque tous ralliés autour de Clayton, Commandant de l'*Intelligence Service* civil et militaire en Égypte. Clayton était un chef parfait pour notre bande d'hommes insociables. Calme, détaché, lucide, engageant sa responsabilité avec un courage inconscient, il donnait carte blanche à ses subordonnés. Ses propres desseins restaient généraux comme sa science et il agissait sur nous plutôt par influence que par directions formelles. Cette influence n'est d'ailleurs pas facile à décrire. Elle faisait penser à l'action de l'eau, ou de l'huile, qui se glisse, traverse, envahit tout avec une insistance silencieuse. Nul ne pouvait jamais dire où était Clayton, où il n'était pas, ni ce qu'un projet lui devait vraiment. Il ne dirigeait rien apparemment; mais ses idées précédaient la marche d'autrui. Il impressionnait les hommes par sa sobriété et par une certaine modération tranquille et ferme dans l'espoir. Dans la vie pratique il apparaissait décousu, désordonné, ennemi de la règle : les hommes indépendants pouvaient s'entendre avec lui.

Le premier d'entre nous était Ronald Storrs, Secrétaire Oriental de la Résidence, le plus brillant Anglais du Proche-Orient, subtilement actif en dépit de l'énergie dépensée hors de son travail; il aimait la musique, les lettres, la sculpture, la peinture, et, en général, toutes les beautés de ce monde. Il n'en semait pas moins ce que nous récoltions; Storrs, toujours le premier parmi nous, était notre grand homme. Son ombre couvrirait notre œuvre et toute la politique anglaise en Orient s'il avait pu seulement renoncer au monde afin de préparer son esprit et son corps avec la sévérité d'un athlète avant la lutte.

George Lloyd fit un moment partie de notre équipe. Il nous réconfortait; ses connaissances financières faisaient de lui un guide sûr dans le labyrinthe obscur du commerce international et un bon prophète pour l'avenir du Moyen-Orient. Sans son aide, notre œuvre eût été moins vaste et le succès moins rapide. Mais il était d'un naturel inquiet, avide de goûter plutôt que d'épuiser. Trop de choses lui étaient nécessaires à la fois. Il nous quitta donc bientôt sans savoir combien nous l'aimions.

Venait ensuite l'homme plein d'imagination, avocat de projets mondiaux sans consistance, Mark Sykes, gerbe d'a priori, d'intuitions et de demi-sciences. Ses constructions étaient celles d'un amateur et il manquait de patience pour en éprouver les matériaux. Il détachait des circonstances un aspect de la vérité, le soufflait, le tordait, lui faisait prendre forme jusqu'au moment où sa vieille apparence et sa nouvelle étrangeté, côte à côte, excitaient le rire ; et le rire était son triomphe. Plus caricaturiste que créateur, son instinct l'inclinait à la parodie, jusque dans les affaires d'État. Il voyait le bizarre, non pas la moyenne. En quelques traits il esquissait un nouvel univers, difforme, mais vivant pour nous par le relief donné à quelques-uns de nos espoirs. Son appui nous fit du bien et du mal. Sa dernière semaine à Paris fut une sorte d'expiation. Il retournait d'une période de service en Syrie : ayant pris conscience là-bas avec horreur de ses déformations imaginatives, il mit un point d'honneur à venir dire : « J'avais tort, voici la vérité. » Ses premiers amis n'aperçurent pas son nouveau sérieux et le jugèrent frivolement abusé. Il mourut peu après. Ce fut une perte tragique du point de vue arabe.

Loin de nous ressembler par la sauvagerie, Hogarth fut pour nous un mentor, père confesseur et conseiller. Il ne cessait de nous offrir les parallèles et les leçons de l'Histoire avec des pensées de modération et de courage. Il nous acquit la faveur de cercles politiques étrangers à notre action : car il apparaissait homme de jugement et de paix (tandis que j'étais tout griffes et dents, démoniaque). Son sens délicat des valeurs nous fit percevoir clairement derrière l'apparence, c'est-à-dire derrière les haillons pouilleux et la peau couverte de plaies où nous reconnaissions l'enveloppe d'un Arabe, les forces réelles cachées. Hogarth fut notre arbitre et notre historien infatigable. Il nous consacra non seulement sa science qui était vaste, mais encore la sagesse prudente qu'il apportait aux petites choses : car il croyait en ce que nous faisions. Derrière lui se dressait Cornwallis, homme d'apparence rude, mais forgé d'un de ces métaux incroyables qui fondent seulement à plusieurs milliers de degrés. Il pouvait demeurer pendant des mois à une température spirituelle plus haute que le « chauffage à blanc » de l'humanité moyenne, et cependant paraître froid et dur. Derrière lui enfin se tenaient d'autres hommes, Newcombe, Parker, Herbert

Graves, tous fidèles de la même foi et travaillant avec énergie, chacun à sa façon.

Notre petite troupe s'appelait elle-même «les Intrus»; nous prétendions, en effet, entrer sans autorisation dans les salons officiels de la politique étrangère anglaise : les plans de nos prédécesseurs ne nous arrêteraient pas dans notre tâche de bâtir un monde nouveau. Du bureau mixte de l'*Intelligence Service* qui nous servait de centre au Caire (lieu bruyant qu'Aubrey Herbert comparait à une gare orientale à cause de ses sonneries, de sa cohue et de son affairement) nous commençâmes donc à exercer une pression sur tous les chefs, lointains ou proches. Sir Henry Mac Mahon, Haut Commissaire en Égypte, fut naturellement l'objet de nos premières démarches. Sa vision aiguë, son expérience éprouvée lui permirent aussitôt d'embrasser, puis d'approuver notre dessein. D'autres, comme Wemyss, Neil, Malcolm ou Wingate, heureux de voir que la guerre pouvait devenir créatrice, plaidèrent notre cause. Leurs arguments confirmèrent l'impression favorable que Lord Kitchener avait reçue d'Abdullah quelques années auparavant lorsque le chérif avait fait appel à lui en Égypte. Et c'est ainsi qu'un jour Mac Mahon put poser la première pierre de notre édifice : un accord avec le chérif de La Mecque.

Nous avions eu auparavant un premier espoir du côté de la Mésopotamie. C'est dans cette province, en effet, qu'était né le Mouvement de l'Indépendance Arabe, sous l'impulsion vigoureuse et sans scrupules de Seyid Taleb, auquel succédèrent Yasim-el-Hashimi et la Ligue Militaire. Aziz-el-Masri, le rival d'Enver Pacha, vivait en Égypte et nous devait beaucoup; il était, d'autre part, l'idole des officiers arabes. Lord Kitchener l'avait pressenti dès les premiers jours de la guerre avec l'espoir de gagner à notre cause les forces turques de Mésopotamie. Par malheur, l'Angleterre éclatait alors de confiance; la victoire lui apparaissait facile et rapide, et la campagne de Turquie n'était à ses yeux qu'une promenade. Le Gouvernement des Indes s'opposa donc, dans les négociations avec les nationalistes arabes, à toute promesse qui pût limiter son ambition de faire jouer un jour à la Mésopotamie (future colonie anglaise) le rôle d'un Burma qui se sacrifie au bien commun. Il mit fin aux tractations, repoussa Aziz-el-Masri et fit arrêter Sayid Taleb qui s'était placé entre nos mains.

Après quoi le Gouvernement des Indes déclencha une offensive brutale sur Bassora. Les troupes ennemies, dans l'Irak, se composaient presque uniquement d'Arabes : elles devaient, par un paradoxe surprenant, combattre au profit de leurs oppresseurs séculaires des hommes considérés depuis longtemps comme des libérateurs — mais des libérateurs qui s'entêtaient à ne pas comprendre leur rôle. Comme on peut l'imaginer, ces troupes se défendirent mollement. Les nôtres remportèrent victoire sur victoire : nous en vînmes à croire les Hindous meilleurs soldats que les Turcs. Ceci explique notre avance folle vers Ctésiphon : nous rencontrâmes là de véritables Turcs qui se battaient pour tout de bon et qui nous arrêtèrent net. Étourdies, nos troupes se replièrent, et le long martyre de Kout commença.

Notre gouvernement, alors, comprit sa faute. Pour des raisons à quoi la chute d'Erzeroum n'était pas étrangère, il m'avait envoyé en Mésopotamie pour découvrir quelques moyens indirects de soulager notre garnison investie. Mon arrivée ne satisfit nullement les chefs de l'armée en campagne : deux généraux eurent même la bonté de m'expliquer que ma mission (qu'ils ne connaissaient nullement) était déshonorante pour un soldat (ce que je n'étais point). En fait, il était trop tard pour agir. Kout agonisait. Je ne fis donc rien de ce que j'aurais voulu et pu entreprendre.

Un Mouvement Arabe eût été pourtant servi à souhait par les circonstances. La population de Nejef et de Kerbela, sur les derrières d'Halil Pacha, s'était soulevée contre lui. Les Arabes survivants dans l'armée d'Halil étaient, de son propre aveu, prêts à la révolte. Les tribus du Hai et de l'Euphrate seraient passées du côté des

Anglais au moindre signe de clémence. Il aurait suffi à cette époque de révéler les promesses faites au chérif de La Mecque, voire même de publier la proclamation affichée plus tard dans Bagdad et, naturellement, de nous y conformer, pour grouper autour de nous les forces indigènes. Quelques semaines de raids sans répit sur la ligne de communication entre Bagdad et Kout eussent alors placé l'ennemi devant l'alternative de lever le siège ou de subir autour de Kout un investissement aussi rude pour lui que pour Townshend enfermé dans la ville. Il eût été facile de gagner assez de temps pour développer ce plan. Si seulement l'État-Major anglais de Mésopotamie avait obtenu du Ministère de la Guerre huit aéroplanes de plus pour accroître le ravitaillement quotidien de Kout, la résistance de Townshend pouvait se prolonger indéfiniment. La position était, du point de vue technique, imprenable pour des forces turques. De lourdes fautes commises au dedans et au dehors contraignirent seules la ville à se rendre.

Tel n'était pas, en tout cas, le plan des cercles dirigeants. Je retournai donc aussitôt en Égypte ; et jusqu'à la fin de la guerre nos troupes gardèrent en Mésopotamie le caractère d'une force étrangère en pays occupé, parmi des indigènes passivement neutres ou sourdement hostiles. Elles furent ainsi privées de la liberté de mouvement dont Allenby ne cessait de jouir en Syrie : c'est qu'Allenby se présentait en ami aux indigènes et s'avançait dans le pays avec leur appui effectif. Les facteurs de nombre, de climat et de communication étaient cependant plus favorables en Mésopotamie qu'en Syrie ; et la direction militaire, après les erreurs du début, n'y fut pas moins bien assurée. Il suffit pourtant de comparer dans les deux cas les listes de pertes et les mouvements tactiques, libres d'une part, étriqués de l'autre, pour juger à quel point une situation politique défavorable peut entraver une opération en apparence purement militaire.

CHAPITRE VII

L'échec de Mésopotamie fut pour nous une déception; Mac Mahon, cependant, poursuivait ses négociations avec La Mecque : il les fit aboutir enfin malgré l'évacuation de Gallipoli, la reddition de Kout et l'aspect généralement malheureux de la guerre à ce moment-là. Peu d'hommes, même parmi ceux connaissant le détail des négociations, avaient sérieusement espéré que le chérif entrerait en lutte. Nous fûmes donc tous surpris en apprenant qu'il acceptait d'organiser la révolte et d'ouvrir ses côtes à nos bateaux ou à nos troupes.

Nous découvrîmes alors que nos difficultés commençaient à peine. Le crédit du nouveau Mouvement était représenté par les personnes de Mac Mahon et de Clayton. Mais les jalousies professionnelles ne tardèrent pas à lever la tête. Comme il est assez naturel, Sir Archibald Murray, général commandant des troupes égyptiennes, ne voulait souffrir dans son département ni concurrent ni campagne concurrente. Il n'aimait pas le pouvoir civil qui avait si longtemps maintenu la paix entre lui et le général Maxwell. On ne pouvait pas lui confier l'affaire arabe : ni lui ni son État-Major n'avaient en effet sur les questions de races la compétence indispensable dans un problème aussi curieux. D'autre part il lui était facile de ridiculiser un Haut Commissariat poursuivant sa petite guerre particulière. C'était un homme très inquiet, sujet à des sautes d'humeur et jaloux de ses prérogatives.

Il découvrit un allié dans le chef de son État-Major, le général Lynden Bell, soldat de la vieille école et cordial avec affectation, épouvanté par les politiciens.

Deux officiers du Grand État-Major appuyèrent leur chef avec vigueur, et bientôt l'infortuné Mac Mahon, privé de secours du côté de l'armée, se trouva réduit à mener sa guerre en Arabie avec la seule assistance des attachés aux Affaires Étrangères.

Or, quelques-uns au moins parmi ceux-ci voyaient d'un assez mauvais œil une guerre qui donnait à certains hommes, étrangers à la carrière diplomatique, le droit d'intervenir dans leurs affaires. Les diplomates, d'ailleurs, réduisent tout à des minuties : c'est seulement ainsi qu'ils peuvent donner au train-train de la vie internationale une apparence considérable ; l'habitude est si forte en eux qu'en présence d'une œuvre essentielle ils ne tardèrent pas à la transformer en futilités. La faiblesse de leurs discours et leurs petites malhonnêtetés réciproques irritèrent bientôt jusqu'au dégoût les soldats de métier ; sans nous faire aucun bien d'ailleurs puisqu'elles aboutirent à « laisser tomber » le Haut Commissaire, dont les G… n'étaient pas dignes de cirer les bottes.

Wingate, qui pensait connaître aussi bien et mieux que quiconque la situation dans le Moyen-Orient, comprit bien l'intérêt du Mouvement Arabe et l'immense profit que le pays pourrait en retirer ; mais comme le flot des critiques commençait lentement à battre Mac Mahon, il préféra se séparer de lui, et Londres soupçonna bientôt qu'un écheveau si subtil et si complexe pourrait bien être mis avec plus de profit en des mains expérimentées.

Cependant les affaires du Hedjaz ne cessaient d'empirer. On n'avait établi aucune liaison pratique avec les forces arabes ; on n'avait donné aucun renseignement militaire ; on n'avait suggéré aucun avis tactique ou stratégique ; enfin on n'avait fait aucune tentative pour préciser les conditions locales et adapter aux besoins de la lutte les ressources matérielles des Alliés. La prudence de Clayton avait fait envoyer au Hedjaz une mission militaire française : c'était un moyen de calmer les soupçons de nos alliés en les emmenant dans les coulisses et en leur proposant une collaboration. Mais on avait permis à cette mission française de filer une intrigue compliquée contre le chérif Hussein dans ses propres villes de Djeddah et de La Mecque, puis de proposer des mesures qui eussent ruiné notre cause commune aux yeux de tous les musulmans. Wingate, qui assurait maintenant notre liaison militaire avec le chérif, fut amené à débarquer des troupes à Rabigh (à mi-chemin entre Médine et La Mecque) pour défendre la ville sainte et contenir l'offensive renforcée des Turcs de Médine. Mac Mahon, recevant des conseils de tous côtés, perdit la tête et fournit à Murray un prétexte pour dénoncer ses inconséquences. La Révolte Arabe fut discréditée : l'État-Major d'Égypte prophétisa avec joie son échec prochain et la pendaison du chérif Hussein, haut et court, à un gibet turc.

Ma position personnelle n'était pas facile. Comme capitaine d'État-Major sous les ordres de Clayton dans l'*Intelligence Section* de Sir Archibald Murray, j'étais officiellement chargé de la « distribution » des corps turcs et de la préparation des cartes. Spontanément, j'y avais ajouté la mise à jour d'un Bulletin Arabe, rapport secret hebdomadaire sur la politique du Moyen-Orient. Clayton avait de plus en plus besoin de moi dans la section militaire du Bureau Arabe, petit État-Major politique d'espionnage et de guerre qu'il organisait avec Mac Mahon. Soudain Clayton fut déplacé de l'État-Major général ; et le colonel Holdich, officier de l'*Intelligence Service* à Ismailia, vint le remplacer. La première intention qu'il manifesta fut de me garder à son service : comme, de toute évidence, il n'avait pas besoin de moi, j'interprétai sa décision (avec l'aide de divers témoignages amicaux) comme une volonté de m'écarter des affaires arabes. Il fallait donc m'échapper aussitôt, ou jamais. Une demande directe fut refusée. J'eus alors recours à un stratagème. Par une suite de communications téléphoniques (le G. Q. G. était à Ismailia et moi au Caire) je me rendis parfaitement intolérable à l'État-Major sur le canal de Suez. Non content de souligner avec insistance, toutes les fois que j'en avais l'occasion, les erreurs et les faiblesses de son personnel en matière de « renseignements » (tâche facile, en vérité) je mis le comble à son irritation en corrigeant, dans les rapports qu'il m'adressait, avec beaucoup de suffisance littéraire, les infinitifs à la Bernard Shaw et les tautologies.

En quelques jours le bouillonnement était tel à Ismailia qu'on décida de ne pas me supporter plus longtemps. Je saisis cette occasion stratégique pour demander une permission de dix jours : Storrs descendait à Djeddah pour entretenir le Grand Chérif et je goûterais fort une balade de vacances avec lui dans la mer Rouge. L'État-Major qui n'aimait pas Storrs fut trop heureux en outre de se débarrasser de moi, au moins pour l'instant. La permission me fut aussitôt accordée et l'on chercha pour mon retour un rond de cuir où me jucher. Je n'avais, cela va sans dire, nullement l'intention de les laisser faire ; car si j'acceptais volontiers de louer mon corps pour un service mesquin, j'hésitais à jeter ainsi mon esprit à tous les vents. J'allai donc me confesser à Clayton qui me promit de tout faire pour que la Résidence demandât télégraphiquement au Foreign Office mon transfert dans le Bureau Arabe. Le Foreign Office traiterait directement avec le Ministère de la Guerre, et les autorités égyptiennes n'entendraient parler de rien jusqu'au moment où la décision serait prise.

Storrs et moi nous partîmes donc heureux. On affirme en Orient que le meilleur chemin pour traverser un carré est d'en parcourir trois côtés : en ce sens, mon moyen d'évasion était oriental. Mais j'avais foi dans la Révolte Arabe pourvu qu'elle fût convenablement dirigée, et cela me justifiait à mes yeux. J'avais mis en lui mon espoir, j'avais aidé le Mouvement à naître. Un officier correct, avec l'obéissance fataliste des soldats de métier (l'intrigue est inconnue dans l'armée britannique), se fût assis et eût assisté sans mot dire à la destruction de son œuvre par des hommes qui ne l'aimaient ni ne l'approuvaient. *Non nobis Domine.*

LIVRE I

Découverte de Fayçal

Chapitres VIII à XVI

J'avais attribué nos insuccès pour la plus grande part à des fautes de commandement; mieux, à une absence de commandement, arabe et anglais. J'allai donc en Arabie sonder ses grands hommes. Le chérif de La Mecque était, nous le savions, âgé. Je trouvai Abdullah trop subtil, Ali trop propre, Zeid trop froid.

Je remontai à la recherche de Fayçal et découvris en lui le chef possédant la flamme nécessaire, avec assez de raison pour ne pas rejeter l'appui de notre expérience. Ses sujets me parurent un instrument suffisant, et ses montagnes un avantage naturel. Je retournai donc, plein de joie et de confiance, en Égypte. Là, je dis à mes chefs que La Mecque était défendue non par l'obstacle de Rabigh, mais par la menace latérale de Fayçal dans le Djebel Subh.

CHAPITRE VIII

Le *Lama*, petit paquebot armé en guerre, nous attendait au large de Suez : nous embarquâmes aussitôt. Ces courts voyages sur des vaisseaux de la flotte étaient, pour nous autres passagers, de délicieux interludes. Celui-ci fut pourtant marqué de quelque embarras. Notre compagnie mêlée parut troubler l'équipage. Nous occupions, en effet, la nuit, des cabines que les aspirants avaient dû nous céder, et nous emplissions, le jour, les pièces communes de conventions parfois incongrues. L'intolérance de Storrs se pliait rarement aux exigences sociales; mais ce jour-là il était plus tranchant encore que d'ordinaire. Il fit deux fois le tour des ponts, renifla — « Personne à qui parler » — et s'assit dans l'un des deux seuls fauteuils confortables pour entamer avec Aziz-el-Masri (qui occupait l'autre) une discussion sur Debussy. Aziz, ex-colonel arabe circassien de l'armée turque, maintenant général de l'armée chérifienne, s'en allait examiner avec l'émir de La Mecque l'équipement des troupes régulières qu'il formait à Rabigh. Quelques minutes plus tard les deux hommes avaient abandonné Debussy pour dire du mal de Wagner : Aziz parlait en allemand avec aisance; Storrs mêlait l'allemand, le français et l'arabe. Quant aux officiers du bord, ils jugeaient inutile cette conversation.

Nous jouîmes jusqu'à Djeddah du calme ordinaire, glissant dans l'air délicieux de la mer Rouge, jamais brûlant tant que le bateau avançait. Nous passions les jours étendus à l'ombre, occupant la plupart des heures de la nuit à arpenter les ponts humides, sous la magnificence des étoiles, dans l'haleine fumante du vent du Sud. À la fin pourtant nous jetâmes l'ancre en rade de Djeddah : alors, devant la ville blanche suspendue entre un ciel de flamme et son reflet — car le mirage, au-dessous d'elle, roulait avec de longs frissons sur l'immense lagune — la vraie chaleur de l'Arabie, étincelant soudain comme une épée qu'on tire, d'un coup nous laissa sans parole. Le soleil de midi en Orient éteint les couleurs comme un clair de lune. Nos yeux ne voyaient plus que lumières et ombres : les maisons blanches, le trou noir des rues ; une vapeur pâle et lustrée miroitait devant, sur le port ; derrière, le scintillement du sable, des lieues, des lieues encore de sable sans visage, finissait par atteindre une falaise basse, vaguement entrevue dans le brouillard de la chaleur, à l'horizon.

Juste au nord de Djeddah se détachait un second groupe de bâtisses blanches et noires : elles montaient, descendaient dans le mirage comme autant de pistons, suivant le roulis du navire à l'ancre et les bouffées intermittentes de la brise qui déplaçaient dans l'air les vagues de chaleur. L'impression générale était horrible. Déjà nous reprochions au Hedjaz sa situation géographique : elle faisait de lui, sans doute, un sûr théâtre de révolte du point de vue militaire, mais au prix d'un climat pernicieux.

Ces réflexions ne durèrent pas longtemps : le colonel Wilson, représentant britannique auprès du nouvel État arabe, avait envoyé sa vedette à notre rencontre ; il nous fallait gagner la terre, apprendre ce qu'étaient réellement ces hommes suspendus dans un mirage. Une demi-heure plus tard, Ruhi, assistant consulaire oriental

(Ruhi l'astucieux, plus semblable à un pavot qu'à un homme), adressait une grimace de bienvenue à son vieux patron Storrs, tandis que la police syrienne et les officiers du port (tous frais émoulus), flanqués d'une garde d'honneur, s'alignaient sur le quai de la douane pour saluer Aziz-el-Masri. Le chérif Abdullah, second fils du vieillard de La Mecque, venait juste, nous dit-on, d'arriver dans la ville. C'était lui que nous devions voir. Notre visite s'ouvrait donc sous des auspices favorables.

Nous nous dirigeâmes vers le Consulat. À la blancheur de murs en construction succéda l'étroitesse d'un souk. Par les planches mal jointes et les vieux sacs troués qui servaient de toit aux boutiques, les rayons de soleil poignardaient les coins d'ombre, illuminant, en guise de poussière, des escadrons dansants de mouches qui passaient des hommes aux dattes pour revenir sur les quartiers de viande. L'atmosphère était celle d'un bain de vapeur. Le cuir écarlate du fauteuil, sur le pont du *Lama*, avait déjà teint, dans l'humide contact de ces quatre jours, la tunique blanche et le pantalon de Storrs d'une couleur aussi éclatante que l'originale : la sueur ruisselant maintenant de ses habits commençait à luire à travers les taches comme du vernis. J'étais si fasciné par ce spectacle que je ne remarquai pas à quel point le brun de mon propre uniforme kaki fonçait partout où il touchait ma peau. Storrs, cependant, se demandait si notre marche serait assez longue pour me donner, par diffusion, une belle couleur, décente et solide ; je me demandais, en retour, s'il allait teindre en écarlate tout ce sur quoi il s'assiérait.

Nous arrivâmes au Consulat trop tôt pour nos vœux réciproques. Wilson était assis dans une salle ombreuse, devant un treillis grand ouvert, prêt à goûter une brise de mer absente depuis quelques jours. Il nous reçut avec raideur ; c'était en effet un de ces bons Anglais honnêtes et carrés à qui Storrs ne pouvait manquer d'être suspect, ne fût-ce que par son sens artistique ; de mon côté, je l'avais rencontré une fois seulement au Caire le temps d'une courte dispute. Le costume indigène était-il indigne d'un Anglais ? Je l'avais seulement qualifié d'inconfortable. Il le jugeait, pour sa part, déplacé. Ces sentiments personnels n'empêchaient pas, d'ailleurs, Wilson d'entrer entièrement dans notre jeu. Il avait préparé notre rencontre avec Abdullah ; nous pouvions compter sur son aide en toutes choses. Au surplus nous étions ses hôtes et la magnifique hospitalité orientale jouissait de sa sympathie.

Abdullah, monté sur une jument blanche et suivi d'esclaves à pied richement armés, s'avança mollement vers nous à travers les saluts pleins de respect d'une population silencieuse. Il apparut rougissant de son succès à Taïf et plein de joie. C'était un vieil ami de Storrs qui engagea aussitôt conversation. Je voyais au contraire le chérif pour la première fois. Je ne fus pas long cependant à reconnaître dans sa bonne humeur un trait constant de caractère. Ses yeux pétillaient sans arrêt ; et, à trente-cinq ans, il avait les joues pleines. Peut-être fallait-il en accuser son rire. La vie semblait très gaie pour Abdullah. Il était court et fort, avec un teint fleuri ; une barbe brune soignée masquait la rondeur lisse de son visage et sa bouche petite. Ses manières étaient ouvertes, en apparence du moins, et sa conversation charmante. Bannissant bientôt toute cérémonie, il accueillit chacun avec une aisance enjouée. Pourtant, lorsque la conversation devint sérieuse, ce voile de gaieté légère parut soudain s'évanouir. Il choisit ses mots et joua serré. Sans doute faut-il ajouter qu'il avait Storrs pour partenaire : Storrs était exigeant en fait de discussion.

Les Arabes voyaient en Abdullah un homme d'État aux aperçus lointains et un politicien astucieux. L'astuce ne pouvait lui être refusée, mais elle n'était pas d'une espèce assez haute pour nous convaincre toujours. L'ambition de l'homme éclatait. La rumeur publique faisait de lui le cerveau de la politique paternelle, l'âme de la Révolte Arabe ; mais il avait en lui, pour être tout cela, je ne sais quoi de trop facile. Son objectif restait évidemment la conquête de l'indépendance arabe, l'union des nations de sa race ; mais il entendait garder pour sa famille le gouvernement des nouveaux États. Il nous observait donc, jouant, à travers nous, pour la galerie anglaise.

De mon côté je jouais pour un résultat positif : j'observais et je critiquais. La révolte du chérif n'avait pas fait ces derniers mois de progrès satisfaisants ; au contraire, son élan se figeait. Dans une guerre de partisans, l'arrêt annonce le désastre. De quoi manquait donc la révolte ? À mon avis, d'un chef : non pas d'intelligence, ni de jugement, ni de sagesse politique, mais d'une flamme enthousiaste qui eût mis le feu au désert. Le but essentiel de mon voyage était d'abord de trouver l'homme — maître-esprit encore inconnu — puis de juger dans quelle mesure il pourrait conduire le mouvement au but que j'avais entrevu. Or, plus notre conversation se poursuivait et plus je voyais clairement qu'Abdullah n'était pas cet homme : il semblait trop équilibré, trop flegmatique, trop enclin aux plaisanteries pour se transformer en prophète, surtout en cette sorte de prophète armé qui, s'il faut en croire l'Histoire, fait triompher les révolutions. Sa valeur trouverait peut-être à s'employer dans la paix, après la victoire. Pendant le corps à corps, quand nous avions besoin de coup d'œil et de magnétisme, d'ardeur religieuse et de sacrifice, Abdullah (encore qu'on ne pût l'ignorer, même à cet instant) était un instrument trop complexe pour la simplicité du but.

Nous lui parlâmes de l'État de Djeddah : il était plus aisé, au cours d'une première entrevue, d'aborder le sujet, sans importance actuelle, de l'administration chérifienne. Abdullah nous répondit que la guerre était pour l'instant un souci trop lourd ; le gouvernement civil devait attendre. Le système turc fonctionnait encore dans les villes, quoique sur une échelle plus réduite. L'ancien gouvernement avait d'ailleurs souvent des bontés pour les puissants : ils obtenaient en traitant avec lui des privilèges considérables. Quelques-uns de ces privilégiés du Hedjaz avaient donc regretté la venue d'un gouvernement local. Dans La Mecque et à Djeddah en particulier, l'opinion publique était hostile à un État arabe. La masse des citoyens se composait d'étrangers — Égyptiens, Indiens, Javanais, Africains et autres — sans aucune sympathie pour les aspirations arabes, surtout incarnés en la personne de Bédouins. Les Bédouins, en effet, ont toujours vécu de ce qu'ils peuvent extorquer aux étrangers sur leurs routes ou dans leurs vallées. Entre eux et les habitants des villes l'échange de récriminations ne cesse jamais.

Pour l'instant les Bédouins avaient l'avantage : c'étaient les seuls guerriers que possédât le chérif et le succès de la Révolte dépendait d'eux. Ils étaient donc armés gratuitement, beaucoup recevaient une solde ; le chérif nourrissait leurs familles pendant leur absence et louait, pour le ravitaillement de ses troupes, leurs caravanes de chameaux. La campagne, par suite, était prospère, et les villes à court d'argent.

Ce n'était point d'ailleurs le seul grief des citadins : les nouvelles formes de justice leur en fournissaient un autre. On avait aboli le Code civil turc pour revenir à la vieille loi religieuse et à la stricte procédure coranique du kadi arabe. Quand les Arabes auraient le temps, dit notre interlocuteur avec un trémoussement comique, ils trouveraient dans le Coran des opinions et des préceptes applicables aux opérations commerciales modernes, comme la Banque et la Bourse. En attendant ce jour, évidemment, les Bédouins gagnaient à l'abolition du Code ce que perdaient les citadins. Le chérif Hussein avait silencieusement sanctionné le rétablissement du vieil ordre familial. Les Bédouins en procès plaidaient leur propre cas devant le juge de la tribu : ce dernier, membre d'une famille respectable, remplissait un office héréditaire reconnu par le paiement annuel d'une chèvre par foyer. Les jugements étaient basés sur la coutume et sur une jurisprudence considérable que le juge gardait dans sa mémoire. Ils étaient rendus publiquement et sans frais. Quand le procès intéressait des hommes de tribus différentes, le juge était choisi par consentement mutuel : quelquefois l'on avait recours à celui d'une troisième tribu. Enfin, si le cas prêtait à controverse, le juge était assisté d'un jury de quatre hommes — deux choisis par le plaignant dans la famille du défendeur, et deux par le défendeur dans la famille du plaignant. Les sentences étaient toujours unanimes.

Nous contemplions tristement le tableau qu'Abdullah esquissait ainsi devant nous, songeant au Paradis terrestre, à tout ce qu'a perdu l'humanité moyenne par la faute d'Ève qui gisait précisément dans sa tombe de l'autre côté du mur. Storrs enfin, pour me faire entrer dans la discussion, pria le chérif de vouloir bien nous communiquer ses propres vues sur les opérations militaires : « J'en ferai, dit-il, mon profit, et je les communiquerai au Grand Quartier Général d'Égypte. » Abdullah devint aussitôt sérieux : les Anglais, à son sens, devraient comprendre combien leurs intérêts étaient engagés de façon immédiate et particulière dans la situation du Hedjaz. Il résuma ainsi cette dernière :

En négligeant de couper le chemin de fer du Hedjaz, nous avions permis aux Turcs de rassembler, pour le renforcement de Médine, vivres, munitions et moyens de transport.

Fayçal avait été repoussé de la ville ; l'ennemi préparait maintenant une colonne mobile (de toutes armes) pour une offensive sur Rabigh.

Les Arabes occupaient les montagnes sur leur route mais ils ne pourraient pas les défendre longtemps : car nous avions négligé de les ravitailler en mitrailleuses, artillerie et munitions.

Hussein Mabeirig, chef des Masruh Harbs, s'était rallié aux Turcs. Si la colonne de Médine avançait en effet, les Harbs se joindraient à elle.

Le chérif de La Mecque, son père, n'aurait plus dès

lors qu'à se mettre à la tête de son peuple et à mourir en combattant sous les murs de la ville sainte.

À ce moment le téléphone sonna : le Grand Chérif désirait parler à Abdullah. Ayant appris où en était notre conversation, il confirma aussitôt les dernières paroles de son fils : si les Turcs arrivaient à La Mecque, ils n'entreraient dans la ville qu'en lui passant sur le corps. La sonnerie du téléphone marqua la fin de la communication. Alors Abdullah, un léger sourire sur les lèvres, nous demanda que, pour prévenir un tel désastre, une brigade britannique (de troupes musulmanes si possible) fût gardée en réserve à Suez avec des navires prêts à la transporter rapidement à Rabigh dès que l'attaque turque déboucherait de Médine. Que pensions-nous de cette proposition ?

Je répliquai *primo*, du point de vue historique, que le chérif Hussein nous avait priés de ne pas couper le chemin de fer du Hedjaz : il en aurait besoin, avait-il dit, pour son avance victorieuse en Syrie ; *secundo*, du point de vue pratique, que la dynamite fournie pour les travaux de mine nous avait été renvoyée : elle était, avait-on écrit, trop dangereuse pour être employée par des Arabes ; *tertio*, pour répondre à une accusation particulière, que nous n'avions jamais reçu de Fayçal aucune demande de munitions.

Quant à réserver une brigade pour Rabigh, la question était compliquée. Les bateaux étaient rares, et nous ne pouvions pas garder indéfiniment à Suez des moyens de transport inactifs. Notre armée ne possédait pas d'unités musulmanes. Une brigade britannique était un « truc encombrant » : il faudrait du temps pour l'embarquer et la débarquer. Le front de Rabigh était vaste : une brigade aurait de la peine à le tenir et ne pourrait jamais détacher une force suffisante pour empêcher une colonne turque de passer à l'intérieur. Ce qu'elle pourrait faire serait de défendre la côte sous la protection d'un navire de guerre, mais le navire y réussirait tout aussi bien sans les troupes.

Abdullah répliqua que l'envoi de navires de guerre était insuffisant du point de vue moral car la bataille des Dardanelles avait détruit la vieille légende d'une flotte britannique omnipotente. Les Turcs, ajouta-t-il, ne pourraient passer à l'intérieur des terres : Rabigh était le seul point d'eau du district ; ils devaient nécessairement venir s'approvisionner à ses puits. Enfin l'immobilisation de la brigade et de ses moyens ne serait que temporaire ; déjà ses propres troupes, victorieuses à Taïf, remontaient la route est de La Mecque à Médine. Aussitôt qu'elles seraient en place, il donnerait des ordres à Ali et à Fayçal qui déboucheraient du sud et de l'ouest ; leurs forces combinées entameraient une offensive de grand style au cours de laquelle, s'il plaisait à Dieu, Médine serait prise. Cependant, Aziz-el-Masri formait à Rabigh des bataillons de volontaires venus de Mésopotamie et de Syrie. Quand nous aurions ajouté à ces troupes les prisonniers de guerre arabes de l'Inde et de l'Égypte, elles suffiraient pour remplir les fonctions momentanément confiées à la brigade anglaise.

Je promis d'exposer ces vues en Égypte, ajoutant que les Anglais hésitaient à affaiblir par des envois de troupes la défense absolument vitale de l'Égypte (il ne devait pourtant pas croire que le Canal fût le moins du monde en danger) ; ils hésitaient plus encore à envoyer des chrétiens défendre la ville sainte ; car certains musulmans de l'Inde, jugeant que le gouvernement turc avait un droit imprescriptible à l'*haramein*, ne manqueraient pas de travestir nos motifs et notre action. J'ajoutai qu'il me serait plus aisé sans doute de soutenir efficacement son point de vue si je pouvais baser mon rapport sur une expérience personnelle du pays et des conditions locales. J'aimerais en outre rencontrer Fayçal pour connaître, de sa bouche même, ses besoins et les chances que nous avions de prolonger sa défensive dans les montagnes en lui fournissant du matériel : il me suffirait pour cela de remonter à cheval, la route Soultanié de Rabigh vers Médine, jusqu'au camp de Fayçal.

Storrs intervint alors : il me soutint de tout son poids, insistant sur l'importance capitale qu'aurait, pour le commandant en chef des forces anglaises d'Égypte, une information complète et rapide fournie par un observateur compétent; d'ailleurs, le fait que Sir Archibald Murray m'avait envoyé, moi, son officier d'État-Major le plus qualifié et le plus indispensable, ne prouvait-il pas la considération que ce haut personnage accordait aux affaires arabes ? Abdullah prit le téléphone et tenta d'obtenir, pour mon voyage à l'intérieur du pays, le consentement de son père. Le Grand Chérif ne cacha pas la méfiance que cette proposition lui inspirait. Abdullah discuta, marqua deux ou trois points et passa le téléphone à Storrs qui tourna aussitôt contre le vieil Hussein toutes ses batteries diplomatiques. L'arabe de Storrs déchaîné était à la fois une joie pour les oreilles et un enseignement pour tout Anglais qui doit s'efforcer de convaincre des Orientaux soupçonneux ou réfractaires. Rarement on lui résistait plus de quelques minutes; une fois de plus, ici, il balaya tout. Le chérif redemanda Abdullah, lui donna l'autorisation d'écrire à son frère Ali une lettre suggérant que, si les conditions étaient normales et si lui-même n'y voyait pas d'inconvénient, on pouvait sans doute me laisser remonter jusqu'au camp de Fayçal dans le Djebel Subh. Abdullah, sous l'influence de Storrs, transforma ce message prudent en instructions écrites directes : elles enjoignaient à Ali de me donner sans retard le meilleur de ses méharis et de me faire conduire par un guide sûr jusqu'au camp de Fayçal. Ayant ainsi obtenu tout ce que je demandais et la moitié de ce que demandait Storrs, nous nous séparâmes pour aller déjeuner.

CHAPITRE IX

Ce que nous avions vu de Djeddah sur le chemin du Consulat nous avait plu : après le déjeuner, quand la température fut un peu plus fraîche, ou du moins quand le soleil ne fut plus si haut, nous partîmes donc en touristes sous la conduite de Young, adjoint de Wilson, grand admirateur des choses passées et détracteur des œuvres présentes.

C'était en vérité une ville remarquable. Les ruelles en couloirs, couvertes d'un plafond de bois dans le bazar principal, s'ouvraient ailleurs vers une étroite bande de ciel entre les hautes maisons blanches. Les cinq ou six étages de ces dernières, en calcaire corallien soutenu par une charpente visible, s'ornaient de larges bow-windows qui montaient du sol jusqu'au toit, en panneaux gris. Les vitres étaient inconnues à Djeddah, mais une profusion de beaux treillis et quelques ciselures délicates dentelaient partout les fenêtres. Les portes étaient à deux battants de bois de teck, lourdes, profondément taillées, souvent perforées de poternes avec des gonds et des marteaux de fer richement forgé. Beaucoup de moulures en plâtre ; dans les vieilles maisons des mascarons et des bandeaux de pierre ornaient les fenêtres donnant sur les cours intérieures.

L'architecture à charpente visible évoquait notre XVIe siècle, surtout les constructions surchargées du Cheshire : mais la même folie était poussée ici à un point d'absurdité et de joliesse incroyables. Les façades taillées, adornées, découpées, moulurées ressemblaient à la fin aux décors de carton d'un théâtre romantique. Tous les étages faisaient saillie, toutes les fenêtres penchaient dans un sens ou dans un autre ; souvent les murs mêmes étaient en pente.

L'ensemble formait comme une cité morte ; propre et tranquille. L'entrelacs des rues toutes plates était chaussé d'un sable humide, durci par le temps, étouffant les pas mieux qu'aucun tapis. Les treillis et les avancées des murailles amortissaient la voix, supprimaient les échos. Pas de charrettes; pas même de rue assez large pour elles; aucun animal à sabots; aucun trafic. Tout se passait dans un silence attentif, furtif même. Les portes des maisons se fermaient sans bruit sur notre passage. On n'entendait pas aboyer de chien ni pleurer d'enfant; hors du bazar encore somnolent les passants mêmes paraissaient très rares : les hommes que nous rencontrions, tous minces et comme brûlés de fièvre, le visage sans barbe, couturé de cicatrices et les yeux enfoncés dans les orbites, nous dépassaient sans un regard, avec une hâte circonspecte. Leurs courtes robes blanches, leurs crânes rasés surmontés de petites calottes, leurs châles de coton rouge et leurs pieds nus se ressemblaient au point qu'on pouvait parler d'uniforme.

L'atmosphère était mortellement lourde, non pas brûlante, mais moite, épuisée : on s'y sentait très vieux et presque chancelant. Aucun autre lieu ne possède un air semblable : celui-ci vous enveloppe, non pas d'odeurs exaspérées comme Smyrne, Naples ou Marseille, mais d'une exhalaison persistante de foule, de fatigue, de sueur, de bain surchauffé. On eût dit que depuis des années Djeddah n'avait pas été balayée par un vent salubre; que ses rues gardaient le même air, toujours, de janvier à décembre; qu'il était là depuis le jour où les maisons avaient été bâties et qu'il y resterait jusqu'à leur ruine. Et rien dans les bazars qu'on pût acheter.

Dans la soirée le téléphone sonna : le chérif appelait Storrs. Lui plairait-il d'entendre son orchestre? Storrs ahuri demanda: «Quel orchestre?» puis félicita Sa Sainteté d'avoir poussé si loin les usages du monde. Le chérif nous fournit quelques explications : l'État-Major du Hedjaz, sous les Turcs, possédait une fanfare qui régalait chaque soir le Gouverneur Général; quand Abdullah fit prisonnier le Gouverneur Général à Taïf, il captura du même coup les musiciens. Les autres prisonniers avaient été envoyés dans des camps en Égypte, mais la fanfare, par exception, avait été gardée à La Mecque afin de charmer l'ouïe des vainqueurs. Le chérif Hussein posa donc le récepteur de son téléphone sur sa table, et chacun de nous, appelé solennellement, put entendre les cuivres du palais de La Mecque à quarante-cinq milles de là. Storrs remercia au nom de tous ; et le chérif, redoublant de politesse, répondit qu'il tenait à envoyer les musiciens jouer dans notre propre cour : ils allaient incontinent gagner Djeddah à marches forcées : « Ainsi, ajouta-t-il, vous pourrez me faire le plaisir, à votre tour, de m'inviter par téléphone à venir partager votre satisfaction ».

Le lendemain Storrs rendit visite à Abdullah sous sa tente à côté de la *Tombe d'Ève*. Tous deux visitèrent ensuite l'hôpital, les casernes, les bureaux, pour être enfin reçus par le Maire et le Gouverneur. Dans l'intervalle des cérémonies, les finances, la noblesse arabe, le titre du chérif, ses relations avec les autres princes d'Arabie, la marche générale de la guerre fournirent à la conversation les lieux communs qu'échangent d'ordinaire les ambassadeurs dans leurs entretiens officiels. C'était fort ennuyeux et je m'excusai la plupart du temps, ayant décidé, après une conversation le matin même, qu'Abdullah n'était pas le chef que je recherchais. Nous lui avions demandé d'esquisser pour nous la genèse du Mouvement Arabe et sa réponse avait éclairé vivement son caractère. Il avait commencé par une longue description de Talaat, le premier Turc qui lui eût parlé avec inquiétude de l'instabilité politique du Hedjaz. Talaat n'admettait pas de révolte : le Hedjaz, à son sens, devait être soumis comme le reste de l'Empire au service militaire.

Abdullah, pour prévenir les projets turcs, avait dressé un plan d'insurrection pacifique qu'il comptait mettre en œuvre vers 1915. Auparavant, il avait sondé Kitchener sans succès. Son plan était de soulever les tribus pendant le jeûne et de s'emparer des pèlerins. Ceux-ci auraient naturellement compris dans leurs rangs un grand nombre de chefs turcs et des notables musulmans d'Égypte, des Indes, de Java, d'Érythrée et d'Algérie. Ces milliers d'otages eussent éveillé l'attention de grandes puissances intéressées. Celles-ci eussent fait pression sur la Sublime Porte pour obtenir la mise en liberté de leurs nationaux. La Sublime Porte, militairement impuissante devant le Hedjaz, aurait dû alors soit faire des concessions au chérif, soit confesser son impuissance. Dans ce dernier cas Abdullah serait entré directement en contact avec les puissances européennes, prêt à écouter leurs demandes contre une garantie d'immunité du côté de la Turquie. Je n'aimais pas ce plan et je fus heureux lorsque Abdullah dit avec un rire moqueur que Fayçal, effrayé, avait prié son père de ne pas le suivre. Ceci était une bonne note pour l'homme vers lequel se tournaient peu à peu mes espoirs.

Ce même soir, Abdullah vint dîner avec le colonel Wilson. Nous le reçûmes dans la cour, sur les marches du perron. Derrière lui se rangeait toute sa Maison, foule brillante de domestiques et d'esclaves, et derrière, encore, une pâle troupe, d'hommes barbus, émaciés, avec des visages maladifs, des lambeaux d'uniformes, et, sur les bras, des instruments de cuivre ternis. Abdullah, agitant la main dans leur direction, lança joyeusement : « Ma fanfare ! ». L'on fit asseoir ces pauvres gens sur les bancs de la cour et Wilson leur envoya des cigarettes pendant que nous montions dans la salle à manger dont les persiennes s'ouvraient avidement vers la brise de mer. Comme nous prenions place à table, les musiciens de la fanfare, sous la garde des fusils et des sabres d'Abdullah, commencèrent à nous régaler, chacun pour son compte, d'airs turcs désespérés. Le bruit nous brisait le tympan ; Abdullah rayonnait.

Curieuse table, en vérité : Abdullah, vice-président *in partibus* de la Chambre turque, maintenant ministre des Affaires Étrangères de l'État arabe rebelle ; Wilson, Gouverneur de la province maritime du Soudan, ministre de Sa Majesté auprès du chérif de La Mecque ; Storrs, secrétaire oriental, attaché successivement à Gorst, Kitchener et Mac Mahon au Caire ; Young, Cochrane, et moi-même, attachés (indésirables) à l'État-Major ; Sayed Ali, général de l'armée égyptienne, commandant du détachement de secours envoyé dès le début par le Sirdar ; Aziz-el-Masri, maintenant chef d'État-Major de l'armée régulière arabe, jadis rival d'Enver Pacha et commandant les forces turques et senussis contre les Italiens, chef de la conspiration des officiers arabes de l'armée turque contre le Comité d'Union et Progrès, condamné à mort par les Turcs pour avoir obéi au traité de Lausanne, et sauvé par le *Times* et par Lord Kitchener.

Rassasiés d'airs turcs, nous demandâmes de la musique allemande. Aziz s'avança donc sur le balcon et cria, en turc, aux artistes, de nous jouer quelque chose d'étranger. Ils s'avançaient en chancelant dans le *Deutschland über alles* quand le chérif de La Mecque décrocha son téléphone pour les écouter. Les convives ayant réclamé encore de la musique allemande, *Eine feste Burg* monta... et soudain s'avachit, mourut dans de flasques et faux roulements de tambours. L'humidité de Djeddah avait détendu la peau des instruments. À grands cris la fanfare réclama du feu ; les domestiques de Wilson et le garde du corps d'Abdullah se précipitèrent avec de la paille et des caisses et bientôt les tambours, tournés et retournés devant la flamme, retrouvèrent leur sonorité. Elle se manifesta dans ce qui était, paraît-il, le *Chant de Haine*. Sayed Ali, se tournant vers Abdullah, dit : « C'est une marche funèbre ». Les yeux d'Abdullah s'ouvrirent tout grands ; mais Storrs s'était déjà précipité et tournait la chose en plaisanterie. Enfin nous envoyâmes, avec les reliefs du festin, nos gratifications aux musiciens mélancoliques ; lesquels, incapables de prendre plaisir à nos louanges, prièrent simplement qu'on les renvoyât chez eux. Le lendemain matin je quittai Djeddah par mer, pour Rabigh.

CHAPITRE X

À bord du *Northbrook* — bateau de la Marine indienne — amarré au quai de Rabigh, était le colonel Parker, notre officier de liaison avec le chérif Ali. Il fit parvenir à ce dernier la lettre que je tenais moi-même d'Abdullah et qui lui transmettait « les ordres » de leur père. Suffoqué par son libellé, Ali dut faire contre mauvaise fortune bon cœur : son seul moyen de communication rapide avec La Mecque était le sans-fil de notre bateau ; il avait honte d'envoyer des reproches personnels par notre intermédiaire. Il fit donc préparer pour moi son propre méhari de course, une bête superbe, avec sa propre selle et son luxueux harnachement polychrome en cuir du Nedjed, coussins incrustés, franges, tresses et filets brodés de fils métalliques. Comme homme de confiance il choisit Tafas-el-Raachid, guerrier de la tribu des Haouazims qui reçut mission de me conduire, en compagnie de son fils, jusqu'au camp de Fayçal.

Ali remplit d'ailleurs son devoir de meilleure grâce quand il apprit l'amitié que me portait Nouri Sald, officier d'État-Major de Bagdad : je l'avais fréquenté autrefois au Caire où il était malade ; il commandait maintenant en second l'armée régulière qu'Aziz-el-Masri levait et entraînait sur place. Un autre de mes amis à sa cour était Faiz-el-Ghusein, cheikh sulut du Hauran, aujourd'hui secrétaire du chérif, jadis fonctionnaire du gouvernement turc ; il avait fui pendant la guerre à travers l'Arménie et, par hasard, avait rencontré dans Bassora Miss Gertrude Bell qui me l'avait envoyé avec une chaude recommandation.

Ali lui-même me plut beaucoup. Il était de taille moyenne, mince, et, à trente-sept ans, paraissait déjà plus vieux que son âge. Il marchait un peu courbé, avait un teint maladif, de larges yeux profonds et sombres, un mince nez aquilin, la bouche triste et tombante. Une barbe rare et noire couvrait ses joues. Ses mains étaient des plus délicates, ses manières d'une dignité admirable, toujours simples. Il m'apparut comme un gentilhomme plaisant, réfléchi mais sans grande force de caractère, nerveux et souvent las. Sa faiblesse physique (il était tuberculeux) le rendait sujet à de brusques accès de colère précédés et suivis de longs entêtements maladifs. Quelque peu livresque, instruit en droit et en théologie, il était pieux presque jusqu'au fanatisme. La conscience de sa haute noblesse lui interdisait toute ambition et sa nature était trop droite pour qu'il vît ou soupçonnât même, chez ceux qui l'entouraient, des motifs intéressés. Cette honnêteté native le mettait à la merci de toute influence un peu prolongée ; il écoutait trop, pour un grand chef, les avis étrangers ; mais sa pureté d'intention et de conduite lui gagnait l'estime et l'amour de tous ceux qui l'approchaient. Je songeai que si Fayçal se révélait inapte au rôle de prophète, la révolte marcherait encore assez bien avec Ali à sa tête : il était, à mon sens, plus racé qu'Abdullah ou que Zeid, son jeune demi-frère, qui lui servait de second à Rabigh. Zeid faisait partie de la troupe qui, avec Ali, Nouri et Aziz m'accompagna jusqu'aux palmeraies lors de mon départ. C'était un jeune homme de dix-neuf ans environ, timide, pâle, imberbe, affectant un calme léger, nullement enflammé par la Révolte. En vérité sa mère était turque ; élevé dans le harem, il ne pouvait pas éprouver de grande sympathie pour une Renaissance arabe ; il fit pourtant de son mieux ce jour-là pour être agréable et il y parvint mieux qu'Ali, peut-être parce qu'il était moins outragé de voir un chrétien pénétrer en Terre Sainte sous les auspices de l'émir de La Mecque. De toute évidence, Zeid était moins encore qu'Abdullah le chef-né que je recherchais. Pourtant je l'aimais et je devinais même en lui un homme décidé qui apparaîtrait le jour où il se serait trouvé lui-même.

Ali ne me laissa partir qu'après le coucher du soleil, de peur qu'un de ses partisans ne me vit quitter le camp.

Il garda mon voyage secret, même pour ses serviteurs esclaves. Pour cacher mon uniforme et me donner, sur mon chameau, dans l'ombre, une silhouette correcte, il me fit cadeau d'une kouffié et d'un caftan dont je m'enveloppai. Je n'avais pas emporté de vivres. Tafas reçut donc l'ordre d'acheter quelques provisions à Bir-el-Cheikh, le premier lieu habité (à quelque soixante milles de là) avec la recommandation expresse de me dérober aux questions indiscrètes et d'éviter les camps ou les rencontres. Les Masruh Harbs qui habitaient le district de Rabigh n'accordaient au chérif qu'un hommage virtuel. Le véritable chef qu'ils se reconnaissaient était Hussein Mabeirig, leur cheikh ambitieux : il jalousait l'émir de La Mecque, venait même de rompre avec lui et vivait maintenant en fugitif dans les montagnes à l'Est de Rabigh où il entretenait, disait-on, des relations avec les Turcs. Ses gens, sans être ouvertement turcophiles, lui devaient obéissance. Averti de mon départ, il pouvait fort bien dépêcher une bande pour m'arrêter en chemin.

Tafas était un Hazimi de la branche des Béni-Salem, et, de ce fait, en termes médiocres avec les Arabes Masruh. Par contrecoup, je gagnai un peu de sa sympathie ; dès l'instant, d'ailleurs, où il avait accepté de me conduire vers Fayçal, nous pouvions nous fier à lui. La fidélité aux compagnons de route est la plus respectée dans les tribus arabes. Le guide doit répondre devant un public sentimental de la vie de son compagnon, fût-ce au prix de la sienne. Un Harbi qui avait promis d'emmener Huber à Médine puis s'était parjuré, découvrant qu'il était chrétien, et l'avait tué sur la route près de Rabigh, avait été l'objet d'un ostracisme général ; en dépit des préjugés religieux, il avait dû fuir dans les montagnes où il vivait misérablement, seul, privé de tout commerce amical, interdit comme époux aux filles de la tribu. Aussi pouvions nous compter sur Tafas et son fils Abdullah ; leurs intentions étaient bonnes et les instructions détaillées d'Ali ne visaient qu'à en assurer le succès.

Nous fîmes route d'abord à travers les palmeraies qui ceignent les maisons éparses du village de Rabigh, pour déboucher enfin sous les étoiles. Le Tehama, que nous longions dès lors, est cette bande de désert, sablonneuse et uniformément basse, qui court sur la côte ouest de l'Arabie entre la plage et les montagnes littorales, pendant des centaines de milles monotones. Une insupportable chaleur et une aridité complète interdisent d'y voyager le jour ; il n'y a pourtant pas d'autre route ; les hauteurs plus riantes ont des pentes trop rudes pour fournir du Nord au Sud un passage à des animaux chargés.

Cette interminable journée à Rabigh, toute coupée de discussions et de traverses, rendait plus agréable encore la calme fraîcheur de la nuit. Tafas me guidait sans un mot ; sur l'égale douceur du sable les bêtes avançaient silencieusement. Je pensais, pour ma part, aux générations innombrables de pèlerins qui avaient foulé cette route, descendant des pays du Nord, chargés d'ex-votos, pour venir visiter la cité sainte. La Révolte Arabe n'était-elle pas une sorte de pèlerinage en retour, rapportant aux Syriens, là-haut, croyance pour croyance, idéal pour idéal, la liberté future en échange de la révélation passée ?

Nous marchâmes ainsi pendant des heures d'une allure uniforme ; parfois seulement les chameaux plongeaient ou peinaient en faisant craquer les selles. C'est que la plaine molle était envahie par des lits de sables mouvants : autour des buissons minuscules qui la piquettent, de petits monticules s'amassent ; les vents tourbillonnants qui soufflent de la mer creusent, écopent les intervalles. Ces inégalités rendent la marche des bêtes plus difficile. Les méharis, dans l'obscurité, tâtaient du pied le sable que la lumière des étoiles faisait luire, car l'absence d'ombres portées rendait presque invisibles les trous et les reliefs. Nous fîmes halte avant minuit ; je me serrai plus étroitement dans mon manteau, fis choix d'un creux taillé à ma mesure, et m'y endormis d'un sommeil profond qui dura presque jusqu'à l'aube.

Au premier présage de l'air fraîchissant Tafas se leva; deux minutes après nous oscillions encore à l'allure de nos bêtes. Le jour éclata une heure plus tard tandis que nous grimpions sur un col bas de lave disparu dans le sable presque jusqu'au sommet. Le col unissait une coulée de faible étendue, ras de la côte, au principal champ de lave du Hedjaz dont la lisière occidentale, courant à notre droite, déterminait ainsi, très strictement, l'emplacement de la route côtière. La passe était pierreuse, mais courte : la lave bleue, de chaque côté, s'arrondissait en épaulements bas d'où il était possible, dit Tafas, de voir passer les vaisseaux sur la mer. Les pèlerins, au sommet du col, avaient élevé des montjoies sur le bord de la route — tantôt monticules individuels (trois pierres posées l'une sur l'autre), tantôt offrandes collectives que peut accroître n'importe quel passant s'il s'y sent invité — sans raison connue, mais parce que d'autres ont fait le même geste qui, peut-être, en connaissaient une.

Le col franchi, la piste descendait dans une vaste cuvette — la Mastoura — dépression qui conduit l'ouadi Fura vers la mer. Un entrelacs de chenaux minuscules, creusés dans le gravier sur quelques pouces à peine de profondeur, couvre toute sa surface, d'un réseau de veines arides : l'eau s'y répand aux rares occasions où il pleut dans le Tareif et où les torrents gonflés comme des fleuves font rage vers la mer. Le delta que nous traversions avait à peu près six milles de large. L'eau y passe, suivant les bras, d'une heure ou deux à un jour ou deux, non pas chaque année, mais à plusieurs années de distance. Le sous-sol, par contre, reste toujours humide, protégé du soleil par la couche de sable; des arbres épineux et des buissons épais vivent, profitent largement, parfois, de cette humidité. Certains arbres que je vis alors mesuraient un pied de diamètre à la base; leur hauteur pouvait atteindre trente pieds. Arbres et buissons formaient des groupes distincts, se massaient, leurs branches basses rongées par les chameaux. Ainsi ils avaient l'air entretenus, taillés par quelque jardinier : c'était dans cette solitude une impression étrange, surtout après la sobre nudité rencontrée jusqu'ici dans la Téhama.

À deux heures en amont, me dit Tafas, était la gorge d'où l'ouadi Fura émergeait des dernières hauteurs granitiques ; on trouvait là, parmi des eaux courantes, des puits et des palmiers, un petit village, Khoreiba, habité par une population d'affranchis vivant de la culture des dattes. Ce renseignement était important. Nous n'avions pas compris que le lit de l'ouadi Fura servait de route directe entre le district de Médine et celui de Rabigh. Cette route passait si loin au sud et à l'est de la position probable occupée par Fayçal dans les montagnes, qu'on pouvait difficilement la croire sous sa protection. Abdullah ne nous avait rien dit de Khoreiba, et cependant l'existence de ce village modifiait toute la question de Rabigh : l'ennemi pouvait trouver là un point d'eau à l'abri de notre action et hors de portée des canons de la flotte. Il était facile pour les Turcs d'y concentrer des forces importantes pour attaquer la brigade qu'on nous proposait d'établir à Rabigh.

En réponse à de nouvelles questions, Tafas me révéla qu'il y avait encore à Hajar (dans les montagnes à l'est de Rabigh) un autre point d'eau actuellement occupé par les Masruh et servant de quartier général à Hussein Mabeirig, leur chef turcophile. Les Turcs pouvaient donc, laissant Rabigh intact mais inutile sur leur flanc, faire d'Hajar leur première étape sur la route Khoreiba-La Mecque. Il résultait clairement de tout ceci que la brigade britannique demandée par les Arabes serait tout à fait incapable de sauver La Mecque d'une attaque turque. La protection de la ville sainte exigeait un front ou un rayon d'action d'environ vingt milles pour interdire à l'ennemi les trois points d'eau.

Cependant, dans la lumière du soleil levant, nous

avions fait prendre à nos méharis un trot vigoureux et soutenu : le terrain de cette plaine parsemée d'arbres était excellent et nous avions hâte d'atteindre le puits de Mastourah, première étape depuis Rabigh sur la route des pèlerins. Nous pourrions faire halte là et abreuver nos bêtes. Mon propre méhari était pour moi un émerveillement ; jamais encore je n'avais monté pareil animal. En Égypte, il n'y a pas de bons chameaux de selle, et ceux du Sinaï, quoique forts et endurants, ne savent pas, faute de dressage, prendre l'allure à la fois rapide, régulière et douce des montures réservées aux princes d'Arabie.

Le trot de ma bête, ce jour-là, était pourtant bien gâté par mon inexpérience : de telles qualités demandent en retour des cavaliers habiles qui, sachant les utiliser, les exigent — et non pas des gens comme moi qui me laissais porter sans malice. S'il est facile de rester en selle sur un chameau, il est par contre très malaisé de s'adapter à son allure et d'en tirer assez bon parti pour accomplir de longues courses sans trop fatiguer l'homme et la monture. Tafas me donna en chemin quelques indications discrètes. Ce fut même un des rares sujets sur lesquels il consentit à parler. Les ordres qu'il avait reçus de me garder de tout contact avec le monde paraissaient lui avoir fermé la bouche. Ce fut grand dommage, d'ailleurs, car son dialecte m'intéressait.

Enfin nous trouvâmes le puits, au nord de la Mastourah, tout près de la rive. Les murs ruinés d'une cabane se dressaient encore à côté ; quelques Bédouins s'étaient installés en face sous de petits abris faits de branchages et de feuilles de palmiers. Nous ne liâmes pas conversation. Sans même les saluer, Tafas tourna vers les murs en ruine et mit pied à terre. Je m'assis à l'ombre pendant que lui et Abdullah abreuvaient les animaux et tiraient un peu d'eau pour nous désaltérer tous trois. Le puits était vieux, large, avec une bonne margelle de pierre et une voûte qui le coiffait. Il mesurait vingt pieds environ de profondeur et, pour les voyageurs dépourvus de corde, comme nous, on avait ménagé dans la maçonnerie une cheminée carrée avec des appuis pour les pieds et les mains dans les angles; un homme pouvait ainsi descendre jusqu'à l'eau et remplir son outre de chèvre.

Des mains oisives avaient laissé tomber tant de pierres dans le trou que le fond était à moitié comblé et l'eau peu abondante. Abdullah attacha ses manches flottantes à ses épaules, retroussa les bords de sa gandourah qu'il glissa sous sa cartouchière et descendit dans le puits : il fit agilement plusieurs va-et-vient, remontant chaque fois quatre ou cinq gallons[1] d'eau qu'il versait pour nos méharis dans une auge de pierre à côté du puits. Chaque bête but environ cinq gallons d'eau, car elles s'étaient désaltérées la veille à Rabigh. Puis nous les laissâmes muser un peu tandis que nous restions silencieusement assis, respirant la brise légère qui arrivait de la mer. En récompense de ses labeurs, Abdullah fumait une cigarette.

Des Harbs survinrent, menant à l'abreuvoir un troupeau considérable de chameaux; un homme descendu au fond du puits emplissait une grande outre de cuir que les autres, au long de la cheminée, se passaient de main en main sur le rythme *staccato* d'un chant privé de douceur. Nous les regardâmes sans leur parler : ils étaient en effet des Masruh, nous étions des Beni-Salem, et la paix, établie maintenant entre les deux tribus, avec un droit de libre passage réciproque, n'était qu'une concession temporaire faite à la guerre contre les Turcs, sans bonne volonté vraiment profonde.

Tandis que nous les regardions, deux cavaliers apparurent au nord : ils s'avançaient vers nous au trot rapide de bêtes pur-sang. Tous deux étaient jeunes. L'un portait de somptueuses robes de Cachemire et sur la tête un lourd turban de soie brodée; l'autre était habillé plus

1. 1 gallon = 4,54 litres *(N.d.T.)*.

simplement de cotonnade blanche avec une coiffure rouge de même étoffe. Ils firent halte à côté du puits. Le plus richement vêtu se laissa glisser à terre avec beaucoup de grâce sans faire agenouiller sa bête et, lançant les rênes à son compagnon, il lui ordonna d'un ton négligent : « Abreuve-les ; je vais me reposer ». Puis, marchant à pas lents, il vint s'asseoir à côté de nous avec une insouciance affectée. Il m'offrit une cigarette qu'il venait de rouler et de coller lui-même, et s'enquit : « Vous arrivez sans doute de Syrie ? » J'esquivai poliment en suggérant qu'il venait sans doute de La Mecque. Sa réponse ne fut pas plus directe. Nous échangeâmes quelques mots sur la guerre et sur la maigreur des chamelles masruh.

L'autre voyageur, cependant, se tenait debout à l'écart, maniant les rênes d'un air distrait ; il paraissait attendre, pour prendre son tour, que les Harbs eussent fini d'abreuver leur troupeau. « Eh bien ! Mustapha, cria le jeune Seigneur, fais-les boire immédiatement. » Le domestique s'avança d'un air consterné : « Ils ne voudront pas », dit-il. « Par Dieu ! » cria le maître furieux, et, se dressant d'un bond il cingla de trois coups de cravache la tête et les épaules de l'infortuné Mustapha. « Va le leur demander. » Un telle surprise irritée apparut sur les traits de Mustapha que je le crus prêt à rendre les coups : mais, après réflexion, il courut vers le puits.

Les Harbs, choqués, lui firent place par pitié et laissèrent boire ses montures à l'auge qu'ils avaient emplie. « Qui est-il donc ? » demandèrent-ils à voix basse et Mustapha répondit : « Le cousin de notre Seigneur de La Mecque. » Aussitôt, courant à leurs selles, les Arabes en détachèrent une botte de fourrage qu'ils répandirent devant les deux chameaux : c'était le mélange de feuilles vertes et de jeunes pousses qu'on recueille en frappant les branches basses des arbres épineux avec de solides gourdins ; les extrémités brisées des rameaux pleuvent alors sur une toile étendue par terre.

Le jeune chérif considéra ce manège avec satisfaction.

Quand sa bête eut mangé, il s'en fut se hisser lentement, sans effort apparent, sur le cou puis en selle, s'y affermit à loisir et prit congé de nous avec beaucoup d'onction, priant Dieu de rendre au centuple les bontés que les Arabes avaient eues pour lui. Ceux-ci lui souhaitèrent bon voyage et les deux hommes trottèrent vers le sud; à son tour Abdullah amena nos bêtes et nous fîmes route vers le nord. Dix minutes plus tard j'entendis le vieux Tafas rire pour lui-même tandis qu'un plissement de joie apparaissait entre sa barbe grisonnante et sa moustache.

« Qu'avez-vous donc, Tafas ? lui dis-je.

— Seigneur, vous avez vu ces deux voyageurs, au puits ?

— Le chérif et son domestique ?

— Oui. C'étaient en réalité le chérif Ali-ibn-el-Hussein, de Modhig, et son cousin le chérif Mohsin, tous deux seigneurs des Harith, ennemis de sang des Masruh. Ils ont craint d'être retardés ou même chassés du puits s'ils étaient reconnus des Arabes. Aussi ont-ils feint d'être un maître et un domestique revenant de La Mecque. Avez-vous vu la rage de Mohsin quand Ali l'a battu ? Ali est un vrai démon. À onze ans il s'est échappé de la maison paternelle pour aller chez son oncle, de son métier voleur de grand chemin ; des mois, il a vécu à ses côtés du travail de ses mains, pillant les pèlerins, jusqu'au moment où son père l'a repris. Il combat avec notre Seigneur Fayçal depuis le premier jour de bataille à Médine ; c'est lui qui commandait les Ateiba dans les plaines d'Aar et de Bir Derouich. Les combats n'étaient que des engagements de méharistes ; Ali acceptait seulement dans ses troupes les hommes capables de faire ce qu'il fait lui-même : courir à côté de son chameau et sauter en selle d'une main avec le fusil de l'autre. Les fils des Harith sont des fils de bataille. »

Pour la première fois, des lèvres du vieillard coulaient des paroles nombreuses.

CHAPITRE XI

Tandis qu'il parlait, nous avancions rapidement à travers la plaine étincelante, maintenant dépouillée d'arbres ; le terrain peu à peu s'adoucissait sous les pieds de nos bêtes. Les galets gris, tassés comme du gravier, s'étaient mêlés de sable en proportion croissante ; les pierres étaient devenues plus rares ; un moment vint où nous pûmes distinguer les couleurs de leurs taches isolées, porphyre, schiste vert et basalte. Enfin le sable blanc s'étala presque pur sur un sous-sol de roche dure. Pour la course des méharis, c'était comme un tapis de haute laine. Mais les particules de sable, scintillantes au soleil comme de la poussière de diamant, nous renvoyaient le flamboiement du jour avec une telle force que je fus bientôt incapable de le supporter. Je clignai des yeux, abaissai mes sourcils et tirai mon haïk en visière sur le front et en passe-montagne sur mes joues pour me préserver le visage de la chaleur montant du sol en palpitations miroitantes. À quatre-vingts milles devant nous au-delà de Yanbo, l'énorme pic du Rudhaoua peu à peu s'évanouissait dans le mirage scintillant qui déjà en cachait la base. Se dressant tout près dans la plaine les petites hauteurs sans forme de Hesna semblaient vouloir nous barrer le chemin. À notre droite courait la chaîne abrupte des Béni-Ayub, fine et dentelée comme une scie : c'est la première crête du massif montagneux qui s'étend entre la Téharna et les hauts escarpements du plateau de Médine. Ces Tareif Béni-Ayub au Nord s'abaissaient vers le bleuissement de collines plus basses et plus douces derrière lesquelles on voyait grandir, sur un socle d'assises amoncelées, gigantesque escalier que rougissait le soleil déclinant, la citadelle du Djebel Subh, masse dominante, avec ses flèches fantastiques de granit.

Quittant un peu plus tard la route des pèlerins, nous prîmes un raccourci à droite. De basses marches basaltiques s'élevaient graduellement, à tel point enfouies dans le sable que leurs sommets seuls émergeaient. Cette pente gardait assez d'humidité pour être parsemée d'herbes dures et roides ou de petits buissons : quelques moutons et quelques chèvres les broutaient. Tafas, soudain, me montra une pierre : c'était la borne du district des Masruh. Mon compagnon me dit avec une grimace de plaisir qu'il était maintenant chez lui, sur le terrain de sa tribu, et qu'il pouvait cesser d'être toujours sur ses gardes.

L'on considère souvent le désert comme une terre stérile, ouverte à qui veut l'occuper. Rien de plus faux : il n'est pas une colline, pas une vallée dans le désert qui n'ait son propriétaire reconnu, et celui-ci affirmerait bientôt contre toute agression le droit de sa famille ou de son clan. Les puits, les arbres mêmes ont des maîtres. Ces derniers permettent sans doute aux voyageurs autorisés de brûler le bois des uns ou de boire l'eau des autres librement : ils arrêteraient pourtant aussitôt quiconque voudrait les exploiter, en tirer un bénéfice. Le désert se divise en territoires à l'intérieur desquels un communisme primitif laisse les ressources naturelles à la libre disposition de tous les amis reconnus, dans la mesure stricte où ils en ont personnellement besoin, mais pas davantage. Logiquement, ce qui était licence est devenu privilège : d'où la dureté des habitants du désert pour les étrangers sans introducteurs ni garants, puisque la sécurité commune repose sur la commune responsabilité de tous les hommes d'un même clan. Tafas, sur son propre terrain, pouvait répondre allégrement de ma sécurité.

Les vallées devenaient peu à peu plus abruptes, avec des lits propres de sable ou de gravier et, de temps à autre, quelque bloc arrondi roulé là par les crues. Les touffes de millet, d'un gris et vert reposants pour les yeux, se faisaient aussi plus nombreuses : c'est un bon combustible mais une plante sans valeur pour les troupeaux. La principale piste de pèlerinage que nous rejoignîmes par une rampe assez forte nous conduisit, au soleil couchant, en vue du hameau de Bir-el-Cheikh. Les feux pour le souper s'allumaient dans le crépuscule : nous fîmes halte, enfin, au bout de sa large rue ouverte. Tafas entra dans un des vingt misérables gourbis, chuchota quelques mots coupés de longs silences et acheta enfin de la farine. Il la pétrit avec de l'eau, en fit une galette large de huit pouces, épaisse de deux et l'enfouit dans les cendres d'un feu de broussailles fournies par une femme Subh qu'il paraissait connaître. Quand la galette fut cuite il la retira et la battit entre ses mains pour en secouer la cendre; nous nous la partageâmes ensuite tandis qu'Abdullah allait s'acheter du tabac.

J'appris de mes compagnons que le village possédait deux puits bordés de pierre, au pied de la pente Sud, mais n'éprouvai aucun désir d'aller les voir : notre longue randonnée avait fatigué mes muscles et j'avais souffert de la chaleur dans la plaine. Je me sentais la peau racornie, les yeux brûlés par l'incandescence que j'avais affrontée pendant des heures, à regarder toujours le sable scintillant et les cailloux polis. J'avais passé les deux dernières années au Caire assis du matin au soir devant une table, ou réfléchissant au milieu du bruit, dans le bureau trop étroit pour nous tous (la tête traversée à la fois de cent pensées urgentes), sans autre exercice que l'aller-retour quotidien entre le bureau et l'hôtel. Le changement était donc subit et rude : je n'avais eu le temps de m'accoutumer ni aux coups malfaisants du soleil d'Arabie, ni à la lenteur monotone d'une allure de méhari. Nous devions faire une autre étape cette nuit et, le lendemain, un long jour de marche encore avant d'atteindre le camp de Fayçal.

Je remerciai donc le ciel de l'heure consacrée aux achats puis à la cuisine, et de la nouvelle heure de repos que nous prîmes ensuite d'un commun accord; elle ne finit que trop vite. Remontant sur nos bêtes, il fallut repartir dans une obscurité complète, monter, descendre de val en val ou plutôt de couche d'air en couche d'air, chaudes dans les creux confinés, fraîches sur les hauteurs et réconfortantes. Le sol devait être gablonneux, car nous avancions dans un silence douloureux pour l'oreille aux écoutes — et uni, car je piquais toujours du nez, endormi dans ma selle, pour me réveiller brusquement trois secondes plus tard, l'estomac retourné, la main crispée d'instinct au pommeau pour rétablir un équilibre qu'avait rompu quelque foulée irrégulière de ma bête. Il faisait trop sombre et les formes du paysage étaient trop neutres pour intéresser mes regards, tout clignotants sous des paupières lourdes. Enfin, longtemps après minuit, nous fîmes halte pour l'étape. Tafas n'avait pas encore entravé ma bête que je dormais, roulé dans mon manteau, au creux d'un confortable petit tombeau de sable.

Trois heures plus tard nous étions repartis, éclairés cette fois par le coucher de lune. Nous descendîmes le lit de l'ouadi Mared, enveloppés de sa nuit morte et de son chaud silence, entre les deux rangées de montagnes aiguës, noires et blanches dans l'air épuisé. Il y avait beaucoup d'arbres. L'aube pointa comme nous débouchions du défilé dans un large cirque où le vent maladif, frôlant capricieusement la poussière, traçait des cercles sur le sol plat. Le jour grandissant nous permit de voir Bir-ibn-Hassani à notre droite. Ce joli hameau brun et blanc avec ses maisons absurdement menues, peureusement serrées les unes contre les autres, ressemblait à un village de poupées. plus solitaire que le désert dans l'ombre immense du Djebel Subh, sombre et tout droit derrière lui. Pendant que nous regardions le village avec l'espoir de voir apparaître quelque être vivant à l'une de ses portes, le soleil, déjà, se ruait, et le bord rongé des falaises, à des milliers de pieds au-dessus de nos têtes, s'ourla d'une dure lumière blanche contre le ciel encore blême de l'aube.

Nous poussions donc nos bêtes à travers le val élargi quand nous vîmes un méhariste se détacher du village : c'était un vieillard plein d'animation qui galopait pour nous rejoindre. Il se présenta, de façon un peu trop amicale, sous le nom de Khallaf, se répandit en paroles banales, puis, s'arrêtant, nous salua : aussitôt rendu le salam, il essaya d'entrer en conversation. Tafas, fâché de la rencontre, répondait par monosyllabes. Mais Khallaf insistait : je le vis à la fin se pencher sur la selle, fourrager dans son sac suspendu à l'arçon. Il en sortit, pour nous amadouer, un petit pot de fer émaillé fermé par un couvercle et contenant une large portion de biscuit. C'est la provision de voyage dans le Hedjaz. Celui-ci était semblable à notre gâteau sans levain de la veille : mais on l'avait émietté pendant qu'il était encore chaud, humecté de beurre liquide afin d'agglutiner les miettes, puis saupoudré de sucre en poudre et aplati entre les doigts comme un aggloméré de sciure humide.

J'en mangeai seulement un peu pour le goûter mais Tafas et son fils l'attaquèrent avec tant de vigueur que le trop généreux Khallaf dut rester sur sa faim. Il le méritait d'ailleurs aux yeux des Arabes qui jugent efféminé d'emporter la moindre provision pour un petit voyage de cent milles. La glace, en tout cas, était rompue et la conversation reprit : Khallaf parla de combats récents, en particulier d'un revers que Fayçal aurait essuyé la veille. Le chérif, à l'en croire, avait été battu et chassé de Kheif, aux sources de l'ouadi Safra : il devait se trouver à Hamra, à peu de distance devant nous ; du moins, Khallaf le jugeait-il ainsi : nous aurions des renseignements plus précis à Ouasta, le prochain village sur notre route. La rencontre n'avait pas été très dure ; mais les pertes se trouvant toutes dans les tribus de Tafas et de Khallaf, les noms et les blessures de chacun furent énumérés méthodiquement.

Je regardais, pour moi, le paysage, charmé de me trouver soudain dans un pays nouveau. Avec la nuit s'étaient évanouis les sables pierreux de Bir-el-Cheikh. Nous remontions une vallée de deux à cinq cents pieds de large sur un sol ferme parsemé de galets avec, çà et là, de petits îlots de roche verte. Il y avait, entre les arbres épineux — parmi lesquels certains acacias, magnifiquement verts, atteignaient trente pieds et plus de hauteur — assez de tamarins et de plantes tendres pour donner à l'ensemble, surtout à cette heure, sous les ombres longues et douces du matin, l'aspect charmant d'un parc entretenu. Le sol bien balayé était si uni et si propre, et les nuances des galets multicolores étaient si gaiement assorties, que le paysage paraissait disposé avec goût. Ce sentiment était encore renforcé par les lignes droites et nettes des montagnes. Leurs falaises, d'un millier de pieds environ, couraient régulièrement de chaque côté en à-pics couleur de granit et de porphyre, bruns ou noirs avec des taches roses ; et, par un étrange hasard, ces collines lumineuses reposaient sur des bases aux strates perpendiculaires d'une centaine de pieds environ et dont la couleur inhabituelle semblait provenir d'une mince couche de mousse.

Nous avançâmes dans ce lieu magnifique pendant sept milles jusqu'à une crête peu élevée et barrée par un mur de blocs granitiques qui n'était plus maintenant qu'un entassement sans forme mais qui, sans aucun doute, avait autrefois formé un rempart. Il allait d'une falaise à l'autre, escaladait même les pentes jusqu'au point où elles devenaient trop raides pour permettre le passage. Au centre, où la route coupait le mur, restaient les traces de deux enceintes étroites comme des parcs à bestiaux. Je demandai à Khallaf l'origine de cette muraille. Il me répondit qu'il avait été à Damas, à Constantinople et au Caire et qu'il avait beaucoup d'amis parmi les grands hommes d'Égypte. Est-ce que je connaissais quelques-uns des Anglais ? Khallaf semblait s'intéresser beaucoup à mes projets ainsi qu'à mon histoire. Il essaya de me faire tomber dans le piège d'expressions égyptiennes. Quand je répondis en dialecte d'Alep, il me parla de ses éminents amis syriens : je les connaissais aussi. Enfin il glissa vers la politique locale, posant des questions pleines de prudence et de délicatesse voilée sur le chérif, sur ses fils, puis sur ce que

Fayçal, à mon sens, allait faire. J'étais moins renseigné que lui sur ce sujet et parais les coups avec maladresse. Tafas vint par bonheur à mon secours et détourna la conversation. Nous apprîmes ensuite que Khallaf, payé par les Turcs, envoyait des rapports fréquents sur les forces arabes qui passaient en vue de Bir-ibn-Hassani.

Le mur franchi, notre chemin longeait un affluent de l'ouadi Safra, au creux d'une vallée plus déserte et pierreuse, entre des collines plus ternes, puis s'engageait encore dans une autre où s'étalait, loin à l'Ouest, la tache sombre d'une palmeraie : c'était, me dirent les Arabes, Jedida, l'un des villages d'esclaves établis dans l'ouadi Safra. Nous tournâmes à droite avant de l'atteindre pour franchir un nouveau dos d'âne et redescendre pendant quelques milles dans la direction de hautes falaises. Ayant contourné ces dernières, nous débouchâmes brusquement dans l'ouadi Safra, but de notre voyage. Les différents hameaux qui composent Ouasta, son plus gros village, nous entouraient déjà, les uns accrochés sur les pentes d'alluvions, de part et d'autre du torrent, d'autres bâtis sur des îlots au milieu des lits secondaires profondément creusés dont l'entrelacs forme la vallée même.

Contournant deux ou trois de ces îlots, nous passâmes sur l'autre rive de la vallée en franchissant le lit principal des crues hivernales, vaste piste de galets blancs parsemée de roches arrondies. Entre deux palmeraies, au centre, s'étalait, sur un fond de sable, une nappe d'eau claire d'environ deux cents pieds de long et douze de large, sertie dans un liseré de gazon fleuri. Nous fîmes halte un moment pour permettre à nos bêtes de s'abreuver à leur soif ; et notre vue, fatiguée par le dur scintillement des cailloux, trouva dans l'herbe fraîche un repos si soudain que, malgré moi, je levai les yeux, croyant voir un nuage passer sur le soleil.

Nous repartîmes vers l'amont jusqu'au jardin d'où l'eau sortait en un ruisselet bordé de pierres. Puis, contournant, à l'ombre des palmiers, le mur de boue séchée jusqu'à l'un des hameaux, Tafas nous conduisit à travers des ruelles si basses que, du haut de nos selles, nous dominions leurs terrasses d'argile. Il s'arrêta enfin devant une maison un peu plus vaste et frappa à la porte d'une cour privée. Un esclave vint nous ouvrir. On mit pied à terre à l'intérieur de la cour. Tafas entrava les chameaux, délia leurs sangles et joncha le sol du fourrage vert entassé en meule odorante à côté de la grille. Il me conduisit ensuite dans la chambre des hôtes, petite pièce sombre et propre. Les murs étaient faits d'argile séchée ; le plafond, de troncs de palmiers sciés en deux suivant la longueur, disposés côte à côte et recouverts de terre battue. Nous nous assîmes sur la natte en palmes qui couvrait le sol au pied d'une estrade. Le jour devenait de plus en plus chaud dans cette vallée étouffante : peu à peu nous nous affaissâmes les uns à côté des autres. Puis le bourdonnement des abeilles, au dehors, dans les jardins, et, dans la pièce, celui des mouches qui tournaient au-dessus de nos visages voilés nous bercèrent : nous nous endormîmes.

CHAPITRE XII

Un repas de pain et de dattes avait été préparé pendant notre sommeil par les gens de la maison. Les dattes étaient fraîches, fondantes et douces — les meilleures que j'eusse goûtées jusqu'à ce jour. Le propriétaire du lieu, un Harbi, était aux armées avec ses voisins sous les ordres de Fayçal. Ses femmes et ses enfants campaient sous des tentes dans les collines et faisaient paître les chameaux. Les Arabes de l'ouadi Safra ne vivent pas cinq mois par an dans leurs villages. Pendant leur absence, les jardins sont confiés à des esclaves comme ceux qui nous avaient servi le repas. Les membres épais de ces nègres, leurs corps assez gras et luisants paraissaient curieusement déplacés parmi ces Arabes-oiseaux.

Ils sont, m'apprit Khallaf, originaires d'Afrique, amenés là dans leur enfance par leurs pères putatifs takruri et vendus pendant le pèlerinage de La Mecque. Adultes et vigoureux ils valent de cinquante à quatre-vingts livres pièce et reçoivent les soins que mérite leur prix. Quelques-uns demeurent dans la maison comme domestiques ou comme esclaves personnels du maître, mais la plupart sont envoyés pour la culture des palmes dans les vallées fiévreuses où l'eau court sans cesse. Le climat de ces lieux fertiles est trop dur pour un travail arabe ; les nègres y vivent bien ; ils bâtissent pour eux des maisons solides, épousent des femmes esclaves et font tout le travail manuel de l'entreprise.

Leurs établissements sont fort nombreux : par exemple, on comptait alors treize villages d'esclaves côte à côte dans l'ouadi Safra ; ils y formaient une société à eux et menaient une existence assez à leur gré. Leur travail était dur, mais la surveillance lâche et l'évasion facile. Leur statut légal, en revanche, était déplorable : ils n'avaient aucun droit à la justice de la tribu ou même du chérif ; mais l'opinion publique et l'intérêt interdisaient toute cruauté à leurs maîtres, et l'article de la foi musulmane qui met l'élargissement d'un esclave au rang des bonnes actions avait ce résultat pratique que tous pouvaient obtenir tôt ou tard leur liberté. Avec un peu d'ingéniosité ils gagnaient, pendant leur service, quelque argent de poche. Ceux que j'ai vus possédaient des biens au soleil et se déclaraient satisfaits. Ils faisaient pousser pour leur propre compte des melons, des courgettes, des concombres, des raisins et du tabac ; ajoutez à cela le surplus des dattes qu'ils envoyaient au Soudan par mer et qu'ils échangeaient contre du blé, des vêtements et divers objets de luxe d'Afrique ou d'Europe.

Quand la chaleur du jour fut un peu tombée, nous remontâmes en selle pour suivre, toujours vers l'amont, le ruisselet aux eaux claires et lentes disparaissant parfois derrière les murs bas d'argile qui ceignent les jardins de palme. Les jardiniers creusent au pied des arbres des fossés profonds de cinquante centimètres : l'eau du canal de pierre les emplit tour à tour, arrosant ainsi chaque arbre en particulier. La source, me dit-on, était propriété commune. Un règlement fixé par l'usage accordait l'eau à chaque propriétaire un certain nombre de minutes ou d'heures par jour ou par semaine. Cette eau d'arrosage un peu saumâtre convenait à merveille aux dattiers. Les puits privés, fort nombreux dans le village, fournissaient une eau plus douce à trois ou quatre pieds de profondeur.

Notre chemin traversait le hameau central et son souk. Les boutiques en paraissaient fort mal pourvues ; tout le village, d'ailleurs, semblait en décadence. La population de Ouasta, une génération auparavant, était, me dit-on, plus nombreuse, mille foyers environ. Mais un jour une énorme masse d'eau avait roulé dans l'ouadi Safra, arrachant les rives, emportant les arbres. Certains îlots où les bâtisses se dressaient depuis des siècles avaient été submergés ; les murs de boue avaient fondu, noyant ou tuant à l'intérieur les malheureux esclaves. Les hommes et les arbres pouvaient être remplacés ; le sol, non. La terre végétale des jardins avait été soigneusement accumulée pendant des années de travail : lorsque la crue cessa — huit pieds d'eau grondante pendant trois jours —, on ne retrouva plus à la place des enclos que les cailloux du lit originel.

Un peu en amont de Ouasta nous atteignîmes Kharma, petit hameau enrichi de palmeraies que traversait un affluent de la rivière venant du Nord. Au-delà de Kharma la vallée s'élargit un peu jusqu'à quatre cents pieds en moyenne, formant un lit de petits galets et de sable aplani par les pluies d'hiver. Les murailles de la vallée sont de roche nue, rouge et noire ; leurs crêtes et leurs dents, aussi aiguës que des poignards, reflétaient le soleil avec un éclat métallique. La fraîcheur des arbres et de l'herbe, par contraste, semblait un luxe. Nous aperçûmes à ce moment les premiers soldats de

Fayçal et leurs méharis au pâturage; et nous n'étions pas encore à Hamra que chaque trou dans les rochers, chaque bosquet, se transformait en bivouac. Les soldats saluèrent joyeusement Tafas: mon guide alors parut reprendre vie et répondit par des cris et des gestes; son service commandé allait prendre fin.

Hamra s'ouvrit à notre gauche. C'est un village d'une centaine de maisons enfouies au fond de jardins, entre des monticules de terre d'environ vingt pieds de haut. Nous franchîmes un petit ruisseau pour suivre un chemin entre des murailles et des arbres jusqu'au sommet d'un des monticules : là nos chameaux s'agenouillèrent devant la grille d'une maison longue et basse. Tafas dit quelques mots à un esclave qui gardait la porte, un sabre damasquiné d'argent à la main. Puis il me conduisit dans une cour intérieure. J'aperçus alors, dans l'encadrement noir d'une porte, un personnage vêtu de blanc qui me regardait avec attention. C'était, je le compris au premier coup d'œil, l'homme que je cherchais en Arabie — le chef qui dresserait la Révolte Arabe en pleine gloire. Dans ses longues robes de soie blanche avec, sur la tête, un voile brun retenu par une cordelette de pourpre et d'or, Fayçal était semblable à une colonne très haute et très mince. Il gardait les paupières baissées; sa barbe noire et son visage sans expression surmontaient d'une sorte de masque l'étrange vigilance immobile de son corps. Ses mains étaient croisées devant lui sur son poignard.

Je le saluai. Il s'effaça pour me faire entrer dans la pièce et s'assit sur un tapis près de la porte. Mes yeux, s'accoutumant à l'ombre, distinguèrent peu à peu dans cette petite salle les silhouettes de nombreux personnages silencieux qui me considéraient ou considéraient Fayçal fixement. Lui, contemplait toujours ses mains qui, d'un mouvement lent, s'entrelaçaient sur le pommeau de sa dague. À la fin il me demanda à voix basse comment j'avais supporté le voyage. Je parlai de la chaleur, et il demanda depuis combien de temps nous étions partis de Rabigh, ajoutant que j'avais marché vite pour la saison.

« Comment trouvez-vous notre camp, ici, dans l'ouadi Safra ?

— Superbe ; mais loin de Damas. »

Le mot tomba au milieu du groupe comme une épée. Il y eut un mouvement dans l'assemblée ; puis chacun se raidit et retint son souffle pendant une minute. Quelques-uns, peut-être, rêvaient de victoire lointaine ; d'autres voyaient dans ma réponse une allusion à leur défaite récente. Fayçal, à la fin, leva les yeux, sourit en se tournant vers moi et dit : « Loué soit Dieu, les Turcs sont plus proches. » Nous sourîmes tous ; puis je me levai et demandai la permission de me retirer pour l'instant.

CHAPITRE XIII

Sous de hautes arcades de palmiers, aux nervures croisées comme des ogives, et sur une molle prairie, je trouvai le camp des troupes égyptiennes. Sir Reginald Wingate les avait envoyées récemment du Soudan, avec Nafi Bey à leur tête, au secours de la Révolte Arabe. Elles comprenaient une batterie de montagne avec quelques mitrailleuses et gardaient une allure plus martiale que leurs sentiments. Nafi lui-même était un bon garçon : il se montra pour moi d'une hospitalité exquise malgré sa santé chancelante et l'humeur qu'il ressentait toujours de se trouver si loin dans le désert, engagé dans une guerre qu'il jugeait inutile et désagréable.

Les Égyptiens, amoureux de leurs aises domestiques, trouvent toujours désagréable d'être envoyés hors de chez eux. Dans ce cas, ils souffraient pour des buts philanthropiques, c'est-à-dire plus que d'ordinaire. Ils se battaient contre les Turcs pour lesquels ils avaient une certaine sympathie, au bénéfice des Arabes, peuple étranger qu'ils jugeaient grossier et rude. La similitude de langues ne faisait que souligner les différences de caractères et de civilisations entre Égyptiens et Arabes. Ces derniers, bien loin d'apprécier le confort, paraissaient le fuir avec quels cris, Seigneur, ils repoussaient la moindre tentative (amicale) de meubler un peu leur simplicité !

Aussi mal accueillis, des Anglais, sûrs d'avoir raison, eussent persisté à offrir leur aide sans trop grommeler ; mais des Égyptiens perdaient confiance. Ils ne possèdent ni le sens d'un devoir collectif envers l'État, ni celui d'une obligation personnelle envers l'humanité souffrante. Ce sentiment de policeman protecteur qui est la plus forte émotion d'un Anglais devant l'embarras des autres hommes, est remplacé, dans leur cas, par le désir instinctif de s'éloigner aussi discrètement que possible. Matériellement ces soldats n'avaient aucun motif de plainte : ils se portaient bien, mangeaient bien, n'avaient pas de pertes. Ils n'en trouvaient pas moins l'univers « mal fichu » et ils virent aussitôt tomber du ciel, en moi, l'Anglais qui allait tout remettre d'aplomb.

Fayçal fut annoncé en compagnie de Mauloud-el-Mukhlus, le patriote arabe de Tekrit. Deux fois dégradé dans l'armée turque pour son nationalisme exubérant, il avait passé deux ans en exil dans le Nedjed comme secrétaire d'Ibn Rachid. Il avait été fait prisonnier à Shaiba où il commandait la cavalerie turque ; mais, aussitôt connue la révolte du chérif, il s'était mis à ses ordres et se trouva le premier officier régulier à rejoindre Fayçal. Il était officiellement son A. D. C.

Il se plaignit amèrement de l'équipement des troupes, mauvais à tous égards : il ne fallait pas chercher ailleurs, d'après lui, la cause de leur repli actuel. Le chérif envoyait bien chaque mois 30 000 livres, mais seulement un peu de farine et de riz, presque pas d'orge, quelques fusils, des munitions en quantité insuffisante, pas de mitrailleuses, pas de canons de montagne, aucun secours technique et aucune information.

Là-dessus j'arrêtai Mauloud : je venais précisément,

lui dis-je, pour m'informer de leurs besoins et faire un rapport à ce sujet. Mais il m'était impossible de travailler avec eux sans être mis au fait de leur situation générale. Fayçal m'approuva et se mit à esquisser pour moi l'histoire de leur révolte depuis son début.

Le premier assaut contre Médine avait été vraiment terrible. Aux troupes arabes mal armées et sans munitions suffisantes, les Turcs opposaient au contraire des forces considérables : le détachement de Fakhri venait juste d'arriver et les troupes destinées à escorter von Stotzingen jusqu'au Yémen étaient encore dans la ville. Au plus fort de la lutte, les Béni-Ali lâchèrent pied et les Arabes furent rejetés hors des murs. Les Turcs ouvrirent alors sur eux le feu de leur artillerie ; il terrifia les Arabes pour qui cette arme était nouvelle. Ageyls et Ateibas se mirent à l'abri et refusèrent de bouger. En vain Fayçal et Ali-ibn-el-Hussein galopèrent à découvert sur le front de leurs troupes pour leur montrer que les obus n'étaient pas aussi formidables que leur vacarme le faisait croire. La démoralisation des hommes ne fit que s'aggraver.

Quelques sections des Béni-Ali envoyèrent alors des émissaires au commandement turc, offrant de se rendre si l'on épargnait leurs villages. Fakhri les amusa et, profitant du calme relatif qui s'était établi, encercla le bourg des Aouali avec ses troupes, ordonna brusquement l'assaut et fit massacrer tout ce qui vivait à l'intérieur des murs. Les maisons furent incendiées, des centaines d'habitants égorgés, et vivants ou morts indifféremment rejetés dans les flammes. Fakhri et ses hommes avaient fait ensemble sur les Arméniens du Nord leur apprentissage du massacre, rapide ou lent.

Cet amer échantillon de guerre « à la turque » souleva l'indignation de l'Arabie entière. La première règle des guerriers arabes est de ne pas toucher aux femmes ; la seconde, d'épargner la vie et l'honneur des enfants trop jeunes pour se battre avec les hommes ; la troisième, de ne pas détruire ce qu'on ne peut emporter. Les Arabes de Fayçal, comprenant qu'on allait les combattre de tout autre façon, se replièrent pour gagner du temps et se refaire. Il ne pouvait plus être question de soumission : le sac d'Aouali avait multiplié les cas de vendetta, et leur imposait le devoir de lutter jusqu'à l'épuisement de leurs forces ; mais il apparaissait maintenant que l'affaire serait longue et qu'avec des fusils se chargeant par la gueule pour seules armes, les Arabes pouvaient difficilement espérer la victoire.

Ils abandonnèrent donc les plaines des environs de Médine pour se réfugier dans les montagnes qui traversent la grande route aux environs d'Aar, de Raha et de Bir-Abbas. Ils prirent là quelque repos tandis qu'Ali et Fayçal envoyaient messager sur messager à Rabigh, leur base maritime, pour savoir à quelle date ils pouvaient attendre des vivres frais, des munitions, de l'argent et des armes. Ils s'étaient lancés sans préparation dans la Révolte aussitôt que leur père en avait donné l'ordre exprès ; et le vieillard, trop jaloux de son indépendance pour mettre ses fils dans le dernier secret de ses affaires, n'avait rien prévu avec eux pour l'avenir du Mouvement. La réponse fut donc seulement un peu de nourriture. Plus tard arrivèrent quelques fusils japonais, pour la plupart hors de service ; et les canons de ceux qui fonctionnaient encore étaient si encrassés que les Arabes impatients les firent éclater au premier coup. Comme aucun argent n'arrivait jamais, Fayçal emplit un coffre de pierres et le fit garder aux étapes, soigneusement cadenassé et lié, par ses propres esclaves qui le déposaient ostensiblement dans sa tente chaque soir. C'est avec de tels cabotinages que les deux frères essayaient vainement d'arrêter la fonte de leurs effectifs.

Finalement Ali descendit en personne à Rabigh pour voir ce qui ne marchait pas. Il découvrit que Hussein Mabeirig, le chef du district, confiant dans la force des Turcs qui venaient de le battre deux fois de suite, avait décidé de prendre fait et cause pour eux. Aussitôt donc que les approvisionnements destinés au chérif étaient débarqués d'un bateau anglais, il s'en emparait et les entreposait secrètement dans ses propres maisons. Ali fit contre lui une démonstration militaire et dépêcha des messages urgents à son demi-frère Zeid pour qu'il vînt le rejoindre à Djeddah avec des renforts. Hussein, pris de peur, s'enfuit dans les montagnes et les deux chérifs s'emparèrent de ses villages. Ils y trouvèrent, outre de grands magasins bourrés d'armes, assez de vivres pour nourrir leurs troupes pendant un mois. Après une si bonne prise, la tentation de s'accorder quelque loisir était trop forte : ils s'installèrent donc à Rabigh.

Cette décision laissa Fayçal isolé dans l'intérieur des terres et forcé de vivre sur les ressources du pays. Il s'en accommoda quelque temps; mais au mois d'août, ayant appris la visite du colonel Wilson à Yanbo — ville récemment conquise —, il vint lui faire part de ses besoins les plus urgents. Wilson, frappé par l'homme et son histoire, lui promit aussitôt une batterie de montagne et quelques Maxims servies par des hommes et des officiers de l'armée égyptienne en garnison au Soudan. Ceci expliquait la présence de Nafi Bey et de ses canonniers.

Leur arrivée avait réjoui les Arabes qui s'étaient crus, dès lors, aussi forts que les Turcs. Mais les quatre canons étaient des Krupp vieux de vingt ans qui portaient seulement a trois mille mètres; et leurs servants ne possédaient ni la promptitude d'esprit ni l'audace nécessaires pour cette sorte de *guérilla*. La batterie suivit pourtant l'offensive des troupes, enfonça les avant-postes turcs puis leurs lignes de soutien; cette attaque alarma sérieusement Fakhri qui vint lui-même inspecter le front et renforça le détachement menacé à Bir-Abbas en le portant à trois mille hommes environ. Les Turcs possédaient des canons de campagne et des howitzers; de plus, leurs positions commandaient le terrain. Ils harcelèrent les Arabes par un tir oblique, manquant même placer un obus sur la tente où Fayçal avait réuni tous les chefs en conférence. On somma donc les canonniers égyptiens de riposter et de réduire au silence les pièces ennemies. En vain, puisque leurs propres canons ne portaient pas à neuf mille mètres. L'armée arabe se moqua d'eux et revint prestement se mettre à l'abri dans ses défilés.

Fayçal était profondément découragé. Ses hommes étaient las. Les pertes avaient été sérieuses. La seule tactique qui se fût montrée efficace était celle des raids soudains sur l'arrière ennemi. Or, cette tactique coûtait cher en chameaux de course tués, blessés ou mis hors de service. Fayçal était furieux de porter seul tout le poids de la guerre pendant qu'Abdullah s'acagnardait à La Mecque et qu'Ali et Zeid paressaient à Rabigh. Il finit donc par ramener en arrière le gros de ses forces, laissant aux sous-tribus de Harb qui vivaient près de Bir-Abbas le soin d'exercer une pression sur les colonnes de ravitaillement turques et sur les routes par une série de ces raids que lui-même ne pouvait plus se permettre.

Il ne craignait pas, en revanche, une soudaine offensive des Turcs. Son impuissance à faire sur eux la moindre impression n'avait point accru son estime. Sa retraite à Hamra, nullement forcée, n'était qu'un geste de dégoût. Las d'un effort évidemment stérile, il avait décidé, pour l'instant, de vivre, lui aussi, dans la dignité du repos.

Tout compte fait, les deux armées n'avaient pas été mises à l'épreuve. L'armement des Turcs leur donnait à distance une telle supériorité que les Arabes n'arrivaient jamais en contact avec eux. Tous les corps à corps des engagements précédents avaient eu lieu la nuit, quand l'artillerie était aveuglée. Les étranges récits qu'on m'en faisait évoquaient pour moi les combats antiques précédés de duels d'esprit où s'affrontaient, bouillonnant de chaque côté, des flots d'éloquence caustique. Au plus fort de cette mêlée verbale, lorsque chacun des adversaires avait épuisé les plus basses injures qu'il connût dans sa langue, les Turcs frénétiques traitaient leurs ennemis d'Anglais et s'entendaient traiter, en retour, d'Allemands. Il n'y avait, évidemment, pas d'Allemands dans le Hedjaz ; j'y étais le premier Anglais. Mais les uns et les autres adoraient l'anathème ; n'importe quelle épithète s'aiguisait sur la langue de ces artistes.

Je demandai à Fayçal ce qu'il pensait faire. Il répondit : « Danser aux violons de Fakhri. » Jusqu'à la chute de Médine, les Arabes devraient rester dans le Hedjaz. Le but des Turcs, à son avis, était de reprendre La Mecque. Le plus gros de leur forces constituait maintenant une colonne mobile qu'ils pouvaient lancer sur Rabigh : et l'incertitude de la route qu'ils choisiraient était, pour les Arabes, un sujet constant d'inquiétude. Les Arabes n'étaient pas brillants dans ce rôle : l'affaire des montagnes de Subh venait de le montrer. Lorsque l'ennemi bougerait, il faudrait répondre par une offensive.

L'intention de Fayçal était de se retirer plus loin encore, jusqu'à l'ouadi Yanbo sur la frontière du grand territoire Juheina. Avec des troupes fraîchement levées, il marcherait vers l'est pour attaquer le chemin de fer du Hedjaz derrière Médine : au même instant, Abdullah, franchissant le désert de lave, attaquerait Médine par l'est. Ali sortirait de Rabigh et Zeid, s'avançant vers l'ouadi Safra, accrocherait le gros des forces turques à Bir-Abbas pour le retenir loin de la bataille principale. Ainsi Médine serait attaquée ou menacée de tous les côtés à la fois. Quel que dût être par ailleurs le succès de l'offensive, cette attaque convergente venant de trois directions différentes briserait au moins l'avance projetée des Turcs sur la quatrième et donnerait aux forces de Rabigh ou du Hedjaz méridional le temps de prendre haleine et de s'équiper pour une défense, une contre-attaque effective.

Mauloud, qui s'agitait sur son siège pendant notre longue et prudente conversation, ne put plus, à la fin, se contenir : « Cessez donc, cria-t-il, de jouer aux historiens. Il n'y a qu'une chose utile : se battre, se battre, se battre et les tuer. Donnez-moi une batterie de montagne Schneider et des mitrailleuses : je vous débarrasserai des Turcs, moi. Nous parlons toujours sans jamais rien faire ! » Je ripostai avec la même chaleur ; Mauloud me reprit sans tarder : ce magnifique lutteur méprisait même une victoire quand il ne pouvait montrer quelque blessure prouvant la part qu'il y avait prise. Nous nous empoignâmes pendant que Fayçal, assis, riait d'aise en nous regardant.

Cette conversation avait été pour lui un divertissement. Un accident aussi menu que ma visite suffisait à lui redonner du courage ; c'était un homme d'humeur capricieuse, oscillant de l'exaltation au désespoir ; en ce moment, d'ailleurs, mort de fatigue. Il avait trente et un ans et paraissait beaucoup plus vieux. Ses yeux un peu obliques, noirs et pleins d'expression, étaient injectés de sang, et l'effort de la réflexion avait profondément sillonné, modelé ses joues creuses. Il répugnait naturellement à une pensée qui paralysait sa rapidité d'action, et toute tension intellectuelle traçait aussitôt sur son visage des sillons de souffrance. Grand, plein de grâce et de vigueur, avec la plus belle démarche et une dignité royale dans le port de la tête et des épaules, il connaissait son ascendant physique et s'exprimait volontiers en public par des signes et par des gestes.

Ses mouvements étaient impétueux. Violent et susceptible parfois jusqu'à la déraison, il lui arrivait souvent de se laisser emporter hors du sujet. Il réunissait dans sa personne la force du désir, la faiblesse physique et un courage toujours bouillant. Son charme personnel, son imprudence, sa fragilité pathétique (seul adoucissement d'un personnage altier) faisaient de lui l'idole de ses partisans. On ne se demandait pas s'il était scrupuleux ; il montra plus tard qu'il pouvait rendre confiance pour confiance et soupçon pour soupçon. Il avait plus d'esprit que d'humour.

Son initiation à la cour d'Abdul Hamid l'avait rendu maître en diplomatie ; il avait retenu, de son commandement dans l'armée turque, une connaissance efficace de la tactique ; enfin, sa vie à Constantinople et ses fonctions dans le Parlement turc l'avaient familiarisé avec les mœurs et les problèmes de l'Europe. Il jugeait les hommes avec grand soin. J'eus l'impression qu'il irait très loin s'il avait assez d'énergie pour réaliser ses rêves, car il vivait comme enveloppé dans son œuvre. On pouvait craindre qu'il n'épuisât tout son crédit à vouloir feindre des visées plus hautes que ses ambitions réelles. Ses forces pouvaient aussi le trahir. Ses lieutenants me racontèrent qu'après un long combat où il avait dû à la fois se garder, conduire les charges et encourager ses hommes, il s'était évanoui : on l'avait emporté loin du lieu de sa victoire, inconscient, avec de l'écume aux lèvres.

Le hasard, cependant, paraissait nous offrir en lui — si nous avions le bras assez long pour le prendre — un prophète qui, ménagé, incarnerait un jour, puissamment, dans son œuvre, l'idée de la Révolte Arabe. C'était plus que nous n'espérions, beaucoup plus que ne méritaient nos atermoiements. Le but de mon voyage était atteint.

Il ne me restait plus, dès lors, qu'à rentrer en Égypte par le plus court chemin pour y rapporter la nouvelle. Cet après-midi-là, dans cette palmeraie, l'arbre de ma science neuve croissait et fleurissait par mille branches chargées bientôt de fruits et de feuilles ombreuses ; assis à son pied, vaguement averti des bruits alentour, je suivais de l'œil des visions dans le crépuscule, le soir, puis la nuit. Enfin une file d'esclaves portant des lampes descendit le sentier en lacets, entre les troncs de palmiers ; nous revînmes, Fayçal, Mauloud et moi, par les jardins, jusqu'à la petite maison ; ses cours étaient pleines d'hommes qui nous attendaient. Les familiers, déjà, s'étaient réunis dans la petite pièce intérieure. Nous nous assîmes là, ensemble, autour du bol fumant de riz et de viande que des esclaves vinrent poser sur le tapis pour notre repas.

CHAPITRE XIV

La compagnie était si mêlée — chérifs, notables de La Mecque, cheikhs de Juheinas et d'Ateibas, Mésopotamiens, Ageyls — que j'aiguillai aussitôt la conversation sur quelques sujets difficiles afin de juger sans retard, dans la discussion, des croyances et du caractère de chacun. Il faisait beau voir Fayçal, d'ailleurs, garder dans les moments les plus critiques, et tout en fumant d'innombrables cigarettes, la maîtrise complète du débat. Cet homme joignait à un tact précis le pouvoir de plier à son gré le sentiment de ses interlocuteurs. Storrs réussissait aussi bien à ce jeu ; mais Storrs étalait sa force et, loin de rien cacher d'une habile machinerie, laissait voir tous les mouvements des mains qui faisaient danser les marionnettes. Fayçal paraissait au contraire diriger ses hommes sans le savoir et ne se préoccuper ni des moyens qu'il employait pour les convaincre ni de l'assentiment où il les contraignait. C'était un art aussi grand que celui de Storrs — mais caché, parce que naturel.

Les Arabes aimaient Fayçal ouvertement ; en vérité, ces réunions non préparées faisaient apparaître clairement le caractère héroïque qu'avaient pris aux yeux des tribus le chérif et ses fils. Le chérif Hussein (ils l'appelaient Sayidna) avait un extérieur si mesuré et noble qu'il en paraissait faible ; mais cette apparence cachait une politique savante, une ambition profonde et une clairvoyance rare chez les Arabes, avec la force de caractère et l'obstination de sa race. L'intérêt qu'il portait à l'histoire naturelle renforçait ses instincts de chasse et faisait de lui, quand il le voulait, un bel exemplaire de prince bédouin. Sa mère circassienne, d'autre part, l'avait doué de qualités également étrangères aux Turcs et aux Arabes. Il déployait une astuce considérable à présenter, suivant les circonstances, l'une ou l'autre face de son personnage pour en tirer un avantage immédiat.

Cependant l'école de politique turque était si ignoble

que la plus belle âme n'aurait pu sortir intacte de son enseignement. Hussein, dans sa jeunesse, avait été honnête et franc ; il avait appris ensuite non seulement à se taire, mais à parler pour cacher des buts honorables. Cet art, trop pratiqué, devint un vice dont il ne put se libérer. Dans sa vieillesse, la moindre de ses communications était ambiguë. Comme un nuage, ce demi-mensonge cachait la fermeté de son caractère, sa sagesse mondaine, sa force pleine de gaieté. On lui a souvent refusé ces qualités : mais l'Histoire en donne la preuve.

Un exemple de cette sagesse mondaine fut l'éducation donnée à ses fils. Le sultan les avait fait venir à Constantinople pour y recevoir l'éducation turque. Le chérif veilla surtout à ce qu'elle fût complète et solide. Lorsque les jeunes gens revinrent au Hedjaz, transformés en éfendis, avec des habits européens et des manières turques, Hussein leur fit revêtir sans retard le costume arabe et, pour réveiller leur instinct, les envoya dans le désert, en compagnie d'hommes de La Mecque, patrouiller à dos de méhari sur les routes de pèlerinage.

Les jeunes gens virent d'abord là un voyage d'agrément ; ils déchantèrent quand Hussein leur interdit les selles moelleuses et donna des ordres pour qu'ils eussent à partager, en toutes circonstances, la dure vie commune. Pendant des mois ils gardèrent les routes, jour et nuit, par tous les temps, sans revenir à La Mecque, maniant toute espèce d'hommes, devenant chaque jour meilleurs cavaliers et meilleurs soldats. Bientôt ils s'endurcirent, prirent confiance en eux, avec ce mélange d'intelligence et de vigueur qui caractérise souvent les races croisées. Leur formidable groupe familial suscitait, par sa force, l'admiration de tous, mais demeurait curieusement isolé au centre de son propre monde. Les trois frères n'étaient proprement d'aucune province, n'aimaient aucun carré de terre plus qu'un autre. Ils n'avaient ni véritables confidents ni ministres. Aucun d'entre eux ne paraissait s'ouvrir complètement aux autres ni au père à qui tous dédiaient un respect craintif.

Le débat après le souper fut fort animé. Fidèle à mon rôle de Syrien, je fis une allusion sympathique aux chefs arabes exécutés à Damas par Djémal Pacha. L'assistance là-dessus me reprit vivement ; la correspondance publiée avait montré que ces hommes étaient en relation avec des gouvernements étrangers, prêts à accepter, en échange d'un secours, la suzeraineté française ou anglaise. Un tel crime contre la nationalité arabe méritait la mort : Djémal avait seulement exécuté la sentence. Fayçal sourit, cligna presque de l'œil dans ma direction. « Voyez-vous, expliqua-t-il, les nécessités de la guerre nous lient aujourd'hui aux Anglais. Nous sommes charmés de leur amitié, reconnaissants de leur aide, prêts à partager les profits de la lutte. Mais nous ne sommes pas des sujets britanniques. Nous serions plus à l'aise s'il n'y avait pas dans cette alliance une telle disproportion de forces. »

Je racontai une anecdote sur Abdullah-el-Raashid. Tandis que nous remontions vers Hamra, il s'était plaint avec quelque mauvaise humeur des marins anglais qui descendaient à terre chaque jour à Rabigh : « Bientôt ils passeront les nuits, puis ils se fixeront et prendront le pays. » Pour lui donner du courage je lui avais parlé des millions d'Anglais qui campaient sur le sol de France sans effrayer pour cela les Français. Il m'avait alors demandé d'un air méprisant si j'avais l'intention de comparer la France au Hedjaz !

Fayçal, un instant rêveur, dit enfin : « Je ne suis pas Hedjazi d'éducation ; et cependant, par Dieu, je me sens jaloux de ce pays. Je sais que les Anglais n'en ont pas besoin : mais avaient-ils besoin du Soudan ? Ils sont toujours en quête de pays désolés qu'ils puissent rendre prospères. Ainsi, peut-être, un jour l'Arabie leur semblera-t-elle précieuse. Mais pourquoi votre bien et le nôtre coïncideraient-ils ? Le bien imposé est une souffrance, comme le mal imposé. Le minerai admire-t-il la flamme qui le transforme ? L'occupation de Rabigh n'est sans doute pas un sujet d'offense ; mais les peuples faibles sont pointilleux ; ils tiennent trop au peu qu'ils possèdent. Notre race aura le caractère difficile des infirmes tant qu'elle ne sera pas debout sur ses pieds. »

Ces guerriers haillonneux, pouilleux, qui avaient mangé avec nous, m'étonnèrent par leur compréhension instinctive de l'idée nationale. Ils pouvaient difficilement avoir reçu cette notion abstraite des citadins éduqués du Hedjaz ; ces gens mêlés, Hindous, Javanais, Bokhariotes, Soudanais, Turcs, restaient indifférents à l'idéal arabe, protestaient même, à cet instant, contre la violence d'un sentiment patriotique qui, la pression turque écartée, jaillissait brusquement trop haut. Le chérif Hussein s'était sagement appuyé sur l'instinct de son peuple : les Arabes sont convaincus d'être le sel de la terre. Un chef pouvait fonder là-dessus sa doctrine ; et puisque nous fournissions, pour la soutenir, les armes et l'argent, il était assuré du succès.

Évidemment cette foi nationaliste ne s'établit pas sans effort. Le corps des chérifs — huit à neuf cents princes — l'adopta aussitôt et la prêcha partout. On écouta ces nouveaux missionnaires parce qu'ils descendaient du Prophète : ce prestige religieux leur permettait d'agir sur l'esprit des hommes et de ployer leurs fantaisies à une obéissance calmement consentie.

Ainsi, les tribus avaient suivi la piste de leur fanatisme racial. Les villes pouvaient soupirer au souvenir de la paresse et des pots-de-vin turcs, les tribus étaient fières d'avoir fondé un gouvernement libre et véritablement arabe, que croyait représenter chacun de leurs membres. On était libre ; on allait s'amuser. Cette croyance et cette résolution auraient fort bien pu mener à l'anarchie : mais, en fait, elles renforçaient encore les liens familiaux, les responsabilités communes à l'intérieur de la tribu. Il est vrai qu'un tel état d'esprit impliquait une négation du pouvoir central : le chérif pouvait bien, s'il aimait ce hochet magnifique, jouir, aux yeux de l'étranger, d'une souveraineté légale ; mais les affaires intérieures seraient réglées par la coutume. Le problème des théoriciens étrangers — « le Hedjaz peut-il gouverner Damas ou bien faut-il que Damas gouverne le Hedjaz ? » — ne les troublait nullement car ils eussent refusé qu'on posât ainsi la question. L'idée nationale des Sémites était l'indépendance des clans et des villages ; leur idéal d'union patriotique, une combinaison éventuelle de leurs forces pour résister à l'envahisseur. Les vastes organisations constructives, la politique, l'État, l'Empire, loin de les dépasser, étaient au contraire le but de leur haine. Ils luttaient pour se débarrasser d'un empire et non pour en bâtir un.

Dans ces armées arabes, les Syriens et les Mésopotamiens visaient un but plus indirect. En venant jusqu'ici au Hedjaz s'enrôler dans les troupes du pays, ils pensaient défendre le droit général de tous les Arabes à une existence nationale ; et, sans envisager clairement l'éventualité d'un seul État ou même d'une confédération, ils regardaient vers le Nord, désireux d'ajouter à la famille arabe un Damas et un Bagdad autonomes. Militairement, ces peuples d'agriculteurs et de bergers étaient faibles et le resteraient après la victoire : l'absence de richesses minérales leur interdirait toujours les puissants armements modernes. S'il en avait été autrement, nous aurions dû, sans doute, réfléchir à deux fois avant d'éveiller en plein centre stratégique de l'Orient Moyen de jeunes mouvements nationaux si riches en vigueur.

Il y avait dans la Révolte peu de traces d'un fanatisme religieux. Le chérif avait refusé poliment de donner à son Mouvement un tour de ce genre. Sa foi était le nationalisme. Les Turcs étaient des musulmans et les Allemands, des amis probablement sincères de l'Islam. Les Anglais, d'autre part, étaient chrétiens et alliés des Arabes. Les tribus n'ignorant rien de tout cela, le sentiment religieux paraissait d'un faible secours : mieux valait le tenir à l'écart. « Les chrétiens font la guerre aux chrétiens. Pourquoi les mahométans ne feraient-ils pas de même ? Nous demandons un gouvernement qui parle arabe et nous laisse vivre en paix. D'ailleurs nous détestons ces Turcs. »

CHAPITRE XV

Tôt levé le matin suivant, je m'en allai seul parmi les troupes du côté de Kheif : après celui des chefs, il fallait tâter le pouls des hommes, reconnaître, toujours par les mêmes artifices, leur moral et leurs opinions. Il était essentiel pour moi de faire vite : je devais acquérir en dix jours des impressions qui eussent été en temps normal le fruit d'observations prolongées pendant des semaines. En temps normal j'aurais laissé mes sens accueillir les réalités à leur manière qui est en général celle des crabes, latérale et fuyante ; j'aurais laissé glisser cette journée, interprétant les sons sans retard, mais aveugle aux détails visuels, seulement averti qu'il y avait autour de moi des choses rouges, ou grises, ou claires. Il fallait aujourd'hui que mes yeux fussent reliés directement à mon cerveau pour noter au moins une chose ou deux d'autant plus clairement que mes impressions précédentes avaient été plus vagues. Ces détails que je me forçais à voir étaient presque toujours des formes : roches, arbres, corps humains au repos ou en mouvement ; jamais de petites choses comme des fleurs, ni des qualités distinctes comme une couleur.

Plus que jamais, pourtant, ce jour-là, il fallait être un reporter « vivant ». Cette guerre était si morne que le moindre saillant pittoresque réjouissait tout le monde. Le plus fort atout, dans le jeu de Mac Mahon, était l'imagination latente de l'État-Major général. Personnellement, j'avais foi dans le Mouvement Arabe ; j'étais sûr, avant même de venir ici, qu'il contenait en puissance le démembrement de la Turquie. Mais les autres, en Égypte, manquaient d'enthousiasme. On ne leur avait jamais rien appris d'intelligent sur les Arabes en campagne. Que je leur fasse connaître un peu l'esprit qui animait ces guerriers romantiques campant dans les montagnes devant les villes saintes, et je pouvais gagner la sympathie du Caire pour le secours qu'ils demandaient.

La troupe me reçut gaiement. Derrière chaque roc ou chaque buisson les hommes s'étalaient comme des scorpions paresseux, fuyant la chaleur et rafraîchissant leur peau brune au froid contact des pierres dans l'ombre du matin. Ils me prirent, à cause de mon costume kaki, pour un officier déserteur de l'armée turque et se répandirent en plaisanteries terrifiantes sur les traitements que je méritais. La plupart d'entre eux étaient jeunes (quoique le terme «guerrier», dans le Hedjaz, signifie quiconque, de douze à soixante ans, possède assez d'esprit pour tirer un coup de fusil). Sombres, quelques-uns même négroïdes, ils formaient une foule souple et dure. Leurs corps minces, exquis de formes, avaient des mouvements huilés qui ravissaient l'œil. Impossible, semblait-il, de former une troupe plus robuste et mieux trempée. Ces soldats étaient capables de parcourir à dos de méhari d'énormes distances chaque jour, de courir sans souffrance à travers le sable, les rocs, dans la chaleur, pendant des heures, et d'escalader leurs montagnes comme des chèvres. Leur principal vêtement était une chemise lâche avec, quelquefois, un court pantalon de coton; le *haïk* ordinairement rouge qu'ils portaient sur la tête pouvait servir indifféremment de serviette, de mouchoir ou de sac. Tout bosselés de bandoulières, ils tiraient des salves dès qu'ils le pouvaient.

Ils étaient pleins d'une ardeur sauvage et criaient que la guerre pouvait se prolonger dix ans. Leurs montagnes n'avaient jamais connu pareille prospérité. Le chérif nourrissait non seulement les soldats mais leurs familles et payait en outre par mois deux livres pour un homme et quatre pour un chameau. Rien d'autre que ces munificences n'eût accompli le miracle de garder une armée levée sur les tribus en campagne plus de cinq mois. Nous autres, Anglais, raillons souvent l'esprit de lucre des guerriers orientaux. La campagne du Hedjaz fournit un bon exemple des limites où il faut tout de même enfermer cette thèse. Les Turcs offraient des sommes considérables et obtenaient très peu en échange, aucun service actif en tout cas : les Arabes prenaient simplement l'argent et multipliaient les promesses. Ces mêmes tribus, cependant, restaient en relation avec Fayçal qui recevait d'elles, contre son argent, un service effectif. Les Turcs coupaient la gorge de leurs prisonniers comme des bouchers saignent du bétail. Fayçal offrait une récompense d'une livre par prisonnier : on lui en amena beaucoup sans leur faire le moindre mal. Le chérif payait aussi les mulets et les fusils pris à l'ennemi.

Les contingents actuels étaient perpétuellement mouvants, en obéissance aux lois familiales. Quand une famille possédait un fusil, les divers fils allaient servir quelques jours à tour de rôle. Les hommes mariés faisaient la navette entre le camp et leurs femmes. Un clan entier, parfois, pris d'ennui, décidait d'aller goûter quelque repos. L'effectif payé était donc toujours plus grand que l'effectif réel ; et les grands cheikhs recevaient souvent à titre de solde un argent qui achetait poliment leur seule amitié. Les huit mille hommes de Fayçal comprenaient environ huit cents méharistes montés ; le reste formait une infanterie de montagne. Les hommes des tribus servaient seulement sous la conduite de leurs propres cheikhs et pas trop loin de chez eux, car ils organisaient eux-mêmes leur ravitaillement et leurs moyens de transport. Chacun des cheikhs avait en théorie cent hommes sous ses ordres. Les chérifs étaient à la tête de groupes plus grands en vertu du prestige qui les élevait au-dessus des jalousies des tribus.

Les vendettas étaient abolies en principe ; en réalité, suspendues dans le territoire chérifien. Billis et Juheinas, Ateibas et Ageyls vivaient et combattaient côte à côte dans l'armée de Fayçal. Les membres d'une tribu n'en étaient pas moins réservés avec ceux d'une autre ; et à l'intérieur de la tribu aucun homme ne se fiait complètement à son voisin. Chacun d'eux pouvait se battre — et se battait généralement — de tout cœur contre le Turc : mais sans doute pas au point de laisser échapper, sur le terrain, l'occasion d'en finir avec une vieille histoire de famille. À mon avis, cela rendait toute attaque impossible. Une seule compagnie de Turcs, fermement retranchée en terrain découvert, aurait pu défier une année entière de ces troupes : et une défaite en bataille rangée, avec les pertes qu'elle suppose, aurait simplement mis fin à la guerre par l'horreur qu'elle eût suscitée.

J'en conclus que ces hommes des tribus étaient seulement bons pour la défensive. Leur audace, leur avidité les rendaient merveilleusement propres à la guerre de pillage, aux coups de main subits contre les chemins de fer, les caravanes ou les troupeaux : dans cette escrime ils étaient passés maîtres. Mais ils avaient l'esprit trop libre pour la discipline et le combat rangé. Un homme capable de bien se battre tout seul fait généralement un mauvais soldat, et ces champions individuels ne fourniraient jamais à notre système de conscription un matériel convenable. Nous devions seulement, à mon avis, leur fournir des armes automatiques et légères du type Lewis qu'ils manieraient eux-mêmes : ainsi pourvus, ils étaient fort capables de tenir leurs montagnes. Derrière cet écran nous pourrions mettre sur pied (à Rabigh peut-être) une colonne mobile régulière formée aussi d'éléments arabes, capable d'affronter les troupes turques (harcelées déjà par une guerre de partisans) et de les battre morceau par morceau. Pour cette armée de soldats véritables, le Hedjaz ne fournirait pas de recrues. Il faudrait la former des pacifiques et lourds citadins de Syrie et de Mésopotamie que nous avions déjà en main, l'encadrer d'officiers parlant arabe, entraînés dans l'armée turque : des hommes ressemblant à Aziz-el-Masri ou Mauloud par le caractère et l'histoire. Ceux-là pourraient mettre fin à la guerre par un coup droit pendant que les tribus tournoyantes affoleraient les Turcs à coups d'aiguillon.

La guerre particulière du Hedjaz, cependant, resterait une lutte de derviches contre des troupes régulières ; le combat d'un pays rocheux, montagneux, désolé, hérissé de hordes sauvages, contre un ennemi à ce point alourdi par son équipement germanique qu'il était désormais incapable de tenir ce train endiablé, à la va-comme-je-te-pousse. La montagne est le paradis des embuscades : et les Arabes étaient passés maîtres dans cet art. Deux ou trois cents gaillards connaissant bien les passages pourraient défendre n'importe quel secteur dans un pays où les pentes étaient trop raides pour une escalade. Les vallées, seules routes praticables, pendant des milles et des milles étaient moins des vallées que des défilés tortueux ou des gorges, ayant parfois deux cents mètres de large, mais parfois vingt seulement, parfaitement nus, de mille à quatre mille pieds de profondeur entre deux masses impitoyables de granit, de basalte et de porphyre, avec des pentes non pas régulières, mais tailladées, ravinées, émiettées, empilements énormes de fragments rocheux aussi durs que l'acier et presque aussi coupants.

Il semblait impossible à mes yeux neufs qu'à moins de trahison les Turcs osassent même tenter de passer. Même par trahison, franchir ces montagnes restait encore dangereux. L'ennemi ne pouvait jamais être sûr qu'une population aussi instable ne changerait pas d'avis une fois de plus ; or, sentir derrière soi, sur le chemin de son ravitaillement, un tel labyrinthe de défilés, était pire que de l'avoir en face. Sans l'amitié des tribus, les soldats turcs seraient maîtres seulement du sol où leurs pieds poseraient. Un terrain aussi tortueux et aussi complexe absorberait en quinze jours des milliers d'hommes sans en laisser aucun pour se battre.

Le seul point inquiétant était la terreur des Arabes devant l'artillerie turque. Aziz-el-Masri, au cours de la guerre turco-italienne à Tripoli, s'était heurté à la même panique. Sans doute il avait découvert qu'à la longue cette peur s'effaçait : nous pouvions espérer ici la même accoutumance ; mais pour l'instant, au premier coup de canon, tous nos hommes risquaient de disparaître. Les Arabes mesuraient au bruit la puissance destructive d'une arme. Ils ne craignaient pas les balles ; la mort même, en général, ne leur faisait pas peur ; mais la mort par shrapnell leur paraissait intolérable. Ils ne retrouveraient, à mon sens, leur confiance qu'en possédant eux-mêmes des canons, efficaces ou non, mais bruyants. Du magnifique Fayçal au dernier des négrillons tous criaient : de l'artillerie, de l'artillerie, de l'artillerie !

Quand j'annonçai le débarquement à Rabigh d'howitzers de cinq pouces, tout le camp se réjouit. Cette nouvelle balançait presque dans l'esprit des troupes leur défaite et la retraite dans l'ouadi Safra. À vrai dire ces canons ne leur serviraient de rien ; ils représentaient même à mes yeux, techniquement, un facteur négatif. Notre seule force résidait dans la mobilité intelligente de nos hommes ; les canons allaient entraver leurs mouvements, diminuer leur efficacité. Mais, sans ces canons, nous n'aurions plus d'hommes.

Vue de si près, l'ampleur de la Révolte m'impressionna. L'appoint de cette province populeuse qui s'étendait d'Urn Lejj à Kunfida (plus de quinze journées à dos de méhari) avait soudain modifié son caractère : la bande de nomades chapardeurs était devenue tout un peuple soulevé contre la Turquie et qui la combattait non pas à notre manière, sans doute, mais assez fièrement à la sienne en dépit de la Guerre Sainte qui aurait dû dresser l'Orient entier contre nous. Nous venions de libérer, bien au-delà de tout facteur calculable, une animosité anti-turque qui, rendue plus farouche par des siècles de sujétion, pouvait devenir un patriotisme fanatique. Les tribus de la zone de combat faisaient preuve sans exception d'un enthousiasme fébrile, commun, j'imagine, à tous les soulèvements nationaux, mais étrangement troublant pour qui, arrivant d'un pays dès longtemps libre, ne trouve pas plus de saveur à la liberté nationale qu'à l'eau qu'il boit sans y penser.

Lorsque je retrouvai Fayçal, je lui promis de faire de mon mieux pour l'aider. Mes chefs organiseraient une base à Yanbo : les munitions et les vivres dont il avait besoin y seraient débarqués pour l'usage exclusif de ses troupes. Nous essaierions de lui procurer des officiers volontaires choisis parmi les prisonniers capturés en Mésopotamie ou sur le canal de Suez. Nous formerions des groupes de canonniers et de mitrailleurs parmi les soldats internés et nous enverrions, avec eux, leurs pièces, canons de montagne et mitrailleuses légères que nous pourrions rassembler en Égypte. Enfin je conseillerais à mes chefs de détacher quelques officiers britanniques de l'armée régulière sur le front du Hedjaz comme conseillers techniques et officiers de liaison.

La conversation, cette fois, fut des plus cordiales ; elle se termina, du côté de Fayçal, par des remerciements chaleureux et une invitation à revenir aussitôt que possible. J'expliquai au chérif que le service en campagne n'entrait pas dans mes attributions, mais que, peut-être, mes chefs m'accorderaient de lui faire une seconde visite plus tard quand ses besoins actuels seraient satisfaits et son action en bonne voie. En attendant, je le priai de me faciliter le voyage à Yanbo : je devais promptement retourner en Égypte pour mettre nos projets sur pied. Il me constitua aussitôt une escorte de quatorze chérifs Juheinas, tous parents de Mohammed Ali-ibn-Beidaoui, émir des Juheinas, qui reçurent mission de me conduire sain et sauf à Yanbo auprès du cheikh Abd-el-Kadir-el-Abdo, gouverneur de la ville.

CHAPITRE XVI

Laissant Hamra au crépuscule, nous descendîmes l'ouadi Safra jusqu'en face de Kharma : nous tournâmes alors à droite pour remonter une vallée latérale. Elle était tapissée de broussailles si épaisses que nous dûmes pousser énergiquement nos chameaux après avoir remonté les sacs de nos selles qui risquaient d'être déchirés par les épines. Deux milles plus loin, il fallut grimper par le col étroit de Dhifran : même dans cette obscurité, on discernait encore assez de preuves du travail qu'avait dû coûter cette route. On l'avait aplanie à l'outil en empilant des blocs, de chaque côté, pour empêcher l'érosion terrible des pluies. Certaines parties de la route avaient été taillées en escaliers ; d'autres formaient une chaussée apparemment établie à six ou huit pieds de hauteur sur de grands blocs de pierre non taillés. Pourtant la route se trouvait dans un état déplorable, emportée à chaque contour par les torrents.

L'ascension durait peut-être pendant un mille ; et la descente, fort raide, de l'autre côté, avait environ la même longueur. Ce pas franchi, nous nous retrouvâmes dans un paysage accidenté, creusé d'un inextricable réseau d'ouadis dont la direction générale paraissait être le sud-ouest. Le terrain était bon pour nos chameaux. Nous fîmes ainsi à peu près sept milles dans l'obscurité pour arriver à un puits, le Birel-Murra, au pied d'une falaise basse couronnée par la silhouette carrée d'un fortin qui se détachait sur le ciel étoilé. Fortin et chaussée avaient été bâtis sans doute par quelque Mameluk égyptien en pèlerinage, allant avec sa caravane de Yanbo à La Mecque.

C'est là que nous fîmes halte pour un sommeil de six heures, luxe somptueux sur la route : ce repos fut pourtant brisé deux fois par des appels de méharistes indistincts qui avaient aperçu notre bivouac. Il faisait nuit encore quand nous repartîmes de crête en crête : enfin l'aube parut, éclairant de douces vallées sablonneuses et d'étranges montagnes de lave surgies dans l'ombre autour de nous. Ce n'était pas la pierre cendreuse, bleue et noire, des environs de Rabigh. Celle-ci avait la couleur de la rouille ; et l'on eût dit, à voir ces empilements énormes, ces coulées tordues, coudées, bistournées, qu'un dieu avait joué, jadis, avec la pâte encore chaude et molle. Cependant, à mesure que nous avancions, leurs masses paraissaient s'enliser dans le sable : celui-ci, d'abord simple tapis étalé au pied de la dolérite, peu à peu monta, gagna sur leurs pentes en vagues lisses, toujours élargies ; un moment vint où les sommets émergèrent seuls ; puis le sable les saupoudra, forma dans les creux de petites flaques et, à la fin, les engloutit. Ainsi, à l'instant même où le soleil plus haut devenait plus féroce, nous ne découvrîmes plus devant nous qu'un déroulement de dunes arides, ondulant vers le Sud pendant des milles, jusqu'à la mer brumeuse où elles se fondaient dans le faux lointain gris-bleu des jours de chaleur.

Les dunes, à la vérité, n'étaient pas larges. À 7 h 30, nous poussions nos bêtes sur le sable vitreux, parsemé de galets, d'une plaine couverte de hauts buissons et de touffes épineuses, avec quelques bons acacias. Nous franchîmes cette zone au grand trot, non sans désagrément pour moi. Je n'étais pas un cavalier habile ; le mouvement m'épuisait ; la sueur, ruisselant de mon front, s'égouttait sur mes paupières meurtries par le sable et desséchées par le soleil. Elle était d'ailleurs la bienvenue lorsque ses gouttes, glissant d'une mèche de cheveux, apportaient à la joue qu'elles éclaboussaient une fraîcheur inattendue. Mais ces aubaines étaient trop rares pour payer mes souffrances. Nous pressions toujours le trot. Le sable fit place aux galets qui se massèrent enfin pour former le lit, ou plutôt les lits entrelacés d'une grande vallée descendant vers la mer.

Nous franchîmes la dépression sur un monticule et de l'autre rive un vaste horizon s'ouvrit à nos regards : c'était le delta de l'ouadi Yanbo, la plus vaste vallée du Hedjaz Nord. Une végétation vivace de tamarins et d'arbustes épineux semblait l'emplir. À droite et à quelques milles en amont apparaissaient en masses sombres les palmeraies de Nakhel Embarek, village et jardins des Bénu Ibrahim Juheina. À l'horizon, en face de nous, se dressait la masse du Djebel Rudhoua qui semblait méditer au-dessus du Yanbo quoiqu'il en fût distant de plus de vingt milles. Nous l'apercevions depuis Mastourah car c'est un des grands sommets du Hedjaz, d'autant plus étonnant qu'on voit sa silhouette entière s'élever, comme un clair lavis, de la Téhama à la crête. Mes compagnons se sentaient chez eux sous sa protection; et c'est pourquoi, toute la plaine dansant autour de nous dans la brume d'une chaleur intolérable, nous fîmes halte sous les branches d'un acacia feuillu, non loin de la piste, pour une sieste de quelques heures.

L'après-midi venu, nous abreuvâmes nos méharis à un petit trou d'eau saumâtre, dans le lit sablonneux d'un ravin latéral, devant une haie transparente de tamarins en plumetis. Notre nouvelle étape fut plus heureuse et l'arrêt pour la nuit se fit dans un paysage caractéristique de la Téhama : lentes ondulations de sable, amas de galets et ravins creux.

Les chérifs allumèrent un feu de bois aromatique pour faire cuire le gâteau de farine et bouillir le café; puis la brise aux senteurs salines, rafraîchissant nos visages brûlés, caressa doucement notre sommeil. Le réveil eut lieu à deux heures; bientôt nos chameaux galopèrent dans une plaine de galets durs et de sable humide sans relief, jusqu'à Yanbo. La ville dresse ses remparts et ses tours sur un socle de calcaires coralliens à trente pieds au-dessus de la plaine. Mes compagnons, franchissant aussitôt les portes, me conduisirent, par des rues vides et croulantes — Yanbo est une ville à moitié morte depuis que fonctionne le chemin de fer du Hedjaz —, droit à la maison d'Abd-el-Kader, agent de Fayçal. Je trouvai un homme bien informé, actif, plein de dignité calme : nous avions échangé avec lui quelques lettres (il était alors directeur des postes de La Mecque) quand les services d'Égypte avaient dessiné des timbres pour le nouvel État arabe. Il venait juste d'être transféré à Yanbo.

Je restai quatre jours avec Abd-el-Kader — dans cette maison pittoresque s'ouvrant sur le square aujourd'hui désert d'où étaient parties tant de caravanes pour Médine —, quatre jours à attendre le bateau qui semblait vouloir manquer au rendez-vous. Enfin le *Suva* apparut et nous fîmes route vers Djeddah. C'était ma première rencontre avec Boyle, commandant du navire. Il avait fait beaucoup pour nous au début de la Révolte et devait faire plus encore dans le futur ; mais je ne réussis pas à lui produire, en retour, une bonne impression. Mes habits de voyage étaient très sales et je n'avais aucun bagage. Mais le pire était ma kouffié. J'avais mis cette coiffure par politesse pour mes compagnons arabes. Elle n'eut pas l'approbation de Boyle.

Notre entêtement à porter un chapeau en Orient (dû à notre ignorance en fait d'insolation) fut tout d'abord pour les Orientaux un sujet de méditations profondes. Enfin, les plus sages d'entre eux conclurent que les chrétiens gardaient cet objet hideux sur la tête pour mettre l'écran de ses bords entre leur faible vue et l'image gênante de Dieu. Notre chapeau rappelle donc sans cesse à l'Islam que Dieu, le mal nommé, est aussi mal aimé des chrétiens. Les Anglais, eux, décidèrent qu'un préjugé aussi fâcheux (et qui n'a rien de commun avec notre haine pour les turbans) devait être corrigé à tout prix. Ils refusèrent d'abandonner leur couvre-chef : ceux qui ne voulaient pas d'eux chapeautés n'auraient rien. Pour ma part, j'avais été accoutumé, en Syrie, dès avant la guerre, à porter le costume arabe quand il le fallait ; je m'y sentais à l'aise, sans la moindre impression de déchéance. Les robes étaient fort gênantes pour monter les escaliers quatre à quatre, mais le voile était parfaitement adapté au climat. L'ayant adopté pendant notre voyage à l'intérieur du pays, je devais maintenant, bravant le mépris, l'arborer sous les feux de la flotte britannique, jusqu'au moment où quelque boutique consentirait à me vendre une casquette.

Nous trouvâmes à Djeddah l'*Euryale*, commandé par

l'Amiral Wemyss, en route pour Port-Soudan ; il débarquerait là Sir Rosslyn qui devait rencontrer Sir Reginald Wingate à Khartoum. Sir Reginald, Sirdar de l'armée égyptienne, avait reçu le commandement des troupes britanniques destinées à soutenir la Révolte Arabe ; Sir Henry Mac Mahon, qu'il remplaçait à ce poste, gardait la direction politique de l'affaire. Je jugeai fort nécessaire d'aller voir, moi aussi, Sir Reginald pour lui confier mes impressions. Je demandai donc à l'amiral une place sur son navire et dans son train vers Khartoum. Il me l'accorda volontiers après un interrogatoire en règle.

Je découvris que son esprit actif et sa large intelligence s'étaient préoccupés, dès le début, de la Révolte Arabe. Maintes fois son vaisseau-amiral était venu porter secours aux rebelles dans les moments critiques ; maintes fois il s'était écarté de sa route pour soutenir un combat sur la côte, ce qui était proprement le travail de l'armée, plutôt que le sien. Recevant toutes les requêtes avec un réel plaisir, il y faisait droit avec générosité. Il avait donné aux Arabes des canons et des mitrailleuses, transporté, débarqué des troupes, fourni des conseils techniques, bref, coopéré au Mouvement sans lésiner et de la meilleure volonté du monde.

Sans la prescience et l'aide effective de l'amiral Wemyss, sans la maîtrise admirable, aussi, du commandant Boyle qui exécutait ses ordres, la jalousie de Sir Archibald Murray aurait pu tuer au berceau la Révolte Chérifienne. En fait, Sir Rosslyn Wemyss fut le parrain du Mouvement jusqu'au jour où les Arabes se tinrent à peu près sur leurs pieds : il fut alors rappelé à Londres. Mais Allenby, fraîchement arrivé en Égypte, venait de découvrir dans la Révolte Arabe un facteur appréciable pour son propre front de bataille : dès cet instant, les énergies et les ressources de l'armée furent mises à la disposition du chérif. Heureusement pour nous, d'ailleurs, car le successeur de l'amiral Wemyss au commandement des forces navales d'Égypte n'acquit pas précisément la réputation d'un homme qui vole au secours de ses voisins : il est vrai qu'il ne traitait pas plus mal, s'il faut en croire la rumeur publique, ses voisins que ses subordonnés. On doit ajouter aussi qu'il n'était pas facile de succéder à Wemyss.

Nous rencontrâmes à Port-Soudan deux officiers britanniques prêts à s'embarquer pour Rabigh. Ils devaient commander les troupes égyptiennes dans le Hedjaz et seconder Aziz-el-Masri dans l'organisation des forces régulières arabes qui porteraient, de Rabigh, le coup décisif à l'ennemi. Telle fut ma première rencontre avec Joyce et Davenport, les deux étrangers à qui la Cause Arabe est sans doute le plus redevable. Joyce a travaillé longtemps à mes côtés et l'écho des succès de Davenport, dans le Sud, n'a cessé de nous parvenir pendant toute la campagne.

Après l'Arabie, Khartoum me parut frais. Je puisai dans ce changement l'énergie nécessaire pour communiquer à Sir Reginald Wingate le long rapport écrit pendant mon attente à Yanbo. Les conclusions en étaient pleines de promesses. Les Arabes, à mon sens, avaient surtout besoin de conseils techniques ; le succès de la campagne serait assuré en détachant auprès des chefs arabes quelques officiers de notre armée régulière, instruits dans la langue du pays et techniciens éprouvés, qui nous maintiendraient en contact avec la Révolte.

Mon optimisme réjouit Wingate. Depuis des années il rêvait de cette Révolte. Or, le hasard voulut qu'il reçût, pendant mon séjour à Khartoum, le pouvoir d'y jouer le principal rôle. Les intrigues contre Sir Henry Mac Mahon venaient précisément de réussir : on le rappelait en Angleterre ; Sir Reginald Wingate était nommé en Égypte à sa place. Ainsi, après deux ou trois jours passés à lire confortablement *la Mort d'Arthur*, je revins de Khartoum au Caire sûr d'avoir dit à l'homme responsable tout ce que je pouvais lui dire. La descente sur le Nil devenait une partie de plaisir.

Je retrouvai l'Égypte empoissée à l'ordinaire dans la question — ou plutôt dans une question de Rabigh. On avait décidé d'y envoyer quelques aéroplanes; mais fallait-il envoyer aussi une brigade ? Le chef de la Mission Militaire Française à Djeddah, le colonel Brémond, poussait de toutes ses forces à un débarquement de forces alliées dans le Hedjaz : il avait, officiellement, les mêmes pouvoirs que Wilson chez nous, mais une autorité plus grande à cause de sa compétence dans la pratique des guerres coloniales et de ses succès, d'abord en Afrique Française, puis sur la Somme où il avait été Chef d'État-Major d'un corps d'armée. Pour nous tenter, il avait amené à Suez quelques canons, des mitrailleuses et des troupes musulmanes, cavaliers et fantassins, encadrées d'officiers français. Ces éléments, joints aux troupes anglaises, devaient donner aux forces de débarquement une couleur internationale.

Les jugements spécieux de Brémond sur l'état dangereux des affaires arabes impressionnèrent Sir Reginald. Wingate était en principe Général Commandant d'une force expéditionnaire, l'armée du Hedjaz, qui se composait en réalité de quelques officiers de liaison, outre une poignée de manutentionnaires ou d'instructeurs. Le plan du colonel Brémond le mettait à la tête d'une brigade mixte franco-anglaise avec toutes les perspectives agréables que comportait cette situation : organisation, responsabilités, télégrammes, avancement et considération officielle. Wingate rédigea donc un rapport prudent qui conseillait à demi l'intervention.

Comme mon expérience du moral arabe dans le Harb m'avait donné des opinions énergiques sur cette question de Rabigh (en vérité, la plupart de mes opinions étaient énergiques) j'écrivis au général Clayton, chef du Bureau Arabe où je venais d'être officiellement versé, un mémorandum violent sur l'ensemble du sujet. Clayton accueillit avec plaisir mon point de vue : j'étais persuadé que les tribus pouvaient défendre Rabigh pendant des mois si on leur prêtait des conseils techniques et des armes, mais qu'elles s'éparpilleraient certainement dans leurs tentes respectives aussitôt appris un débarquement important d'étrangers. Au surplus les plans d'intervention étaient techniquement déraisonnables car une brigade serait tout à fait insuffisante pour défendre la position, interdire aux Turcs les points d'eau voisins et leur fermer la route de La Mecque. J'accusai le colonel Brémond d'agir pour des motifs personnels et non pas militaires, sans tenir compte des intérêts arabes et de l'importance de la Révolte pour nous. Je citai ses paroles et ses actes dans le Hedjaz comme preuves de mon accusation : ils lui donnaient une couleur plausible.

Clayton présenta le mémorandum à Sir Archibald Murray qui, appréciant son acidité et sa force, le télégraphia promptement à Londres pour prouver qu'on lui demandait un sacrifice de troupes précieuses alors que les experts arabes n'étaient pas d'accord sur la sagesse et la probité d'une telle mesure. Londres demanda des explications et l'atmosphère s'éclaircit peu à peu : la question de Rabigh traîna pourtant, sous une forme moins aiguë, encore plus de deux mois.

La popularité dont je jouis dès lors auprès de l'État-Major d'Égypte (le secours soudain que je venais d'apporter aux préjugés de Sir Archibald n'y était évidemment pas étranger) fut pour moi une nouveauté amusante. L'on devint poli : j'appris même que j'avais des dons d'observation, un style piquant et du caractère. Les bureaux firent remarquer combien ils avaient eu raison de me laisser servir la Cause Arabe dans les difficultés présentes. Je fus un jour mandé devant le Général Commandant en Chef, mais arrêté en chemin par un aide plein d'agitation qui m'attendait pour me conduire d'abord devant Lynden Bell, chef d'État-Major. Le général avait toujours accompli son devoir avec tant de loyauté, il avait, veux-je dire, toujours partagé si fidèlement les fantaisies de Sir Archibald, qu'on les confondait d'ordinaire dans la même inimitié. Aussi fus-je fort étonné, en ouvrant la porte, de le voir aussitôt bondir de sa chaise et m'attraper par les épaules. « Il ne faut pas l'effrayer, siffla-t-il ; n'oubliez pas ce que je vous dis. »

Mon visage montra sans doute quelque ahurissement car son œil unique s'adoucit. Il me fit asseoir, parla d'Oxford et des agréments de la vie universitaire, loua mon rapport sur le camp de Fayçal, émit enfin l'espoir que je pourrais un jour retourner là-bas pour continuer ce que j'avais si bien commencé ; il mêlait cependant à ses amabilités des remarques sur la nervosité du Général Commandant en Chef, ses tracas infinis, et la nécessité qu'il y avait à lui offrir, des affaires arabes, une peinture rassurante sinon poussée au rose, puisqu'on ne pouvait se permettre d'excès dans aucun sens.

Je m'amusai beaucoup, sans le laisser paraître, et promis de me bien conduire. Je fis malgré tout remarquer que le but de mon voyage était d'assurer aux Arabes les munitions, les armes et les conseils dont ils avaient besoin : comment y parvenir sans éveiller non seulement l'intérêt, mais encore, si cela paraissait nécessaire (car rien ne m'arrêterait dans l'accomplissement de mon devoir), l'inquiétude même du Général Commandant en Chef ? Là-dessus, le général Lynden Bell m'arrêta : la fourniture des secours entrait dans ses attributions ; il n'avait même à en référer à personne ; sans aller plus loin, il se croyait autorisé à nous promettre une aide sans réserves.

Je pense qu'il tint sa promesse loyalement. Pour ma part, je fis à son chef un rapport des plus lénitifs.

LIVRE II

Le début de l'offensive arabe

Chapitres XVII à XXVII

Mes chefs, étonnés de nouvelles aussi favorables, promirent cependant des secours et (tout à fait contre mon gré) me renvoyèrent en Arabie. Le jour même où j'arrivai au camp de Fayçal, les Turcs emportèrent la défense du Djébel Subh. J'avais mis ma confiance en une guerre défensive soutenue par les tribus : cet événement ruinait les bases de mon attente.

Nous nous réfugiâmes pour un temps près de Yanbo avec l'espoir de reconquérir la position. Mais l'expérience montra que nos guerriers ne valaient rien pour l'assaut : il fallait donc ou laisser mourir la Révolte ou imaginer aussitôt un nouveau plan de campagne.

Cette tentative était fort hasardeuse en l'absence d'experts militaires : or, ceux qu'on nous avait promis n'étaient pas encore arrivés. Nous décidâmes cependant que, pour regagner l'initiative, nous devions ignorer le corps principal de l'ennemi et opérer notre concentration très loin sur le flanc de son chemin de fer. La première chose à faire était donc de transporter notre base à El Ouedj. Nous passâmes à l'exécution sans retard dans un style grandiose.

CHAPITRE XVII

J'appris de Clayton, quelques jours plus tard, que je devais retourner en Arabie auprès de Fayçal. Cette décision allait à l'encontre de mes désirs. Je protestai que je n'étais nullement fait pour ce rôle : d'abord, je détestais les responsabilités et, de toute évidence, un conseiller scrupuleux se sentirait responsable ; en second lieu, les objets m'avaient toujours mieux réussi que mes semblables, et les idées que les objets. Plier des hommes à mes fins me serait donc doublement dur. La matière humaine n'était pas mon fait ; je n'entendais rien à ce modelage. Bien loin d'être un soldat, je détestais le métier militaire. Sans doute j'avais lu (trop de bouquins !) les auteurs ordinaires : Clausewitz et Jomini, Mahan et Foch ; j'avais joué aux campagnes de Napoléon ; « bûché », comme n'importe qui à Oxford, la tactique d'Annibal et les guerres de Bélisaire ; mais je n'avais jamais songé à jouer le personnage d'un véritable homme de guerre contraint de livrer ses propres batailles.

Enfin je rappelai à Clayton que le Sirdar venait précisément de télégraphier à Londres pour réclamer l'envoi d'officiers de carrière capables de diriger les opérations en Arabie. La réponse de Clayton fut que ces officiers n'arriveraient pas avant plusieurs mois ; qu'en attendant il fallait reprendre contact avec Fayçal, notifier promptement ses besoins à l'Égypte. Je me résignai donc ; laissant à d'autres le *Bulletin arabe* que j'avais fondé, les cartes que j'aurais voulu dessiner, le dossier de l'armée turque — tout ce que je faisais avec passion et sans trop de peine ; assumant en échange un rôle pour lequel je n'avais aucune inclination. Comme notre Révolte a réussi, les spectateurs en ont loué la conduite ; mais les coulisses révélaient tous les défauts d'un travail d'amateurs : manque d'ensemble, tâtonnements et fantaisies.

Le but de mon voyage était Yanbo, désormais base particulière de Fayçal. Garland, de sa seule main, y enseignait aux Chérifiens l'art de faire sauter les voies à la dynamite et celui de mettre un peu d'ordre dans les magasins d'une armée. C'est le premier, d'ailleurs, qu'il enseignait le mieux. Garland, curieux de physique expérimentale, avait, en matière d'explosifs, des années d'expérience pratique. Il avait ses « trucs » à lui pour miner les voies, abattre les lignes télégraphiques et découper les métaux ; les libertés qu'il prenait avec le *Manuel du sapeur*, jointes à sa connaissance de l'arabe, lui permettaient d'initier ses Bédouins illettrés à l'art des démolitions d'une façon sûre et rapide. Ses élèves admiraient en lui l'homme que rien ne prend jamais au dépourvu.

Incidemment il m'enseigna la familiarité avec l'explosif puissant. Les sapeurs le manient comme un sacrement ; Garland, lui, fourrant dans sa poche une poignée de détonateurs, un rouleau de cordon, quelques cartouches-amorces et des allumettes tisons, sautait joyeusement sur son chameau pour un voyage d'une semaine vers le chemin de fer du Hedjaz. D'une pauvre santé, il était régulièrement malade dans ce climat. Son cœur faiblissait après chaque secousse ou dépense d'énergie. Mais il accordait à ces désagréments la même attention qu'aux détonateurs et tint bon tant qu'il n'eut pas fait dérailler le premier train et sauter le premier viaduc d'Arabie. Il mourut bientôt après.

Les affaires du Hedjaz avaient sérieusement changé en un mois. Suivant son plan primitif, Fayçal avait gagné l'ouadi Yanbo et tâchait d'assurer ses derrières avant de lancer contre le chemin de fer une attaque de grand style. Pour le soulager du fardeau que représentaient les tribus du Harb, son jeune demi-frère Zeid s'en allait de Rabigh à l'ouadi Safra, en principe comme subordonné du chérif Ali. Les clans Harbs avancés harcelaient avec succès les communications turques entre Médine et Bir-Abbas. Presque chaque jour ils envoyaient à Fayçal un petit convoi de leurs prises : chameaux, fusils et hommes, prisonniers ou déserteurs.

Les forces de Rabigh, alarmées par la première apparition d'aéroplanes turcs le 7 novembre, avaient été rassurées par l'arrivée d'une escadrille de quatre avions anglais du type B. E. Le major Ross, commandant l'escadrille, parlait l'arabe avec une telle virtuosité et dirigeait ses hommes avec un tel brio qu'on ne pouvait avoir le moindre doute sur la sage efficacité de son aide. Des canons arrivaient chaque semaine : on en eut vingt-trois à la fin, mais de quatorze modèles différents et pour la plupart démodés. Ali disposait d'une infanterie de trois mille hommes (dont deux mille soldats réguliers en uniformes kaki sous le commandement d'Aziz-el-Masri) et de neuf cents méharistes, plus trois cents hommes des troupes égyptiennes. La Mission Française avait promis des canonniers.

Le chérif Abdullah avait enfin quitté La Mecque le 12 novembre. Quinze jours plus tard il occupait la plupart des positions qu'on lui avait assignées au sud, à l'est et au nord-est de Médine. Il paraissait capable d'arrêter les lignes de ravitaillement de Kassim et de Koueït. Abdullah disposait d'environ quatre mille hommes, mais seulement de trois mitrailleuses et de dix mauvais canons de campagne capturés à Taïf et à La Mecque. Trop faible donc pour réaliser le plan primitif d'une attaque concertée sur Médine avec Ali et Fayçal, il ne pouvait qu'organiser le blocus de la ville. Il se posta dans ce but à Henakiyeh, lieu désert à quatre-vingts milles au nord-est de Médine, trop loin pour être utile du point de vue tactique.

Les magasins de la base, à Yanbo, fonctionnaient parfaitement. Garland en avait laissé le contrôle à Abd-el-Kader, gouverneur de Fayçal, homme méthodique et rapide. Son activité nous soulagea fort puisqu'elle nous permit de réserver toute notre attention à l'action proprement dite. Fayçal formait de nouveaux bataillons avec ses paysans, ses esclaves et ses pauvres, en s'inspirant du nouveau type d'armée créé par Aziz à Rabigh. Garland, armurier universel, faisait des cours de mine, tirait du canon, réparait les mitrailleuses, les roues et les harnais. Une activité confiante régnait partout.

Fayçal, qui n'avait encore rien tenté d'effectif contre El Ouedj malgré nos avis répétés, imaginait une expédition des Juheinas pour s'emparer de cette ville sans perdre contact avec les Billis, tribu nombreuse qui avait là son quartier général et dont on pouvait toujours espérer l'alliance. Leur chef suprême, Sulegman Rifada, temporisait : en vérité il nous était hostile ; les Turcs l'avaient nommé pacha et décoré. Mais son cousin Hamid combattait pour le chérif : il venait précisément de capturer une bonne petite caravane de soixante-dix chameaux qui arrivaient d'El Ula chargés de vivres pour la garnison turque d'El Ouedj. Je décidai d'aller trouver Fayçal pour le presser d'entreprendre sans retard l'attaque contre cette ville. Comme je partais pour Kheif Hussein, une nouvelle arriva : les Turcs avaient été repoussés près le Bir-ibn-Hassani. Une reconnaissance montée ayant poussé trop avant dans les montagnes, les Arabes l'avaient encerclée et dispersée. Tout allait de mieux en mieux.

Je partis donc heureux : mon répondant, au cours de ce voyage, était le chérif Abd-el-Kérim-el-Beidaoui, demi-frère de Mohammed, émir des Juheinas, et cependant, à ma surprise, du plus pur type abyssin. J'appris ensuite qu'il avait pour mère une esclave dont le vieil émir avait fait, au déclin de sa vie, sa jeune épouse. Abd-el-Kérim était un homme de taille moyenne, mince, absolument noir et débonnaire. Il avait vingt-six ans et paraissait plus jeune : seule une petite touffe de barbe ornait son menton effilé. Il était remuant, actif, doué d'un caractère plaisant et facile. Il haïssait les Turcs qui le méprisaient à cause de sa couleur (les Arabes, au contraire, n'ont aucune animosité contre les nègres africains : c'est contre les Indiens que se tournent leurs préjugés de race). Mon compagnon se montra pour moi amical et joyeux. Trois ou quatre de ses hommes, tous bien montés, nous firent escorte ; et nous voyageâmes rapidement, car Abd-el-Kérim, cavalier renommé, se flattait de couvrir les étapes à une vitesse triple de la normale. Le chameau ne m'appartenait pas ; le temps était frais, nuageux, avec un goût de pluie dans l'air : aussi n'élevai-je aucune objection contre notre allure.

Nous galopâmes dès le départ pendant trois heures sans arrêt. Nos estomacs furent alors suffisamment secoués pour pouvoir contenir encore un peu de nourriture : on fit halte pour manger du pain et boire du café jusqu'au coucher du soleil. Abd-el-Kérim et l'un de ses hommes luttaient comme de jeunes chiens sur un tapis. Épuisés à la fin, ils s'assirent pour raconter des histoires et dire des plaisanteries jusqu'au moment où ils eurent repris haleine : alors ils se levèrent pour danser. Tout se passait très librement, avec beaucoup de bonne humeur et sans fausse dignité.

Une heure de galop effréné dans le crépuscule nous amena à l'extrémité de la Téhama, au pied d'une chaîne basse de roche et de sable. Un mois auparavant, venant d'Hamra, nous avions passé au sud de cette colline ; nous la franchîmes maintenant pour remonter l'ouadi Agida, étroite vallée tortueuse tapissée de sable. L'eau y avait coulé quelques jours auparavant et le sol ferme facilitait la course de nos chameaux haletants ; mais la montée était si dure que nous dûmes la prendre au pas. Cette circonstance, qui me charma, mit Abd-el-Kérim en rage et lorsque, moins d'une heure après, nous atteignîmes la ligne de faîte, il lança de nouveau sa bête, nous fit plonger, dans la nuit devant nous ouverte, à une allure de casse-cou. C'était par bonheur une bonne piste, faite de sable et de gravier. Cette ruée dura une demi-heure. Puis le terrain s'aplanit et nous arrivâmes aux premières plantations de Nakhel Embarek, principale palmeraie du Juheina méridional.

Des flammes surgirent tout à coup à travers les troncs des palmiers ; la rouge fumée des bivouacs monta vers le ciel. L'ample creux de la vallée grondait d'un énorme tumulte : meuglements de chameaux surexcités, volées de mousqueterie, cris d'hommes perdus dans l'ombre et la foule qui cherchaient à retrouver leurs compagnons. On nous avait dit à Yanbo que le Nekhel était vide : ce hourvari présentait donc un sens étrange, peut-être hostile. Nous nous glissâmes sans bruit à travers les jardins, puis le long d'une sente entre deux murs d'argile atteignant la hauteur d'un homme, jusqu'à un groupe de maisons silencieuses. Abd-el-Kérim força la porte de la première cour à gauche, y poussa les chameaux et les fit s'agenouiller au ras du mur pour qu'on ne pût les voir du dehors. Puis il glissa une cartouche dans son fusil et s'en fut sur la pointe des pieds voir, au bas de la rue, d'où provenait ce bruit. Nous nous assîmes pour l'attendre, immobiles dans la nuit froide et les sens aux aguets, la sueur de la course séchant peu à peu sous nos vêtements.

Il revint au bout d'une heure nous dire que Fayçal venait à peine d'arriver avec ses méharistes et nous priait d'aller le rejoindre. Nous repartîmes donc sur nos chameaux, en file indienne, entre deux rangées de maisons, surplombant, à droite, une palmeraie. La ruelle déboucha brusquement dans une masse hurlante d'Arabes et de chameaux enchevêtrés de la façon le plus inextricable. Il fallut nous frayer un chemin au travers, puis descendre par une rampe soudaine. Le lit de l'ouadi Yanbo s'ouvrit alors largement devant nous : on n'en devinait d'ailleurs l'étendue qu'aux lignes irrégulières de feux qui palpitaient jusque très loin sur toute sa surface. Le sol était très humide ; le limon d'une crue récente couvrait encore les pierres du lit. Nos chameaux, trouvant le terrain glissant, n'avancèrent plus qu'avec crainte.

Nous n'y prîmes pas garde d'ailleurs : il était impossible de considérer autre chose que l'armée de Fayçal. Sa masse emplissait la vallée d'un bord à l'autre. Les flambées de broussaille, allumées par centaines, éclairaient une cohue d'Arabes, préparant du café, mangeant, dormant, empaquetés dans leurs caftans comme des cadavres, dans une presse indescriptible de chameaux. Tant de chameaux entassés partout les uns sur les autres, agenouillés, sur le flanc, entravés, roulés par le flot ininterrompu des nouveaux qui faisaient relever les anciens, les entraînaient, sautant çà et là sur trois pattes, tous beuglant à la fois de faim et d'agitation, créaient un désordre véritablement innommable. Cependant des patrouilles allaient prendre leur poste ; on déchargeait des caravanes ; et quelques douzaines de mules égyptiennes, furieusement, ruaient au milieu du tableau.

Traçant notre sillon dans cette foule, nous découvrîmes enfin, dans un îlot de calme, au centre même de la vallée, le chérif Fayçal. Nos chameaux s'agenouillèrent à ses côtés. Sur son tapis, à même les pierres, il était assis entre son cousin le chérif Charraf, caïminakan à la fois de l'Imaret et de Taïf, et son aide de camp, Mauloud, le vieux patriote mésopotamien, âpre et tranchant. En face, un secrétaire agenouillé écrivait un ordre ; derrière, un autre secrétaire lui lisait des rapports à la lueur d'une lampe d'argent tenue par un esclave. La nuit était pesante, sans un souffle : la flamme nue montait, rigide et droite.

Fayçal, calme à l'ordinaire, m'accueillit d'un sourire sans interrompre sa dictée. L'ordre donné, il s'excusa de nous recevoir dans un tel désordre et, pour donner quelque intimité à notre entretien, d'un geste éloigna les esclaves. Au moment où ceux-ci se retiraient, emmenant les spectateurs, un chameau affolé sauta, ruant et trompetant, dans l'espace ouvert devant nous. Mauloud bondit à sa tête pour l'entraîner, mais ce fut le chameau qui entraîna Mauloud; les cordes d'herbe tressée qui arrimaient sur le dos de l'animal les balles de fourrage se délièrent, et une cataracte de foin engloutit Charraf le taciturne, la lampe et moi-même. «Loué soit Dieu, dit Fayçal gravement, ce n'était ni du beurre ni des sacs d'or.» Et sans retard il me conta les événements inattendus qui s'étaient produits sur le front de bataille pendant les dernières vingt-quatre heures.

Les Turcs, se glissant par un chemin latéral dans la montagne, venaient de déboucher sur l'arrière des premiers postes arabes dans l'ouadi Safra, coupant ainsi leur retraite. Les Harbs, pris de panique, avaient plongé dans les ravins de chaque côté, s'étaient dispersés, volatilisés, par groupes de deux ou trois, affreusement inquiets sur le sort de leurs familles. Un flot de Turcs montés s'était alors précipité dans la vallée vide, avait franchi la passe de Dhifran et atteint Bir-Saïd : là, Ghalib Bey, leur commandant, avait presque surpris Zeid endormi sans défiance dans sa tente. On avait averti le chérif juste à temps. Avec l'aide d'Abdullah-ibn-Thaouab vieux soldat Harth, Zeid avait pourtant endigué l'attaque ennemie assez longtemps pour qu'une partie de ses tentes et de ses bagages fût empaquetée et emportée à dos de chameau. Enfin il s'était échappé lui-même; mais ses troupes avaient fondu, n'étaient plus qu'une cohue de fuyards courant ou galopant dans la nuit vers Yanbo.

La route de Yanbo était donc ouverte aux Turcs : Fayçal s'était précipité ici (une heure avant notre arrivée) avec cinq mille hommes, espérant protéger sa base jusqu'au moment où une défense convenable pourrait être organisée. Son système de renseignements ne marchait plus. Les Harbs, perdant l'esprit dans l'obscurité, apportaient de toutes parts des rapports insensés et contradictoires sur les Turcs, leurs mouvements et leurs intentions. Allaient-ils marcher sur Yanbo ou se contenter de tenir les passes, de l'ouadi Yanbo à l'ouadi Safra, pendant que le gros de leurs forces avancerait le long de la côte vers Rabigh et La Mecque ? Nul n'en savait rien ; la situation deviendrait sérieuse dans les deux cas. On pouvait espérer encore que la présence de Fayçal les attirerait ici : ils perdraient quelques jours à essayer d'encercler le gros des troupes : pendant ce temps, nous renforcerions Yanbo. En attendant les événements, Fayçal faisait ce qu'il pouvait avec bonne humeur. Je m'assis à ses côtés pour écouter les nouvelles et les nombreuses pétitions, plaintes ou difficultés qu'on lui soumettait pour un règlement sommaire.

Charraf, auprès de moi, ne cessait de promener au long de ses mâchoires éblouissantes un inlassable cure-dents qu'une ou deux fois par heure, pour rabrouer les plaignants par trop importuns. À tout instant, Mauloud se penchait vers moi, derrière le dos immobile de Fayçal, et répétait avec vivacité, pour notre bénéfice commun, le moindre mot d'un rapport qui pût inciter à quelque immédiate et décisive contre-attaque.

Ceci dura jusqu'à 4 h 30 du matin. Le froid était devenu de plus en plus vif. L'humidité du sol, traversant le tapis, imprégnait nos vêtements. Le camp, peu à peu, s'était apaisé ; hommes et bêtes tombaient, l'un après l'autre, endormis de fatigue. Blanc et doux, un brouillard s'étendit sur eux, transformant les feux du bivouac en colonnes de fumée lente. Derrière nous, plus droit, plus rude que jamais, le Djébel Rudhaoua émergeait de ce lit de brume, à ce point rapproché par le clair de lune en veilleuse qu'on l'eût dit suspendu au-dessus de nos têtes.

Fayçal, enfin, acheva le travail urgent ; et après avoir mangé cinq ou six dattes, maigre et froid réconfort, nous nous couchâmes tout recroquevillés sur le tapis humide. Je ne pus fermer l'œil, mais quand Fayçal fut endormi j'aperçus les gardes biasha qui rampaient jusqu'à lui pour le recouvrir de leur manteau.

Une heure plus tard nous nous levions, raidis, dans le petit jour équivoque : il faisait trop froid pour prétendre dormir encore. Les esclaves allumèrent un feu de palmes pendant que Charraf et moi-même allions chercher de la nourriture et du bois. Des messagers ne cessaient d'arriver, semant partout la sinistre rumeur d'une attaque imminente. La panique n'était pas loin. Fayçal résolut donc de lever le camp : nous risquions d'ailleurs d'être balayés ici par une crue s'il pleuvait n'importe où dans la montagne ; mais surtout le départ occuperait l'esprit des hommes et calmerait, par le travail, leur inquiétude.

Au premier roulement des tambours, les chameaux furent chargés en hâte. Au second signal, tous les hommes sautèrent en selle et se disposèrent à droite ou à gauche, laissant un large espace vide entre leurs rangs. Fayçal s'y avança sur sa jument, au pas, avec le chérif Charraf derrière lui, puis le porte-étendard Ali, un guerrier du Nedjed, splendide avec son profil de faucon encadré de longues mèches de cheveux noirs descendant des tempes. Ali, habillé richement, était monté sur un chameau de haute taille. À sa suite venait la foule — où j'étais confondu : chérifs, cheikhs et esclaves, pêle-mêle. La garde du corps, ce matin-là, comptait huit cents hommes.

Fayçal, cherchant de-çà de-là un lieu propice pour son camp, finit par s'arrêter dans une petite vallée latérale, juste au nord de Nakhel Embarek dont on entrevoyait à peine quelques maisons dans la masse des arbres. Sur la pente sud du vallon, à l'abri de hauteurs rocheuses, Fayçal fixa ses deux grandes tentes. Charraf avait aussi sa tente personnelle; et quelques-uns des chefs vinrent vivre à côté de nous. La garde dressa ses abris. Les canonniers égyptiens, eux, faisant halte en aval de nous, dressèrent leurs vingt tentes en un parfait alignement, du plus bel aspect militaire. Ainsi, en peu de temps, nous composâmes un ensemble imposant par la masse sinon dans le détail.

CHAPITRE XIX

Je passai ces deux jours la plupart du temps dans la compagnie de Fayçal: je pus donc voir de près comment il dirigeait ses hommes, et cela dans une occasion remarquable, au moment où le moral des troupes était gravement atteint par les mauvaises nouvelles et par la défection des Harbs du Nord. Fayçal, pour ranimer leur courage, leur fit simplement partager le sien en le communiquant à tous ceux qu'il pouvait atteindre. Il était accessible à quiconque approchait sa porte. Jamais il ne coupa court aux requêtes, même en vers et psalmodiées par un chœur inlassable, la nuit, autour de sa tente. Il écoutait toujours avec une extrême patience et, s'il ne réglait pas l'affaire en personne, la confiait à Charraf ou à Faiz. J'appris là ce qu'est un chef arabe.

La possession de soi qu'avait Fayçal me parut tout aussi grande. Lorsque Mirzuk-el-Tikheimi, son chef de maison, vint, mandé par Zeid, exposer leur honteuse déconfiture, Fayçal se moqua simplement de lui en public et lui ordonna d'attendre pendant qu'il interrogerait les cheikhs Harbs ou Ageyls dont l'insouciance avait été la cause principale du désastre. D'un ton railleur, mais sans dureté, il leur reprocha tel ou tel «exploit» particulier, parla des pertes subies ou rendues inévitables par leur faute. Puis il rappela Mirzuk et fit amener le drapeau de sa tente, signe d'un entretien privé. Alors je songeai au sens du mot « Fayçal » : Éclair de l'épée. Mais le chérif, faisant à Mirzuk une place sur son tapis lui dit : « Viens nous raconter le détail de vos "nuits" et les merveilles de la bataille ; amuse-nous. » Mirzuk, garçon intelligent et de bonne apparence (avec un profil un peu trop aigu) n'y voyait pas, certes, d'inconvénient : et le voici qui décrit aussitôt en mots pittoresques, dans son large et sonore dialecte ateibi, la fuite de Zeid, la terreur d'Ibn Ihaouab, brigand renommé — et surtout la fameuse perte des cafetières, disgrâce des disgrâces, échue en ce jour de malheur au père du chérif Ali, le vénérable vieillard El Hussein !

Fayçal avait une voix riche et musicale dont il jouait soigneusement quand il parlait à ses hommes. Il s'adressait à chacun dans le dialecte de sa tribu, avançant le long de ses phrases avec de curieuses hésitations, l'attention comme fixée intérieurement sur le mot juste. Peut-être la pensée précédait-elle chez lui de très peu la parole ; car les phrases qu'il choisissait enfin étaient d'ordinaire les plus simples et possédaient un son à la fois émouvant et sincère. On croyait voir, si mince était l'écran des mots, briller derrière lui un esprit pur et brave.

Il n'était pas dépourvu d'esprit — cette boussole invariable de la bienveillance arabe. Je l'entendis un jour parler aux cheikhs de Rifâa qu'il envoyait au-devant de nous occuper la plaine en deçà de Bir-el-Fagir, véritable taillis d'acacias et de tamarins, et thalweg imperceptible de la longue dépression unissant Bruka et Bir Saïd. Il leur dit doucement que les Turcs avançaient et que leur devoir était de les arrêter : Dieu leur donnerait la victoire. Il ajouta pourtant que ce serait très difficile s'ils s'endormaient. À ces mots, les vieux guerriers — en Arabie les vieux comptent plus que les jeunes — éclatèrent en exclamations joyeuses. Dieu, dirent-ils, lui accorderait, à lui, une victoire ; non, deux victoires ; puisse-t-il même surcharger la vie du chérif d'une accumulation véritablement inouïe de victoires ! Et, ce qui est mieux, ils firent toute la nuit bonne garde, au souvenir de son exhortation.

Notre vie au camp était simple et réglée. Au point du jour, l'iman de l'armée montait sur la petite colline, puis, sur les troupes endormies, lançait à plein gosier un prodigieux appel à la prière. Sa voix était rude et puissante, et le creux du val résonnant lançait aux pentes des échos qu'elles nous renvoyaient avec indignation. Pour prier ou pour jurer, nous étions éveillés, sans contredit ! Aussitôt fini cet appel, l'iman particulier du chérif élevait au seuil de sa tente une voix douce. Une minute après, l'un des cinq esclaves de Fayçal (tous affranchis mais refusant la liberté à cause des agréments et des profits du service) entrait chez Charraf et chez moi, avec du café sucré. Le sucre était, paraît-il, à propos pour cette première tasse bue à la fraîcheur de l'aube.

Une heure plus tard environ on amenait le drapeau de la tente où Fayçal avait dormi : invitation aux visites familières. Après les nouvelles du matin, le plateau du déjeuner arrivait devant quatre ou cinq intimes. Les dattes de l'ouadi Yanbo en formaient l'ordinaire ; parfois la grand-mère circassienne de Fayçal lui envoyait de La Mecque une boîte de ses fameux gâteaux épicés ; parfois aussi Hejris, l'esclave cuisinier, nous apportait d'étranges biscuits ou des plats de céréales de son invention. Après le petit déjeuner nous faisions alterner le café amer et le thé sucré : Fayçal, cependant, dictait sa correspondance aux secrétaires. Parmi ceux-ci étaient Faiz-el-Ghusein, l'aventureux, et l'iman, homme au visage triste rendu célèbre dans notre armée par le parasol blousant qui pendait à sa selle. Le chérif accordait quelquefois, mais rarement, une audience privée à cette heure : en règle générale, la tente où il dormait était strictement réservée à son usage personnel. Elle était du type ordinaire, en forme de cloche, abondamment pourvue surtout en cigarettes : un lit de camp, une assez bonne couverture kurde, un pauvre tapis de Chiraz, et le charmant vieux tapis de prière du Bélouchistan, réservé aux dévotions de Fayçal, complétaient l'ameublement.

À 8 heures du matin environ, Fayçal agrafait son poignard de cérémonie et s'avançait dans la tente réservée aux réceptions. Le sol en était recouvert de deux horribles *kilims*. Fayçal s'asseyait au fond, face à l'ouverture : nous nous rangions à ses côtés en demi-cercle, le dos contre la paroi. Les esclaves se groupaient ensuite à la porte pour surveiller les quémandeurs ordinaires : accroupis sur le sable, devant le seuil ou un peu à l'écart, ils attendaient leur tour. L'émir, lorsque c'était possible, se dressait à midi et mettait fin à l'audience.

Les familiers et les hôtes se rassemblaient alors dans la grande tente où Hejris et Salem apportaient le plateau du déjeuner : il comportait autant de plats que le permettaient nos ressources. Fayçal était un fumeur extraordinaire, mais un très petit mangeur. Du bout des doigts ou de sa cuiller il feignait d'ordinaire de toucher aux plats — haricots, lentilles, épinards, riz ou gâteaux sucrés — jusqu'au moment où il jugeait que nous avions assez mangé nous-mêmes : sur un signe de main, le plateau disparaissait alors, tandis que d'autres esclaves s'avançaient pour nous verser de l'eau sur les doigts à la porte de la tente. Certains chefs corpulents, comme Mohammed-ibn-Chéfia, se plaignaient comiquement de ces collations trop fugaces et demandaient, en rentrant sous leurs tentes, un supplément à leurs propres esclaves. Après le déjeuner on causait en sirotant deux tasses de café, puis deux grands verres d'un thé vert sirupeux. Jusqu'à 2 heures le rideau de la tente s'abaissait : Fayçal dormait, lisait, réglait quelque affaire privée. Après quoi il revenait s'asseoir dans la tente des réceptions : il y demeurait tant que quelqu'un désirait lui parler. Je puis dire, comme témoignage certain de son tact et de sa mémoire, que je n'ai jamais vu un Arabe le quitter mal satisfait ou blessé. Il ne semblait jamais omettre un fait ni hésiter sur une parenté quelconque.

S'il lui restait du temps après la deuxième audience,

Fayçal se promenait avec ses amis, parlant chevaux et botanique, examinant les chameaux ou interrogeant les hommes sur les traits marquants du paysage. La prière au coucher du soleil était quelquefois publique, quoique Fayçal ne se livrât pas d'ordinaire à des manifestations extérieures de piété. Il recevait ensuite un à un dans sa tente les hommes qui venaient aux ordres pour les reconnaissances et les patrouilles de la nuit — car presque tout le travail militaire se faisait après le crépuscule. Entre 6 et 7 heures se plaçait le repas du soir : tous les chefs y étaient conviés par des esclaves. Ce dîner ressemblait au déjeuner sauf sur un point : des cubes de mouton bouilli garnissaient le large plateau de riz, « Medfa el Suhur », le « grand étai de l'appétit ». Nous gardions le silence jusqu'à la fin.

Ce repas terminait notre journée hormis, de temps à autre, le passage silencieux d'un esclave nu-pieds offrant des verres de thé sur un plateau. Fayçal ne s'endormait que très tard et ne trahissait jamais le moindre désir de voir ses hôtes le quitter. Dans la soirée il se délassait si possible, évitant tout travail évitable. D'ordinaire, il mandait quelque cheikh pour nous raconter des histoires locales, les hauts faits de sa tribu ou sa généalogie ; parfois aussi des poètes nous chantaient leurs récits de guerre, longues compositions traditionnelles aux épithètes attendues, aux sentiments attendus, aux incidents attendus même, greffés sur un vieux corps par chaque génération. Fayçal aimait avec passion la poésie arabe et demandait fréquemment des récitations de toutes sortes : il jugeait et récompensait ensuite les meilleurs vers de la soirée. Rarement il jouait aux échecs : il s'y montrait brillant, avec la promptitude immédiate d'un escrimeur. Quelquefois encore, et peut-être pour mon enseignement, il racontait ce qu'il avait vu en Syrie, révélait des bribes de l'histoire secrète turque ou des affaires de sa famille. J'ai beaucoup appris de ses lèvres sur les hommes et les partis en lutte dans le Hedjaz.

CHAPITRE XX

Brusquement Fayçal me demanda si je consentirais à porter des habits arabes comme les siens pendant mon séjour au camp. Je m'en trouverais mieux, dit-il : c'était un costume adapté à la vie arabe telle que nous devions la mener. Les hommes sauraient, d'autre part, comment se comporter avec moi. Les seuls uniformes kaki qu'ils eussent jamais vus étaient portés par des officiers turcs : instinctivement, à l'aspect du mien, ils se mettaient sur la défensive. Le costume de La Mecque me ferait aussitôt reconnaître comme un chef. Je pourrais désormais entrer dans la tente de Fayçal ou en sortir sans causer aux étrangers un émoi qu'il fallait chaque fois apaiser.

J'acceptai aussitôt avec une joie très sincère : l'uniforme de l'armée britannique est abominable quand il faut monter un chameau ou s'asseoir par terre. Les vêtements arabes que j'avais appris à porter avant la guerre sont dans le désert à la fois plus décents et plus propres. Hejris, charmé aussi de mon acceptation, déploya toute sa fantaisie à me draper dans de magnifiques robes de noces en soie blanche brodée d'or, récemment envoyées à Fayçal (était-ce une discrète invitation ?) par sa grand-tante de La Mecque ; et, pour m'accoutumer au port de ce lâche appareil, je partis aussitôt faire un petit tour dans les jardins d'Embarek et de Bruka.

Ce sont deux villages charmants, bâtis en briques de boue, sur les hauteurs en cercle autour des palmeraies. Nakhel Embarek se dresse au Nord, séparé de Bruka, au Sud, par une vallée tapissée de buissons épineux. Je trouvai là de petites maisons, crépies, à l'intérieur, d'argile fine, fraîches, très propres, avec, pour tout ameublement, un ou deux tapis, un mortier à café, quelques pots de cuisine et des plateaux. Un bel arbre, de loin en loin, ombrageait les ruelles étroites. Les levées autour des enclos (elles atteignaient parfois cinquante pieds de hauteur) avaient été bâties avec la terre retirée au pied des arbres, outre quelques détritus et des pierres ramassées dans l'ouadi.

Ces digues protègent les cultures contre les crues. Sans elles l'ouadi Yanbo emplirait bientôt les jardins nécessairement placés, pour l'irrigation, au-dessous du niveau des eaux. Autour de chaque enclos étroit, bordé de murs ou de haies en côtes de palmes, un ruisselet d'eau douce court dans une rigole surélevée. La porte du jardin s'ouvre sur ce ruisseau et un pont, fait de trois ou quatre bûches de palmier, permet le passage des ânes ou des chameaux de bât. Tout enclos a son réservoir d'argile, soigneusement curé quand survient son tour d'arrosage. Les dattiers, régulièrement plantés et bien entretenus, forment la culture principale, mais entre leurs pieds poussent le maïs, les radis, les courgettes, les concombres, enfin du tabac et du henné. Les villages plus en amont dans l'ouadi Yanbo sont assez frais pour la culture de la vigne.

Fayçal, dans les circonstances présentes, ne pouvait demeurer très longtemps à Nakhel Embarek : mieux valait pour moi retourner à Yanbo et organiser sérieusement la défense du port, à la fois par terre et par mer puisque la flotte nous avait promis son concours. Nous décidâmes que j'irais consulter Zeid pour prendre, en accord avec lui, toutes décisions utiles. Fayçal me donna pour le voyage une magnifique chamelle baie. Nous traversâmes les collines d'Agida par une nouvelle route, l'ouadi Messarih : les Turcs patrouillaient peut-être déjà sur la piste directe. Bedr-ibn-Chéfia m'accompagnait. Nous franchîmes la distance sans nous presser, en une seule étape de six heures, arrivant ainsi à Yanbo avant l'aube. Fatigué par les émotions et les alarmes constantes de trois jours presque sans sommeil, j'allai droit à la maison vide de Garland (il avait pris pension sur un navire dans le port) et tombai endormi sur un banc. On me réveilla pour m'annoncer l'arrivée du chérif Zeid : je résolus d'aller jusqu'aux remparts, pour voir entrer l'armée des vaincus.

L'armée des vaincus se composait d'environ huit cents hommes silencieux mais nullement mortifiés de leur défaite. Zeid lui-même affichait une indifférence sereine. En entrant dans la ville il se tourna pour crier au gouverneur Abd-el-Kadir qui chevauchait derrière lui : « Mais votre ville est en ruine, mon cher ! Je vais télégraphier à mon père d'envoyer quarante maçons pour réparer les édifices publics. » C'est ce qu'il fit d'ailleurs aussitôt. J'avais de mon côté télégraphié au capitaine Boyle que Yanbo était gravement menacé. Sa réponse fut immédiate : la flotte arriverait à temps et peut-être avant l'heure.

Opportune consolation : car le lendemain apporta de mauvaises nouvelles de Bir Saïd. Les Turcs avaient lancé des forces importantes contre Nakkel Embarek : les soldats de Fayçal, récemment enrôlés, n'étaient pas encore bien sûrs. Après un bref combat, l'émir avait rompu, battu en retraite ; lui aussi arrivait à Yanbo. Notre guerre semblait toucher à sa fin : le rideau se levait sur le dernier acte. Je pris mon appareil photographique et, juché sur la porte de Médine, je fis un bel instantané de l'entrée des deux frères. Fayçal avait presque deux mille hommes avec lui : pas un seul guerrier juheina. Cela sentait la trahison ou une véritable défection des tribus, éventualités que nous avions tous deux écartées comme impossibles.

Je me rendis aussitôt chez Fayçal qui me conta toute l'histoire. Les Turcs étaient arrivés avec trois bataillons et un certain nombre d'hommes montés sur des chameaux et des mules. La manœuvre était commandée par Galib Bey qui dirigeait les opérations avec le plus grand soin : il agissait en effet sous les yeux mêmes du Général en Chef Fakhri Pacha qui accompagnait l'expédition à titre privé. Leur guide et leur agent de liaison avec les Arabes était Dakhil-Allah-el-Kadhi, juge héréditaire des Juheinas, rival du chérif Mohammed-Ali-el-Beidaoui, et après lui, le second homme dans la tribu.

Au premier choc, les Turcs avaient traversé l'ouadi

Yanbo jusqu'aux bosquets de Bruka. D'une part ils menaçaient ainsi les communications arabes avec Yanbo ; d'autre part ils pouvaient bombarder librement Nakhel Embarek avec leurs sept pièces. Fayçal, sans s'émouvoir le moins du monde, envoya les Juheinas déblayer la vallée principale sur sa gauche, établit son centre et son aile droite à Nakhel Embarek, posta l'artillerie égyptienne sur le Djébel Agida pour l'interdire aux Turcs, et ouvrit enfin lui-même le feu sur Bruka avec les deux canons qu'il possédait.

Le Syrien Rassim, ancien officier d'artillerie dans l'armée turque, commandait ces deux pièces. Ce fut une démonstration sensationnelle. Les canons, cadeau de l'Égypte, étaient de vieux outils — bien assez bons pour ces Arabes ! — tout comme les soixante mille fusils fournis au chérif qui avaient été mis au rebut après la campagne de Gallipoli. Rassim n'avait donc ni instrument de pointage, ni télémètre, ni table de tir, ni explosif puissant.

Théoriquement, il pouvait atteindre six mille mètres ; mais les fusées de ses shrapnells étaient des antiquités de la guerre contre les Boërs, abondamment maculées de moisissures verdâtres. Quand les obus voulaient bien exploser, c'était parfois trop haut en l'air, parfois trop au ras du sol. Rassim, qui ne voyait en tout cas aucun moyen d'emporter ses munitions si les choses tournaient mal, choisit de tout brûler à un rythme infernal, riant à gorge déployée devant cette façon de faire la guerre. Les Arabes, à l'aspect d'un commandant si joyeux, sentirent se dilater leur foie. « Par Dieu, dit l'un, voilà de vrais canons : quel bruit ! » Rassim jurait que les Turcs tombaient comme des mouches et, sur cette belle parole, les guerriers chargeaient avec plus d'ardeur.

Tout allait bien et Fayçal espérait un succès décisif lorsque soudain, dans la vallée, il vit son aile gauche osciller, faire halte, tourner le dos à l'ennemi et se retirer vers le camp en grand tumulte. Fayçal, du centre, galopa vers Rassim, cria que les Juheinas lâchaient pied, qu'il fallait sauver les canons. Rassim remit ses attelages aux pièces et s'en fut au petit trot rejoindre, dans l'ouadi Agida, les Égyptiens qui tenaient craintivement conseil. Derrière lui, tous s'engouffrèrent : Ageyls, Atbans, troupes d'Ibn Chéfia, Harbs et Biashas. Fayçal et sa maison composèrent l'arrière-garde, et la colonne entière fila délibérément vers Yanbo, laissant les Juheinas et les Turcs nez à nez sur le champ de bataille.

J'écoutais la fin de ce triste récit, maudissant avec Fayçal les traîtres Bédouins, quand un mouvement se produisit a la porte, et Abd-el-Kérim apparut : écartant les esclaves, il s'élança impétueusement vers le fond de la tente, baisa l'aggal de l'émir en guise de salutation, et s'assit à côté de nous. « Mais, comment… ? » dit Fayçal abasourdi. Alors Abd-el-Kérim s'expliqua : un grand désarroi les avait saisis quand ils avaient vu Fayçal abandonner la partie, lui-même, son frère et les troupes Juheinas n'en avaient pas moins combattu toute la nuit, seuls, sans artillerie, jusqu'au moment où, les palmeraies devenant intenables, ils avaient dû reculer à leur tour par l'ouadi Agida ; son frère, avec la moitié des hommes de sa tribu, entrait à ce moment dans la ville ; les autres étaient allés abreuver les bêtes en amont de l'ouadi Yanbo.

« Mais pourquoi, pendant la bataille, vous êtes-vous retirés dans le camp derrière nous ? » demanda Fayçal. « Eh bien ! pour nous faire une tasse de café ! » dit Abd-el-Kérim. « Nous nous battions depuis le lever du soleil et le soir tombait ; nous mourions de soif et de fatigue. » À ces mots, Fayçal et moi, nous nous renversâmes de rire. Puis nous partîmes voir ce qu'on pouvait faire pour sauver la ville.

La première mesure à prendre était simple : renvoyer tous les Juheinas dans l'ouadi Yanbo avec l'ordre de se masser à Kheif et d'exercer une pression énergique sur les lignes de communications turques. De petits détachements devaient en outre harceler l'ennemi par des embuscades dans les collines d'Agida. Les Turcs, retenus en grand nombre par cette diversion, ne pourraient amener contre Yanbo des forces supérieures aux nôtres : nous avions, au surplus, l'avantage de la position. La ville, sur son socle de corail, se dressait bien à trente pieds au-dessus du niveau de la mer. L'eau la protégeait sur deux côtés. Les deux autres dominaient une plaine de sable peu praticable par endroits, absolument nue pendant des milles et sans eau potable. De jour, défendue par l'artillerie et le feu des mitrailleuses, la position serait imprenable.

À chaque instant nous arrivait de l'artillerie car Boyle, à l'ordinaire, tenait plus qu'il n'avait promis. En moins de vingt-quatre heures, il avait concentré cinq vaisseaux sur Yanbo. Le monitor M 31, à cause de son faible tirant d'eau occupa la crique sud-est d'où ses pièces de six pouces pouvaient balayer le terrain dans la direction probable d'une offensive turque. Crocker, son capitaine, avait hâte de les essayer : « Elles lui démangeaient ». Les navires plus gros se postèrent diversement, de façon à pouvoir soit allonger le tir par-dessus la ville, soit (du port septentrional) prendre en enfilade l'autre flanc. Les projecteurs du *Dufferin* et du M 31 se croisaient sur la plaine au-delà de la ville.

Les Arabes, heureux de voir tant de navires dans le port, étaient tout disposés à jouer un rôle dans notre petite fête nocturne. On pouvait espérer déjà qu'il n'y aurait pas de panique. Mais pour rassurer pleinement nos troupes il fallait leur donner un mur à défendre, comme au Moyen Âge. Inutile de vouloir creuser des tranchées : d'abord le sol était de la roche ; puis nos soldats n'avaient aucune expérience des tranchées ; ils ne s'y fussent pas installés avec confiance. Nous adoptâmes donc le rempart croulant et tapissé de salpêtre de la place ; on le doubla en hâte ; l'intervalle fut bourré de terre ; et, redressés quand il le fallait, nos bastions du XVIe siècle parurent finalement à l'épreuve des balles, voire même du bombardement par l'artillerie de montagne turque. Autour des bastions on tendit un réseau de barbelés accrochés en festons aux citernes qui recueillaient l'eau de pluie hors des remparts. Quelques nids de mitrailleuses furent placés aux meilleurs angles et on leur assigna les servants réguliers de Fayçal. Les Égyptiens, ayant reçu, comme tout le monde, une place dans la défense, se montraient heureux et reconnaissants. Garland était notre ingénieur en chef et notre premier conseiller technique.

Au coucher du soleil la ville entière tremblait d'excitation réprimée. Nos travailleurs avaient tout le jour manifesté leur enthousiasme : mais quand l'ombre tomba, salves, cris, hurlements sauvages s'éteignirent ; les hommes rentrèrent pour manger et le silence s'appesantit. Presque personne ne dormit. Il y eut une alerte vers 11 heures. Nos postes avancés avaient pris contact avec l'ennemi à trois milles seulement des remparts. Garland, accompagné d'un crieur public, eut tôt fait de parcourir les rues de la ville pour appeler la garnison. Chacun courut occuper son poste, sans un coup de feu, sans un cri. Cependant les marins, du haut du minaret, avaient alerté les navires : les projecteurs, d'un mouvement lent, commencèrent à balayer la plaine en complexes intersections, promenant leurs pinceaux de lumière sur les espaces déserts qu'une troupe ennemie devait forcément traverser. Mais ils ne révélèrent rien qui nous donnât occasion d'ouvrir le feu.

Plus tard le vieux Dakhil Allah me raconta qu'il avait servi de guide aux Turcs dans cette circonstance ; ils voulaient en effet livrer l'assaut et détruire, définitivement, l'armée de Fayçal. Le courage leur avait manqué devant le silence, les feux des navires à l'ancre courant d'un bout du port à l'autre et les pinceaux des projecteurs errant sur la nudité des glacis qu'il faudrait traverser. Réflexion faite, ils tournèrent bride ; et je crois bien que cette nuit-là ils perdirent la guerre. J'étais monté pour ma part à bord du *Suva* afin d'y dormir tranquille. J'y dormis en effet, superbement ; je suis donc fort reconnaissant à Dakhil Allah des conseils de prudence qu'il prodigua aux Turcs. Peut-être aurions-nous remporté une glorieuse victoire, mais j'étais prêt à donner bien davantage pour ces huit heures de repos ininterrompu.

CHAPITRE XXI

Le lendemain la crise était passée ; l'échec des Turcs était évident. De l'ouadi Yanbo, les Juhẹinas s'affairaient sur leur aile. Les efforts architecturaux de Garland autour de la ville devenaient impressionnants. Fayçal avait demandé à Sir Archibald Murray une démonstration dans le Sinaï : elle empêcherait les Turcs de retirer encore des troupes du front Nord pour les transporter à Médine ; la réponse avait été encourageante. Tout le monde respirait mieux. Quelques jours plus tard Boyle dispersa les bateaux avec la promesse, à la moindre alerte, d'une nouvelle concentration immédiate. Je profitai de l'occasion pour descendre à Rabigh : j'y rencontrai le colonel Brémond, grand chef barbu de la Mission Militaire Française et seul vrai soldat dans le Hedjaz. Il se servait toujours du détachement français à Suez comme d'un levier pour émouvoir notre commandement et faire débarquer une brigade anglaise à Rabigh ; comme il me soupçonnait de n'être pas tout à fait de son bord dans cette affaire, il fit un effort pour me convertir.

Au cours de notre discussion je parlai incidemment de la nécessité d'attaquer bientôt Médine ; avec tous mes collègues, en effet, j'estimais la chute de Médine nécessaire au progrès de la Révolte Arabe. Il me reprit vivement là-dessus : il ne convenait nullement, à son avis, de faire prendre Médine par les Arabes. Le Mouvement Arabe, me dit-il, avait atteint son utilité maximum en déclenchant la rébellion de La Mecque : maintenant, les opérations militaires contre la Turquie devaient être laissées entre les mains de la Grande-Bretagne et de la France. L'avantage d'un débarquement allié à Rabigh était précisément d'éteindre l'ardeur des tribus en rendant le chérif suspect à leurs yeux. Celui-ci ne pourrait plus s'appuyer que sur les forces étrangères; il dépendrait entièrement de nous et son salut serait notre œuvre. Une fois la Turquie battue, les puissances victorieuses pourraient, par traité, enlever Médine au sultan et donner la ville à Hussein, avec la souveraineté légale du Hedjaz en récompense de ses loyaux services.

Je n'avais pas autant de confiance dans nos forces; l'alliance de faibles tribus me semblait précieuse; je dis donc brièvement à mon interlocuteur que nos opinions différaient. J'attachais la plus grande importance à la prise immédiate de Médine et conseillais à Fayçal d'occuper El Ouedj pour accentuer sa menace contre le chemin de fer. En résumé, le Mouvement Arabe ne se justifierait à mes yeux que si son élan portait les Arabes jusqu'à Damas.

Cela ne convint pas au colonel Brémond. Le traité Sykes-Picot de 1916 entre la France et l'Angleterre n'avait pas été rédigé pour autre chose : il stipulait, en récompense de cette victoire, l'établissement d'États arabes indépendants à Damas, Alep et Mossoul, districts qui fussent tombés sans cela sous le contrôle incontesté de la France. Mais ni Sykes ni Picot, lorsqu'ils rédigèrent leur traité, ne croyaient vraiment à l'expansion du Mouvement Arabe. Je savais, moi, qu'elle était possible et j'espérais que la puissance ainsi créée interdirait — à nous comme aux autres — en Asie Occidentale, l'établissement d'une exploitation « coloniale ».

Brémond, se réfugiant alors dans la technique, m'affirma, sur son honneur d'officier d'État-Major, que, du point de vue militaire, l'abandon de Yanbo et la marche sur El Ouedj équivalaient pour Fayçal à un suicide. Par malheur, en dépit de sa volubilité, je ne vis aucune force dans les arguments qu'il me jeta, et je le lui dis. Cet entretien entre un vieux soldat et un jeune homme en habits de fantaisie fut vraiment curieux. J'en ai gardé un mauvais goût dans la bouche. Le colonel, comme ses compatriotes, était, en amour et en guerre, un réaliste. Dans les situations les plus poétiques, les Français demeurent d'incorrigibles prosateurs : ils projettent sur tout la lumière directe de la raison et de l'intelligence, au lieu de regarder vaguement, à travers les paupières mi-closes, le rayonnement essentiel des choses, comme l'Anglais imaginatif. Aussi toute collaboration à une grande œuvre est-elle difficile entre les deux races. J'eus assez de contrôle sur moi-même pour ne rien dire à un Arabe de cette conversation ; mais j'en envoyai un compte rendu complet au colonel Wilson, qui allait voir Fayçal pour considérer avec lui, sous tous ses angles, l'affaire d'El Ouedj.

Avant l'arrivée de Wilson, le centre de gravité turc changea brusquement. Fakhri Pacha avait vu l'égale inutilité d'une attaque contre Yanbo ou contre les insaisissables Juheinas de Kheif Hussein. Lui-même était d'ailleurs violemment bombardé dans Nakhel Embarck par deux hydravions anglais qui, par des vols hardis en plein désert, avaient atteint durement l'ennemi en deux occasions malgré ses shrapnells.

Il décida donc de se retirer en hâte vers Bir Sard, et, laissant seulement un poste pour arrêter les Juheinas, d'avancer par la piste Soultanié vers Rabigh, avec le gros de ses troupes. Ces décisions furent sans doute imposées en partie par la vigueur inhabituelle d'Ali à Rabigh. Dès qu'il eut appris la défaite de Zeid, Ali avait envoyé des renforts et des canons ; et lorsque Fayçal lui-même dut battre en retraite, il décida de pousser toute son armée vers le Nord, d'attaquer les Turcs dans l'ouadi Safra et de les éloigner de Yanbo. Ali disposait de presque sept mille hommes ; et Fayçal vit là une chance, en synchronisant leurs deux mouvements, d'écraser, prises en tenailles, les forces de Fakhri dans les montagnes. Il télégraphia donc ce plan à son frère en demandant pour ses hommes, encore sous le coup d'émotions récentes, un délai de quelques jours.

Ali était « monté à bloc » et ne voulut pas attendre. Fayçal envoya donc Zeid en toute hâte à Masahali, dans l'ouadi Yanbo, pour faire des préparatifs. Ceux-ci terminés, il lui fit occuper Bir Saïd, sans difficultés d'ailleurs. Il ordonna aux Juheinas de se porter en avant. Mais les Juheinas hésitèrent : Ibn Bedaoui, jaloux du pouvoir croissant de Fayçal sur ses tribus, voulait rester indispensable. Fayçal, sans avertissement, se rendit à Nakhel Embarek et, en une seule nuit, convainquit les Juheinas qu'il était leur chef. Le lendemain matin tous partaient. Lui-même, cependant, allait rassembler les Harbs du Nord sur la passe de Tasha pour couper la retraite turque dans l'ouadi Safra. Il disposait de près de six mille hommes ; qu'Ali s'emparât du bord méridional de la vallée, et les Turcs, d'ailleurs plus faibles, seraient pris entre deux feux.

Malheureusement, le plan échoua. Pendant l'exécution du mouvement, Fayçal reçut un message d'Ali l'informant que ses troupes, après la reprise pacifique de Bir-ibn-Hassan, ébranlées par la fausse annonce d'une trahison des Soubhas, s'étaient repliées en désordre sur Rabigh.

Pendant cet arrêt menaçant, le colonel Wilson débarqua à Yanbo pour nous persuader d'entreprendre une action immédiate contre El Ouedj. On était tombé d'accord sur un plan amélioré : Fayçal devait porter la totalité des Juheinas et ses bataillons permanents contre El Ouedj, et la flotte lui assurerait son concours maximum. La force d'une telle attaque nous assurait raisonnablement du succès ; son inconvénient était de laisser Yanbo vide et sans défense. Pour le moment Fayçal avait peur de courir ce risque. Il fit valoir, non sans raison, que les Turcs, dans le voisinage, avaient encore leur liberté de mouvement ; que les forces d'Ali s'étaient montrées sans valeur, incapables de défendre Rabigh contre une attaque sérieuse ; et que, devant cette menace, son devoir eût été plutôt d'abandonner Yanbo pour aller, lui et ses hommes, défendre, jusqu'au dernier souffle, Rabigh, le bastion de La Mecque.

Wilson, pour le rassurer, ayant alors dépeint les forces de Rabigh sous les plus chaudes couleurs, Fayçal, pour le mettre à l'épreuve, lui demanda d'affirmer solennellement que la garnison de la ville, avec l'aide des navires britanniques, résisterait aux attaques de l'ennemi jusqu'à la chute d'El Ouedi. Wilson parcourut du regard, comme pour y chercher un appui, le pont silencieux du *Dufferin*, et, noblement, donna la parole d'honneur demandée. Ce fut un sage coup de dés : Fayçal n'eût pas bougé sans cela, et la diversion contre El Ouedj, seule offensive offerte aux Arabes, était leur dernière chance dans cette lutte qui avait moins pour enjeu Médine que La Mecque. Quelques jours plus tard, Wilson affermit sa position en envoyant à Fayçal des ordres directs de son père : ils lui enjoignaient d'attaquer El Ouedj sans retard avec toutes les forces dont il disposait.

Cependant la situation de Rabigh empirait chaque jour. Les forces ennemies dans l'ouadi Safra et sur la piste Soultanié étaient estimées à cinq mille hommes environ. Les Harbs du Nord suppliaient les Turcs d'épargner leurs palmeraies. Les Harbs du Sud, ceux de Hussein Mabeirig, n'attendaient que leur avance (on le savait) pour prendre les Chérifiens à revers. Une conférence tenue à Rabigh le soir de Noël entre Wilson, Brémond, Joyce, Ross et d'autres, décida d'établir sur la plage, près de l'aérodrome, une petite position fortifiée capable de tenir, sous la protection des canons de la flotte, pendant le petit nombre d'heures nécessaires pour l'embarquement ou la destruction des munitions. On la ferait occuper par les Égyptiens, les aviateurs et quelques matelots débarqués de la *Minerve*. Les Turcs ne cessaient d'avancer et la place ne résisterait pas à un bataillon bien mené, soutenu par de l'artillerie de campagne.

Par bonheur, Fakhri se montra trop lent. Il franchit

en force Bir-el-Cheikh aux environs du 6 janvier, et sept jours plus tard il n'était pas encore prêt à attaquer Rhoreiba où Ali avait disposé un poste avancé de quelques centaines d'hommes. Les patrouilles étant en contact, on attendait l'assaut chaque jour, mais chaque jour il était retardé.

Les Turcs, à dire vrai, rencontraient des difficultés que nous ignorions. Leur commandement devait compter avec une forte proportion de malades chez les hommes et une faiblesse croissante chez les animaux : double symptôme de surmenage et de sous-nutrition. L'activité des tribus derrière leur dos les gênait toujours. Certains clans abandonnaient sans doute la cause arabe, mais sans devenir pour cela turcophiles ; les troupes avançaient ainsi dans un pays plus ou moins hostile de toutes parts. Les raids de nos tribus dans la première quinzaine de janvier leur causaient des pertes quotidiennes évaluées en moyenne à quarante chameaux et vingt hommes, tués ou blessés, avec la proportion correspondante de munitions.

Ces raids menaçaient n'importe quel point d'une ligne allant des environs immédiats de Médine à ceux de Rabigh : soixante-dix milles de montagne. Ils démontraient dans ce pays les inconvénients d'un équipement trop complexe. La nouvelle armée turque, à demi germanisée, ne pouvait plus s'éloigner du chemin de fer, avancer dans une région sans routes carrossables, à travers un terrain accidenté, au milieu d'une population hostile. Le développement administratif que comporte la guerre scientifique avait entravé sa mobilité, bloqué son élan. À chaque mille nouveau que les chefs mettaient entre eux et Médine, base mal choisie, d'ailleurs, incommode et peu sûre, les difficultés de la troupe croissaient en raison géométrique plutôt qu'arithmétique.

La situation était considérée par les Turcs comme si peu favorable, que Fakhri ne fut sans doute pas mécontent de voir les mouvements d'Abdullah et de Fayçal dans les derniers jours de 1916 modifier soudain tout l'aspect de la guerre dans le Hedjaz. À partir du 18 janvier 1917, il rappela en hâte les troupes envoyées contre La Mecque. Par le Dherb Soultanié, les routes Fara et Gaha ainsi que par l'ouadi Safra, elles revinrent s'installer dans des tranchées devant les murailles de Médine : position statique qui devait durer jusqu'à l'armistice et à la reddition finale, sans gloire, de la Ville Sainte et de son inutile garnison.

CHAPITRE XXII

Fayçal était un bon ouvrier, ardent à l'ouvrage et accomplissant de grand cœur la tâche acceptée : or, il avait donné sa parole d'aller aussitôt à El Ouedj. Qu'allait donc signifier ce mouvement pour nous et pour les Turcs ? C'est ce que nous examinions, le jour de l'an, assis l'un en face de l'autre. Autour de nous, occupant l'ouadi Yanbo en amont et en aval pendant des milles, éparpillés en petits groupes deçà delà autour des palmeraies, sous les arbres, partout où ils trouvaient un abri contre la pluie et le soleil et un pâturage pour les bêtes, étaient les soldats de notre armée. Les montagnards, fantassins à demi nus, étaient devenus rares. La plupart des 6 000 hommes présents étaient des méharistes. Les feux pour le café apparaissaient, de loin, cernés de selles où les hommes, à demi couchés, s'accoudaient entre les repas. La parfaite souplesse des Arabes leur permettait de s'étendre mollement sur un sol rocheux, comme des lézards, tout le corps moulé aux aspérités, dans un abandon absolu.

Ils étaient tranquilles, mais non déprimés. Quelques-uns d'entre eux, qui servaient Fayçal depuis six mois et plus, avaient perdu cette prime chaleur d'enthousiasme qui m'avait saisi à Hamra ; ils avaient gagné de l'expérience en échange, et la ténacité vers un but constant importait plus pour nous qu'une ardeur trop hâtive. Le patriotisme désormais conscient de ces hommes rendait leur service d'autant plus régulier qu'ils s'éloignaient davantage de chez eux. L'indépendance des tribus était toujours respectée ; mais une routine sans heurts s'était installée peu à peu dans la vie et les mouvements des troupes. Quand le chérif s'avançait, les hommes formaient le rang tant bien que mal pour faire ensemble l'inclinaison et le geste de la main vers les lèvres qui étaient le salut officiel. Ils ne graissaient pas toujours leurs fusils, crainte, disaient-ils, de bouchons de sable ; aussi parce qu'ils n'avaient pas d'huile ou jugeaient meilleur, lorsqu'ils en avaient, de l'employer à adoucir les gerçures du vent sur la peau ; pourtant leurs fusils étaient bien tenus et quelques-uns des hommes étaient d'excellents tireurs.

Leur masse n'était nullement formidable, car ils n'avaient ni esprit de corps, ni discipline, ni confiance réciproque. Ils n'agissaient efficacement qu'en petits groupes : plus l'unité considérée était faible, meilleurs étaient les résultats. Un millier de ces hommes formait une cohue, impuissante contre une compagnie de Turcs disciplinés ; mais trois ou quatre Arabes dans les montagnes valaient bien douze Turcs. Napoléon avait fait la même remarque à propos des Mameluks. Les événements ne nous laissaient pas le loisir d'ériger en principes notre pratique hâtive : il s'agissait toujours pour nous de saisir au plus vite le premier moyen venu pour échapper à nos difficultés. Mais, comme nos hommes, nous commencions à apprendre.

Depuis la bataille de Nakhel Embarek nous avions cessé d'embrigader les Égyptiens avec les troupes irrégulières. Leur matériel complet avait été confié à Rassim, le canonnier de Fayçal, et à Abdullah-el-Deleimi, son officier mitrailleur ; cependant les officiers égyptiens et leurs hommes étaient allés former des compagnies arabes avec du matériel local et un encadrement de déserteurs syriens ou mésopotamiens entraînés à la turque. Mauloud, le bouillant aide de camp, m'emprunta cinquante mules, planta sur leurs dos cinquante hommes dégourdis et leur annonça qu'ils formaient la cavalerie. Lui-même était un cavalier de premier ordre; ses exercices, agrémentés de coups, transformèrent (douloureusement) les monteurs de mules en excellents soldats, parfaitement disciplinés et très capables de manœuvres formelles. Dans les rangs arabes ils prirent figure de prodiges. Nous télégraphiâmes aussitôt de nous envoyer cinquante autres mules pour doubler notre infanterie montée : la valeur d'unités à la fois si frustes et si résistantes était inappréciable pour notre travail de reconnaissance.

Fayçal proposa d'avancer vers El Ouedj avec presque tous les Juheinas : il s'y adjoindrait assez de Harbs, de Billis, d'Ateibas et d'Ageyls pour donner à la masse un caractère composite. Nous désirions que notre avance, qui ferait à sa façon tomber le rideau sur la guerre du Nord-Hedjaz, suscitât une immense rumeur par toute l'Arabie Occidentale. Ce devait être la plus grande opération arabe jamais connue. Tous ceux qui y auraient assisté devaient rentrer chez eux avec le sentiment d'un monde changé; ainsi seraient supprimées dans l'avenir les défections mesquines et les jalousies qui nous empêtraient, au plus fort d'une lutte nationale, dans les filets d'une politique de tribus.

Nous n'attendions pas d'opposition immédiate. Si nous prenions la peine d'emmener avec nous à El Ouedj cette populace peu sûre, au mépris de toute expérience technique, c'était justement parce qu'aucun combat n'apparaissait probable. Nous avions pour nous trop d'atouts. Les Turcs avaient engagé leurs réserves dans leur attaque contre Rabigh, ou, pour mieux dire, il les avaient employées à élargir leur zone d'occupation dans l'espoir d'attaquer un jour Rabigh. D'autre part, ils étaient stupides : nous comptions bien qu'ils ne sauraient rien d'abord de notre entreprise, puis qu'ils en accueilleraient la nouvelle comme une fable. Lorsqu'ils apercevraient enfin l'occasion ainsi offerte, il serait trop tard. En trois semaines nous pouvions prendre El Ouedj par surprise. Enfin, dernier argument, nous pouvions transformer les raids sporadiques des Harbs en manœuvres conscientes pour piller, si possible, du butin, qui servirait à la subsistance de la troupe, mais surtout pour fixer le plus grand nombre de Turcs possible sur leurs positions de défense. Zeid accepta d'aller à Rabigh pour organiser le même système de raids sur l'arrière-garde turque. Je lui donnai une lettre pour le commandant du *Dufferin*, le vaisseau de guerre surveillant Yanbo ; on ne manquerait pas de lui faciliter le voyage ; car tous ceux qui connaissaient le plan d'attaque sur El Ouedj étaient prêts à y collaborer.

Pour me faire la main dans ce genre d'expédition, je partis le 2 janvier 1917 avec trente-cinq Mahamids de Nakhel Embarek et conduisis ma troupe jusqu'au vieux puits fortifié rencontré lors de mon premier voyage entre Rabigh et Yanbo. À la nuit on mit pied à terre. Je laissai les chameaux avec dix hommes chargés de les défendre contre une patrouille turque éventuelle ; j'escaladai le Dhifran avec les autres. Escalade facile en apparence, difficile en réalité : car les strates, tranchantes comme des couteaux et courant en lignes obliques du pied à la crête, forment une surface commodément brisée, mais sans appui solide. La roche, craquelée, s'effrite dans la main aussitôt qu'on s'y accroche.

Le sommet du Dhifran était enveloppé de brumes froides et les heures me parurent longues jusqu'à l'aube. Nous nous accommodâmes tant bien que mal dans des crevasses. Enfin le petit jour nous permit de voir, derrière un éperon et à trois cents mètres au-dessous de nous, à droite, quelques pointes de tentes. Nous ne pouvions voir celles-ci complètement : il fallut donc nous contenter de placer quelques balles dans les sommets. Une nuée de Turcs en sortit. Ils détalaient si vite de leurs tranchées que nous ne dûmes pas leur faire grand mal. Leur réponse fut bientôt un feu rapide dans toutes les directions et d'affreux hurlements qui semblaient vouloir attirer l'attention des forces de Hamra. Ils étaient déjà dix contre un : des renforts auraient pu nous couper la retraite. Nous rampâmes donc doucement en arrière pour nous ruer, le moment venu, à l'abri du premier vallon. Nous tombâmes là sur deux Turcs épouvantés, déboutonnés pour un exercice matinal. Ils étaient bien piteux ; mais enfin, c'était quelque chose à montrer et nous les entraînâmes au camp où ils fournirent d'ailleurs des renseignements utiles.

Fayçal était toujours nerveux à l'idée d'abandonner Yanbo, jusqu'ici base principale de ses troupes et second port du Hedjaz. En recherchant de nouveaux expédients pour détourner les Turcs d'une attaque contre la ville, nous nous souvînmes brusquement de Sidi Abdullah, à Henakiyeh. Il disposait d'environ 5 000 irréguliers appuyés de canons et de mitrailleuses : le siège de Taïf, victorieux quoique trop lent, lui avait valu une certaine réputation. N'était-il pas honteux de le laisser ainsi inactif au centre d'un désert sauvage ? Je suggérai de l'envoyer à Kheibar pour menacer le chemin de fer de Médine. Mais Fayçal améliora aussitôt mon plan en se rappelant l'existence de l'oued Aïss, vallée fameuse de palmeraies et de sources qui traverse les inexpugnables montagnes des Juheinas entre Rudahoua à l'est et la vallée du Hamdh près de Hédia. Cet ouadi était précisément à cent kilomètres au nord de Médine et sa position menaçait directement les communications par chemin de fer de Fakhri avec Damas. De là Abdullah pouvait maintenir son blocus de Médine par l'est en attaquant les caravanes qui venaient du golfe Persique. Mais il était aussi tout près de Yanbo qui pouvait aisément lui fournir des munitions et des vivres.

Ce plan était évidemment une inspiration du ciel et nous dépêchâmes aussitôt Raja-el-Rouloui pour le soumettre à Abdullah. Nous étions si sûrs de son adoption que nous poussâmes Fayçal à quitter l'ouadi Yanbo pour sa première étape au Nord, vers El Ouedi sans attendre la réponse.

CHAPITRE XXIII

Fayçal partageant notre avis, nous prîmes la large piste supérieure à travers l'ouadi Messarih vers Owais, un groupe de puits à quinze milles environ au nord de Yanbo. Les montagnes étaient belles ce jour-là. Les abondantes pluies de décembre et le chaud soleil qui les avait suivies avaient fait croire à la terre que le printemps était venu. Une herbe légère avait donc tapissé les creux et les terrasses. Ses feuilles isolées, très droites, très sveltes, avaient jailli entre les pierres. Un homme penché sur sa selle et regardant le sol n'aurait pu y découvrir aucune nuance nouvelle ; mais s'il portait son regard au loin sur une pente douce fuyant devant lui, il percevait à la surface des roches ardoisées ou brunes le tendre vert d'un brouillard vivant. La poussée, par endroits, était même abondante : nos chameaux engraissaient à la brouter. Le signal du départ fut donné d'abord par nous et par les Ageyls. Les autres unités de l'armée s'alignèrent sur les côtés, chaque homme debout auprès de sa bête agenouillée. Lorsque Fayçal approchait, ils le saluaient en silence. Lui, répondait joyeusement : « La paix soit avec vous », et les cheikhs principaux, un à un, renvoyaient la phrase. Après notre passage, ils sautèrent en selle tour à tour sur l'ordre de leurs chefs. Ainsi peu à peu nos forces s'enflèrent jusqu'à former une immense colonne d'hommes et de chameaux ondulant dans cette étroite passe, en arrière de nous, aussi loin que le regard pouvait atteindre.

Hormis les salutations du départ, un silence complet régna jusqu'au moment où nous atteignîmes la crête. Mais quand la vallée s'ouvrit devant nous, étalant une pente douce de cailloux enchâssés dans du sable, Ibn-Dakhil, le subtil cheikh des Russ qui avait, deux ans auparavant, levé ce contingent d'Ageyls pour les Turcs et l'avait apporté intact au chef de la Révolte Arabe, recula de deux pas et fit déployer notre suite en une longue colonne aux rangs bien ordonnés. Les tambours battirent, et tous les hommes aussitôt entonnèrent à pleine gorge un chant en l'honneur de l'émir Fayçal et de sa famille.

Notre marche prit alors une sorte de splendeur barbare. En tête s'avançait Fayçal vêtu de blanc ; à sa droite, Charraf coiffé d'une kouffié rouge, enveloppé d'une gandourah et d'un caftan teints au henné ; à sa gauche moi-même en blanc et rouge. Puis venaient trois bannières, lances dorées et soie d'un cramoisi fané ; les tambours, derrière elles, jouaient une marche ; enfin arrivait la masse farouche des 1 200 Akhaïlats de la garde, aussi proches les uns des autres que le permettait le terrain, les hommes en habits multicolores, les bêtes presque aussi brillantes sous la polychromie de leurs harnachements. Nous emplissions à pleins bords la vallée de notre flot étincelant.

À l'embouchure de l'oued Messarih un méhariste nous aborda il apportait à Fayçal, de Yanbo, des lettres d'Abd-el-Kader. Parmi elles était un message vieux de trois jours, arrivé pour moi du *Dufferin* : le commandant m'avertissait qu'il n'embarquerait pas Zeid sans me voir et sans connaître en détail la situation locale. Le *Dufferin* était à l'ancre dans le Cherm, petite crique solitaire à huit milles du port : les officiers pouvaient, en effet, jouer là au criquet sans être importunés par la peste de mouches qui avait envahi Yanbo. Cet éloignement de la ville ne facilitait pas les communications, au contraire ; je le leur reprochais depuis assez longtemps. Le commandant, plein de bonne volonté, n'avait pas la carrure de Boyle, fier politicien, constitutionnaliste révolutionnaire, ni le cerveau de Linberry (du *Hardinge*) qui pouvait enregistrer les commérages de tous les ports et s'intéresser à tous les hommes qu'il rencontrait sur son chemin.

Je n'avais plus, apparemment, qu'à galoper vers le *Dufferin*, pour tâcher d'arranger les choses. Zeid était un charmant garçon, mais ferait sûrement quelque esclandre pendant ses vacances forcées ; et nous avions, pour l'instant, besoin de paix. Fayçal rassembla pour moi une escorte d'Ageyls et nous partîmes à bride abattue pour Yanbo : je fis le chemin en trois heures abandonnant mes compagnons dégoûtés (ils n'allaient pas, me dirent-ils, crever leurs bêtes ni user leurs fesses sous le prétexte que j'étais pressé) à moitié chemin, dans la plaine hélas ! trop bien connue de moi. Le soleil qui, dans les montagnes, était délicieux le soir venu, frappait nos visages avec une rage si éblouissante que je dus garder la main en écran au-dessus de mes yeux. Fayçal m'avait donné un chameau de course, cadeau de l'émir au Nedjed à son père, la plus belle bête et la plus résistante que j'aie jamais montée. Elle devait mourir, galeuse, de surmenage et de négligence forcée, sur la route d'Akaba.

Je ne trouvai rien à Yanbo de ce que j'attendais. Zeid s'était bien embarqué ; le *Dufferin* était parti le matin même pour Rabigh. Je m'assis donc pour réfléchir au secours que nous pourrions recevoir de la flotte pendant notre marche sur El Ouedj et à l'organisation de nos moyens de transport. Fayçal avait promis d'attendre à Owais jusqu'au moment où je l'avertirais que tout était prêt.

La première difficulté fut un conflit entre les pouvoirs civils et militaires. Abd-el-Kader, gouverneur de la ville, homme énergique mais colérique aussi, avait été surchargé de travail à mesure que notre base croissait en importance : Fayçal lui avait enfin adjoint un commandant militaire, le Syrien Tewfik Bey, qui devait s'occuper des magasins d'artillerie. Malheureusement, il n'y avait pas d'arbitre pour définir exactement ce que doit contenir un magasin d'artillerie. Ce matin-là, gouverneur et commandant se disputaient des coffres d'armes vides. Abd-el-Kader ferma le magasin à clef et s'en fut déjeuner. Tewfik descendit sur les quais avec quatre hommes, une mitrailleuse, un marteau de forgeron et ouvrit la porte. Abd-el-Kader sauta alors dans une barque, rama jusqu'au navire britannique de garde — le petit *Espiegle* — et annonça tout de go à son capitaine, embarrassé, mais hospitalier, qu'il était venu pour rester à bord. Son domestique lui apporta son repas de la côte et il passa la nuit dans un lit de camp sur la passerelle.

Je n'avais pas de temps à perdre : je priai donc Abd-el-Kader d'écrire à Fayçal pour lui demander une décision, et Tewfik de me passer la direction du magasin. Nous fîmes avancer le remorqueur *Arethusa* près du sloop de façon qu'Abd-el-Kader pût diriger le chargement des coffres litigieux du haut de sa passerelle. Enfin nous amenâmes Tewfik jusqu'à l'*Espiegle* pour une réconciliation au moins temporaire. Le hasard nous favorisa : au moment où Tewfik saluait la garde d'honneur à la coupée (pas trop régulière, cette garde, mais politique), son visage s'illumina. « Ce bateau m'a fait prisonnier à Kurna », dit-il. En face de lui éclatait en effet la plaque de la canonnière turque *Marmaris* que l'*Espiegle* avait coulée sur le Tigre. Abd-el-Kader s'intéressa à l'histoire et la querelle prit fin.

Charraf entra le lendemain à Yanbo comme émir, à la place de Fayçal. C'était un homme puissant, le plus compétent de tous les chérifs de l'armée, mais sans ambition personnelle : agissant par devoir plutôt que par désir. Il était riche et avait, pendant des années, occupé le siège de juge principal à la cour du chérif. Il connaissait les hommes des tribus et savait les manier mieux que quiconque. Eux craignaient sa sévérité impartiale et son visage qu'une vieille cicatrice, abaissant le sourcil gauche, rendait sinistre. Le chirurgien du *Suva* fit de son mieux pour réparer le dommage, mais son expression resta de celles qui n'encouragent pas les licences ni les faiblesses. Je découvris d'ailleurs en lui un excellent collaborateur, lucide, sage, bon, d'une bonté qui savait sourire — sa bouche s'adoucissait alors tandis que ses yeux demeuraient terribles — et déterminé à faire toujours son devoir.

Nous tombâmes d'accord que le risque était grand de perdre Yanbo pendant que nous courions après El Ouedj ; la prudence commandait de mettre en sûreté les approvisionnements amassés dans la ville. Boyle m'en fournit l'occasion en me signalant que le *Dufferin* ou le *Hardinge* étaient libres pour un transport. Je répondis que les difficultés seraient considérables et que je préférais par suite le *Hardinge*. Le commandant Warren qui intercepta le message le jugea superflu ; le *Hardinge* n'en arriva pas moins de la meilleure humeur du monde deux jours plus tard. C'était un navire de la marine indienne et son entrepont était muni de grands sabords carrés au ras de la ligne de flottaison. Linberry les fit ouvrir et nous bourrâmes le bateau, sans désemparer, de 8 000 fusils, 3 millions de cartouches, quelques milliers d'obus, des quantités de riz et de farine, un stock d'uniformes, 2 tonnes d'explosifs et toute notre provision d'essence. C'était comme jeter des lettres à la poste. En moins de rien le *Hardinge* avala 1 000 tonnes de marchandises.

Boyle survint, avide de nouvelles. Il me promit que le *Hardinge* assurerait notre service de ravitaillement pendant toute l'expédition et débarquerait de la nourriture et de l'eau aux points que nous indiquerions : ceci résolvait notre principale difficulté. Déjà la flotte se rassemblait : nous serions appuyés par la moitié du groupe de la mer Rouge. On attendait l'amiral. Des corps de débarquement étaient formés sur chaque navire : tout le monde teignait en kaki les tenues de toile blanche, aiguisait des baïonnettes ou s'exerçait au tir.

Malgré tous ces préparatifs, j'espérais en silence qu'il n'y aurait pas de combat. Fayçal disposait de presque 10 000 hommes : il pouvait couvrir le district Billi de bandes armées et razzier tout ce qui n'était pas trop lourd ou trop périssable. Les Billis le savaient : tout à fait convertis à la nationalité arabe, ils multipliaient maintenant les protestations de fidélité au chérif.

La prise d'El Ouedj n'était plus douteuse. Le seul

danger pour l'armée de Fayçal était dans la faim et la soif qui risquaient de décimer les troupes. Le ravitaillement me concernait et ce n'était pas une responsabilité légère. Jusqu'à Um-Lejj, en tout cas, c'est-à-dire jusqu'à mi-chemin, les tribus nous accueilleraient en amis : rien de tragique n'était à craindre. J'avertis donc Fayçal que tout était prêt. Le jour même où il quitta Owais, Abdullah faisait savoir qu'en accord avec notre plan, il allait partir pour l'oued Aïss, tandis que je recevais, pour ma part, l'annonce de ma libération prochaine. Newcombe, colonel de l'armée régulière, envoyé dans le Hedjaz comme Chef de Mission Britannique, était arrivé en Égypte et ses deux officiers d'État-Major, Cox et Vickery, descendaient déjà la mer Rouge pour venir rejoindre l'expédition.

Boyle m'emmena donc sur le *Suva* à Um-Lejj où nous débarquâmes pour prendre des nouvelles. Le cheikh m'apprit que Fayçal arriverait le jour même à Bir-el-Ouaheidi, point d'eau à quatre milles dans les terres. Après lui avoir dépêché un messager, nous montâmes voir le fort que Boyle, à bord du *Fox*, avait bombardé quelques mois auparavant. Nous ne trouvâmes rien qu'une méchante caserne; Boyle, considérant les ruines, dit : « Je suis honteux, ma foi, d'avoir démoli cette bicoque. » C'était l'officier de carrière type; actif, sobre, réglementaire; un peu hérissé quelquefois devant le relâchement des gens et des choses. Les hommes roux sont rarement patients. « Ginger-Boyle », comme on l'appelait, était en effet « poivré ».

Pendant que nous explorions les ruines, quatre vieillards haillonneux et gris montèrent du village et demandèrent à nous parler. Quelques mois auparavant, dirent-ils, un bateau à deux cheminées était venu tout à coup démolir leur fort. On leur demandait maintenant de le rebâtir pour le gouvernement arabe. Le généreux commandant du paisible bateau à une cheminée n'allait-il pas leur bailler des poutres ou tout autre matériel pour cette reconstruction ? Boyle écoutait impatiemment ce long discours qu'il ne comprenait pas. « Quoi ? jeta-t-il à la fin, qu'est-ce qu'ils veulent ? — Rien, dis-je. Ils décrivent les effets terribles de votre bombardement. » Boyle promena son regard autour de lui, puis, avec un sourire renfrogné : « Un beau gâchis ! » dit-il.

Vickery arriva le jour suivant. C'était un artilleur. Il avait au cours de ses dix années de services dans le Soudan si parfaitement appris l'arabe, littéraire ou familier, que tout interprète devenait inutile. Nous décidâmes d'aller tous trois au camp de Fayçal tracer le calendrier de notre expédition : après le déjeuner, en effet, Anglais et Arabes se mirent au travail et organisèrent les étapes qui restaient à faire avant El Ouedj.

On résolut de diviser l'armée en sections indépendantes ; chacune d'elles gagnerait de son côté notre lieu de concentration, Abou Zereibat dans le Hamdh, dernier point d'eau avant El Ouedj. Boyle tomba d'accord que le *Hardinge* irait jeter l'ancre pour une seule nuit dans le Cherm Habban — probablement assez profond — et débarquerait là, sur la grève, vingt tonnes d'eau à notre intention. Ceci était donc réglé.

Pour l'attaque sur El Ouedj nous offrîmes à Boyle un corps de débarquement indigène : plusieurs centaines de Harbs et de Juheinas, paysans et affranchis, sous les ordres de Saleh-ibn-Chéfia ; ce demi-nègre courageux (et capable d'amitié) maintenait chez ses hommes, par ses exhortations et ses appels, une certaine discipline ; sa dignité, au surplus, n'était pas excessivement pointilleuse. Boyle accepta nos Arabes et décida de les loger sur un autre pont du *Hardinge* : la capacité du *Hardinge* était incroyable. Le corps indigène, accompagné d'un détachement de marins, débarquerait donc au nord de la ville où les Turcs n'avaient aucun poste pour les arrêter. On tournerait de là El Ouedj et son port.

Pour occuper l'esprit des Turcs, Boyle disposerait d'au moins six navires et cinquante canons. Un hydravion dirigerait le tir. Nous serions à Abou Zereibat le 20 du mois ; à Habban (pour prendre l'eau du *Hardinge*) le

22; le corps de débarquement devait donc descendre à terre le 23 à l'aube, nos méharistes ayant à ce moment fermé toutes les routes autour de la ville.

Les nouvelles de Rabigh étaient bonnes; les Turcs n'avaient pas essayé non plus d'attaquer Yanbo dégarnie. C'étaient là les points hasardeux de notre combinaison : le sans-fil de Boyle, en apaisant nos soucis de ce côté, nous encouragea puissamment. Abdullah avait presque atteint l'ouadi Aïss; nous étions à mi-chemin d'El Ouedj; l'initiative était passée aux Arabes. Mon allégresse fut si grande que je cessai pour un instant de surveiller mes paroles: «Avant un an, criai-je, nous frapperons aux portes de Damas.» Cette exclamation jeta un froid dans la tente et mon propre enthousiasme tomba. J'appris plus tard que Vickery m'avait traité devant Boyle de vantard et de visionnaire. Sans doute mon explosion était-elle stupide : mais le rêve n'était pas impossible puisque cinq mois plus tard j'étais, en effet, à Damas, et une année après, son gouverneur *de facto*.

Vickery m'avait désappointé; je l'avais irrité. Il savait que je manquais de compétence militaire et me jugeait fou en matière de politique. Je savais, pour ma part, qu'il était le soldat expert dans son métier dont notre cause avait besoin. Mais n'était-il pas aveugle à la puissance de cette cause même? C'est un pareil aveuglement qui a presque mené les Arabes au désastre. Leurs conseillers européens n'ont jamais voulu voir que la Révolte n'est pas la guerre; qu'en vérité elle fait plutôt partie de la paix. Peut-être la définirait-on assez bien une grève nationale. L'union des Sémites — une idée — un prophète armé contenaient à eux trois des possibilités sans limites. Dans des mains plus habiles, la Révolte eût atteint, en 1918, non pas Damas, mais Constantinople.

CHAPITRE XXIV

De bon matin, le lendemain, après m'être assuré que le *Hardinge* débarquait son chargement sans encombre, je m'en fus voir à terre le cheikh Yusuf. Je le découvris au milieu de villageois effrayés, occupé à dresser, avec l'aide de sa police bisha et quelques hommes du vieux Mauloud, une barricade improvisée en travers de la rue principale. Cinquante mules sauvages, me dit-il, sans harnachement, ni bride, ni selle, avaient été le matin même lâchées sur la côte par un bateau. Par chance plutôt que par ruse, on les avait enfermées dans la place du marché ; les issues étaient maintenant barrées et l'on n'avait plus qu'à regarder les bêtes ruer dans les échoppes en attendant que Mauloud, à qui elles étaient destinées, eût créé une sellerie dans le désert. C'était le deuxième envoi de cinquante mules pour notre unité montée. Grâce à notre prudence qui nous avait fait vider les magasins de Yanbo, nous possédions par bonheur à bord du *Hardinge* assez de licols ou de bouts de corde pour elles. Dès midi les boutiques furent donc rouvertes et nous payions les dommages causés.

Le camp de Fayçal, cependant, était en grand branle-bas. On payait à quelques tribus un mois de gages ; toutes prenaient huit jours de nourriture ; les hommes amarraient les tentes et les bagages pesants ; les chefs arrêtaient les dernières dispositions de marche. Je m'assis pour écouter le bavardage de l'État-Major : Faiz-el-Ghusein, cheikh bédouin, fonctionnaire turc, chroniqueur des massacres arméniens, maintenant secrétaire ; Nesib-El-Bekri, propriétaire à Damas, l'hôte de Fayçal en Syrie, maintenant exilé de son pays et condamné à mort ; Sami, frère de Nesib, licencié en droit, maintenant trésorier adjoint ; enfin Chéfik-el-Eyr, ex-journaliste, maintenant secrétaire adjoint, petit homme pâle et furtif, doucereux, serviteur loyal de notre cause, mais collègue détestable à cause de sa méchanceté dans la vie privée.

Hassan Charaf, le noble médecin du Quartier Général, qui avait mis non seulement sa vie mais sa bourse au service des Arabes, survint en poussant des cris de dégoût : toutes ses fioles en miettes et les drogues qu'elles contenaient horriblement mélangées au fond de son coffre ! « Eh quoi ! dit Chéfik d'un ton railleur, voudriez-vous qu'une Révolte fût confortable ? » Le contraste de ces fières paroles avec la pâleur désespérée des personnages nous fit éclater de rire. Dans les durs moments de la vie, l'humour des choses vulgaires vaut plus que tout l'esprit du monde.

Nous parlâmes le soir, avec Fayçal, des prochaines étapes. La première était courte et nous conduisait à Semna, où l'on trouvait des palmeraies et des puits emplis d'une eau abondante. Après quoi nous avions le choix des chemins : nous ne pourrions en décider qu'au moment où nos éclaireurs nous rapporteraient des renseignements sur l'eau des citernes. Par la côte, en droite ligne, il fallait compter soixante milles avant le premier puits : la foule de nos hommes à pied trouverait le chemin long.

L'armée rassemblée à Bir-el-Ouaheida comptait 5 100 méharistes, 5 300 fantassins, 4 canons de montagne Krupp et 10 mitrailleuses ; les transports disposaient de 380 chameaux. Nous avions rogné sur tout, et notre ordinaire devait être bien inférieur à celui des Turcs. Le départ fut fixé au 18 janvier dans l'après-midi. Fayçal, ponctuel, acheva son travail pour le déjeuner. Nous formions à ce repas un groupe joyeux : Fayçal, délivré pour l'instant de tout souci ; Abd-el-Kérim, jamais très sérieux ; le chérif Jabar, Nasib et Sami, Chéfik, Hassan Charaf et moi-même. Après le déjeuner on plia la tente. Nos chameaux étaient agenouillés en cercle, sellés et chargés ; des esclaves debout, le pied posé en avant sur la jambe ployée de la bête, les tenaient de court par la rêne. Le timbalier qui attendait à côté d'Ibn Dakhil, commandant la garde du corps, donna sept ou huit roulements et le silence s'établit. Nous regardions Fayçal. Il se leva de son tapis sur lequel il échangeait un dernier mot avec Abd-el-Kérim, saisit les pommeaux de sa selle, plaça son genou sur les flancs de la bête et prononça d'une voix forte : « Remettez-vous entre les mains de Dieu. » L'esclave lâcha le chameau qui se leva d'un bond. Fayçal alors enjamba sa monture, disposa sous lui, d'un seul geste de la main, son manteau et ses robes et s'affermit dans sa selle.

Au premier pas de son chameau, nous avions sauté sur les nôtres. Toute la foule s'ébranla : quelques-uns des animaux grognaient, mais la plupart avançaient en silence comme des bêtes bien dressées doivent le faire. Seuls les jeunes animaux mâles, ou mal éduqués, grommellent sur la route, et les Bédouins qui se respectent refusent de les monter, car le bruit pourrait révéler leur présence la nuit ou au cours d'attaques par surprise. Les premiers pas d'un chameau sont toujours assez rapides, et nous dûmes arc-bouter rapidement nos jambes aux troussequins d'avant et tirer sur les rênes pour ralentir l'allure. Nous cherchâmes alors Fayçal du regard : tapotant la tête de nos montures et pressant leurs épaules de nos pieds nus, nous fûmes bientôt en ligne à ses côtés. Ibn Dakhil s'avança alors : après avoir d'un coup d'œil reconnu le terrain et la direction que nous allions prendre, il jeta aux Ageyls l'ordre de se disposer, à droite et à gauche de nous sur deux ou trois cents mètres, en flancs-gardes aussi serrés que le permettait la nature du sol. La manœuvre fut exécutée sans désordre.

Ces Ageyls, tous citadins du Nedjed, jeunes hommes d'Aneiza, de Boreida ou de Russ, s'étaient régulièrement engagés dans notre corps de méharistes pour un certain nombre d'années. C'étaient des garçons de seize à vingt-cinq ans, avec de grands yeux dans de beaux visages, non dépourvus d'éducation, tolérants, intelligents et bons compagnons sur la route. Les lourdauds y étaient rares. Même dans le repos (qui semble vider d'expression la plupart des visages orientaux), ceux-là gardaient une vivacité sympathique. Ils parlaient avec souplesse un arabe délicat, affectant, non sans fatuité, des manières raffinées. La docilité raisonnable de leurs esprits de citadins les faisait s'occuper de leurs affaires ou obéir à leurs chefs sans qu'on eût besoin de répéter les ordres. Depuis l'enfance familiers des caravanes, car leurs pères faisaient le commerce des chameaux, ils avaient gardé l'instinct nomade du Bédouin : leur douceur décadente, par contre, les rendait dociles, prêts à souffrir sans la moindre révolte les châtiments corporels et les sévices de la discipline orientale. Essentiellement soumis, ils demeuraient de vrais soldats, capables de se battre avec intelligence et courage si leurs chefs savaient les mener.

Comme ils ne formaient pas une tribu, ils ignoraient toute *vendetta* et passaient librement à travers le désert : le commerce et la bricole y étaient donc entièrement entre leurs mains. Les gains dans le désert étaient maigres, sans doute, mais suffisants pour les tenter, la vie chez eux étant peu confortable. Les fanatiques Ouahabis, musulmans hérétiques, avaient imposé aux habitants de Kassim, d'humeur douce et plaisante, des règles de vie rigoureuses : peu de café, beaucoup de prières et de jeûnes, pas de tabac, la plus pauvre vie sexuelle, pas de robes de soie ni de cordelettes, aucun ornement d'argent ou d'or. Ce qui n'était pas durement pieux était durement puritain.

Ces explosions de croyances ascétiques, dans l'Arabie centrale, à des intervalles d'un siècle environ, forment un phénomène naturel. Toujours un moment vient où les dévots découvrent dans la foi de leurs voisins une richesse, un superflu que l'imagination ardente des prêcheurs a tôt fait de dénoncer comme impies. Une vague d'exaltation religieuse semblable à toutes les vagues passées s'empare alors de tribus entières, les soulève corps et âme et vient se briser sur les Sémites séculiers, citadins vénaux et concupiscents ; à l'assaut de leurs biens terrestres, toujours de nouvelles croyances montent puis se retirent, comme les marées et les saisons, chacun de ces mouvements religieux portant dans l'excès de son zèle le germe de sa mort prochaine. Sans aucun doute ces alternances dureront aussi longtemps que leurs causes — soleil, lune, vent, ampleur des espaces déserts — agiront sans nul contrepoids sur des esprits solitaires et simples.

Cet après-midi, en tout cas, les Ageyls ne pensaient pas à Dieu, mais à nous : lorsque Ibn Dakhil leur donna l'ordre de se porter sur nos flancs ils s'alignèrent sans retard. Soudain, un court avertissement des tambours : et le poète de l'aile droite entonna, d'une voix stridente, un seul couplet improvisé sur Fayçal et les plaisirs qu'il allait nous procurer dans El Ouedj. Toute l'aile droite, ayant écouté les vers avec la plus grande attention, les reprit en chœur une fois, deux fois puis trois fois avec un mélange d'orgueil, de satisfaction et de raillerie. Mais avant qu'ils aient pu brandir, comme un drapeau, la quatrième reprise, le poète de l'aile gauche fit éclater une réponse également impromptue qui, dans le même mètre et avec des rimes correspondantes, rabaissait le caquet de son adversaire. L'aile gauche poussa incontinent des hurlements de triomphe. Les tambours battirent ; les étendards cramoisis se déployèrent, et toute la garde, aile droite, aile gauche, centre, entonna le grand chœur du régiment :

> J'ai perdu la Bretagne, j'ai perdu la Gaule,
> J'ai perdu Rome et, pire que tout,
> J'ai perdu Lalage...

Eux, c'était le Nedjed qu'ils avaient perdu et les femmes de Maabda ; leur avenir se déployait sur la route Djeddah-Suez. La chanson n'en était pas moins une excellente chanson. Les chameaux l'aimaient : ils traînaient les sabots à son rythme, la tête basse, le cou en avant, allongeant le pas pour suivre leur rêve, tant que l'air durait.

Notre route, aujourd'hui, leur était favorable : de longues, lentes ondulations de sable aux pentes fermes et pelées, hormis quelques buissons dans les creux et parfois un palmier solitaire aux points les plus humides. Le terrain s'étant aplani ensuite, nous aperçûmes à gauche deux cavaliers qui galopaient au-devant de Fayçal. Je connaissais bien le premier, vieillard sale et chassieux : c'était Mohammed Ali-el-Rédaoui, émir des Juheinas. Mais le second avait une drôle d'allure. Je pus voir bientôt sa kouffié de guingois et, sous un burnous qui aurait dû le cacher, un uniforme kaki. Il leva la tête : c'était Newcombe, avec son visage rouge et pelé, ses yeux perçants, sa bouche véhémente et sa grimace pleine d'humour coincée entre les deux mâchoires. Il était arrivé à Um-Lejj le matin même : en apprenant notre départ il avait empoigné le meilleur cheval du cheikh Yusuf et galopé derrière nous.

Je lui offris mon chameau de rechange et une présentation à Fayçal. Après l'avoir salué comme il eût fait un vieil ami de collège, il l'entraîna aussitôt *in medias res* et tous deux s'en furent, suggérant, discutant, combinant à une vitesse fantastique. Newcombe avait de prodigieux « départs » ; et d'ailleurs la fraîcheur du jour, la vie, la gaieté de l'armée, inspirant à tous la même allégresse, faisaient bouillonner sans effort le futur sur nos lèvres.

Nous passâmes Ghowashia et ses maigres palmeraies, poursuivant notre route sans difficulté aucune. Le terrain était un champ de lave juste assez profondément ensablé pour adoucir la marche sans perdre aucune fermeté. Les sommets des plus hautes crêtes affleuraient encore. Une heure plus tard nous nous trouvâmes brusquement au bord d'une pente si abrupte, si nue, si roide qu'on pouvait bien l'appeler une falaise de sable : l'ample vallée tapissée de galets arrondis qui s'ouvrait à son pied n'était autre que Semna. Une rampe nous y conduisit à travers des terrasses de palmes.

Nous avions eu du vent pendant toute l'étape et le fond de la vallée avec sa grande plage de sable nous surprit par la chaleur immobile qui y régnait. Là était l'eau que nous cherchions, et c'était là que nous devions attendre le retour des éclaireurs partis au-devant de nous à la recherche des citernes ; ainsi en avait décidé Abd-el-Kérim notre guide. Nous fîmes traverser à nos bêtes les quatre cents mètres de la vallée, remontant même un peu les pentes pour nous mettre à l'abri des crues : alors Fayçal tapota le cou de sa bête qui s'agenouilla, se fit un lit dans les galets et demeura immobile. Hejris étendit notre tapis ; les autres chérifs vinrent nous rejoindre et les plaisanteries allèrent leur train pendant qu'on faisait chauffer le café.

Je maintins contre Fayçal la grandeur d'Ibrahim Pacha, chef des Milli-Kurdes, au Nord de la Mésopotamie. Quand il s'en allait, comme nous, dans le désert, ses femmes se levaient avant l'aube et, sans faire le moindre bruit, grimpaient au-dessus de sa tête, sur la toile de la tente, dénouaient les cordes, arrachaient les piquets, pliaient, répartissaient, chargeaient, et s'éloignaient avec les bêtes : le pacha s'éveillait à son heure, au grand air, seul, alors que toute la nuit il avait dormi au plus secret d'une tente somptueuse.

Prenant ses aises, il buvait alors du café sur son tapis ; après quoi les esclaves amenaient les chevaux et tous les hommes partaient pour l'étape suivante. Mais si le pacha avait soif en chemin, il lui suffisait de plier les doigts : aussitôt s'avançait à côté de lui l'homme chargé du café, toujours à cheval, avec ses pots préparés et son charbon ardent dans un brasero fixé à la selle. La tasse était servie sans rompre le trot ; au coucher du soleil, Ibrahim retrouvait ses femmes qui l'attendaient dans la tente dressée comme le soir auparavant.

Le ciel était gris ce jour-là, ce qui paraissait si étrange, après l'étincellement des jours derniers, que Newcombe et moi nous penchions toujours en chemin pour voir où diable étaient passées nos ombres. Cependant nous parlions de mes espoirs et de ses désirs. Ils se confondaient par bonheur. Nous eûmes donc l'esprit assez dispos pour considérer Semna et ses beaux palmiers, soigneusement entretenus entre leurs petites haies de buissons morts, avec, çà et là, des cabanes de roseaux et de branches, pour abriter les propriétaires et leurs familles, aux époques d'arrosage ou de récolte. Des puits aux margelles de bois s'égrenaient plus bas dans les jardins et dans le lit de la vallée. Leur eau, nous dit-on, était douce et jamais tarie, mais le courant était si faible qu'il fallut toute la nuit pour abreuver notre armée de chameaux.

De Semna, Fayçal écrivit aux vingt-cinq chefs Billis, Haoueitates et Béni-Atiyehs qu'il allait entrer dans El Ouedj avec son armée, et qu'ils devaient prendre des mesures en conséquence. Mohammed Ali se dépensait : presque tous nos hommes faisant partie de sa tribu, il nous rendait les plus grands services en organisant les détachements et en expliquant les itinéraires. Nos éclaireurs étaient de retour et signalaient deux citernes sur deux points convenablement espacés de la route côtière. Après les avoir soumis à un interrogatoire en règle nous décidâmes d'envoyer par cette route quatre sections; les cinq autres suivraient la montagne; nous pensions arriver ainsi à Abou Zereibat de la façon la plus rapide et la plus sûre.

Choisir une route n'était pas commode. Les rares informations que nous possédions étaient fournies par les Musas Juheinas, qui ne semblaient pas avoir d'unité de temps plus petite que la demi-journée, ni d'unité de distance intermédiaire entre le pas et l'étape (une étape pouvant d'ailleurs durer de six à seize heures au gré de l'homme et du chameau). La liaison entre nos unités fut constamment entravée parce que nous ne trouvions personne qui sût lire ou écrire. Les retards, le désordre, la faim et la soif ont assombri cette expédition. De tels inconvénients auraient pu être évités si nous avions eu le temps d'explorer la route avant le départ. Les chameaux restèrent presque trois jours sans manger et les hommes firent les derniers cinquante milles avec seulement deux litres d'eau, sans aucune nourriture. Leur énergie n'en fut d'ailleurs pas émoussée : l'entrée dans El Ouedj se fit au trot, assez gaiement, avec chants, cris, fantasias. Mais Fayçal dit qu'une autre journée de chaleur aride eût brisé à la fois l'allure et le moral des hommes.

Le travail terminé ce jour-là, nous allâmes dormir, Newcombe et moi, dans la tente que Fayçal nous avait permis d'emporter par une faveur toute particulière. La question des bagages était si difficile et si importante que nous, les riches, mettions notre orgueil à partager la vie des hommes qui avaient emporté seulement l'indispensable. Jamais auparavant je n'avais possédé une tente pour moi seul. Nous la dressâmes au sommet d'un mamelon, en avant des collines. L'emplacement n'était pas plus large que la tente même, de sorte que la pente commençait aux piquets de notre porte. Nous trouvâmes là Abd-el-Kérim qui s'était assis en nous attendant, enveloppé jusqu'aux yeux dans son manteau, car la nuit était fraîche et la pluie menaçait. Le jeune chérif bédouin était venu me demander une mule avec son harnachement. D'une part l'élégance des soldats de Mauloud en culottes et molletières, d'autre part la beauté des mules fraîchement débarquées dans le marché d'Um-Lejj avaient éveillé ses désirs.

Je m'amusai de son envie et remis mon consentement à plus tard : il n'aurait qu'à refaire sa demande après notre entrée à El Ouedj. Cela suffit à le contenter. Nous mourions de sommeil : enfin il se leva, franchit le seuil. Des milliers de feux au creux de la vallée clignotaient faiblement autour de nous jusque très loin, marquant nos contingents épars. Abd-el-Kérim m'appela pour les regarder et, balayant l'air de son bras : « Nous ne sommes plus des Arabes, dit-il non sans tristesse, mais un Peuple. »

Non sans tristesse, mais non sans orgueil. La marche

sur El Ouedj était le plus gros effort de ce peuple. C'était la première fois, de mémoire d'homme, que les guerriers d'une tribu, quittant leur propre territoire avec armes et bagages, avaient fait plus de 200 milles sur le territoire d'autres tribus sans espoir de pillage ou de vengeance. Abd-el-Kérim était heureux de cet esprit nouveau dans sa tribu ; mais il en était triste aussi ; la vie pour lui, valait la peine d'être vécue si l'on possédait un chameau rapide, les meilleures armes et l'espoir d'un raid contre les troupeaux du voisin. L'achèvement graduel des projets de Fayçal rendait de telles joies de moins en moins aisées pour les chefs responsables.

CHAPITRE XXV

Il n'arrêta pas de pleuvoir tout le matin ; nous étions, pour nous, si heureux de cette eau supplémentaire, et si bien installés dans nos tentes que nous retardâmes notre départ jusqu'aux premiers rayons du soleil, c'est-à-dire au début de l'après-midi. Nous descendîmes alors la vallée face à l'ouest dans la fraîcheur d'une lumière neuve. Les Ageyls marchaient derrière nous. Puis venaient Abd-el-Kérim et ses guerriers de Gufa : environ sept cents méharistes et autant de fantassins. Vêtus de blanc, avec de larges kouffiés de cotonnade rayée rouge et noire, ils agitaient des palmes vertes en guise de bannières.

Ensuite s'avançait le chérif Mohammed Ali Abu Sharrain, vieux patriarche à la barbe longue et bouclée, très droit sur sa monture. Ses trois cents méharistes étaient des Ashrafs du groupe des Aiaishis (Juheinas), chérifs reconnus, mais reconnus en masse car ils n'avaient pas d'arbre généalogique. Ils portaient sous des burnous noirs des tuniques couleur de rouille, teintes au henné, et une épée. Chacun d'eux avait en croupe un esclave accroupi chargé de lui passer, au cours du combat, le fusil et la dague ; il veillait en outre sur le chameau et faisait la cuisine en chemin. Les maîtres étant très pauvres, les esclaves étaient très peu vêtus. Leurs fortes jambes noires agrippaient les flancs laineux du chameau afin d'adoucir, au moins, les chocs inévitables sur les hanches osseuses de l'animal ; et leurs haillons relevés avaient été noués à la ceinture pour éviter à la fois l'usure de la marche et la salissure du chameau. L'eau de Semna était purgative et la bouse de nos montures coulait ce jour-là comme une purée verte sur leurs fesses.

Derrière les Ashrafs venait la bannière cramoisie de notre dernier détachement, les Rifaas, sous les ordres d'Aoudi-ibn-Zoueid, le vieux pirate hypocrite qui avait volé la mission Stotzingen et jeté à la mer, à Yanbo, son appareil de T.S.F. et ses domestiques hindous. Les requins ayant probablement refusé l'appareil, nous avions perdu des heures innombrables à draguer le port pour le rechercher. Aoudi portait toujours une longue et riche pelisse d'officier allemand, vêtement peu adapté au climat, sans doute, mais, comme il le faisait remarquer avec insistance, butin vraiment magnifique. Il disposait d'un millier d'hommes, les trois quarts à pied. À ses côtés marchait Rassim, notre commandant d'artillerie, avec ses quatre vieux canons Krupp sur des mules, encore dans l'état où l'armée égyptienne nous les avait cédés. Rassim, Damascène sardonique, affrontait, le rire aux lèvres, les plus redoutables situations, mais s'enfuyait, malade de tracas, aussitôt que tout allait bien. Il n'avait pas cessé de grommeler ce jour-là : le plus grand plaisir de son compagnon de route, Abdullah-el-Deleimi (un type d'officier, vif, intelligent et charmant quoique superficiel : il dirigeait notre groupe de mitrailleurs), était d'exciter en Rassim une humeur chagrine qui finissait toujours par éclater sur la tête de Fayçal ou sur la mienne. Je mis moi-même le feu aux poudres en confiant à Rassim, avec un sourire, que notre ordre de marche devait être : « par sous-tribus à un quart de jour de distance ». Rassim promena ses regards autour de lui, considéra tour à tour le sous-bois lavé par l'averse, les gouttes de pluie scintillantes dans la lumière rouge du couchant, le soleil déclinant sous un plafond bas de nuages, notre horde de Bédouins qui détalaient de tous côtés à la poursuite des oiseaux, des lapins, des lézards géants, des gerboises et des camarades — et me jeta une aigre approbation, ajoutant qu'il n'allait pas tarder, lui aussi, à se constituer personnellement en sous-tribu pour se déployer à une demi-journée de distance, d'un côté ou de l'autre, et se débarrasser, en tout cas, des mouches.

Dès notre départ, en effet, un de nos méharistes avait tiré un lièvre ; mais ces coups de feu dans une foule n'étaient pas sans péril et Fayçal les avait interdits. Les autres lièvres levés par les pieds de nos chameaux furent donc chassés à coups de bâton. Leur apparition créait dans la troupe des mouvements risibles : cris, écarts, cavaliers bondissants ou couchés sur leurs selles, dans un tournoiement de gourdins, pour tuer, ou pour ramasser l'animal tué par un autre. Fayçal était heureux de voir l'armée accroître ainsi gratuitement sa provision de viande ; mais la gloutonnerie des Juheinas mangeurs de lézards et de gerboises le dégoûtait.

Une étendue de sable plat, plantée d'arbres épineux bien fournis, nous conduisit sur la plage : nous tournâmes là vers le nord par une piste large et bien battue, celle des pèlerins égyptiens. Elle courait à cinquante mètres de la mer et nos hommes y passaient en chantant trente ou quarante de front. Une coulée de lave surgit devant nous, à moitié enfouie dans le sable : elle s'avançait, en promontoire, des montagnes à quatre ou cinq milles à l'intérieur des terres. Notre route la franchissait mais bordait auparavant des fonds de boue où luisaient, dans la lumière du couchant, quelques flaques d'eau peu profondes. Là était notre étape prévue. Fayçal ayant donné l'ordre de halte, tout le monde mit pied à terre et chacun s'en fut, à sa guise, s'étendre ou marcher au bord de mer en attendant le dîner : la plupart se baignèrent. Cela faisait, plongeant et hurlant, un pêle-mêle d'hommes nus, semblables à des poissons, avec toutes les couleurs de la terre.

L'approche du dîner ne manquait pas de charme : car un Juheina, dans l'après-midi, avait tué une gazelle pour Fayçal. La viande de gazelle est meilleure qu'aucune autre dans le désert ; si nue que soit la terre et si secs les trous d'eau, cette bête s'arrange toujours pour avoir un corps gras et juteux.

Le repas eut d'ailleurs le succès attendu. Nous en sortîmes si alourdis que la conversation prit bientôt fin. Mais nous venions à peine de nous étendre, Newcombe et moi, qu'une rumeur excitée — galop de chameaux, coups de fusils et cris — parcourut les lignes et nous éveilla. Un esclave haletant, passant la tête sous la toile de notre tente, cria : « Des nouvelles ! Chérif Bey est fait prisonnier ! » Je courus, à travers la foule grossissante, jusqu'à la tente de Fayçal déjà assiégée d'amis et de domestiques. À côté de Fayçal, était assis, replié sur soi, dans une immobilité anormale et lourde de sens au milieu de ce tumulte, Raja, le messager qui avait porté à Abdullah l'ordre d'occuper l'oued Aïss. Fayçal, par contre, était radieux, les yeux tout gonflés par la joie ; il sauta sur ses pieds et me cria à travers le bruit : « Abdullah a pris Eshref Bey ! » Alors je compris l'importance et le bonheur de l'événement.

Eshref était un aventurier bien connu dans les bas-fonds de la politique turque. Brigand dans son enfance, près de Smyrne, il était devenu, avec l'âge, révolutionnaire. Il fut pris à la fin par les Turcs et Abdul Hamid l'envoya en exil à Médine où il passa cinq années d'une vie haute en couleur. D'abord étroitement gardé, il finit par s'évader en brisant les barreaux de sa fenêtre et s'enfuit dans le faubourg d'Aouali, auprès de Shéhad, l'émir ivrogne. Shéhad, étant à son ordinaire en guerre avec les Turcs, lui donna refuge. Mais Eshref trouva bientôt la vie terne. Il emprunta une excellente jument et s'en fut rôder autour des casernes turques. Apercevant dans la cour le jeune fils de son ennemi le gouverneur qui commandait l'exercice d'une compagnie de gendarmes, il se précipita sur lui au galop, le hissa en travers de sa selle et s'enfuit avant que les gendarmes stupéfaits eussent pu dire un seul mot.

Une fois dans la campagne, notre Eshref poussa son prisonnier devant lui jusqu'au Djebel Ohod, montagne déserte : « Tu seras mon âne », dit-il en le chargeant des trente pains et des outres d'eau nécessaires à leur vie commune. Pour recouvrer son fils, le pacha dut donner à Eshref sa liberté sur parole et 500 livres turques. Eshref acheta des chameaux, une tente et une femme et se mit à errer parmi les tribus. À la révolution Jeune-Turque, il réapparut dans Constantinople, se fit bravo au service d'Enver et exécuta ses meurtres particuliers. De tels services lui valurent une nomination comme inspecteur, en Macédoine, des secours aux réfugiés ; un an plus tard il se retirait avec un revenu assuré et des biens au soleil.

Quand la guerre éclata il partit pour Médine avec des fonds et des lettres du sultan aux Arabes neutres. Sa mission était d'assurer les communications avec la garnison turque isolée dans le Yémen. Par hasard son itinéraire coupa, près de Kheibar, celui d'Abdullah en route pour l'ouadi Niss. Ses hommes arrêtèrent et questionnèrent quelques-uns de nos Arabes qui gardaient leurs chameaux pendant la sieste de midi. Qui étaient-ils ? Des Héteyms, simplement, et l'armée d'Abdullah, une caravane de ravitaillement pour Médine. Eshref relâcha l'un des Arabes avec l'ordre d'aller lui chercher les autres et cet homme vint sans tarder rapporter à Abdullah qu'il y avait des soldats campés sur la montagne.

Abdullah, surpris, envoya des cavaliers en éclaireurs. Une minute plus tard, le bruit d'une mitrailleuse le fit sursauter : les Turcs, pensa-t-il, avaient envoyé une colonne volante pour couper sa retraite ; l'unique chance de salut était une charge désespérée. Les hommes, sur son ordre, galopèrent droit à la mitrailleuse, et, malgré quelques pertes légères, dispersèrent les Turcs. Eshref s'enfuit à pied vers le sommet de la colline. Abdullah offrit 1 000 livres à qui le prendrait : on le découvrit au crépuscule, et le chérif Fozan-El-Arith, après l'avoir blessé dans une lutte farouche, le fit prisonnier.

Dans les bagages étaient 20 000 livres en or, des robes d'honneur, des présents coûteux, quelques papiers intéressants et plusieurs charges de fusils et de pistolets. Abdullah écrivit une lettre exultante à Fakhri Pacha pour l'informer de sa capture et cloua le papier à un poteau de télégraphe qu'il dressa entre les rails la nuit suivante en traversant la ligne de chemin de fer. Puis il poursuivit son chemin sans encombre jusqu'à l'oued Aïss. Raja l'y avait laissé tranquillement et confortablement installé. Le message qu'il nous apportait était donc doublement heureux.

Entre tant de visages joyeux se glissa soudain la triste figure de l'iman. Il éleva la main : « Écoutez-moi », dit-il. Et dans le silence qui suivit, il entonna une ode célébrant l'heureux événement : Heureux Abdullah que le ciel comblait de ses faveurs ! Il venait d'atteindre la gloire d'un seul coup. Mais Fayçal, par un dur labeur, l'atteignait aussi, lentement et sûrement. Pour un travail achevé en seize minutes, le poème fut jugé honorable et le poète récompensé en or. À cet instant Fayçal aperçut dans la ceinture de Raja une belle dague ornée de pierres précieuses. C'était, dit en bégayant son nouveau propriétaire, celle d'Eshref ; Fayçal lui jeta la sienne et prit l'autre. (Il en fit don plus tard au colonel Wilson.) « Et qu'a dit mon frère à Eshref ? » Il avait dit : « Est-ce ainsi que tu reconnais notre hospitalité ? » et Eshref avait répondu comme Suckling :

> Je sais me battre
> Que j'aie tort ou que j'aie raison
> Avec passion.

« Combien de millions ont pris les Arabes ? » demanda le vieux Mohammed Ali, béant de convoitise, lorsqu'il entendit parler d'Abdullah plongeant jusqu'aux coudes ses bras dans le coffre et jetant l'or aux hommes de la tribu. Raja, ce soir-là, ne put suffire aux demandes. Il s'endormit plus riche que la veille — à juste titre d'ailleurs, car l'arrivée d'Abdullah dans l'oued Aïss réglait la question de Médine. La pression de Murray sur le Sinaï, la marche de Fayçal sur El Ouedj et la position d'Abdullah entre El Ouedj et Médine devaient réduire les Turcs à la défensive pure. Le flux de la chance avait tourné. Nos troupes, voyant nos visages joyeux, firent du bruit dans le camp jusqu'à l'aube.

L'étape du lendemain fut facile. Le lieu du petit déjeuner s'offrit de lui-même, près d'un groupe de petites mares dans une vallée nue descendant d'El Sukhour, ces trois collines extraordinaires semblables à des bulles de granit soufflées de la terre. Le voyage fut charmant : il faisait frais ; nous étions nombreux ; enfin, dernier motif de joie, nous autres Anglais avions une tente à nous seuls. La vie en commun est un des désagréments du désert : jour et nuit, chacun entend ce que disent les autres et voit ce qu'ils font. Peut-être notre besoin de solitude procède-t-il d'ailleurs simplement de la grande illusion vaniteuse ; l'individu croit pouvoir se suffire à lui-même et, par une rareté factice, relève dans sa propre estime le prix de son étrangeté. La privauté dont Newcombe et moi jouissions était, il est vrai, mille fois plus reposante que la vie en commun : mais le travail souffrait de cette barrière entre les chefs et les hommes. Les Arabes ne connaissent pas nos distinctions, traditionnelles ou naturelles ; ils subissent seulement le pouvoir inconscient que donne à un cheikh fameux la vertu de ses actes. J'ai appris d'eux que nul ne peut être leur chef s'il ne partage d'abord leur nourriture, leurs habits, leurs façons de vivre : à leur niveau, et pourtant meilleur.

Nous nous pressâmes, le matin venu, vers Abou

Zereibat, avec, au-dessus de nous, le soleil incandescent déjà dans un ciel sans nuage et, devant nos pas, l'habituel scintillement, si pénible pour les yeux, des rayons dansant sur le sable ou le silex polis. Notre piste s'éleva lentement jusqu'à une crête aiguë de calcaire aux flancs érodés : le regard balayait de là un grand espace nu de galets sombres jusqu'à la mer présente à huit milles environ vers l'ouest, mais invisible.

Dès notre première halte, le matin, nous eûmes l'impression qu'une grande vallée devait être en face ; mais c'est seulement à 2 heures de l'après-midi, après avoir franchi un affleurement basaltique, que nous dominâmes à la fin une espèce d'auge de 15 milles de large : l'ouadi Hamdh descendant des collines. Au nord-ouest s'étalait le vaste delta à travers lequel le torrent s'écoule par vingt embouchures ; les lignes sombres des taillis qui marquent les lits desséchés se croisaient et s'entrelaçaient à sa surface pendant trente milles, du pied de la montagne où nous étions juchés jusqu'à l'horizon noyé de chaleur, là-bas, à notre gauche, vers la mer invisible. Au-delà du val s'élevait, abrupte, la montagne jumelle du Djébel Raal, unique masse arrondie, scindée par une faille. Pour nos yeux las de petits objets, c'était un beau spectacle que cette fin d'un torrent sec plus long que le Tigre ; l'oued Hamdh est la plus grande vallée d'Arabie ; Doughty en a le premier signalé l'importance ; mais elle reste encore inexplorée. Et le Djébel Raal, avec sa franche silhouette, est un mont qui lui fait honneur.

Pleins de curiosité, nous descendîmes les pentes de gravier couvertes d'une herbe d'abord rare, puis de plus en plus fournie. Vers 3 heures nous pénétrions dans l'oued proprement dit. C'était un lit d'environ un mille de large tapissé de touffes d'asla autour desquelles s'élevaient des monticules de sable atteignant ici quelques pieds de haut. Ce sable n'était pas homogène, mais feuilleté d'argile friable et de boue salée, dont chaque couche marquait le niveau d'une crue. L'ensemble formait comme une pâtisserie craquante qui s'émiettait sous les pas de nos chameaux : ils s'y enfonçaient jusqu'aux boulets. D'épais nuages de poussière montaient autour de nous, rendus plus opaques encore par la lumière qu'ils semblaient tenir en suspens : car un lourd flamboiement pesait sur ces bas-fonds.

Les derniers rangs marchaient à l'aveuglette, heurtant les monticules toujours plus proches les uns des autres et dégringolant dans le véritable labyrinthe de lits secondaires que les crues partielles creusent, ravinent, compliquent chaque année. Et nous n'avions pas atteint le milieu de la vallée qu'un lit de broussailles recouvrit tout : jaillissant sur la pente des monticules, elles entrelaçaient en un fouillis inextricable leurs branches mortes, sèches, poussiéreuses et friables comme de vieux os. Nous assujettîmes les sangles de nos sacs, trop fastueux pour être livrés aux buissons, puis, les burnous serrés autour du corps, la tête baissée pour protéger les yeux, nous fonçâmes, fracassant tout, comme un ouragan dans les roseaux. Nous n'y voyions plus, nous perdions haleine, et le froissement des branches, le grommellement des chameaux, les cris et les rires des hommes nous composaient une rare aventure.

CHAPITRE XXVI

Peu avant l'autre rive, le terrain se dégagea et nous vîmes soudain apparaître dans une cuvette argileuse un étang profond et sombre de quatre-vingts mètres de long pour une quinzaine de large. C'était le point d'eau d'Abou Zereibat, but de notre étape. L'on fit encore quelques mètres à travers le dernier taillis pour atteindre enfin la rive nord, bien découverte, où Fayçal avait décidé d'établir le camp. Cette vaste plaine de sable et de cailloux qui s'étalait jusqu'au pied même du Raal aurait pu contenir toutes les armées d'Arabie. Les esclaves déchargèrent donc les bêtes agenouillées et dressèrent les tentes tandis que nous nous divertissions à voir les mules, assoiffées par un long jour de marche, se précipiter vers le même étang que les soldats et ruer de plaisir dans cette eau douce parmi des gerbes d'éclaboussures. Pour comble de bonheur, le bois était en abondance et chaque groupe d'amis eut bientôt son grand feu pétillant que tous jugèrent le bienvenu, car le brouillard, déjà, s'élevait à huit pieds du sol et ses perles d'argent, prises dans la traîne grossière de nos burnous en roidissait la laine désagréablement froide.

La nuit était sombre, sans lune, mais, au-dessus du brouillard, brasillante d'étoiles. Du haut d'un monticule, non loin de nos tentes, nous regardions rouler les flots blancs de la brume. Seules émergeaient la pointe des tentes et les hautes spirales de fumée, illuminées soudain par en dessous quand les langues de flamme, comme soufflées par le grondement de l'armée invisible, atteignaient l'air supérieur. Le vieil Aouda Ibn Zuweid me reprit gravement quand je lui fis cette remarque : « Ce n'est pas une armée, me dit-il, c'est un monde qui s'avance sur El Ouedj ! » Je me réjouis de cette emphase : c'était précisément pour faire naître ce sentiment dans les âmes que nous avions risqué, avec l'encombrement d'une foule aussi incertaine, une aussi pénible expédition.

Les Billis, ce soir-là, commencèrent à venir timidement prêter hommage : la vallée du Hamdh est en effet frontière de leur territoire. Hamid-el-Réfada, suivi d'une troupe nombreuse, offrit des premiers ses respects à Fayçal. Son cousin Souleiman Pacha, nous dit-il, chef suprême de la tribu, était à Abou Ajaj, à quinze milles au nord de nous où il se débattait dans les tourments de l'indécision, essayant, une fois au moins, de prendre parti, lui qui avait, toute sa longue vie, si avantageusement évité de le faire. Soudain, sans avertissement ni parade, entra le chérif Nacer, de Médine ; Fayçal se leva vivement, l'embrassa et nous l'amena aussitôt.

Nacer nous fit une impression splendide : à la hauteur

de sa réputation et de nos espoirs. Il était l'homme qui ouvre les routes, l'annonciateur du Mouvement dont Fayçal était le chef. Il avait tiré son premier coup de fusil à Médine et devait tirer le dernier à Muslimich, plus loin qu'Alep, le jour où la Turquie demanda un armistice. On ne put en dire que du bien du commencement à la fin de la lutte.

C'était un frère de Shehad, l'émir de Médine. Leur famille descendait de Hussein, le plus jeune des fils d'Ali ; ils étaient même les seuls descendants de Hussein considérés comme Ashraf (et non Saada). Ils étaient chiites et l'avaient toujours été depuis les jours de Kerbelà. On les considérait dans le Hedjaz comme venant immédiatement après les émirs de La Mecque. Nacer lui-même était un amoureux des jardins à qui le destin faisait faire la guerre contre son gré depuis l'enfance. En 1917 il avait environ vingt-sept ans. Son front bas et large convenait à ses yeux expressifs ; une barbe noire bien taillée encadrait sa bouche d'une mollesse agréable et laissait transparaître un menton petit.

Depuis deux mois il surveillait El Ouedj : aux dernières nouvelles du matin, nous dit-il, l'avant-poste des méharistes turcs placé sur notre route s'était replié sur sa ligne principale de défense.

Nous prolongeâmes notre repos le jour suivant pour nous préparer aux entretiens diplomatiques nécessaires. De cet ouvrage, Fayçal fit naturellement le plus gros. Nacer l'aida au titre de lieutenant ; les frères Beidaoui, assis à leurs côtés, soutenaient la conversation. Le matin chaud et clair, présage d'une grande chaleur pour la journée, nous incita, Newcombe et moi, à une promenade : nous prîmes plaisir à regarder l'eau, les hommes et l'affluence constante des visiteurs. Un grand nuage de poussière annonçant à l'est une troupe plus importante, nous revînmes à nos tentes : c'était Mirzouk-el-Tikheimi, le maître de camp de Fayçal, avec son visage de souris, qui amenait à l'émir ses compatriotes Juheinas, à l'amble, pour une parade. La poussière nous asphyxiait. Soudain la douzaine de cheikhs qui marchaient en tête, portant un ample drapeau rouge et un ample drapeau blanc, tirèrent leurs épées et chargèrent en rond autour de nos tentes. Ni leur allure ni leurs juments ne soulevèrent notre enthousiasme. Peut-être étouffions-nous trop pour cela.

Vers midi les Ould Mohammed Harbs et les cavaliers du bataillon d'Ibn Chéfia firent leur entrée — trois cents hommes sous les ordres du Cheikh Salid et de Mohammed-ibn-Chéfia. Mohammed, petit homme vulgaire et rondelet de cinquante-cinq ans, montrait dans l'action un bon sens énergique. Sa réputation croissait chaque jour dans l'armée arabe, car il pouvait obtenir de ses troupes n'importe quel travail manuel. Aucune dignité héréditaire ne paralysait ses hommes sans terres et sans familles, raclure de l'ouadi Yanbo ou débardeurs de la ville. Nous n'avions pas de soldats plus dociles hormis les Ageyls aux mains blanches, trop beaux pour être employés à de durs labeurs.

Nous avions déjà deux jours de retard sur notre itinéraire convenu : Newcombe décida de partir en avant cette nuit même pour Habban. Là il expliquerait à Boyle que nous manquerions sûrement le rendez-vous du *Hardinge*. Notre espoir était : *primo*, que le bateau revînt le soir du 24 nous fournir l'eau potable dont nous aurions le plus grand besoin à notre arrivée ; *secundo*, que l'on remît l'attaque navale au 25 pour maintenir sa coïncidence avec notre propre offensive.

À la nuit arriva un message de Souleiman-el-Réfada : il envoyait un chameau à Fayçal en guise de présent et le priait de le garder si nous avancions en amis sur son territoire ou de le renvoyer dans le cas contraire. Fayçal, vexé, se déclara incapable de comprendre un homme aussi faible. « Oh ! c'est qu'il mange du poisson ! affirma Nacer. Le poisson fait gonfler la tête, et voilà ce qui arrive ensuite ! ». À ces mots les Syriens, les Mésopotamiens et les chefs de Djeddah ou de Yanbo éclatèrent de rire : il fallait être un montagnard pour croire qu'un homme perd sa force s'il goûte aux trois plats maigres — volaille, œuf et poisson. Alors Fayçal, avec une gravité railleuse : « Vous insultez la compagnie, nous aimons le poisson. » Mais d'autres protestèrent : « Nous l'abandonnons et prenons refuge en Dieu. » Mirzouk, sagement, détourna la conversation : « Souleiman est comme un enfant né avant terme, dit-il, ni vert ni mûr. »

Le lendemain de bon matin notre enfilade de traînards descendait l'ouadi Hamdh. Après trois heures la vallée tourna vers la gauche ; nous débouchâmes soudain dans une dépression vide et désolée. Le jour était froid. Un dur vent du Nord, balayant la côte, venait nous frapper en plein visage. De temps à autre, dans la direction d'El Ouedj, nous entendions le bruit d'un feu nourri : la flotte, perdant patience, avait-elle entamé l'action sans nous attendre ? De toute façon nous ne pouvions pas rattraper les journées perdues ; nous poursuivîmes donc notre étape sans intérêt, franchissant oued sur oued. La plaine était toute sillonnée de petits affluents de l'Hamdh également creux et nus, aussi nombreux et aussi entrelacés que les nervures d'une feuille. Nous retrouvâmes enfin le Hamdh lui-même à Kurna et, quoique ses fonds d'argile ne continssent que de la boue, nous décidâmes de camper.

Une ruée soudaine troubla notre installation. On avait aperçu à l'est des chameaux au pâturage. Les plus hardis Juheinas, sortant en foule, les avaient capturés et les ramenaient au camp. Fayçal était furieux. Il leur cria de s'arrêter. Mais ils étaient trop excités pour l'entendre. L'émir saisit donc son fusil et tira dans la direction de l'homme le plus proche. Celui-ci, de peur, tomba de sa selle et les autres s'arrêtèrent. Fayçal les fit comparaître devant lui, fouetta les meneurs à grands coups de cravache et mit à la fourrière les chameaux volés avec ceux des voleurs comme garantie tant que le compte ne fut pas complet. Puis il rendit les bêtes à leurs propriétaires. Sans cela, une guerre privée aurait pu éclater entre nos Juheinas et la tribu des Billis dont nous espérions pour plus tard l'alliance. Toute marche au-delà d'El Ouedj eût été arrêtée : notre succès dépendait de bagatelles semblables.

Le lendemain nous gagnâmes la plage et Habban à 4 heures. À notre grand soulagement le *Hardinge* était bien là et débarquait de l'eau, non sans difficulté d'ailleurs : une houle dure entrait dans la baie trop peu profonde et rendait le travail hasardeux. La distribution commença par les mules ; ce qui restait d'eau à la fin fut donné aux plus assoiffés des hommes à pied. Ce fut, dans l'ensemble, une nuit pénible : une cohue d'hommes pitoyables veilla jusqu'au matin autour des réservoirs, dans le rayon des projecteurs, espérant boire encore une fois si les marins voulaient bien se risquer.

Je montai à bord et j'appris que l'attaque navale avait été déclenchée sans nous attendre : Boyle craignait, en la renvoyant, de donner aux Turcs le temps de s'échapper. De fait, le jour où nous atteignions Abou Zereibat, Ahmad Tewfik Bey, gouverneur turc d'El Ouedj, avait lu à ses troupes une proclamation leur enjoignant de tenir jusqu'à la dernière goutte de leur sang ; et, dès la nuit venue, il avait filé sur son chameau rapide vers la ligne de chemin de fer, suivi par les quelques hommes montés qui pouvaient l'accompagner dans sa fuite. Les deux cents fantassins restants résolurent de faire le devoir de leur chef et de défendre la ville. Mais ils devaient se battre à un contre trois, sous le feu violent des canons de la flotte : la position ne pouvait pas compenser ce désavantage. Aux dernières nouvelles le combat n'avait pas pris fin, mais la cité d'El Ouedj était occupée par les marins de la Flotte et les Arabes de Saleh.

CHAPITRE XXVII

Des rumeurs de pillage excitèrent l'armée et, dès après minuit, un mince filet d'hommes s'écoula du camp vers le nord. À l'aube le rassemblement s'opéra dans l'ouadi Miya à douze milles au sud de la ville et nous avançâmes en bon ordre dispersant quelques postes turcs : un seul nous opposa une brève résistance. Les Ageyls mirent pied à terre pour quitter burnous, turbans et chemises, et s'en furent au combat dans une brune quasi-nudité : ainsi, dirent-ils, leurs blessures seraient propres s'ils étaient atteints, et leurs précieux vêtements ne seraient pas endommagés. Leur chef Ibn Dakhil obtenait d'eux une obéissance paisible et régulière. Ils avançaient en ordre déployé par compagnies à un intervalle de quatre ou cinq mètres, soutenus par des unités égales, en faisant le meilleur usage possible des accidents du terrain.

C'était un joli spectacle que ces hommes nets et bruns progressant sur le sable ensoleillé de la vallée, au long d'un étang salé bleu turquoise tout juste là pour rehausser le cramoisi des bannières que deux porte-étendards dressaient au premier rang. Ils marchaient à longues foulées, occupant le terrain à raison de presque six milles à l'heure, dans un silence de mort. Ils atteignirent le bas, puis le haut de la crête sans tirer un coup de feu. Désormais nous n'avions plus rien à faire là et nous partîmes au trot pour aller trouver le jeune Saleh, fils d'Ibn Chéfia, qui avait occupé la ville. Il nous dit que ses pertes avaient atteint presque vingt morts ; nous apprîmes plus tard qu'un lieutenant anglais avait été mortellement blessé dans une reconnaissance en hydravion ; un marin anglais avait été blessé au pied.

Vickery, qui avait dirigé la bataille, montrait une satisfaction que je ne pouvais partager. Je voyais dans toute action inutile, dans un coup de fusil, dans une mort de trop, non seulement du gaspillage, mais un péché. Incapable d'adopter le point de vue professionnel, je ne pouvais considérer comme un gain tout engagement victorieux. Les rebelles n'étaient pas du matériel humain comme les soldats de profession, mais des amis qui nous faisaient confiance pour la conduite de leurs affaires. Nous n'étions pas à leur tête par ordre d'un gouvernement, mais par leur propre invitation. Et nos soldats étaient des volontaires individuels, hommes du même pays, ou parents ; de sorte qu'une mort causait un chagrin personnel à bien des combattants de notre armée. D'ailleurs, même du point de vue militaire pur, cet assaut me paraissait une faute.

Les deux cents Turcs d'El Ouedj n'avaient ni moyens de transport ni nourriture : enfermés quelques jours dans la place, ils se seraient rendus. En admettant même qu'ils se fussent échappés, cela valait-il une vie arabe ? Nous avions besoin d'El Ouedj pour étendre notre front et pour faire de la ville une base d'action contre le chemin de fer. La destruction et la mort sortaient des limites nécessaires.

La ville, en effet, avait été abîmée mal à propos. Fayçal, en avertissant les habitants de l'attaque prochaine, leur avait conseillé soit de la prévenir par la révolte, soit de disparaître. Mais la plupart étaient des Égyptiens de Kosseir qui nous préféraient les Turcs : ils avaient décidé d'attendre l'issue de la bataille. Les hommes de Chéfia et les Biashas trouvèrent donc les maisons pleines d'excellent butin. Ils razzièrent tout, dévalisèrent les boutiques, enfoncèrent les portes ouvertes, mirent à sac chaque pièce, crevèrent les coffres et les armoires, jetèrent à bas ce qui était fixé aux murs sans oublier de fendre matelas et coussins à la recherche de trésors. Cependant le feu des navires avait ouvert de larges trous dans tous les bâtiments en évidence.

Notre principale difficulté fut le débarquement des vivres. Le *Fox* avait coulé toutes les gabares et les barques arabes, et le port ne possédait pas de quai. Par bonheur le *Hardinge*, toujours plein de ressources, put s'avancer dans la darse (assez large mais beaucoup trop courte) et débarquer nos marchandises sur ses propres canots. On réussit à tirer des hommes d'Ibn Chéfia une équipe de débardeurs fatigués et maladroits qui transportèrent languissamment dans la place au moins la nourriture immédiate des troupes. Les gens de la ville étaient revenus après le combat, affamés et furieux de l'état où ils retrouvaient leurs maisons. Ce fut leur tour de mettre nos marchandises au pillage : les sacs de riz, sans surveillance sur la plage, étaient éventrés d'un coup de couteau et le contenu emporté au creux des robes. Mais Fayçal y mit bon ordre en nommant gouverneur de la ville l'impitoyable Mauloud. Celui-ci amena ses housards : un jour d'arrestations et de punitions sommaires enseigna à la population le respect des objets rencontrés sur son chemin et El Ouedj garda désormais le silence de la peur.

Les quelques jours que je passai là avant de partir pour le Caire me permirent d'apercevoir déjà les avantages de notre marche théâtrale. Le Mouvement Arabe ne rencontrait plus d'opposants dans l'Arabie Ouest ; la Révolte ne risquait plus de mourir d'inanition ; le problème de Rabigh était résolu ; enfin, nous avions appris les premières règles de la guerre bédouine. La mort de ces vingt hommes dans les rues d'El Ouedj, considérée, derrière nous, du point de vue des connaissances acquises, était peut-être moins regrettable. Oui, peut-être le geste impatient de Vickery se trouvait-il, de sang-froid, justifié.

LIVRE III

Diversion sur le chemin de fer

Chapitres XXVIII à XXXVIII

La prise d'El Ouedj eut l'effet désiré sur les Turcs, qui abandonnèrent leur offensive vers La Mecque pour une défense passive de Médine et de son chemin de fer. Nos experts militaires dressèrent donc des plans d'attaque.

Les Allemands, voyant le danger d'un enveloppement, convainquirent Enver d'ordonner sans retard l'évacuation de Médine. Sir Archibald Murray nous demanda de déclencher une attaque soutenue pour détruire l'armée ennemie en retraite.

Fayçal fut bientôt prêt à jouer son rôle et je partis voir Abdullah pour obtenir sa coopération. Je tombai malade en chemin et pendant mon inaction solitaire je pus réfléchir à notre campagne. Cette méditation me convainquit que notre pratique récente avait été meilleure que notre théorie.

Aussi tentai-je peu de chose après ma guérison du côté du chemin de fer. Je rentrai au contraire à El Ouedj avec des idées nouvelles que j'essayai de faire admettre à mes collègues. Nous devions, à mon sens, adopter le principe d'un déploiement maximum et donner au prêche plus d'importance qu'à la lutte même. On préféra s'en tenir à l'objectif limité et direct de Médine. Je décidai donc de filer vers Akaba pour mettre seul à l'épreuve ma propre théorie.

CHAPITRE XXVIII

Au Caire, les autorités encore en émoi promirent de l'or, des fusils, des mules, des mitrailleuses et des canons de montagne. Ces derniers, naturellement, nul ne les vit. La question des canons n'a jamais cessé de nous tourmenter. Dans ce pays âpre et sans pistes les pièces de campagne n'étaient d'aucun secours et l'armée britannique ne possédait pas de pièce de montagne, sinon le canon indien, utile seulement contre des gens armés d'arcs et de flèches. Brémond avait à Suez quelques excellents Schneider avec des servants algériens, mais il les considérait comme son atout principal pour obtenir un débarquement allié en Arabie. Quand nous lui demandâmes de nous envoyer les pièces avec ou sans les hommes, il répondit : *primo*, qu'on ne traiterait pas les canonniers convenablement ; *secundo*, qu'on ne traiterait pas convenablement les canons. Le prix qu'il demandait était une brigade britannique à Rabigh ; et nous n'étions pas décidés à le payer.

Brémond craignait de rendre l'armée arabe trop formidable, et l'on peut comprendre cet argument : mais l'attitude du gouvernement anglais, elle, était inexplicable. Il ne s'agissait ni de mauvaise volonté, puisque nous obtenions par ailleurs tout ce que nous désirions, ni d'avarice, puisque l'aide totale aux Arabes en matériel et en argent dépassa 10 millions de livres. Je crois qu'il s'agissait simplement de stupidité. En tout cas nous enragions de devoir renoncer à tant d'entreprises et échouer dans un certain nombre d'autres pour cette seule raison technique que l'artillerie turque surclassait la nôtre de 3 000 ou 4 000 mètres. À la fin, par bonheur, Brémond échoua pour avoir trop tenté : ses batteries s'étaient rouillées à Suez pendant un an. Le major Cousse, son successeur, nous les fit envoyer, et c'est avec leur aide que nous entrâmes à Damas. Pendant toute l'année où elles demeurèrent inutiles, elles furent, pour chaque officier arabe passant à Suez, la preuve silencieuse mais incontestable de l'opposition française au Mouvement Arabe.

Un grand renfort nous fut apporté par l'adhésion à notre cause de Djaafar Pacha, de Bagdad, officier de l'armée turque. Après un service distingué dans les armées allemandes et turques, il avait été choisi par Enver Pacha pour organiser les conscrits du cheikh El Senussi. Il se rendit à son poste par sous-marin, transforma en effet une troupe désordonnée en armée convenable et montra quelque habileté tactique au cours de deux batailles contre les Anglais. Puis il fut fait prisonnier et logé dans la citadelle du Caire avec les autres officiers prisonniers de guerre. Une nuit il s'échappa en glissant le long d'une corde faite avec sa couverture. Mais la corde céda ; Djaafar se foula la cheville dans les fossés du fort et fut repris. À l'hôpital on lui offrit sa liberté sur parole : il accepta et fut relâché, après avoir, toutefois, payé la couverture déchirée. Un jour il apprit par un journal arabe la révolte du chérif et l'exécution par les Turcs de nationalistes éminents, ses amis. Il comprit alors qu'il avait lutté du mauvais côté.

Fayçal, qui le connaissait, évidemment, de réputation, désirait le mettre à la tête de ses troupes régulières dont l'amélioration était alors notre souci principal. Djaafar, nous le savions, était un des rares hommes ayant assez de crédit et de caractère pour souder en une véritable armée nos éléments épars, jaloux, et désagréables les uns pour les autres. Le roi Hussein, lui, n'en voulut pas. Il était vieux, d'esprit étroit, et détestait Mésopotamiens ou Syriens : La Mecque, à ses yeux, devait délivrer Damas. Il refusa les services de Djaafar que Fayçal dut employer sous sa propre responsabilité.

Je trouvai dans Le Caire Hogarth, George Lloyd, Storrs, Deeds et de nombreux autres amis. Derrière eux le cercle des hommes favorables à la Cause Arabe s'était étrangement accru. Nos actions montaient dans l'armée depuis que nous montrions des dividendes. Lynden Bell s'affirmait notre ami, jurait qu'un certain ordre émergeait enfin du chaos arabe.

Sir Archibald Murray, comprenant, par une illumination soudaine, que les Arabes avaient en face d'eux plus de Turcs qu'il n'en combattait lui-même, rappelait volontiers l'intérêt qu'il avait toujours porté à la Révolte. L'amiral Wemyss était aussi prêt à nous aider maintenant que pendant les durs jours de Rabigh. Quant à Reginald Wingate, Haut-Commissaire en Égypte, il se réjouissait du succès d'une œuvre en faveur de laquelle il avait plaidé pendant des années. Je lui reprochais un peu ce bonheur, car Mac Mahon, qui avait « lancé » la Révolte à ses risques et périls, avait été cassé juste avant le succès. Mais enfin, on pouvait difficilement faire à Wingate reproche de cette injustice.

Tandis que je chatouillais agréablement le « bois de ces diverses flûtes », une fameuse surprise éclata soudain. Le colonel Brémond m'appela pour me féliciter de la capture d'El Ouedj : elle confirmait pleinement, dit-il, la confiance qu'il avait toujours mise en mes talents militaires et l'encourageait en outre à compter sur mon aide pour l'élargissement de nos succès. Il désirait occuper Akaba avec des troupes anglo-françaises et l'aide de la flotte. Il me fit remarquer l'importance d'Akaba, l'unique port qui restât aux mains des Turcs sur la mer

Rouge, le plus proche du canal de Suez, le plus proche aussi du chemin de fer et sur le flanc gauche de l'armée de Bir-Chéba. Il suggérait son occupation par une brigade mixte qui remonterait l'ouadi Ithm pour porter un coup décisif à Maan ; et il entama un discours sur la nature du terrain.

Je lui répondis que ma connaissance d'Akaba datait d'avant la guerre et que son plan me paraissait techniquement irréalisable. Nous pouvions, il est vrai, occuper le bord du golfe ; mais nos forces, là, dans une situation aussi défavorable que sur la plage de Gallipoli, resteraient soumises à l'observation et au feu d'artillerie de l'ennemi perché sur les montagnes proches. Ces montagnes elles-mêmes, granitiques et hautes de plusieurs milliers de pieds, étaient impraticables pour des troupes lourdement équipées ; les seuls passages y étaient de formidables défilés très coûteux à prendre d'assaut ou à conserver. À mon sens, Akaba dont l'importance était bien telle qu'il la faisait apparaître et plus grande encore, serait prise aisément et sans l'aide de la flotte par des troupes arabes irrégulières dévalant de l'intérieur.

Brémond ne me dit pas (mais je le savais) qu'il désirait ce débarquement à Akaba pour décapiter le Mouvement Arabe, mettre, comme à Rabigh, une force mixte alliée en avant des troupes indigènes qui seraient ainsi confinées en Arabie et contraintes d'user leurs forces contre Médine. Or les Arabes craignaient toujours que l'alliance du chérif avec les Européens ne fût basée sur un accord secret qui les vendît en fin de compte : une telle invasion de chrétiens eût confirmé ces craintes et annihilé leur coopération. De mon côté je ne dis pas à Brémond (mais il le savait) que je ferais tout pour contrarier ses efforts et conduire les Arabes jusqu'à Damas. Cette rivalité de buts essentiels présentée sous cette forme enfantine me paraissait comique. Mais Brémond mit fin à la conversation en m'annonçant — ô catastrophe ! — qu'il allait descendre à El Ouedj pour proposer son plan à Fayçal.

Or, je n'avais pas averti Fayçal que Brémond était un agent politique. Newcombe se trouvait à El Ouedj, plein du désir amical de voir le Mouvement s'élargir. Nous n'avions pas parlé ensemble d'Akaba. Fayçal ne connaissait ni le terrain, ni les tribus du territoire. L'enthousiasme et l'ignorance leur feraient prêter une oreille favorable aux propositions de Brémond. Le mieux semblait de me rendre à El Ouedj en hâte afin de mettre mes amis sur leurs gardes. Je quittai donc Suez cet après-midi même ; j'étais en mer le soir ; deux jours après j'expliquais mon affaire. Quand Brémond vint, dix jours plus tard, ouvrir son cœur, ou du moins un côté de son cœur, sa tactique fut retournée contre lui avec avantage.

L'officier français commença par offrir six automatiques Hotchkiss complètes avec des instructeurs. C'était un noble cadeau, et Fayçal, sautant sur l'occasion, lui demanda de mettre le comble à ses bontés en joignant aux Hotchkiss une des batteries de montagne à feu rapide qu'il retenait à Suez. Il avait fort regretté, expliqua-t-il, de quitter Yanbo pour El Ouedj puisqu'il s'éloignait ainsi de son objectif — en l'espèce Médine — ; mais franchement, était-il possible d'attaquer les Turcs (qui possédaient de l'artillerie française) avec les fusils et les vieux canons fournis par l'armée britannique ? Ses hommes n'avaient pas le pouvoir de faire prévaloir un mauvais outil sur un bon. Il devait donc exploiter à fond ses seuls avantages : le nombre et la mobilité ; à moins que son équipement ne fût amélioré, nul ne pouvait dire où s'arrêterait cet élargissement de son front de bataille.

Brémond essaya de tourner l'obstacle en abaissant la valeur des canons dans cette guerre (pratiquement il avait bien raison) qui prendrait bientôt fin, ajouta-t-il, si Fayçal faisait grimper ses hommes comme des chèvres pour aller détruire la ligne de chemin de fer. Fayçal, irrité par la métaphore (impolie en arabe), considéra de pied en cap les confortables six pieds du colonel Brémond et lui demanda s'il avait jamais essayé de « faire la chèvre » lui-même. Brémond revint courtoisement à la question d'Akaba, insistant sur le danger réel que représentait pour les Arabes le maintien des Turcs sur ce point. Les Anglais avaient les moyens d'organiser un débarquement : pourquoi ne pas les presser de le faire ? Fayçal répondit par un petit croquis du terrain derrière Akaba (je l'avais reconnu moi-même dans sa partie la moins difficile), exposa les complications de la politique locale, les difficultés du ravitaillement, bref tous les points qui offriraient à une telle expédition de sérieux obstacles. D'ailleurs, ajouta-t-il, après la nuée d'ordres et de contre-ordres qu'avait provoquée le projet d'un débarquement allié à Rabigh, il n'osait vraiment pas présenter si vite à Sir Archibald Murray une requête du même genre.

Brémond dut se retirer en bon ordre, non sans me décocher la flèche du Parthe (car j'assistais à l'entretien avec un sourire dédaigneux) : Fayçal, dit-il, devrait insister pour que l'armée anglaise dépêchât à El Ouedj les autos blindées qu'elle possédait à Suez. Hélas ! même cette flèche devint boomerang : les autos étaient déjà en route.

Après le départ de Brémond je retournai au Caire passer une semaine pleine d'agréments où je pus donner à mes chefs d'excellents avis. Murray, qui avait en grognant marqué la brigade de Tullibardine pour l'expédition d'Akaba, conçut encore plus d'estime pour moi quand je me déclarai *aussi* contre cette diversion. Et maintenant, à El Ouedj !

CHAPITRE XXIX

La vie à El Ouedj était pleine d'intérêt. Nous avions maintenant établi notre camp en bon ordre. Les tentes de Fayçal — un groupe opulent de tentes, ici : tente personnelle, tentes de réception, tentes d'État-Major, tentes des hôtes, tentes des domestiques — se dressaient à un mille environ de la mer, sur le tranchant de l'arête corallienne qui, s'élevant doucement de la plage, retombait à l'est et au sud en une étoile de larges vallées. Les tentes des soldats et des indigènes étaient groupées dans ces vallées sablonneuses. Les hauteurs plus fraîches nous étaient réservées; et nous-autres, hommes du Nord, le soir, trouvions l'endroit délicieux quand la brise de mer nous apportait, faible et lointain, le murmure des vagues, semblable à l'écho du charroi qui vient mourir, à Londres, au fond d'une rue écartée.

Immédiatement à l'étage inférieur étaient les Ageyls : un désordre touffu de tentes. Au sud l'artillerie de Rassim, flanquée des mitrailleurs d'Abdullah, avait disposé son campement et aligné ses attelages avec cette régularité flatteuse pour un regard professionnel, commode quand l'espace manque. Plus loin s'étalait le marché, à même le sol, bouillonnement d'hommes autour des marchandises. Les tentes ou les abris des indigènes emplissaient les crevasses ou les lieux protégés du vent. Derrière s'ouvrait la campagne, avec ses troupeaux de chameaux allant et venant à travers des palmiers débandés sur le chemin de notre premier puits, d'ailleurs plein d'une eau trop saumâtre. Le fond du tableau était occupé par les contreforts, silhouettes de récifs isolés ou de châteaux en ruine, qui se hérissaient devant la chaîne côtière fermant l'horizon.

Comme c'était l'habitude à El Ouedj de camper loin les uns des autres, le plus loin possible, ma vie se passait en allées et venues : des tentes de Fayçal aux tentes anglaises ou égyptiennes, à la ville, au port, à la station du sans-fil; tout le jour je foulais, pieds nus ou en sandales, ces sentiers escarpés taillés dans le corail, pour me durcir la peau, m'entraîner à marcher sans trop de douleur sur un terrain coupant et chaud, et tremper mon corps, aguerri déjà, pour de futurs efforts plus grands encore.

Les pauvres Arabes se demandaient pourquoi je n'avais pas une jument : mais à quoi bon les ahurir par une « volonté d'entraînement » incompréhensible ? À quoi bon expliquer aussi que je préférais marcher plutôt que d'imposer à un animal une fatigue inutile ? Pourtant ces deux raisons eussent été vraies l'une et l'autre. Je ne sais quoi de désagréable, de blessant pour mon orgueil, me choquait à la vue de ces créatures inférieures. Leur présence posait comme un reflet de servitude sur notre propre race. Le regard que nous jetons sur elles, un Dieu le jetterait sur nous. Nous servir d'elles cependant, leur devoir quelque chose (quand nous pourrions l'éviter) me paraissait honteux. Je recevais la même impression des nègres qui, toute la nuit, au pied de la crête, s'excitaient à leur propre tam-tam jusqu'à en devenir fous. Leurs visages, évidemment différents des nôtres, me paraissaient tolérables, mais que chacun de nos types corporels eût chez eux une contrepartie exacte me paraissait choquant.

Fayçal, sous ses tentes, travaillait nuit et jour à ses problèmes de politique locale où si peu d'entre nous pouvaient l'aider. Au dehors, la foule nous divertissait avec ses parades, ses fantasias et ses défilés triomphaux. Il y avait aussi des accidents. Un groupe d'hommes, un jour, en jouant derrière nos tentes, fit exploser une bombe d'hydravion jetée lors de l'assaut. Leurs membres furent projetés par tout le camp, marquant la toile d'éclaboussures rouges qui bientôt passèrent au brun terne, puis pâlirent en se fanant. Fayçal fit changer les tentes, ordonna de brûler toutes celles qui avaient été ensanglantées. Mais les esclaves économes les lavèrent. Le feu, un autre jour, prit à une tente et rôtit légèrement trois de nos hôtes. Tout le camp, attiré par le spectacle, se convulsait de rire : quand le feu fut éteint nous songeâmes, honteux, à panser les brûlures. Un troisième jour, les balles d'une salve de mousqueterie, en retombant sur le sol, tuèrent une jument et trouèrent plusieurs abris.

À ces distractions vint s'ajouter, un soir, une mutinerie d'Ageyls : leur commandant, Ibn Dakhil, les accablait d'amendes trop fréquentes et de coups trop durs à leur gré. Ils prirent sa tente d'assaut avec des hurlements et des coups de feu, saccagèrent son mobilier et bâtonnèrent ses domestiques. Après quoi leur colère ne fut pas apaisée : se souvenant de Yanbo, ils s'en furent massacrer les Ateibas. Fayçal, de l'éminence où nous étions, aperçoit leurs torches, s'élance nu-pieds, se jette au milieu de leur horde, et, furieux, à grands coups de plat de sabre, les fait au moins hésiter dans leur marche. Esclaves et cavaliers, cependant, appelant à l'aide, se ruent sur les pentes voisines, multiplient les cris, les bourrades et les coups de latte. L'un d'eux donne son cheval à Fayçal : il charge les meneurs ; nous dispersons les groupes en tirant dans leurs chausses des fusées éclairantes. Somme toute, il y eut deux tués et trente blessés. Le lendemain Ibn Dakhil donnait sa démission.

Murray nous avait envoyé deux autos blindées Rolls Royce revenues de la campagne en Afrique Orientale. Gilman et Wade les commandaient ; leurs équipages étaient composés d'Anglais, conducteurs du A.S.C. et servants du Corps de Mitrailleurs. Leur présence à El Ouedj rendait les choses plus difficiles pour nous : la nourriture que nous avions mangée, en effet, et l'eau que nous avions bue jusque-là furent incontinent condamnées au nom de la médecine. Mais la compagnie de compatriotes avait aussi son agrément et l'occupation était grande de pousser autos ou motos dans le sable désespérant d'El Ouedj. Les efforts musculaires qu'un tel pays demandait aux conducteurs leur donnaient des bras de boxeurs et l'allure balancée de professionnels. Leur habileté s'accrut par l'expérience ; peu à peu ils acquirent l'art de conduire sur le sable : il faut savoir choisir avec soin le meilleur terrain et rouler à toute vitesse dans les endroits mous. Les derniers vingt milles de la côte en face du Djébel Raal constituaient un de ces passages difficiles. Nos autos le franchissaient en une demi-heure, bondissant d'une crête à l'autre sur les dunes et virant sur leurs courbes avec une inclinaison dangereuse. Les Arabes aimaient ces nouveaux jouets. Les motocyclettes ou « chevaux du démon » étaient les enfants des automobiles, à leur tour fils ou filles des trains. Cela nous donnait trois générations de transports mécaniques.

La flotte ajouta beaucoup aux divertissements d'El Ouedj. L'*Espiegle*, sur l'ordre de Boyle, vint mouiller dans le port avec l'ordre charmant de « coopérer autant que possible à l'exécution des plans suggérés par le colonel Newcombe, sans laisser ignorer cependant que cette collaboration n'était pas due ». Son commandant Fitzmaurice (un beau nom en Turquie), l'hospitalité même, prit un plaisir paisible à notre travail sur la côte. Il nous aida de mille façons, améliorant surtout notre service de dépêches. C'était un expert en T.S.F. Un jour, à midi, le *Northbrook* débarqua pour nous un poste militaire de sans-fil sur camion léger. Personne ne l'accompagnait pour nous expliquer son fonctionnement : nous ne sûmes qu'en faire. Fitzmaurice descendit à terre avec la moitié de son équipage, fit placer le camion sur un point convenable, dressa les mâts comme un professionnel, mit le moteur en marche et fit si bien qu'avant le coucher du soleil il appelait le *Northbrook* étonné et pouvait échanger avec son opérateur une longue conversation. Cette station accrut l'efficacité de notre base à El Ouedj. Elle transmettait jour et nuit, emplissant la mer Rouge de messages en trois langues et vingt codes chiffrés militaires.

CHAPITRE XXX

Fakhri Pacha jouait toujours notre jeu. Il avait ceinturé Médine d'un système de tranchées juste assez loin pour interdire aux Arabes le bombardement de la ville.

(Une telle tentative ne fut jamais faite ni même envisagée.) Les autres troupes turques, distribuées le long de la ligne de chemin de fer en fortes garnisons, tenaient tous les points d'eau entre Médine et Tébouk ; de petits postes, répartis dans les intervalles, surveillaient la voie par des patrouilles quotidiennes. Somme toute, le commandement turc était retombé sur la défensive la plus stupide qu'on pût concevoir. Garland et Newcombe étaient partis d'El Ouedj, l'un vers le sud-est, l'autre vers le nord-est, pour faire, avec leurs explosifs, des brèches dans cette défense, couper la voie, faire sauter les ponts, et disposer, à l'intention des trains, quelques mines automatiques.

Les Arabes, passés maintenant du doute au plus violent optimisme, promettaient un service exemplaire. Fayçal avait enrôlé la plupart des Billis et des Moahibs. Ainsi, maître de l'Arabie entre le chemin de fer et la côte, il avait envoyé les Juheinas rejoindre Abdullah dans l'oued Aïss.

Il pouvait maintenant se préparer à attaquer solennellement la ligne du Hedjaz ; mais, avec un sens pratique meilleur que mes principes, je lui demandai de s'attarder encore dans El Ouedj pour déclencher un mouvement intense parmi les tribus au-delà de nous : ainsi nous pourrions, dans l'avenir, étendre notre Révolte et menacer le chemin de fer depuis Tébouk (limite actuelle de notre influence) vers le nord jusqu'à Maan. Ma conception de la guerre arabe était encore très confuse. Je n'avais pas vu que pour nous tout prêche était une victoire et toute bataille une erreur. Pour le moment je liais les deux. Mais comme Fayçal, par bonheur, préférait aux ouvrages de mine le travail de persuasion, c'était le prêche qui allait le mieux.

Chez ses voisins immédiats au nord, les Haoueitates de la côte, Fayçal avait déjà commencé les travaux d'approche ; l'on fit tâter ensuite les Beni-Atiyehs, tribu beaucoup plus importante au nord-est ; un grand pas fut fait quand leur chef, Asi-ibn-Atiyeh, vint jurer fidélité au Mouvement. Nous ne pouvions guère attendre de lui un secours actif, son principal motif étant la jalousie à l'égard de ses frères, mais l'échange du pain et du sel nous donnait toute liberté de passage à travers son territoire. Au-delà habitaient des tribus variées qui devaient obéissance à Nouri Châalan, grand émir Roualla et quatrième des princes mal assurés du désert après le chérif, Ibn Saoud et Ibn Rachid.

Le vieux Nouri gouvernait depuis trente ans ses Anazehs et l'on pouvait se demander d'où il tenait le pouvoir. Il était bien de la famille dominante des Rouallas, mais sans préséance héréditaire ; il n'était pas aimé, ni reconnu comme un grand homme de guerre. Seule une volonté impitoyable l'avait dressé au premier rang. Pour y parvenir, il avait tué deux de ses frères. Maître chez lui, il avait acquis l'alliance des Shérarats et d'autres tribus, et pour toute cette région du désert sa parole faisait loi sans appel. Il ne connaissait rien de la diplomatie mielleuse du cheikh ordinaire : un mot, et c'était la fin de l'opposition ou de l'opposant. Tous le craignaient, tous lui obéissaient et pour nous servir de ses routes, il était indispensable d'obtenir ses bonnes grâces.

Par bonheur c'était assez facile. Fayçal veillait depuis des années à l'excellence de leurs relations, rafraîchies encore récemment par des échanges de cadeaux de Yanbo et de Médine. D'El Ouedj, maintenant, Faiz-el-Ghusein s'en fut trouver Nouri ; il rencontra en chemin Ibn Doughmi, un des premiers chefs Rouallas, qui descendait vers nous avec un cadeau considérable : plusieurs centaines d'excellents chameaux de bât. Nouri n'en gardait pas moins avec les Turcs des relations amicales. Damas et Bagdad étaient ses marchés ; les Turcs, en trois mois, auraient presque pu affamer son peuple s'ils avaient suspecté son loyalisme. Mais nous savions que le moment venu nous pourrions compter sur son appui militaire ; en attendant, il nous aiderait jusqu'à la rupture avec les Turcs exclusivement.

Sa faveur nous ouvrait le Sirhan, route fameuse, terrain de campement et chapelet de points d'eau qui, dans une série de dépressions reliées l'une à l'autre, allait d'El Djouf, capitale de Nouri dans le Sud-Est, jusque vers El Azrag, près du Djebel Druse en Syrie. Nous avions besoin de ce libre passage pour atteindre les Haoueitates de l'Est, ces fameux Abou Tayas dont le chef était Aouda, le plus grand homme de guerre que possédât l'Arabie du Nord. C'est seulement par le ressort d'Aouda Abou Taya que nous pouvions, de Maan à Akaba, soulever les tribus si violemment en notre faveur qu'elles nous aideraient à chasser les Turcs d'Akaba et de ses montagnes. C'est seulement avec son appui effectif que nous pourrions nous lancer d'El Ouedj dans la longue randonnée jusqu'à Maan. Depuis les journées de Yanbo nous songions à lui, n'épargnant aucun effort pour le gagner à notre cause.

Nous fîmes dans cette direction un grand pas à El Ouedj : le 17 février arriva Ibn Zaal, cousin d'Aouda et l'un des chefs guerriers des Abou Tayas. Ce 17 février fut d'ailleurs, d'un bout à l'autre, un jour faste pour notre cause. À l'aube étaient entrés dans le camp cinq chefs des Cherarats venant du désert à l'est de Tébouk : ils apportaient en guise de présent des œufs de l'autruche arabe, une espèce commune dans leur désert peu fréquenté. Après eux, les esclaves firent entrer Dhaif Allah, Abou Tiyur, cousin de Hamd Ibn Jazi, chef suprême des Haoueitates du Centre sur le plateau de Maan. C'était là une tribu nombreuse et puissante ; des guerriers magnifiques, malheureusement en vendetta avec les nomades Abou Tayas, à cause d'une vieille querelle entre Aouda et Hamd. À les voir venir de si loin pour nous saluer, nous conçûmes plus d'orgueil que de joie, car ils nous étaient moins utiles que les Abou Tayas dans l'attaque que nous projetions contre Akaba.

Sur leurs talons survint un cousin de Naouaf, le fils aîné de Nouri Châalan, avec une jument, cadeau de Naouaf à Fayçal. Les Chaalans et les Jazis, étant hostiles, se considérèrent sans aménité; il fallut les traiter séparément et dresser impromptu un nouveau camp des hôtes. Après les Rouallas fut annoncé le chef Abou Tegeigeh des sédentaires Haoueitates de la côte. Il apportait, avec l'hommage respectueux de sa tribu, le butin pris à Dhaba et Mouaïlah, les deux derniers ports turcs sur la mer Rouge. Fayçal lui fit place sur son tapis et le combla des plus chaleureux remerciements: l'activité de sa tribu étendait notre influence jusqu'aux frontières d'Akaba par des sentiers trop rudes pour des opérations militaires, mais convenables pour la prédication et plus encore pour le passage des nouvelles.

Dans l'après-midi arriva Ibn Zaal avec dix des principaux partisans d'Aouda. Il baisa la main de Fayçal, une fois pour Aouda, une autre fois pour lui-même et, s'asseyant, déclara qu'Aouda l'envoyait porter son salut et demander des ordres. Fayçal, en bon politique, maîtrisa toute expression de joie et présenta gravement Ibn Zaal à ses ennemis, les Jaziz Haoueitates. Ibn Zaal les salua d'un air distant. Plus tard nous eûmes avec lui de longues conversations privées. Nous le renvoyâmes avec de riches présents, des promesses plus somptueuses encore et un message exprès de Fayçal: son esprit, disait-il, n'aurait de repos qu'au moment où il pourrait voir Aouda en face de lui à El Ouedj. Aouda, un des plus grands noms de la chevalerie arabe, était encore, dans nos équations, une quantité inconnue. Dans un projet aussi essentiel que la prise d'Akaba, nous ne pouvions pas nous permettre une faute. Il fallait voir l'homme, le juger, tracer nos plans en sa présence et avec son aide.

Pour Fayçal, cette journée (hormis son bonheur extraordinaire) ne différait pas beaucoup de toutes les autres. Un flot de nouvelles gonflait mon journal. Les routes, autour d'El Ouedj, grouillaient de messagers, de volontaires ou de grands cheikhs venant prêter serment. Par contagion, leur passage ininterrompu réchauffait les Billis jusqu'ici assez tièdes. Fayçal faisait prêter à ses nouveaux partisans un serment solennel sur le Coran qu'il tenait entre ses mains : ils juraient « d'attendre quand il attendrait ; de marcher quand il marcherait ; de ne prêter obéissance à aucun Turc ; de traiter amicalement tous les hommes de langue arabe (qu'ils fussent de Bagdad, d'Alep, de Syrie, ou Arabes pur sang) et de mettre l'indépendance au-dessus de la vie, de la famille et des biens terrestres ».

Fayçal prit aussi l'habitude de les placer sans retard en présence de leurs ennemis mortels afin d'arbitrer leurs querelles. Un compte de profits et pertes était dressé entre les deux parties : l'émir intercédait, nuançait et payait maintes fois sur ses propres fonds tout ou partie de la somme contestée pour hâter la conclusion de l'accord. Pendant deux ans Fayçal a travaillé ainsi, chaque jour, ajustant dans leur ordre naturel les innombrables pièces de la société arabe et les composant pour un seul dessein : la guerre de libération contre les Turcs. Son passage dans un district a toujours effacé les vendetta ; il était devenu la Cour d'Appel, ultime et incontestée, de toute l'Arabie Occidentale.

Il était digne de ce rôle et le montra. On ne le vit jamais rendre un jugement partial ou marqué d'une justice si impraticable qu'elle eût conduit au désordre. Aucun Arabe ne discuta ses arrêts ; nul ne mit en doute, dans ces disputes entre tribus, sa sagesse et sa compétence. Par une enquête patiente sur les droits et les torts, son tact et une prodigieuse mémoire, il conquit son autorité sur les nomades de Médine à Damas et plus loin encore. Tous reconnurent en lui une force qui transcendait la tribu, surpassait les chefs de clan, dominait les jalousies. Le Mouvement Arabe était devenu, dans le meilleur sens, national, puisqu'il unissait les Arabes dans l'effacement des intérêts privés ; et dans ce Mouvement, la plus haute place revenait sans contredit, par droit de volonté et droit de compétence, à l'homme qui l'avait gagnée, l'homme qui le représenta le mieux pendant les quelques semaines de triomphe et les plus longs mois de désillusion qui suivirent la libération de Damas.

CHAPITRE XXXI

Des messages urgents de Clayton vinrent interrompre ce travail plaisant : ils nous enjoignaient d'attendre deux jours à El Ouedj la venue du *Nur-el-Bahr*, patrouilleur égyptien qui nous apporterait des nouvelles. Je ne me sentais pas très bien : j'attendis donc de meilleure grâce. Le bateau arriva le jour convenu et débarqua Mac Rury qui me transmit la copie de longues instructions télégraphiques adressées par Djémal Pacha à Fakhri dans Médine. Ce document, qui émanait d'Enver et de l'État-Major allemand à Constantinople, ordonnait l'abandon immédiat de Médine et l'évacuation massive des troupes par la route, suivant les étapes Hédia-El Ala-Tébouk, et enfin Maan, où une nouvelle tête de ligne et des positions retranchées seraient organisées.

Ce mouvement servait admirablement les Arabes ; mais notre armée d'Égypte ne voyait pas sans appréhension 25 000 Anatoliens avec une artillerie bien supérieure à celle d'un corps d'armée dévaler brusquement sur son propre front de Bir Cheba. Ce mouvement, disait Clayton dans sa lettre, devait faire l'objet de toute notre attention : il fallait tenter l'impossible pour prendre Médine ou pour détruire la garnison quand elle sortirait. Newcombe était sur la ligne de chemin de fer, engagé dans une série de démolitions : toute la responsabilité tombait donc sur moi. Or, j'avais peur de ne pas pouvoir faire grand-chose en temps utile ; les instructions turques dataient déjà de plusieurs jours et elles ordonnaient une évacuation immédiate.

Je mis Fayçal franchement au courant de la situation ; je lui dis que les intérêts alliés, dans le cas présent, exigeaient le sacrifice ou, au moins, l'ajournement des avantages offerts aux Arabes. On ne faisait jamais en vain appel à l'honneur du chérif : il promit aussitôt tout son secours. Nous fîmes le compte de nos ressources et le plan des mouvements qui amèneraient nos troupes jusqu'au chemin de fer.

Le chérif Mastour, vieillard honnête et paisible, s'avancerait avec Rassim, une troupe de Bédouins, notre infanterie à dos de mules et un canon, directement jusqu'à Fagair, le premier bon point d'eau au nord de l'ouadi Aïss pour tenir, au nord d'Abdullah, une première section de la ligne. Ali-ibn-el-Hussein, de Djeida, attaquerait la section suivante au nord de Mastour. Ibn Mahanna allait surveiller El Ala de près. L'ordre fut donné au chérif Nacer de prendre position près de Kalaat-el-Mouadhdham et de se tenir prêt à intervenir. J'écrivis à Newcombe de venir aux nouvelles. Le vieux Mohammed Ali devait aller de Dhaba jusqu'à une oasis près de Tébouk : ainsi nous ne serions pas pris à l'improviste si les troupes turques remontaient jusque-là. Nous allions surveiller ainsi 150 milles de voie; Fayçal lui-même, cependant, demeurerait à El Ouedj prêt à intervenir sur le point le plus menacé.

Le rôle qu'on me réserva fut le suivant : aller trouver Abdullah dans l'ouadi Aïss; découvrir pourquoi il n'avait rien tenté depuis deux mois, et le persuader, si les Turcs sortaient, de marcher droit sur eux. J'espérais que nous les empêcherions de bouger en faisant tant de petits raids sur cette longue ligne que le trafic, sérieusement désorganisé, ne permettrait plus d'établir, à chaque étape, les centres de ravitaillement nécessaires. L'armée de Médine n'était pas assez riche en animaux de bât pour transporter beaucoup avec elle. Enver enjoignait de mettre canons, munitions et bagages sur des trains, d'encadrer les trains de colonnes et d'avancer simultanément le long de la voie. C'était une manœuvre sans précédent : si l'ennemi nous laissait dix jours pour gagner nos positions et faisait ensuite une tentative aussi stupide, nous avions une chance de détruire toute son armée.

Je quittai El Ouedj le lendemain, malade et très peu apte à ce long voyage. Fayçal, accablé de préoccupations, avait, au surplus, choisi en hâte pour m'accompagner la plus étrange des escortes : quatre Réfadas et un Juheina Méraoui nous guidaient; le Syrien Arslan, mon ordonnance, préparait pour moi le pain et le riz et servait en outre de souffre-douleur aux Arabes; quatre Ageyls, un Maure et un Ateibi, Souleiman, complétaient la troupe. Les chameaux, amaigris par leur séjour dans les secs pâturages Billis, devraient être ménagés.

Mille choses retardèrent notre départ qui eut lieu à 9 heures du soir seulement. Nous partîmes sans enthousiasme. Mais j'étais résolu à sortir du territoire d'El Ouedj de toute façon avant le matin. Nous marchâmes donc quatre heures avant de dormir. Le jour suivant deux étapes de cinq heures chacune nous conduisirent à Abou Zereibat, sur notre vieux terrain de cet hiver. Le grand étang s'était peu rétréci en deux mois, mais son eau était notablement plus salée. Quelques semaines plus tard on ne pourrait plus la boire. Un puits peu profond à quelque distance fournissait, nous dit-on, de l'eau acceptable. Je n'allai pas le voir; une forte fièvre et des furoncles dans le dos me rendaient fort pénible le voyage à chameau, et j'étais fatigué.

Nous repartîmes longtemps avant l'aube, pour nous perdre malheureusement, après avoir traversé le Hamdh, au milieu des collines basses d'Agounna. Au petit jour nos guides retrouvèrent leur chemin; un col, puis une descente rapide nous amenèrent dans El Khoubt dont la plaine, barrée de collines, s'étend jusqu'aux Sakhours, ces bulles de granit que nous avions rencontrées en venant d'Oumledj. Le sol était tapissé de coloquintes dont les tiges rampantes et les fruits avaient un air de fête dans la lumière du matin. Feuilles et tiges, dirent les Juheinas, sont, pour les chevaux qui consentent à les manger, une excellente nourriture, qui les garde de la soif pendant plusieurs heures. Le meilleur laxatif, dirent les Ageyls, est de boire du lait de chamelle au creux de la courge. Ho ! dit l'Ateibi, il me suffit, pour moi, de me frotter la plante des pieds avec le jus. La moelle, dit Ahmed le Maure, fait un bon amadou. Mais il tombèrent d'accord que rien dans la plante ne pouvait servir aux chameaux et qu'elle risquait même de les empoisonner.

La conversation achevée, nous avions traversé le Khoubt, trois milles agréables, d'ailleurs. Une crête basse menait à une seconde dépression plus petite : nous vîmes alors que des trois Sakhours deux se dressaient côte à côte au nord-est, énormes masses volcaniques d'un gris strié, un peu plus rougeâtre là où la roche n'était pas brûlée par le soleil et râpée par les tourbillons de sable. Le troisième Sakhara qui se dressait un peu à l'écart était précisément le roc en forme de bulle qui avait éveillé ma curiosité. Vu de près il ressemblait plutôt à un énorme ballon de foot-ball à moitié enfoui dans le sol. Brun lui aussi et d'une courbe parfaitement unie au sud et à l'est, il offrait un dôme régulier, poli, brillant, avec de fines craquelures qui montaient se rejoindre au sommet comme des coutures à gros points. Dans l'ensemble c'était une des plus étranges montagnes du Hedjaz, pays des montagnes étranges. Nous marchions dans sa direction, enveloppés d'une ondée légère qui s'était avancée vers nous, oblique et bizarrement belle à travers le soleil.

Notre piste s'engagea entre le Sakhara et les Sakhours dans une gorge étroite, tapissée de sable, entre des murs verticaux et nus. Le sommet de la gorge était rude. Nous dûmes gravir des escaliers de rocs inégaux et passer dans une grande faille entre deux plans inclinés d'une roche dure et rouge. Du col aigu comme une lame de couteau nous descendîmes dans un entonnoir encombré d'éboulis, à demi bloqué par une énorme roche ronde où d'innombrables générations, passant par cette route, avaient gravé les marques de leurs tribus. Puis s'ouvrirent de grands espaces plantés d'arbres qui recueillaient, l'hiver, les nappes d'eau torrentielles ruisselant sur les glacis des Sakhours. Çà et là affleuraient des bancs de granit ; un beau sable argenté emplissait les lits encore humides des ruisseaux. La pente coulait vers le Heiran.

Nous entrâmes alors dans un chaos sauvage de tessons granitiques empilés au hasard en monticules : nous les contournions comme nous pouvions, partout où nos chameaux hésitants trouvaient un chemin praticable. Peu après midi, ce paysage fit place à une large vallée boisée. Après l'avoir remontée pendant une heure nos troubles recommencèrent : il fallut mettre pied à terre et conduire les animaux par la bride en d'étroits sentiers de montagne si polis par les pas humains qu'ils étaient dangereux par ce temps humide. Ils nous conduisirent sur un épaulement, puis de nouveau dans de petites vallées, enfin, par un autre zigzag rocheux, au plus profond d'un lit de torrent. Celui-ci devint bientôt trop étroit pour des chameaux chargés ; le sentier s'accrocha dangereusement au flanc de la colline entre deux à-pics. Après quinze minutes de cet exercice, nous fûmes fort heureux d'atteindre le col : les voyageurs qui nous avaient précédés y avaient élevé de petits montjoies, à la fois monuments et actions de grâce. C'étaient les mêmes tas de pierres que ceux rencontrés au bord de la route à Mastourah lors de mon premier voyage de Rabigh au camp de Fayçal.

Nous fîmes halte pour porter notre pierre. La piste nous conduisit ensuite dans la vallée sablonneuse de l'ouadi Hanbag, affluent large et bien boisé de la vallée du Hamdh. Après le paysage farouche qui nous avait retenus prisonniers pendant des heures, voir s'ouvrir un vallon était rafraîchissant. Le lit propre et blanc du torrent courait vers le Nord à travers les arbres par une belle courbe sous des falaises rouges ou brunes, et la vue s'étendait à un mille ou deux en amont comme en aval. Des herbages verts s'étalaient sur les pentes les plus basses et nous fîmes halte une demi-heure pour permettre à nos chameaux affamés d'absorber cette nourriture succulente et saine.

Ils n'avaient pas fait pareil festin depuis Bir-el-

Ouaheidi et déchiraient furieusement les pousses, engloutissant tout sans mâcher ; la digestion se ferait à loisir. Un embranchement, l'oued Kitan, s'ouvrait devant nous : nous traversâmes la vallée pour le prendre. Le paysage n'était pas moins beau. Le terrain, tapissé de galets, sans rocs épars, était couvert d'épais bosquets. À droite s'allongeaient des collines basses, à gauche grimpaient les Djidhouas en âpres crêtes parallèles de granit, très rouges maintenant que le soleil se couchait entre des bancs de nuages lourds de pluie.

L'heure du bivouac arriva pourtant ; quand les chameaux débâtés purent paître, je m'allongeai, épuisé, sous les rocs. Tout mon corps était douloureux de migraine et de fièvre ; une dysenterie aiguë n'avait cessé de me tracasser pendant l'étape : deux fois même, je m'étais évanoui dans une ascension trop pénible. La dysenterie, sur cette côte arabe, prend d'ordinaire la forme d'une attaque violente qui écrase le malade pendant quelques heures ; puis les symptômes extrêmes s'adoucissent ; mais les hommes demeurent curieusement épuisés et sujets pendant des semaines à de brusques dépressions nerveuses.

Mes compagnons s'étaient querellés tout le jour, et tandis que j'étais couché près des rocs, un coup de feu claqua. Je n'y pris pas garde car la vallée foisonnait de lièvres et d'oiseaux. Mais, peu de temps après, Souleiman vint me demander de le suivre jusqu'à un enfoncement de l'autre côté du val : un des Ageyls, un homme de Boreida, était allongé là, la tête traversée d'une balle dans la tempe. La peau était roussie d'un côté, le coup avait donc été tiré de très près. Les autres Ageyls couraient en hurlant de toutes parts. Leur chef Ali, quand je demandai des explications, accusa le Maure Ahmed. La vieille vendetta entre Atbas et Ageyls (qui s'était rallumée par deux fois à Yanbo et à El Ouedj) me faisait, pour ma part, soupçonner Souleiman. Mais Ali m'assura que Souleiman ramassait du bois en sa compagnie, trois cents mètres plus haut, quand le coup de feu avait éclaté. J'envoyai tous mes hommes à la recherche de Ahmed et revins péniblement me coucher auprès des bagages, trouvant injuste qu'une pareille histoire arrivât précisément le jour où je me sentais si malade.

Un froissement me fit ouvrir les yeux avec lenteur : Ahmed était là, penché sur le sac de sa selle, à deux pas du roc où je reposais. Je le visai avec mon revolver puis parlai. Il avait posé son fusil pour déboucler le harnais. Toute résistance était vaine. Je le gardai à ma merci jusqu'à l'arrivée des autres. Bientôt, devant un tribunal improvisé, Ahmed avoua qu'au cours d'une dispute avec Salem il avait vu rouge et tiré sans réfléchir. L'enquête était finie. Les Ageyls, parents de l'homme assassiné, demandèrent le talion : mort pour mort. Les autres approuvèrent. En vain je tentai d'éveiller quelque pitié dans le cœur du doux Ali. Ma tête brûlait de fièvre, je me sentais incapable de penser; d'ailleurs, même en pleine possession de mes moyens, il m'eût été difficile de demander la rémission du crime : Salem était un camarade, et son meurtre me semblait affreux.

Ici se dresse le cauchemar qui nous ferait fuir la justice comme la peste si nous n'avions pas toujours le moyen, nous autres civilisés, de payer un meurt-de-faim pour faire le métier de bourreau à notre place. Il y avait dans notre armée d'autres Maugrebins : laisser les Ageyls tuer celui-ci ouvrait la porte à des représailles, menaçantes pour l'unité de la Révolte. Ceci devait être une exécution et non pas une vengeance. À la fin, désespéré, je dis à Ahmed qu'il était condamné à mort et je pris sur mes épaules le fardeau de le tuer. Je n'étais pas qualifié pour une vendetta. En tout cas aucune animosité ne pouvait atteindre mes compagnons; j'étais étranger et sans parents dans le pays.

Je poussai Ahmed dans un ravinement de l'éperon, espèce de couloir humide et crépusculaire, tapissé de mauvaises herbes. La dernière pluie avait creusé dans le sable du lit des rigoles profondes. L'extrémité de ce cul-de-sac n'était plus qu'une faille large de quelques pouces entre des murs verticaux. Debout à l'entrée, je donnai à mon prisonnier un moment de répit. Il le passa sur le sol à pleurer. Alors je le fis lever et tirai dans la poitrine. Il tomba sur l'herbe en hurlant ; le sang, jaillissant par saccades, coulait sur ses habits ; les convulsions du corps l'amenèrent presque à mes pieds. Je tirai de nouveau, mais avec un tel tremblement qu'il fut atteint seulement au poignet. Il criait toujours, mais de moins en moins fort, couché maintenant sur le dos, les pieds vers moi : je me penchai pour lui donner le coup de grâce sous la mâchoire, dans le gras du cou. Le corps eut un frisson et j'appelai les Ageyls. Ils l'enterrèrent dans le ravin même où il était mort. Puis la nuit d'insomnie traîna sur moi ses heures interminables. Longtemps avant l'aube, j'éveillai les hommes et leur fis charger les chameaux. J'avais hâte d'être délivré de l'ouadi Kitan. On dut me hisser dans ma selle.

CHAPITRE XXXII

L'aube nous trouva traversant la passe roide qui fait communiquer l'ouadi Kitan avec la principale vallée du massif. Nous devions trouver de l'eau dans l'ouadi Reimi, une des vallées latérales. Il n'y avait pas là de puits proprement dit, mais un simple trou dans le lit pierreux du torrent. Nous le découvrîmes à son odeur ; le goût de l'eau, tout aussi fétide, était pourtant curieusement différent. Les outres remplies, Arslan fit cuire du pain et nous prîmes deux heures de repos. Notre troupe repartit ensuite dans l'ouadi Amk, vallée verdoyante, douce aux pieds de nos bêtes.

Au point où l'Amk tourne vers l'Ouest, nous le traversâmes pour nous engager entre ces amoncellements de granit gris (comme du caramel froid) très commun dans la haute contrée du Hedjaz. Le défilé s'arrêtait au pied d'un escalier naturel : mal taillé, tortueux, difficile pour les chameaux, mais court. L'heure suivante nous vit dans une large vallée entre une rangée de collines basses à droite et une chaîne de montagne à gauche. Des creux d'eau luisaient dans les rocs; quelques Meraouis avaient dressé leurs tentes sous les beaux arbres qui cloutaient le fond du val. Des troupeaux de moutons ou de chèvres paissaient sur les pentes fertiles. Les Arabes nous fournirent du lait : le premier que mes Ageyls eussent bu depuis deux ans de sécheresse.

La piste grimpant vers le col était franchement exécrable; la descente dans l'ouadi Marrakh, presque dangereuse : mais le paysage, au sommet, nous offrit une compensation. L'ouadi Marrakh, comme une large et paisible avenue, s'étirait droit entre deux murs réguliers de collines jusqu'à un cirque, quatre milles plus loin, où semblaient converger des vallées de droite, de gauche et de face. Des tas de pierres avaient été dressés à l'entrée par des mains humaines. Aussitôt dans le val nous vîmes que les murailles grises des collines s'écartaient de chaque côté en demi-cercle. Devant nous, au sud, leur courbe était sous-tendue par une muraille droite de lave bleue et noire dominant un petit bosquet d'acacias. C'est à leur ombre frêle que nous allâmes nous étendre, heureux à la moindre illusion de fraîcheur par cette chaleur suffocante.

Le soleil brûlait au zénith. Ma faiblesse était devenue telle que j'avais grand-peine à tenir la tête droite. Les bouffées d'un vent fiévreux s'appliquaient sur nos visages comme des paumes ardentes et nous obligeaient à fermer les yeux. Je haletais de douleur, les lèvres gercées par le vent, la gorge à ce point racornie que je ne pouvais plus parler ni même avaler un peu d'eau sans souffrance. Pourtant j'étais forcé de boire, et la torture de la soif me refusait la paix que je demandais seule. Les mouches étaient un fléau.

Les graviers quartzeux et le sable blanc de la vallée vrillaient leurs scintillations jusque entre nos cils. La pointe pâle des herbes desséchées, oscillant dans la brise, semblait faire danser le niveau du sol même. Cette herbe, en touffes d'environ seize pouces de haut sur des tiges d'un vert ardoisé, faisait le délice de nos chameaux. Ils en avalèrent d'énormes quantités pendant notre repos. Les hommes, à la fin, vinrent les faire coucher près de moi. Je ne pus m'empêcher de les détester : la digestion leur faisait l'haleine puante ; ils ruminaient avec lenteur et, leur bouchée à peine avalée, d'un énorme renvoi, en éructaient une nouvelle ; par l'interstice des dents latérales, une bave verte suintait de leurs lippes, s'égouttait, coulait, trempait leurs mentons mastiquants.

Allongé et furieux, je lançai une pierre à la chamelle la plus proche. Elle se leva, sautilla un instant au ras de ma tête, puis, s'arc-boutant sur les pattes de derrière, pissa enfin à larges jets amers. J'étais si accablé par la chaleur, la faiblesse et le mal que je restai là, couché et pleurant, sans rien faire. Les hommes étaient allés rôtir une gazelle que l'un d'eux avait eu le bonheur d'abattre. Un autre jour cette halte eut été des plus agréables, car les collines, autour de moi, avaient les couleurs les plus vives et les plus étranges contours. Leur base avait pris le gris chaud d'un vieux soleil mûri en cave et sur les crêtes couraient d'étroites veines de granit, généralement doubles, qui suivaient le contour du ciel comme les rails rouillés d'un toboggan abandonné sur un champ de foire. Arslan dit que les montagnes avaient des crêtes de coq, observation plus aiguë que la mienne.

Après le repas des hommes, nous remontâmes en selle et franchîmes aisément la première vague de lave. Elle était étroite, comme la seconde au sommet de laquelle s'étalait un amas de gravier et de sable d'alluvions. La lave poreuse, couleur de rouille, formait une nappe presque plane parsemée de blocs. Les autres vagues grimpaient vers le Sud : mais nous tournâmes à l'est pour remonter l'ouadi Gara.

Ç'avait été, j'imagine, une vallée granitique : une coulée de lave l'avait emplie lentement, formant un dos d'âne au centre. De chaque côté, entre la bosselure médiane et le flanc de la montagne, se creusaient des auges profondes noyées dès qu'un orage éclatait sur les pentes. Le courant de lave, en se coagulant, s'était tordu comme un câble, craquelé, reployé sur soi irrégulièrement; la surface était jonchée d'une rocaille sur laquelle des générations de caravanes avaient tracé une piste raboteuse et pénible.

Pendant des heures, nous nous traînâmes là dedans avec une lenteur douloureuse; nos bêtes sursautaient à chaque pas, blessées par des cailloux aigus, La piste, visible seulement à la surface un peu plus bleue des pierres usées, n'était, déclarèrent les Arabes, plus praticable après le crépuscule : je le crus aisément car nous risquions d'estropier nos bêtes chaque fois que nous les poussions avec un peu d'impatience. Juste avant 5 heures pourtant, la piste devint meilleure. La vallée se rétrécissait devant nous. À droite, un cône de volcan entaillé du cratère à la base de rides profondes et nettes, nous promettait une marche facile sur une cendre noire qu'on eût dite tamisée, avec, çà et là, un lit de roche plus dure et d'escarbilles. Au-delà s'étendait un autre champ de lave, plus ancien peut-être que les vallées traversées jusqu'ici, car ses pierres étaient usées et séparées par des bandes de terre où poussait une herbe drue. Dans ces espaces découverts, des Bédouins avaient dressé leurs tentes; ils coururent à nous et, saisissant nos rênes avec une énergique hospitalité, nous conduisirent chez eux.

C'étaient le cheikh Fahad-el-Hansha et ses hommes, vieux guerriers batailleurs qui avaient marché avec nous à El Ouedj et se trouvaient avec Garland le grand jour où sa première mine automatique avait fait dérailler un train de troupes, près de la gare de Taoueira. Mon seul désir était de m'allonger tranquillement hors de la tente, mais Fahad ne voulut rien entendre, et, avec l'impitoyable sens de l'égalité propre aux hommes du désert, m'installa au milieu de sa propre vermine. Je dus ingurgiter ensuite bol après bol de lait de chamelle (diurétique) parmi cent questions sur l'Europe, ma propre tribu, les pâturages de chameaux en Angleterre, la guerre du Hedjaz et celles d'ailleurs, l'Égypte, Damas, ce que faisait Fayçal, ce que nous allions dire à Abdullah et la perversité qui me faisait demeurer chrétien, quand les cœurs et les mains des Arabes s'ouvraient pour m'accueillir dans la vraie foi.

Ainsi le temps se traîna, interminable : enfin à 10 heures du soir l'on apporta l'agneau-dû-aux-hôtes, royalement écartelé sur son énorme monceau de riz au beurre. Je mangeai comme l'exigeait la politesse, m'environnai dans mon manteau et m'endormis. Mon épuisement, après la pire étape qu'on pût imaginer, était tel que l'assaut des puces et des punaises se brisa contre lui. La fièvre, par contre, stimula une imagination paresseuse d'ordinaire, et toute la nuit ce fut une orgie de rêves : je me promenais nu, toute une sombre éternité, sur une lave interminable, grenue comme des œufs brouillés qui tournaient vraiment mal et viraient au bleu, aiguë d'ailleurs comme mille morsures d'insectes ; je marchais sans répit, poursuivi par je ne sais quelle horreur (peut-être un cadavre de Maure) qui grimpait sur mes talons.

Nous nous éveillâmes au petit jour, rafraîchis, mais les habits tout urticants de dards dévorateurs. Après le nouveau bol de lait que nous tendit Fahad, empressé a nous plaire, je pus, sans aide, aller à mon chameau et me placer en selle. Nous remontâmes donc jusqu'au col le dernier tronçon de l'ouadi Gara parmi des cônes d'escarbilles noires descendues d'un cratère au sud. De là, notre piste tournait dans une vallée latérale aboutissant à une cheminée roide et rocheuse que nous fîmes gravir avec peine à nos chameaux.

Par bonheur la descente était facile sur l'autre pente ; le centre de l'ouadi Murrmiya se hérissait de lave semblable à du fer galvanisé, mais, de chaque côté, des lits de sable doux offraient des passages unis. Une coupure dans la coulée volcanique centrale nous permit de traverser le val. Dans certaines poches du roc s'était amassé un terreau d'une extrême richesse puisque des arbres feuillus y poussaient avec un vrai gazon étoilé de fleurs, le meilleur pâturage rencontré jusque-là, d'un vert que le voisinage de la roche en incrustations bleues et noires rendait plus éclatant encore. Le caractère de la lave avait changé. Les amas de fragments distincts, gros comme un crâne ou une main d'homme, et arrondis par l'usure, avaient fait place à des buissons de cristaux métalliques, absolument impossibles à franchir pieds nus.

Une autre crête nous conduisit dans une vallée ouverte où les Juheinas avaient labouré environ huit acres d'une terre sans épaisseur au-dessous d'un hallier d'arbustes. Il existait dans le voisinage, me dit-on, d'autres champs semblables, témoins silencieux du courage et de la ténacité des Arabes. On appelait ce val Ouadi Chetf. Il était suivi d'une autre coulée de lave, la pire que nous eussions rencontrée encore. Une piste sombre la traversait en zigzags. Un de nos chameaux trébucha dans un trou et s'y brisa la patte. Les os, d'ailleurs, épars çà et là sur la roche, montraient que notre caravane n'était pas la première à avoir souffert de ce passage. Mais nos guides affirmèrent que nous étions au bout de nos peines et de nos laves; à partir de ce moment, en effet, nous cheminâmes par des vallées faciles pour remonter enfin au trot une pente douce jusqu'au soir tombant. La piste était si bonne et la fraîcheur si exquise pour moi que nous résolûmes de ne pas faire halte à la nuit comme d'ordinaire. Encore une heure de marche à travers le bassin de la Murrmiya nous conduisit à celui de l'ouadi Aïss où nous installâmes, près de Tleih, notre dernier campement sous les étoiles.

Je me réjouissais d'arriver au but. La fièvre m'accablait; j'avais peur de tomber vraiment malade et la perspective d'être alors entièrement livré aux mains bien intentionnées des nomades n'avait rien de réjouissant.

Ils ne connaissent qu'un traitement : les pointes de feu sur la partie du corps qu'ils jugent complémentaire de la région malade. Ces brûlures sont tolérables pour les hommes de foi, mais torturantes pour les sceptiques, et, si stupide que ce fût, je serais bien contraint de m'y soumettre ; les bonnes intentions des Arabes, aussi égoïstes que leurs bonnes digestions, ne s'arrêtent pas aux protestations du patient.

L'étape du matin fut douce par les vallées ouvertes et les pistes faciles de l'ouadi Aïss. Nous atteignîmes Abou Markha, son point d'eau le plus proche, seulement quelques minutes après le chérif Abdullah : il donnait à peine l'ordre de dresser ses tentes dans une clairière d'acacias près du puits. Il abandonnait son vieux camp de Bir-el-Amri, plus bas dans la vallée, comme il avait abandonné le précédent à Murabba, parce que les ordures de cette multitude d'animaux et d'hommes négligents avaient fini par les rendre intenables. Je lui donnai les documents de Fayçal et j'exposai la situation de Médine qui exigeait l'obstruction immédiate du chemin de fer. Je le trouvai peu enthousiaste, mais ne discutai pas davantage. Le voyage, dis-je, m'avait un peu fatigué ; avec son autorisation, j'irais prendre quelque repos. Il me fit dresser une tente près de la sienne et je m'y allongeai enfin. Tout le jour, sur ma selle, j'avais lutté contre l'évanouissement ; je voulais arriver ; au terme de mon effort, maintenant, et mon message rendu, je sentais qu'une heure de plus eût brisé en moi toute résistance.

CHAPITRE XXXIII

Je restai environ dix jours couché sous cette tente ; ma faiblesse physique était de celles qui font que la bête, en nous, se tapit, attendant la fin de la honte. Comme il est ordinaire, par contre, en de telles circonstances, mon esprit s'éclaircit, mes sens devinrent plus aigus et je me mis à raisonner sur la Révolte Arabe, comme on cherche, dans l'accomplissement d'un devoir familier, un recours contre la douleur. Voilà longtemps que j'aurais du considérer la question sous toutes ses faces; mais lorsque j'arrivai dans le Hedjaz l'action ne pouvait pas attendre. Nous avions fait d'instinct ce qui nous semblait le meilleur sans sonder le pourquoi de nos actes, sans formuler même clairement notre but. Un tel usage abusif de l'instinct, sans base expérimentale et sans réflexion logique, nous avait livrés à une sorte d'intuition efféminée : dans cette inaction forcée, je cherchai à établir quelque équation entre mes lectures et mon activité réelle et je consacrai les intervalles de mes sommes inquiets ou de mes rêves à débrouiller, par petites secousses, l'écheveau de notre situation présente.

Comme je l'ai montré, je n'étais que trop libre de mener la campagne à mon gré, car je manquais de pratique. Je n'ignorais pas les ouvrages essentiels de théorie militaire, mes curiosités d'Oxford m'ayant fait passer de Napoléon à Clausewitz et à son école, puis à Caemmerer et de Moltke, sans oublier les derniers travaux des Français. Tous ces auteurs m'avaient paru ne voir qu'un côté de la question; après avoir parcouru Jomini et Willisen, j'avais enfin trouvé des principes plus larges dans le Maréchal de Saxe, Guibert et le XVIIIe siècle. Clausewitz, cependant, les dominait tous de si haut, d'un point de vue intellectuel, et la logique de son livre était si fascinante, qu'inconsciemment j'avais accepté ses conclusions, jusqu'au moment où une étude comparée de Kuhne et de Foch me laissa dégoûté des soldats, fatigué de leur gloire officielle, et plus exigeant que jamais à l'égard de leurs lumières. Je n'avais pas cessé, en tout cas, de porter à l'art militaire un intérêt purement abstrait, et de considérer la théorie et la philosophie de la guerre d'un point de vue métaphysique.

Sur le terrain, naturellement, toutes les questions

étaient concrètes, et en particulier cet assommant problème de Médine. Pour me «divertir» de cette idée fixe, je recherchai dans mon souvenir des maximes convenables sur la conduite moderne et scientifique de la guerre. Mais aucune ne s'adaptait exactement et cela me tarabustait. Nous avions tous été obsédés jusqu'ici par Médine; maintenant que j'étais malade, son image se troublait, soit que nous en fussions trop près (on aime rarement ce qui est à portée de main) soit que mes yeux eussent trop fixé le but. Un après-midi je m'éveillai d'un sommeil pesant, ruisselant de sueur, fourmillant de mouches, et je me demandai à quoi diable nous servirait de prendre Médine. Sa menace était évidente lorsque nous étions à Yanbo et que les Turcs, de Médine précisément, marchaient sur La Mecque. Mais nous avions changé tout cela par notre avance sur El Ouedj. Nous bloquions aujourd'hui la ligne de chemin de fer : l'ennemi se bornait à la défendre. La garnison de Médine, réduite en nombre et par là inoffensive, se terrait au fond de tranchées et détruisait sa propre puissance de manœuvre en mangeant ses chameaux qu'elle ne pouvait plus faire paître. Nous lui avions ôté le pouvoir de nous nuire; maintenant nous voulions lui ôter sa ville. Mais sa ville n'était pas pour nous une base comme El Ouedj, ni une menace comme l'ouadi Aïss. Alors, que diable voulions-nous en faire ?

Le camp, après la torpeur de la sieste, reprenait sa vitalité. Par la doublure jaune de la tente (chaque trou, chaque déchirure était poignardé par un long stylet de soleil) les bruits du monde extérieur commençaient à filtrer pour moi. Ruades, ébrouements des chevaux en proie aux mouches sous les arbres, plaintes des chameaux, tintements des mortiers à café, coups de feu distants — au rythme de ce refrain je chantonnai mes méditations sur le but de la guerre. Les livres me le donnaient tout net : le but de la guerre est la destruction des forces armées de l'ennemi par un moyen unique — la bataille. Seul le sang pouvait acheter la victoire.

Proposition difficilement applicable à notre cas ! Les Arabes n'avaient pas de force organisée : un Foch turc manquerait-il donc de but ? Les Arabes se refusaient à payer de leur sang : un Clausewitz arabe ne pourrait-il donc jamais acheter sa victoire ? Von der Goltz semblait être allé plus profond en disant qu'il était nécessaire, non d'annihiler l'ennemi, mais de briser son courage. Seulement, voilà : nous n'avions pas l'air de gens qui vont briser le courage de qui que ce soit.

Non, Von der Goltz était un farceur et tous ces pontifes devaient parler par métaphores. Car, sans aucun doute possible, nous étions en train de gagner notre guerre. Que dis-je ? Peu à peu, à travers ma méditation, pointait l'aube d'une certitude : nous avions *déjà* gagné la guerre du Hedjaz ! Les 999 millièmes du Hedjaz étaient maintenant libérés. Lorsque, agacé par Vickery, je lui avais lancé qu'une révolte ressemble plus à la paix qu'à la guerre, aurais-je mis dans cette boutade autant de vérité que de brusquerie ? Peut-être l'absolu décidait-il dans la guerre, tandis qu'une majorité suffisait pour la paix. Les Turcs pouvaient bien se tenir dans leur petit coin si nous occupions tout le reste : la paix (ou le Jugement Dernier) viendrait leur montrer un jour la futilité de s'accrocher ainsi à nos vitres comme des mouches.

Une fois encore, en effet, je balayai patiemment de mon visage les même mouches obstinées, heureux de savoir que la guerre du Hedjaz était gagnée, définitivement gagnée, depuis la prise d'El Ouedj, si seulement nous avions eu l'esprit de nous en aviser. De nouveau je brisai le fil de ma discussion pour écouter les bruits du dehors. Les coups de feu lointains s'étaient accrus, reliés les uns aux autres en longues salves irrégulières. Ils cessèrent. Je prêtai l'oreille aux autres sons, qui, je le savais, allaient suivre. Voici, dans le silence, le bruissement semblable à celui d'une robe traînante sur les cailloux autour de ma tente. Une pause : les chameliers tirent les rênes ; enfin le « floc » spongieux des cravaches frappant ensemble le col épais des bêtes pour les faire agenouiller.

Elles s'agenouillaient sans bruit. Mais je pouvais compter les temps dans ma mémoire : une hésitation d'abord, quand les bêtes, regardant le sol, le tâtent du pied pour trouver un endroit moelleux ; puis le choc emmitouflé, la respiration soudain élargie quand elles tombent sur les genoux (ces bêtes viennent de loin et sont sûrement lasses) ; puis le raclement quand les pattes de derrière se replient ; puis le balancement de la bête qui roule, les genoux en avant pour les enfoncer dans un sol plus frais, au-dessous des cailloux brûlants ; cependant les chameliers, dans un piétinement assourdi de pieds nus, comme des pattes d'oiseaux sur le sol, sont conduits en silence vers le café ou vers la tente d'Abdullah, suivant ce qu'ils ont à faire. Les chameaux resteront là, raclant le gravier d'une queue inquiète jusqu'au moment où leurs maîtres auront la liberté de penser à leur logement.

Certes, j'avais établi de confortables prémisses, mais il restait encore à trouver pour la guerre une autre fin et d'autres moyens. Car notre guerre semblait ne ressembler en rien au rituel dont Foch était le grand prêtre. Je me remémorai sa doctrine pour mieux voir la différence entre lui et nous. Dans sa guerre moderne — qu'il appelait la guerre absolue — deux nations professant des philosophies incompatibles mettaient leurs doctrines à l'épreuve de la force. Philosophiquement, c'était idiot ; car on peut discuter d'opinions, mais les convictions ne sont guéries qu'à coups de fusil ; la lutte ne cesserait donc qu'au moment où les fidèles d'une doctrine immatérielle n'auraient plus aucune défense à opposer aux fidèles de l'autre. La guerre de Foch apparaissait ainsi comme la transposition au XXe siècle des guerres de religion, dont la conclusion logique était la destruction complète d'une croyance, et dont tous les protagonistes pensaient que le Jugement de Dieu prévaudrait à la fin. Ceci pouvait encore aller pour la France et l'Allemagne ;

mais l'attitude anglaise n'était nullement représentée par cette théorie. Notre armée ne soutenait pas, dans les Flandres et sur le canal de Suez, une conception philosophique. Les efforts pour inculquer à nos hommes la haine de l'ennemi aboutissaient d'ordinaire à leur faire haïr la bataille. Foch, en vérité, avait démoli sa propre argumentation en faisant dépendre sa guerre du service militaire généralisé et en la déclarant impossible avec des armées professionnelles. Or, la vieille armée professionnelle demeurait l'idéal britannique, et sa façon de faire la guerre, l'ambition de tous nos troupiers. Ainsi la guerre de Foch m'apparaissait comme une « variété exterminatrice » (on l'eût appelée tout aussi bien la guerre-meurtre) pas plus absolue que bien d'autres variétés possibles. Clausewitz les avait énumérées : guerres personnelles, sortes de duels par procuration entre monarques rivaux… guerres d'expulsion, entre partisans politiques… guerres commerciales, etc. Il n'y a peut-être pas deux guerres semblables. Souvent ceux qui l'ordonnent ne savent pas dans quel but et tâtonnent jusqu'au moment où la suite des événements leur en impose un. D'une façon générale, la victoire penche du côté des clairvoyants ; mais le hasard et le génie peuvent faire un sacré gâchis de « l'inexorable » loi naturelle.

Pourquoi, me demandais-je, Fayçal voulait-il combattre les Turcs ? Et pourquoi les Arabes lui prêtaient-ils leur aide ? Leur but était géographique : ils voulaient chasser les Turcs de tous les pays de langue arabe en Asie. C'est seulement alors que pourrait s'épanouir leur propre idéal de liberté dans la paix. À la poursuite de ce but nous pouvions bien tuer des Turcs, parce qu'en effet nous les détestions vigoureusement ; mais leur mort était tout de même un luxe. S'ils s'en allaient tranquillement, la guerre finirait. S'ils refusaient de partir, nous les presserions ou nous essayerions de les mettre à la porte. En dernier ressort nous en serions peut-être réduits à l'action désespérée et aux maximes de la « guerre-meurtre », mais toujours aux moindres frais possibles : les Arabes se battaient pour la liberté, et c'est un plaisir qu'on peut seulement goûter vivant. La postérité a des appas un peu trop glacés pour s'éreinter à la poursuivre, quelque amour qu'on porte à ses enfants ou à ceux des autres.

À ce moment, un esclave tapota le rideau de ma tente : l'émir pouvait-il me rendre visite ? Je me fourrai péniblement dans de nouveaux habits et me traînai jusque chez lui pour sonder le fond de sa pensée. C'était une retraite confortable que cette tente, luxueusement tendue de tapis criards (tout aniline), dépouilles de la demeure d'Hussein Mabeirig, à Rabigh. Abdullah y passait les trois quarts de ses journées soit à rire avec ses amis, soit à jouer des farces à Mohammed Hassan, son bouffon. Je lançai un sujet de conversation que l'émir Chakir et quelques autres cheikhs, présents par hasard, se renvoyèrent comme une balle. Parmi eux se trouvait Ferhan-el-Aida, jeune homme au cœur ardent, fils du Motlog de Doughty. Je fus récompensé, car les paroles d'Abdullah se montrèrent révélatrices. Il mit en contraste l'indépendance actuelle de ses auditeurs et leur servitude passée sous le régime turc : à quoi bon, dit-il carrément, prendre pour prétexte l'hérésie turque, ou la doctrine immorale au « Yeni-Turan », ou la douteuse légitimité du Khalifat ? Tout ceci était à côté de la question. Nous étions dans un pays arabe et les Turcs l'occupaient : voilà le point. Mon raisonnement prenait tournure.

Le lendemain, malgré la chute de ma fièvre, une grande éruption de furoncles vint m'enchaîner à plat ventre, et pour quelque temps encore dans la puanteur de ma tente. Des jours se passèrent ainsi. Quand la chaleur devenait trop forte pour une somnolence sans rêves, je reprenais mon écheveau et le démêlais patiemment. C'était tout le palais de la guerre que je considérais maintenant sous ses trois aspects : sa charpente stratégique, ses dispositions tactiques et la psychologie de ceux qui l'habitaient. Car j'étais, par devoir, le chef; et le chef, comme l'architecte, est responsable de tout.

La première confusion à éviter résidait dans une fausse opposition entre la stratégie, but de la guerre, synthèse reliant chaque fraction à l'ensemble, et les moyens tactiques tendant à un but stratégique comme les marches successives d'un escalier. Je ne voyais, pour ma part, dans ces antithèses, qu'un changement de point de vue, les éléments constants de la guerre demeurant : l'élément algébrique des choses; l'élément biologique des vies; l'élément psychologique des idées.

La connaissance du premier composait une science pure, inhumaine, soumise à des lois mathématiques. Elle traitait de variables connues; de conditions déterminées; de l'espace; du temps; d'objets inanimés — collines, climats ou chemins de fer —; de masses humaines trop considérables pour que les différences individuelles y eussent quelque importance; enfin, de tous les secours artificiels et de tous les prolongements que donnent à nos facultés les inventions mécaniques. Cet élément algébrique était donc essentiellement formulable.

Pompeuse et professorale introduction! Mon esprit, hostile à l'abstraction, se réfugia de nouveau en Arabie. Traduit en arabe, ce facteur algébrique comporterait d'abord un terme de surface : quel territoire voulions-nous délivrer? Paresseusement je me mis à faire le calcul. Combien de milles carrés? Soixante, quatre-vingts, cent, à peu près cent quarante mille. Et comment les Turcs allaient-ils défendre tout cela? Évidemment par une ligne de tranchées, si nous arrivions sous forme d'une armée, toutes bannières au vent. Mais supposez que nous fussions (comme nous pouvions le devenir) une influence, une idée, une espèce d'entité intangible, invulnérable, sans front ni arrière et qui se répandît partout à la façon d'un gaz? Les armées ressemblent à des plantes immobiles, fermement enracinées, nourries par le canal de longues tiges qui montent des pieds à la tête.

Nous pouvions être une vapeur, un esprit soufflant où nous voudrions. Notre royaume était dans l'âme de chacun, et comme nous n'avions aucun besoin matériel, nous n'offririons rien de matériel au massacre. Un soldat régulier, me semblait-il, pouvait être privé de sa force si on lui dérobait son but : possédant seulement la terre sous ses chaussures, il ne dominait rien que ce qu'il pouvait tenir au bout de son fusil.

Je tentai alors de chiffrer le nombre d'hommes nécessaire pour couvrir ainsi le territoire arabe, le protéger contre notre attaque en profondeur, le garder de cette révolte qui lèverait la tête dans chacun des trois cent mille kilomètres carrés inoccupés. Je connaissais exactement l'armée turque : compte tenu même de son extension récente par les aéroplanes, les canons et les trains blindés (qui augmentent la portée humaine et, par suite, rétrécissent le champ de bataille) il faudrait aux Turcs, me sembla-t-il, au moins un poste fortifié par quatre milles carrés. Un poste ne pouvait pas comprendre moins de vingt hommes. Ainsi donc, six cent mille hommes seraient nécessaires pour faire contrepoids à la mauvaise volonté des populations arabes et à l'hostilité déclarée de quelques partisans actifs.

Combien de ces partisans pouvions-nous lever ? Pour l'instant, nous en avions près de cinquante mille : assez pour faire face aux circonstances présentes. Il semblait donc que du point de vue algébrique la balance fût en notre faveur. Si nous utilisions intelligemment nos avantages matériels, le climat, le chemin de fer, le désert, les armes techniques pouvaient devenir nos alliés. Les Turcs étaient stupides, et les Allemands, derrière eux, dogmatiques. Ils allaient voir dans la Révolte un absolu comme la guerre ; ils la traiteraient de façon analogue. Mais quelle blague que les analogies dans les choses humaines ! Se servir de la guerre contre une révolte est un procédé aussi malpropre et aussi lent que de manger sa soupe avec un couteau.

Voilà donc pour les objets inanimés ; virant de bord,

je quittai l'*ἐπιστήμη*, l'élément mathématique du commandement pour me lancer dans le biologique. Son point culminant semblait être la catastrophe, le moment de vie ou de mort ou, de façon moins décisive, le point d'usure. La philosophie classique de la guerre, qui avait fait proprement un art de cette catastrophe, érigeait l'un de ses éléments, « l'effusion de sang », en Acte essentiel, qui devenait l'humanité en lutte, pressant de tous côtés et ardemment le corps des combattants. Mais comment mesurer cet Acte ? Un élément variable, l'homme, s'introduisait dans les calculs, troublait toutes les prévisions. Les termes mêmes du calcul se montraient sensibles et illogiques ; les généraux paraient à un tel imprévu par l'expédient des réserves, véritable matière de leur art. Si les forces de l'ennemi, dit Goltz, sont connues et toutes engagées, on peut se dispenser de réserves : mais cela n'arrive jamais. La possibilité d'un accident, d'une paille dans les dispositions matérielles, hante toujours l'esprit du chef. La réserve, inconsciemment, lui sert de contrepoids.

L'élément « senti » de la troupe, inexprimable en chiffres, devait donc être deviné par une intuition équivalente à la δόξά de Platon. Le plus grand chef militaire est celui dont les intuitions coïncident le plus souvent avec la réalité. Neuf parts sur dix, dans la tactique, sont assez sûres pour être enseignées dans les écoles ; mais celle qui demeure, irrationnelle, est comme l'éclair du martin-pêcheur qui traverse un étang : c'est à lui que les chefs se reconnaissent. Seul l'instinct peut le découvrir ; une étude pratique et réfléchie de la manœuvre l'aiguise : au moment critique il se déclenche comme un réflexe. On a vu des hommes dont la *δόξά* approchait à ce point de la perfection qu'ils atteignaient par cette voie la certitude d'ordinaire réservée à l'*ἐπιστήμη*. Les Grecs auraient appelé un tel génie *νόησις* s'ils s'étaient préoccupés de rationaliser la Révolte.

Mon esprit, revenant en zigzags appliquer ces réflexions à notre cas, perçut aussitôt qu'elles s'appliquaient non seulement aux hommes mais encore au matériel. En Turquie les choses étaient rares et précieuses et les hommes estimés plus bas que l'équipement. Ceci nous dictait notre rôle : nous devions détruire de l'armée turque non point la chair mais le squelette. La mort d'un pont ou d'un rail turc, d'une machine, d'une mitrailleuse ou d'une charge allongée d'explosif, nous était plus profitable que la mort d'un Turc. Dans l'armée arabe, à ce moment, nous étions ménagers à la fois de matériel et d'hommes. L'économie des hommes devait persister. Les gouvernements, eux, ne comptent que par divisions ; nos partisans, au contraire, restaient des individus. Une mort individuelle, comme un gravier tombé dans l'eau, pouvait ne faire qu'un trou vite refermé ; des ondes de douleur, cependant, s'élargissaient alentour. Nous ne pouvions pas nous permettre de subir des pertes.

Le matériel était plus facile à remplacer. Que faire par la suite ? Évidemment nous assurer une supériorité quelconque — dynamite ou mitrailleuses — qui pût devenir décisive. Les docteurs orthodoxes avaient posé le principe, appliqué aux hommes, d'une supériorité au point critique et au moment de l'attaque. Nous pouvions être supérieurs en matériel à un moment et dans un genre essentiels ; et pour les choses comme pour les hommes, nous pouvions, par économie, donner au principe un tour négatif, être plus faibles que l'ennemi partout sauf sur ce point et à cet égard. La détermination du point critique dans le temps ou dans l'espace nous appartiendrait toujours. La plupart des guerres sont des guerres de contact où les deux forces ennemies s'entretâtent toujours pour éviter les surprises tactiques. Notre guerre à nous serait une guerre d'éloignement. Nous devions contenir les Turcs par la menace silencieuse d'un vaste désert inconnu qui ne révélerait notre présence qu'au moment d'une attaque. Et cette attaque pourrait n'en être pas une à proprement parler, ne pas viser l'ennemi mais son matériel. Nous n'avions pas à rechercher son point fort ou faible, mais son équipement le plus mal défendu. Dans nos raids contre les chemins de fer, l'objectif serait d'ordinaire une certaine longueur de rails ; et plus cette longueur serait dégarnie de troupes, plus notre succès tactique serait considérable. De notre action moyenne nous pouvions faire une règle (non pas une loi : « la guerre est antinomique ») ; prendre l'habitude de ne jamais accepter d'engagement. Ceci s'accordait à merveille avec ma conclusion algébrique : ne pas fournir de cible à l'ennemi. Nombreux sont les Turcs qui sur notre front n'ont jamais eu en toute la guerre l'occasion de tirer sur nous ; nos troupes ne furent sur la défensive que par accident ou par erreur.

Le corollaire d'une telle règle était un parfait Service de Renseignements qui nous permît de dresser nos plans en toute certitude. La même tête devait diriger l'espionnage et les opérations, et son « intelligence » devait être impeccable, ne laisser au hasard aucune place. L'ignorance est fatale au moral d'une troupe consciente. Aussitôt instruits nous serions à l'aise. Nous devions donc consacrer à notre Service de Renseignements plus de soins que n'importe quel État-Major régulier.

J'arrivais au bout de mon « topo ». Le facteur algébrique, traduit en arabe, cadrait à la perfection ; il nous promettait la victoire. Le facteur biologique à son tour avait exigé de nous un développement tactique en accord avec le génie de nos tribus. Restait l'élément psychologique auquel nous devions donner une forme adéquate. Pour le désigner j'allai voler à Xénophon son mot de *diathétique*, qui avait été l'art de Cyrus avant son attaque.

De cet art, notre « propagande » formait la sale et basse progéniture. C'était, en guerre, une science des sentiments, presque une éthique. Une partie concernait l'esprit de la foule qu'il faut monter au point où l'on pourra utilement l'exploiter pour l'action, mais qu'il faut diriger aussi vers un but déterminé à l'avance. Une seconde partie concernait l'individu : ce n'était rien moins que l'art délicat de la bonté et de la persuasion humaines transcendant, par un jeu d'émotions consciemment choisies, tous les raisonnements logiques. Action sur les impondérables, plus subtile que la tactique, plus utile à la fin, peut-être, parce qu'elle s'adressait à des éléments qui échappent à tout contrôle direct. Notre diathétique devait considérer la capacité émotionnelle de nos hommes, leur complexité, leur humeur changeante. Nous devions cultiver en eux tout ce qui pourrait un jour nous servir ; disposer leurs esprits en ordre de bataille avec autant de soin et de méthode que d'autres officiels disposeraient leurs corps. Plus ! Après l'esprit de nos hommes, qui passait naturellement le premier, nous devions ordonner à notre avantage celui de nos ennemis dans la mesure où nous pouvions l'atteindre ; puis celui des hommes qui nous soutenaient, derrière nos lignes, puisque la moitié de la bataille se passait ainsi dans notre dos ; puis celui des hommes derrière les rangs ennemis, attendant l'issue de la lutte ; enfin celui des spectateurs neutres ; ainsi, toujours, de cercle en cercle.

Il y avait à cette action bien des frontières matérielles humiliantes, mais aucune impossibilité morale ; notre portée dans ce domaine était sans limites ; nous n'obtiendrions la victoire, ou plutôt les moyens de la victoire sur le front arabe, qu'en usant de l'arme psychologique : sa nouveauté était précisément notre avantage. La presse à imprimer, comme tous les moyens nouveaux de communication entre les hommes, favorisait la force intellectuelle aux dépens de la force physique : c'est toujours avec l'argent du corps que la civilisation paie l'esprit. Nous autres, soldats d'occasion, qui faisions notre éducation guerrière dans l'atmosphère du XXe siècle, nous pouvions accueillir sans préjugé les armes nouvelles. L'officier de carrière, avec quarante générations de soldats derrière lui, est forcément traditionnel : les armes les plus anciennes restent pour lui les plus honorables. Nous devions nous préoccuper rarement de ce que faisaient nos hommes, sans cesse de ce qu'ils pensaient : la diathétique devenait ainsi plus de la moitié du commandement. On la négligeait un peu en Europe ; on la confiait à des hommes étrangers à l'État-Major. Mais en Asie les éléments réguliers étaient si faibles que les irréguliers ne pouvaient pas laisser se rouiller l'arme spirituelle.

Toute bataille en Arabie était donc une faute, puisque les munitions dépensées par l'ennemi y représentaient notre seul bénéfice. Napoléon se plaint du petit nombre de généraux disposés à livrer bataille ; mais le fléau de cette guerre était que presque aucun ne voulût faire autre chose. Les batailles sans raison, a dit le Maréchal de Saxe, sont le refuge des imbéciles : je voyais plutôt en elles une fatalité imposée au parti qui se croit le plus faible, un coup de dés rendu inévitable soit par le manque d'espace, soit par la nécessité de défendre quelque richesse matérielle plus précieuse que la vie des soldats. Nous n'avions aucune richesse matérielle à perdre : notre meilleure ligne de conduite était donc de ne rien défendre et de ne tuer personne. Nos atouts restaient la vitesse et le temps, nullement la force du choc. L'invention du bœuf en conserve nous servait davantage que celle de la poudre à canon. La puissance que nous en retirions était d'ailleurs plus stratégique que tactique, puisqu'en Arabie la portée dominait la force, l'espace étant plus grand que la puissance des armées.

Voilà maintenant huit jours que je gisais à l'écart dans cette tente, gardant à mes pensées la plus grande généralité possible[1]. Mon esprit, à la fin, écœuré de cette

1. Sans doute y réussis-je moins alors que dans cet exposé. Je pensais surtout en termes du Hedjaz, illustrés par ce que je savais de ses hommes et de sa géographie. Il eût été trop long de transcrire ici mon raisonnement sous cette forme, et j'ai dû le comprimer en phrases abstraites qui sentent l'huile plus que le champ de bataille. C'est le cas, malheureusement, de toutes les théories militaires.

gymnastique dans le vide, devait être traîné de force à son travail et retombait en somnolence au moindre relâchement de la volonté. La fièvre tomba ; la dysenterie prit fin ; je retrouvai, avec mes forces, le contact des réalités présentes. Des faits concrets et immédiats, se jetant au travers de mes rêveries, fournissaient à mon attention défaillante autant de moyens d'évasion. Je me hâtai donc de pousser en ligne mes principes-fantômes pour les apercevoir au moins une fois clairement avant que ne s'évanouît mon pouvoir de les évoquer.

Il me parut prouvé que notre Révolte reposait sur une base inexpugnable, à l'abri non seulement d'une attaque, mais de la peur d'une attaque. En face d'elle, une armée d'étrangers artificiellement compliquée, occupant une surface trop grande pour être effectivement surveillée par un système de postes. Pour elle, une population amie où 2 % des hommes combattaient activement ; le reste sympathisait avec cette minorité au point de ne pas trahir ses mouvements. Les rebelles actifs avaient pour vertus la maîtrise de soi et le secret ; pour qualités, la vitesse, l'endurance, l'indépendance de ravitaillement. Leur équipement technique était suffisant pour paralyser les communications de l'ennemi. Une province serait gagnée quand nous aurions appris à ses habitants à mourir pour notre idéal de liberté : la présence ou l'absence de l'ennemi était secondaire. La victoire finale semblait certaine si la guerre durait assez pour nous permettre d'exploiter notre méthode.

CHAPITRE XXXIV

Évidemment j'étais remis et je devais me souvenir du but de mon voyage dans l'ouadi Aïss. Les Turcs allaient sortir de Médine ; Sir Archibald Murray nous demandait de les attaquer suivant toutes les règles. Il était bien ennuyeux, cet homme, qui, de son bureau en Égypte, venait fourrer son nez dans nos affaires et exiger de nous une action qui n'avait rien à voir avec nos plans. Enfin, les Anglais étaient les plus forts et les Arabes ne vivaient qu'à leur ombre. Nous étions accouplés à Sir Archibald Murray ; nous devions travailler avec lui, sacrifier même nos buts secondaires quand ils ne cadraient pas avec les siens. Et pourtant nous ne pouvions pas aller du même pas. Les forces de Fayçal étaient libres comme l'air ; l'armée de Sir Archibald, la moins mobile du monde sans doute, devait être laborieusement poussée sur le ventre. Il était ridicule d'imaginer qu'elle pût tenir pied à la prestesse d'une idée comme le Mouvement Arabe. La comprendrait-elle même ? En tout cas nous pouvions, par des attaques sur la ligne de chemin de fer, dissuader les Turcs d'évacuer Médine et leur donner un motif de rester sur la défensive à l'intérieur de la ville : conclusion éminemment favorable à la fois aux Arabes et aux Anglais, quoique peut-être aucun d'entre eux ne fût prêt à s'en apercevoir.

J'allai donc annoncer à Abdullah ma guérison complète et mon projet de tenter quelque chose contre le chemin de fer du Hedjaz. Nous avions sous la main des hommes, des canons, des mitrailleuses, des explosifs et des mines : assez pour un effort sérieux. Mais Abdullah ne montra aucun enthousiasme. Il avait envie de parler des familles royales d'Europe ou de la bataille de la Somme : l'allure traînante de sa propre guerre l'ennuyait. Le chérif Chakir, son cousin et son lieutenant, fut au contraire enflammé par mes projets ; il pressa Abdullah, obtint enfin l'autorisation d'aller faire « de notre pire ». Chakir aimait les Ateibas, la meilleure tribu du monde, jurait-il ; nous décidâmes donc d'emmener surtout des Ateibas. Réflexion faite, on résolut de prendre aussi un canon de montagne, un des Krupp vétérans de l'armée égyptienne que Fayçal avait envoyé d'El Ouedj, en guise de cadeau pour son frère.

Chakir promit de rassembler la troupe et nous

convînmes que je les précéderais (sans hâte, comme l'ordonnait ma faiblesse) à la recherche d'un but. Le plus proche (et le plus considérable) était la gare d'Aba-el-Naam. Je partis avec Raho, officier algérien de l'armée française, membre de la mission Brémond, un honnête garçon qui savait travailler dur. Notre guide était Mohammed-el-Kadhi dont le père, le vieux Dakhil-Allah, juge héréditaire des Juheinas, avait servi de guide aux Turcs descendant sur Yanbo, au mois de décembre précédent. Mohammed était un garçon de dix-huit ans, solide et silencieux. Fauzan-el-Harith, le guerrier fameux qui avait capturé Eshref à Djanbila, nous escortait avec une trentaine d'Ateibas et cinq ou six mercenaires Juheinas.

Nous partîmes le 26 mars (Sir Archibald Murray attaquait alors Gaza) pour descendre l'ouadi Niss. Mais après trois heures de marche la chaleur fut trop forte pour moi et nous nous arrêtâmes à l'ombre d'un grand *sidr* (jujubier : les fruits, par malheur, étaient rares). Ce fut une halte riante : les jujubiers répandent à leur pied une ombre épaisse ; une brise fraîche soufflait de l'est ; les mouches étaient rares ; l'ouadi Aïss déployait alentour ses acacias et son herbe dans un air plein de blancs papillons et de parfums sauvages. Nous ne repartîmes donc que tard dans l'après-midi pour une courte étape. Avant de laisser l'ouadi Aïss à notre gauche, notre piste longea dans un angle de la vallée une terrasse et une citerne en ruines. Il y avait eu là, jadis, quelques villages avec des puits et de nombreux jardins soigneusement arrosés. C'était le désert maintenant.

Le matin suivant, deux heures de marche pénible nous firent contourner les éperons du Djebel Serd, dans l'ouadi Turaa, vallée fameuse reliée par un, défilé facile à l'ouadi Yanbo. La sieste se fit encore ce jour-là sous un arbre, près de quelques tentes Juheinas. Mohammed leur rendit visite pendant notre sommeil. Après une nouvelle étape de deux heures le long de sentiers tortueux nous bivouaquâmes à la brune. Par malchance, lorsque je m'étendis, un précoce scorpion du printemps piqua cruellement ma main gauche. Elle s'enfla et mon bras se roidit douloureusement.

Nous repartîmes à 5 heures le lendemain après une longue nuit de repos. Les dernières montagnes s'ouvraient sur le Jurf dont les longues ondulations découvertes fuyaient au Sud vers le Djebal Antar, point de repère facile avec son cratère crénelé. Des collines basses à droite nous masquaient l'ouadi Hamdh où courait le chemin de fer : nous obliquâmes pour marcher à leur couvert jusqu'en face d'Aba-el-Naam. Nous établîmes là notre camp, tout près des Turcs mais parfaitement saufs. Comme on avait vue sur la gare du haut de la colline, nous y grimpâmes avant le coucher du soleil pour un premier examen de la position.

La colline, très raide, avait peut-être six cents pieds de haut : je dus la gravir en plusieurs étapes pour souffler un peu. Mais la vue, du sommet, était bonne. Le chemin de fer était à environ trois milles. La gare comprenait deux grands bâtiments de basalte à deux étages, un château d'eau circulaire et d'autres dépendances. Il y avait là des tentes, des postes et des tranchées, mais aucun signe de canons. Nous pouvions voir environ trois cents hommes.

Les Turcs, nous avait-on dit, patrouillaient activement par tout le voisinage. Mauvaise habitude, cela : nous envoyâmes donc deux hommes, aussitôt le soir tombé, tirer quelques balles dans la direction des blockhaus. L'ennemi, croyant à une attaque, veilla toute la nuit dans ses tranchées. Cependant nous dormions très confortablement ; le froid de l'aube nous éveilla. Un vent inquiet soufflait sur le Jurf, dans les grands arbres. Comme nous regagnions notre poste d'observation, le soleil triomphait des nuages ; une heure plus tard il faisait très chaud.

Étendus comme des lézards dans l'herbe longue autour du premier montjoie sur le sommet de la colline, nous assistâmes à la revue de la garnison. Dès que le clairon retentit, trois cent quatre-vingt-dix-neuf petits soldats de plomb, courant de toutes parts, s'alignèrent en rangs épais devant la sombre bâtisse ; une nouvelle sonnerie les dispersa, et bientôt la fumée des cuisines monta dans le ciel. Un troupeau de moutons et de chèvres, conduit par un gosse en haillons, sortit et s'avança dans notre direction. Il n'avait pas atteint le pied de la colline qu'un sifflet strident déchira la vallée au Nord : un minuscule train d'enfant apparut, franchit avec lenteur le pont dont les voûtes grondèrent et s'arrêta, juste devant la gare, dans un halètement de fumées blanches.

Le berger cependant, avec des cris aigus, poussait ses chèvres vers la crête : la pente Ouest offrait de meilleurs pâturages. Deux Juheinas dévalèrent la colline, cachés par une arête et, courant de chaque côté, s'emparèrent du gamin. Il appartenait à la tribu des Heteyms. Ces hors-la-loi, parias du désert, louent fréquemment leurs gosses comme bergers aux tribus environnantes. Celui-ci pleurait sans relâche et tentait de fuir dès qu'il apercevait ses chèvres errant à l'abandon sur la colline. Mes hommes, perdant patience à la fin, le ligotèrent, hurlant et fou de peur d'être tué. Fauzan, après beaucoup de peine, parvint à l'apaiser et le questionna sur les Turcs ses maîtres. Mais toutes ses pensées étaient pour le troupeau : ses yeux suivaient pitoyablement les bêtes tandis que les larmes, sur ses joues crasseuses, traçaient de longs sillons tortueux et frangés.

Les bergers forment une classe distincte. Pour l'Arabe ordinaire le foyer constitue, au centre de son monde, une sorte d'université où il écoute la meilleure conversation, les nouvelles de sa tribu, ses poèmes, son histoire, ses récits amoureux, ses procès en cours et ses marchandages. Cette perpétuelle participation aux conciles domestiques le rend maître en langage, dialecticien, orateur, apte à siéger dignement dans n'importe quelle assemblée et jamais pris au dépourvu en fait de discours. Les bergers sont absolument privés de cet apprentissage. Dès l'enfance, ils sont entraînés, en toute saison et par tous les temps, de jour, de nuit, dans les collines, condamnés à la solitude et à la compagnie des bêtes. Errant parmi ces lieux sauvages, sur la carcasse de la terre, ils deviennent terre eux-mêmes ; ignorants de l'homme et de ses soucis ; à peine sensés dans la conversation la plus ordinaire ; savants, par contre, en fait des plantes et d'animaux sauvages, instruits des mœurs de leurs chèvres ou de leurs brebis dont le lait forme leur principale nourriture. L'âge de la puberté les rend sombres, quelquefois même dangereux ; plus bestiaux qu'humains, ils hantent les troupeaux et trouvent en eux, à l'exclusion d'affections plus licites, la satisfaction de leurs désirs.

Pendant de longues heures après la capture du berger nous ne vîmes plus d'autre mouvement que celui du soleil. Sous nos manteaux que nous déplacions à mesure pour filtrer le mordant de ses rayons, nos corps baignaient dans une chaleur somptueuse. Je retrouvai sur ce sommet paisible quelque chose des intérêts sensuels que la maladie m'avait fait perdre. Je pus noter de nouveau les traits de ce paysage typique : ses dures crêtes, ses flancs de roche dénudés ; plus bas, ses éboulis croulants qui s'enfouissaient à la base dans une terre rare et sèche. La pierre elle-même était luisante, jaune, brûlée de soleil ; métallique de sonorité, fragile, avec une cassure rouge, verte ou brune suivant les cas. De tous les points plus tendres jaillissaient des buissons épineux. L'herbe non plus n'était pas rare : une seule racine d'ordinaire portait une douzaine de brins drus de la hauteur du genou et couleur de paille. Les épis se balançaient, vides dans un plumetis de barbes duvetées d'argent. Une autre herbe plus courte élevait à hauteur de cheville des pompons gris perle. À elles seules, ces deux espèces couvraient le flanc de la colline d'une fourrure blanche qui paraissait nous saluer très bas à chaque bouffée de la brise.

L'ensemble, pour n'être pas vert, n'en formait pas moins un excellent pâturage. Dans les vallées poussaient des touffes plus fournies d'une herbe rude qui montait jusqu'à la ceinture ; l'éclat de son vert primitif se fanait vite et passait au jaune brûlé ordinaire. Elle foisonnait dans tous les ravins parmi les galets ronds, sur le sable côtelé par les crues, au pied des arbres. Quelques acacias pouvaient atteindre quinze mètres de hauteur. Les jujubiers, avec leurs fruits secs et sucrés, étaient rares. Mais les buissons de tamarins brunis, une haute bruyère, de nouvelles espèces d'herbes grossières, quelques fleurs et tout ce que la terre produit d'épineux, s'épanouissaient autour de notre camp, offrant à nos regards un riche spécimen de la faune du Haut-Hedjaz. Une seule de ces plantes nous fut utile, l'hémeide : c'est une espèce d'oseille aux feuilles charnues en forme de cœur dont l'agréable acidité calma notre soif.

Au crépuscule nous redescendîmes avec notre prisonnier et ce que nous pûmes rassembler de son troupeau. Le gros de notre troupe arriverait cette nuit. Nous partîmes, Fauzan et moi, à l'aventure dans le noir de la plaine, pour trouver à notre canon une position satisfaisante — notre choix s'arrêta sur une croupe basse à moins de 2 000 mètres de la gare. Quand nous revînmes, terriblement las, des feux brillaient entre les arbres. Chakir venait de nous rejoindre, et tous nos hommes réunis faisaient gaiement rôtir de la viande de chèvre. On avait attaché derrière mon abri le petit pâtre dont les protestations, à la vue de ses animaux illégalement égorgés devenaient frénétiques. Il refusa de goûter à notre souper : seule la menace d'un dur châtiment s'il insultait ainsi à notre hospitalité lui fit absorber un peu de pain et de riz. En vain les hommes voulurent le convaincre que le lendemain nous enlèverions la gare et massacrerions ses maîtres : il refusa de se laisser réconforter, et l'on dut, après son repas, le ligoter de nouveau à son arbre pour l'empêcher de s'évader.

Chakir m'apprit bientôt qu'il avait amené seulement trois cents hommes au lieu des huit ou neuf cents promis. Mais après tout c'était sa guerre ; nous dansions à ses violons : les plans furent donc modifiés en hâte. On ne tenterait pas l'assaut de la gare ; pendant que nous effrayerions l'ennemi par un bombardement de front, des détachements s'en iraient miner la ligne au nord et au sud dans l'espoir de prendre au piège le train arrêté. Nous désignâmes donc un groupe de sapeurs, élèves de Garland, pour aller faire sauter à l'aube un tronçon quelconque au nord du pont, et bloquer la voie dans cette direction ; cependant je filerais moi-même avec de la dynamite, une mitrailleuse et ses servants pour poser une mine au sud de la gare, c'est-à-dire sur le passage probable du convoi qui s'en irait chercher ou amènerait du secours.

Sous la conduite de Mohammed-el-Khadi nous atteignîmes peu avant minuit un tronçon désert de la ligne. Je mis pied à terre et, pour la première fois de la guerre, je posai mes doigts avec émotion sur ces rails. Une heure de travail sans arrêt nous suffit pour poser la mine : un détonateur devait mettre le feu à vingt livres d'explosif dès que le poids de la locomotive ferait fléchir légèrement les rails. La mitrailleuse fut postée à quatre cents mètres de là dans le lit d'un torrent, derrière un écran de broussailles d'où son tir balayait la portion de voie où le train devait dérailler. J'ordonnai aux servants de rester cachés là pendant que nous irions plus loin couper la ligne télégraphique : l'isolement pouvait persuader Aba-el-Naam d'envoyer son train chercher des renforts quand notre attaque principale se développerait.

Un détour d'une demi-heure nous ramena sur la voie. Nous avions de la chance : ce secteur était encore sans surveillance. Le fâcheux fut que mes quatre Juheinas se montrèrent absolument incapables de grimper à un poteau télégraphique. Il fallut donc le faire moi-même. Mais je sortais à, peine de maladie et je dus employer toutes mes forces : lorsque j'eus coupé le troisième fil le poteau chancelant fut secoué si fort que, lâchant prise, je glissai de ses seize pieds jusque sur les épaules de Mohammed, qui s'était précipité pour amortir ma chute et fut presque assommé lui-même. Il nous fallut quelques minutes pour nous remettre et reprendre haleine ; enfin nous nous retrouvâmes capables de marcher jusqu'à nos chameaux. Comme nous arrivions au camp tout le monde sautait en selle pour l'attaque.

La pose de la mine nous avait pris quatre heures de plus que nous n'avions prévu ; ce retard nous mettait devant le dilemme soit de ne pas dormir du tout soit de laisser partir sans nous le gros des troupes. Sur l'insistance de Chakir nous choisîmes de rester pour dormir au moins unc heure sous nos arbres : pour ma part je me fusse effondré sans cela. L'aube approchait ; le malaise de cette heure faisait frissonner les arbres et les bêtes ; les dormeurs se retournaient en soupirant. Mohammed, qui désirait voir la bataille, s'éveilla. Pour me faire lever à mon tour il vint hurler dans mes oreilles, de sa voix rauque, l'appel à la prière du matin : un tumulte de guerre, de meurtre et de mort soudaine fondit au travers de mes rêves. Je me dressai sur mon séant, frottant mes pauvres yeux rouges et pleins de sable. Une discussion véhémente s'ensuivit sur les droits comparés de la prière et du sommeil. Il n'y avait pas, plaida Mohammed, une bataille tous les jours. Il me montra les meurtrissures et les entailles gagnées à m'aider cette nuit. Mes propres noirs et bleus me permirent de le comprendre et nous galopâmes derrière l'armée, non sans avoir relâché le pâtre toujours pleurnichant avec l'avis d'attendre là notre retour.

Un ruban de bouses piétinées sur un sable luisant de petites mares nous montra le chemin, et nous arrivâmes juste au moment où les canons ouvraient le feu. Ils firent merveille, écrasant un toit, endommageant l'autre, abattant la pompe et trouant la citerne. Un obus heureux tomba sur le premier wagon du train garé qui s'enflamma. Le mécanicien effrayé décrocha la locomotive et fila vers le sud. Nous la regardâmes avidement s'avancer vers notre mine. Soudain un moelleux nuage de poussière s'éleva ; puis nous entendîmes la détonation ;

la locomotive était arrêtée. Elle était atteinte à l'avant, car elle marchait à reculons et la mine avait explosé un peu trop tard. Mais que faisait la mitrailleuse ? Déjà les conducteurs sautant de la machine soulevaient les roues avec un vérin, réparaient grossièrement le dommage. La mitrailleuse se taisait toujours. Nous apprîmes plus tard que nos hommes, effrayés de se trouver seuls, avaient plié bagage et rejoint le gros de la troupe aux premiers coups de feu. Une demi-heure après, la locomotive rafistolée démarrait vers le Djébel Antar ; sans doute filait-elle au pas de promenade et dans un grand bruit de ferraille, mais enfin, elle filait.

Tandis que nous grincions des dents, maudissant nos mitrailleurs, les Arabes s'avançaient vers la gare sous le couvert du bombardement. Les nuages de fumée qui s'élevaient des wagons en feu masquaient leur avance. Ils nettoyèrent un avant-poste ennemi, forcèrent un autre à se rendre. Les Turcs, après avoir rappelé leurs détachements survivants, attendirent dans leurs tranchées un assaut qu'ils n'avaient pas plus envie de repousser que nous n'avions envie de l'entreprendre. Nos avantages sur le terrain étaient tels que nous aurions aisément cueilli la position si seulement nous avions eu quelques hommes de Fayçal pour charger au cœur de la place.

Cependant la charpente, les tentes et les wagons de la gare étaient en feu ; la fumée devenait trop épaisse pour tirer. Nous abandonnâmes l'action. Nous avions fait trente prisonniers ; pris une jument, deux chameaux et quelques moutons ; tué ou blessé soixante-dix Turcs alors qu'un seul de nos hommes était légèrement touché. Le trafic allait être interrompu trois jours pour réparer la ligne et faire des recherches. Ainsi nous n'avions pas échoué complètement.

CHAPITRE XXXV

Laissant deux détachements en arrière, avec mission d'endommager la ligne les deux jours suivants, nous revînmes au camp d'Abdullah, le 1er avril. Chakir, magnifiquement vêtu, fit une entrée triomphale ; des milliers de salves furent tirées en l'honneur de cette victoire relative. Le camp était d'humeur accommodante : une bacchanale suivit.

J'errais, le soir venu, dans le taillis derrière les tentes ; soudain l'entrelacs des branchages s'illumina des lueurs crues d'une flamme dardée. À travers flammes et fumées, cependant, arrivaient des bruits de tam-tam, rythme des tambours, battements de mains, grondement profond d'un chœur de tribu. Je me faufilai sans bruit : des centaines d'Ateibas, assis à terre autour d'un feu immense, suivaient avec une attention extrême Chakir, qui, debout et seul dans leur cercle, dansait la danse de leur chant. Il avait jeté son manteau. Sa robe, sa kouffié également blancs, et la pâleur de son visage ravagé réverbéraient l'éclat puissant des flammes. Il chantait en renversant la tête et, à la fin de chaque phrase, élevant les mains pour laisser ses manches redescendre jusqu'aux épaules, il agitait frénétiquement ses bras nus. Toute la tribu alentour battait des mains en mesure et, sur un signe de tête, au refrain, aboyait à pleine gorge. Le bosquet où je me tenais moi-même, hors du cercle de lumière, était bondé d'Arabes étrangers à la tribu qui chuchotaient en considérant les Atbans.

Le matin suivant nous décidâmes de retourner à la ligne de chemin de fer pour un essai de mines automatiques plus concluant que le demi-échec d'Aba-El-Naam. Le vieux Dakhil-Allah offrit de m'accompagner ; l'idée de piller un train lui avait souri. Nous prîmes avec nous quarante Juheinas qui me parurent plus solides que les aristocratiques Ateibas. L'un des chefs Ateibas, pourtant, Sultan-el-Abboud, joyeux ami d'Abdullah et de Chakir, refusa de rester en arrière. Ce bon vivant écervelé, cheikh d'une pauvre section de la tribu, avait eu plus de chevaux tués sous lui dans les batailles que n'importe quel guerrier Ateibi. C'était un grand chevaucheur, riche en bons mots et en attrapes, bruyant, haut et fort, avec une grosse tête carrée, un front ridé et des yeux brillants au fond des orbites. Il avait vingt-six ans. Sa jeune moustache et sa barbe cachaient d'ordinaire une mâchoire impitoyable et, dans la grande bouche aux lèvres droites, des dents éblouissantes, entrecroisées comme celles d'un loup.

Nous prîmes avec nous une mitrailleuse et ses treize servants pour l'attaque du train immobilisé. Chakir, avec la grave courtoisie qu'il pensait devoir à un hôte de l'émir, nous accompagna pendant la première demi-heure. Nous suivîmes cette fois l'oued Niss presque jusqu'à sa jonction avec le Hamdh : il était verdoyant et riche en pâturages car on comptait déjà deux crues dans cet hiver. À la fin notre troupe vira de bord vers la droite et, franchissant une eau stagnante, s'arrêta pour dormir sur une étendue de sable plat : le fâcheux fut qu'aux environs de minuit une averse nous dépêcha quelques ruisselets dans l'échine. Mais le matin suivant fut clair et chaud, et nous galopâmes dans la grande plaine où les trois vallées Tabja, Aïss et Jizil viennent se confondre avec le Hamdh. Le lit du ravin principal était recouvert d'asla; nous retrouvâmes exactement le terrain lépreux d'Abou Zereibat avec ses ampoules de sable boursouflé. Mais ici le taillis n'avait que deux cents mètres de large; la plaine au-delà, veinée par un entrelacs de torrents, s'étendait sur plusieurs milles encore. À midi nous fîmes halte dans une sorte de jardin sauvage où l'herbe juteuse et les fleurs nous arrivaient à la ceinture; une heure durant, nos chameaux heureux se gorgèrent, pour se laisser tomber ensuite, pleins à crever et stupéfaits.

La chaleur augmentait sans cesse. On eût dit que le soleil nous brûlait à nu, sans la protection d'un matelas d'air. Le sable propre semblait passé au four; je dus chausser des sandales, au grand amusement des Juheinas dont la plante des pieds racornie est à l'épreuve de la braise. Plus tard la lumière s'adoucit; la chaleur, par contre, augmentait toujours, lourde, orageuse, inquiétante. Sans cesse je tournais la tête, avec l'impression d'une masse derrière moi qui m'eût coupé de l'air respirable.

Le tonnerre, tout le matin, avait roulé dans les montagnes les deux pics, Serd et Jasim, s'enveloppaient dans les plis jaunes et bleus d'une vapeur immobile et dense. À force de les regarder je vis qu'une partie de la nuée jaune sur le Serd s'avançait lentement vers nous à contre-vent; elle faisait naître en foule à ses pieds de malicieux tourbillons.

Le nuage était presque à la hauteur des monts. Soudain, sur le front de sa marche, deux colonnes de poussière, strictes et symétriques cheminées, s'avancèrent l'une à gauche, l'autre à droite. Dakhil-Allah jeta un regard soucieux alentour : point d'abri. Alors il m'avertit que l'orage serait des plus violents.

À son approche, le vent, qui nous avait jusque-là soufflé au visage une flamme étouffante, tomba tout à coup et, en un instant, nous glaça le dos d'une haleine humide. Sa violence s'accrut, tandis que le soleil disparaissait, étouffé par une vapeur en charpie épaisse et jaune s'effilochant au-dessus de nos têtes. Une affreuse lumière nous environnait, ocreuse et convulsive. Le sombre mur de nuages qui dévalait la pente des montagnes était maintenant à portée de main, se ruait, implacable, avec un lourd fracas. Trois minutes plus tard, il nous heurtait, jetait sur nous ses plis râpeux de poussière et de sable, se tordait, tournoyait en violents entonnoirs, tout en filant vers l'est à la vitesse d'un cyclone.

Nous avions viré de bord et marchions le dos à l'orage mais les tourbillons intérieurs, arrachant les manteaux de nos mains crispées, emplissant nos yeux et faisant pivoter nos bêtes, nous ôtaient tout sens de la direction. Chameaux et cavaliers accomplissaient parfois un tour entier ; une trombe soudaine nous saisit, nous entrechoqua, mêlés à des buissons, de l'herbe, un petit arbre même, déracinés du sol que le vent soulevait en vagues autour d'eux, et projetés sur nous, ou sifflant sur nos têtes, avec une force dangereuse. Nous ne fûmes jamais dans une obscurité complète, et l'on aurait pu voir à sept ou huit pieds alentour s'il n'avait pas été si risqué d'ouvrir un œil : aux rafales assurées de sable pouvaient toujours s'ajouter un arbre-projectile, une mitraille de cailloux ou quelque cheminée d'herbes et de poussière.

Le cyclone dura dix-huit minutes et bondit loin de nous aussi brusquement qu'il était venu. Notre petite troupe était dispersée sur un mille carré au moins. Le rassemblement commençait à peine et nous étions encore, nous, nos robes et nos chameaux, couverts des pieds à la tête d'une couche lourde et suffocante de poussière jaune, quand des cataractes d'eau croulèrent soudain, nous transformant en statues de boue. Des mares apparurent dans la vallée ruisselante que Dakhil-Allah nous pressa de traverser. Le vent tourna de nouveau, cette fois vers le nord. En un clin d'œil les cruelles nappes d'embruns qu'il poussait devant lui eurent trempé nos burnous de laine et nos chemises qui, moulés sur nos corps, nous glacèrent jusqu'aux os.

Nous atteignîmes la chaîne de montagnes au milieu de l'après-midi. Mais la vallée où passait notre piste était nue, sans le moindre abri ; nous y eûmes plus froid que jamais. Après deux ou trois milles l'on fit halte et nous entreprîmes l'ascension d'un pic escarpé avec l'espoir de voir la ligne ; elle passait, me dit-on, juste au-dessous. Mais le vent, là-haut, était terrible : engouffré dans nos robes, secouant nos manteaux, il nous arrachait aux rocs humides et glissants où nous nous accrochions en vain. Je quittai donc mes vêtements et fis le reste de l'ascension à moitié nu avec moins de peine et sans avoir vraiment plus froid. Du sommet, d'ailleurs, on ne voyait rien : l'air était trop chargé pour une observation quelconque. Je redescendis donc haletant, meurtri, déchiré, vers le groupe des autres et me rhabillai tout engourdi. C'est pendant notre retour qu'eut lieu le seul accident de cette expédition. Sultan avait insisté pour nous accompagner et son domestique Ateibi, qui avait dû le suivre, quoique sujet au vertige, glissa et fit une chute de quarante pieds, la tête en avant sur les rocs.

Quand nous eûmes rejoint la piste, je me sentis les pieds et les mains trop douloureux pour aller plus loin ; je m'allongeai tout frissonnant pendant une heure environ tandis que les autres enterraient le cadavre de l'Ateibi dans une vallée latérale. Ils revenaient vers moi quand un méhariste inconnu surgit tout à coup à la traverse et fit feu sur eux. Ils ripostèrent, tirant au hasard dans la pluie. Puis le soir engloutit l'homme. Cet incident m'inquiéta car la surprise était notre atout principal et nous pouvions seulement espérer que l'inconnu ne retournerait pas signaler aux Turcs la présence d'un rezzou dans le voisinage.

Lorsque les chameaux de bât chargés d'explosif nous eurent rejoints, nous remontâmes en selle pour nous rapprocher encore de la voie ; mais notre troupe s'ébranlait à peine que le fleuve de brumes courant dans la vallée nous apporta impudemment l'appel à la soupe des clairons turcs. Dakhil-Allah tendit l'oreille ; nous devions être, devina-t-il, en face de Madahrig, la petite gare au-dessous de laquelle nous avions précisément l'intention d'opérer. Notre convoi mit donc le cap sur ce bruit détestable — détestable parce qu'il parlait de souper et de tentes. Nous, pendant ce temps, sans abri, sans espoir, même, par une nuit pareille, d'un feu où cuire une galette avec la farine et l'eau de nos sacs, nous allions marcher sans manger.

On n'atteignit la voie qu'après 10 heures dans une obscurité si parfaite qu'il était inutile de chercher une position convenable à notre mitrailleuse. Je choisis au hasard le kilomètre 1121 de Damas pour placer notre mine. C'était un engin compliqué avec un détonateur central qui devait mettre le feu simultanément à deux charges d'explosif écartées de trente mètres : nous espérions de cette façon atteindre la locomotive quelle que fût la direction de sa marche. Enfouir la mine nous prit quatre heures car la pluie avait à la fois tassé et pourri la terre. Nos pieds laissaient naturellement dans la boue d'énormes empreintes : on eût dit qu'une classe d'éléphants était venue danser sur la voie et sur le remblai. Impossible d'effacer ces traces. Nous fîmes donc le contraire ; les hommes, appelant même les chameaux à leur aide piétinèrent tout le terrain sur plusieurs centaines de mètres ; et quand il apparut qu'un corps d'armée entier avait traversé le vallon, l'emplacement de la mine n'était ni meilleur ni pire que le reste. Tout le monde alors se mit à l'abri derrière quelques misérables monticules. Le froid était intense. Nous attendîmes l'aube accroupis en plein vent, le corps parcouru de frissons, claquant des dents, l'haleine sifflante et les mains contractées comme des griffes.

Au point du jour les nuages avaient disparu. Le soleil, rouge sur la dentelure des monts au-delà de la ligne, vint nous réconforter un peu. Le vieux Dakhil-Allah, notre guide efficace pendant la nuit, prit le commandement en chef et nous dispersa un à un ou deux à deux pour garder les accès de notre refuge. Lui-même rampa sur la crête en avant de nous et surveilla la ligne avec ses jumelles. Pour ma part je ne demandais alors qu'une chose : que les Turcs veuillent bien attendre le moment où le soleil m'aurait rendu un peu de chaleur et d'activité. J'étais, pour l'instant, tout parcouru encore de saccades. Bientôt pourtant le soleil monta, dissipa les brumes sécha mes vêtements. Les choses commencèrent à mieux aller. À midi il faisait presque aussi chaud que la veille ; nous haletions après une ombre et trouvions nos manteaux insuffisants.

Déjà, cependant, à 6 heures du matin, Dakhil-Allah avait signalé un wagonnet arrivant du sud. Il franchit la mine sans dommage, à notre grande satisfaction d'ailleurs; nous n'avions pas enterré une superbe mine double pour quatre hommes et un sergent. Un peu plus tard, soixante hommes sortirent de Madahrig. Qu'allaient-ils donc faire ? Simplement redresser quatre ou cinq poteaux télégraphiques abattus par le cyclone. À 7 h 30, onze hommes descendirent la voie : quatre inspectaient minutieusement les rails; trois, de chaque côté du ballast, recherchaient les traces de pas transversales; le dernier, probablement chef de patrouille, ne faisait rien que marcher d'un air très noble.

Ce jour-là, en tout cas, ils trouvèrent quelque chose aux environs du kilomètre 1121. Aux premières marques de pas, ils se rassemblèrent pour considérer la chose, frappant du pied, grattant le ballast, marchant d'un côté puis de l'autre, avec de profondes méditations. Les recherches nous parurent longues, mais la mine était bien cachée et la patrouille, en fin de compte, poursuivit gaiement son chemin vers le sud à la rencontre de l'autre patrouille qui arrivait de Hédia. Les deux groupes alors s'installèrent commodément à l'ombre fraîche d'un pont pour jouir d'un repos mérité. Le train, cependant, un train lourdement chargé, arrivait du sud. Il comprenait dix wagons bondés de femmes et d'enfants, réfugiés civils de Médine qu'on envoyait en Syrie avec leur déménagement. Il passa sur la mine : pas d'explosion. Le technicien, en moi, était furieux; mais le chef, profondément soulagé : les femmes et les enfants ne valent rien comme butin.

Les Juheinas, en entendant le train, avaient couru, pour le voir sauter, sur la crête où Dahkil-Allah et moi étions couchés en observation. Notre petit écran de pierres était fait seulement pour deux hommes; tout le sommet du monticule, une espèce de cône parfaitement chauve, bien en vue des deux patrouilles à l'œuvre sous leur pont, révéla soudain une densité de population insolite. C'était trop pour les nerfs des Turcs : ils volèrent vers Madahrig et de là (c'est-à-dire environ

5 000 mètres) ouvrirent sur nous un feu nourri. Sans doute alertèrent-ils Hédia par téléphone car cette garnison donna bientôt après signe de vie ; mais comme son poste avancé le plus proche de ce côté était à environ dix kilomètres, les coups de fusils furent remplacés par une fantaisie pour clairon solo qui devait durer tout le jour. La distance donnait au son une grave beauté.

Les coups de fusil n'étaient pas plus dangereux, mais le fait d'être découverts nous parut désagréable. Il y avait à Madahrig dix hommes, mille cent à Hédia, et notre seule ligne de retraite passait dans la plaine du Hamdh où se trouvait cette dernière ville. La cavalerie turque pouvait fort bien faire une sortie et nous couper la route. Les Juheinas, montés sur d'excellents chameaux, ne craignaient rien ; mais notre mitrailleuse, une grosse Maxim prise aux Allemands, chargeait lourdement sa petite mule. La vitesse maxima des servants à pied ou à dos de mulets devait atteindre dix kilomètres à l'heure ; et leur valeur dans le combat, avec une seule pièce, ne serait pas fameuse. Conseil tenu, l'on décida de les reconduire à mi-chemin dans les montagnes ; ils rejoindraient ensuite l'oued Aïss avec une escorte de quinze Juheinas.

Leur départ rendait notre troupe mobile. Nous revînmes donc, Dakhil-Allah, Sultan, Mohammed, moi et le reste de nos hommes, faire un petit tour sur la voie. Le soleil était maintenant infernal et de lentes bouffées torrides commençaient à monter du sud. Vers 10 heures l'on mit à cuire les galettes : nous déjeunâmes sous de beaux arbres, à peu près à l'ombre, la ligne de chemin de fer bien en vue devant nous. Sur le gravier, deçà delà, couraient, vagues punaises grises, les cercles d'ombre pâle jetés, au plongeon hésitant des rameaux dans la brise, par les feuilles recroquevillées de chaleur. Notre pique-nique déplut aux Turcs qui ne cessèrent de tirer ou de claironner jusqu'au soir, pendant que nous dormions à tour de rôle.

À 5 heures environ, ils se turent et nous descendîmes

à notre aise vers la voie. Fusils de Madahrig et clairons d'Hédia, à ce coup, éclatèrent de nouveau. Ils « marchaient » magnifiquement, ces Turcs ! Aussi ne pûmes-nous résister au plaisir d'une blague impressionnante. L'on fit agenouiller les chameaux près du ballast, puis, avec Dakhil-Allah comme iman, nous nous jetâmes tous a terre entre les rails pour réciter notre prière du soir. Les Juheinas n'avaient sans doute plus prié depuis un an ou deux et j'étais moi-même novice ; mais de loin, ce devait être acceptable : les Turcs ahuris cessèrent le feu. Telle fut, comme musulman, ma première et ma dernière prière en Arabie.

Cette cérémonie achevée, il faisait encore trop jour pour nous. Toute la troupe, assise sur le ballast, grilla donc des cigarettes en attendant le crépuscule. L'ombre venue, je voulus aller seul déterrer la mine et découvrir pour ma gouverne la cause de son insuccès. Mais les Juheinas étaient aussi intéressés que moi. Un véritable essaim m'accompagna, grouillant sur les rails pendant mes recherches. Ce fut pour moi une heure d'angoisse terrible. Placer une mine du type Garland n'était déjà pas un « boulot » très sûr, mais gratter, dans le noir, cent mètres de voie, à la recherche d'un détonateur enterré me parut, à ce moment-là, une occupation propre à décourager toutes les compagnies d'assurances. Les deux charges réunies étaient assez puissantes pour arracher soixante-dix mètres de voie. Je ne pouvais m'empêcher de craindre, à chaque seconde, une explosion qui ferait sauter non seulement moi-même mais toute la troupe. C'est pour le coup que les Turcs auraient été ahuris.

Je découvris enfin la mine et je m'assurai, au toucher, que le déclic était descendu d'un seizième de pouce, soit que je l'eusse mal placé, soit que le sol se fût affaissé après la pluie. Je le remis en place. Puis, afin de donner à l'ennemi une explication plausible de notre présence, nous commençâmes à faire sauter diverses choses au nord de la mine : un petit pont de quatre arches d'abord ;

puis deux centaines de rails environ. Pendant que les hommes posaient et allumaient les cartouches, j'enseignai à Mohammed l'art de grimper aux poteaux télégraphiques ; ensemble nous coupâmes les fils et fîmes tomber quelques autres poteaux en tirant sur les tronçons. Tout ceci fut accompli très vite car nous craignions l'arrivée des Turcs. Le travail de mine achevé, nous détalâmes vers nos chameaux pour regagner au grand trot, par la vallée tortueuse, de nouveau la plaine de Hamdh.

Nous étions là en sûreté, mais le vieux Dakhil-Allah était trop satisfait du drôle d'état où nous avions mis la ligne pour s'en aller ainsi posément. Aussitôt sur le sable plat, il fouetta sa bête et nous nous ruâmes lourdement derrière lui à travers la pâleur du clair de lune. L'allure était parfaite et de trois heures l'on ne toucha pas les rênes. Soudain nous débouchâmes ventre à terre sur le camp de notre propre détachement de mitrailleurs. Nos hurlements les épouvantèrent ; ils nous prirent pour des ennemis et dirigèrent aussitôt contre nous les volées de leur Maxim. Par bonheur elle s'enraya dès la première bande ; ses servants, qui étaient des tailleurs de La Mecque, ne surent plus qu'en faire. Sains et saufs, nous les fîmes prisonniers joyeusement.

Tout le monde, le lendemain, fit la grasse matinée. Après le petit déjeuner que l'on prit à Roubiaan (le premier puits de l'oued Aïss), nous causions en fumant une cigarette, prêts à remonter en selle, quand nous parvint le bruit d'une grosse explosion dans la direction de la ligne. L'ennemi avait-il découvert notre mine ou bien venait-elle de fonctionner ? Nous avions laissé en arrière deux hommes pour nous renseigner. La troupe reprit donc sa marche lentement, d'abord pour les attendre, ensuite à cause du terrain qui n'était pas facile. Deux jours auparavant la pluie avait gonflé l'oued Aïss : le lit demeurait tacheté de flaques grasses et grises, serties dans une boue d'argent, écailleuse et ridée par l'eau comme un flanc de poisson. La chaleur du soleil, tapant là-dessus, composait maintenant une excellente colle, où nos chameaux désespérés patinaient comiquement, quand ils ne s'affalaient pas avec un zèle et une générosité surprenants chez des animaux aussi dignes. Leur irritation croissait d'ailleurs ; à chacun de nos éclats de rire.

La lumière, une marche facile somme toute, et l'attente d'heureuses nouvelles rendaient le monde plaisant. Nous devînmes sociables. Mais une certaine raideur due à la gymnastique de la veille, et une certaine lourdeur due à l'excès de nourriture, nous incitèrent à camper avant d'atteindre Abou Markha. Au coucher du soleil, donc, nous fîmes choix d'une terrasse sèche pour dormir. J'y montai le premier et seul. Quand je me retournai, mes compagnons, massés au creux du val sur leurs chamelles baies, se dressaient dans les lueurs rouges du couchant comme des statues de bronze ; on les eût dit illuminés d'un flamboiement intérieur.

La galette n'était pas cuite que nos éclaireurs arrivèrent. Dès l'aube, rapportèrent-ils, les Turcs s'étaient mis à l'ouvrage sur le lieu de nos exploits ; un peu plus tard une locomotive traînant des wagons de rails couronnés d'ouvriers était arrivée d'Hédia ; elle avait fait sauter la mine, et déraillé. Nous n'espérions pas davantage. Le retour au camp d'Abdullah se fit par un beau matin de printemps, parmi les chants et les rires Nous avions prouvé qu'une mine bien en place : *primo*, explosait ; *secundo*, était difficilement repérée, même par l'auteur responsable. Ces conclusions étaient d'importance : Newcombe, Garland et Hornby étaient en effet sur la voie prêts à la « travailler » sans répit, et les mines étaient la meilleure arme encore découverte pour rendre la circulation des trains à la fois coûteuse et incertaine pour nos ennemis les Turcs.

CHAPITRE XXXVI

En dépit de son obligeance et de son charme, je ne pouvais aimer Abdullah ni son camp. Peut-être mon humeur solitaire ne pouvait-elle se satisfaire de ces gens trop sociables; peut-être aussi leur bonne humeur me montrait-elle la futilité de mes efforts quand j'essayais, non seulement de paraître meilleur que je n'étais, mais encore d'améliorer les autres. Rien n'était futile, au contraire, dans l'atmosphère de pensée plus haute et de responsabilité qui régnait au camp de Fayçal. Abdullah ne songeait qu'à mener joyeuse vie à l'ombre de sa grande tente : visible seulement pour ses amis, il renvoyait à une seule session publique dans l'après-midi les requêtes, les adhésions nouvelles ou le règlement des disputes. Le reste du jour il lisait des journaux, soignait son alimentation ou dormait. Souvent il jouait aux échecs avec les membres de son État-Major ou turlupinait Mohammed Hassan. Ce dernier, officiellement muedhdhin, était en fait le fou du chérif. Un vieux fou, à mon avis, et fort ennuyeux. La maladie me mettait moins encore que d'ordinaire en humeur de plaisanter.

Abdullah et ses amis Chakir, Fauzan, les deux fils de Hamza, Sultan-el-Abbud et Hoshan (des Ateibas), enfin Ibn Mesfer, maître des cérémonies, passaient la plupart de leurs jours et leurs soirées entières à tourmenter Mohammed Hassan. Le larder d'épines, le lapider, lui insinuer dans le dos des cailloux chauffés au soleil ou mettre le feu à ses habits étaient les plaisanteries ordinaires. Une farce plus compliquée consista à faire courir sous les tapis une traînée de poudre, Mohammed étant assis sous la charge extrême. Abdullah abattit même à trois reprises d'un coup de fusil une cafetière posée sur sa tête. Trois mois de gages récompensèrent cette patiente servilité.

Après la moindre promenade à cheval ou la moindre chasse, Abdullah épuisé réclamait des masseurs, puis des récitants pour calmer son mal de tête. Remarquablement lettré, il aimait fort l'histoire et la poésie arabe : les poètes locaux trouvaient profit à lui dire leurs vers. Sa tente était le théâtre de tournois grammaticaux qui se terminaient par une distribution de prix en argent.

Il affectait de ne pas se soucier de la situation dans le Hedjaz et, considérant l'autonomie des Arabes comme assurée par les promesses de la Grande-Bretagne à son père, s'endormait mollement sur cet oreiller. J'eus un instant grande envie de lui dire que le pauvre vieil innocent n'avait reçu de nous aucun engagement concret ou formel : leur bateau pouvait fort bien chavirer sur la barre de sa niaiserie politique. Mais c'eût été trahir mes supérieurs. Balancé, comme toujours en temps de guerre, entre la sincérité et le loyalisme, j'hésitai quelque peu et finis par m'arrêter au parti le plus expédient : faire le mort.

Abdullah, qui s'intéressait fort à la guerre européenne, l'étudiait soigneusement dans la presse. Il se préoccupait aussi de la politique occidentale au point d'apprendre par cœur le nom de tous les souverains et ministres d'Europe, jusques et y compris celui du président helvétique. Je remarquai de nouveau à cette occasion combien notre confortable Royauté ajoutait au prestige de l'Angleterre dans le monde asiatique. Ces vieux pays artificiels dont la hiérarchie de chérifs et de chefs reste purement féodale, trouvent à la fois plus honorable et plus sûr le commerce avec un État où le poste suprême n'est pas donné à l'ambition ou au mérite.

Ma première impression d'Abdullah avait été favorable : je déchantai par la suite. Ses malaises constants m'avaient d'abord apitoyé ; je les jugeai plutôt dignes de mépris quand je vis derrière eux la paresse d'un jouisseur qui dépense un excès de loisir à soigner sa petite personne. Ses accès plaisants de despotisme révélèrent la tyrannie d'un faible qui déguise en lubies des actes d'arbitraire. Sa bienveillance devint caprice ; sa bonne humeur, sensualité. Un certain levain d'hypocrisie semblait le gonfler tout entier. Même sa simplicité se révélait fausse à l'expérience. S'il laissait tout un héritage de préjugés religieux dominer un esprit par ailleurs pénétrant, c'est qu'une pensée libre l'eût fatigué bien davantage. Ses discours laissaient entrevoir souvent une trame d'idées subtiles et fortes : mais son indolence venait tout gâter. Les toiles qu'il tissait s'effilochaient toujours faute d'être achevées. À la fin, il manquait également de désirs élémentaires et de desseins efficaces. Du coin de son œil débonnaire sans cesse il observait nos réactions à des questions d'apparence innocente, accordant ensuite une signification subtile à la moindre des hésitations ou à la plus honnête des erreurs.

Un jour, entrant dans sa tente, je le trouvai debout, les yeux élargis et le sang aux joues. Le sergent Prost, son vieux précepteur, venait à peine d'arriver, innocent porteur d'une lettre du colonel Brémond. Le chef de la Mission Française signalait la manœuvre d'encerclement des Anglais, investissant les Arabes par Aderi, Gaza et Bagdad. Il espérait qu'Abdullah se rendait un compte exact de sa situation. Avec emportement Abdullah me demanda ce que j'en pensais ; éludant astucieusement la question, je répondis par une jolie phrase : pouvais-je espérer à mon tour, dis-je, qu'il soupçonnerait notre loyauté quand il nous prendrait à médire de nos amis dans une correspondance secrète ? Mon arabe délicatement empoisonné amusa le chérif. Je reçus, en retour, un compliment acéré : en effet nous devions être sincères pour nous faire représenter à Djeddah par le colonel Wilson. À ce point la subtilité du chérif, pour si grande qu'elle fût, s'étranglait elle-même de façon caractéristique : il ne voyait pas qu'une double subtilité eût réduit à rien son argument. L'honnêteté d'un représentant peut être la ruse la plus efficace de bandits qui font tirer les marrons du feu par un autre, et Wilson pouvait être trop franc pour soupçonner aisément ses chefs de machiavélisme.

Wilson n'a jamais dit même une demi-vérité. Recevait-il l'ordre d'informer diplomatiquement le roi des Arabes qu'on ne pouvait rien ajouter aux subsides mensuels, il appelait aussitôt La Mecque au téléphone : « Seigneur, disait-il, Seigneur, il n'y a plus d'argent. » Il n'était pas seulement incapable de mentir : une certaine finesse dans le bon sens l'avertissait qu'un mensonge est le pire des gambits contre de pareils joueurs. Grandis dans un brouillard de fourberies ils ont, pour le sentir de loin, un nez incomparable. Les chefs du Mouvement ont toujours montré dans nos tractations un instinct, une certitude intuitive, une confiance dans ce qu'ils pressentaient sans le percevoir clairement, qui laissaient ahuris nos esprits raisonneurs. Comme les femmes, ils jugeaient et comprenaient vite, sans effort et sans discussion. En excluant les femmes de la vie publique, les hommes d'Orient semblaient avoir acquis leurs dons particuliers. La vitesse et le secret de notre victoire, pour une part au moins, et toute sa régularité viennent de là : c'est un fait très remarquable, à la fois compensé et mis en évidence par ce double sens des Orientaux, qu'il n'y eut, d'un bout à l'autre de la Révolte, absolument rien de féminin, excepté les chamelles.

Le personnage le plus saillant, dans l'entourage d'Abdullah, était le chérif Chakir, alors âgé de vingt-neuf ans, et compagnon d'enfance des quatre émirs. Il devait sa peau blanche à sa mère et à sa grand-mère circassiennes ; mais toute la chair de son visage avait été ravagée par la variole. Deux yeux mobiles, énormes et brillants, semblaient guetter du haut de cette ruine pâle ; car le vague des cils et des sourcils vous mettait aussitôt en face de ce regard déconcertant. Une activité athlétique quotidienne donnait à sa haute silhouette une minceur d'adolescent. Sa voix aiguë, coupante, mais agréable, s'éraillait dans les cris. Son attitude délicieusement franche avait quelque chose d'abrupt, d'impérieux, avec un humour aussi « fêlé » que le gloussement de son rire.

Son impétueuse liberté de parole ne semblait respecter personne sur terre hormis le roi Hussein. Pour lui-même il exigeait beaucoup plus de déférence qu'Abdullah qui bouffonnait toujours avec l'essaim de jeunes hommes vêtus de soie qui l'entouraient au premier signe de belle humeur. Chakir se lançait comme un fou dans le jeu, mais punissait durement toute liberté à son égard. Il s'habillait avec une simplicité très propre et, comme Abdullah, passait des heures en public à jouer du cure-dents. Les livres ne l'intéressaient pas et les méditations ne le fatiguaient guère. Il n'en était pas moins intelligent et d'une conversation intéressante. Malgré sa dévotion il haïssait La Mecque et jouait au tric-trac pendant qu'Abdullah lisait le Coran. De temps à autre, pourtant, il tombait dans d'interminables accès de prière.

À la guerre, il était le guerrier même. Ses exploits en faisaient le favori des tribus. En retour, il s'intitulait tantôt Bédaoui, tantôt Ateibi, et imitait leurs manières. Il enduisait soigneusement de beurre les longues mèches noires qui encadraient son visage, et entretenait leur vigueur par de fréquentes lotions à l'urine de chameau. Il entretenait aussi ses lentes (en accord avec le proverbe bédouin : « tête déserte, esprit avare »), et portait le brim, ceinture de fines lanières tressées qu'on enroule trois ou quatre fois autour de la taille pour soutenir le ventre. Il possédait des chameaux et des chevaux splendides. C'était le meilleur cavalier d'Arabie, prêt à se mesurer avec quiconque.

J'eus l'impression que Chakir était plus capable de sursauts violents que d'un effort soutenu. Mais son apparence de « tête folle » masquait un équilibre non dépourvu de finesse. Avant la guerre, le chérif Hussein l'avait envoyé en ambassade au Caire pour des tractations privées avec le khédive d'Égypte. Sa silhouette bédouine, dans le stuc doré de l'Abdin, ne devait pas manquer de pittoresque. Abdullah, qui avait pour Chakir une admiration sans bornes, essayait toujours de voir le monde à travers ses yeux de gai sans-souci. À eux deux ils compliquèrent sérieusement ma mission dans l'oued Aïss.

CHAPITRE XXXVII

Quant à la situation tactique, Abdullah s'en préoccupait fort peu, prétendant avec mesquinerie qu'elle concernait uniquement Fayçal. Lui était venu dans l'oued Aïss pour plaire à son jeune frère : il y resterait. Il ne participait à aucun raid et n'encourageait guère ceux des autres. Je vis de la jalousie dans cette attitude : Abdullah négligeait ostensiblement les opérations militaires pour éviter toutes comparaison entre son action et celle de son frère. Sans l'aide immédiate de Chakir j'aurais pu rencontrer quelques difficultés dans mon organisation : tôt ou tard, il est vrai, Abdullah eût cédé et gracieusement autorisé ce qui n'exigeait pas de lui un effort personnel. En tout cas il y avait maintenant sur cette section deux détachements à pied d'œuvre avec les moyens de faire à peu près chaque jour un dommage quelconque. Une action beaucoup moins active suffirait à saboter la marche des transports et, rendant le maintien de la garnison à Médine juste un peu moins compliqué que son évacuation, servirait à la fois les Anglais et les Arabes. Je jugeai donc fait, et bien fait, mon travail dans l'oued Aïss.

J'avais hâte de quitter pour le Nord ce camp amollissant. Abdullah me laissait faire tout ce que je voulais mais ne faisait rien de lui-même : à mon sens, au contraire, la valeur de la Révolte résidait dans les initiatives purement arabes. L'enthousiaste Fayçal travaillait avec la seule idée de justifier le renom de sa race en gagnant, de ses propres mains, sa liberté. Ses lieutenants Nacer, Charraf ou Ali-ibn-el-Hussein le secondaient avec intelligence et courage. Je n'avais plus qu'un rôle de synthèse. De cette pluie d'étincelles éparses je faisais une seule flamme ; de leurs manœuvres dénouées, une seule action consciente.

Nous quittâmes le camp le 10 avril au matin après de charmants adieux d'Abdullah. J'étais toujours accompagné de mes trois Ageyls auxquels s'était joint Arslan, drôle de petit guignol syrien, tout empêtré dans son costume arabe et les bizarres façons de vivre bédouines. Il montait très mal et souffrit pendant tout le voyage du pas peu confortable de ses bêtes. Mais il oignait sa dignité en déclarant hautement qu'à Damas aucun homme qui se respecte ne consentirait à monter un chameau ; ajoutant avec humour qu'en Arabie, seul un Damascène pouvait consentir à monter un aussi mauvais chameau. Mohammed-el-Kadhi, escorté de six Juheinas, nous servait de guide.

Nous reprîmes l'ouadi Tleih, mais en faisant un détour sur la droite pour éviter la lave. Nous n'avions pas emporté de vivres : il fallut donc nous arrêter à un groupe de tentes pour demander l'hospitalité du riz et du lait. Le printemps, dans les montagnes, est une époque d'abondance pour les Arabes : les tentes regorgent de lait de brebis, de chèvre et de chamelle et leurs habitants bien nourris ont belle apparence. Dans la chaleur d'un jour d'été anglais, nous descendîmes pendant cinq heures une étroite vallée, lavée par une crue récente, l'ouadi Osman ; elle tournait et serpentait au travers des montagnes mais nous fournit une route facile. La dernière partie de l'étape se fit dans l'obscurité. Quand nous nous arrêtâmes, Arslan manquait. Coups de fusil, feux allumés n'eurent aucun résultat. Jusqu'à l'aube nous attendîmes tandis que les Julieinas faisaient des recherches dans tous les sens. On découvrit enfin notre homme à un mille en arrière, profondément endormi sous un arbre.

Une petite heure après, nous nous arrêtions pour déjeuner sous les tentes d'une épouse de Dakhil-Allah. Mohammed s'alloua généreusement un bain, un nouveau tressage de sa chevelure luxuriante et des habits propres. Il était près de midi lorsqu'on nous apporta enfin pour notre repas les quartiers d'un agneau sur un énorme plat de riz au safran. Mohammed, pour introduire en mon honneur quelques raffinements dans le service, arrêta le plat au passage, emplit pour lui et pour moi un petit bassin de cuivre, et d'un signe abandonna le reste à l'appétit du camp. La mère de Mohammed, se jugeant assez vieille pour satisfaire sa curiosité, vint m'interroger longuement sur les femmes de la tribu chrétienne et sur leurs façons de vivre, s'étonna de ma peau blanche et de mes horribles yeux bleus qui ressemblaient, dit-elle, à l'azur du ciel vu par les orbites d'une tête de mort.

On repartit. L'ouadi Osman, moins irrégulier que la veille, s'élargit lentement. Après deux heures et demie de marche, un coude brusque nous fit déboucher dans le Hamdh, au fond d'une gorge étroite entre deux falaises. Comme d'ordinaire les bords du lit de sable dur étaient nus tandis que le centre de la gorge se hérissait d'hamdh-asla en renflements dartreux, salins et gris. Devant nous s'étendaient des mares d'eau douce laissées par la crue : la plus vaste — environ trois cents pieds de longueur — emplissait une espèce de fosse étroite taillée à pic dans l'argile imperméable. Cette eau, dit Mohammed, resterait là jusqu'à la fin de l'an, mais deviendrait bientôt salée et impropre à tout usage.

Nous nous baignâmes après avoir bu : l'eau fourmillait de petits poissons argentés comme des sardines, tous voraces. Cédant au plaisir de flâner, nous ne remontâmes en selle qu'au soir tombé ; six milles, et le sommeil nous prit. Nous quittâmes alors le fond pour établir plus haut notre camp. L'ouadi Hamdh diffère des autres vallées du Hedjaz par son air frisquet. La différence est naturellement plus sensible la nuit quand une brume, blanche comme une efflorescence saline, glace le fond de la vallée, s'élève un peu puis s'immobilise à quelques pieds jusqu'à l'aube. Mais pendant le jour, même au soleil, l'air du Hamdh reste humide et bizarrement cru.

Le lendemain on se mit en route de bonne heure. Notre piste suivait de larges étangs dont quelques-uns seulement contenaient de l'eau potable ; dans les autres, verts et saumâtres, les petits poissons blancs flottaient le ventre en l'air, déjà mis en conserve. Nous traversâmes le lit un peu plus loin pour piquer au nord vers la plaine d'Oujila, où Ross, le chef de notre aviation à El Ouedj, avait installé récemment un aérodrome. Les indigènes gardiens du dépôt d'essence nous donnèrent à déjeuner et nous descendîmes ensuite l'ouadi Méthar.

Un sommeil de quatre heures à l'ombre d'un arbre rafraîchit notre monde et les Juheinas entreprirent de jouer de vitesse sur leurs chameaux. Deux par deux au début, ils furent bientôt six de front. La piste était mauvaise ; un des hommes lança son animal au galop sur un tas de pierres ; la bête glissa ; projeté à terre il se brisa le bras. C'était un accident des plus infortunés. Mais Mohammed banda froidement le membre cassé avec quelques chiffons et un tronçon de rêne, et installa le blessé sous un arbre. Après un peu de repos, il retournerait passer la nuit à Oujila. Les Arabes ne prêtent pas grande attention aux fractures. J'avais vu déjà sous une tente de l'oued Aïss un jeune homme dont l'avant-bras s'était mal ressoudé ; avec sa dague il avait lui-même remis l'os à nu pour le rebriser et le redresser. Je l'avais trouvé allongé à l'ombre, l'avant-bras énorme sous son bandage d'herbe et d'argile, supportant philosophiquement les mouches en attendant sa guérison.

Nous poussâmes dans la matinée jusqu'à Kaoutila (l'eau du puits, impure, purgea cruellement nos chameaux) et franchîmes encore huit milles dans la soirée afin d'aller le lendemain à El Ouedj d'une seule longue traite. Le réveil eut donc lieu peu après minuit ; à l'aube nous descendions déjà l'interminable pente qui du Raal descend dans la plaine vers le delta du Hamdh jusqu'à la mer. Les traces d'autos dont le sol était tout creusé excitèrent chez mes Juheinas le plus vif désir d'aller voir de près ces nouvelles merveilles. Enflammés par cette ardeur, nous fîmes une étape de huit heures, extraordinaire pour un Bédouin du Hedjaz.

À jeun depuis le matin du jour précédent nous avions quelque raison, hommes et chameaux, de nous sentir las. Mohammed jugea donc le moment venu d'organiser un match de vitesse entre coureurs et cavaliers. Sautant de sa bête, il quitta ses vêtements et nous lança un défi : le but était un buisson épineux au sommet de la côte ; l'enjeu, une livre sterling. Tous relevèrent l'offre et la cohue des chameaux démarra. La distance — environ trois quarts de mille à la montée, sur un terrain sablonneux — parut à Mohammed, j'imagine, plus longue qu'il n'avait pensé. Avec une énergie surprenante il gagna néanmoins de quelques pouces, puis s'abattit, saignant de la bouche et du nez. Nous avions pourtant quelques bonnes bêtes et les chameaux, quand on les oppose les uns aux autres, atteignent leur vitesse maxima.

L'air de la plaine était chaud et lourd pour des montagnards. Je craignis que l'épuisement de Mohammed n'eût des conséquences graves. Mais après une heure de repos et une tasse de café il remonta en selle et accomplit les six dernières heures du trajet aussi joyeusement qu'auparavant, sans interrompre les petites farces qui avaient égayé notre marche depuis Abou Markha. Si, par exemple, il voyait devant lui un compagnon trop paisible, il poussait, avec un hennissement subit, son bâton dans la croupe de la chamelle ; celle-ci, croyant à l'assaut d'un mâle excité, plongeait au galop avec une brusquerie des plus déconcertantes pour celui qui la montait. Une autre excellente plaisanterie consistait en un carambolage de bêtes galopantes contre un arbre : ou l'arbre tombait alors (car dans ces vallées sablonneuses du Hedjaz peu de choses sont aussi instables qu'un arbre), ou le cavalier sortait de l'affaire égratigné et les habits en loques ; mais le plus épatant était que, balayé de sa selle, il s'empalât sur une branche épineuse ou roulât sur le sol les quatre fers en l'air. Cette réussite des réussites soulevait l'approbation générale, celle du patient exceptée.

C'est un peuple bizarre que celui des Bédouins. Leur compagnie constante exige d'un Anglais des abîmes de patience. Esclaves absolus de leur appétit, sans résistance spirituelle ; buveurs incontinents de café, de lait ou d'eau ; bâfreurs de viande bouillie ; toujours à mendier un peu de tabac, ils rêvent pendant des semaines à de rares voluptés sexuelles et remplissent les intervalles en se chatouillant et en chatouillant leurs auditeurs d'histoires obscènes. Dans d'autres circonstances, l'occasion aidant, ils fussent devenus de bas sensualistes. Leur force provient seulement des conditions géographiques qui leur interdisent les tentations. La pauvreté de l'Arabie les rend simples, continents, endurants malgré eux. Jetés dans un pays civilisé, ils succomberaient comme toute race sauvage, minés par les maladies, l'abjection, la luxure, la cruauté, la fourberie et l'artifice qui les atteindraient plus que d'autres, faute de vaccination.

Soupçonnaient-ils que nous prétendions les mener ? Ils devenaient à l'instant têtus comme des mules ou s'en allaient. Si, au contraire, nous voulions bien consacrer notre temps et notre peine à les comprendre et les tenter, alors ils étaient prêts à se donner beaucoup de mal pour nous satisfaire. Les résultats valaient-ils, à la fin, l'effort dépensé ? Personne ne pouvait le dire. Un Anglais, accoutumé à des placements avantageux, ne voudrait pas, ne pourrait pas, en vérité, gaspiller le temps, l'esprit et le tact que prodiguent chaque jour, pour de maigres avantages, les cheikhs et les émirs. Pourtant les façons de penser des Arabes sont claires ; leur cerveau fonctionne suivant la même logique que le nôtre, sans rien de radicalement incompréhensible. Toutes les différences sont dans les prémisses. Quand nous traitons les Orientaux d'impénétrables, nous n'avons pas de raison ni d'excuse : notre paresse et notre ignorance sont la seule cause des malentendus.

Mon avis était donc que les Arabes nous suivraient si nous acceptions de les supporter et de jouer le jeu suivant leurs règles. Mais voilà le malheur : nous commencions souvent ainsi, pour tout lâcher bientôt, exaspérés, en envoyant les Arabes au diable. La faute n'était qu'en nous-mêmes. Ces récriminations de général qui se plaint de ses troupes masquent en vérité une faute de clairvoyance : si nous nous en confessions quelquefois, c'était par fausse modestie, pour nous flatter de savoir au moins reconnaître nos erreurs.

CHAPITRE XXXVIII

Un souci de propreté me fit arrêter aux abords d'El Oued pour changer mes vêtements sales. Mon rapport achevé, Fayçal m'emmena au fond de sa tente pour me mettre au courant. Tout semblait aller bien. De nouvelles automobiles étaient arrivées d'Égypte ; Yanbo était vide de soldats et de munitions ; Charraf lui-même avait rejoint le camp avec une troupe imprévue, une compagnie de mitrailleurs formée de façon amusante ; Nous avions laissé à Yanbo trente soldats malades ou blessés et un tas d'armes brisées aux soins de deux sergents armuriers britanniques. Les sergents, trouvant le temps long, avaient combiné les Maxim réparées et les malades guéris en une compagnie de mitrailleurs, si parfaitement dressés par gestes qu'ils valaient nos meilleures troupes de ce genre.

On était en train d'évacuer aussi Rabigh. Les avions de ce centre avaient rejoint El Ouedj et s'y étaient installés. Les troupes égyptiennes avaient suivi par mer avec Joyce Goslett et l'État-Major de Rabigh qui avait maintenant pris en main l'organisation d'El Ouedj. Newcombe et Hornby étaient à l'intérieur des terres,

« travaillant » nuit et jour la ligne de chemin de fer, de leurs propres mains la plupart du temps, faute d'aides. La propagande dans les tribus avançait. Tout allait donc pour le mieux et j'étais sur le point de me retirer quand Souleiman, le maître de cérémonie, entra précipitamment et murmura quelque chose à l'oreille de Fayçal ; celui-ci se tournant vers moi avec des yeux brillants dit en essayant de garder son calme : « Aouda est ici. » — « Aouda-Abou Tayi ? » criai-je. Et, à l'instant, le rideau de la tente fut écarté, cependant qu'une voix profonde mugissait un salut à Notre Seigneur, Commandeur des Croyants. Un homme entra, grand, fort, le visage hagard, d'un tragique passionné. C'était Aouda, suivi de son fils Mohammed, encore puéril d'apparence et en vérité âgé seulement de onze ans.

Fayçal s'était levé précipitamment. Aouda lui prit la main et la baisa. Puis tous deux s'écartèrent en se considérant — couple superbe unissant ce que l'Arabie avait de plus haut : Fayçal le Prophète et Aouda le Guerrier, chacun d'eux parfait dans son genre, aimant et comprenant l'autre aussitôt. Ils s'assirent. Fayçal nous présenta un à un ; Aouda, cependant, d'un mot mesuré, semblait prendre note de chacun.

Nous avions beaucoup entendu parler d'Aouda. En vérité, nous comptions sur lui pour nous ouvrir la route d'Akaba ; je devinai bientôt, à la force et à la franchise de l'homme, que nous atteindrions le but. Il était venu vers nous comme un chevalier errant, impatienté de notre retard, soucieux de servir sur ses propres terres la cause de la liberté arabe. Que ses actions se rapportent à la moitié de ses désirs et nous serions fortunés. Quand vint l'heure du dîner nous n'avions plus aucune inquiétude.

Nous formions une joyeuse table : Nasib, Faiz, Mohammed-el-Dheilan, le cousin d'Aouda, Zaal son neveu, enfin Nacer qui se reposait quelques jours à El Ouedj entre deux raids. Je racontai à Fayçal les histoires du camp d'Abdullah et nos allègres démolitions. Soudain Aouda se dressa d'un bond : « Dieu me pardonne », dit-il, et il sortit de la tente. Tous les convives se regardèrent interdits. Un grand martèlement me fit sortir à mon tour. Aouda, penché sur un roc, écrasait son dentier à coups de pierre. « J'avais oublié, m'expliqua-t-il, que c'était un cadeau de Djémal Pacha. Malheureux qui mangeais le pain de mon Seigneur avec des dents turques ! » Mais ses propres dents étaient rares. Il eut depuis ce jour toutes les peines du monde à manger de la viande qu'il adorait, et se nourrit fort mal jusqu'à la prise d'Akaba. Sir Reginald Wingate lui envoya alors un dentiste d'Égypte pour lui faire un appareil allié.

Aouda portait avec beaucoup de simplicité le costume du Nord en cotonnade blanche avec, sur la tête, un foulard rouge de Mossoul. Il pouvait avoir plus de cinquante ans ; de nombreuses mèches blanches striaient sa chevelure noire. Mais il était encore fort et droit, souple, maigre, et aussi actif qu'un jeune homme. Son visage avait un profil et des modelés magnifiques. On y lisait le drame de son existence : la mort dans un combat de son fils favori Annad. Ainsi avait fini son rêve de transmettre aux générations futures la grandeur du nom d'Abou Tayi. Ses yeux expressifs avaient la richesse du velours noir. Sous un front bas et large le nez mince saillait avec une courbe puissante ; la bouche était grande et mobile. Il portait la barbe et la moustache taillées en pointe, à la mode des Haoueitates, avec la mâchoire rasée en dessous.

Les Haoueitates proviennent du Hedjaz ; encore que cette émigration remonte à plusieurs siècles, les clans nomades s'enorgueillissent d'être de vrais Bédouins. Aouda était leur maître-type. Seuls les insatiables ne ressentaient pas quelque gêne de son hospitalité sans limites. Aussi restait-il pauvre, malgré cent raids heureux. Il avait contracté vingt-huit mariages ; reçu treize blessures ; vu blesser tous ses hommes sans exception et mourir la plupart de ses parents. Lui-même avait tué de ses mains soixante-quinze Arabes au cours de combats ;

jamais personne en d'autres circonstances. Du nombre de Turcs massacrés il ne pouvait rien dire : ils n'entraient pas en ligne de compte. Les Tohoueias, sous son commandement, étaient devenus les premiers guerriers du désert, avec une tradition de courage fou, un sentiment de supériorité qui ne les quittait pas tant qu'ils sentaient en eux de la vie, devant eux de l'ouvrage à faire. Mais à ce régime, le nombre des mâles de la tribu était passé de mille deux cents à moins de cinq cents en trente années de combats toujours plus sévères.

Aouda faisait des raids aussi souvent et aussi loin que possible. Au cours de ses expéditions il avait touché Alep, Bassorah, El Ouedj et l'ouadi Daouasir. Il entretenait soigneusement ses mésintelligences avec la plupart des tribus dans le désert afin de conserver un rayon d'action suffisant. Dans son style de bandit il avait la tête aussi positive que chaude : un lucide calcul des chances le guidait à travers ses exploits les plus fous. Sa patience, au cours d'un combat, était extrême : il recevait et ignorait les avis, les critiques et les injures avec un sourire d'une constance vraiment ravissante. Dans la colère son visage se contractait irrésistiblement : tremblant d'une rage que le meurtre seul pouvait apaiser, il devenait alors une bête féroce que les hommes fuyaient. Rien au monde, persuasion ou ordre, n'était capable de lui faire faire la moindre chose contre son gré et, sa décision prise, le sentiment d'autrui ne comptait plus.

Il voyait la vie comme une saga. Le moindre événement y prenait un sens ; le moindre personnage en contact avec lui devenait héroïque. Son esprit était tout meublé de poèmes célébrant des raids anciens et de récits épiques qu'il déversait sur le premier auditeur venu. En l'absence d'auditeur il se les chantait sans doute à lui-même de sa voix formidable, profonde, résonnante et haute. Incapable de surveiller ses paroles, il nuisait à son propre crédit et blessait ses amis continuellement. Il parlait de lui à la troisième personne, si assuré de sa gloire qu'il se plaisait à déclamer des histoires défavorables sur son compte. Il semblait parfois saisi par le démon du mal et racontait en public, sous la foi du serment, d'épouvantables histoires (inventées de toutes pièces) sur la vie privée de son hôte ou de ses invités. Avec tout cela, c'était un homme modeste, simple comme un enfant, franc, honnête, généreux, et profondément aimé même par ceux qu'il gênait le plus — ses amis.

Joyce vivait près de la grève, dans un imposant déploiement de grandes et de petites tentes, à côté des baraquements égyptiens. J'allai le trouver et nous parlâmes des choses faites ou à faire. Tous nos efforts étaient encore dirigés contre la voie de chemin de fer. Newcombe et Garland étaient près de Muadhdham avec le chérif Charraf et Mauloud. Ils avaient emmené de nombreux Billis, notre infanterie à dos de mules, des canons et des mitrailleuses : ils espéraient s'emparer là du fort et de la gare. Le plan de Newcombe était alors de porter tous les hommes de Fayçal en avant, très près de Médain Salih, pour prendre et occuper une portion de la voie. Médine, coupée de ses bases, devrait bientôt se rendre. Wilson était en route pour venir nous aider et Davenport amènerait, pour renforcer l'attaque arabe, autant de soldats égyptiens que ses bateaux pourraient en transporter. Tel était le programme que j'avais cru moi-même nécessaire au progrès de la Révolte Arabe, lors de notre marche sur El Ouedj. Une partie du plan était mon œuvre. Mais, depuis ces jours fortunés de fièvre et de dysenterie dans le camp d'Abdullah, où j'avais eu tout le loisir de méditer sur la stratégie et la tactique d'une guerre irrégulière, non seulement les détails, mais l'essence même de ce plan me paraissaient une erreur. Il s'agissait donc pour moi d'exposer mon changement et de convertir, si possible, mes chefs à ma nouvelle théorie.

Je débutai par trois propositions : *primo*, nos troupes irrégulières se refusaient à attaquer les positions fortifiées : elles étaient donc incapables de forcer une décision. *Secundo*, elles étaient tout aussi incapables de défendre une ligne ou un point. *Tertio*, leur force ne se condensait pas sur un front, mais s'étendait en profondeur, derrière.

La guerre arabe était géographique, et l'armée turque, un accident. Que fallait-il donc faire ? Chercher le maillon matériel le plus faible chez l'ennemi, et faire porter sur lui tout notre effort, jusqu'au moment où la chaîne entière céderait. Les Bédouins, qui formaient notre masse de manœuvre et sur lesquels nous devions nous fonder, n'avaient pas l'habitude des opérations méthodiques ; leur actif était tout autre : mobilité, résistance à la fatigue, confiance en soi, connaissance du terrain, courage intelligent. Leur force croissait avec leur dispersion. En conséquence, nous devions étendre notre front au maximum, imposer aux Turcs une défense passive, puisque c'était, matériellement, la forme de guerre la plus coûteuse pour eux.

Notre devoir était d'atteindre ce but avec la plus grande économie de vies humaines, puisque la vie était plus précieuse pour nous que l'argent ou le temps. Doués d'une patience et d'une habileté surhumaines, nous aurions pu suivre la tactique du Maréchal de Saxe et obtenir la victoire sans combat, en pressant simplement nos avantages mathématiques et psychologiques. Notre faiblesse, par bonheur, n'était pas telle que nous dussions en arriver là. Nous étions plus riches que les Turcs en moyens de transport, en mitrailleuses, en autos et en explosifs. Nous pouvions organiser une force extrêmement mobile, puissamment équipée, de dimensions minima, qui frapperait successivement à des points bien distribués de la ligne turque pour contraindre l'ennemi à renforcer ses postes, le minimum de vingt hommes devenant insuffisant. Là était le raccourci vers la victoire.

Inutile de prendre Médine. Les Turcs qui l'occupaient ne nous faisaient aucun mal. Prisonniers en Égypte, ils nous coûteraient de la nourriture et des gardes. Nous devions au contraire désirer qu'ils restassent nombreux à Médine ou dans tout autre lieu éloigné de leur base; que la ligne fonctionnât, mais fonctionnât tout juste avec le maximum de pertes et d'inconfort — voilà notre idéal. Le facteur ravitaillement obligerait toujours les Turcs à tenir les voies de chemin de fer, mais sur les voies ils étaient les bienvenus; qu'ils occupent donc la ligne du Hedjaz, comme celles du Jourdain, de la Palestine, de la Syrie, tant que la guerre durerait — à condition de nous laisser le reste, c'est-à-dire les 999 millièmes du monde arabe! Si le commandement ennemi s'avisait d'évacuer trop vite afin de concentrer ses troupes sur la petite surface qu'elles pouvaient effectivement contrôler, nous devions lui rendre confiance en relâchant notre pression. La stupidité de l'ennemi devenait notre meilleur allié. Sans aucun doute il préférerait tenir ou croire tenir le plus possible des vieilles provinces. Cet orgueil d'un héritage impérial le maintiendrait dans son absurde position présente : pas de front, rien que des flancs.

Je critiquai ensuite le détail du plan. Occuper un tronçon de la ligne coûterait cher, car les forces concentrées là seraient menacées de tous côtés. Le mélange de troupes égyptiennes et d'indigènes irréguliers était une faute du point de vue moral : aussitôt qu'ils voyaient des soldats professionnels, les Bédouins s'écartaient pour les regarder travailler, heureux de n'avoir pas à jouer le premier rôle. Résultat : jalousie et faiblesse. Enfin le pays des Billis était des plus arides; le maintien d'une force importante près de la ligne offrirait de grandes difficultés techniques.

Ni mon raisonnement général ni mes objections ne pesèrent beaucoup. Les plans étaient établis, les préparatifs avancés; tout le monde avait trop à faire avec son propre travail pour me donner l'autorisation formelle de me lancer dans le mien. Je gagnai seulement d'être entendu et l'on admit officiellement que ma contre-offensive pourrait être une diversion utile. Je projetais alors avec Aouda Abou Tayi d'aller rejoindre les

Haoueitates dans leurs pâturages du printemps au milieu du désert syrien, de lever parmi eux une force mobile et d'attaquer Akaba par l'est sans canons ni mitrailleuses.

L'est était le côté mal gardé, la ligne de moindre résistance, la plus facile pour nous. Notre expédition serait un exemple extrême de mouvement tournant puisqu'elle impliquait un voyage de six cents milles dans le désert pour enlever une position déjà sous les canons de la flotte ; mais il n'y avait pas d'autre alternative praticable. Celle-ci, d'ailleurs, me semblait exactement dans l'esprit de mes ruminations de malade : pourquoi ne réussirait-elle pas ? En tout cas, le résultat serait instructif. Aouda pensait qu'avec de la dynamite et de l'argent on pouvait tout tenter et que les petits clans autour d'Akaba se joindraient à nous : Fayçal, déjà en contact avec eux, était aussi d'avis qu'ils nous aideraient si, après un succès aux environs de Maan, nous avancions en force vers le port.

La flotte organisa un raid sur la côte d'Akaba pendant que nous discutions ; les prisonniers turcs donnèrent des renseignements si utiles que je résolus de partir sans retard.

La longueur et la difficulté de la route nous interdisaient les canons, les mitrailleuses, les provisions et les troupes régulières. Ainsi, les éléments dont j'allais priver l'attaque contre le chemin de fer ne consisteraient guère qu'en moi-même ; or, dans les circonstances présentes, mon aide était négligeable, puisque mon opposition formelle au plan ne m'eût jamais permis d'agir qu'à contrecœur. Je résolus donc d'aller mon chemin avec ou sans ordre. J'écrivis à Clayton une lettre pleine d'excuses, affirmant que mes intentions étaient bonnes ; et je partis.

LIVRE IV

Akaba

Chapitres XXXIX à LIV

Le port d'Akaba jouissait d'une position naturelle si forte qu'on pouvait le prendre seulement par surprise, et de l'intérieur, mais l'adhésion opportune d'Aouda Abou Tayi nous donnait l'espoir d'enrôler assez d'indigènes dans le désert à l'est pour réussir une telle descente sur la côte.

Nacer, Aouda et moi partîmes ensemble pour ce long voyage. Jusqu'ici Fayçal avait été le chef officiel de notre expédition ; mais, puisqu'il demeurait à El Ouedj, tout le poids du nouveau mouvement vers le Nord retombait sur mes épaules. J'acceptai cette charge avec ce qu'elle impliquait de malhonnête parce que c'était, à mon avis, la seule chance de victoire. Ayant joué les Turcs, nous eûmes le bonheur d'entrer dans Akaba.

CHAPITRE XXXIX

Tout était prêt le 9 mai et, dans la lumière aveuglante de l'après-midi, nous prîmes congé de Fayçal au seuil de sa tente; ses souhaits, du haut de la colline, nous accompagnèrent longtemps. Nacer était à notre tête; sa transparente bonté, qui éveillait le dévouement dans les âmes les plus mauvaises, le désignait comme le seul chef possible et la bénédiction de nos espoirs désespérés. Quand nous lui avions fait part de nos désirs il avait un peu soupiré, car il sc sentait las de corps et d'esprit : de corps, à cause de ses mois de service à l'avant-garde; d'esprit, parce qu'il voyait s'enfuir ses années de jeunesse insouciante. Il craignait l'âge mûr qui s'avançait vers lui, avec ses méditations, sa technique et le poli de son art; seule, en effet, la poésie de l'adolescence peut faire de vivre le but de la vie : et c'est cela qui manque à la maturité. Physiquement il était encore jeune, mais son âme changeante et mortelle vieillissait plus vite que son corps — elle allait mourir avant lui, comme la plupart de nos âmes.

Notre première étape s'acheva bientôt au fort de Sébeil, point d'eau à l'intérieur d'El Ouedj où les pèlerins égyptiens s'arrêtent d'ordinaire. On campa près de leur réservoir de briques, à l'ombre des palmiers et de la courtine. Notre premier soin fut de remédier aux défauts d'organisation révélés par la première marche. Aouda et ses parents faisaient partie de l'expédition ainsi que Nésib-el-Bekri, le Damascène qui devait représenter Fayçal auprès des Syriens villageois. Nésib avait de l'intelligence et une haute situation sociale : le fait d'avoir réussi, déjà, un voyage dans le désert, et sa joyeuse endurance, rare chez les Syriens, des fatigues et des risques, le désignaient comme notre compagnon de voyage ; son sens politique, son habileté, une éloquence plaisante et persuasive, un patriotisme, enfin, qui triomphait le plus souvent d'un goût natif pour les solutions peu franches, justifiaient pleinement sa mission. Nésib choisit pour compagnon Zeki, officier syrien. Notre escorte comprenait en outre trente-cinq Ageyls sous les ordres d'Ibn Dgheithir — un homme qui semblait se suffire à lui-même, lointain, abstrait, emmuré dans son personnage. Fayçal avait réuni pour nous un trésor de 20 000 livres en or — tout ce qu'il pouvait donner et beaucoup plus que nous n'avions demandé — pour payer la solde des hommes que nous espérions lever en route, et faire en outre les avances qui exciteraient les Haoueitates à une action rapide.

Nous partageâmes entre nous cette charge encombrante de cent soixante kilos d'or afin de prévenir tout accident en cours de route. Le cheikh Yusuf, de nouveau chargé du ravitaillement, distribua un demi-sac de farine à chacun : ces quarante-cinq livres, qui composaient, calculée avec parcimonie, la ration d'un homme pendant six semaines, furent suspendues à la selle. Nacer emporta de plus, sur des chameaux de bât, assez de sacs pour distribuer encore quatorze livres de farine par homme lorsque, après deux semaines de marche, nous aurions fait un peu de place dans nos sacs.

Une certaine quantité de munitions et quelques fusils de réserve seraient distribués comme présents. Six de nos chameaux portaient les paquets de dynamite à l'usage des rails, des trains ou des ponts dans le Nord. Nacer, un grand émir dans sa province, emportait aussi une bonne tente et une charge de riz pour ses réceptions. C'est nous, d'ailleurs, qui devions nous régaler de ce riz : car un régime de pain et d'eau poursuivi pendant des semaines finit par manquer de charme. Novices dans ce genre de voyages, nous ne savions pas que la farine sèche, c'est-à-dire la plus légère des nourritures, est encore la meilleure pour un long trajet. Six mois plus tard, Nacer ni moi n'aurions gaspillé des moyens de transport pour le luxe d'un peu de riz.

À mes Ageyls — Mukheymer, Merjan, Ali — s'étaient adjoints Mohammed et Gasim. Le premier, un bon paysan rougeaud, descendait de quelque village de l'Hauran. L'autre, de Maan, gaillard jaune et tout en crocs, s'était réfugié dans le désert chez les Haoueitates après avoir tué un fonctionnaire turc dans une dispute, à propos de taxes sur le bétail. Les assassinats de percepteurs avaient pour nous tous un aspect assez sympathique et Gasim retirait de son crime une réputation de bon garçon qu'en fait il ne méritait guère.

C'était une bien petite troupe pour s'en aller conquérir une province, et nous n'étions sans doute pas seuls à le penser puisque Lamotte, représentant de Brémond auprès de Fayçal, vint prendre un instantané de notre départ. Un peu plus tard, Yusuf, le bon docteur, Chéfik et les frères de Nésib vinrent nous souhaiter un heureux voyage. Nous prîmes ensemble un énorme repas du soir pour lequel le prudent Yusuf avait apporté tout le nécessaire. Peut-être son sein généreux s'était-il contracté à l'idée de souper d'une seule galette, peut-être aussi avait-il eu le désir magnifique d'offrir un dernier festin aux hommes qui allaient se perdre dans les régions sauvages des souffrances et de la mauvaise chère.

Ces adieux achevés, on rechargea les bêtes pour partir avant minuit. La seconde étape de notre voyage devait nous conduire à l'oasis de Kurr. Nacer, notre guide, avait fini par connaître ce pays presque aussi bien que le sien.

Tandis que nous avancions dans le clair de lune, sous un ciel étincelant d'étoiles, il laissait sa mémoire errer dans la maison perdue. Il évoqua pour moi ses salles profondes, dallées, voûtées contre la chaleur estivale ; ses jardins croulant de fruits, ses allées ombreuses où l'on pouvait marcher à l'aise sans se soucier du soleil. Il me parla du puits, avec sa roue aux auges de cuir basculantes qu'élevaient lentement des bœufs sur un plan de terre foulée. L'eau coulait dans un réservoir, puis ruisselant dans des rigoles de ciment, au long des sentiers, alimentait les fontaines de la cour, emplissait, sous les treilles, la piscine bordée de mosaïques où sa famille et celle de son frère plongeaient à midi dans de vertes et claires profondeurs.

Nacer pouvait être très gai d'ordinaire. Une souffrance, pourtant, vivait en lui, et, ce soir, il se demandait pourquoi lui, émir de Médine, riche, puissant, paisible dans les jardins de son palais, avait rejeté ce bonheur pour devenir le misérable chef d'aventuriers perdus dans le désert. Voici deux ans qu'il vivait en proscrit, toujours bataillant aux avant-postes, toujours choisi pour les expéditions périlleuses, à la pointe de toutes les offensives. Les Turcs, cependant, occupaient sa maison, dévastaient son verger, abattaient ses arbres. Le puits, le grand puits même, dit-il, qui pendant six siècles avait fait entendre le grincement de ses roues à bœufs, maintenant s'était tu. Le jardin, gercé de chaleur, devait être aussi ravagé que les monts perdus où nous chevauchions.

Quatre heures de marche, deux heures de sommeil, et nous nous levâmes à l'aube. Nos chameaux de bât, affaiblis par l'épouvantable gale d'El Ouedj, avançaient lentement et broutaient tout le long du jour. Nos propres bêtes, peu chargées, les auraient dépassés aisément ; mais Aouda, qui réglait nos étapes, nous l'interdit : les difficultés devant nous exigeraient de nos animaux toute l'énergie dont ils étaient capables. Nous cheminâmes donc lourdement, posément, pendant six heures, sous une chaleur intense. Le soleil d'été, dans ce pays de sable blanc, éblouit cruellement les regards ; et les vagues de chaleur renvoyées par la roche nue, de chaque côté de la piste, nous faisaient tourner la tête. À 11 heures la troupe entière se révolta contre Aouda qui voulait continuer. Nous fîmes halte sous des arbres jusqu'à 2 h 30, chacun essayant tant bien que mal de se faire une ombre, tournante mais dense, en accrochant aux épines des rameaux pendants une couverture doublée.

Trois petites heures de marche dans des bas-fonds nous amenèrent aux pentes d'une grande vallée, et bientôt le verdoiement d'El Kurr s'étala devant nous. Quelques tentes, furtivement, pointaient au milieu des palmiers. Comme nous descendions de chameau, Rassim, Abdullah, Mahmoud, le docteur, et même le vieux Mauloud, notre commandant de cavalerie, en sortirent pour nous accueillir. Le chérif Charraf que nous espérions rencontrer à Abou Raga (notre prochaine étape) était parti, nous apprirent-ils, pour un raid de quelques jours. Il devenait inutile de nous presser : nous résolûmes de prendre à El Kurr deux nuits de vacances.

J'en fus fort satisfait, car les furoncles et la fièvre qui m'avaient immobilisé dans l'oued Aïss étaient revenus plus forts encore. Chaque étape m'était une souffrance, et chaque repos l'occasion de relâcher ma volonté trop tendue, d'ajouter un peu de patience à une réserve presque épuisée. Allongé, je me laissai envahir ce jour-là par la paix, la verdure et le ruissellement des eaux qui donnaient au jardin de Kurr une beauté mystérieuse. Ce jardin, ne l'avais-je pas déjà vu, ou bien sa hantise n'était-elle qu'un souvenir de printemps trop lointains, avec leur herbe fraîche ?

L'habitant de Kurr, le seul Belloui sédentaire, était Dhaif-Allah, vieillard à la barbe chenue : jour et nuit, avec ses filles, il travaillait le petit enclos en terrasse que ses ancêtres lui avaient légué. Adossé à la pente sud de la vallée, son jardin était défendu contre les crues par une muraille massive de pierres sèches. Au milieu s'ouvrait le puits d'eau claire et froide, avec son système de perche à contrepoids axé sur deux piliers de boue durcie. Matin et soir, à soleil bas, Dhaif-Allah manœuvrait la perche, versait ses grands seaux d'eau dans les rigoles d'argile qui circulaient au pied des arbres. Il avait fait pousser des palmiers bas aux larges feuilles pour protéger ses plantes que le soleil eût flétries à coup sûr dans cette vallée sévère. Sa meilleure récolte était le tabac ; mais il avait aussi quelques carrés de fèves, des melons, des concombres ou des aubergines suivant la saison.

Le vieillard vivait avec ses femmes dans une hutte de branchages, à côté du puits : il n'avait que mépris pour notre politique. Tant d'efforts douloureux, tant de sacrifices sanglants apporteraient-ils, à la fin, quelque chose de plus à boire ou à manger ? On le taquina doucement sur la liberté : les pays arabes ne devaient-ils pas appartenir à des Arabes libres ? « Et ce jardin, Dhaif-Allah, ne devrait-il pas être tout à fait vôtre ? » Insensible à nos arguments il se redressa et, se frappant orgueilleusement la poitrine : « C'est moi, cria-t-il, c'est moi qui suis Kurr. »

Il était libre et ne désirait rien pour autrui ; pour lui, son jardin suffisait. Il ne voyait pas pourquoi la même frugalité n'enrichirait pas les autres. Sa calotte de feutre graisseux, à qui la sueur avait donné la teinte et la consistance du plomb, était encore, nous dit-il fièrement, celle de son grand-père qui l'avait achetée un siècle auparavant, quand Ibrahim Pacha était à El Ouedj. Son seul autre vêtement était une chemise. Chaque année, avec le produit de son tabac, il achetait les chemises de l'année suivante : une pour lui, une pour chacune de ses filles et une pour la vieille — son épouse.

Nous lui fûmes, malgré tout, reconnaissants : car, après avoir donné son exemple aux esclaves du superflu que nous représentions, il leur vendit ses légumes. Grâce à eux et grâce aux largesses en conserves de Rassim, d'Abdullah et de Mahmoud, nous vécûmes somptueusement. Chaque soir, autour des feux, un concert s'organisait : on n'y entendait pas le hurlement monotone des nomades, ni l'harmonie pimentée des Ageyls, mais le fausset des citadins syriens, avec ses quarts de ton et ses trilles. Mauloud avait des musiciens dans sa troupe : des soldats pleins de honte venaient, sur un accompagnement de guitare, chanter les chansons des cafés de Damas ou les vers d'amour de leurs villages. Dans la tente d'Abdullah où j'étais logé, ces concerts, assourdis par la distance, les feuillages et le ruissellement de l'eau sur l'argile odorante, flattaient l'oreille d'une vague douceur.

Souvent aussi Nesib-el-Bekri sortait son manuscrit de Selim-el-Jezairi : ce farouche révolutionnaire, dans les moments de loisir que lui laissaient ses campagnes, l'école militaire et les sanglantes missions qu'il devait accomplir chez les Jeunes-Turcs ses maîtres, a chanté dans la langue du peuple la liberté future de sa race. Nesib et ses amis, leurs pâles et larges visages de lune suant à la chaleur du feu, psalmodiaient avec ardeur ces mots où ils mettaient leur passion et leur espérance. Tout le camp se taisait alors : la fin du couplet, un ardent soupir sorti de toutes les poitrines faisait écho à la dernière note. Le vieux Dhaif-Allah cependant, imperturbable et seul, plongeait toujours son seau dans le puits, sûr qu'après toutes ces bêtises quelqu'un viendrait lui demander, et paierait, ses légumes verts.

CHAPITRE XL

Nous autres, citadins, voyions dans ce jardin un souvenir du monde avant la folie de la guerre qui nous avait entraînés dans le désert. Mais Aouda jugeait indécente une telle exhibition de richesses végétales ; il avait hâte de retrouver un paysage vide. Il coupa donc court à notre seconde nuit édénique : à 2 heures du matin nous remontions la vallée. Il faisait sombre comme dans un four, les étoiles même s'avouant incapables de jeter la moindre lumière dans les profondeurs où nous errions. Aouda, ce soir, était notre guide ; pour que nous le suivions sans peine, il se mit à chanter à pleine gorge l'interminable : « Ho, Ho, Ho » des Haoueitates : une épopée sur trois notes graves, psalmodiant son battement de vague sans répit et avec tant de force que les mots devenaient incompréhensibles. Peu de temps après nous lui rendîmes grâce : le sentier avait tourné brusquement à gauche et notre longue file prit le contour aux seuls échos de sa voix qui roulaient le long des falaises noires, déchiquetées sur le lever de lune.

Pendant ce long voyage, le chérif Nacer et le cousin d'Aouda Mohammed-El-Dheilan, l'homme au sourire pincé, s'employèrent à corriger mon arabe. Je reçus des leçons tour à tour dans la langue classique de Médine et dans celle, plus pittoresque, du désert. Une connaissance hésitante des dialectes (assez purs) du Moyen Euphrate avait d'abord composé mon arabe : c'était maintenant un mélange facile où l'argot du Hedjaz et la poésie des tribus du Nord voisinaient avec des mots et des tours domestiques empruntés au limpide dialecte du Nedjed ou avec des formes livresques de Syrie. Ma facilité impliquait une absence de grammaire qui faisait de ma conversation une perpétuelle aventure pour mes interlocuteurs. Les nouveaux venus me croyaient natif de quelque province inconnue et parfaitement illettrée, dépotoir des dialectes arabes brisés.

En tout cas, je n'avais pas jusqu'ici compris trois mots à la chanson d'Aouda, et ses clameurs, au bout d'une demi-heure, me parurent très fatigantes. La vieille lune, cependant, quittant les crêtes avec lenteur, faisait voile pour le plein ciel, répandait dans nos profondeurs une lumière trompeuse, moins sûre que l'obscurité. Nous marchâmes ainsi jusqu'à l'heure où surgit devant nous le soleil, dur aux hommes qui ont passé la nuit en selle.

Le déjeuner, fait avec notre propre farine, allégea pour la première fois, après ces journées d'hospitalité, la charge de nos pauvres chameaux. Charraf n'était pas encore de retour dans Abou Raga et nous n'avions pas à nous hâter plus que ne l'exigeait le ravitaillement en eau. Après avoir mangé, donc, et installé nos couvertures sur nos têtes, nous nous allongeâmes, furieux de devoir rattraper toujours à coups de reins l'ombre toujours fuyante, et moites de chaleur et de mouches tenaces.

Enfin Nacer donna le signal du départ et nous remontâmes le défilé entre deux chaînes de montagnes un peu emphatiques. Au bout de quatre heures on décida de camper sur le lit de la vallée. Les broussailles ne manquaient pas pour notre feu, et sur la falaise à droite, des trous d'eau fraîche dans le roc nous donnèrent une boisson délicieuse. Nacer était lancé ; il exigea pour son dîner du riz sur le plateau, et des amis autour.

Notre ordre de marche était à la fois étrange et compliqué. Les hommes de Nacer, d'Aouda et de Nésib formaient autant de maisons distinctes et pointilleuses ; la suprématie de Nacer était seulement admise parce que j'étais son hôte et donnais à tous l'exemple du respect. Il n'en fallait pas moins les consulter tour à tour sur les détails de l'étape ainsi que sur l'heure et le lieu du campement. Ces égards étaient indispensables envers Aouda, cet enfant des batailles qui n'avait jamais reconnu de maître depuis sa plus tendre enfance et son premier chameau ; et recommandables envers Nésib, Syrien de Syrie, je veux dire pointilleux, jaloux, hostile au mérite ou fâché de le reconnaître.

Il fallait, pour unir tous ces hommes, un cri de guerre et un drapeau apportés de l'extérieur ; pour les conduire, un étranger dont la suprématie fût basée sur un idéal. Cet idéal devait être un critère distinctif, à la fois illogique et indéniable, pour que l'instinct pût l'accepter sans que la raison le discutât. Pour la vanité des hommes de Fayçal, le point marquant était celui-ci : un émir de La Mecque, chérif descendant du Prophète, est revêtu d'une dignité quasi surnaturelle que des fils d'Adam peuvent reconnaître sans honte. Telle fut l'admission commune qui servit de lien au Mouvement Arabe : de là vint sa débile, mais efficace, unanimité.

Le départ eut lieu à 5 heures du matin. La vallée se resserrait ; il fallut contourner un éperon par une montée des plus raides. La piste était devenue un mauvais sentier de chèvre zigzaguant au flanc d'une pente trop inclinée pour y grimper autrement qu'à quatre pattes. On mit pied à terre pour mener les chameaux par la bride ; bientôt nous dûmes nous entraider, l'un tirant par-devant, l'autre poussant par-derrière, avec des encouragements aux endroits difficiles et des arrêts pour rectifier l'équilibre des charges et soulager ainsi l'animal.

Certains tronçons étaient fort dangereux : le ventre des rocs en saillie rétrécissait le passage et les ballots frottaient, forçant le chameau à marcher ras du précipice. Il fallut arrimer différemment la farine et les explosifs ; et malgré toutes nos précautions, nous perdîmes deux bêtes. Les Haoueitates les tuèrent sur place, plongeant une lame aiguë dans la carotide pendant qu'un aide tendait le cou en tirant la tête vers la selle. On les dépeça aussitôt et on partagea la viande.

Le défilé, nous fûmes heureux de le constater, n'aboutissait pas à une chaîne mais à un plateau spacieux, qui descendait vers l'est en pente douce. Les premiers mètres étaient rocheux et malaisés, recouverts d'un paillasson feutré de plantes épineuses ; mais bientôt s'ouvrit une vallée de galets blancs. Une femme arabe, avec un bol de cuivre, y emplissait son outre d'une eau laiteuse, pure et douce, qu'elle puisait dans un trou d'un pied de large, gratté d'un pan dans le gravier. C'était Abu Saad : pour l'amour de son nom et de son eau, à cause des gigots, aussi, qui tressautaient contre nos selles, nous décidâmes de passer une nuit là ; aussi bien devions-nous tuer le temps de quelque façon en attendant que Charraf revînt de son raid contre le chemin de fer.

Nous fîmes pourtant encore quatre milles pour camper dans un taillis, sous des espèces de niches broussailleuses. Le jour elles nous fournissaient d'excellentes charpentes pour nos toits de couvertures contre le soleil tyrannique ; et la nuit c'étaient des alcôves de verdure. Nous avions pris l'habitude de dormir sans rien au-dessus de nos têtes que la lune et les étoiles, sans rien non plus à nos côtés pour arrêter le vent ou les rumeurs de la nuit : par contraste il était aujourd'hui reposant, mais étrange, de s'endormir entre des murs et sous un toit, quoique murs et toitures ne fussent qu'un lacis de branches, noire dentelle sur le fourmillement du ciel.

J'étais de nouveau malade : ma fièvre montait sans cesse et je souffrais à la fois de furoncles et du frottement de la selle trempée de sueur. Lorsque Nacer, sans que j'eusse rien fait pour cela, arrêta la troupe à la mi-étape, je me tournai pour le remercier chaleureusement, à sa grande surprise. Nous étions maintenant sur la crête calcaire de la Chéfa. Devant nous s'étendait une grande coulée de lave sombre, bordée de falaises de grès, striées de noir et de rouge, avec des sommets coniques. L'air, sur ce haut plateau, était moins chaud. Matin et soir une brise s'y levait, rafraîchissante après le lourd suspens de l'air dans les vallons.

Ayant déjeuné le lendemain avec notre viande de chameau, nous dévalâmes plus gaiement la pente douce de grès rouge. Puis vint le premier passage accidenté, la descente au creux d'une vallée sablonneuse et couverte d'arbustes : de part et d'autre les falaises et les aiguilles de grès dont la hauteur croissait peu à peu se découpaient franchement sur le ciel du matin. Il faisait sombre encore au fond du val et l'air humide avait un goût de moisissure et de sève desséchée. La crête des falaises au-dessus de nos têtes, entaillée de façon étrange, formait de fantastiques garde-fous. Notre sentier tortueux, cependant, s'enfonçait dans la terre : une demi-heure après nous débouchions, par un brusque contour, dans l'ouadi Djizil, caniveau principal de cette région gréseuse dont nous avions vu la fin près de Hédia.

Djizil était une gorge profonde d'environ deux cents pieds de large, pleine de tamarins enracinés soit dans le lit de sable médian, soit dans les talus, d'une vingtaine de pieds, amoncelés partout où quelque tourbillon d'eau ou de vent avait déposé le plus lourd de sa charge, à l'abri des falaises. Celles-ci étaient formées d'un grès régulièrement strié de divers rouges. Cette rencontre de murs sombres, de terrain rose et d'arbustes vert pâle reposait nos yeux fatigués par des mois de soleil éclatant et d'ombre noir-de-suie. À l'approche du soir, le soleil teignit d'écarlate un des côtés de la vallée ; l'autre baignait dans une ombre pourpre.

Notre camp fut établi sur quelques dunes de sable herbu, à un coude du val ; les eaux ruisselant d'une faille avaient creusé là un bassin où restait encore une mare saumâtre de l'hiver passé. Un homme remonta la vallée vers un bosquet de lauriers-roses où pointait la blancheur des tentes de Charraf, et nous rapporta des nouvelles : on l'attendait le jour suivant. Nous passâmes donc deux nuits dans ce lieu riche en échos et en couleurs étranges. La mare saumâtre convenait à nos chameaux ; de notre côté, nous pûmes y prendre un bain à midi. Après avoir mangé et dormi abondamment, chacun s'en fut explorer les vallées voisines et considérer de plus près les stries horizontales roses, brunes, crème, rouges, qui donnaient aux falaises leur teinte générale. Partout de fines mouchetures sombres ou claires tatouaient le corps de la roche. Je passai un après-midi allongé derrière un mur de pierres sèches, bâti sans doute par un berger, dans l'air tiède inondé de lumière ; le vent, pinçant au-dessus de ma tête la crête inégale du mur, en tirait un chant monotone et grave. Une paix profonde emplissait le val, et la mélopée continue du vent transformait ce calme en patience.

J'avais fermé les yeux et je rêvais quand une voix

jeune me tira de cette somnolence. Un Ageyl, un étranger, Daoud, accroupi près de moi, m'offrait un visage anxieux. Il venait, dit-il, implorer ma pitié : son ami Farraj avait mis le feu à leur tente dans un accès d'espièglerie ; Saad, chef des Ageyls de Charraf, allait le fouetter. Que j'intercédasse, il serait relâché. Saad, précisément, arrivait pour me rendre visite. Je lui soumis le cas. Daoud, assis, nous regardait avidement, les lèvres entrouvertes, ses grands yeux noirs plissés d'anxiété, un sillon entre ses sourcils bien dessinés. Les pupilles de Daoud, qui n'étaient pas exactement au centre de l'œil mais un peu à l'intérieur, lui donnaient un air d'attention empressée.

La réponse de Saad ne fut pas encourageante. Ces deux garnements, toujours en quête de mauvais tours, s'étaient montrés si insupportables depuis quelques jours que le sévère Charraf avait ordonné de faire un exemple. Tout ce que Saad pouvait m'accorder était de laisser Daoud prendre sa part du nombre de coups. Daoud sauta sur la proposition, baisa ma main puis celle de Saad et remonta la vallée au galop. Saad, alors, me raconta en riant l'histoire du couple. C'était un exemple, entre jeunes gens orientaux, de ces affections que l'absence de femmes rend inévitables. Ces amitiés d'adolescents conduisent souvent à des amours viriles d'une profondeur et d'une force qui dépassent de loin nos vaniteuses obsessions charnelles. Dans la période d'innocence, elles sont chaleureuses et sans honte. Si la sexualité entre en jeu, elles deviennent un commerce hors du spirituel, un échange de bons offices, comme le mariage.

Charraf n'arriva pas le lendemain. Je passai la matinée à organiser avec Aouda les étapes suivantes, sous un bombardement d'allumettes que Nacer enflammait sur la boîte d'une chiquenaude. Au milieu des rires arrivèrent alors pour nous saluer deux personnages courbés et clopinants, de la douleur encore dans les yeux mais un sourire rusé sur les lèvres. C'étaient Daoud l'impétueux, et son « ami » Farraj : un magnifique adolescent avec un corps de jeune fille, un visage innocent et lisse et des yeux noyés. Ils venaient, dirent-ils, se mettre à mon service. Je n'avais aucun besoin d'eux ; d'ailleurs, fis-je remarquer, ils ne devaient pas pouvoir, après leur correction, monter sur un chameau. Précisément, ils arrivaient sur un chameau sans selle. Je dis alors que j'étais un homme simple ; je n'aimais pas être entouré de domestiques. Daoud, déconfit, se détourna avec irritation, mais Farraj persista à plaider sa cause : nous avions besoin de soldats, dit-il ; ils me suivraient par gratitude. Et tandis que Daoud, plus dur, s'indignait, il s'avança vers Nacer, s'agenouilla, toute la femme, en lui, transparaissant dans la supplication de son désir. À la fin, sur l'avis favorable de Nacer, je les engageai tous les deux, séduit surtout par leur jeunesse et leur propreté.

CHAPITRE XLI

L'arrivée de Charraf n'eut lieu que le troisième jour, mais Dieu sait qu'alors nous ne l'ignorâmes pas : les Arabes qui l'accompagnaient tirèrent coup sur coup tant de salves, et la vallée tortueuse qui se renvoyait les échos les multipliait si bien, que les montagnes elles-mêmes parurent nous saluer. Nous revêtîmes nos plus beaux habits pour rendre visite à Charraf. Aouda portait les splendeurs achetées à El Ouedj : un pardessus de drap fin gris souris (avec un col de velours) et des souliers jaunes à élastique ; qu'on imagine, au-dessus, sa chevelure en saule pleureur et son visage ravagé de vieux tragédien. Charraf fut aimable pour nous car il avait fait des prisonniers sur la ligne, démoli des rails et un ponceau. Une des nouvelles qu'il nous apporta fut que nous trouverions dans l'ouadi Diraa de petits étangs d'eau de pluie fraîche et douce. Ceci raccourcissait de cinquante milles notre étape entre deux points d'eau sur la route de Fejr; la soif, dès lors, n'était plus à craindre. Le gain était des plus sérieux, car notre charge d'eau maxima atteignait environ vingt gallons par cinquante hommes, ce qui laissait une marge de sécurité vraiment trop étroite.

L'après-midi suivant nous quittâmes Abou Raga, sans chagrin d'ailleurs. Ce magnifique campement était malsain : la fièvre nous avait tracassés pendant les trois jours passés au fond de cette gorge. Aouda nous conduisit dans une vallée latérale qui déboucha bientôt dans la plaine du Chegg. Un chaos de blocs et de flèches de grès rouge jonchait, comme un sérac de glacier, cette plate étendue de sable : leur base était à ce point érodée par le vent qu'ils paraissaient prêts à tomber en travers de la piste. Celle-ci serpentait entre les îlots par des couloirs étroits qui paraissaient toujours se terminer en culs-de-sac et finissaient toujours par s'ouvrir dans une travée nouvelle. Aouda nous guida sans hésitation dans ce labyrinthe; il allait devant nous, plongeant sur son chameau, les coudes en dehors et les mains balancées à la hauteur des épaules.

Aucune empreinte de pas sur le sol : chaque journée de vent, de son large balai, effaçait les traces des plus récentes caravanes et ne laissait à la surface du sable que le vierge dessin des rides innombrables. Seules surnageaient, au-dessus des vagues, les crottes sèches de chameaux, rondes comme des noix et plus légères que le sable.

Roulant deçà delà au gré du vent, elles finissaient en tas dans les coins. C'est à elles, sans doute, autant qu'à son instinct inégalé de voyageur, qu'Aouda devait de reconnaître sa route. Pour nous, nous ne pouvions distraire nos regards étonnés des étranges rocs alentour. Leurs granulations, leur teinte rougeâtre et les modelés arrondis, creusés par les tourbillons de sable, adoucissaient d'ailleurs la lumière et reposaient nos yeux larmoyants.

À la mi-étape, cinq ou six cavaliers apparurent soudain, venant du côté de la ligne. Je marchais en tête avec Aouda et nous éprouvâmes le délicieux pincement : « Amis ou ennemis ? », qui accompagne toujours, dans le désert, la rencontre d'étrangers. Nous nous plaçâmes cependant avec circonspection du bon côté — celui où le bras qui tient le fusil est libre pour un coup de feu rapide ; mais il apparut bientôt que les cavaliers faisaient partie des troupes arabes. Le premier, qui s'avachissait sur un gros lourdaud de chameau dans l'encombrante selle de bois (fabrication Manchester) du Corps de Chameliers Britanniques, était un Anglais blond, hirsute, dans un uniforme en lambeaux. Ce ne pouvait être que Hornby, l'ingénieur déchaîné, élève de Newcombe, qui rivalisait avec lui dans la destruction de la ligne. Nous nous rencontrions pour la première fois : après un échange de salutations, il me dit que Newcombe était allé à El Ouedj voir Fayçal pour lui confier ses difficultés et dresser de nouveaux plans en conséquence.

Newcombe avait toujours des difficultés. Il les devait à son excès de zèle et à son habitude de faire quatre fois plus de travail que n'importe quel Anglais et dix fois plus qu'un indigène n'estime sage ou nécessaire. Hornby savait très peu d'arabe ; Newcombe le parlait assez bien pour donner des ordres, pas assez pour persuader. Or les ordres étaient mal venus à l'intérieur des terres. Tous deux, pendant des semaines, s'accrochaient à la ligne, presque sans aide, souvent sans nourriture, jusqu'à épuisement des explosifs ou des chameaux. Alors ils retournaient en chercher d'autres. Ces montagnes ne fournissaient presque rien à manger à leurs bêtes et les meilleurs animaux de Fayçal y passaient tour à tour. Newcombe était le principal coupable. Il ne quittait pas le trot et ne pouvait pas voir un sommet plus haut que les autres sans y grimper aussitôt pour jeter un coup d'œil sur la plaine qu'il surveillait ; ceci, à la grande exaspération de ses gens qui devaient choisir soit de le laisser partir seul (et l'abandon d'un compagnon de route est un déshonneur dont on ne se relève pas aisément), soit de crever, pour lui tenir tête, leurs propres bêtes précieuses, pour l'instant même, irremplaçables. « Newcombe est comme le feu, se plaignaient-ils, il brûle amis et ennemis » ; et ils admiraient son énergie avec la frousse d'être les prochains amis élus pour le sacrifice. Newcombe, me dirent encore les Arabes, refusait de dormir s'il n'avait pas la voie pour oreiller ; Hornby, quand la dynamite ratait, arrachait les rails avec les dents. Légende, soit ; mais basée sur l'insatiable acharnement des deux hommes à détruire tant qu'on pouvait détruire quelque chose. Ils donnaient du travail à quatre bataillons d'ouvriers turcs qui n'arrêtaient pas de réparer des ponceaux, replacer des traverses, fixer de nouveaux rails ; et la dynamite arrivait par tonnes à El Ouedj, en quantités toujours croissantes pour satisfaire à leur appétit. Ils formaient un couple prodigieux ; mais leur trop grande valeur décourageait nos faibles équipes. Les indigènes avaient honte d'une infériorité trop évidente. Le résultat fut que Newcombe et Hornby restèrent des isolés, privés des sextuples bienfaits de l'imitation.

Au coucher du soleil nous atteignions la limite nord du chaos de grès. Un plateau volcanique, plus haut de soixante pieds, lui succéda, bleu sombre, jonché de débris basaltiques gros comme le poing et proprement sertis, comme les cailloux ronds d'un vieux pavage, dans une espèce de cendre dure et noire de la même composition. Le ruissellement des averses semblait être à l'origine de ces formations : elles avaient lavé la surface rocheuse, emportant toujours la poussière la plus fine. Les pierres disposées côte à côte et de niveau avaient fini par couvrir la plaine, protégeant ainsi de tout contact direct avec les intempéries la boue salée qui remplissait en dessous les failles de la coulée de lave. La marche devenait plus facile et Aouda ne craignait pas de continuer dans la nuit en se guidant sur l'étoile polaire.

Il faisait très sombre, malgré la pureté du ciel, car la roche noire à nos pieds absorbait la lumière des étoiles. À 7 heures, quand nous fîmes halte, nous n'avions plus que quatre hommes avec nous. Nous nous trouvions au creux d'une douce vallée, dont le sable moelleux, encore humide, était couvert de broussailles piquantes que, par malheur, nos chameaux jugèrent immangeables. Quelques-unes de ces touffes d'épines, arrachées par les racines et empilées, composèrent bien vite un grand bûcher où Aouda mit le feu. Incommodé par une chaleur excessive, un long serpent noir en sortit et s'insinua lentement dans notre groupe : nous devions l'avoir ramassé engourdi dans le bois. Notre flamme, jetant l'appel de ses lueurs aux quatre coins de l'ombre, servit de phare à nos lourdes bêtes traînardes. Elles avaient tant lambiné au long du jour que le dernier groupe arriva seulement au bout de deux heures. Les hommes chantaient à pleine voix, pour se donner du courage sans doute et en donner à leurs animaux affamés dans cette plaine sépulcrale ; ils évitaient aussi d'être pris pour des ennemis. Nous aurions désiré, pour nous, que leur lenteur fût encore plus lente : il faisait bon près de ce feu.

Pendant la nuit quelques-uns de nos chameaux s'égarèrent en paissant ; on dut les chercher si longuement qu'il était presque huit heures quand nous repartîmes ; nous avions eu le temps de cuire et de manger notre galette. Notre piste traversait encore des étendues de lave, mais les pierres parurent plus clairsemées à notre force matinale ; des dunes ou des tapis de sable durci les recouvraient d'ailleurs souvent : nous marchions là-dessus comme sur un court de tennis. Après six ou sept milles d'avance rapide, notre troupe, contournant à l'ouest un cratère bas, traversa le plateau sombre et pierreux qui marque la ligne de partage entre Djizil et la cuvette où court la voie de chemin de fer. Ici, à leur naissance, ces grands systèmes d'écoulement étaient des lits de sable creux qui s'en allaient griffer la plaine bleue d'un enchevêtrement de lignes jaunes. De la hauteur où nous nous trouvions des milles de pays s'étalaient à nos yeux, avec les éléments caractéristiques marqués de couleurs diverses, comme dans une carte.

On marcha d'un bon pas jusqu'à midi. La halte qui suivit — trois heures dans un paysage nu — manqua de confortable : mais la fatigue des chameaux la rendait nécessaire. Leurs pieds tendres, accoutumés aux pistes sablonneuses de la côte, risquaient de se brûler sur les pierres chauffées par le soleil. Nous devions rencontrer d'ailleurs, après la sieste, un terrain plus mauvais encore : il fallut sans cesse éviter de larges champs d'éboulis basaltiques, ou de profonds ravins jaunâtres creusés, à travers la croûte rocheuse, jusque dans la pierre tendre au-dessous. Puis le grès rouge affleura de nouveau, dressa ses cheminées fantastiques où les couches les plus dures, fines comme des lames de couteau, formaient des étagères en saillie autour d'un corps de roche friable et croulante. Ces ruines de grès, peu à peu, se multiplièrent, envahirent le paysage comme la veille et, se serrant autour de notre piste, découpèrent dans le terrain les mêmes enclos sans issue, échiquiers d'ombre et de lumière. De nouveau nous dûmes admirer la sûreté avec laquelle Aouda guidait notre petite troupe dans ce labyrinthe de rocs.

Le grès s'évanouit ; les roches volcaniques reparurent. Çà et là, de petits cratères bourgeonnaient, souvent par deux ou trois ; de hautes arêtes de basalte déchiqueté en dévalaient comme des chaussées en ruine. Ces cratères paraissaient vieux : non pas nets et bien conservés comme ceux de Ras Gara, près de l'oued Aiss, mais rongés, dégradés, presque aplanis, parfois, lorsqu'une grande brèche en traversait le creux central. Le basalte qu'ils avaient vomi était une roche grossière, pleine de bulles, comme la dolérite syrienne. Les bourrasques de sable, en usant sa surface, lui avaient donné la douceur grêlée des peaux d'orange, et le soleil avait irrémédiablement fané son bleu.

Le terrain, entre les cratères, était jonché de petits tétraèdres basaltiques aux angles arrondis, ajustés pierre à pierre comme de la mosaïque sur un lit de boue d'un rose jaunâtre. Les pistes creusées par le passage des chameaux ressortaient nettement sur ces étendues plates : le pas oblique des bêtes, en effet, avait peu à peu repoussé les plus grosses pierres de chaque côté de la piste ; et les creux, comblés par la boue légère des pluies, formaient maintenant des incrustations pâles sur un fond bleu. Les sentiers moins fréquentés prenaient sur des centaines de mètres l'apparence d'étroites échelles couchées au travers des roches : les traces de pieds, en effet, s'étaient emplies d'une boue jaunâtre tandis que des crêtes ou des seuils de pierre bleue les séparaient à intervalles réguliers.

À ce dallage succédèrent un champ de scories basaltiques d'un noir de jais, cimentées dans une boue cuite au soleil, puis une vallée de sables noirs ; des aiguilles de grès érodé surgissaient de cette poussière charbonneuse et des monticules jaunes et rouges d'un sable que le vent poussait à leur pied après l'avoir arraché à leurs ruines.

Aucun des paysages rencontrés dans cette étape n'avait été normal ou rassurant. Nous nous sentions dans un pays vaguement menaçant, étranger à la vie, hostile même à son passage, ne le permettant que douloureux, au long des pistes rares, imposées par le temps. La pression ennemie réduisait notre caravane à une seule file de chameaux très las, choisissant leur chemin au milieu des rocs, pas à pas et pendant des heures. Aouda, pourtant, finit par nous désigner une crête de cinquante pieds qui venait de surgir en face, empilement de larges blocs tordus, encore dans l'ordre où ils s'étaient disposés en se contractant. C'était la limite des laves. Nous y grimpâmes tous deux : une large plaine apparut (l'ouadi Aich), déroulant ses dunes de sable doré, sa végétation délicate, le vert de ses buissons piqueté çà et là. Il restait encore un peu d'eau au fond des trous évidés par on ne sait qui dans le sable, après le grand orage, trois semaines auparavant. Nous établîmes là notre camp et, jusqu'au coucher du soleil, pour la première fois depuis Abou Raga, nos chameaux, débarrassés de leurs charges, purent errer aux alentours dans un vrai pâturage.

Tandis que nos bêtes étaient ainsi dispersées, des hommes montés apparurent à l'est, marchant vers le point d'eau. Ils allaient trop vite pour être honnêtes et ne tardèrent pas, en effet, à ouvrir le feu sur nos chameliers. Tous nos hommes, aussitôt, parmi les cris et la fusillade, coururent se poster sur les rochers ou les monticules avoisinants. Notre nombre effraya les pillards qui s'enfuirent de toute la vitesse de leurs bêtes ; du haut de la crête nous pûmes les voir dans le crépuscule décamper vers la ligne de chemin de fer. Ils étaient à peine une douzaine. Leur précipitation nous réjouit. C'était, de l'avis d'Aouda, une patrouille chammar.

On remonta en selle dès l'aube ; une courte étape devait nous amener à Diraa où se trouvaient les trous d'eau signalés par Charraf. Les premiers milles traversaient le sable et les taillis agréables de l'ouadi Aich. Une simple coulée de lave leur succéda et soudain nous descendîmes dans une vallée peu profonde où la densité des figures gréseuses — piliers, champignons ou flèches — dépassait tout ce que nous avions rencontré la veille. C'était un paysage fou, une sorte de jeu de quilles monstrueux. Les quilles avaient de dix à soixante pieds de hauteur ; et comme les couloirs sablés des intervalles ne livrent passage qu'à un cavalier de front, notre longue colonne ondulait là-dedans à l'aveuglette. Ce taillis de pierres, qui avait peut-être cinq cents mètres de large, s'étirait comme un rouge bosquet en travers de notre chemin.

Un sentier en escalier, grimpant les rebords successifs d'une roche noire et croulante, nous conduisit à un plateau jonché d'éclats basaltiques bleu-noir. Soudain s'ouvrit l'ouadi Diraa. Notre caravane descendit son lit pendant plus d'une heure, tantôt sur des éboulis de pierre grise, tantôt sur des bas-fonds sablonneux entre des parapets de roche. Un campement désert marqué par des boîtes de sardines vides nous signala le passage de Newcombe et de Hornby. Derrière luisaient les mares limpides que nous attendions. Nous fîmes halte là jusqu'à l'après-midi ; nous étions maintenant très près de la ligne ; il fallait gorger d'eau nos estomacs et nos outres pour filer ensuite d'un trait jusqu'à Fejr.

Pendant la halte, Aouda vint voir Daoud et Farraj oindre mon chameau de beurre pour atténuer l'intolérable démangeaison de la gale, récemment apparue sur son museau. Les pâturages secs des Billis et le terrain infecté d'El Ouedj avaient terriblement endommagé nos bêtes. Dans tout le troupeau de Fayçal il ne restait pas un seul animal parfaitement sain ; et les chameaux de notre petite expédition s'affaiblissaient de jour en jour. Cette situation emplissait Nacer d'anxiété : brisées par la marche forcée du lendemain, plusieurs de nos bêtes pouvaient fort bien laisser leurs cavaliers en panne au milieu du désert.

Nous n'avions pas de drogue pour la gale, et, malgré l'urgence, nous ne pouvions donner que très peu de soins. Les frictions au beurre, pourtant, soulagèrent ma bête ; le traitement fut répété tant que Farraj et Daoud purent trouver du beurre. Ces deux garçons me satisfaisaient pleinement. Ils avaient plus de bravoure et de gaieté que la moyenne des domestiques arabes. Les souffrances de leur châtiment passées, ils se révélèrent actifs, bons cavaliers et travailleurs empressés. J'aimais la liberté qu'ils gardaient avec moi et j'admirais leur entente devant les exigences de la vie.

CHAPITRE XLII

À 4 heures moins le quart nous étions en selle, descendant l'ouadi Diraa parmi de hautes dunes de sable mobile, coiffées parfois d'un roc rouge et râpeux. Trois ou quatre d'entre nous, qui marchaient en avant, firent sur les mains et les genoux l'ascension d'un piton de sable pour jeter un coup d'œil du côté de la voie. Dans cet air immobile un pareil exercice était superflu ; mais notre effort fut aussitôt récompensé : la ligne nous apparut, tranquille et déserte, courant sur une espèce de prairie, à l'entrée même de la vallée profonde que nos compagnons, en arrière, descendaient prudemment, prêts à faire feu.

Nous leur fîmes signe de s'arrêter dans le fond étroit de leur pli de sable pendant que nous étudiions la ligne. Vraiment tout paraissait paisible et vide, même le blockhaus abandonné dans un riche carré d'herbe drue entre nous et les rails. Nous courûmes au bord de notre petite table rocheuse : un saut sur le beau sable sec, une magnifique glissade et un arrêt meurtri nous ramenèrent aux côtés de la colonne, à notre niveau primitif. Sauter de nouveau en selle, galoper vers le pâturage, abandonner là les chameaux et courir sur les rails fut l'affaire d'un instant ; puis l'on cria aux autres d'avancer.

Cette paisible traversée était un bienfait du ciel : Charraf nous avait sérieusement mis en garde contre les patrouilles ennemies à dos de mule ou de chameau, renforcées à la première alerte par l'infanterie des postes, avec mitrailleuses sur wagonnets. Nos chameaux de course furent mis à paître pendant quelques minutes pendant que les chameaux de bât, débouchant de la vallée, franchissaient la voie puis le terrain plat de l'autre côté pour aller se mettre à l'abri dans les défilés de l'autre chaîne. Cependant les Ageyls nous faisaient prendre patience en disposant des charges de coton-poudre et de dynamite sous le plus grand nombre de rails possible. Quand notre dernier chameau mâchonnant eût atteint les abris en face, on commença méthodiquement l'allumage des cordeaux, et bientôt le vallon fut plein des échos de nos explosions répétées.

Aouda ne connaissait pas la dynamite. Soulevé par un enthousiasme d'enfant, il composa en hâte un poème sur sa gloire toute-puissante. Cependant nous coupions trois fils télégraphiques; les tronçons pendants furent attachés aux selles de six chameaux de course haoueitates. Leur groupe ahuri s'ébranla, plongea dans les vallons à l'est, traînant un poids toujours accru de fils tintants et de poteaux successivement abattus. Quand ils ne purent plus faire un pas nous coupâmes les fils et notre petit groupe partit pour rejoindre la caravane.

Nous franchîmes cinq milles, dans l'ombre grandissante, entre des crêtes qui dévalaient à notre rencontre comme les doigts d'un poing dont nous voyions devant nous les bosselures. Ascensions et descentes à la fin devinrent trop dures (et trop périlleuses dans l'obscurité) pour nos animaux affaiblis. On fit halte. Le convoi des bagages et le gros de la troupe étaient encore devant : ils avaient marché pendant que nous nous amusions avec la ligne. Impossible de les retrouver dans la nuit. De leurs postes, derrière nous, les Turcs hurlaient et tiraillaient à des fantômes; il était plus prudent de faire les morts et de ne pas attirer l'attention par des feux ou des signaux.

Ibn Dgheithir, cependant, qui dirigeait le gros des troupes, avait laissé un groupe de liaison en arrière; nous n'étions pas endormis que deux hommes survinrent pour nous rassurer : le reste de la troupe, nous dirent-ils, était en sûreté dans un repli profond de sable, un peu plus loin. On ressella une fois encore les chameaux pour suivre nos guides à l'aveuglette dans les ténèbres (la lune allait être nouvelle) : atteignant enfin le piquet silencieux de nos compagnons, nous nous couchâmes sans mot dire à leurs côtés.

Aouda, le lendemain, nous fit mettre en route avant 4 heures : il fallut remonter la pente, puis grimper sur une crête, et plonger enfin de l'autre côté sur un plan incliné de sable. Nos bêtes s'y enfonçaient jusqu'aux genoux, maintenues debout malgré elles par son emprise. Elles ne pouvaient avancer qu'en se jetant le museau en avant sur la pente : le poids du corps dégageait ainsi tant bien que mal leurs jarrets du sable ruisselant. Cet exercice nous conduisit à la tête d'une vallée qui descendait vers la ligne. Une autre demi-heure de marche, un col à franchir, et la caravane émergea sur un plateau qui marquait la ligne de partage entre le Hedjaz et le Sirhan. Dix pas de plus : nous quittions le versant de l'Arabie qui coule vers la mer Rouge pour nous embarquer franchement vers le mystère de son bassin central.

Une immense plaine s'étalait à nos regards, roulait vers l'est en lentes ondulations successives, inlassablement répétées; et la modulation, des premiers plans aux plus lointains, était si douce que rien ne désignait, là-bas, l'horizon, sinon un bleu plus tendre et des contours plus embrumés. Le soleil qui venait d'apparaître inondait ce glissement d'une lumière parfaitement horizontale projetant, derrière les moindres crêtes sablonneuses, de longues ombres qui révélaient toute la vie et l'entrelacs d'un modelé complexe. Révélation fugitive, d'ailleurs : dans l'instant même que nous les regardions, les ombres, comme des antennes, se rétractèrent vers l'orient, se blottirent contre les courbes qui leur avaient donné naissance, tremblèrent une seconde, et, comme à un signal, disparurent toutes en même temps. Le véritable matin commençait; le fleuve de soleil, heurtant de plein fouet, avec une violence écœurante, les pauvres créatures, comme nous, forcées de se mouvoir, noyait impartialement la moindre pierre du désert où nous devions marcher.

Aouda piqua vers le nord-est en se guidant sur un petit dos d'âne qui réunissait la basse crête d'Ugula à un sommet à gauche (c'est-à-dire au nord) sur la ligne de partage à environ trois milles de distance. Le dos d'âne franchi, nous trouvâmes à nos pieds des traces de ruissellement peu profondes. Aouda nous les montra : elles allaient, dit-il, peu à peu grossies en ravins, vers Nebk, dans le Sirhan; nous les suivrions vers le nord, puis vers l'est jusqu'au campement d'été des Haoueitates.

Quelques instants plus tard nous marchions sur une crête basse de grès en lamelles comme de l'ardoise : les feuilles, parfois minuscules, pouvaient atteindre aussi dix pieds carrés et peut-être quatre pouces d'épaisseur. Aouda vint se ranger à côté de moi et, pointant sa cravache vers les quatre points cardinaux, me fit noter sur ma carte les noms et la nature du pays. Les vallées à notre gauche étaient le Seyal Abu Arad, prenant naissance dans le Selhoub et nourri par les nombreux affluents qui descendent de la grande ligne de partage, prolongée au nord vers le Djebel Roufeiya, près de Tébouk. Les vallées à notre droite étaient le Siyoul el Kelb, d'Ugula, Agidat-el-Djemelein, Lebda et autres crêtes arquées autour de nous vers l'est et le nord-est, emportant la ligne de partage en une espèce de pointe agressive au cœur de la plaine. Ces deux grands bassins s'unissaient à cinquante milles devant nous à Fejr : le même mot désignait la tribu, son puits et la vallée de son puits. Sous cette avalanche de noms je criai grâce, jurant que je n'étais pas commis à l'Enregistrement des pays vierges, ni entremetteur pour géographes vicieux. Et le vieil Aouda, satisfait, se mit à me raconter de petites histoires sur les chefs qui nous accompagnaient ou que nous rencontrerions en route. Ses récits à mots couverts firent passer l'abominable désolation du pays que nous traversions alors.

Les Bédouins Fejrs, qui en sont les maîtres, appellent cette plaine El Houl à cause de cette désolation même ; nous marchâmes tout un jour sans y apercevoir le moindre signe de vie. Pas une trace de gazelle, pas un lézard, pas un trou de rat, même pas un oiseau. Nous-mêmes nous sentions presque annulés ; notre marche rapide à travers cette étendue immense ne paraissait plus que l'immobilité d'un effort vain. Les seuls bruits étaient, sépulcraux et vides, échos de dalles retombant sur des voûtes, les chocs, plaque sur plaque, des pierres ardoisées, pourries, qui basculaient sous les pieds de nos bêtes, et le froufroutement faible mais susurrant du sable qui, rampant devant le vent chaud, frôlait, frottait, fouillait le plus tendre des roches, donnant à chaque roc de grès ses saillies en surplomb et ses lamelles écailleuses.

Le vent haletait, avec ce goût de fournaise que prend quelquefois l'air d'Égypte à l'approche d'un khamsin. D'heure en heure, tandis que le soleil montait sur l'horizon, il se fit plus fort, plus chargé aussi de la poussière du Néfoudh, le grand désert de sable de l'Arabie septentrionale, tout près de nous maintenant mais invisible à travers la brume de chaleur. À midi le vent était presque une bourrasque. La sécheresse ratatina puis crevassa nos lèvres ; la peau du visage se gerçait ; les paupières, devenues râpeuses, parurent se rétracter, laissant à nu l'œil douloureux. Les Arabes, remontant sur le nez le bas de leur voile et tirant les plis sur le front en guise de visière, ne gardèrent plus pour y voir qu'une étroite fissure palpitante dans les rafales. À ce prix, je veux dire en acceptant d'étouffer, ils se gardaient de toute blessure ; le mot n'est pas trop fort : le sable a tôt fait de transformer les gerçures en plaies douloureuses. Pour ma part, cependant, j'ai toujours pris quelque plaisir à un khamsin. On dirait d'un démon qui attaque les hommes avec une méchanceté voulue et méthodique ; il est agréable de lui faire face, de braver sa force et de vaincre à la fin sa plus extrême violence. Un autre jeu consiste à laisser la sueur salée, mais froide, stiller goutte à goutte d'une longue mèche de cheveux sur le front et les joues. Je m'amusai d'abord à l'avaler au vol ; mais en avançant dans le désert, nous dûmes affronter un ouragan de plus en plus fort, de plus en plus dense, de plus en plus brûlant, et toute apparence de jeu s'évanouit. Je perdis l'envie de faire des mouvements inutiles : le balancement du chameau accroissait assez l'irritation causée par les rafales étouffantes. Toute ma peau se crevassait et ma gorge devait rester si douloureuse qu'il me fut impossible trois jours durant d'avaler plus de deux ou trois bouchées de notre pain massif. Quand le soir descendit enfin, je fus heureux de constater que mon visage rôti était encore capable de sentir une brise plus douce.

Tout le jour on chemina ainsi péniblement. Le vent mis à part, nous ne pouvions plus nous payer le luxe de haltes à l'ombre des couvertures si nous voulions arriver à El Fejr, nous et nos chameaux, dans un état acceptable : on n'accorda donc ni un regard ni une pensée au paysage jusqu'après trois heures de l'après-midi. Une crête, derrière deux tumulus naturels, apparut alors en travers de notre route. Puis la crête devint montagne. Aouda, dans un toussotement, me cracha quelques noms nouveaux.

De longs degrés, graveleux et lavés, creusés çà et là dans un ravin, descendaient à nos pieds vers l'ouest. Nous partîmes au trot, Aouda et moi ; la lenteur de la caravane devenait intolérable. À droite du soleil couchant, un mur bas de collines nous barrait la route vers le nord. Bientôt après le lit du Seil Abou Arad, large d'un bon mille et tournant vers l'est, balaya le terrain devant nous. Il était absolument tapissé de plantes basses, sèches comme du bois mort ; on en ramassa pour faire du feu et montrer aux autres le lieu du campement. Mais les brindilles s'émiettaient entre nos doigts avec de petits nuages de poussière. On s'acharna tout de même, ramassant, ramassant toujours. Quand notre meule fut prête nous découvrîmes qu'aucun de nous n'avait une allumette.

Le gros de la troupe n'arriva pas d'une heure au moins : le vent était tombé et la nuit scintillait, calme, noire. Des sentinelles se relayèrent jusqu'au point du jour sur l'ordre d'Aouda ; ce district était dans la ligne des rezzous et la nuit, en Arabie, fait oublier les amitiés. Nous avions, ce jour-là, couvert environ cinquante milles — tout ce que nous pouvions faire d'une seule traite ; d'ailleurs notre programme était rempli. Nous fîmes donc halte toute la nuit : nos chameaux affaiblis et malades seraient heureux de pâturer et nous ne risquerions pas, dans ce pays mal connu des Haoueitates, de nous perdre en avançant trop hardiment dans l'obscurité.

CHAPITRE XLIII

L'aube nous vit, le lendemain, en route dans le lit du Seil Abou Arad que nous suivîmes jusqu'au moment où le soleil incandescent monta sur les collines du Zibliyat, en face. Notre guide alors tourna vers le nord pour éviter un angle de la vallée, et l'on fit halte pendant une demi-heure pour attendre le gros de la troupe. Aouda, Nacer et moi-même, incapables de tendre plus longtemps la tête aux coups de massue du soleil, partîmes en avant au petit trot. La caravane disparut presque aussitôt, perdue dans cette pulsation de brume pâle que la chaleur faisait circuler comme une lymphe sur la plaine ; mais aucune erreur de chemin n'était possible, il suffisait de suivre le lit buissonneux de l'ouadi Fejr.

Au soleil de midi apparut le puits de nos désirs. Probablement très vieux, il avait environ trente pieds de profondeur et une margelle de pierre. Son eau était abondante, légèrement saumâtre, mais sans mauvais goût quand on la buvait aussitôt. Dans les outres elle pourrissait très vite. Une crue l'année précédente avait inondé la vallée ; l'herbe sèche ou à demi sèche n'y était donc pas rare ; nous y lâchâmes nos chameaux. Le gros de la troupe arriva bientôt, tira de l'eau et fit cuire le pain. On laissa les bêtes brouter laborieusement jusqu'au crépuscule ; abreuvées de nouveau elles furent ensuite parquées au pied de la pente à cinq cents mètres de là ; ainsi le puits restait libre pour le cas où un rezzou viendrait puiser de l'eau pendant la nuit. Nos sentinelles, d'ailleurs, ne devaient rien signaler.

On partit, comme d'ordinaire, avant l'aube ; l'étape cependant était facile : mais, souffrant chaque jour davantage de l'étincellement et de la surchauffe des sables, nous avions résolu de passer à l'abri le milieu du jour. Après deux milles, la vallée s'élargit. Plus tard surgit, à l'est, une falaise basse et tourmentée, face à l'embouchure du Seil Raugha. Le paysage était plus vert et nous priâmes Aouda d'aller chasser pour nous quelque gibier. Il envoya Zaal d'un côté et partit lui-même à l'ouest dans la plaine qui s'étalait à perte de vue. Cependant nous nous engagions dans les creux de la falaise : ses pitons écroulés et ses rebords saillants offraient, comme nous l'espérions, des recoins pleins d'une ombre fraîche et reposante pour nos yeux.

Les chasseurs s'en revinrent avant midi : chacun d'eux apportait une belle gazelle. Nous avions empli nos outres à Fejr, et nous pouvions les vider car l'eau d'Abou Ajaj était proche : nous fîmes donc dans nos cavernes un vrai festin de pain et de viande. Ces menus plaisirs nous reposaient agréablement, nous autres citadins délicats, des fatigues accumulées d'un long voyage sans répit : par citadins j'entends moi-même, Zeki, les domestiques syriens de Nesib et, à un degré moindre, Nesib en personne. Nous étions les hôtes de Nacer sur la route ; sa courtoisie et une bonhomie toujours jaillissante s'exprimaient en attentions exquises, partout où le voyage le permettait. C'est lui qui m'apprit patiemment à suivre une expédition arabe sans gêner les indigènes et sans diminuer leur vitesse ou la longueur normale de leurs étapes.

Le repos dura jusqu'à 2 heures de l'après-midi. Nous arrivâmes à Khabr Ajaj juste au coucher du soleil, après un voyage sans accident sur la plaine moins accidentée encore qui prolonge à l'est l'ouadi Fejr pendant plusieurs milles. L'eau de Khabr Ajaj provenait des pluies de cette année : elle était déjà trouble et saumâtre, bonne pour les chameaux, mais à peine potable pour les hommes. La mare était au centre d'une double dépression peu profonde, non loin de l'ouadi Fejr dont la crue l'avait emplie : elle avait deux pieds environ de profondeur sur deux cents mètres de large. Au nord s'étalait un pâté aplati de grès. Nous avions pensé trouver là des Haoueitates : les animaux avaient tondu l'herbe et sali la mare, mais ces traces furent tout ce que nous vîmes d'eux. Aouda chercha en vain les empreintes de leur départ : les rafales de vent avaient reformé sur le sable un réseau de rides intactes. Mais puisqu'ils étaient descendus de Toubaik ils devaient avoir poursuivi leur chemin vers le Sirhan : nous les trouverions plus au nord.

Le temps nous paraissait interminable : le jour suivant n'était pourtant que le quatorzième depuis notre départ d'El Ouedj. Quand il se leva, nous étions en route. On quitta enfin l'ouadi Fejr dans l'après-midi pour mettre le cap au nord-nord-est sur Arfaja, dans le Sirhan. La caravane inclina donc à droite à travers une étendue plate de calcaire et de sable : à l'horizon apparut une pointe du Grand Nefoudh, la fameuse ceinture de dunes qui isole le Djebel Chammar du désert syrien. Palgrave, les Blunt et Gertrude Bell (parmi les explorateurs célèbres) l'avaient traversé ; je priai Aouda de faire un détour pour entrer à la fois dans le Grand Nefoudh et dans le rang des explorateurs célèbres. Il grommela pour toute réponse qu'on n'entrait là-dedans que contraint et forcé, pour un raid par exemple, et que le fils de son père ne faisait pas de raid sur un chameau galeux et flageolant. Notre affaire à nous était d'atteindre Arfaja vivants.

Nous avançâmes donc sagement sur le scintillement monotone du sable. Pires que le sable étaient les « giaans », vastes plaques de boue polie, presque aussi blanches et lisses que du papier couché, qui atteignaient souvent plusieurs milles carrés de surface. Leur miroir nous renvoyait la lumière au visage avec une vigueur cruelle : nous avancions ainsi entre deux feux, une pluie de rayons sur la tête et, par en dessous, leurs ricochets qui trouvaient nos paupières sans défense. La souffrance n'était pas régulière et constante : son flot montait, puis décroissait pour remonter encore; culminant tout à coup au point où l'on pensait s'évanouir, il retombait parce qu'une noire toile d'araignée avait couvert soudain la rétine éblouie ; ces brefs répits nous redonnaient la force de souffrir encore, comme un homme qui se noie revient se débattre à la surface.

Nous n'échangions plus que des monosyllabes. Mais l'apaisement survint vers 6 heures et nous fîmes alors halte pour faire cuire le pain et souper. Je donnai à mon chameau ce qui restait de ma part ; ces dures étapes épuisaient la pauvre bête de fatigue et de faim. Ibn Saoud du Nedjed l'avait donnée au roi Hussein et celui-ci à Fayçal : c'était une chamelle superbe, rude, sûre dans les sentiers de montagne et courageuse. Les Arabes riches ne montent que des chamelles dont l'allure est plus douce que celle des mâles et l'humeur moins rétive et bruyante. Leur patience aussi leur fait endurer des marches plus longues : rompues de fatigue, en vérité, elles avancent jusqu'au moment où elles chancellent, tombent sur place et meurent ; les mâles, plus irritables, se jettent à terre quand ils sont fatigués et, de rage, préféreraient mourir là plutôt que de faire un pas.

Il fallut se traîner encore trois heures après la tombée de la nuit pour atteindre le haut d'une crête de sable. Le sommeil fut le bienvenu car la journée avait été mauvaise : vent brûlant, blizzard de poussière, tourbillons de sable qui râpaient nos visages enflammés, parfois même, au plus fort des rafales, nous voilaient la route et entraînaient au hasard par les dunes nos animaux gémissants. Mais la journée du lendemain inquiétait Aouda : un autre vent chaud, en face, nous ferait passer un troisième jour dans le désert et nous n'avions plus d'eau : il nous éveilla donc tôt dans la nuit. Avant le point du jour nous atteignions la plaine de la Bisaita (ainsi nommée par dérision à cause de son ampleur et de sa platitude). Sa sombre jonchée de galets brunis par le soleil fut après l'aube un repos pour nos yeux. Mais nos chameaux, dont quelques-uns boitaient déjà, les trouvèrent brûlants et durs.

Les chameaux élevés dans les plaines de sable sur la

côte ont les pieds garnis de coussins délicats. Qu'on les emmène soudain à l'intérieur pour de longues marches sur des cailloux ou tout autre sol qui absorbe la chaleur, leurs durillons, brûlés, éclatent et laissent la chair vive sur un ou deux pouces au centre du coussin. Dans cet état ils peuvent encore marcher sans douleur sur le sable ; au moindre gravier ils trébuchent ou reculent comme s'ils avaient mis la patte sur du feu ; à moins d'être très braves, ils ne résistent pas alors à une longue marche. Nous avancions donc avec le plus grand soin, Aouda et moi en tête, pour choisir le chemin le plus doux. Soudain de petits flocons poussiéreux détalèrent dans le lit du vent ; Aouda dit que c'étaient des autruches. Un de nos hommes courut vers nous, deux grands œufs d'ivoire sur les bras. On décida de déjeuner avec ce cadeau de la Bisaita. Mais c'est en vain que nos yeux cherchèrent le moindre combustible : en vingt minutes, nous trouvâmes seulement une touffe d'herbe. Comme les chameaux de bât défilaient, mon regard tomba alors sur les charges de dynamite. Je mis un paquet en perce et, parcelle par parcelle, le contenu alimenta un feu sous les œufs posés en équilibre sur des pierres. Au bout d'un instant la cuisson fut déclarée complète. Nacer et Nesib, vraiment intéressés par notre manigance, mirent pied à terre pour se moquer de nous plus à l'aise. Aouda, du tranchant de sa dague damasquinée, décalotta le premier œuf. Une puanteur pestilentielle envahit l'air. Tout le groupe s'enfuit vers un endroit moins odorant, en faisant rouler le second œuf encore brûlant sur le sable, à petits coups de pied. Il était assez frais et dur comme une pierre. À la pointe de la dague le contenu fut extrait de la coquille et répandu sur des cailloux plats en guise d'assiettes. Nous le mangeâmes par petits morceaux. Nacer même, qui jamais de sa vie n'était tombé si bas, fut persuadé de prendre sa part. Le verdict général fut : coriace, fort, mais bon dans la Bisaita.

Zaal vit une oryx, la traqua (à pied) et la tua. Les

meilleurs morceaux furent liés à dos de chameau pour le prochain bivouac et notre marche continua. Plus tard les Haoueitates virent d'autres oryx dans le lointain et les poursuivirent : elles se sauvèrent, puis, stupidement s'arrêtèrent pour regarder les hommes et ne repartirent que trop tard. Leurs ventres blancs et brillants les trahissaient : grâce à l'amplification du mirage, ce clignotement nous les révélait de loin dès qu'elles bougeaient.

CHAPITRE XLIV

Je n'aurais pas quitté ma route ce jour-là pour les animaux les plus rares du monde : j'étais trop las et trop petit chasseur. Je suivis donc la caravane que mon chameau, avec ses longues jambes, eut vite fait de rattraper. Mes hommes marchaient en queue. Quelques-unes de leurs bêtes, me dirent-ils, si le vent soufflait plus fort, seraient peut-être mortes avant la nuit. Ils les menaient par la bride dans l'espoir de les faire arriver. J'admirai le contraste entre Mohammed, paysan vigoureux et lourd, et les Ageyls menus, ou Farraj et Daoud, qui paraissaient danser sur leurs pieds nus, avec la délicatesse du pur-sang. Gasim manquait. Il se trouvait probablement, me dit-on, parmi les Haoueitates ; son humeur morose offensait les soldats et il se réfugiait souvent parmi les Bédouins, plus de son acabit.

Il n'y avait personne derrière. Je partis en avant pour examiner son chameau : je le trouvai enfin, mené par un des Haoueitates, la selle vide. Les sacs étaient toujours suspendus à l'arçon avec le fusil et la nourriture, mais lui-même avait disparu : peu à peu l'idée se fit jour en nous que le malheureux s'était perdu. Sale histoire. Dans la brume et le mirage, la caravane n'était pas visible à deux milles, et sur le sol dur comme du fer elle ne laissait pas de traces ; à pied, cet homme ne nous rejoindrait jamais.

Personne n'y avait pris garde; notre file était assez lâche et tout le monde le croyait ailleurs. Mais du temps avait passé; il était maintenant presque midi; Gasim devait se trouver à des milles en arrière. Son chameau chargé fournissait la preuve qu'on ne l'avait pas laissé endormi au camp. Les Ageyls émirent des hypothèses : il avait pu s'assoupir en selle et tomber, rester sur le chemin, étourdi ou mort, à moins que ce ne fut un règlement de comptes ? Bref, ils ne savaient rien. D'ailleurs Gasim était un mauvais type; nul d'entre eux n'en était particulièrement responsable; ils s'en lavaient les mains.

Soit : il n'en restait pas moins vrai que Mohammed, son compatriote, son camarade et officiellement son compagnon de route, voyait le désert pour la première fois et traînait un chameau qui ne tenait plus sur ses pattes. Alors ?

L'envoyer chercher Gasim, c'était le tuer. Tout retombait donc sur mes épaules. Les Haoueitates qui auraient pu m'aider étaient hors de vue dans le mirage, en chasse ou en reconnaissance. Les Ageyls d'Ibn Dgheithir ne connaissaient que leur clan : ils n'allaient pas se mettre en peine pour un étranger. Enfin Gasim était sous mes ordres. C'est moi qui en avais la responsabilité.

Je regardai lâchement mes hommes qui traînaient la jambe autour de moi. Si je prenais la place de l'un d'entre eux ? Si je l'envoyais, lui, sur mon chameau, chercher Gasim ? On aurait compris cette dérobade : un étranger peut « se défiler ». Mais voilà précisément le motif que je n'osais pas invoquer au moment même où je prétendais aider ces Arabes dans leur propre Révolte. Il est toujours difficile pour un étranger d'influencer un mouvement national; dans ce cas particulier il était doublement difficile pour un chrétien sédentaire de soulever des nomades musulmans. Que serait-ce si je prétendais jouir au même instant des privilèges de chaque groupe ?

Ainsi, sans dire un mot, je fis tourner bride à ma bête

qui refusait de m'obéir et, malgré les grognements éplorés qu'elle adressait à ses compagnes, je lui fis remonter la longue ligne d'hommes, puis la caravane de bagages, pour plonger enfin dans le vide derrière. Je n'étais pas le moins du monde héroïque, mais furieux contre mes domestiques, contre ma façon théâtrale de poser au Bédouin, furieux surtout contre Gasim, un sale brèche-dent qui n'arrêtait pas de grogner, traînard à toutes les étapes, mauvais, soupçonneux, brutal — un type que je regrettais d'avoir engagé et que j'avais juré de laisser choir à la première occasion. Il était idiot, vraiment, que pour un homme, un seul, et quel homme ! je misse en péril tout ce que je représentais dans le Mouvement Arabe.

Ma chamelle, tant elle grommelait, semblait partager mes sentiments. En vérité, c'est là le recours constant des chameaux quand ils se jugent maltraités. Dès l'enfance on les habitue à vivre en société et quelques-uns se guindent au point de ne plus vouloir marcher seuls ; mais aucun, en tout cas, n'abandonne ses compagnons habituels sans manifester hautement son chagrin et sa mauvaise volonté. C'est ce que faisait la mienne ce jour-là : elle tournait la tête au bout de son long cou, tentait de s'agenouiller et marchait (quand elle marchait) avec la plus grande lenteur. Il fallait à chaque pas une traction sur la rêne pour la maintenir dans le droit chemin, et une tape sur le cou pour l'empêcher de s'y arrêter. Après un mille ou deux pourtant, elle se sentit mieux et fit route de meilleur gré, mais toujours sans hâte. J'avais noté tous ces jours derniers nos changements de direction avec ma boussole à huile et j'espérais de la même façon revenir presque à notre point de départ, à dix-sept milles de là.

Avant vingt minutes la caravane disparut. Je compris alors à quel point la Bisaita est nue. Les seuls points de repère étaient les vieux puits de *samh* ensablés : je les traversai le plus grand nombre de fois possible, car les empreintes y resteraient, fournissant, pour le retour, autant d'indications. Le *samh* est la farine sauvage des Chérarats : pauvres en tout sauf en chameaux, ils se vantent de trouver dans le désert de quoi satisfaire à tous leurs besoins. Humecté de beurre et farci de dattes, ce samh-là est une assez bonne nourriture.

Les puits sont en vérité de petites aires. On épierre un cercle de dix pieds de diamètre. Les cailloux entassés à la bordure forment une espèce de cratère, où les femmes entassent et battent la petite graine rouge. Les vents incessants qui les balayent ne peuvent pas démolir la bordure de cailloux (la pluie de quelques milliers d'hivers y parviendra peut-être) mais comblent les puits d'un sable pâle. Ils apparaissaient enfin comme de grands disques gris sur la plaine de cailloux noirs.

J'avais marché environ une heure et demie et assez commodément : le vent derrière m'avais permis, en effet, de faire tomber de mes yeux rougis la croûte de sable, et de regarder alentour presque sans souffrance. Soudain je vis — silhouette ? buisson ? — quelque chose de noir en face. Le mirage mouvant m'en déguisait la hauteur et la distance. Cela paraissait bouger un peu à l'est de notre piste. À tout hasard, je piquai dans sa direction ; quelques minutes après je vis que c'était Gasim. Quand je l'appelai il s'arrêta sans me regarder franchement. Je m'avançai et je découvris qu'il était presque aveugle ; debout, stupéfié, la bouche noire et grande ouverte, il tendait les bras dans ma direction. Les Ageyls avaient vidé dans mon outre notre dernière provision d'eau : dans sa hâte, il s'en fit couler stupidement la moitié sur le visage et la poitrine. Quand il eut bu, il cessa de bafouiller des mots sans suite et les lamentations commencèrent. Je l'assis en croupe, fis dresser l'animal et remontai moi-même en selle.

Ma bête, apparemment satisfaite de ce demi-tour, partit d'un pas alerte. Je me dirigeai très exactement à la boussole, si exactement que je retrouvai maintes fois mes propres traces, petites éclaboussures de sable pâle sur les cailloux bruns. En dépit de sa double charge, la chamelle allongeait le pas. Il lui arriva même de se lancer, la tête basse, dans cette espèce de trot traînant, rapide et confortable que les cavaliers habiles enseignent à leurs meilleures bêtes. Cette preuve de ressort me rendit joyeux ; j'étais content aussi du peu de temps perdu en recherches.

Gasim, cependant, me faisait part de sa terreur et de ses souffrances avec des gémissements pathétiques : je lui dis de se taire, mais il continua, tout le corps mollement abandonné. Ceci était vraiment insupportable : à chaque pas de la chamelle il retombait sur la croupe avec un fracas qui, ajouté à ses lamentations, forçait la bête à presser le pas toujours davantage. À ce train, elle eût été vite épuisée. Je renouvelai donc à Gasim l'ordre de se taire. Ses hurlements ne firent que croître. Alors je le frappai, lui jurant qu'au premier son je le débarquais sans retard. Cette menace, que ma colère rendait plausible, eut l'effet désiré. Gasim, jusqu'au bout du voyage, s'accrocha au chameau dans un sombre silence.

Nous n'avions pas fait quatre milles qu'une autre bulle noire, roulant et oscillant dans le mirage, apparut à l'horizon. Elle se divisa en trois et se gonfla. Des ennemis ? Une minute après, la brume, avec la soudaineté déconcertante d'un truc d'illusionniste, disparut, et je vis Aouda, accompagné de deux hommes, qui revenait me chercher. Comme je vociférais à leur intention quelques plaisanteries sur les gens qui abandonnent un copain au milieu du désert, Aouda, tiraillant sa barbe, grommela que, lui présent, je ne fusse jamais retourné. Gasim fut transféré, non sans insultes, en croupe d'un meilleur cavalier, et nous reprîmes notre route ensemble.

Alors Aouda, montrant du doigt la misérable masse humaine qui courbait le dos devant nous, m'attaqua violemment : « Ainsi, pour cette saleté qui ne vaut pas le prix d'un chameau... — Qui ne vaut pas une demi-couronne, Aouda », répliquai-je, et le vieux chef, réjoui dans la simplicité de son esprit, s'approcha de Gasim pour le forcer, à coups de cravache, de redire son prix, comme un perroquet. Gasim, dans une grimace de rage, montra sa mâchoire édentée, et se tut désormais farouchement. Une heure de marche nous ramena en queue de la caravane, et, pour répondre à sa curiosité, Aouda, devant chaque paire de cavaliers, c'est-à-dire quarante fois de suite, répéta sa plaisanterie : je finis par savoir pleinement à quel point elle était mauvaise.

Gasim expliqua qu'ayant mis pied à terre pour se soulager, il avait ensuite perdu la caravane dans l'obscurité : mais évidemment il s'était endormi, fatigué par la chaleur et la longueur du voyage. Nous rejoignîmes Nacer et Nesib dans l'avant-garde. Nesib m'en voulait d'avoir mis en péril, par caprice, la vie d'Aouda et la mienne. Que j'eusse d'ailleurs compté sur leur retour, il n'en doutait pas le moins du monde. Ce manque de générosité choqua Nacer. Quant à Aouda, il fut ravi de pouvoir enfoncer dans la tête d'un citadin le paradoxe de la tribu et de la cité : dans le désert, la responsabilité collective et la fraternité ; dans la ville, au contraire, l'isolement et la lutte pour la vie.

À la faveur de cet incident, les heures avaient passé ; le reste du jour nous parut moins long. La chaleur, cependant, était devenue plus pénible ; les rafales se chargeaient de sable, on pouvait voir l'air comme une fumée et l'entendre siffler au long de notre caravane. Jusqu'à 5 heures le terrain resta plat et sans accident ; plus tard des monticules bas apparurent en face, et bientôt nous trouvâmes une sorte de paix parmi des collines de sable au frêle revêtement de tamarins. C'était le Kaseim de Sirhan. Les buissons et les dunes brisaient les rafales ; la rougeur du couchant veloutait, mûrissait alentour le crépuscule. J'écrivis sur mon journal que le Sirhan était beau.

On comprend que la Palestine fût une terre de lait et de miel pour qui avait passé quarante années dans le Sinaï. Damas a le renom d'un Paradis Terrestre chez les tribus qui n'y entrent qu'après des semaines et des semaines de marches douloureuses dans les cailloux de ce désert du Nord. De même les cinq jours passés face à face avec une tempête de sable dans le Houl incandescent donnaient aux Kaseim d'Arfaja une fraîcheur campagnarde. Elles s'élevaient seulement de quelques pieds au-dessus de la Biseita ; des vallées semblaient en descendre à l'est vers une vaste dépression où se trouvait le puits que nous cherchions. Mais le puits nous semblait maintenant moins désirable que le repos : en sécurité désormais dans le Sirhan, le désert franchi, nous oubliions la terreur de la soif pour éprouver une souffrance plus réelle, la fatigue. Nous fûmes d'accord pour camper cette nuit sur place : on alluma des feux pour guider l'esclave de Nouri Châalan qui, le jour même, avait disparu, comme Gasim, de notre caravane.

Nous n'avions pas trop d'inquiétudes à son sujet : il était à dos de chameau, en effet, dans un pays qu'il connaissait. Peut-être avait-il pris la route directe vers Jauf, capitale de Nouri, pour annoncer le premier notre arrivée avec des cadeaux, ce qui lui vaudrait une prime. En tout cas, il ne revint ni cette nuit ni le jour suivant. Lorsque, des mois plus tard, je demandai de ses nouvelles, Nouri m'apprit que son cadavre desséché avait été retrouvé, récemment, très loin dans le désert ; son chameau, avec son équipement intact, était mort à côté de lui. Il avait dû se perdre dans la tempête de sable, errer jusqu'au moment où sa monture s'était effondrée, et mourir là de chaleur et de soif. Ce n'est pas une mort trop longue (pour les plus forts, deux jours d'été suffisent), mais très douloureuse. La soif est une maladie active ; une peur panique déchire le cerveau et, en une heure ou deux, abaisse l'homme le plus brave à un babil de gâteux flageolant. Puis le soleil le tue.

CHAPITRE XLV

Sans une gorgée d'eau nous ne pouvions rien manger : ce fut une nuit de tempérance. Pourtant la certitude de boire au matin nous permit de dormir, à condition de rester couchés sur le ventre pour éviter le gonflement du jeûne. Les Arabes ont l'habitude, à chaque puits, de se gorger d'eau à en vomir ; ils vont ensuite jusqu'au suivant sans boire ; du moins, s'ils portent de l'eau, l'épuisent-ils dès la première halte, soit à boire soit à pétrir du pain. Mon ambition était d'attirer le moins possible l'attention sur mon caractère d'étranger. J'imitai sur ce point aussi les indigènes ; leur supériorité physique, pensai-je avec raison, n'était pas telle que je dusse un jour, pris à mon propre piège, en souffrir sérieusement. Je ne fus, en effet, qu'une fois malade de soif.

Le matin suivant, les pentes voisines nous conduisirent vers une première crête, puis une seconde, puis une troisième, à trois milles l'une de l'autre ; et à 8 heures nous mettions pied à terre devant le puits d'Arfaja, dans un air où flottait le parfum sucré de l'arbuste qui porte ce nom. Le Sirhan, découvrîmes-nous alors, n'était pas une vallée proprement dite, mais une faille drainant les eaux de chaque côté pour les rassembler enfin dans le chapelet de dépressions qui composent son lit. Le gravier siliceux y alterne avec le sable. Ses vallées, qui ne vont nulle part, semblent avoir perdu leur propre pente tant sont lentes et enchevêtrées leurs dénivellations successives, entre les dunes ébouriffées de tamaris aériens dont les racines cordées maintiennent les pentes de sable croulant.

Les puits sans margelle, creusés à dix-huit pieds environ de profondeur, donnaient une eau crémeuse au toucher, saumâtre au goût avec une odeur forte. Nous la trouvâmes délicieuse ; et puisqu'il y avait, pour nos chameaux, quelque verdure aux environs, nous résolûmes de rester là tout le jour ; un éclaireur, cependant, irait à la recherche des Haoueitates du côté de Maigoua, le plus au sud des puits du Sirhan. Nous saurions ainsi s'ils se trouvaient derrière nous ; dans le cas contraire nous pourrions marcher vers le nord, assurés de les rejoindre.

Le messager venait à peine de partir que l'un de nos Haoueitates vit des cavaliers se dissimuler dans le maquis au nord de notre campement.

Aussitôt retentit l'appel aux armes. Mohammed-el-Dheilan, le premier en selle, galopa avec d'autres Tooueihas vers l'ennemi supposé. Cependant, avec l'aide de Nacer, je rassemblai les Ageyls, qui ne valaient rien pour combattre les Bédouins à la façon bédouine, et je les disposai en groupes entre les dunes, afin d'assurer la défense de nos bagages. Précaution inutile, car l'ennemi détala : Mohammed, au bout d'une demi-heure, revint nous dire qu'il avait abandonné la poursuite par pitié pour son chameau affaibli. Il n'avait vu que la trace de trois cavaliers : c'étaient à son avis les éclaireurs d'un rezzou Chammar qui devait rôder dans le voisinage, Arfaja en était infesté.

Aouda manda son neveu Zaal qui possédait les meilleurs yeux de tous les Haoueitates, et lui demanda d'aller découvrir le nombre et les intentions de l'ennemi. Cet homme d'acier flexible, dont le regard vous estimait avec arrogance, avait des lèvres cruelles et un rire mince, plein de la brutalité que ces Haoueitates nomades ont empruntée à la paysannerie. Il partit à la découverte : le maquis alentour, nous rapporta-t-il ensuite, était abondamment piétiné, mais les tamaris empêchaient le vent de balayer le sable, de sorte qu'il était impossible de distinguer les empreintes fraîches des autres.

L'après-midi se passa sans alerte et notre inquiétude tomba ; une sentinelle, pourtant, resta postée au sommet de la grande dune, derrière les puits. Au coucher du soleil, revenant de me laver dans la saumure picotante, je m'arrêtai auprès du feu des Ageyls pour boire avec eux du café en écoutant leur arabe nedji. Ils se mirent à me raconter de longues histoires sur le capitaine

Shakespeare qu'Ibn Saoud avait reçu dans Riyadh à titre d'ami personnel et qui, après avoir traversé l'Arabie, du golfe Persique en Égypte, revint se faire massacrer au cours d'un engagement malheureux par les Chammars, périodiquement en lutte avec les hommes du Nedjed.

La plupart des Ageyls d'Ibn Dgheitir avaient voyagé avec lui, à titre d'escorte ou de partisans, et se souvenaient à la fois de sa munificence et de l'étrange réclusion où il s'enfermait jour et nuit. Les Arabes, toujours en tas, soupçonnent aussitôt une privauté trop jalouse. La guerre du désert m'apprit à ne jamais oublier cela, et à faire mon deuil, tant que j'errerais avec les indigènes, de toute paix et de toute tranquillité égoïstes. La leçon fut dure, humiliante aussi. Dorloter sa petite solitude chérie fait partie de l'orgueil anglais. On ne se trouve jamais si remarquable qu'en l'absence de concurrents.

L'homme du café, pendant cette conversation, avait jeté les grains rôtis dans le mortier avec une pincée de cardamome. Abdullah se mit à le broyer à la mode du Nedjed — dring-drang, dring-drang — par coups égaux et liés deux à deux. Mohammed-el-Dheilan l'entendit, s'avança sans bruit sur le sable, et, à la mode des chameaux, lui, avec une lenteur gémissante, s'accroupit à côté de moi. C'était un compagnon agréable que ce Mohammed : réfléchi, plein de force et d'humour pincé, il avait pour les ruses acides une inclination qui se manifestait parfois en actes ; mais d'ordinaire il se contentait d'ouvrir à ses voisins un cœur amicalement cynique. Physiquement, c'était un grand gaillard plus fort que la normale : pas loin de six pieds de haut, trente-huit ans d'âge, décidé, actif, avec un visage taillé à coups de hache, haut en couleur et des yeux très déconcertants.

Il était le second chez les Abou Tayis : plus riche qu'Aouda, suivi de partisans plus nombreux, il marquait un goût plus marqué pour une vie savoureuse et parfumée. Il possédait une petite maison dans Maan et, près de Tafileh, des terres (on murmurait même « du bétail»). Les Abou Tayis, sous son influence, avaient ajouté à leur équipement de guerre quelques menues délicatesses : ils portaient pour un raid des parasols et, dans le sac pendu à leur selle, une bouteille d'eau minérale. Mohammed était le cerveau de la tribu : écouté dans les conseils, il dirigeait leur politique. J'aimais sa critique bougonne et, bien souvent, avant de mettre un nouveau plan en perce, je me suis assuré son appui en jouant à la fois sur son avidité et son intelligence.

Ce long voyage avait créé entre nous tous une camaraderie d'esprit et de corps. Nuit et jour un but hasardeux occupait toutes nos pensées ; consciemment ou non, nous nous entraînions à ne voir que lui, concentrant sur lui nos volontés. Rien d'étonnant qu'il accaparât, d'ordinaire, ces moments épars de conversation, autour d'un feu de bivouac. Pensifs, nous échangions ainsi quelques paroles ; l'homme du café faisait bouillir sa mixture, tapotait la cafetière pour précipiter le marc, disposait sa passoire en fibres de palmier (servir du café qui laisse du marc dans la tasse est une impolitesse) quand une salve éclata soudain sur les dunes sombres à l'est du camp, et l'un des Ageyls, avec un cri aigu, s'affaissa, le visage en avant, au centre même de notre cercle.

Mohammed, de son pied énorme, poussa sur le feu une vague de sable. L'obscurité se fit aussitôt ; nous roulâmes en hâte derrière les rideaux de tamaris à la recherche de nos armes. Nos avant-postes, déjà, ripostaient, tirant au jugé sur l'éclair des salves. Nos munitions étaient illimitées et nous ne lésinions pas, pour avertir l'ennemi.

L'attaque, peu à peu, se ralentit : sans doute avions-nous étonné l'assaillant par notre promptitude. Son feu, à la fin, s'arrêta. Nous fîmes de même, l'oreille tendue en prévision d'un assaut ou d'une nouvelle attaque dans une autre direction. Cette immobilité dura une demi-heure, dans un silence que troublaient seuls les gémissements puis les râles de l'homme frappé à mort par la première décharge. Puis, l'attente devenant insupportable, Zaal sortit en éclaireur. Après une nouvelle demi-heure il nous cria que les alentours du camp étaient vides. Les ennemis s'étaient enfuis ; à son avis (qui méritait créance) ils devaient être une vingtaine.

En dépit de ses assurances, pourtant, nous fûmes inquiets toute la nuit. Avant l'aube on enterra Assaf, notre premier tué, et l'on partit aussitôt vers le Nord, en gardant le fond de la vallée, avec des dunes de sable surtout à gauche. Après cinq heures de marche, l'on déjeuna sur le bord méridional d'une grande jonchée de ravins qui couraient vers le Sirhan, du sud-ouest. C'était, me dit Aouda, l'embouchure du Seil Fejr, cette vallée dont nous avions vu la naissance à Selhub et dont nous avions suivi le lit à travers le Houl.

Le pâturage étant meilleur qu'à Arfaja, nous allouâmes à nos chameaux les quatre heures de la mi-journée. Mauvais système, d'ailleurs, car le repas au gros de la chaleur ne leur profitait guère : mais nous étions heureux pour notre part de cette sieste qui nous rendait, à l'ombre de nos couvertures, le sommeil perdu la nuit précédente. En terrain découvert, aucune surprise n'était possible et nous ne craignions pas d'être troublés ; un tel étalage de force confiante devait faire hésiter l'ennemi invisible.

Nous voulions combattre des Turcs : ces luttes entre Arabes étaient en pure perte. Dans l'après-midi nous fîmes encore douze milles jusqu'à un groupe de dunes solides qui limitaient une cuvette assez large pour nous et commandaient tout le pays environnant. Le bivouac fut établi là par précaution contre une nouvelle attaque.

Le lendemain matin, une avance rapide de cinq heures (leur repos de la veille avait rempli nos chameaux de vigueur), jusqu'à une oasis de palmiers étriqués, au fond d'un creux, avec des touffes de tamaris çà et là et une eau abondante à sept pieds environ de profondeur. Plus douce au goût que l'eau d'Arfaja, elle se révéla à l'expérience comme une authentique « eau du Sirhan » :

les premières gorgées, au moins, étaient potables, mais elle refusait de faire-mousser le savon, et un séjour de 48 heures dans les outres lui donnait une odeur et un goût de pourriture tels que le café, le thé ni le pain ne conservaient plus rien de leur propre saveur.

Certes, nous en avions assez de l'ouadi Sirhan, malgré les admirables plans de Nesib et Zeki projetant sa mise en valeur par le Gouvernement Arabe qu'ils allaient établir sous peu. Ces imaginations bondissantes sont une caractéristique des Syriens : il ne leur faut pas plus de temps pour peupler l'avenir que pour se décharger sur le voisin de leurs responsabilités présentes. « Zeki, dis-je un jour, votre chameau est dévoré de gale. — Trois fois hélas ! m'accorda-t-il tristement, dès ce soir, sans tarder, quand le soleil baissera, nous l'oindrons de beurre. »

À l'étape suivante, je reparlai de la gale. « Ah ! dit Zeki, elle m'a donné une idée magnifique : imaginez que nous fondions en Syrie, quand Damas sera nôtre, un Service National de Médecine Vétérinaire. Nous aurions là une équipe de médecins habiles avec, pour les postulants, une école dans un hôpital central, ou mieux, dans plusieurs hôpitaux centraux, où seraient soignés les chameaux, les chevaux, les ânes, les bœufs, voire même (pourquoi pas ?) les moutons et les chèvres. Il faudrait fonder là des centres de recherches scientifiques et bactériologiques pour le traitement de toutes les maladies animales. Et que diriez-vous d'une bibliothèque de livres étrangers ?... Des hôpitaux de districts alimenteraient le centre et un corps d'inspecteurs mobiles... » Nesib, à cet instant vint à son aide, et la Syrie fut divisée en quatre Inspectorats Généraux, avec de nombreux sous-inspectorats.

Le lendemain matin je fis de nouveau allusion à la gale. Mes compagnons ayant dormi sur leur travail, leur plan avait pris forme. « Et cependant, mon cher, il est encore imparfait. Notre naturel, à nous, est d'exiger la perfection. Vous vous précipitez au contraire (et c'est un spectacle pénible pour nous) sur tout ce qui vous paraît de bonne prise. L'opportunisme est un défaut anglais». Je fis chorus avec eux. «Ô Nesib! dis-je, et vous Zeki! La moindre perfection n'implique-t-elle pas la fin de ce monde imparfait? Êtes-vous mûrs pour cette conclusion? Pour moi, quand je me sens furieux, je demande à Dieu de précipiter à l'instant notre globe sur le soleil incandescent par compassion pour les hommes encore à naître. Quand je suis satisfait, au contraire, je désire me coucher à l'ombre pour l'éternité et devenir ombre moi-même.» Mal à l'aise, ils détournèrent la conversation vers les fermes d'élevage. Le sixième jour le pauvre chameau mourut. Évidemment, parce que, comme le fit remarquer Zeki, «vous ne l'avez pas enduit de beurre». Aouda, Nacer et tout le reste de la troupe entouraient leurs bêtes de soins constants. Nous espérions empêcher au moins la gale de se développer, jusqu'au moment où nous pourrions, dans quelque camp bien pourvu, nous munir des remèdes et combattre le mal sérieusement.

Un cavalier, soudain, apparut et marcha sur nous. Il y eut un instant d'inquiétude. Puis les Haoueitates reconnurent l'homme et le hélèrent. C'était un de leurs bergers. Nous échangeâmes des saluts, d'une voix tranquille, comme il sied: le bruit, parmi les tribus du désert, est considéré dans le cas le plus favorable comme une preuve de mauvaise éducation; dans le moins favorable, comme une preuve d'éducation citadine.

Le berger nous dit que les Haoueitates campés en face de nous, d'Isaweya à Nebk, attendaient fébrilement de nos nouvelles. Tout allait bien d'ailleurs dans leur camp. L'anxiété d'Aouda s'évanouit; son impatience s'éveilla. Une heure de marche rapide nous conduisit à Isaweya où étaient dressées les tentes d'Ali Abou Fitna, chef d'un des clans d'Aouda. Ce vieil Ali était un homme à l'œil chassieux, débraillé, le visage rouge, avec un long nez qui gouttait perpétuellement dans la coquille de sa barbe. Avec une insistance chaleureuse il nous offrit l'hospitalité de sa tente. Nous nous excusâmes comme trop nombreux et notre propre campement fut établi non loin du sien. Lui et ses compagnons, cependant, après nous avoir dénombrés, ordonnèrent le repas du soir : chaque groupe de leurs tentes devait recevoir son petit paquet de visiteurs. Les préparatifs prirent des heures et la nuit était tombée depuis longtemps quand on nous appela. Pour moi, je m'étais déjà endormi ; je me rendis au festin en trébuchant, mangeai, revins, et m'endormis encore.

Notre expédition se terminait heureusement. Nous avions trouvé les Haoueitates ; nos hommes étaient en bonne forme, notre or et nos explosifs encore intacts. Aussi tînmes-nous, dès le lendemain matin, un conseil joyeusement solennel. On tomba d'accord qu'il fallait, avant toute chose, offrir à Nouri Châalan, qui voulait bien souffrir notre présence dans le Sirhan, 6 000 livres d'or. En échange nous lui demanderions le droit de séjour sur ses terres, le temps de lever et d'équiper une troupe, et la promesse, en outre, de veiller après notre départ sur les familles, les tentes et les troupeaux de nos recrues.

Comme l'affaire était d'importance, Aouda lui-même fut chargé d'aller la traiter avec Nouri, son ami personnel. La tribu de Nouri Châalan, en effet, était proche et trop considérable pour qu'Aouda put se permettre de la combattre, quel que fût, par ailleurs, son penchant seigneurial à la guerre. Un intérêt bien compris avait poussé les deux hommes à faire alliance ; de leur fréquentation était né ensuite un certain respect saugrenu en vertu duquel chacun d'eux souffrait avec patience les bizarreries de l'autre. Aouda exposerait à Nouri nos espoirs et les désirs de Fayçal, qui lui demandait de faire une démonstration publique de fidélité à la Turquie. Ainsi seulement il pourrait couvrir nos manœuvres tout en satisfaisant les Turcs.

Cependant nous devions rester avec Ali Abou Fitna et nous en aller de compagnie par petites étapes vers Nebk, qu'Aouda indiquerait aux Abou Tayis comme lieu de rassemblement. Il serait de retour avant cette concentration. L'affaire était donc décidée : nous déposâmes six sacs d'or sur le chameau d'Aouda, et il partit. Aussitôt les chefs Fitennas vinrent nous rendre visite et déclarèrent que nous leur ferions beaucoup d'honneur en acceptant leur hospitalité deux fois par jour, avant midi et au coucher du soleil, aussi longtemps que nous daignerions rester avec eux. Ce n'étaient pas là de vaines promesses. La loi du désert limite à trois jours les devoirs d'hospitalité. Mais les Haoueitates méprisent cette ladrerie. Leur hospitalité ne connaît pas de limites ; leur importunité non plus, hélas ! car nous n'avions aucune façon honorable d'échapper, si peu que ce fût, à la « bonne vie » telle qu'un nomade la rêve.

Chaque matin, entre 8 et 10 heures, un petit groupe de pur-sang, harnachés tant bien que mal, arrivaient à notre intention. Nacer, Nesib, Zeki et moi, juchés sur ces montures et suivis d'une douzaine d'hommes à pied, traversions alors solennellement la vallée, le long des sentiers sablonneux serpentant parmi des arbustes. Nos domestiques conduisaient les bêtes par la bride : caprice, précipitation eussent été pures inconvenances. Notre cortège arrivait ainsi à l'heure juste devant la tente transformée ce jour-là en salle de festin ; car chaque famille nous invitait à son tour et se fût jugée cruellement offensée si Zaal, juge en la matière, avait fait preuve de quelque injuste préférence.

Les chiens ne manquaient pas de se précipiter sur nous ; les badauds (toujours assemblés en grand nombre devant la tente élue) ne manquaient pas de les chasser avec indignation, et nous passions aussitôt sous les cordes, dans la moitié de la tente réservée aux hôtes, élargie pour la circonstance et soigneusement orientée pour nous donner de l'ombre. L'hôte, rouge de confusion, nous accueillait d'un timide murmure et disparaissait à l'instant. Les tapis de la tribu (de lugubres machins rouges « made in Beyrouth ») nous attendaient au pied du rideau de séparation d'une part, le long de la paroi en face d'autre part, et en travers de l'issue soigneusement close au fond. Les convives — une cinquantaine d'hommes — formaient donc un fer à cheval autour d'un espace vide poussiéreux.

L'hôte faisait sa réapparition, debout près du mât de la tente. Les invités locaux, El Dheilan, Zaal, d'autres cheikhs encore, se laissaient, après maintes protestations, placer au milieu de nous, consentaient à poser leurs bras près des nôtres sur les selles capitonnées de couvertures qui nous servaient d'accoudoirs. Le devant de la tente était débarrassé de curieux ; mais une marmaille excitée, les plus vieux traînant les plus jeunes, ne tardait pas, sous prétexte de chasser les chiens, à envahir l'espace vide au milieu de la tente même. Plus ils étaient jeunes, plus ils étaient nus ; plus leurs ventres, aussi, ressemblaient à des pots. Les tout-petits, dans une innocence totale, le pouce dans la bouche, les jambes écartées, nous regardaient ardemment de leurs yeux noirs de mouches en gonflant vers nous un ventre expectant.

Une pause suivait, pleine d'un embarras que nos amis essayaient de masquer en nous montrant les animaux de céans : le faucon sur son perchoir (parfois même un oiseau de mer pris tout jeune sur la côte de la mer Rouge), le jeune coq de garde, le lévrier du maître. Une fois seulement un bouquetin apprivoisé fut traîné dans la tente et offert à notre admiration ; une autre fois ce fut une oryx. Ces sujets de conversation épuisés, on essayait d'en trouver vite un autre pour distraire notre attention des rumeurs ménagères, écarter de nous ces culinaires bouffées de murmures, filtrant, impératifs ou irrités, à travers le rideau, avec l'odeur puissante des graisses qui gargotent, et les graillonneuses traînées des fumets solides de viande.

Après un silence plus long, l'hôte, ou son ambassadeur, s'avançait : « Noir ou blanc ? » murmurait-il. Ce qui signifiait : café ou thé ? Nacer répondait immanquablement : « Noir », et sur un geste l'esclave s'approchait, la cafetière au long bec dans une main et trois ou quatre tasses de terre blanche (très « chic ») qui s'entrechoquaient dans l'autre. Il précipitait quelques gouttes de café dans celle du dessus et l'offrait ensuite à Nacer ; la seconde était pour moi, la troisième pour Nesib, puis l'esclave s'arrêtait, tandis que nous faisions tourner nos tasses au creux de nos mains, humant en amateurs jusqu'à la dernière goutte — la plus riche.

Les tasses, aussitôt vides, étaient empilées bruyamment dans la main tendue de l'esclave qui les adjugeait incontinent, avec un peu moins de cérémonie, à un trio inférieur. Lorsque, de trio en trio, tout le monde avait bu, le tour revenait à Nacer. Cette seconde tasse avait plus de goût que la première, d'abord parce qu'on attaquait les couches inférieures de la cafetière, mais aussi à cause des culots successifs laissés par les buveurs précédents. La saveur du troisième et du quatrième tours, si le repas n'était toujours pas prêt, était vraiment surprenante.

À la fin pourtant un frisson traversait la foule. Elle s'écartait, livrant passage à deux hommes chancelant sous le poids du plateau de riz et de viande, vaste « tub » en cuivre étamé, d'un mètre cinquante de large et posé sur un pied comme un brasero. La tribu ne possédait qu'un plat de cette dimension. Une inscription gravée en caractères fleuris courait tout autour : « À la gloire d'Allah et dans l'espérance de Sa miséricorde finale, le possesseur, Son humble suppliant Aouda Abou Tayi ». Nous le retrouvions à chaque réception. Une inquiétude de corps et d'esprit m'empêchait de dormir à cette époque : chaque matin, enfoui dans mes couvertures, je voyais à la prime lueur de l'aube se balader le plat fatidique ; la tente où il s'arrêtait était celle où nous mangerions ce jour-là.

Il arrivait, à chaque repas, débordant de nourritures : un bourrelet de riz, large d'un pied, laissait au centre un cratère d'environ six pouces de profondeur qu'on emplissait de gigots et de côtes de mouton jusqu'au moment où le tas croulait. Il fallait deux ou trois victimes pour édifier ainsi la pyramide de viande commandée par l'honneur nomade. Les pièces culminantes étaient les têtes bouillies, dressées sur leurs moignons de cous, les oreilles brunes comme des feuilles mortes appliquées à plat sur la blancheur du riz. Leurs mâchoires, maintenues ouvertes, bâillaient vers le ciel, révélaient l'ombre de la gorge et la langue encore rose collée aux dents du fond. Les longues incisives blanches couronnaient le tout, surgies, dans le hérissement des narines, du noir rictus des babines retroussées.

Le plateau était déposé dans l'espace vide, au centre. À travers les nuages de vapeurs qui en montaient, une file de marmitons s'affairait, apportant les chaudrons et les bassins de cuivre où l'on avait fait la cuisson. Puisant dans ces récipients divers avec de vieilles timbales de fer émaillé, ils répandaient sur le plat principal tous les débris extérieurs ou intérieurs de la bête : menus morceaux de tripes jaunes, blanc coussinet de graisse de la queue, muscles bruns, abatis, fragments de peau craquante, le tout nageant dans le beurre et la graisse fondus. Les convives suivaient l'opération avec un soin jaloux, saluant d'un murmure la chute clapotante d'un morceau succulent.

La graisse, naturellement, était brûlante. De temps à autre, un homme, lâchant son écope, hurlait et se fourrait sans hésiter les doigts dans la bouche. Mais le travail se faisait tout de même ; le moment venait où les timbales raclaient le fond des pots ; alors, avec un geste de triomphe, les cuisiniers, fouillant la sauce pour y trouver les foies intacts, en coiffaient les mâchoires béantes.

Restait le jus. Deux hommes, empoignant les chaudrons, tour à tour versaient leur contenu dans le plateau. Beurre et graisse fondus éclaboussaient la viande, emplissaient le cratère et gorgeaient le riz ; des îlots se détachaient, nageaient sur ces flots abondants ; on versait toujours ; enfin, au milieu de nos cris étonnés, le jus débordait du plateau, coulait, formait dans la poussière une petite mare qui se congelait lentement. On ne pouvait aller plus loin dans la splendeur : l'hôte nous invitait à prendre place.

Nous feignions alors une surdité convenable ; la politesse l'exigeait ; ayant enfin ouï ses appels, nous nous considérions avec surprise et chacun priait son voisin de s'avancer le premier. Nacer pourtant se levait en minaudant et les vingt-deux convives qui pouvaient, à grand-peine, se loger autour du plat venaient mettre, comme lui, un genou à terre et se blottir les uns contre les autres, non sans coincements variés. Quand tous étaient tassés, nous remontions nos manches droites jusqu'au coude et, prenant exemple sur Nacer — « Au nom de Dieu très bon et miséricordieux » —, nous faisions le plongeon ensemble.

Je le faisais, pour moi, avec prudence. La graisse liquide était si chaude que mes doigts inaccoutumés pouvaient rarement la supporter : je balançais donc mon morceau de viande pour le refroidir en attendant que les excavations d'autrui eussent drainé et asséché mon propre segment de riz. La technique était de rouler entre les doigts (sans salir la paume) de petites boules à composition complexe — riz, graisse, foie et viande — de cimenter le tout par une douce pression et de le projeter dans la bouche par une détente du pouce, avec le point d'appui de l'index replié. Quand on avait le « tour de main » pour bâtir sa petite boule, elle résistait et se détachait proprement des doigts ; mais si du beurre en excès ou des débris poissaient aux phalanges, il fallait les sucer avec beaucoup de soin pour améliorer le prochain « décollage ».

Lorsque la pile de viande commençait à diminuer (personne n'abusait du riz : la viande était le luxe) l'un des chefs haoueitates qui mangeait avec nous tirait sa dague damasquinée d'argent, incrustée de turquoises, chef-d'œuvre signé de Mohammed Ibn Zari de Jauf[1], et découpait sur les plus grands os des losanges effilés de viande qu'on déchirait aisément avec les doigts : elle était en effet toujours très tendre pour permettre aux convives d'employer uniquement la main droite, seule honorable.

L'hôte se tenait debout près du cercle, encourageant l'appétit de chacun par de pieuses exhortations. À toute vitesse, nous tordions, arrachions, coupions et engloutissions, sans un mot, toute conversation étant une insulte à la qualité du repas. Il était pourtant convenable de remercier en souriant l'intime qui vous passait un morceau de choix. Mohammed-el-Dheilan offrait souvent ainsi, avec une gravité imperturbable, un os énorme et parfaitement nu, accompagné de sa bénédiction. Je retournais, pour moi, la politesse en choisissant, pour l'offrir à mon tour, quelque horrible nœud de tripailles, impertinence qui réjouissait fort les Haoueitates, mais que l'aristocratique et gracieux Nacer considérait avec désapprobation.

À la fin, quelques-uns d'entre nous, presque repus, commençaient à chipoter, avec des coups d'œil latéraux ; les autres, à leur tour, ralentissaient, puis cessaient de manger ; le coude au genou et la main pendante pour s'égoutter sur le bord du plateau, ils regardaient la graisse, le beurre et quelques grains de riz former en se coagulant une pâte poisseuse qui leur collait les doigts.

---

1. L'armurier le plus fameux de mon époque était Ibn Bani, un artisan de la dynastie des Ibn Raschid de Hail. Au cours d'un raid où il accompagnait les Chammars contre les Rouallas, il fut fait un jour prisonnier. Lorsque Nouri le reconnut, il l'enferma en compagnie de son propre armurier Ibn Zari en jurant qu'aucun d'eux ne sortirait tant qu'on pourrait discerner leur travail. Ibn Zari devint là meilleur artisan tout en restant, pour le dessin, le meilleur artiste.

Quand tous avaient fini, Nacer se raclait la gorge de façon significative et nous nous levions ensemble dans une explosion unanime — « Dieu vous le rende — ô Hôte ! » — pour nous grouper dehors entre les cordes de la tente tandis que vingt nouveaux convives prenaient sans retard notre place.

Ceux d'entre nous qui étaient délicats s'en allaient à l'autre extrémité de la tente, où la toile du toit, par-delà les derniers piquets, retombait comme un rideau. Sur ce mouchoir dont tout le clan faisait usage (son rude poil de chèvre en était devenu sombre et luisant) nous grattions le plus épais de la graisse qui recouvrait nos doigts. Puis nous revenions nous asseoir en soupirant ; les esclaves alors, posant pour un instant les têtes qu'ils rongeaient, venaient faire le tour des convives repus, et, puisant avec une tasse à café un peu d'eau dans une écuelle, en éclaboussaient le bout de nos doigts que nous faisions mine de frotter sur le pain de savon de la tribu.

Cependant le deuxième et le troisième services se déroulaient derrière nous. L'on nous donnait encore une tasse de café ou un verre de thé sirupeux. Enfin nos chevaux étaient amenés, nous nous glissions vers eux et remontions en selle avec une bénédiction paisible vers nos hôtes quand nous les dépassions. À peine avions-nous tourné le dos que les enfants, se ruant sur le plat ravagé, s'arrachaient les os déjà rongés, puis se débandaient par la plaine, s'enfuyaient derrière un buisson pour dévorer à l'aise les morceaux qu'ils avaient pu saisir. Cependant tous les chiens du camp rôdaient autour de la tente vide en faisant claquer leurs mâchoires, et le lévrier de céans recevait, des mains de son maître, le plus choisi des reliefs.

CHAPITRE XLVII

Nous prîmes un seul de ces repas le premier jour, deux le deuxième et deux le troisième, sans bouger d'Isaweya. Le 30 mai, tout le monde se mit en route. Une étape facile de trois heures à travers un vieux lit de lave ensablé nous amena dans une vallée avec, çà et là, des puits de sept pieds contenant l'eau saumâtre habituelle. Les Abou Tayis qui avaient levé le camp avec nous voyagèrent à nos côtés et campèrent autour de nous ; pour la première fois ce jour-là je pus contempler d'en dedans une tribu arabe et jouer mon rôle dans la quotidienne routine de sa marche.

Curieux spectacle, qui n'avait plus rien du calme immobile propre au désert. Tout le jour, le gris-vert des pierres et des buissons tremblait comme un mirage aux mouvements des hommes et des bêtes : piétons, cavaliers, chameliers ; chameaux faisant rouler leur charge noire et bosselée de tentes en poil de chèvre ; chameaux étranges, chameaux oscillant comme des papillons sous l'aile frangée des palanquins de femmes ; chameaux-mammouths, chameaux-oiseaux dont les défenses ou la queue étaient des piquets érigés ou traînants en bois de peuplier argenté. La marche se faisait sans ordre ni contrôle, sans habitudes même que celles imposées par le sentiment du danger, depuis des générations innombrables : départ simultané, large front, groupement par clans pouvant se suffire. Ce que le spectacle avait de nouveau pour moi peut s'exprimer ainsi : le désert dont le vide, chaque jour retrouvé, donne de la valeur à chaque individu, aujourd'hui semblait prendre vie dans le piétinement de cette foule.

L'allure était facile à suivre. Nous qui, des semaines durant, avions dû rester sur nos gardes, jouissions d'un délassement presque indicible à partager ainsi un léger risque avec une armée entière. Même nos guerriers les plus solennels se laissaient aller à quelque détente ;

pour les mauvais sujets, la détente devenait dérèglement. Au premier rang de ceux-ci brillaient naturellement Farraj et Daoud, mes deux petits drôles. Toutes les privations de la route n'avaient pu éteindre un moment leur vivacité d'esprit. Leur place dans notre colonne était reconnaissable aux tourbillons, bougeotte ou mauvais tours, par où s'exprimait sans répit leur inépuisable malice.

J'ai l'humeur plutôt sèche, et dans une circonstance de ce voyage, les deux démons me râpèrent un peu les nerfs. Les serpents qui nous importunaient depuis notre entrée dans le Sirhan étaient devenus ces jours derniers une hantise, puis une véritable terreur. D'ordinaire, me dirent les Arabes, les serpents n'étaient pas plus nombreux ici qu'auprès de tout point d'eau dans le désert ; mais, ce printemps, la vallée semblait grouiller de vipères, de serpents à capuchon, de cobras et de serpents noirs. La nuit, n'importe quel mouvement était dangereux : il fallut nous résoudre, avec un gourdin, à battre les buissons de chaque côté de la piste où nous marchions avec précaution, les pieds nus.

Il était presque impossible de tirer de l'eau dans l'obscurité. Des serpents nageaient dans les mares ou dormaient, noués sur la berge. Deux fois, des serpents à capuchon vinrent se tordre dans le cercle de nos buveurs de café. Trois de nos hommes succombèrent à leurs morsures ; quatre, les membres affreusement gonflés, se remirent après une terreur et des souffrances atroces. Le traitement des Haoueitates était d'envelopper la partie malade d'un emplâtre fait avec la peau du serpent et de lire au patient des chapitres du Coran jusqu'au moment où il mourait. Par bonheur ils chaussaient aussi leurs pieds cornés de bottes épaisses en cuir rouge de Damas avec des glands bleus et des talons ferrés comme un sabot de cheval lorsqu'ils devaient marcher la nuit.

Mais cela ne suffisait pas : les serpents avaient l'étrange habitude de venir coucher, probablement pour être plus au chaud, sur ou sous notre couverture. Lorsque nous nous en avisions, chacun se levait avec des précautions infinies : le premier debout, armé d'un gourdin, faisait des recherches jusqu'au moment où il pouvait rassurer ses compagnons. Notre groupe de cinquante hommes tuait environ vingt serpents par jour. Nous avions tous à la fin les nerfs si crispés que les plus hardis craignaient de toucher le sol, et ceux qui, comme moi, frissonnaient d'horreur à la vue du moindre reptile, avaient grande hâte de quitter le Sirhan.

Farraj et Daoud ne partageaient pas cet avis. La chasse aux serpents était pour eux un jeu nouveau et plein d'attraits. Sans cesse ils nous faisaient sursauter en frappant à coups redoublés la tête de toutes les branches ou racines innocentes qui excitaient leur fantaisie. Excédé, au cours d'une sieste, je leur donnai l'ordre de ne plus jamais prononcer à voix haute le mot « serpent » : ils se turent. Assis près de mon « fourbi » sur le sable, je savourai enfin un peu de paix. Vivre à même le sol (d'où il faut tant d'efforts pour se lever) dispose à l'inaction. Il me fallait d'ailleurs penser à tant de choses que je dus bien passer une heure, ce jour-là, avant de remarquer mes deux gamins insupportables qui échangeaient en souriant de petits signes. Mon regard suivit paresseusement le leur jusqu'à un buisson tout proche : un serpent brun, enroulé a son ombre, m'y fixait de ses yeux brillants.

Je bondis sur mes pieds en appelant Ali, qui survint avec une cravache et tua l'animal. Je lui ordonnai ensuite d'en donner six bons coups à chacun de ces imbéciles pour leur apprendre à ne pas observer à mes dépens la lettre de mes ordres. Nacer, qui sommeillait derrière moi, entendit et cria gaiement d'en ajouter six de sa part. Nesib l'imita, puis Zéki, puis Ibn Dgheitir : à la fin la moitié des hommes criaient vengeance. Les coupables furent consternés en constatant que tous les fouets et les bâtons de la tribu ne suffiraient pas à leur faire expier leur crime : je leur évitai pourtant le poids d'un tel châtiment. Une banqueroute morale remplaça la cravache : solennellement Farraj et Daoud furent mis au service des femmes pour aller chercher du bois et de l'eau.

Ils travaillèrent donc, honteux, pendant les deux jours que nous passâmes à Abou Tarfeiyat. Deux jours, c'est-à-dire, pour nous, quatre festins. Au quatrième, Nesib s'effondra et, feignant d'être très malade, se réfugia sous la tente de Nacer pour s'y régaler de pain sec. Zeki souffrait sur la route d'une indisposition légère ; ses premiers efforts pour absorber la viande et le riz graisseux des Haoueitates le mirent hors de combat. Couché lui aussi sous la tente, il nous soufflait dans la même haleine son dégoût et sa dysenterie. L'estomac de Nacer, dès longtemps aguerri aux mœurs de la tribu, supporta noblement l'épreuve. Il lui incombait, pour l'honneur de notre visite, de répondre à tous les appels. Mais, pour mieux marquer cet honneur, il me forçait de l'accompagner. Ainsi nous représentâmes le camp chaque jour, avec une proportion convenable d'Ageyls affamés.

Évidemment c'était bien monotone, mais le pur bonheur de nos hôtes nous donnait en revanche quelque joie : détruire ce bonheur eût été un crime. L'enseignement d'Oxford ou de Médine avait tenté au moins de guérir Nacer et moi-même de tout préjugé superstitieux ; notre complication nous rendait une sorte de simplicité. Ces gens réalisaient, pour notre bonheur, la plus haute ambition des nomades : une orgie perpétuelle de mouton bouilli. Mon paradis à moi se fût composé d'un fauteuil moelleux et solitaire, d'un pupitre et d'œuvres poétiques complètes imprimées en caractères Caslon sur papier épais. Mais j'avais été bien nourri pendant vingt-huit ans. Si l'imagination arabe s'excitait sur des plateaux de viandaille, eh bien ! tant mieux pour eux, ce n'était pas un Éden inaccessible. Ils n'avaient rien négligé pour nous y faire entrer. Quelques jours auparavant, comme un berger leur rendait visite, ils lui avaient, par ordre d'Aouda, acheté ses cinquante moutons, à notre intention expresse. En quinze repas (une semaine) les moutons furent consommés ; comme une chandelle, l'hospitalité s'éteignit, faute de suif.

Du même coup nous retrouvâmes le pouvoir de digérer et de faire un mouvement. Nous étions vraiment las du Sirhan. Une tristesse, un désespoir hantaient ce paysage, plus profonds que ceux des déserts traversés jusqu'ici. La nudité des sables, des cailloux et des rocs n'est pas sans intérêt : une beauté en émane à certaines heures, la beauté monstrueuse d'une aride désolation. Mais il y avait quelque chose de sinistre, d'activement méchant dans ce Sirhan noir voué aux vipères, riche seulement en eaux saumâtres, en palmiers stériles, en buissons inutilisables, ni bons à brouter, ni bons à brûler.

Nous reprîmes donc notre route. Deux jours de marche nous conduisirent au-delà de Ghutti, dont le puits peu abondant fournissait une eau presque douce. Près d'Aguila apparurent soudain de nombreuses tentes : aussitôt une troupe en sortit qui s'avança vers nous. Aouda Abou Tayi, heureusement revenu de sa visite à Nouri Châalan, et le borgne Durzi Ibn Doughmi, notre vieil hôte d'El Ouedj, marchaient à sa tête. La présence de ce dernier attestait la bienveillance de Nouri, ainsi d'ailleurs que la puissante escorte de cavaliers rouallas qui, tête nue, nous accueillirent devant la maison vide de leur chef, à grand renfort de hurlements, moulinets d'armes, feux de salve et coups de pistolets au grand galop, dans un nuage de poussière.

Cette modeste seigneurie comprenait quelques palmeraies fertiles, encloses de murs. On avait dressé pour nous, près du jardin, une tente mésopotamienne en toile blanche. La tente d'Aouda était là aussi (vaste comme un hall, longue de sept piquets et large de trois) ainsi que celle de Zaal et bien d'autres encore. L'après-midi ne fut qu'une succession de salves, de visites, de députations et de cadeaux : œufs d'autruche, friandises de Damas, chameaux, chevaux (efflanqués, les chevaux) dans une atmosphère où ne cessaient de retentir les cris des volontaires d'Aouda réclamant du service, du service immédiat, contre les Turcs. Les affaires s'annonçaient bien. L'on mit trois hommes à faire du café pour les visiteurs qui vinrent, soit isolés, soit par groupes, saluer Nacer, puis jurer fidélité à Fayçal et au Mouvement Arabe suivant la formule d'El Ouedj. Ils promettaient en outre d'obéir à Nacer et de le suivre avec leurs contingents. Comme chaque nouveau groupe de visiteurs, outre ses présents officiels, déposait négligemment sur notre tapis un petit cadeau intime de poux, Nacer et moi, longtemps avant le coucher du soleil, ne pouvions plus tenir en place sous l'aiguillon de leurs offensives toujours fraîches. Aouda, dont une vieille blessure au coude raidissait le bras, risquait de souffrir davantage, faute de pouvoir se gratter par tout le corps ; mais l'expérience lui avait enseigné le truc : glissant dans sa manche gauche sa cravache dont la poignée était en forme de croix, il la faisait pivoter contre ses côtes. Cette méthode paraissait lui procurer plus de soulagement que nous n'en retirions de toutes nos griffes réunies.

CHAPITRE XLVIII

Nebk devait être notre prochaine halte : il y avait là de l'eau en abondance et quelque herbage. Aouda l'avait désigné comme lieu de rassemblement à cause de la proximité commode de Blaidat, « les hameaux de sel ». Lui et le chérif Nacer y passèrent de longs jours assis sous leur tente, pour organiser l'enrôlement des hommes, préparer notre prochain itinéraire et approcher à cet effet les cheikhs des tribus voisines. Nesib, Zeki et moi n'avions plus rien à faire. Nous discutâmes des opérations. Comme d'ordinaire, le jugement instable de mes compagnons syriens, incapable de se limiter au point central, fuyait en zigzaguant vers la circonférence.

Leur enthousiasme nouveau leur montait à la tête. Ils oubliaient Akaba, méprisaient le but positif de notre expédition. Nesib connaissait les Chaalans et les Druses. Son esprit enrôlait donc Druses et Chaalans plutôt que les Haoueitates ; frappait Deraa plutôt que Maan ; occupait Damas plutôt qu'Akaba. Les Turcs, disaient-ils, n'étaient prêts nulle part ; nous étions sûrs d'atteindre notre premier objectif par surprise ; plus cet objectif était haut, mieux valait pour nous. Damas apparaissait marqué par le doigt du destin.

Je lui fis remarquer l'imprudence d'un tel mouvement : Fayçal encore à El Ouedj ; les Anglais du mauvais côté de Gaza ; une nouvelle armée turque se rassemblant à Alep pour reconquérir la Mésopotamie. Nous serions à Damas sans secours extérieurs ; sans ressources ni organisation ; sans base ; sans même une liaison avec nos amis. En vain : Nesib planait bien au-dessus de toute géographie, et bien au-delà de toute tactique. Son obstination devenait dangereuse pour notre projet, et seuls des moyens assez ignobles me restaient pour la faire plier. J'allai donc trouver Aouda : si l'on adoptait, lui dis-je, les objectifs de Nesib, l'argent et le crédit iraient à Nouri Châalan, non pas à lui. Puis j'allai trouver Nacer et j'usai de tout mon poids et de notre amitié pour l'affermir dans nos projets. Il était facile d'ailleurs d'allumer puis d'attiser une jalousie ardente entre un chérif et un Damascène ; l'un, authentique descendant chiite d'Ali et du martyr Houssein ; l'autre, descendant fort douteux du « successeur » Abou Bekr.

C'était là, pour notre Mouvement, une question de vie ou de mort. Si nous prenions Damas, j'en étais assuré, nous ne le garderions pas six semaines. Murray ne pourrait pas attaquer immédiatement et l'on manquerait de navires pour un débarquement anglais à Beyrouth. Or, en perdant Damas nous perdrions nos alliés locaux. Il fallait compter seulement sur leur première flambée d'enthousiasme : une révolte qui s'immobilise ou recule est perdue. Et d'autre part nous n'aurions pas gagné Akaba, dernière base en eaux sûres et, à mon sens, la seule porte (le Moyen-Euphrate excepté) que nous puissions ouvrir pour pénétrer heureusement en Syrie.

La valeur particulière d'Akaba pour les Turcs était dans sa position par rapport à l'armée anglaise : l'ennemi pourrait, quand il lui plairait, en faire une menace pour notre aile droite. À la fin de 1914 le Haut Commandement Turc avait adopté Akaba comme route principale vers le canal de Suez ; mais les difficultés de ravitaillement en vivres et en eau s'étant révélées trop grandes, il avait ensuite choisi la route de Bir Cheba. Le front anglais n'était plus maintenant sur le Canal, mais en avant vers Gaza et Bir Cheba. Le ravitaillement de l'armée turque en était devenu plus facile, puisque la distance du front à la base s'était raccourcie pour eux. L'ennemi disposait donc de moyens de transport en surcroît. D'autre part, la valeur géographique d'Akaba s'était accrue puisqu'elle se trouvait maintenant derrière l'aile droite britannique : une petite force partant de cette base eût effectivement menacé El Arish ou Suez.

Les Arabes, de leur côté, avaient besoin d'Akaba : d'abord pour élargir leur front, puisque c'était là leur grand principe tactique, et en second lieu pour établir leur liaison avec les troupes anglaises. La prise de la ville leur donnait le Sinaï et permettait leur jonction avec Sir Archibald Murray. Ayant ainsi démontré leur utilité réelle dans la conduite de la guerre, ils obtiendraient l'appui matériel de nos militaires. Les faiblesses humaines de notre État-Major étaient telles que seul un contact physique avec notre victoire pouvait les persuader de notre importance. Murray, certes, se montrait amical : mais, si nous devenions son aile droite, il nous équiperait convenablement presque sans le lui demander. Pour les Arabes, donc, Akaba signifiait de la nourriture, de l'argent, des canons et des conseillers techniques en abondance. Je désirais établir ce contact avec les troupes britanniques, devenir l'aile droite des Alliés dans la conquête de la Palestine et de la Syrie, affirmer enfin l'aspiration et le droit des peuples de langue arabe à un gouvernement national et libre. À mon sens, ou la Révolte atteindrait le champ de bataille principal anglo-turc, ou elle devrait confesser son échec, demeurer l'à-côté d'un à-côté. Comme je l'avais prêché à Fayçal dès notre première rencontre : la liberté ne se donne pas, on la prend.

Par bonheur, Nacer et Aouda répondirent tous deux à mes insinuations ; et, après avoir vainement récriminé, Nesib nous abandonna pour s'en aller avec Zeki préparer dans la montagne des Druses le lancement de sa grande expédition contre Damas. Je connaissais son incapacité à créer, mais je n'avais nullement l'intention de laisser naître dans cette région un soulèvement raté d'avance et qui nous gâchait toutes nos possibilités. Je pris donc grand soin, avant son départ, de lui enlever tout venin, c'est-à-dire de lui soustraire la plus grande partie de l'argent que Fayçal lui avait attribué dans notre partage. L'imbécile me facilita lui-même l'opération : sachant bien que ce dont il disposait ne suffirait pas à ses projets, mesurant d'autre part la moralité anglaise à l'étalon de sa propre mesquinerie, il vint me demander une promesse de nouveaux subsides s'il fomentait un Mouvement Syrien, indépendant du nôtre et sous sa propre direction. Je ne craignais nullement un miracle aussi malencontreux ; au lieu de traiter mon bonhomme de lâcheur je lui promis aussitôt tout ce qu'il voulut, à une seule condition : qu'il me rendît pour l'instant ce que nous lui avions donné. Ainsi, lui dis-je, nous pourrions prendre Akaba où je ferais venir des fonds pour les besoins de tous. Il y consentit, quoique de mauvaise grâce, et Nacer fut ravi des deux sacs d'or qui lui tombaient du ciel.

L'optimisme de Nesib ne fut pas sans effet sur moi. Je concevais toujours la libération de la Syrie par étapes, dont Akaba était nécessairement la première. Mais je voyais maintenant ces étapes se rapprocher. Aussitôt que Nesib fut hors de ma route, je fis le projet de m'en aller moi-même à peu près, ma foi, comme il l'avait conçu, faire un tour du côté du Nord. Je sentais qu'un nouvel aperçu de la Syrie rectifierait définitivement mes idées stratégiques basées sur les Croisades et la première conquête arabe, et les adapterait aux deux facteurs nouveaux — les chemins de fer et l'armée de Murray dans le Sinaï.

Un pareil coup de tête convenait d'ailleurs à l'humeur de dévoyé qui était la mienne à ce moment-là. J'aurais dû être heureux de cette existence vagabonde, libre comme l'air, au centre d'une troupe luttant sur le chemin que j'avais désigné moi-même : mais toute mon assurance était gâchée par le sentiment d'une félonie secrète.

La Révolte Arabe avait été déclenchée par des moyens frauduleux. Pour inciter le chérif à l'action, notre Cabinet, par l'intermédiaire de Sir Henry Mac Mahon, avait promis de soutenir l'établissement de gouvernements arabes dans certaines parties de la Syrie et de la Mésopotamie, « sans préjuger des intérêts de notre alliée la France ». Cette petite clause cachait un traité que Mac Mahon (et par suite le chérif) ignorèrent jusqu'à ce qu'il fût trop tard, et par lequel la France, l'Angleterre et la Russie étaient tombées d'accord : 1° sur l'annexion de certaines parties, au moins, des régions promises ; 2° sur un partage du reste en zones d'influence.

Le bruit de cet artifice atteignit, par le canal de la Turquie, certaines oreilles arabes. Les Orientaux se fient plus aux hommes qu'aux institutions. Les Arabes, qui avaient vu mon amitié et ma sincérité à l'épreuve dans les combats, me demandèrent, comme agent libre, de garantir les promesses du Gouvernement Britannique. Je n'avais jamais été officiellement averti ni même amicalement renseigné sur les engagements de Mac Mahon et le traité Sykes-Picot : tous deux avaient été établis par des bureaux du Foreign-Office. Mais comme je n'étais pas absolument idiot, je voyais que si nous gagnions la guerre, les promesses faites aux Arabes seraient un chiffon de papier. Si donc j'avais été un conseiller honnête, j'aurais renvoyé mes hommes chez eux au lieu de les laisser risquer leur vie pour des histoires de ce genre. Mais l'enthousiasme arabe n'était-il pas notre meilleur outil dans cette guerre du Proche-Orient ? J'affirmai donc à mes compagnons de lutte que l'Angleterre respectait la lettre et l'esprit de ses promesses. Rassurés là-dessus, ils se battirent vaillamment. Pour moi, loin d'être fier de ce que nous faisions ensemble, je ne cessais de remâcher une amère honte.

J'aperçus clairement ma position un soir où le vieux Nouri Châalan, me présentant, sous la vaste nef de sa tente un véritable dossier de documents contradictoires, me demanda quel était celui des engagements solennels de mon pays qui était digne de foi. De son attitude (et, par suite de ma réponse) allait dépendre le succès ou l'échec de Fayçal. Mon avis, que je ne donnai pas sans angoisse spirituelle, fut qu'il devait se fier à la dernière en date de nos contradictions. Cette réponse roublarde me valut de devenir en six mois le grand « homme de confiance » en Syrie. Dans le Hedjaz les chérifs étaient tout-puissants ; j'avais soulagé ma conscience en avertissant Fayçal de sa position incertaine. En Syrie l'Angleterre comptait infiniment plus que le chérif : je devins donc le personnage principal.

En revanche, je jurai de faire de la Révolte Arabe l'instrument de sa propre fortune, autant que la servante de notre armée égyptienne. Je me promis de la conduire si follement à la victoire que l'opportunisme des grandes puissances dût leur conseiller ensuite de satisfaire les revendications arabes. Ceci supposait que je fusse encore vivant lors du traité de paix pour gagner la dernière bataille dans la Salle du Conseil — et ces présomptions orgueilleuses ne sont pas encore remplies[1]. Mais l'existence même d'une fraude n'était pas contestable.

---

1. 1919. Deux ans plus tard, il est vrai, Mr. Winston Churchill reçut du Cabinet harassé le soin de régler les affaires du Moyen-Orient : en

Évidemment je n'avais pas le droit d'engager ainsi les Arabes, à leur insu, dans un jeu de vie et de mort. Non, pas même l'ombre d'un droit ! Une amère moisson, triste fruit d'un effort héroïque, nous attendait inévitablement, et avec justice. Ainsi, par rancune contre ma fausse position (un lieutenant en second s'était-il jamais à ce point écarté de la vérité pour couvrir ses supérieurs ?) j'entrepris ce long et dangereux voyage en Syrie. Je comptais y rencontrer les plus importants des amis secrets de Fayçal et considérer avec soin les positions clefs de nos prochaines campagnes. Mais à coup sûr, les résultats étaient sans commune mesure avec les risques. Mon acte (comme son motif) n'avait pas de justification esthétique. Je m'étais simplement murmuré : « Risquons le coup maintenant avant de commencer. » Car je voyais bien que c'était ma dernière chance. Après la prise d'Akaba, jamais plus je ne me posséderais librement, jamais plus je ne jouirais de cette sécurité que les gens obscurs trouvent dans l'ombre qui les protège.

Je voyais s'étirer devant moi une longue perspective de responsabilités et de commandements qui dégoûtait mon naturel méditatif. Je me jugeais mesquin de prendre ainsi la place d'un homme d'action : car ma table de valeurs s'opposait très nettement à celle des hommes d'action, et je méprisais leur bonheur. Toujours mon âme avait faim de moins qu'elle ne possédait, puisque mes sens, fainéants à un point ignoré de la plupart des hommes, exigeaient un contact immédiat pour atteindre à la perception : ils distinguaient seulement les genres, non les degrés. Quand je revins, c'était le 16 juin et Nacer travaillait toujours sous sa tente. Lui et Aouda

---

quelques semaines, lors de la Conférence du Caire, il débrouilla l'écheveau oriental et sut trouver des solutions conformes (je pense) à la lettre comme à l'esprit (quand c'était humainement possible) des promesses faites, sans sacrifier les intérêts de l'Empire ni ceux des peuples engagés. Nous sommes donc sortis les mains propres de cette aventure, trop tard il est vrai (trois ans trop tard), pour acquérir la gratitude que les peuples, sinon les États, peuvent payer.

s'étaient un peu trop rencontrés, ces temps derniers : une rupture s'en était suivie. Elle fut aisément réparée, d'ailleurs. Un jour plus tard, le vieux chef était avec nous comme à l'ordinaire, aussi bon et aussi difficile. Nous nous levions toujours quand il entrait. Non parce qu'il était cheikh (nous recevions assis des cheikhs d'un rang beaucoup plus ancien) mais parce qu'il était Aouda et qu'il valait vraiment la peine d'être Aouda. Le vieillard aimait cette marque d'attention. Si vives que fussent nos disputes, nul n'ignorait la profondeur de notre amitié.

Voici cinq semaines que nous avions quitté El Ouedj ; nous avions dépensé presque tout notre argent ; mangé tous les moutons des Haoucitates ; remis au vert ou remplacé tous nos vieux chameaux. Rien n'empêchait plus notre départ. La fraîcheur de l'aventure où nous étions engagés nous consolait de tout. Aouda, ayant acheté d'autres moutons, donna un festin d'adieu (le plus énorme de la série) sous sa vaste tente, le soir avant notre départ. Des centaines d'hommes y assistèrent et l'on vida cinq fois le grand plateau, aussi vite que les cuisiniers pouvaient l'emplir.

Le soleil se coucha, délicieusement rouge. Les hôtes, après le festin, vinrent s'asseoir pour prendre le café autour du feu, sous les étoiles : Aouda et d'autres nous racontèrent des histoires. Pendant un silence, je fis remarquer incidemment que cet après-midi j'avais cherché en vain Mohammed-el-Dheilan sous sa tente pour le remercier de la chamelle laitière qu'il m'avait donnée. Aouda poussa de tels hurlements de joie que tous les regards se tournèrent vers lui. Alors, dans le silence que faisait toujours naître l'annonce d'une plaisanterie, il désigna Mohammed (tristement accroupi auprès du mortier à café) et, de sa voix énorme : « Ho ! voulez-vous que je vous dise pourquoi depuis quinze jours Mohammed ne dort plus dans sa tente ? » L'auditoire se trémoussa de joie ; les conversations s'arrêtèrent ; chacun s'étendit à plat ventre, le menton dans les mains, prêt à marquer les bons endroits de l'histoire que tous avaient entendue peut-être vingt fois. Les trois épouses d'Aouda, celle de Zaal et quelques femmes de Mohammed, avec cette démarche houleuse et ce ventre oscillant qui leur venaient de porter toujours des fardeaux sur la tête, s'avancèrent, pour écouter aussi, du fond de la tente où elles avaient fait la cuisine. Aouda se mit alors à raconter longuement que Mohammed dans le bazar d'El Ouedj avait acheté devant témoins un très riche collier de perles. Or il n'en avait fait présent à aucune de ses épouses. Un vent de discorde, depuis ce jour, soufflait sous sa tente, ses femmes ne s'accordaient plus que pour le rejeter.

Le conte était naturellement une invention toute pure — produit de l'imagination fantastique d'Aouda, encore surexcitée par la Révolte. L'infortuné Mohammed, qui, depuis quinze nuits, à cause de ce racontar, devait se faire inviter par ses amis et traînait d'une tente à l'autre, invoqua la miséricorde d'Allah et me prit à témoin du mensonge d'Aouda. Je me raclai solennellement la gorge. Aouda réclama le silence et me demanda, au contraire, de confirmer ses paroles.

Je commençai par la phrase classique des contes arabes. « Au Nom d'Allah, le Clément, le Miséricordieux. Il est raconté — mais Allah est plus savant — que nous étions à El Ouedj. Il y avait Aouda et Mohammed, et Zaal, et Gasim-el-Chimt, et Muffadhi et le pauvre malheureux (moi-même). Et voici qu'une nuit, juste avant l'aube, Aouda dit : « Si nous faisions un raid dans le marché ? » et nous répondîmes : « Au nom d'Allah, certes. » Et nous partîmes. Or Aouda portait une robe blanche et un voile rouge, avec de magnifiques sandales en cuir incrusté de Kassim. Mohammed avait une tunique en soie des sept rois et les pieds nus. Zaal… j'ai oublié Zaal. Gasim avait revêtu une robe en cotonnade. Quant à Muffadhi, il était couvert de soie avec de grandes raies bleues sur sa robe et des broderies à son turban. Et voilà pour eux. Votre serviteur était comme votre serviteur. »

Je m'arrêtai… Tous se turent, muets d'étonnement. Mon discours parodiait avec exactitude le style épique d'Aouda. Je mimais aussi son balancement de la main, sa ronde intonation, les montées et les descentes de sa voix soulignant les saillies — ou ce qu'il jugeait les saillies — d'histoires absolument plates. Les Haoueitates, silencieusement, dansaient sur place dans leurs chemises roides de sueur, les yeux avidement fixés sur Aouda, car ils reconnaissaient l'original. La parodie était, pour eux comme pour lui, un art absolument nouveau. L'homme chargé du café, Muffadhi Chammar, réfugié dans le désert pour cause de meurtre, en découvrant qu'il était un personnage de mon histoire, oublia même d'alimenter son feu de broussailles.

Je dis comment nous avions quitté les tentes (avec une liste des tentes) puis comment nous étions descendus vers le village, sans omettre un seul des chameaux, des chevaux, des passants et des dunes. — « Des dunes, par Allah ! sans une touffe d'herbe, car ce pays était complètement nu. Et nous marchâmes ; et après avoir marché le temps de fumer une cigarette, par Allah ! nous entendîmes quelque chose. Aouda s'arrêta et dit : "Mes gaillards, j'entends quelque chose." Et Mohammed s'arrêta et dit : "Oh ! Oh ! mes gaillards, moi aussi j'entends quelque chose." Et Zaal : "Par Allah ! vous avez raison." Et nous fîmes halte pour écouter.

Or rien n'arriva. Et le pauvre malheureux dit : "Par Allah je n'entends rien." Et Zaal dit : "Par Allah ! je n'entends rien non plus." Et Mohammed dit "Par Allah ! je n'entends rien", et Aouda dit : "Par Allah vous avez raison."

Et nous marchâmes, et nous marchâmes, et la terre était nue, et nous n'entendions rien. Or, voici qu'à notre main droite apparut un nègre sur un âne. C'était un âne gris avec des oreilles noires, un pied noir, et sur son épaule une marque comme ceci (je dessinai la marque dans l'air), et sa queue bougeait ainsi que ses pattes. Aouda le vit et dit : “Par Allah ! c'est un âne.” et Mohammed dit : “Par Allah sur moi ! c'est un âne et un esclave.” Et nous marchâmes. Or, voici que nous arrivâmes à un monticule ; pas un énorme monticule, un monticule grand comme d'ici à cette espèce de machin *(lil biliyek el hok)* là-bas. Et nous marchâmes vers ce monticule complètement nu. Car ce pays est nu, nu, nu.

Et nous marchâmes, et derrière cette espèce d'histoire il y avait ce qu'il y avait, aussi loin que d'ici là, puis un autre monticule ; et quand nous arrivâmes à ce monticule, nous grimpâmes dessus. Il était nu ; et lorsque nous fûmes sur ce monticule, sur la tête de ce monticule, sur l'extrémité de la tête de ce monticule, par Allah ! par Allah sur moi ! par Allah Tout-Puissant sur moi ! le soleil se leva. »

Cela mit fin à la séance. Tout le monde avait entendu vingt fois ce lever de soleil dans son immense et décevante platitude, torture à quoi rien ne semblait devoir mettre fin, empilement de phrases enchaînées qu'Aouda répétait, répétait sans cesse, de plus en plus haletant, prolongeant pendant des heures le frisson d'un raid où rien n'arrive à la fin. J'avais donné à tout le reste de mon histoire, dans sa banalité, l'emphase qui la rendait semblable à un conte d'Aouda ; mais chaque détail était en effet emprunté à cette promenade au marché d'El Ouedj que la plupart de nous avaient faite. La tribu se tordait de rire sur le sol.

Aouda rit le plus fort et le plus longtemps de tous. Il aimait les plaisanteries à son sujet : en outre l'imbécillité de mon récit lui avait révélé sa propre maîtrise. Il embrassa Mohammed et confessa l'invention du collier. Par gratitude, Mohammed invita tout le camp à venir déjeuner avec lui, sous sa tente reconquise, une heure avant notre départ pour Akaba. Les femmes allaient nous faire cuire, dans du lait aigri, un petit chameau encore à la mamelle : fameuses cuisinières et plat de légende !

Adossés au mur du pavillon de Nouri, nous regardâmes ensuite les femmes démonter la grande tente. Elle était à huit baies de vingt-quatre piquets, plus grande que celle d'Aouda, plus longue, plus large et plus haute que n'importe quelle autre dans la tribu, et neuve, comme tout ce que possédait alors Mohammed. Les Abou Tayis modifiaient la disposition de leur camp pour accroître leur sécurité en l'absence des soldats. Tout l'après-midi on dressa de nouvelles tentes près de nous. Le long rectangle de toile était posé à plat sur le sol; puis l'on tendait les cordes extrêmes ou latérales contre les étuis cousus sur la toile; quand elles étaient solidement fixées aux piquets fichés en terre, les femmes glissaient les mâts par-dessous et les élevaient un à un. Tout était mis en place d'une seule main, sans aucune peine, si fort que fût le vent.

S'il pleuvait, une des rangées de mâts était repoussée en arrière : le toit, oblique alors par rapport à la pluie, devenait tolérablement imperméable. La tente arabe est moins chaude en été que nos tentes de toile. Son tissu lâche de laine et de poils, où l'air circule librement, ne se laisse pas traverser par la chaleur du soleil.

CHAPITRE XLIX

Nous partîmes une heure avant midi. Nacer nous conduisait sur sa Ghazala. Cette chamelle à l'énorme carcasse, voûtée, bombée, cintrée comme la carène d'une galère antique, surpassant d'un bon pied la plus haute de nos bêtes, de proportions parfaites cependant, avec un pas d'autruche, était une bête lyrique, la plus noble et la mieux née des chamelles haoueitates, puisque son pedigree était connu jusqu'à sa neuvième aïeule. Aouda marchait à côté de Nacer. Autour de leurs gravités, je jouais, pour ma part, au voltigeur sur ma chamelle de course naama, « l'autruche », que je venais à peine d'acquérir.

Derrière moi venaient mes Ageyls avec Mohammed le lourdaud, accompagné maintenant d'Ahmed, autre paysan, qui avait vécu pendant six ans parmi les Haoueitates à la force des bras et du cerveau — un gaillard averti et qui n'avait pas froid aux yeux.

Une montée de soixante pieds nous conduisit hors du Sirhan, sur la première terrasse des Ard-El-Souans, pays de cailloux noirs sur un calcaire marneux. Le terrain, pas très solide, était pourtant assez dur sur les pistes que des siècles de caravanes avaient creusées d'un pouce ou deux à sa surface. Nous marchions vers Bair, groupe historique de puits et de ruines ghassanides situés en plein désert, à trente ou quarante milles à l'est du chemin de fer. Une étape de soixante milles devait nous y conduire. Nous y camperions quelques jours ; nos éclaireurs, cependant, iraient nous chercher de la farine dans les villages des montagnes qui dominent la mer Morte. Les vivres apportés d'El Ouedj s'épuisaient (hormis quelques sacs de riz précieux que Nacer gardait pour les grandes occasions) et nous ne pouvions encore prévoir avec certitude la date de notre arrivée à Akaba.

Notre troupe comptait actuellement plus de cinq cents hommes. La vue de ces gaillards du Nord solides et hardis, joviaux, éparpillés par tout le désert pour une chasse endiablée à la gazelle nous enleva, pour l'instant au moins, toute appréhension sur l'issue de notre entreprise. Nous nous sentîmes en humeur de bamboche ; ce soir, décidâmes-nous, serait un soir de riz ; les chefs des Abou Tayis vinrent donc souper avec nous. Après le repas, rassemblés, contre la fraîcheur de ce haut plateau nordique, autour de la braise agréablement rougeoyante où bouillottait l'eau du café, l'on bavarda, sur les tapis, de choses lointaines et d'autres.

Nacer s'étendit sur le dos, mes jumelles à la main, et se prit à considérer les étoiles. Après avoir dénombré à haute voix deux ou trois constellations, il s'extasia en découvrant de petites lueurs qu'il n'avait pas remarquées à l'œil nu. Aouda mit la conversation sur les télescopes (les grands) ; il fallut raconter comment l'homme, en trois siècles, avait fait de tels progrès qu'il pouvait aujourd'hui construire des lunettes aussi longues que la tente, et compter dans cet instrument des millions d'étoiles inconnues. « Mais qu'est-ce donc qu'une étoile ? » On passa aux soleils qui sont derrière les soleils, aux distances et aux grandeurs inimaginables. « Qu'allez-vous faire maintenant de cette science ? demanda Mohammed. — Nous allons la pousser plus loin encore. De nombreux savants et quelques génies construiront ensemble des instruments dont la puissance dépassera les nôtres autant que les nôtres dépassent la lunette de Galilée. Toujours de nouvelles centaines d'astronomes, discutant et déterminant de nouveaux milliers d'étoiles, en dresseront la carte et donneront à chacune son nom. Quand nous les verrons toutes, il n'y aura plus de nuit au ciel. »

« Pourquoi les Occidentaux veulent-ils toujours tout ? dit Aouda. — Derrière nos rares étoiles nous voyons Dieu, qui n'est pas derrière les millions des vôtres. — Nous voulons connaître la fin du monde, Aouda. — Mais elle appartient à Dieu », se plaignit Zaal presque irrité. Mohammed se refusa à laisser tourner sa question. « Y a-t-il des hommes sur ces mondes plus grands que le nôtre ? demanda-t-il. — Dieu le sait. — Et connaissent-ils tous le Prophète, le Ciel et l'Enfer ? » Aouda interrompit : « Garçons, nous connaissons nos districts, nos chameaux, nos femmes. Le superflu et la gloire appartiennent à Dieu. Si la fin de la sagesse est d'accumuler les étoiles, alors vive notre folie ! » Aussitôt il parla d'argent ; l'attention fut rompue ; le bourdonnement des conversations reprit. Alors Aouda me murmura que je devais lui faire obtenir de Fayçal un cadeau sérieux quand il aurait pris Akaba.

Le départ eut lieu à l'aube. Une heure après nous couronnions le sommet du Wagf pour dévaler sur l'autre pente. La crête — ligne de partage des eaux — n'était qu'un banc de calcaire, coiffé de silex, d'environ deux cents pieds de haut. Nous étions maintenant dans la dépression entre le Snainirat au Sud, et, au Nord, les trois pains de sucre du Thlaithoukhouat, groupe de montagnes coniques, éclatantes comme de la neige au soleil. Bientôt nous entrions dans l'ouadi Bair. Nos chameaux mirent des heures à le parcourir en long puis en large. Une crue de printemps l'avait tapissé, entre les taillis d'arbustes, d'une herbe riche et foisonnante, agréable à nos yeux, sans doute, mais surtout au palais de nos bêtes, affamées par la longue hostilité du Sirhan

Aouda vint tout à coup me dire qu'il filait en avant vers Bair : l'accompagnerais-je ? Après deux heures de marche rapide, Bair apparut à l'improviste au pied d'un monticule. Aouda était venu rendre visite à la tombe de son fils Annad assassiné par cinq de ses cousins Motalgas. C'était une vengeance, Annad ayant d'abord tué Abtan en combat singulier. Aouda me raconta comment Annad, après avoir fait face, seul contre cinq, était mort noblement. Ce malheur n'avait plus laissé à Aouda, pour assurer sa descendance, que le petit Mohammed. Le père m'avait emmené ici pour me donner le spectacle de son deuil inconsolable.

Du chemin qui nous conduisait aux tombes nous fûmes fort étonnés de voir un fil tournoyant de fumée monter du sol, aux environs des puits. Tournant bride sans retard, nous approchâmes des ruines avec précaution. Personne. Mais la croûte de bouses autour de la margelle apparut toute noire. Le dôme du puits était ébranlé, le sol alentour fendillé, noirci comme par une explosion. Je regardai le revêtement intérieur : il était en ruine ; les blocs tombés avaient à moitié comblé le fond. Une odeur flottait dans l'air : à mon sens, celle de la dynamite.

Aouda courut au puits suivant, dans le lit de la vallée, au-delà des tombes : le dôme aussi en était ruiné, et la cheminée comblée par les pierres. « C'est du travail Djazi », me dit-il. Nous traversâmes la vallée : le troisième puits — celui des Beni-Sakhrs — n'était plus qu'un cratère. Zaal arriva sur ces entrefaites, rendu grave par ce désastre. Le khan ruiné montrait les traces encore fraîches d'une centaine de chevaux. Un quatrième puits se trouvait au nord des ruines, dans l'espace découvert ; nous y courûmes sans espoir. Qu'allions-nous devenir si Bair était complètement détruit ? À notre grande joie, le dernier puits était intact.

Il appartenait précisément aux Djazis. La théorie d'Aouda devenait donc des plus probables. Nous étions déconcertés de trouver les Turcs si vite avertis et prêts à la riposte. S'ils avaient fait subir le même traitement aux puits d'El Djefer (à l'est de Maan) désignés comme notre point de concentration avant l'attaque, la situation pour nous deviendrait très sérieuse. Pour l'instant, elle était incommode, mais sans danger immédiat grâce au quatrième puits. L'eau qu'il pouvait fournir ne suffirait pourtant pas à nos cinq cents chameaux — il était absolument nécessaire de déblayer le moins endommagé des autres, celui des ruines autour duquel l'herbe brûlait encore. Nous partîmes, Aouda, Nacer et moi, pour aller le considérer de plus près.

Un Ageyl nous apporta une caisse vide de gélignite Nobel, évidemment l'explosif dont s'étaient servis les Turcs. Les fissures du sol et les pierres roussies montraient qu'on avait allumé simultanément plusieurs charges autour de la margelle et dans la cheminée. En scrutant la bâtisse intérieure nous aperçûmes, quand nos yeux furent accoutumés à l'obscurité, de nombreuses niches pratiquées à moins de vingt pieds de profondeur. Quelques-unes, encore bourrées, laissaient pendre des fils.

Évidemment il y avait là une seconde série de charges qui n'avaient pas explosé encore. Malfaçon ? Allumage par cordeau très lent ? On ne pouvait le dire. En hâte nous déroulâmes les cordes qui nous servaient à tirer de l'eau : tressées et fixées au milieu d'une solide traverse, on les laissa pendre au centre du puits, car les parois risquaient de crouler au seul frottement de la corde. Je descendis alors et découvris que les charges, relativement faibles (environ trois livres chacune) étaient reliées en série par un câble de téléphone. Mais quelque chose n'avait pas fonctionné. Les Turcs devaient avoir saboté le travail; peut-être aussi, avertis par leurs éclaireurs de notre approche, n'avaient-ils pas eu le temps d'achever les connections.

Nous eûmes donc bientôt deux puits libres et le bénéfice net de trente livres de gélignite ennemie. C'était de la chance et nous résolûmes d'en profiter. Aux soucis du ravitaillement et à notre enquête sur les dispositions des tribus entre Maan et Akaba, une troisième question venait de s'ajouter l'état des puits de Djefer. Un homme partit s'en rendre compte. Une petite caravane de chameaux de bât portant la marque des Haoueitates fut envoyée à Tafileh (au-delà de la ligne); les trois ou quatre obscurs indigènes qui l'accompagnaient ne seraient jamais soupçonnés de liaison avec nous; ils achèteraient toute la farine disponible et nous l'apporteraient dans cinq ou six jours.

Quant aux tribus sur la route d'Akaba, nous avions besoin de leur secours actif contre les Turcs pour réaliser le plan provisoire établi à El Ouedj. Notre intention était d'avancer brusquement d'El Djefer et, traversant la ligne, de couronner le grand défilé — Nagb-El-Chtar — par où la route plongeait du plateau de Maan jusqu'à la rouge plaine de Goueira. Pour tenir ce défilé, il faudrait prendre Aba-el-Lissan, l'important point d'eau fortifié situé en amont à seize milles environ de Maan. La garnison était faible et nous espérions l'emporter d'assaut. Nous serions alors à cheval sur la route et commandant par suite la seule voie de ravitaillement. À la fin de la semaine, les postes suivants devraient se rendre, à moins (ce qui était probable) que les tribus de la montagne ayant vent de nos succès, ne vinssent nous aider à les balayer sans attendre.

Le point crucial était donc l'attaque sur Aba-el-

Lissan. Seule la garnison de Maan risquait de faire une sortie au secours du poste et de venir nous chasser des têtes du Chtar. Encore fallait-il que les Turcs fussent en nombre. Si, pour l'instant, ils n'étaient à Maan qu'un bataillon, ils oseraient à peine bouger. Sans doute laisseraient-ils choir Aba-el-Lissan en attendant des renforts. Mais dans ce cas nous gagnions Akaba, c'est-à-dire une base sur la mer et l'avantage des gorges de l'Ithm entre nous et l'ennemi. Ainsi tout notre succès dépendait de l'insouciance et de la faiblesse de Maan : les Turcs ne devaient pas soupçonner notre présence malveillante dans le voisinage.

Il n'était jamais facile de garder le secret de nos mouvements. Nous avancions en prêchant la Révolte aux populations locales : ceux qui n'étaient pas convaincus se hâtaient d'avertir les Turcs. Notre longue marche dans l'ouadi Sirhan était donc connue de l'ennemi : et le dernier et le moins militaire des hiboux devait voir, clair comme le jour, que le seul objectif possible était Akaba. La démolition de Bair (et de Djefer, dont les sept puits, nous venions de l'apprendre, étaient également détruits) nous montrait les Turcs sur leurs gardes, au moins dans cette faible mesure.

Mais nul ne pouvait mesurer la stupidité du commandement turc. Elle nous servait de temps à autre et nous nuisait sans cesse. Comment ne pas mépriser nos ennemis ? Les Arabes, doués d'une vivacité d'esprit peu commune, en font naturellement trop de cas : ils souffraient donc, comme toute armée souffre quand elle ne peut respecter ceux qu'elle combat. Pour l'instant, cette stupidité risquait de nous servir et nous avions organisé tout un système de feintes pour persuader les Turcs que notre objectif se rapprochait plutôt de Damas.

Ils pouvaient craindre en effet une pression de ce côté. Le chemin de fer de Damas, au nord de Deraa et au sud d'Amman, faisait communiquer la capitale non seulement avec le Hedjaz, mais avec la Palestine ; une attaque sur ce point aurait causé double dommage.

C'est pourquoi, lors de mon escapade dans les pays du Nord, j'avais répandu le bruit de notre arrivée prochaine dans le Djebel Druse ; et j'avais été heureux, d'autre part, de laisser le fameux Nesib se promener par là avec beaucoup de bruit mais très peu de ressources. Nouri Châalan, sur nos indications, avait glissé aux Turcs les mêmes conseils de prudence. Enfin, Newcombe, près d'El Ouedj, s'était arrangé pour perdre quelques papiers comprenant, entre autres choses, un plan d'offensive où nous jouions le rôle d'avant-garde : notre prétendue attaque partait d'El Ouedj et, par Djefer et le Sirhan, visait Tadmor, puis Damas et Alep. Les Turcs, prenant ces documents fort au sérieux, enfermèrent dans Tadmor une malheureuse garnison : elle devait y rester, pour notre plus grand bénéfice, jusqu'à la fin de la guerre.

CHAPITRE L

Il semblait sage de faire, dans la même direction, quelques efforts concrets pendant la semaine que nous devions passer à Bair. Aouda décida donc que nous irions, Zaal et moi, à la tête d'une petite troupe, attaquer la ligne près de Deraa. Zaal choisit un à un cent dix hommes et nous partîmes, voyageant durement jour et nuit par étapes de six heures, avec des repos d'une heure ou deux. L'aventure fut pour moi pleine d'intérêt, et pour les raisons mêmes qui la rendaient quelconque aux yeux des Arabes : je veux dire par là que nous formions un rezzou ordinaire, marchant en formation conventionnelle suivant le dessin que la pratique de générations innombrables avait démontré le plus efficace.

On atteignit la ligne l'après-midi suivant, juste au-dessus de Zerga, village circassien au nord d'Amman. Le soleil et notre allure rapide avaient épuisé nos chameaux : Zaal décida d'aller les abreuver dans un village romain en ruine dont les pluies récentes avaient empli les citernes souterraines. Il était à un mille seulement du chemin de fer et nous devions être prudents, car les Circassiens détestaient les Arabes. S'ils nous découvraient, leur hostilité ne faisait pas de doute. Il fallait compter aussi avec un poste militaire turc dont les deux tentes, dressées sur un pont élevé, surveillaient la ligne à peu de distance. Les Turcs paraissaient sur leurs gardes. Nous apprîmes plus tard qu'ils attendaient un général inspecteur.

Nos chameaux abreuvés, nous franchîmes encore six milles pour tourner, au crépuscule, vers le pont de Dhuleil : ouvrage important, assura Zaal, et qu'il serait bon de détruire. Hommes et chameaux firent halte sur les hauteurs à l'est de la ligne pour couvrir notre retraite en cas d'accident fâcheux ; Zaal et moi fûmes voir le pont. À deux cents mètres une troupe de Turcs s'affairait autour de nombreuses tentes et de bivouacs. Leur force nous surprit d'abord mais nous eûmes bientôt l'explication : on rebâtissait le pont, dont les crues de printemps avaient emporté quatre arches ; les trains, cependant, étaient déviés. Une des arches était finie, la voûte de l'autre entamée et l'échafaudage dressé pour une troisième.

Se donner du mal pour détruire un pont dans cet état ? Voilà qui était bien inutile. Nous nous retirâmes sans bruit pour ne pas alarmer les ouvriers. Les pierres branlaient sous nos pieds nus ; je craignais à chaque pas une foulure. Soudain je mis le pied sur quelque chose de mou et de froid qui bougeait. Un serpent ? J'appuyai de tout mon poids. Mais rien de grave ne survint. Les étoiles brillantes répandaient un faux jour — transparence de l'air plutôt qu'éclairage — qui étirait l'ombre de chaque pierre et brouillait les reliefs : le sol n'était plus que grisaille.

On décida d'aller plus loin au nord, du côté de Minifir. Nous trouverions par là, pensait Zaal, l'endroit propice pour une mine. La destruction d'un train, mieux que celle d'un pont, réussirait à convaincre les Turcs que le gros de nos troupes se trouvait à Azrag, dans le Sirhan, à cinquante milles vers l'est.

La plaine qui s'ouvrit devant nous était plate, traversée par quelques lits de galets, rares d'ailleurs et peu profonds. Notre marche était donc aisée. Soudain un grondement nous fit dresser l'oreille. Et voici que surgit au nord, venant sur nous, un panache de flammes dansantes rabattues par le vent de la vitesse. Nous étions si près de la voie qu'il nous illumina, étirant sur nos têtes son rideau de fumée frangé d'éclairs. Nous reculâmes d'un bond lorsque le train passa en trombe : un avertissement de deux minutes, et j'aurais pu réduire en miettes sa locomotive.

Plus rien ne troubla notre marche jusqu'à l'aube. Le jour nous surprit dans une étroite vallée qui se terminait en amont après un coude brusque à gauche dans un amphithéâtre rocheux. Des degrés successifs grimpaient jusqu'à la crête coiffée d'un énorme tas de pierres. Zaal m'affirma que la ligne était visible de là-haut. S'il disait vrai, le lieu était idéal pour une embuscade; nos chameaux pourraient, sans gardiens, s'en donner à cœur joie dans les excellents pâturages du cirque.

Je fis aussitôt l'ascension. Le tas de pierres était en vérité la ruine d'une tour arabe de la période chrétienne : elle dominait un paysage riant de riches ondulations pastorales, au-delà de la ligne qui décrivait à mes pieds une courbe paresseuse, parfaitement visible sur, peut-être, cinq milles de distance. À notre gauche, autour d'un petit cube, « café » en même temps que halte, flânochaient quelques soldats. Il n'y avait rien à faire pour l'instant qu'à surveiller et dormir tour à tour : cela dura plusieurs heures. Un seul train passa, remontant avec peine la pente roide. Nous fîmes nos plans pour aller poser, pendant la nuit, une mine au point jugé le plus convenable.

Mais au milieu de la matinée, un groupe sombre

apparut au nord. Je finis par distinguer une troupe d'environ cent cinquante hommes montés. Ils marchaient droit sur notre colline. Avions-nous été découverts ? C'était fort possible. Toute cette région servait de pâturage aux troupeaux belgas. Les bergers, voyant notre allure furtive, nous avaient sans doute pris pour un rezzou de voleurs et alerté les tentes.

Or, notre position, admirable contre la ligne, était un vrai traquenard si nous y étions surpris par des forces mobiles supérieures en nombre. Jeter un cri d'alarme aux hommes dans le cirque, sauter en selle et ressortir de l'amphithéâtre fut l'affaire d'un instant. Derrière la crête est de la vallée s'étendait une petite plaine où nos bêtes galopèrent librement. Avant que l'ennemi pût nous apercevoir, nous étions cachés, de l'autre côté, derrière quelques mamelons.

Le terrain étant là mieux adapté à notre tactique, je résolus d'attendre l'ennemi. Mais il était au moins mal informé : nous vîmes la troupe de cavaliers franchir sans arrêt notre ancienne ligne d'embuscade et tourner rapidement vers le sud, nous laissant fort intrigués. Il n'y avait pas d'Arabes parmi eux — c'étaient des soldats turcs réguliers. Nous n'avions donc aucune crainte d'être suivis à la piste ; par contre, ici encore, il semblait que les Turcs fussent sur leurs gardes. J'en étais satisfait pour ma part ; mais Zaal sur qui pesait la responsabilité militaire de notre expédition, montra quelque inquiétude. Il tint conseil avec ceux de ses hommes qui connaissaient bien le pays et nous fit repartir au trot pour une autre colline, un peu trop au nord de la première, mais assez bien placée tout de même. En particulier, elle était franche de complications entre tribus.

Cette hauteur était proprement le Minifir : arrondie, herbue, elle se divisait en deux épaulements. Le col qui les séparait nous offrait sur sa face est une large piste invisible du nord, du sud et de l'ouest, formant une excellente voie de retraite vers le désert. L'extrémité du col formait une coupe dont les eaux de pluies rassemblées avaient fait un somptueux pâturage. Nos chameaux, par contre, y réclamaient une surveillance constante ; s'ils avançaient de deux cents pas, ils devenaient visibles de la ligne qui courait à quatre cents mètres au pied de la pente ouest. De chaque côté les épaulements projetaient des éperons que la ligne traversait dans des tranchées peu profondes. Les déblais de roche ainsi excavés avaient servi à dresser le ballast au travers du creux ; un grand ponceau, au centre, laissait passer les eaux qui dévalaient du col par l'étroit ravin en zigzag jusqu'au lit plus large d'une vallée transversale au-delà de la voie.

Au nord nous voyions la ligne s'incurver et, par une dure côte, monter jusqu'au large plateau du Hauran méridional, étalé sous nos yeux comme un ciel gris avec, çà et là, de petits nuages sombres qui étaient les villes mortes, bâties en basalte, de la Syrie byzantine. Au sud se dressait encore un monticule pierreux d'où l'on pouvait voir au moins six milles de voie.

Les pentes du plateau qui nous faisait face à l'ouest, le Belga, apparaissaient piquetées de tentes groupées en noirs hameaux : c'étaient les paysans dans leurs quartiers d'été. Ils nous voyaient aussi au creux de notre coupe et quelques-uns de nos hommes s'en furent donc leur dire qui nous étions. Grâce à cette précaution, ils se turent jusqu'à notre départ et déployèrent ensuite toute leur éloquence pour prouver que nous avions fui vers l'est, dans la direction d'Azrag. Nos messagers, en outre, rapportèrent du pain — un grand luxe. Depuis la disette de Bair nous en étions réduits au régime du blé desséché. Faute de pouvoir le faire cuire, nos hommes le mangeaient cru. Pour moi, comme mes dents ne me permettaient pas cette nourriture, je jeûnais.

Nous enterrâmes cette nuit, Zaal et moi, une triple mine automatique, fabrication Garland : les trois charges montées en parallèle devaient exploser simultanément. Nous nous couchâmes ensuite, sûrs de nous éveiller si un train la faisait sauter pendant la nuit. Mais rien de la sorte n'arriva. À l'aube j'allai retirer les détonateurs qu'on avait posés sur les rails en outre du déclic normal. Après quoi l'attente reprit : nous nous sentions confortables, l'estomac plein, rafraîchis par le vent qui, grimpant à l'assaut de la colline, avait, en ébouriffant l'herbe drue, comme un sifflement de ressac.

Ce calme persista pendant des heures. Soudain, pourtant, un émoi parcourut les rangs des Arabes et je vis Zaal, suivi des Hubsis et de quelques hommes résolus, dévaler rapidement vers la ligne. Deux coups de feu éclatèrent au-dessous de nous sur le terrain en palier ; une demi-heure après, notre troupe revint avec deux déserteurs turcs en haillons. Ils s'étaient échappés de la colonne montée que nous avions aperçue la veille. L'un des deux hommes avait été grièvement blessé tandis qu'il essayait d'échapper sur la voie : il mourut dans l'après-midi, sans courage devant son sort. C'était une exception : lorsque la mort apparaissait certaine, la plupart des hommes, sentant la paix du tombeau toute proche, s'y abandonnaient sans protestation. L'autre prisonnier était blessé aussi — une balle dans le pied ; sans complication. Très faible pourtant, il s'évanouit quand le froid accrut la douleur. Son corps maigre était à ce point couvert de meurtrissures, marques de la servitude militaire et cause de sa désertion, qu'il n'osa se coucher qu'à plat ventre. Après lui avoir offert ce qu'il nous restait de pain et d'eau, nous fîmes pour lui ce que nous pouvions, c'est-à-dire peu.

Tard dans l'après-midi, un frémissement parcourut nos hommes : le groupe de fantassins montés venait de reparaître. Ils remontaient la voie et devaient passer juste sous le creux ou nous étions embusqués. Zaal et ses hommes insistèrent pour les attaquer à l'improviste. Nous étions cent ; eux, guère plus du double. Nous avions l'avantage du terrain et de la surprise ; nous pouvions culbuter quelques hommes de leurs selles à la première salve ; une charge à dos de chameau ferait le reste. Nos bêtes lancées sur cette pente douce devaient rejoindre les mules en quelques foulées ; leur masse en mouvement roulerait ensuite comme une vague les animaux plus légers et les Turcs. Aucune cavalerie régulière (Zaal m'en donna sa parole) et moins encore de l'infanterie montée, ne peut tenir contre des chameliers nomades dans un combat au galop. Nous ne prendrions pas seulement les hommes, mais leurs précieuses montures.

Je demandai à Zaal d'évaluer nos pertes probables. « Environ cinq à six », dit-il : je décidai alors de ne rien faire et de laisser passer l'ennemi. Notre seul objectif était la prise d'Akaba. Nous étions venus ici uniquement pour rendre cette attaque plus facile en égarant les Turcs sur une fausse piste du côté d'Azrag. Perdre cinq ou six hommes dans une feinte de ce genre (si profitable que fût l'opération d'un point de vue financier) eût été stupide et peut-être pire. Nous pouvions avoir besoin de nos fusils jusqu'au dernier pour prendre Akaba dont la possession était pour nous vitale. Après, nous pourrions gaspiller des vies humaines si nous nous sentions pour cela l'âme assez calleuse ; mais pas avant.

Je fis part de ma décision à Zaal. Elle le mécontenta. Les Haoueitates furieux menacèrent de passer outre. Ils voulaient les mules. Mais précisément c'étaient les mules que je ne voulais pas. Un tel butin aurait compromis notre expédition. Les nomades, le plus souvent, font la guerre pour gagner honneurs et richesses. Les trois types de dépouilles considérées comme nobles sont les armes, les montures et les habits. Enrichis de ces deux cents mules, nos hommes pleins d'orgueil enverraient Akaba au diable et retourneraient par la route d'Azrag pour triompher, chez eux, devant leurs femmes. Et les prisonniers seraient fort embarrassants. Nacer ne nous remercierait pas de lui apporter deux cents bouches inutiles ; il faudrait donc tuer ces Turcs ou les renvoyer, c'est-à-dire révéler à l'ennemi l'importance de nos propres troupes.

Nous les laissâmes donc passer en grinçant des dents :

dure épreuve, dont nous sortîmes tout juste avec honneur. Zaal s'y soumit. Outre la manifestation tangible de reconnaissance qu'il espérait de moi, il n'était pas fâché de faire en ma présence la preuve de son autorité sur les Bédouins. Ceux-ci respectaient en lui non seulement le représentant d'Aouda et le guerrier fameux, mais aussi le chef jaloux de son empire qu'avaient révélé deux ou trois petites mutineries.

L'épreuve fut dure pour lui. Hubsi, cousin d'Aouda et jeune homme plein d'ardeur, voyant les Turcs défiler innocemment à moins de trois cents mètres de nos fusils agacés, se leva d'un bond et partit en criant pour attirer leur attention et nous forcer à la bataille. Zaal l'ayant rejoint en quelques sauts le jeta sur le sol et le battit si sauvagement à coups de gourdin qu'il le fit crier de tout autre façon. Mais des cris sont toujours des cris : j'eus bien peur, un instant, que le résultat ne fût le même.

Certes, il était triste de voir ainsi une bonne petite victoire nous glisser des doigts. Notre humeur resta sombre jusqu'au soir. Toujours pas de train, d'ailleurs. C'était notre dernière chance ; la soif nous menaçait et les chameaux devaient être abreuvés le lendemain. Après la tombée de la nuit, donc, nous retournâmes sur la voie : trente charges de mélinite, déposées aux points de courbure maximum, furent allumées à loisir. Nous avions choisi les rails courbés parce que les Turcs devraient en faire venir d'autres de Damas. En fait cette réparation devait leur prendre trois jours. Le train de matériel roula sur la mine, hameçon dont les dégâts formaient l'amorce ; sa locomotive fut démolie et le trafic cessa trois jours encore pendant qu'on épluchait la voie pour rechercher s'il n'y avait pas d'autres pièges.

Nous ne pouvions, pour l'instant, prévoir pareil bonheur. Notre travail achevé, nous revînmes donc tristement vers nos chameaux : peu après minuit nous étions partis. Notre Turc prisonnier fut abandonné au sommet de la colline ; il était incapable de marcher ou de monter et nous n'avions pas de voiture à sa disposition. Pour qu'il ne mourût pas de faim (en vérité il était déjà très malade) je piquai contre un poteau télégraphique (tombé en travers des rails dans la zone des dégâts) une lettre en français et en allemand, indiquant où il se trouvait et assurant que nous l'avions capturé blessé, après un dur combat.

Ceci devait — nous l'espérions du moins — lui épargner soit les châtiments que les Turcs infligeaient aux déserteurs pris en flagrant délit, soit, peut-être, la mort même, si on le soupçonnait de trahison. Mais quand nous revînmes à Minifir, six mois plus tard, nous trouvâmes les os rongés des deux squelettes éparpillés sur notre terrain de campement. Nous n'avons jamais cessé de plaindre les hommes de l'armée turque. Les officiers, volontaires ou professionnels, avaient causé la guerre par leur ambition — on pourrait presque dire par leur existence; nous souhaitions qu'on leur infligeât un jour non seulement un châtiment à la mesure de leurs fautes, mais encore toutes les souffrances qu'ils avaient fait endurer à leurs soldats.

CHAPITRE LI

Dans la nuit nous perdîmes notre chemin parmi les dunes et les vallées pierreuses du Dhuleil. L'on décida de marcher pourtant jusqu'à l'aube, et une demi-heure après le lever du soleil (les ombres s'allongeaient encore au travers des creux herbus) nous atteignions notre point d'eau primitif, Khau, dont les ruines, au sommet de la colline, se détachaient contre Zerga comme une escarre. Nous travaillions dur pour abreuver nos bêtes aux deux citernes, avant de reprendre le chemin de Bair, quand un jeune Circassien apparut, poussant devant lui trois vaches vers le riche pâturage des ruines.

Ceci ne faisait pas notre affaire. Zaal envoya donc ses exaltés de la veille montrer leur savoir-faire et déployer leur fougue. Ils cueillirent l'homme en effet et le ramenèrent sans mal mais épouvanté. Les Circassiens sont des vantards, grands matamores quand la voie est libre ; aussitôt qu'un homme la barre, ils s'effondrent. Ce gamin foirait de terreur à un point qui devenait offensant pour notre respect de la personne humaine. Quelques seaux d'eau lui ayant rendu ses sens, l'on organisa entre lui et un jeune Chérari que nous avions pincé en train de voler pendant l'étape un combat singulier au poignard. Mais à la première égratignure notre prisonnier se jeta sur le sol en pleurant. Il nous ennuyait vraiment. Si nous le laissions là, il donnerait l'alarme et les cavaliers du village seraient bientôt à nos trousses. Si nous le ligotions, il mourrait de faim et de soif dans ce lieu solitaire ; d'ailleurs, nous n'avions pas de corde à gaspiller. Alors ? Le tuer ? Cela manquait un peu d'imagination, de dignité aussi pour une troupe de cent hommes. Le jeune Chérari, à la fin, déclara que si nous lui donnions carte blanche il réglerait son compte et le laisserait vivant.

Il lui attacha le poignet à la selle et le fit trotter à côté de nous ; une heure après, le Circassien se traînait à bout de souffle. Nous étions encore près de la ligne, mais à quatre ou cinq milles de Zerga. L'on fit halte ; le prisonnier fut dépouillé de ses vêtements présentables (lesquels revinrent de plein droit à son possesseur actuel), puis le Chérari le jeta sur le ventre, lui saisit les pieds, et, tirant son poignard, lui en taillada profondément la plante. Le Circassien hurlait de souffrance et de terreur, comme si on l'égorgeait.

Si étrange que fût à première vue ce procédé, il me parut à la fois efficace et plus humain que la mort. Les entailles obligeaient notre homme à gagner la voie de chemin de fer sur les mains et les genoux, ce qui lui prendrait une heure au moins ; sa nudité le forcerait ensuite à rester à l'ombre des rocs jusqu'au coucher du soleil. Sa gratitude ne fut pas en rapport du service rendu. Nous partîmes à travers une plaine onduleuse et drue. Nos bêtes, la tête baissée pour arracher des feuilles et de l'herbe au passage, avançaient de façon peu confortable pour nous autres, roidis et surplombant la descente du cou. Il fallait bien, pourtant, les laisser manger : nous faisions quatre-vingts milles par jour avec seulement deux haltes, le temps de reprendre haleine, aux brefs crépuscules de l'aube et du soir.

Le soleil était bas encore lorsque, après un coude vers l'ouest, l'on mit pied à terre non loin de la voie, parmi des bancs déchiquetés de calcaire. Notre troupe se glissa parmi les roches jusqu'au moment où la gare d'Atoui apparut au-dessous de nous. Ses deux bâtiments de pierre (dont le premier n'était guère qu'à cent mètres) s'alignaient le long de la voie, l'un cachant l'autre. Des hommes y chantaient sans inquiétude. Leur journée commençait. De la salle de gardes, un mince filet bleu s'entortillait en boucles dans le ciel. Un soldat turc poussait un troupeau de jeunes brebis vers la riche prairie qui s'étalait entre la gare et le vallon.

Ce troupeau décida de l'affaire. Après avoir vécu pendant des jours de grains secs, comme des chevaux, nous avions faim de viande. À compter dix, quinze, vingt-cinq, vingt-sept brebis, les Arabes grinçaient des dents. Zaal se laissa glisser dans la vallée où la ligne traversait un pont et, suivi d'une troupe en file indienne, il rampa jusqu'en face des bâtiments, à la lisière de la prairie.

De notre éminence nous dominions la cour de la gare. Je vis Zaal poser sur le talus le canon de son fusil en se cachant la tête, avec d'infinies précautions, derrière la frange d'herbes. Il visa lentement un groupe d'officiers et de fonctionnaires sirotant leur café sous un parasol au creux de bons fauteuils, devant la salle d'attente. Il pressa la gâchette ; la détonation se confondit avec le choc de la balle sur le mur de pierre, tandis que le plus gras de ces messieurs, s'inclinant lentement dans son fauteuil, roulait à terre sous les regards épouvantés de l'assistance.

Quelques secondes plus tard, les hommes de Zaal,

dans un crépitement de salves, bondissaient hors de la vallée et se lançaient à l'assaut de la gare; mais déjà la porte du bâtiment nord avait claqué et de derrière ses persiennes d'acier les fusils turcs disaient leur mot. Nous répliquâmes en vain; rien à faire, bientôt le feu cessa des deux côtés. Les Chérarats, cependant, poussaient les brebis coupables vers les collines à l'est où paissaient nos chameaux; tous les autres coururent rejoindre Zaal qui s'escrimait contre l'annexe laissée sans défense.

Au plus fort du pillage nos hommes s'arrêtèrent, inquiets, puis affolés. Les Arabes ont une telle expérience des alertes qu'ils semblent pressentir le danger; leurs sens, en vérité, sont déjà sur leurs gardes que leur esprit n'est pas averti. Oscillant sur la voie, arrivait du sud un trolley monté par quatre hommes; sans doute le grincement des roues leur avait-il masqué notre fusillade. La section des Rouallas se glissa sous un ponceau trois cents mètres plus haut pendant que nous nous groupions silencieusement auprès du pont.

Le trolley passa, sans rien soupçonner, au-dessus des hommes embusqués. Ceux-ci sortirent alors pour se déployer en arrière tandis que nous défilions solennellement en face, au travers de la prairie. Les Turcs, horrifiés, ralentirent, sautèrent sur la voie et s'enfuirent à toutes jambes dans le maquis. Mais de nouveau nos fusils claquèrent. Les Turcs tombèrent morts tous quatre. Le trolley vint déposer à nos pieds sa charge de fil de cuivre et d'outils d'électricien : nous en usâmes aussitôt pour intercaler quelques « terres » dans le réseau télégraphique. Zaal mit ensuite le feu au bâtiment dont nous étions maîtres : la charpente, arrosée d'essence, s'enflamma généreusement. Les planches et les toiles pendantes, aussitôt léchées par la flamme, sursautaient avec des torsions convulsives. Cependant les Ageyls mesuraient leurs charges d'explosif : on eut bientôt détruit un ponceau, de nombreux rails et plusieurs centaines de mètres de fil télégraphique. Au tonnerre de la première explosion, nos cent chameaux entravés se levèrent d'un bond avec un ensemble parfait. Chaque explosion les fit ensuite sauter plus follement sur leurs trois pattes libres, enfin ils rompirent leurs entraves et disparurent comme une volée d'étourneaux. Il fallut pour les rassembler (et pour rassembler aussi les brebis) trois bonnes heures. Les Turcs nous en accordèrent la très gracieuse autorisation; quelques-uns d'entre nous, sans cela, eussent été contraints de retourner à pied chez eux.

Ayant mis entre eux et nous quelques milles, nous nous attablâmes enfin devant notre festin de mouton. Nous manquions de couteaux; ceux dont nous disposions circulèrent pour égorger les brebis, mais pour le découpage on eut recours à des silex ramassés au bord de la piste. Peu accoutumés à de tels expédients, nous nous servîmes de ces outils dans un esprit purement éolithique. Si le fer, pensais-je, avait été pour nous constamment rare, nous eussions taillé nos silex quotidiens avec l'habileté des hommes paléolithiques. Si enfin nous n'avions jamais eu aucun métal, nous aurions consacré tout notre art à des pierres parfaitement polies. Nos deux cent dix hommes dévorèrent à ce repas les meilleurs morceaux des vingt-quatre brebis, pendant que nos chameaux broutaient aux alentours ou mangeaient ce que nous dédaignions. On apprend en effet aux meilleurs chameaux de course à manger de la viande cuite. Le repas fini on remonta en selle : après avoir marché toute la nuit, nous rentrâmes à Bair victorieux, sans la moindre blessure, bien nourris et plus riches, à l'aube.

CHAPITRE LII

Nacer avait fait un excellent travail. Une caravane de Tafileh apportant une semaine de farine nous avait rendu notre liberté de mouvements. Nous avions désormais le temps de prendre Akaba avant de mourir de faim. Nacer avait reçu en outre de bonnes nouvelles des Dhoumaniyehs, des Darauchas et des Dhiabats, trois tribus haoueitates du Nagb-El-Chtar, le premier défilé difficile sur la route Maan-Akaba. Elles consentaient à nous aider. Si elles frappaient vite et fort à Aba-el-Lissan, la surprise leur donnerait sans doute la victoire.

L'espoir m'incita à tenter un autre raid — que sa folie fit échouer. Les Turcs pourtant ne s'inquiétèrent pas. Comme nous rentrions au camp un messager rapide de Nouri Châalan arrivait, porteur de salutations et de nouvelles. Les Turcs, ayant décidé d'envoyer à notre recherche, dans le Sirhan, quatre cents cavaliers de Deraa, avaient exigé que Naouaf, fils de Nouri, leur servît à la fois de guide et d'otage. Nouri avait envoyé son neveu Trad (moins précieux) et celui-ci les conduisait par des routes écartées où les hommes et les chevaux souffraient terriblement de la soif. Ils étaient maintenant près de Nebk, notre ancien campement. Jusqu'au retour de leurs cavaliers, les Turcs nous croiraient donc dans l'ouadi. Leur commandement n'avait pas d'inquiétude particulière pour Maan : les soldats du génie qui avaient fait sauter Bair n'avaient-ils pas signalé la destruction complète de tous les puits ? Ceux de Djefer avaient subi le même sort quelques jours auparavant.

Peut-être Djefer nous était-il en effet interdit. Nous gardions pourtant quelque espoir de trouver là aussi le travail technique saboté par ces maladroits. Dhaif-Allah, un des chefs djazis (il était venu prêter serment à El Ouedj) avait assisté dans Djefer à la démolition du « puits du Roi » par des charges de dynamite disposées autour de sa margelle. Or il nous avait fait savoir de Maan, en secret, qu'il avait entendu les pierres du haut tomber et se coincer en voûte. Il avait la conviction que la cheminée, intacte en dessous, serait déblayée en quelques heures de travail. Était-ce exact ? Nous l'espérions et nous partîmes de Bair en bon ordre le 28 juin pour aller nous en assurer.

La plaine sinistre de Djéfer fut traversée rapidement. Le lendemain à midi nous étions aux puits. Ils paraissaient détruits de fond en comble. La peur nous envahit soudain : allions-nous rencontrer là notre premier échec ? La complication de nos plans était telle qu'un temps d'arrêt pouvait avoir les plus lointaines conséquences.

On résolut pourtant d'aller sonder le « puits du Roi » (propriété familiale d'Aouda) dont nous avait parlé Dhaif-Allah. Sous le maillet, le sol sonnait creux. Nous fîmes appel à des volontaires pour affouiller et construire. Quelques Ageyls s'avancèrent et, sous la conduite intelligente de Mirzoudji, un chamelier de Nacer, se mirent à l'œuvre avec les rares outils dont nous disposions. Le reste de la troupe, rangé en rond autour du creux, les regardait travailler en prodiguant les chants et les promesses d'une récompense en or aussitôt qu'ils auraient trouvé l'eau.

Dur labeur, dans le plein soleil d'été. Cette plaine de Djefer, au sol de boue durcie, est plate comme la main et aveuglante de sel sur vingt milles de large. Mais le temps pressait : en cas d'échec nous aurions à faire, jusqu'au puits suivant, cinquante milles dans la nuit. Aussi poussâmes-nous le travail, même pendant la chaleur de midi, relayant les ouvriers et transformant en terrassiers tous nos hommes dociles. Pelles et pioches pénétraient aisément, l'explosion qui avait fait crouler le puits ayant aussi ameubli la terre.

Ainsi, peu à peu, au centre de la fosse creusée et déblayée, la cheminée du puits montait comme une tour de pierres frustes. L'on se mit avec précaution à retirer les blocs éboulés au sommet. Travail difficile, car les pierres s'étaient enchevêtrées en tombant ; mais c'était là bon signe, d'autre part, et nous prîmes courage. Avant le coucher du soleil les ouvriers crièrent qu'ils avaient dépassé la zone d'éboulement : les interstices entre les pierres donnaient à l'intérieur sur le vide et l'on entendait le clapotis des menus déblais tombant dans l'eau à plusieurs pieds au-dessous.

Une demi-heure plus tard un fracas grondant de pierres qui dégringolent retentit, suivi d'un « floc » pesant et de cris aigus. Nous nous précipitâmes. La torche de Mirzoudji penchée sur le bâillement du puits éclaira non pas une cheminée droite, mais une sorte d'énorme bouteille voûtée, de vingt pieds de large à la base, où le rond de l'eau noire était marqué au centre d'une tache d'écume blanche. Cette tache, c'était l'ouvrier Ageyl qui, passé au travers de l'éboulis en voûte, se débattait vigoureusement pour ne pas se noyer. Lorsque chacun lui eût jeté ses encouragements ironiques, Abdullah fit descendre un nœud de corde. On retira l'homme trempé et furieux, mais nullement endommagé par sa chute.

Les terrassiers, outre leur récompense, furent régalés d'un chameau affaibli tombé en chemin ce jour-là. Puis toute la nuit on abreuva les bêtes. Une équipe d'Ageyls, cependant, bâtissait en chantant, jusqu'au niveau du sol, une cheminée de huit pieds faite de pierres et de boue. À l'aube, le sol était piétiné tout autour et le puits apparaissait remis à neuf, d'aussi bel aspect qu'auparavant. L'eau, malheureusement, n'était pas trop abondante. Quand on y eut puisé vingt-quatre heures sans arrêt il ne resta plus qu'une boue crémeuse et quelques-uns de nos chameaux avaient encore soif.

Notre action s'organisa sans retard. De Djefer, des hommes partirent pour les tentes dhoumaniyehs afin de conduire l'attaque promise contre Foueilah, blockhaus qui surveillait le défilé d'Aba-el-Lissan. L'assaut devait être donné deux jours avant le passage de la caravane qui, de Maan, ravitaillait une fois par semaine les garnisons des postes. La faim nous aiderait à réduire ces détachements éloignés qui se sentiraient irrémédiablement coupés de leur base.

Je résolus d'attendre à Djefer le résultat de cette première attaque. De son succès ou de son échec dépendrait la direction de notre prochaine avance. L'arrêt n'était pas déplaisant, à cause d'un certain comique dans notre situation même. L'ennemi aurait pu, à la lettre, nous voir de Maan dans les courts instants où le mirage ne rendait pas inutiles les yeux et les lunettes. Cependant nous nous promenions, admirant notre margelle neuve : en toute sécurité, parce que la garnison turque, se reposant sur la destruction des puits ici et à Bair, caressait tendrement l'idée fort agréable que nous étions au milieu du Sirhan engagés contre leur cavalerie dans quelque combat sans merci.

Pendant des heures, feignant d'être endormi, je demeurai paresseusement allongé sous un bouquet d'arbustes près du puits : un bras me servait d'oreiller et la large manche de soie, tirée sur le visage, me protégeait des mouches. Aouda, assis à mes côtés, déversait sur ma tête un fleuve de paroles, en pleine forme pour raconter ses meilleures histoires. Je finissais par lui faire remarquer avec un sourire qu'il parlait trop et faisait peu. Il se léchait alors les lèvres à la pensée du « travail » futur.

À l'aube un cavalier épuisé entra dans notre camp. Les Dhoumaniyehs, nous dit-il, avaient ouvert le feu sur le poste de Foueilah l'après-midi avant l'arrivée de nos hommes. La surprise n'avait pas été complète ; les Turcs, embusqués derrière leurs abris de pierres sèches, avaient repoussé ce premier assaut. Les Arabes s'étant alors retirés l'oreille basse, l'ennemi avait cru à un simple raid : quelques cavaliers, en guise de châtiment, avaient fait une sortie contre le camp arabe le plus proche.

Un vieillard, six femmes et sept enfants l'occupaient seuls. Déçus et furieux, les Turcs, après avoir détruit le camp, leur avaient coupé la gorge. Les Dhoumaniyehs cachés au sommet des collines ne s'avisèrent que trop tard de ce massacre. Quand ils l'apprirent, leur rage ne connut plus de bornes : coupant la retraite des meurtriers, ils les sabrèrent presque jusqu'au dernier. Puis, pour parfaire leur vengeance, ils se ruèrent à l'assaut du fort : la garnison affaiblie avait cédé à la fureur d'un tel élan. Les Arabes n'avaient pas fait de prisonniers.

Nos bêtes étaient toutes sellées ; en dix minutes nous avions chargé nos bagages et nous marchions sur Ghadir-el-Hadj, la première station de chemin de fer au sud de Maan, sur la route directe d'Aba-el-Lissan. Seul un petit détachement s'en allait traverser la voie au-dessus de Maan pour créer une diversion. Il était chargé, en particulier, de menacer les grands troupeaux de chameaux revenus malades du front de Palestine et que les Turcs faisaient paître jusqu'à leur rétablissement dans les plaines de Chobek.

La nouvelle du désastre de Foueilah, d'après nos calculs, n'avait atteint Maan que ce matin même ; les Turcs pouvaient donc ramener ces chameaux (en admettant que notre détachement vers le nord les manquât) et mettre sur pied une expédition de secours à la nuit seulement. Si nous attaquions alors la ligne à Ghadir-el-Hadj, ils détourneraient probablement les secours de ce côté. Cependant nous filerions vers Akaba sans être inquiétés.

Soutenue par cet espoir, notre troupe fendit bon train le flot du mirage et, dans l'après-midi, nous atteignions la voie ; celle-ci fut nettoyée sur une longueur importante de gardes et de patrouilles, et l'on se mit aux ponts sans tarder. La petite garnison de Ghadir-El-Hadj fit bien une sortie avec le courage de l'ignorance, mais la brume de chaleur aveuglait les hommes : ils furent repoussés avec pertes.

La gare disposait du télégraphe ; je comptais bien qu'elle avertît Maan qui ne pouvait manquer, en outre, d'entendre nos explosions successives. L'ennemi tomberait donc sur nous cette nuit ; ou plutôt il tomberait sur une voie déserte avec un grand nombre de ponts démolis. Nos démolitions, en effet, se faisaient vite et bien. On bourrait chaque trou de drainage, dans le tympan, de trois à cinq livres d'explosif. En mettant le feu aux mines par des cordons rapides nous faisions crouler l'arche d'un pont, s'ébouler le parapet et se fendre les murs latéraux en moins de six minutes. Dix ponts et un bon morceau de voie étaient détruits quand j'eus épuisé notre explosif.

Dès que la tombée de la nuit put masquer notre départ, nous partîmes vers l'ouest. Cinq milles plus loin et désormais à couvert, on fit du feu pour cuire le pain. Notre repas n'était pas entamé que trois cavaliers surgirent au galop : une longue colonne de troupes turques fraîches (infanterie et artillerie), nous dirent-ils, venait d'arriver de Maan à Aba-El-Lissan. Les Dhoumaniyehs, désorganisés par leur victoire, avaient abandonné le terrain sans combattre. Ils nous attendaient à Batra. Ainsi nous avions perdu Aba-el-Lissan, le blockhaus, le défilé et le commandement de la route d'Akaba sans tirer un coup de fusil,

J'appris plus tard que cette vigueur turque, inusitée et malvenue, était l'effet d'un pur hasard. Un bataillon de relève et la nouvelle de la démonstration arabe contre Foueilah étaient arrivés ensemble à Maan ; le bataillon, qui se trouvait en ordre de route avec ses bagages dans la cour de la gare (d'où il devait se rendre à sa caserne), renforcé en hâte par une section d'artillerie et quelques cavaliers, fut envoyé aussitôt en colonne punitive pour secourir le poste qu'on croyait assiégé.

Cette troupe, partie de Maan dans la matinée, avait marché avec lenteur sur la route carrossable. Les hommes, transpirant, accablés par cette chaleur méridionale après les neiges de leur Caucase natal, buvaient avidement à toutes les sources. D'Aba-el-Lissan ils avaient grimpé vers le vieux blockhaus et n'avaient trouvé là qu'un vol de vautours silencieux décrivant au-dessus des murs leurs lents cercles inquiets. Le commandant du bataillon craignit que cette vue ne fût trop déprimante pour ses jeunes recrues et les ramena à la source d'Aba-el-Lissan, près de la route, dans l'étroite vallée tortueuse où ils campèrent toute la nuit, en paix, à côté de l'eau.

CHAPITRE LIII

Ce n'était diable pas le moment de s'endormir. En quelques secondes nos bagages furent jetés sur les chameaux et nous partîmes, notre galette chaude à la main, sur les dunes houleuses qui marquent la fin du plateau syrien. À chaque bouchée se mêlait, outre le goût de la poussière soulevée par notre passage en nombre dans les bas-fonds, quelques relents d'absinthe dont l'étrange et puissante odeur montait de toutes les pentes alentour. Dans l'air stagnant au creux des vallons, le soir, après les longues journées d'été, la moindre odeur s'exaspérait. Et lorsque, dans une longue colonne comme la nôtre, les chameaux en tête secouaient les branches aromatiques d'arbustes poussiéreux, des particules de senteur s'élevaient dans l'air et, suspendues en une longue traînée dense, parfumaient la route pour les suivants.

L'allègre acuité de l'absinthe assainissait les pentes ; les creux, au contraire, oppressaient par l'opulence de végétations plus vigoureuses. Aisément on eût pu imaginer, à cette marche nocturne, le décor de quelque jardin dont les lits de fleurs invisibles eussent strié l'air de senteurs successives. Les bruits aussi sonnaient clair. Aouda se mit à chanter, loin en tête ; de temps à autre les hommes reprenaient à l'unisson, avec la grandeur émouvante, le pincement au cœur d'une armée qui marche à la bataille.

L'aube nous vit mettre enfin pied à terre au sommet des montagnes entre Batra et Aba-el-Lissan : à l'ouest, splendeur verte et or, la plaine de Goueira s'étalait jusqu'à la chaîne purpurine qui nous cachait Akaba et la mer. Gasim Abou Doumeik, chef des Dhoumaniyehs, nous attendait anxieusement, entouré par ses gaillards solides. Leurs visages gris et las étaient encore tachés du sang de la bataille. Ils accueillirent avec un respect profond Aouda et Nacer. Un plan d'opérations fut établi en hâte et chacun partit de son côté : tant que ce bataillon, nous le savions bien, resterait maître du défilé, la marche sur Akaba serait impossible. Nous devions le déloger ou perdre, avant d'en avoir recueilli les premiers fruits, deux mois de risques et d'efforts.

Les ennemis, par bonheur, menaient si mal leur barque qu'un avantage immérité nous échut aussitôt. Tandis qu'ils dormaient dans leur creux, nous couronnions tranquillement les hauteurs en cercle autour d'eux. Cette manœuvre achevée, nos hommes à l'affût commencèrent à tirer posément sur les Turcs épars, près de la source, au pied des roches. Nous espérions ainsi les provoquer à faire une sortie et à charger contre nous sur les pentes. Zaal, cependant, était parti avec nos cavaliers pour couper dans la plaine les fils télégraphiques et téléphoniques de Maan.

Ceci dura tout le jour. Il faisait une chaleur atroce — je n'en avais jamais rencontré de pareille en Arabie. L'anxiété, une agitation incessante, la rendaient encore plus pénible. Quelques-uns des Arabes les plus résistants, accablés par la cruauté de ce soleil, durent ramper ou même être jetés sous des rocs pour se remettre à leur ombre. Nous grimpions, descendions sans cesse, tâchant de remplacer le nombre par la mobilité et parcourant toujours du regard les longues vagues montagneuses à la recherche d'une position favorable pour répondre à tel ou tel effort ennemi. Les pentes raides épuisaient notre souffle ; les herbes, agrippées à nos chevilles, nous tiraient en arrière. Les assises tranchantes de calcaire qui affleuraient sur les cimes nous déchiraient les pieds ; longtemps avant le soir nos hommes les plus animés laissaient à chaque pas une empreinte couleur de rouille sur le sol.

Nos fusils, échauffés à la fois par le soleil et par le tir, nous brûlaient les mains. Nous devions épargner nos munitions, réfléchir à chacun de nos coups et dépenser de grands efforts pour les rendre efficaces. Les rocs brûlants sur lesquels nous nous jetions pour viser nous vésicaient la poitrine et les bras. La peau se détachait ensuite en plaques et la cuisson nous donnait soif. Mais l'eau même était rare : nous ne pouvions envoyer assez d'hommes pour aller faire le plein à Batra, et si tous ne pouvaient pas boire, mieux valait que personne ne bût.

Nous nous consolions en songeant que l'ennemi, au fond de sa vallée, devait avoir plus chaud que nous sur nos collines découvertes; au surplus, ces Turcs à la chair blanche n'étaient pas accoutumés aux chaleurs. Nous nous accrochions donc à eux : manœuvre, groupement, tentatives de sortie leur causaient forcément de lourdes pertes. En retour ils ne pouvaient presque rien contre nous. Nos mouvements rapides et bizarres déconcertaient leurs tirailleurs; et nous pouvions aussi bien nous moquer de leurs petits canons de montagne : les obus passaient au-dessus de nos têtes pour éclater dans l'air derrière nous, tandis que du fond de leur creux ils les voyaient exploser au milieu de nous sur les sommets de la montagne.

Juste après midi, je fus frappé d'un coup de soleil; du moins le prétendis-je : j'étais, en vérité, fatigué à mort de toute cette histoire; la suite me laissait indifférent. Je me glissai donc au fond d'un vallonnement où suintait, dans un creux de boue, un mince filet d'eau bourbeuse. En me servant de ma manche comme filtre, je parvins à sucer au moins quelques gouttes. Nacer me rejoignit avec un halètement de bête forcée, ses lèvres gercées et saignantes contractées en un rictus d'épuisement; puis le vieil Aouda s'avança à grandes enjambées puissantes, le regard fixe, l'œil injecté de sang, tout son visage noueux tordu de grimaces farouches.

Le vieux guerrier eut un ricanement agressif en nous découvrant là, vautrés à terre pour trouver un peu de fraîcheur, à l'ombre du talus. « Eh bien! croassa-t-il aigrement à mon intention, que dites-vous des Haoueitates ? Rien que des mots… et pas de travail. — Parbleu oui ! » crachai-je en retour, car j'étais furieux contre tout le monde (et contre moi-même), « ils tirent beaucoup et ne touchent guère ! » Aouda tremblant, presque pâle de rage, arracha son voile, le déchira, le jeta sur le sol à côté de moi. Puis remontant comme un fou au sommet de la colline il appela ses hommes de sa terrible voix enrouée et sifflante.

Ils se rassemblèrent autour de lui et, au bout d'un instant, se dispersèrent sur les pentes. Craignant que la chose ne prît mauvaise tournure, je montai péniblement le rejoindre. Il jetait des regards furieux sur l'ennemi. Tout ce qu'il consentit à me dire fut : « Prenez votre chameau si vous voulez voir travailler le vieil Aouda. » Nacer fit amener sa propre bête et nous montâmes en selle.

Les Arabes dévalèrent devant nous dans une petite vallée bordée par une crête basse ; au-delà nous savions qu'une pente douce donnait accès à la gorge principale d'Aba-el-Lissan, un peu au-dessous de la source. Bientôt nos quatre cents méharis se trouvèrent massés juste à couvert de l'ennemi. Je courus à leur tête interroger le Shimt.

Que se passait-il ? Où étaient nos cavaliers ? Il montra du doigt la vallée derrière la crête. « Avec Aouda, là-bas », dit-il. Il n'avait pas prononcé ces mots que le creux invisible vomit soudain un flot de hurlements et de détonations. Talonnant furieusement nos bêtes nous arrivâmes sur le rebord juste à temps pour voir nos cinquante cavaliers plonger au creux de la gorge au galop d'un cheval emballé, sans cesser de répondre au feu de l'ennemi. Deux ou trois culbutèrent, mais le reste s'engouffra en trombe dans le val. L'infanterie turque, blottie sous la falaise, prête à se tailler désespérément une route vers Maan, oscilla dans le crépuscule, avança, recula, tout à coup se rompit sous le choc et mêla sa déroute à la charge de nos hommes.

« Venez ! » hurla Nacer de sa bouche sanglante. Nous fîmes plonger nos bêtes, follement, par-dessus le rebord, droit vers la tête de l'ennemi en fuite. La pente n'était pas trop raide pour un galop de chameaux ; elle l'était assez pour que leur allure terrifiante échappât à notre contrôle.

Les Arabes réussirent pourtant à se déployer et à faire feu dans la masse brune des Turcs. Ceux-ci avaient été trop épouvantés par la charge furieuse d'Aouda sur leurs derrières pour nous voir dévaler la pente. Et là aussi ils furent donc pris par surprise et sur le flanc à près de trente milles à l'heure. Pareille charge était irrésistible.

Ma chamelle de course chérari, Naama, avait étiré son galop et se précipitait avec une telle force que nous eûmes bientôt distancé les autres. Les Turcs tirèrent bien quelques coups de feu, mais la plupart décampèrent en hurlant. Les balles qu'ils nous envoyaient n'étaient pas très dangereuses : il en faut beaucoup pour flanquer par terre un chameau qui charge.

J'avais atteint les premiers ennemis et je tirais (avec un pistolet, naturellement, car seul un acrobate pouvait se servir d'un fusil sur ce toboggan vivant) quand mon chameau, trébuchant, s'affala soudain, la tête la première, comme assommé d'un coup de masse. Arraché de la selle je fis un majestueux vol plané pour m'écraser enfin à terre. Le choc fut tel qu'il parut me vider à la fois de toute force et de tout sentiment. Je demeurai immobile, sûr d'être bientôt tué par les Turcs et sans envie d'y contredire. En attendant, je fredonnais les vers d'un poème à demi oublié dont quelque chose (peut-être la foulée plus longue de ma chamelle) avait fait ressurgir le rythme dans ma mémoire pendant cette charge insensée :

« Car, libre de choisir parmi toutes vos fleurs, Seigneur, j'ai choisi les tristes roses du monde,

Et voilà pourquoi mes pieds sont sanglants et mes yeux aveuglés de sueur »

tandis qu'une autre partie de mon esprit imaginait « l'horrible mélange » qui resterait de moi quand l'avalanche d'hommes et de chameaux m'aurait passé sur le corps.

Je finis mon poème, aucun Turc n'approcha, aucun

chameau ne me foula aux pieds. Mes oreilles parurent soudain se déboucher : il y avait un grand bruit en face. Je me remis sur mon séant. La bataille était finie. Nos hommes encerclaient et sabraient les derniers restes de l'ennemi. Ma chamelle, couchée derrière moi et me protégeant comme un roc, avait divisé la charge en deux courants. La base de son crâne était trouée d'un coup de pistolet à bout portant : mon cinquième.

Mohammed m'amena Obeyd, mon chameau de réserve. Puis Nacer arriva, poussant le commandant turc qu'il avait arraché, blessé, à la rage de Mohammed-el-Dheilan. Cet imbécile, refusant de se rendre, tentait de regagner sa bataille perdue avec un pistolet de poche. Les Haoueitates ne faisaient pas de quartier : le massacre de leurs femmes, la veille, leur avait soudain révélé un aspect horrible de la guerre. Il n'y eut donc que cent soixante prisonniers, la plupart blessés ; trois cents morts et mourants jonchaient les ondulations du terrain.

Peu de Turcs seulement avaient pu s'enfuir : les canonniers avec leurs équipages, quelques hommes montés et des officiers avec leurs guides djazis. Mohammed-el-Dheilan les poursuivit dans le Mreigha, et pendant trois milles les couvrit d'insultes pour qu'ils le connussent et prissent bien garde, à l'avenir, de ne plus se trouver sur son chemin. La vendetta d'Aouda et de ses cousins ne s'était jamais appliquée à Mohammed, fin politique, qui se montrait successivement l'ami de tous les hommes de sa tribu, quand personne n'était là pour le voir. Parmi les fugitifs était Dhaif-Allah, qui nous avait prêté secours dans l'affaire des puits de Djefer.

Aouda remonta vers nous à grandes enjambées, les yeux encore vitreux d'une extase guerrière des mots incohérents crevaient à ses lèvres en bulles rapides « Travail, travail, parle beaucoup, vu qui parle beaucoup, travail, balles, Abou Tayi... » et il montrait à bout de bras ses jumelles brisées, son étui à pistolet troué et le cuir de son fourreau déchiqueté en lanières. Une salve avait tué sa jument sous lui ; mais six balles, traversant ses vêtements, l'avaient laissé sans une égratignure.

Il me dit plus tard, à titre tout à fait confidentiel, qu'il avait acheté treize années auparavant, pour cent vingt livres sterling, un Coran talismanique : depuis ce jour il n'avait plus été blessé. Il est vrai que la mort semblait le fuir tandis qu'elle fauchait vilainement autour de lui ses frères, ses fils et ses partisans. Quant à l'amulette, c'était un Coran édité à Glasgow. Prix : dix-huit pence. Mais, connaissant l'humeur d'Aouda, les gens qui tenaient à leur vie évitaient de railler ses superstitions.

Pour l'instant, il rayonnait, heureux surtout de m'avoir confondu en faisant éclater de quoi ses hommes étaient capables. Mohammed, par contre, ne décolérait pas : nous étions, disait-il, une paire de fous, et j'étais le plus fou des deux. N'avais-je pas, en jetant à la tête d'Aouda des mots comme des pierres, provoqué la charge insensée où nous pouvions tous périr ? En vérité, deux Arabes seulement étaient morts, un Roualli et un Chérari.

Toute perte était naturellement regrettable. Mais le temps avait pour nous une telle importance, le besoin de dominer Maan pour déclencher la reddition des petits postes entre nous et la mer était si impérieux, que j'eusse volontiers consenti à de plus grosses pertes. En de telles circonstances la Mort justifie sa rançon : elle n'est pas lourde.

Je voulus poser quelques questions aux prisonniers sur eux-mêmes et la garnison de Maan. Mais l'effort nerveux avait été trop dur : quelques-uns demeurèrent bouche bée ; d'autres baragouinèrent ; d'autres enfin, dans une crise de larmes, ne cessaient d'embrasser mes genoux en protestant, à chaque interrogation, qu'ils étaient musulmans comme nous et nos frères dans la foi.

Je finis par me mettre en colère : prenant l'un des Turcs à l'écart, je le rudoyai vigoureusement. La douleur lui rendant une demi-compréhension, il me répondit assez clairement et de façon rassurante : son bataillon constituait la seule troupe de renfort — troupe de réserve d'ailleurs ; les deux compagnies de Maan ne suffiraient donc pas à défendre son périmètre.

La conclusion était que nous pouvions aisément prendre la ville. Les Haoueitates, perdus dans le rêve d'un pillage illimité (quoique le butin pris ici fût déjà considérable), crièrent qu'on les y menât. Par bonheur Nacer puis Aouda m'aidèrent à les apaiser. Nous n'avions aucun soutien, pas de troupes régulières, pas de canons, pas de base plus proche qu'El Ouedj, pas de moyens de communication, pas même d'argent : ayant épuisé notre or, nous émettions nos propres billets, payables « après la prise d'Akaba » pour nos dépenses quotidiennes. D'ailleurs on ne modifie pas un plan stratégique pour pousser un succès tactique. Nous devions marcher vers la côte et rétablir le contact par mer avec Suez.

Je n'étais pas fâché, pourtant, d'accroître l'inquiétude de Maan. Un groupe de cavaliers partit donc pour Mriegha, et le prit ; puis pour Ouaheida, et le prit encore. Cette avance, la perte des chameaux sur la route de Chobek, la démolition d'El Hadj, enfin le massacre du bataillon de secours, appris coup sur coup à Maan, y causèrent une bonne petite panique. Le Q. G. demanda télégraphiquement des renforts ; les autorités civiles, elles, fourrant leurs archives dans des camions, filèrent dare-dare vers Damas.

CHAPITRE LIV

Cependant nos Arabes avaient pillé les Turcs, leurs bagages et leur camp. Aussitôt après le lever de la lune, Aouda vint nous presser de partir. Je protestai et Nacer m'appuya. Une brise chargée de rosée nous arrivait de l'ouest ; à 4 000 pieds de hauteur, après les brûlures, les souffrances et les emportements du jour, cette humidité glacée avivait nos contusions et nos blessures. Où serions-nous mieux qu'allongés dans nos burnous, sur ce gazon moelleux et vert où courait, au creux des graviers, le fil argenté de la source ? Nous nous demandions s'il valait même la peine de préparer un souper. D'ailleurs nous subissions à cet instant la honte physique du succès, cette réaction qui suit la victoire : plus rien alors ne vaut la peine d'être fait et l'on n'a rien fait qui valût la peine.

Aouda insista. En partie par superstition — il avait peur des cadavres récents autour de nous — en partie pour des raisons militaires. Les Turcs pouvaient revenir en force ; d'autres clans haoueitates nous surprendre dans cette gorge rompus de fatigue et endormis. Quelques Arabes des environs étaient en vendetta avec lui ; d'autres ne reculeraient pas devant un mauvais coup, quitte à dire ensuite qu'ils étaient venus à notre aide, mais nous avaient pris pour des Turcs dans l'obscurité. À regret, donc, nous nous dressâmes, poussant en ligne nos tristes prisonniers.

Pour la plupart ils devraient marcher. Une vingtaine de chameaux étaient morts ou mourants des blessures reçues pendant la charge ; d'autres étaient trop faibles pour porter double fardeau. Les valides reçurent un Arabe et un Turc. Mais plusieurs Turcs étaient trop gravement blessés pour se tenir en croupe. On dut à la fin en abandonner une vingtaine sur l'herbe à côté du ruisseau : si leurs chances de guérison ou de secours étaient faibles, du moins ne mourraient-ils pas de soif.

Nacer entreprit de quêter des couvertures pour ces hommes que nous laissions à moitié nus. Pour moi, pendant que les Arabes achevaient leurs préparatifs, je m'en fus voir en aval sur le champ de bataille si les morts n'avaient pas quelques vêtements de reste. Mais les Bédouins m'avaient devancé, leur ôtant jusque la chemise. Tel était leur point d'honneur.

Pour un Arabe, porter les habits d'un ennemi forme une part essentielle du triomphe. Aussi le lendemain notre troupe s'était-elle muée (au moins pour la partie supérieure) en colonne turque. Chacun de nos hommes arborait une tunique neuve : ce bataillon qui arrivait tout droit de son lieu d'origine était parfaitement équipé et vêtu.

Les morts avaient une beauté merveilleuse. La nuit qui luisait mollement sur eux leur donnait la douceur de l'ivoire nouveau. Les Turcs ont la peau blanche sous les vêtements, beaucoup plus blanche que celle des Arabes, et ces soldats étaient très jeunes. Autour des corps se reployait l'absinthe sombre, lourde de rosée, où l'effleurement des rayons de lune éveillait des scintillations d'écume. C'était dommage, seulement, que les cadavres fussent ainsi entassés au hasard. Rajustés, ils trouveraient enfin le repos. Je les disposai donc en ordre, un à un : si fatigué moi-même que mon seul désir était de quitter, pour leur paix, la populace inquiète, bruyante, douloureuse de ceux qui, là-haut, se disputaient encore le butin, vantaient leur force, leur vitesse et leur endurance à supporter Dieu savait combien de labeurs de ce genre — avec la mort au bout, que l'on ait gagné ou perdu.

Enfin notre petite armée fut prête et serpenta lentement vers les hauteurs pour redescendre à l'abri du vent. On fit halte au creux d'un vallon ; tandis que les hommes fatigués dormaient, nous dictâmes, pour les cheikhs haoueitates de la côte, des lettres qui leur annonçaient notre victoire et conseillaient à chacun d'investir le poste turc le plus proche en attendant notre arrivée. Nous avions eu quelques bontés pour l'un des officiers turcs prisonniers — gendarme méprisé par ses collègues ; il consentit à nous servir de scribe pour informer les commandants de Goueira, Kethera et Hadra (les trois postes qui nous séparaient d'Akaba) que nous faisions des prisonniers quand on ne nous échauffait pas les oreilles, et que, s'ils se rendaient promptement, ils seraient bien traités et envoyés sains et saufs en Égypte.

Cette correspondance dura jusqu'à l'aube, puis Aouda

fit former la colonne et prit notre tête. Nous eûmes bientôt franchi les derniers milles de cette vallée : mollement tapissée de bruyère, entre des collines arrondies, elle garda jusqu'au bout une intimité familière. Soudain, grimpant une pente verte, je compris que c'était la dernière, qu'il n'y avait plus rien au-delà que le vide. Étonné, ravi, je dus m'arrêter; si souvent que j'aie fait cette route plus tard, j'ai toujours ressenti en ce lieu une pointe d'ivresse et de curiosité qui me faisait chaque fois éperonner ma bête et me dresser pour saluer, au-delà de la crête, l'ampleur ouverte à mes regards.

D'un immense glissement d'aile, la pente du Chtar fond sur la plaine à des centaines et des centaines de pieds. Sur le sommet de ce bastion venaient se briser les nuages d'un matin d'été; à ses pieds s'étalait la terre nouvelle formant la plaine de Goueira. Les mamelons calcaires d'Aba-el-Lissan sont couverts de terreau et de bruyère verte et bien arrosée. Goueira, étalée comme une carte, est une garrigue de sable rose pignochée de ravins sous un manteau broussailleux. Des îles et des falaises de grès éclatant escarpées par le vent, affouillées par la pluie, émergent de la plaine et la bordent. Le soleil levant les vêtait ce jour-là de nuances célestes.

Après des journées de voyage dans les replis du plateau, la prison des vallées, il était bon, il était réconfortant de se pencher ainsi sur cette liberté, fenêtre au mur de l'existence. Pour mieux goûter ce bonheur nous descendîmes à pied la passe tortueuse du Chtar; le bercement du chameau nous endormait trop sûrement pour essayer de voir quoi que ce fût. Au bas de la passe nos montures trouvèrent un tapis épineux où jouer fort joyeusement des mâchoires. Notre groupe avait pris les devants; nous fîmes halte; un instant après, roulés sur le sable moelleux, nous dormions.

Aouda survint pour nous presser. J'attribuai notre décision à la pitié pour nos prisonniers épuisés. Il répondit que si nous avancions, eux seuls mourraient, tandis que nous mourrions tous si nous restions là. Nous n'avions, à vrai dire, plus qu'un peu d'eau et pas de nourriture. Mais ce fut plus fort que nous : nous fîmes halte cette nuit au bout de quinze milles, avant d'avoir atteint Goueira. À Goueira même était le cheikh Ibn Jad qui balançait toujours pour adhérer au parti le plus fort. Ce jour-là nous étions les plus forts ; le vieux renard était donc des nôtres. Il nous reçut avec des paroles mielleuses. Les cent vingt Turcs de la garnison étant ses prisonniers, nous tombâmes d'accord qu'il les ferait conduire à Akaba quand il en aurait le loisir et sans les presser.

C'était le 4 juillet. Il fallait nous hâter car nous avions faim et Akaba était encore loin, à l'abri de deux postes fortifiés. Le premier, Kethira, se refusa obstinément à recevoir nos parlementaires. La falaise où il était juché commandait le passage — position qu'il pouvait être coûteux d'enlever. Ironiquement nous cédâmes l'honneur de cette prise à Ibn Jad en lui conseillant de livrer l'assaut la nuit même avec ses hommes encore dispos. Il hésita, souleva maintes difficultés, plaida l'excuse de la pleine lune. Je lui rétorquai que, précisément cette nuit, la lune se cacherait un instant. Mon calendrier indiquait en effet une éclipse. Ibn Jad accepta sur ma promesse ; l'éclipse vint au rendez-vous, et les Arabes forcèrent la position sans perte pendant que les Turcs superstitieux tiraient des coups de fusil et frappaient sur des casseroles de cuivre pour secourir notre satellite menacé.

Rassurés, nous repartîmes à travers la plaine aussi lisse qu'une plage. Nacer, pour épargner à Niazi Bey, commandant du bataillon ennemi, l'humiliation des mépris bédouins, en avait fait son hôte. Je vis soudain le Turc amener timidement sa bête au niveau de la mienne. Ses paupières gonflées, son long nez, trahissaient un caractère morose. Il se plaignit qu'un Arabe l'avait grossièrement insulté en turc. Je lui présentai des excuses tout en lui faisant remarquer que son insulteur devait avoir appris ce mot de la bouche d'un gouverneur turc comme lui. L'Arabe rendait à César ce qui lui appartenait.

César, peu satisfait, sortit de sa poche un croûton de pain racorni en demandant si c'était là le déjeuner d'un officier turc. Mes deux anges, Daoud et Farraj, en fourrageant dans Goueira, avaient acheté, trouvé ou volé un pain de soldat que nous avions coupé en quatre. Je répondis donc que ce n'était pas le déjeuner d'un officier turc, mais son dîner, son souper et peut-être aussi sa ration du lendemain. Moi, officier de l'État-Major de l'Armée Britannique (non moins bien nourrie que l'Armée Turque) j'avais mangé le mien en l'assaisonnant du piquant de la victoire. C'était la défaite et non pas le pain qui collait à son gosier. Mais qu'y faire ? Je lui demandai de ne pas me reprocher l'issue d'une bataille que ni lui ni moi ne pouvions refuser sans déshonneur.

Les défilés de l'ouadi Ithm, cependant, devenaient de plus en plus rudes et enchevêtrés. Après Kethira nous trouvâmes tous les postes turcs vides. Leurs hommes avaient été rappelés à Khadra. Cette position retranchée protégeait admirablement Akaba contre un débarquement. Par malheur pour lui, l'ennemi n'avait jamais songé à une attaque venant de l'intérieur. De tous ses ouvrages, pas une tranchée, pas un poste ne nous faisait face. Notre avance, venant d'une direction si nouvelle, jetait la panique chez les Turcs.

Nous prîmes contact dans l'après-midi avec cette position principale. Les indigènes locaux nous avertirent que les postes secondaires autour d'Akaba avaient été réduits ou rappelés depuis longtemps : trois cents hommes à peine nous barraient la route de la mer. On tint conseil : l'ennemi, nous dit-on, se retranchait fermement dans des ouvrages à l'abri des obus. Il disposait aussi d'un puits artésien neuf. On murmurait seulement qu'il avait peu de vivres.

Nous n'en avions pas davantage. C'était une impasse. Notre conseil penchait tantôt d'un côté, tantôt de l'autre, au gré d'une querelle entre prudents et téméraires. L'impatience gagnait les esprits et les corps au fond de cette gorge incandescente et tortueuse, entre des pics de granit miroitant par des millions de facettes, sans que la moindre brise pût interrompre la lente saturation de l'air par la chaleur.

Nos effectifs avaient grossi du double. Les hommes étaient si entassés dans cet espace étroit et nous avions nous-mêmes si peu de place que le conseil dut être interrompu deux ou trois fois, en partie pour éviter à nos troupes le spectacle de nos querelles, et en partie parce que, dans cette étuve confinée, l'odeur de nos corps non lavés nous devenait insupportable. Sous nos crânes le sang battait un lourd tic-tac d'horloge.

L'ennemi fut sommé de se rendre. Mais nos parlementaires, drapeau blanc ou prisonniers turcs furent également reçus à coups de fusil. Ceci excita la colère des Bédouins. Pendant que nous délibérions, une vague soudaine s'enfla dans nos rangs, partit à l'assaut des rocs et fit pleuvoir sur l'ennemi une grêle de balles. Nacer sortit pour arrêter cette folie; mais il était pieds nus; après dix pas sur le sol brûlant il réclama en hurlant qu'on lui apportât des sandales; cependant je demeurais accroupi dans mon atome d'ombre, trop las de ces hommes (tous revêtus pourtant de ma livrée spirituelle) pour me soucier d'aller mettre un frein à leurs coups de tête.

Nacer, en tout cas, se fit obéir. Farraj et Daoud étaient, naturellement, les meneurs. En guise de châtiment, on décida de les allonger sur des rocs brûlants tant qu'ils ne demanderaient pas grâce. Daoud céda aussitôt; mais Farraj qui, malgré son apparence frêle, avait un corps d'acier et la volonté de beaucoup la plus impérieuse, rit sur son premier roc, quitta le second d'un air sombre et céda seulement de mauvaise grâce devant le troisième.

Son entêtement aurait dû être châtié. Mais les seules punitions possibles dans cette vie vagabonde étaient des châtiments corporels; on les avait si souvent et si inutilement infligés aux deux coupables que j'en avais assez maintenant. Si on restait en deçà de la cruauté, cette souffrance épidermique semblait avoir pour seul résultat d'exciter leurs muscles à des actions encore plus désordonnées que les premières. Leur faute était une joie de lutins, l'insouciance d'une jeunesse sans mesure, la faculté d'être heureux précisément quand nous ne l'étions pas. Pour de telles folies, les faire souffrir vraiment, impitoyablement, comme des criminels, noyer dans une détresse animale leur dignité humaine, me semblait ignoble. J'y voyais presque une impiété envers deux êtres ensoleillés que n'avait pas encore glacés l'ombre du monde — les mieux nés et les plus enviables que j'aie jamais connus.

Nous fîmes, pour communiquer avec les Turcs, une troisième tentative. Un jeune conscrit vint en effet nous dire qu'il savait, lui, comment s'y prendre. Il se dénuda et descendit la vallée vêtu de ses seules chaussures ou presque. Une heure après il nous rapportait glorieusement une réponse fort polie : si dans deux jours aucun secours n'arrivait de Maan, les Turcs se rendraient.

Une telle folie (car nous ne pourrions pas tenir nos hommes indéfiniment) menait droit à un massacre général des Turcs. Sans doute n'avais-je pas beaucoup à dire en leur faveur : mieux valait pourtant qu'ils ne fussent pas égorgés, ne fût-ce que pour nous épargner le spectacle. D'ailleurs nous aurions probablement des pertes nous aussi. Un assaut de nuit sous l'œil éclatant de la lune serait presque aussi dangereux qu'en plein jour. Et cette bataille n'était pas, comme celle d'Aba-el-Lissan, indispensable.

Ayant donné à notre petit drôle un souverain en acompte sur sa récompense, nous lui demandâmes de nous accompagner tout près des tranchées ennemies et d'aller lui-même y chercher un officier turc. Après quelques hésitations, un parlementaire sortit en effet. Nous lui exposâmes alors la situation : les blockhaus pris sur la route de Maan ; nos forces sans cesse croissantes ; l'impuissance où nous étions à les maîtriser longtemps.

Le résultat fut la promesse de se rendre à l'aube. Ainsi nous pûmes dormir cette nuit encore (événement assez rare pour être noté) malgré notre soif.

Le lendemain à l'aube la fusillade éclata de toutes parts. Des centaines d'Arabes avaient encore doublé nos forces dans la nuit. Ces nouveaux venus, ignorant nos accords, commencèrent à tirer sur les Turcs qui ripostèrent. Nacer sortit alors, suivi d'Ibn Dgheithir et de ses Ageyls par rangs de quatre, et descendit à découvert le lit de la vallée. Nos hommes cessèrent le feu. Les Turcs firent de même : leurs simples soldats n'avaient plus aucune envie de se battre ; affamés, ils nous croyaient bien approvisionnés. Ainsi, tout compte fait, ils se rendirent tranquillement.

Tandis que les Arabes se ruaient au pillage, je remarquai un officier du génie en uniforme gris avec une barbe rousse et des yeux ahuris. Je l'interrogeai en allemand. Envoyé ici pour forer le puits artésien, il ne savait pas un mot de turc. Il était abasourdi par ce qui lui arrivait. Qui étions-nous donc ? Les Arabes en révolte contre les Turcs. Il lui fallut un certain temps pour goûter toute la saveur de ce fait. Et qui était notre chef ? Le chérif de La Mecque. Il serait donc envoyé à La Mecque ? Plutôt en Égypte, lui dis-je. Il demanda donc si l'on trouvait du sucre en Égypte et à quel prix. « Beaucoup le sucre, répondis-je, et bon marché ». Il fut aussitôt satisfait.

Il perdait bien dans le pillage ses affaires personnelles : mais il prit cela en philosophe. Par contre, il regretta son puits qui eût été bientôt le chef-d'œuvre de sa vie. Il me montra l'emplacement et la pompe à moitié bâtie. Le seau d'épuisement nous permit de remonter assez d'eau (une eau claire et délicieuse) pour apaiser notre soif. Puis, à travers une tempête de sable, notre troupe piqua vers Akaba, quatre milles plus loin : nous plongions dans la mer le 6 juillet, juste deux mois après notre départ d'El Ouedj.

LIVRE V

Nous marquons le pas

Chapitres LV à LXVIII

La prise d'Akaba mit fin à la guerre du Hedjaz et nous donna pour tâche d'aider les Britanniques à envahir la Syrie. Les Arabes, avec Akaba pour base, devenaient en fait l'aile droite de l'armée d'Allenby dans le Sinaï.

Pour marquer cette relation nouvelle, Fayçal et son armée passèrent sous le commandement d'Allenby. Celui-ci fut désormais responsable des opérations et de l'équipement arabes. Cependant nous organisions le district d'Akaba pour en faire une base inattaquable d'où l'on pût harceler le chemin de fer du Hedjaz.

CHAPITRE LV

À travers la poussière tourbillonnante Akaba nous apparut entièrement ruinée. Les bombardements — coup sur coup — des vaisseaux de guerre français et anglais avaient ramené la ville au chaos dégradant d'où elle était sortie — fouillis, fumier de pauvres maisons sales sans rien de cette dignité que donnait aux ruines anciennes la durée d'ossements qui défiaient les siècles.

Errants dans le bosquet ombreux de palmes, au ras des vagues qui se brisaient en nous éclaboussant, nous finîmes par nous asseoir pour regarder couler le flot de nos hommes : succession de visages excités et vides, sans message pour nous. Pendant des mois Akaba avait été l'horizon de nos esprits, le but : nous n'avions jamais pensé, nous avions refusé toute pensée, à quoi que ce fût d'autre. L'entreprise accomplie maintenant, nous méprisions un peu les êtres qui s'étaient dépensés à fond pour un objet dont l'acquisition ne changeait rien d'essentiel à l'esprit ou au corps.

Dans ce jour blanc de la victoire, c'est à peine si nous nous reconnaissions nous-mêmes. Surpris de nous entendre parler, assis sans savoir quoi faire, promenant nos doigts sur nos robes blanches, nous doutions de pouvoir comprendre ou apprendre qui nous étions. Le bruit des autres nous parvenait, irréalité de songe, comme un bourdonnement dans les oreilles au plus profond de l'eau. Devant cette vie qui continuait, ahurissante, sans que nous l'eussions demandé, nous ne savions pas comment mettre à profit le cadeau reçu. Je fus particulièrement éprouvé. Malgré d'excellents yeux, en effet, je n'ai jamais vu les traits des hommes : toujours je regarde au-delà, imaginant pour moi-même la réalité spirituelle de tel ou tel. Or, ce jour-là, chaque homme possédait si à fond l'objet de son désir qu'il se réalisait en lui et perdait tout sens propre.

L'appel de la faim nous fit sortir de transe. Notre troupe comprenait maintenant sept cents prisonniers, outre nos cinq cents hommes et les deux mille alliés qui attendaient quelque chose de nous. Or nous n'avions aucun argent (ni, naturellement, aucun marché) et notre dernier repas datait de l'avant-veille. Les chameaux pouvaient nous fournir de la viande pour six semaines. Pauvre régime et solution coûteuse dans sa facilité : nous la payerions de notre immobilité future.

Des dattes vertes chargeaient les palmiers sur nos têtes. Crues, elles avaient un goût si désagréable que les crampes d'estomac ne l'étaient guère davantage. La cuisson ne les améliora pas. Nous dûmes donc, nous et nos prisonniers, envisager tristement ce dilemme : soit une faim constante, soit de quotidiennes coliques, plus à propos pour des gourmands que pour des hommes sobres comme nous. Toute une vie de nutrition assidue constitue pour un corps anglais un tel entraînement qu'il déclenche avec ponctualité, à l'heure fixée pour chaque repas, une excitation nerveuse dans la région stomacale : nous donnons même quelquefois le nom honorable de faim à ce signe révélant que nos tripes offrent à un nouveau bourrage un certain volume de libre. La faim arabe est toute différente : c'est le cri d'un corps qui, ayant travaillé longtemps vide, s'évanouit de faiblesse. Les indigènes vivent avec une parcelle de notre ration accoutumée ; leur système digestif épuise complètement ce qu'on lui donne. Une armée nomade ne fume pas le sol de riches sous-produits.

Nos quarante-deux officiers prisonniers étaient parfaitement insupportables. Notre dénuement les dégoûta ; refusant même de croire que nous ne trichions pas pour les contrarier, ils empoisonnaient notre existence, réclamant des mets délicats, comme si nous portions Le Caire à l'arçon de nos selles. Pour leur échapper, Nacer et moi, nous dormions. Nous avons toujours essayé de marquer chaque étape sur la voie du succès par ce petit extra de quiétude ; car, dans le désert, nous n'obtenions la paix des hommes et des mouches que couchés sur le dos avec un manteau sur le visage, endormis ou feignant de l'être.

Le soir, la première réaction passée, nous songeâmes aux moyens de garder Akaba après l'avoir conquise. Aouda, décida-t-on, retournerait à Goueira. Il serait là protégé par la descente du Chtar et les sables de Goueira — aussi sauf qu'on pouvait le demander, en fait. Pourtant nous désirions accroître encore cette sécurité par excès de précaution. Un poste avancé s'installerait à vingt milles au Nord sur les ruines rocheuses, inexpugnables, de la Petra nabathéenne, et serait relié à Aouda par un autre poste à Delagha. Aouda enverrait aussi des hommes à Batra : ainsi ses Haoueitates allaient former un demi-cercle de quatre positions au ras des hauteurs de Maan, fermant toutes les routes vers Akaba.

Ces quatre positions auraient une existence indépendante. Les Turcs avaient gobé les généralités impertinentes de Goltz sur l'interdépendance des points fortifiés. Sans doute se lanceraient-ils un jour avec beaucoup d'allant contre l'un de nos postes ; ils y passeraient ensuite un mois, ahuris et mal à l'aise, incapables d'avancer sous la menace des trois autres : pourquoi diable, diraient-ils en se grattant la tête, ne tombent-ils pas tout seuls ?

Le souper nous apprit à quel point il était urgent de réclamer aux Anglais de Suez, par-dessus cent cinquante milles de désert, un bateau de ravitaillement. Je résolus d'y aller moi-même avec huit hommes, la plupart Haoueitates, sur les meilleures chamelles de notre troupe (entre autres, la fameuse Jeddah, cette bête de sept ans pour qui les Nouaseras s'étaient battus avec les Beni Sakhrs). En contournant la baie nous discutâmes comment devait se faire le voyage. Si nous allions lentement pour épargner nos bêtes, elles risquaient de mourir de faim. Si nous les menions dur, au contraire, elles pouvaient tomber d'épuisement ou de blessures aux pattes en plein désert.

On résolut à la fin de garder le pas, si tentant que fût le terrain, mais de marcher autant d'heures par jour que nous pourrions le supporter. Dans ces épreuves de fond, l'homme (surtout un étranger) s'effondre d'ordinaire avant la bête. Personnellement, j'avais fait cinquante milles par jour pendant un mois et j'étais à la limite de mes forces. Si je tenais, nous arriverions à Suez en cinquante heures de marche ; pour éviter toute cuisine en route, nous emportâmes des morceaux de chameau bouilli et des dattes grillées dans un chiffon derrière la selle.

Nous gravîmes l'escarpement du Sinaï par la route des pèlerins, taillée dans le granit ; coefficient de pente 28 %. La montée fut dure parce que nous nous hâtions ; hommes et bêtes tremblaient de fatigue lorsqu'ils atteignirent la crête avant le coucher du soleil. Une chamelle fut renvoyée de là comme inapte au voyage. Les autres poussèrent dans la plaine jusqu'à un taillis épineux où elles broutèrent pendant une heure.

Un peu avant minuit nous atteignions Themed (seul point d'eau sur notre route) dans une vallée à la courbe franche, sous le blockhaus, désert, de la police du Sinaï. On laissa les chameaux souffler et boire. Après avoir bu nous mêmes nous repartîmes ; les pas succédaient aux pas, dans un silence nocturne si intense que sans cesse nous nous retournions sur nos selles vers quelque bruit que nous croyions entendre, là-bas, sous le manteau d'étoiles. Mais le seul mouvement était en nous, dans le craquement de notre passage sur une végétation basse, parfumée, alentour, de fleurs fantomatiques.

Puis nous entrâmes dans une aube très lente. À soleil surgi, nous étions fort avant dans la plaine où des gerbes de ravins convergent vers Arish ; on s'arrêta pour donner aux chameaux, pendant quelques minutes, une illusion de pâturage. En selle de nouveau jusqu'à midi, puis après midi où surgirent, derrière le mirage, les ruines solitaires de Nekhl. Nous les laissâmes sur notre droite. Au coucher du soleil, repos d'une heure.

Les chameaux s'engourdissaient ; nous-mêmes étions affreusement las. Mais Motlog, le propriétaire borgne de Jeddah, nous pressa d'agir. En selle de nouveau, et les montagnes de Mitla furent gravies d'un pas tout mécanique. La lune émergeant, leurs sommets, découpés en contours de strates calcaires, étincelèrent comme des cristallisations neigeuses.

À l'aube nous franchîmes un champ de melons semés par quelque Arabe aventureux dans ce « no man's land » entre les armées. Lâchant nos chameaux dégoûtés au creux des sables, à la recherche d'une nourriture quelconque, nous consacrâmes une autre de nos heures précieuses à ouvrir les melons encore verts pour rafraîchir nos lèvres gercées sur leur chair pulpeuse. Puis l'on repartit encore, dans la chaleur du jour naissant. Par bonheur, cette vallée du Canal, constamment rafraîchie par les brises du Golfe, n'est jamais trop étouffante.

À midi nous sortions des dunes et du jeu facile de montagnes russes sur les crêtes et dans les creux, pour déboucher enfin dans la plaine à peine onduleuse. Une frise de points indécis, pendillant et dodelinant, loin en face de nous, dans le mirage au-dessus du Canal, laissait deviner Suez.

On atteignit un grand système de tranchées avec fortifications, barbelés, routes et chemin de fer, tous abandonnés et en ruines. Nous les franchîmes sans être arrêtés. Notre but était Shatt, poste établi en face de Suez sur la rive asiatique du Canal. Nous y arrivâmes enfin vers 3 heures de l'après-midi, quarante-neuf heures après notre départ d'Akaba. C'eût été, pour un raid indigène, un temps assez remarquable et nous étions partis fatigués.

Shatt offrait un désordre extraordinaire, sans une sentinelle. En vérité la peste y avait fait son apparition deux ou trois jours auparavant. Les camps avaient donc été évacués en hâte et abandonnés intacts ; les troupes bivouaquaient dans le désert, loin de la contagion. Naturellement nous ignorions tout de ces événements et nous fîmes une battue à travers les bureaux vides jusqu'au moment où je découvris un téléphone. J'appelai le Q.G. de Suez et déclarai que je voulais traverser le Canal.

Mille regrets, me répondit-on ; mais ce n'était pas leur affaire. L'Inland Water Transport s'occupait de ce genre de transit suivant ses propres méthodes. Certain reniflement de mépris impliquait que ces méthodes n'étaient pas celles du Quartier Général. Indompté (je n'ai jamais eu l'esprit de corps administratif) j'appelai les bureaux de l'Inland Water : je venais juste, expliquai-je, d'arriver à Shatt à travers le désert, porteur de nouvelles urgentes pour le Q.G... Mille regrets, me répondit-on : il n'y avait pas de bateau libre. On en enverrait un sans faute dès le lendemain à la première heure pour me conduire au service de quarantaine. Et l'on coupa.

CHAPITRE LVI

Depuis quatre mois je courais l'Arabie sans arrêt. Dans les quatre dernières semaines j'avais fait à dos de chameau 1 400 milles, sans m'épargner aucune fatigue, pour le progrès de notre guerre. Mais je refusais de passer une nuit de trop en compagnie de ma vermine familière. Il me fallait un bain et quelque chose à boire avec de la glace; il me fallait quitter ces vêtements collés, dans une saleté repoussante, aux plaies causées par le frottement de la selle; enfin il me fallait manger quelque chose de moins coriace que les dattes vertes et les tendons de chameau. Je redemandai l'I.W.T. et parlai comme Chrysostome. Aucun effet. Je devins vif. On raccrocha. Je devenais très vif, quand les intonations écossaises et amicales du téléphoniste ruisselèrent sur la ligne. « Pas la peine de s'obstiner à leur causer, mon officier; c'est tous des enculés, ces transporteurs. »

La vérité, apparemment. L'opérateur au libre langage m'aiguilla donc sur l'Embarkation Office. Le major Lyttleton y avait ajouté à ses innombrables occupations celle de saisir au vol, un à un, les bateaux de guerre de la mer Rouge au moment où ils entraient à Suez, pour les persuader (et comme ils aimaient ça, quelques-uns !) d'empiler sur leurs ponts des vivres et des munitions pour El Ouedj ou Yanbo. Ainsi, en guise de distraction, à côté de son service, il dirigeait l'envoi, franco, de nos milliers de ballots et d'hommes, trouvant encore, après cela, le temps de sourire aux curieux divertissements de nous autres, curieux hommes.

Jamais il ne nous fit défaut. Il me suffit de dire ce jour-là qui j'étais, où je me trouvais et ce qui n'arrivait pas du côté de l'I.W.T. : la difficulté fut levée aussitôt. Sa chaloupe était prête; elle serait au Shatt dans une demi-heure. Que j'aille droit à son bureau et m'abstienne d'expliquer (sauf peut-être après la guerre) comment un vulgaire canot du port avait pénétré dans le sacro-saint Canal sans autorisation de la Direction Générale. Tout se passa comme il l'avait annoncé. J'envoyai mes hommes et mes chameaux au nord vers Koubri; de Suez, par téléphone, j'organisai leur ravitaillement et leur logement dans le haras de la côte asiatique. Plus tard, naturellement, ils eurent leur récompense : quelques jours de fièvre et d'étonnement au Caire.

Lyttleton, voyant ma fatigue, me laissa gagner aussitôt l'hôtel. Je l'avais jugé pauvre, autrefois, cet hôtel ; il était devenu splendide. Aussitôt surmontée la première impression fâcheuse produite par ma personne et mes habits, il sortit pour moi bains chauds et boissons fraîches (six boissons fraîches), puis le dîner et le lit de mes rêves. Un obligeant officier de renseignements, à qui ses espions avaient signalé la présence d'un Européen déguisé dans l'hôtel du Sinaï, voulut bien s'occuper de mes hommes à Koubri et me fournit billets et laissez-passer pour me rendre au Caire le lendemain.

Le « contrôle » énergique des voyageurs civils dans la zone du Canal mit un peu d'animation dans ce terne voyage. Une troupe mixte de policiers militaires, Égyptiens et Anglais, passa dans le train pour nous interroger et éplucher nos laissez-passer. La guerre aux contrôleurs étant conforme aux bons usages, je répliquai sèchement et en bon anglais à leurs questions en arabe : « Chérif de La Mecque, État-Major ». L'on fut étonné. Le sergent s'excusa : il n'était pas sûr d'avoir bien compris. Je répétai que je portais l'uniforme de l'État-Major du chérif de La Mecque. Ils regardèrent mes pieds nus, mes robes de soie blanche, l'akheilat et le poignard dorés. Impossible. « Quelle armée, Sir ? — Armée de La Mecque. — Jamais entendu parler de ça : je ne connais pas l'uniforme. — Seriez-vous capable de reconnaître un dragon monténégrin ? »

C'était un coup droit. Tous les soldats alliés en uniforme pouvaient voyager sans laissez-passer. Or la police ne connaissait pas tous les Alliés, encore moins leurs uniformes. Le mien pouvait être vraiment celui de quelque armée rare. Ils battirent en retraite dans le couloir, et me surveillèrent pendant qu'on télégraphiait à la prochaine gare. Juste avant Ismaïlia, un officier de renseignements, ruisselant de sueur dans son uniforme humide, sauta dans le train pour vérifier mes affirmations. Comme nous étions presque arrivés, je lui montrai le laissez-passer spécial dont la prudence de mon compagnon, à Suez, avait doublement armé mon innocence. Il ne fut pas très content.

À Ismaïlia les voyageurs pour Le Caire descendaient pour attendre l'express de Port-Saïd. Dans l'autre train étincelait un salon opulent ; l'amiral Wernyss, Burmester et Neville en descendirent avec un général aussi gros que considérable. Une tension terrible courut le long du quai que le groupe arpentait en une conversation capitale. Les officiers présents saluèrent une fois, deux fois ; les autres arpentaient toujours. Trois fois, c'était trop. Quelques-uns, reculant vers la barrière, s'y tinrent au garde-à-vous : les âmes mesquines. D'autres s'esbignèrent : les méprisables. D'autres, tournés vers l'étalage du libraire, considérèrent avidement le dos des volumes : les timides. Un seul fut éhonté.

Le regard de Burmester finit par accrocher le mien. Il se demanda qui j'étais avec mon hâle écarlate et mon air hagard. (Je découvris ensuite que je pesais moins de 45 kilos.) En tout cas il répondit à ce regard. Je lui racontai l'histoire de notre raid imprévu sur Akaba. Elle le passionna. Je demandai que l'Amiral dépêchât aussitôt un navire de ravitaillement. Le *Dufferin*, me dit-il, qui arrivait le jour même, allait charger à Suez toute la nourriture possible, filerait droit sur Akaba et ramènerait les prisonniers. (Superbe !) Il donnerait des ordres lui-même, pour ne pas interrompre l'Amiral et Allenby.

« Allenby ? m'écriai-je, qu'est-ce qu'il fait ici ? — Oh, il a le commandement en chef, maintenant — Et Murray ? — Retourné en Angleterre. » C'était une nouvelle de la plus haute importance, qui me concernait particulièrement. Je remontai dans le train et réfléchis : cet homme lourd et rubicond ressemblait-il aux généraux ordinaires ? Devrions-nous passer encore six mois à faire son éducation ? Murray et « Belinda » avaient eu des commencements si pénibles que notre préoccupation, ces premiers temps, avait été non pas de battre l'ennemi, mais d'obtenir de nos chefs la liberté de vivre.

Le temps et l'expérience seuls nous avaient permis de convertir Sir Archibald et son Chef d'État-Major qui finirent, dans leurs derniers mois de service, par recommander au Ministère de la Guerre l'aventure arabe et particulièrement Fayçal. Cette louange, généreuse de leur part, était pour nous un secret sujet de triomphe. Drôle de couple, en effet, attaché au même char : Murray, tout cerveau et griffes, nerveux, plein de ressort, changeant, et Lynden Bell solidement bâti de couches d'opinions professionnelles, agglutinées après examen et approbation gouvernementale, puis ébarbées, polies et astiquées jusqu'à la forme et l'éclat étalons.

Au Caire, le « flic-flac » de mes sandales résonna dans les corridors paisibles du Savoy jusqu'à la pièce de Clayton qui, d'habitude, coupait au lunch pour s'empoigner pendant cette heure avec le travail qui l'écrasait. Lorsque j'entrai il leva juste les yeux de son bureau en murmurant « Musli fadi » (« occupé » en anglo-égyptien), mais dès que je parlai il m'accueillit avec une surprise amicale. La veille au soir, à Suez, j'avais gribouillé un court rapport ; ainsi nous n'avions qu'à parler de ce qu'il fallait faire. Avant la fin de l'heure l'Amiral téléphona : le *Dufferin* chargeait de la farine pour son voyage de secours.

Clayton retira 16 000 livres en or et organisa une escorte pour les accompagner à Suez par le train de 3 heures. L'envoi était urgent : Nacer devait être à même de payer ses dettes. Les billets que nous avions émis à Bair, à Jefer et à Goueira consistaient en des promesses, écrites au crayon sur des formules télégraphiques militaires, de payer telle somme au porteur à Akaba. Le système était épatant mais personne n'avait encore osé l'employer : les Bédouins, en effet, n'ont point de poches à leurs robes ni de coffres-forts sous leurs tentes, et l'on ne peut enterrer les billets pour les mettre à l'abri. Les Arabes gardaient donc un invincible préjugé contre ce genre de monnaie et notre bon renom exigeait que nos ordres fussent payés promptement.

Plus tard, à l'hôtel, j'essayai de trouver des habits moins scandaleux que mon accoutrement arabe. Mais les mites avaient gâté ma garde-robe et je dus attendre trois jours avant d'être normalement mal habillé.

Cependant on me mit au courant de la valeur d'Allenby et de la dernière tragédie de Murray — cette seconde attaque contre Gaza imposée par Londres à un homme trop faible ou trop politique pour résister. Tous, généraux, officiers d'État-Major, soldats même s'y étaient lancés avec la conviction de marcher à la défaite ; 5 800 morts : telle fut la note à payer. Allenby, me dit-on, rassemblait des troupes fraîches avec des centaines de canons. Les choses allaient changer.

Je n'avais pas encore d'habits quand le Général en Chef m'envoya chercher par curiosité. Dans mon rapport, pensant à Saladin et Abou Obeida, j'avais souligné l'importance stratégique des tribus orientales de Syrie et l'usage qu'on en pourrait faire pour menacer les communications de Jérusalem. Ceci cadrait avec les projets d'Allenby : il désira me jauger.

Ce fut un entretien comique. Allenby, physiquement énorme et plein de confiance, était si grand moralement que la compréhension de notre petitesse lui parvenait avec lenteur. Assis dans son fauteuil il me considérait, non pas en face comme il en avait l'habitude, mais de côté, vaguement dérouté. Il arrivait de France où, pendant des années, il avait été l'un des engrenages de l'immense machine qui broyait l'ennemi. Il était plein d'idées occidentales sur la puissance et le poids de l'artillerie — le pire entraînement qu'on put imaginer pour notre guerre à nous. Comme officier de cavalerie cependant il envisageait à demi de rejeter les enseignements de la nouvelle école (dans ce monde, tout différent de l'Asie) pour accompagner Dawnay et Chetwode sur la vieille route des manœuvres et des mouvements. Mais rien ne l'avait préparé à la bizarrerie de mon individu, à ce petit homme en robe de soie, pieds nus, qui offrait, en prêchant, d'entraver l'ennemi si seulement on lui donnait, pour convertir et garder ses fidèles, des provisions, des armes et 200 000 souverains.

Allenby, dans ce personnage, ne pouvait discerner la part réelle de l'homme d'action et celle du charlatan. Le problème s'agitait derrière son regard, et je ne fis rien pour l'aider à le résoudre. Il ne posa que de rares questions, parla peu mais étudia la carte et m'écouta tandis que je déroulais mon exposé sur la Syrie orientale et ses habitants. À la fin il releva le menton, dit sans ambages : « Eh bien ! je ferai pour vous ce que je pourrai. » Ce fut tout. J'ignorai à quel point je l'avais convaincu ; mais nous apprîmes peu à peu deux choses : 1° le général Allenby pensait exactement ce qu'il disait ; 2° ce qu'il pouvait était de nature à satisfaire le plus exigeant de ses subordonnés.

CHAPITRE LVII

Je m'ouvris complètement à Clayton. Akaba avait été pris d'après mon plan, grâce à mon effort. J'avais payé cette entreprise de mon cerveau et de mes nerfs. Je me sentais enclin à faire, et capable de faire, bien autre chose — s'il pensait que j'eusse gagné le droit d'être mon propre maître. Chaque homme, disent les Arabes, prend ses tiques pour des gazelles. C'était mon cas, passionnément.

Clayton tomba d'accord que c'étaient là des tiques fougueuses et profitables ; il me fit remarquer par contre que le commandement officiel ne pouvait être donné à un officier inférieur dans la hiérarchie. Il suggéra de mettre Joyce à la tête d'Akaba. Cette combinaison m'agréait parfaitement. Joyce était un homme en qui l'on pouvait se reposer contre le monde entier : serein, fixe, confortable. Son esprit, comme un paysage pastoral, était inscrit dans quatre angles : il était soigné, amical, limité, ouvert au regard.

Il avait conquis les plus hauts suffrages à Rabigh et El Ouedj précisément dans le travail qu'exigeait Akaba : bâtir une armée et sa base. Comme Clayton, c'était un bon cartilage à mettre entre deux os, mais ce large Irlandais de plus de six pieds de haut avait en lui plus de rire que Clayton. Par inclination, il se dépensait pour le « boulot » immédiat sans se dresser sur la pointe des pieds pour voir un horizon plus large. D'ailleurs il possédait plus de patience qu'aucun archange connu et se contentait de sourire (de ce sourire jovial qui lui était particulier) lorsque j'entrais avec mes plans révolutionnaires, prêt à nouer des faveurs roses au cou de la bête sauvage qu'il apprivoisait lentement.

Le reste était facile. Comme chef de ravitaillement nous prendrions Goslett, l'homme d'affaires londonien qui avait fait du chaos d'El Ouedj une ville tirée à quatre épingles. Les avions ne pouvaient pas encore être déplacés ; mais les autos blindées pourraient partir aussitôt, et l'Amiral nous donnerait un navire de guerre s'il était généreux. Nous téléphonâmes à Sir Rosslyn Wemyss qui fut très généreux : l'*Euryalus*, battant son pavillon, mouillerait à Akaba pour quelques semaines.

Un trait de génie ! Car en Arabie les bateaux sont estimés suivant leur nombre de cheminées ; l'Euryalus, avec ses quatre, était un bateau exceptionnel. Son immense réputation convainquit les montagnes que nous étions, en effet, le côté gagnant ; et son énorme équipage, suivant l'idée d'Everard Feilding, en guise de distraction, nous bâtit un bon quai d'embarquement.

Du côté arabe je demandai que la base coûteuse d'El Ouedj fût supprimée et que Fayçal vînt à Akaba avec toute son armée. Le Caire estima cette requête hâtive. J'allai donc plus loin et montrant que le secteur Yanbo-Médine devenait aussi de l'histoire ancienne, je conseillai le transfert à Akaba des munitions, de l'argent et des officiers attribués jusqu'alors à Ali et à Abdullah. On jugea cela impossible. Mais mon désir en ce qui concernait El Ouedj reçut satisfaction en guise de compromis.

Je montrai alors qu'Akaba devenait l'aile droite d'Allenby, à seulement cent milles de son centre, tandis que huit cents milles la séparaient de La Mecque. Les succès des Arabes entraîneraient leur action de plus en plus dans la zone de la Palestine. Logiquement, Fayçal devait être détaché du roi Hussein et devenir commandant d'armée dans l'expédition alliée d'Égypte sous les ordres d'Allenby.

Cette idée soulevait des difficultés. « Fayçal accepterait-il ? » J'avais examiné la question avec lui à El Ouedj plusieurs mois auparavant. « Et le Haut Commissaire ? » L'armée de Fayçal avait été la plus importante et la plus distinguée des unités du Hedjaz : son avenir ne serait pas quelconque. Le général Wingate avait pris pleinement la responsabilité du Mouvement Arabe au moment le plus sombre, en risquant sa réputation : oserions-nous lui demander d'abandonner ainsi l'avant-garde de ce Mouvement au seuil même du succès ?

Clayton, qui connaissait fort bien Wingate, ne craignit pas de lui soumettre l'idée ; Wingate répondit aussitôt que si Allenby pouvait utiliser Fayçal largement et directement, il se ferait un devoir et un plaisir de le lui passer pour le bien du « boulot » commun.

Une troisième difficulté pouvait venir du roi Hussein — personnage entêté, étroit, soupçonneux, peu disposé sans doute à sacrifier une chère petite vanité au profit de l'unité de commandement. Son opposition mettrait notre plan en danger. J'offris donc d'aller le persuader, avec l'intention, au passage, de rendre visite à Fayçal qui me donnerait, en faveur du transfert, les arguments capables de renforcer les lettres que Wingate écrirait au roi de son côté. Ceci fut accepté. Le *Dufferin*, de retour d'Akaba, fut désigné pour m'emmener à Djeddah en vue de cette nouvelle mission.

Le bateau mit deux jours pour atteindre El Ouedj. Fayçal, avec Joyce, Newcombe et toute l'armée, était à Jeida, à cent milles à l'intérieur. Stent, qui avait succédé à Ross à la tête des escadrilles arabes, m'y conduisit en avion et nous traversâmes confortablement, à soixante milles à l'heure, les montagnes si péniblement déchiffrées à dos de chameau.

Fayçal, qui avait hâte d'entendre les détails de notre expédition, rit de nos guerres de novices. Nous fîmes des plans toute la nuit. Il écrivit à son père, fit partir aussitôt son Corps de Chameliers pour Akaba et prit les premières dispositions pour faire transporter Jaafar Pacha et son armée sur le très patient *Hardinge*.

À l'aube l'avion me ramenait à El Ouedj. Une heure après le *Dufferin* faisait route pour Djeddah. L'aide puissante de Wilson y facilita ma tâche. Pour renforcer Akaba, notre secteur le plus riche en espérances, il dépêcha un navire chargé de vivres et de munitions de réserves et mit ses officiers à notre disposition. Wilson était de l'école de Wingate.

Le Roi, venu de La Mecque, se répandit en paroles. Wilson était, pour les projets douteux, la pierre de touche royale. Grâce à lui, le passage de Fayçal aux ordres d'Allenby fut accepté immédiatement, Hussein saisissant l'occasion de souligner sa loyauté à notre alliance. Puis, changeant de sujet, sans logique apparente, comme d'ordinaire, il se mit à exposer son point de vue religieux : ni violemment chiite, ni violemment Sunni, il tendait plutôt vers une interprétation simple et préschismatique de la foi. Par contre, en politique étrangère, il révéla un esprit aussi étroit pour les choses de ce monde qu'il était large pour les autres, et, à un point très marqué, cette tendance désastreuse des petits hommes à nier l'honnêteté de leurs adversaires. Je perçus quelque chose de la jalousie obsédante qui rendait Fayçal et son modernisme suspects à la cour de son père, et je compris avec quelle facilité les fourbes pouvaient exercer sur le Roi leur influence corrosive.

Tandis que nous jouions à Djeddah cette partie si intéressante, deux télégrammes abrupts vinrent d'Égypte ruiner notre tranquillité. Les Haoueitates, signalait le premier, nous trahissaient en une correspondance secrète avec Maan. Le second impliquait Aouda dans l'affaire. Ces nouvelles nous consternèrent. Wilson avait voyagé avec Aouda et porté sur lui un jugement, d'ailleurs inévitable, de sincérité parfaite. Mais Mohammed-el-Dheilan était capable de double jeu ; Ibn Jad et ses amis étaient toujours incertains. Nous résolûmes de partir aussitôt pour Akaba. Nacer et moi avions tracé nos plans pour la défense de la ville sans tenir compte d'une trahison possible.

Par bonheur le *Hardinge* était dans le port à notre disposition. Dans l'après-midi du troisième jour nous arrivions à Akaba : Nacer ne soupçonnait rien de mal. Je lui dis seulement que je désirais saluer Aouda ; il me prêta une bête rapide et un guide ; à l'aube je trouvai Aouda, Mohammed et Zaal sous une même tente, à Goueira. Ils furent ahuris de me voir ainsi tomber sur eux sans avertissement, mais protestèrent que tout allait fort bien. Nous mangeâmes ensemble comme des amis.

D'autres Haoueitates entrèrent et l'on parla de la guerre, gaiement. Je distribuai les présents du Roi et j'annonçai, au grand amusement de tous, que Nacer avait obtenu sa permission d'un mois pour La Mecque. Le Roi, dans son enthousiasme pour la Révolte, attendait de ses subordonnés la même ardeur virile. Il ne permettait donc aucune visite à La Mecque : les pauvres hommes trouvaient pénible ce service militaire sans répit, loin de leurs femmes. Nous avions cent fois dit en plaisantant que Nacer, s'il prenait Akaba, mériterait une permission, mais lui-même n'y avait pas cru jusqu'à la veille où je lui avais donné la lettre d'Hussein. Dans sa gratitude il m'avait vendu Gazalla, la chamelle royale qu'il avait gagnée des Haoueitates. Cette acquisition me valut un surcroît d'intérêt de la part des Abou Tayis.

Après le repas, feignant d'avoir sommeil, je me débarrassai des visiteurs ; et soudain je demandai à Aouda et à Mohammed de m'accompagner dans une promenade jusqu'aux ruines du fort et de la citerne. Quand nous fûmes seuls, j'effleurai la question de leur récente correspondance avec les Turcs. Aouda se mit à rire ; Mohammed prit un air dégoûté. Enfin ils expliquèrent laborieusement que Mohammed avait pris le sceau d'Aouda et écrit au gouverneur de Maan en offrant d'abandonner la cause du chérif. Le Turc s'était empressé de répondre et de promettre de grandes récompenses. Mohammed avait demandé un acompte. Aouda l'apprit, attendit que le messager chargé de présents fût sur son chemin, le fit prisonnier et le laissa nu comme un ver. Maintenant il refusait à Mohammed une part du butin. Une bonne farce dont nous rîmes tout notre saoul ; mais il y avait autre chose derrière.

Ils étaient mécontents de n'avoir reçu ni secours en artillerie et en troupes, ni récompense pour la prise d'Akaba. Ils auraient bien voulu connaître aussi comment j'avais appris leurs transactions secrètes et ce que j'en savais exactement. Nous étions sur une pente bien glissante. J'aiguisai leur peur en montrant plus d'amusement qu'il n'était nécessaire ; avec un rire insouciant, je glissai dans mes propres phrases des passages textuels de leurs lettres. Ceci fit l'impression désirée.

Je leur dis, entre parenthèses, que l'armée de Fayçal allait arriver, qu'Allenby envoyait à Akaba des fusils, des canons, des explosifs, des vivres et de l'argent. Enfin j'insinuai que les dépenses d'Aouda en frais d'hospitalité devaient être considérables : ne pourrais-je pas, pour l'aider, avancer quelque chose du cadeau important que Fayçal lui ferait personnellement dès son arrivée ? Aouda vit que le moment présent n'était pas sans avantages, que la venue de Fayçal, elle, serait fort avantageuse et que les Turcs lui resteraient toujours si les autres ressources lui échappaient. Il accepta donc d'excellente grâce mon avance, et convint qu'il en userait pour bien nourrir les Haoueitates et maintenir leur belle humeur.

Le soleil se couchait presque. Zaal avait tué une brebis et nous mangeâmes de nouveau en bonne intelligence. Puis je remontai en selle accompagné de Moufaddih (qui toucherait l'argent promis à Aouda) et d'Abd-el-Rahman, domestique de Mohammed, pour le cas, me murmura-t-il, où je désirerais lui envoyer personnellement la moindre petite chose. Nous marchâmes toute la nuit vers Akaba. Là je réveillai Nacer pour achever notre travail. Enfin, sautant dans une barque abandonnée contre le « quai Euryalus », je ramai jusqu'au *Hardinge.* Je l'atteignis quand les premières lueurs de l'aube rampaient vers la base des pics à l'ouest.

Je descendis dans ma cabine, pris un bain et dormis jusque vers 10 heures. Quand je remontai sur le pont, le navire se ruait magnifiquement dans le golfe étroit, à toute vapeur vers l'Égypte. Je fis une apparition sensationnelle : jamais on n'aurait cru que je puisse me rendre à Goueira, me rassurer et revenir en moins de six ou sept jours, pour prendre un autre bateau.

Nous appelâmes Le Caire pour annoncer que la situation à Goueira était excellente et qu'il n'y avait pas de trahison. Ceci était peut-être à peine exact. Mais puisque l'Égypte nous maintenait en vie en se restreignant elle-même, il fallait adoucir une vérité peu politique pour conserver sa confiance et notre légende. La foule demandait des héros de roman ; elle ne comprendrait pas à quel point le vieil Aouda était plus humain lorsque, passé la bataille et le meurtre, son cœur penchait vers l'ennemi défait qu'il pouvait à son gré tuer ou laisser vivre : jamais si aimable, par conséquent.

CHAPITRE LVIII

De nouveau il y eut un arrêt dans mon travail et de nouveau mes pensées s'organisèrent. Jusqu'à l'arrivée de Fayçal avec Jaafar, Joyce et l'armée, nous ne pouvions guère que penser. Pour notre réputation, cependant, c'était là l'essentiel. Jusqu'ici, dans notre guerre, une seule opération avait été étudiée : la marche sur

Akaba. Ces jeux du hasard, avec les hommes et les mouvements dont nous avions assumé la conduite, déshonoraient notre esprit. Je jurai de savoir désormais, avant de bouger, où j'allais et par quelles routes.

El Ouedj avait gagné la guerre du Hedjaz; Akaba y mettait fin. L'armée de Fayçal s'était libérée de son passif arabe; maintenant, sous le commandement unique du général Allenby, son rôle était de contribuer à la libération militaire de la Syrie.

La différence entre Hedjaz et Syrie était la différence entre le désert et la terre cultivée. Le problème en face de nous était un problème de personnalité : dépouiller le nomade. Le village de l'ouadi Moussa était notre première recrue paysanne. Si nous ne devenions pas paysans nous-mêmes, notre mouvement de libération n'irait pas plus loin.

Il était bon, pour la Révolte Arabe, d'avoir à changer si tôt de caractère au cours de sa croissance. Nous avions travaillé désespérément à labourer un sol en friche, tentant de faire croître une nationalité sur une terre où régnait la certitude religieuse, l'arbre de certitude au feuillage empoisonné qui interdisait tout espoir. Parmi les tribus nomades notre croyance devait forcément ressembler à l'herbe du désert — magnifique et rapide apparence du printemps que la chaleur d'un jour fait tomber en poussière. Buts et idées devaient être traduits concrètement en expressions matérielles. Les hommes du désert étaient trop détachés pour cette expression; trop pauvres, trop éloignés de toute complexité. Si nous voulions prolonger la vie du Mouvement, nous devions mordre sur les terres ornées; sur les villages, où les toits et les champs contraignent et abaissent le regard des hommes. Il fallait commencer notre campagne comme nous avions commencé celle-ci dans l'ouadi Aïss, par une étude de la carte et des réflexions sur la nature de notre champ de bataille, la Syrie.

Nous avions le pied sur sa frontière sud. À l'est s'étendait le désert des nomades. À l'ouest, la Syrie était limitée par la Méditerranée, de Gaza à Alexandrette. Au nord la bordaient les populations turques de l'Anatolie. Entre ces frontières le pays est morcelé par de nombreuses lignes de démarcation naturelles. La première et la plus importante est formée par l'âpre et longue chaîne montagneuse qui, du nord au sud, sépare la bande côtière de la vaste plaine intérieure. Ces deux zones offrent des climats si différents qu'elles forment, avec leurs populations respectives, deux pays, presque deux races. Les Syriens de la côte et les habitants de l'intérieur vivent dans des maisons différentes, se nourrissent et travaillent différemment ; leurs dialectes arabes diffèrent aussi par l'inflexion et par le ton. Sur la côte on parle de la Syrie intérieure sans aucune sympathie, comme d'une région sauvage et sanguinaire.

La plaine intérieure est subdivisée géographiquement en bandes par les rivières. Ces vallées fournissent les terres arables les plus sûres et les plus prospères du pays. Leurs habitants sont le reflet du sol : ils contrastent, devers le désert, avec l'étrange et mouvante population des marches, tribus errant suivant la saison tantôt à l'est tantôt à l'ouest, vivant à force d'industrie, toujours ruinées par la sécheresse, les sauterelles ou les raids bédouins — et, quand ces maux leur manquent, par leurs incurables vendettas.

Ainsi la nature a divisé le pays en zones. L'homme, compliquant la nature, ajoute à ces compartiments une nouvelle complexité. Chacune des bandes principales nord-sud est artificiellement cloisonnée, murée par des communautés toujours en querelle. Il nous fallait les prendre en main, les grouper pour une action offensive contre les Turcs. Les atouts et les difficultés de Fayçal étaient là, dans ce puzzle politique syrien que nous disposions mentalement en bon ordre, comme une carte sociale.

À l'extrême nord, le plus loin de nous, la frontière linguistique suit, avec assez d'à-propos, la route carrossable d'Alexandrette à Alep ; au point où celle-ci coupe le chemin de fer de Bagdad, elle remonte avec lui dans la vallée de l'Euphrate. Mais des enclaves de langue turque persistent au sud de cette ligne générale dans les villages turcomans au nord et au sud d'Antioche, ainsi que chez les Arméniens saupoudrés parmi eux.

Ceci mis à part, un facteur essentiel de la population côtière est formé par la communauté des Ansariyas, fidèles d'un culte de fertilité, païens purs, xénophobes, méfiants envers l'Islam, attirés par instants vers les chrétiens par des persécutions communes. Cette secte, vitalement différente, a des sentiments et une politique de clan. Un Nosairi n'en trahira pas un autre, mais trahira presque toujours un infidèle. Leurs villages sont parsemés en groupes sur la pente de la grande chaîne jusqu'à la cassure de Tripoli. Ils parlent arabe, mais remontent à l'introduction de la culture grecque en Syrie. D'ordinaire ils se désintéressent des affaires publiques. Ils laissaient tranquille le gouvernement turc avec l'espoir d'être traités de même.

À ces Ansariyehs sont mêlés des colonies de chrétiens Syriens, et, dans le coude de l'Oronte, quelques blocs massifs d'Arméniens, ennemis des Turcs. À l'intérieur, près de Harim, sont les Druses d'origine arabe et quelques Circassiens du Caucase. Ceux-là en avaient à tous. Plus au nord-ouest se trouvent des Kurdes établis là depuis quelques générations : ils se mariaient avec les Arabes et adoptaient leur politique. Ils haïssaient surtout les indigènes chrétiens ; après eux ils haïssaient les Turcs et les Européens.

Juste au-delà des Kurdes se placent quelques Yezidis. Ils parlent arabe mais leur pensée a subi l'influence du manichéisme de l'Iran et ils sont enclins à apaiser l'esprit du mal. Les chrétiens, les mahométans et les juifs, qui tous placent la révélation avant la raison, s'unissent pour cracher sur les Yezidis. Plus à l'intérieur encore se trouve Alep : cette ville de 200 000 habitants offre un résumé de toutes les races et de toutes les religions de la Turquie. À l'est d'Alep, sur une largeur de soixante milles, sont établis des Arabes dont la couleur et les manières rappellent de plus en plus les tribus nomades à mesure qu'on approche de la frange où les terres cultivées cessent et où les demi-nomades font place aux Bédouins.

Une nouvelle section à travers la Syrie, de la mer au désert, et un degré plus au sud, présente d'abord, près de la côte, des colonies de Circassiens musulmans. La nouvelle génération parlait arabe : race intelligente mais querelleuse, en brouille avec ses voisins arabes. À l'intérieur sont les Ismailiyas. Ces émigrants persans sont devenus arabes au cours des siècles, mais ils révèrent un Mohammed qui, incarné, est l'Aga Khan. Ils considèrent ce dernier comme un grand et merveilleux souverain, honorant les Anglais de son amitié. Ils évitent les musulmans mais cachent mal leurs croyances grossières sous un vernis d'orthodoxie.

Plus loin encore apparaît l'étrange spectacle de villages habités par des tribus arabes chrétiennes, sous le commandement de cheikhs. Ce sont des chrétiens très vigoureux tout à fait différents de leurs congénères pleurnicheurs des collines. Ils suivent les usages des sunnis alentour, s'habillent comme eux et vivent avec eux en excellents termes. À l'est des chrétiens se trouvent des communautés musulmanes semi-pastorales ; et sur les bords des terres cultivées quelques villages de parias ismailiyens à la recherche de la paix que les hommes ne veulent pas leur accorder. Au-delà encore, des Bédouins.

Une troisième section à travers la Syrie, un autre degré plus au sud, tombe entre Tripoli et Beyrouth. D'abord, près de la côte, sont les chrétiens du Liban, pour la plupart maronites ou grecs. Il était bien difficile de démêler la politique des deux églises. Superficiellement, l'une aurait dû être française et l'autre russe ; mais une partie de la population, pour gagner sa vie, avait émigré aux États-Unis et acquis là un tour d'esprit anglo-saxon vigoureux bien qu'artificiel. L'église grecque se vantait d'appartenir à la vieille Syrie, d'être autochtone, et son provincialisme intense tendait à la lier avec la Turquie plutôt que de supporter la domination définitive d'une puissance romaine.

Les adhérents des deux sectes s'unissent pour calomnier sans mesure les musulmans, quand il l'osent. Un tel étalage de mépris verbal semble vouloir compenser la conscience d'une infériorité native. Des familles de musulmans vivent au milieu des chrétiens, absolument semblables par la race et les mœurs : leur langage a pourtant moins de minauderies ; ils font moins parade aussi des bénéfices de l'émigration.

Sur les pentes plus hautes des montagnes fourmillent des groupes de Métoualas, mahométans chiites ayant quitté la Perse depuis plusieurs générations. Sales, ignorants, grincheux, fanatiques, ils refusent de manger ou de boire avec les infidèles, méprisent les Sunnites autant que les chrétiens et suivent seulement leurs propres prêtres et leurs notables. Leur grande vertu est la force de caractère : vertu rare dans cette Syrie de bavards. Sur la crête des montagnes se dressent des villages de petits propriétaires chrétiens qui vivent librement, en paix avec leurs voisins musulmans, comme s'ils n'avaient jamais rien ouï des récriminations du Liban. À l'est encore on trouve une paysannerie arabe semi-nomade, puis le désert.

Une quatrième section, un degré plus au Sud, tomberait près d'Acre. Les habitants, à partir de la côte, sont des Arabes sunnites, puis des Druses, puis des Métaoulas. Sur les rives du Jourdain vivent des colonies amèrement soupçonneuses de réfugiés algériens en face de villages juifs. Les Juifs sont de diverses sortes. Les uns, hébraïsants du type traditionaliste, ont instauré une façon de vivre, un niveau et un style de vie adaptés au pays. Cependant, les derniers venus, pour la plupart de culture allemande, avaient introduit des manières étrangères, des cultures étrangères aussi, des maisons à l'européenne (bâties avec des fonds de charité) dans cette terre de Palestine qui semblait trop petite et trop pauvre pour récompenser leurs efforts. En tout cas, le pays les supportait. La Galilée ne montrait pas pour ses colons juifs l'antipathie profondément enracinée qui formait un trait peu attirant de la Judée sa voisine.

À travers les plaines de l'Est (grouillantes d'Arabes) s'étend un labyrinthe de lave craquelée, le Ledja, où se sont rassemblés, pendant d'innombrables générations, tous les vauriens et les déchets humains de la Syrie. Leurs descendants vivent dans des villages sans police, à l'abri des Turcs et des Bédouins, et y règlent tout à loisir leurs querelles intestines. Le Sud et le Sud-Ouest de cette région s'ouvrent sur le Hauran, vaste province fertile peuplée de paysans arabes, guerriers confiants et prospères.

À l'est sont les Druses, musulmans hérétiques, fidèles d'un sultan d'Égypte fou et mort. Ils haïssent farouchement les maronites. Cette haine, lorsqu'elle était encouragée par le gouvernement et les fanatiques de Damas, aboutissait périodiquement à de grands massacres. Les Druses n'en étaient pas moins détestés des Arabes musulmans qu'ils méprisaient en retour. Ils étaient en vendetta avec les Bédouins et conservaient dans leurs montagnes comme un échantillon de la semi-féodalité chevaleresque qui régnait dans le Liban à l'époque des Émirs autonomes.

Une cinquième section, sous la latitude de Jérusalem, commençait alors par des Allemands et des Juifs allemands, parlant l'allemand ou le yidisch allemand, plus intraitables même que les Juifs de l'ère romaine, ne supportant aucun contact avec une autre race que la leur : fermiers parfois, le plus souvent boutiquiers, ils formaient la partie la plus étrangère et la moins charitable de toute la population syrienne. Autour d'eux s'exorbitaient leurs ennemis, les sombres paysans de Palestine, plus stupides que les petits propriétaires du Nord de la Syrie, aussi matérialistes que les Égyptiens et ruinés.

Plus à l'est s'étend la vallée du Jourdain habitée de

serfs brûlés par le soleil ; au-delà s'entassent des groupes de chrétiens, villageois décents qui offrent dans le pays, après leurs coreligionnaires paysans de la vallée de l'Oronte, les exemples les moins pleurards de notre foi originelle. Parmi eux et à l'est, des dizaines de milliers d'Arabes semi-nomades gardent la foi du désert et vivent de la peur ou de la charité de leurs voisins chrétiens. Tout au long de cette région disputée, le gouvernement turc avait introduit une ligne d'immigrants circassiens, originaires du Caucase turc. Ceux-ci ne tenaient leurs terres que de leur épée et de la faveur des Turcs auxquels ils étaient, par suite, nécessairement dévoués.

CHAPITRE LIX

L'inventaire de la Syrie n'était pas achevé avec ce compte de races et de religions disparates. À côté des populations paysannes, les six grandes villes Jérusalem, Beyrouth, Damas, Homs, Hama et Alep formaient autant d'entités ayant chacune son caractère, son évolution et ses opinions. La plus méridionale, Jérusalem, était une ville horriblement sale, considérée comme sainte par toutes les religions sémites. Les chrétiens et les mahométans venaient en pèlerinage aux reliques de son passé ; quelques Juifs voyaient en elle l'avenir politique de leur race. Ces puissances unies du passé et du futur étaient si fortes que la ville n'avait presque pas de présent. Ses habitants, à quelques rares exceptions près, étaient aussi dépourvus de caractère que des valets d'hôtel, et vivaient de l'afflux des visiteurs. L'idéal d'un nationalisme arabe leur était bien étranger : pourtant le spectacle familier des dissentiments entre chrétiens au moment de l'émotion la plus intense avait conduit les diverses classes de Jérusalem à nous mépriser tous.

Beyrouth était une ville tout à fait neuve. Elle eût été française (quoique bâtarde) de langage et de sentiment sans son port grec et son collège américain. L'opinion publique y était celle des marchands chrétiens, gros hommes vivant de négoce, car Beyrouth elle-même ne produisait rien. Le plus fort constituant, après eux, était la classe des émigrants qui, retournés au pays, vivaient grassement de leurs rentes dans la ville de Syrie qui rappelait le plus cette Washington Avenue où ils avaient fait leurs affaires. Beyrouth, porte de la Syrie, espèce de filtre levantin laissant passer les influences étrangères bon marché et défraîchies, représentait la Syrie à peu près comme Soho représente les comtés de Londres.

Pourtant Beyrouth devait à sa position géographique, à ses écoles et à la liberté engendrée par le commerce avec les étrangers, de posséder, avant la guerre, un noyau d'hommes qui parlaient, écrivaient, pensaient comme les Encyclopédistes qui ont pavé le chemin de la Révolution en France. Ces hommes, la richesse de la ville et sa voix excessivement forte et prompte faisaient de Beyrouth une cité considérable.

Damas, Homs, Hama et Alep sont les quatre vieilles cités dont peut s'enorgueillir la Syrie indigène. Elles s'égrènent le long des vallées fertiles entre le désert et les montagnes. Leur position fait qu'elles tournent le dos à la mer et regardent à l'est. Ce sont des villes arabes et qui se savent telles. Damas se plaçait sans conteste à leur tête et à la tête de la Syrie : siège du gouvernement laïque et centre religieux. Ses cheikhs, plus « Mecquistes » que partout ailleurs, étaient les chefs de l'opinion. Ses citoyens, turbulents, un peu ivres, toujours prêts à la violence, étaient aussi extrêmes en pensée et en paroles que dans leurs plaisirs. La ville se vantait d'être plus avancée que n'importe quelle région de la Syrie. Les Turcs en avaient fait un Quartier Général militaire, sans plus hésiter que la Révolte Arabe ; Oppenheim et le cheikh Chaouich s'y étaient également installés. Damas était l'étoile qui guidait les Arabes, la capitale naturelle qui se plierait difficilement à la domination d'une race étrangère.

Homs et Hama, jumelles qui se détestent, étaient des villes manufacturières : Homs traitait surtout le coton et la laine, Hama le brocart. Leurs industries étaient prospères, toujours croissantes ; leurs marchands, habiles à découvrir de nouveaux marchés ou à satisfaire des goûts naissants dans l'Afrique du Nord, les Balkans, l'Asie Mineure, l'Arabie, la Mésopotamie. Ces deux villes démontraient, hors de tout secours étranger, l'adresse productrice de la Syrie comme Beyrouth prouvait son habileté dans la distribution. Mais tandis que la réussite rendait Beyrouth levantine, la prospérité d'Homs et de Hama renforçait leur patriotisme local, les rendait plus solidement indigènes, plus jalousement indigènes. Cette familiarité avec la technique et la puissance industrielles semblait enseigner à leurs habitants que les coutumes de leurs pères étaient les meilleures.

Alep, grande ville de Syrie, n'appartenait pourtant pas plus à la Syrie qu'à l'Anatolie ou à la Mésopotamie. Toutes les races, les croyances et les langues de l'Empire Ottoman s'y rencontraient et s'y mêlaient en un esprit de transaction. Ce heurt de caractéristiques, qui faisait des rues d'Alep un kaléidoscope, y induisait les hommes à un scepticisme, à une impudicité pensive qui corrigeait en eux ce que les Damascènes ont de criard. Alep a eu sa part de toutes les civilisations épanouies à son entour. Le résultat paraissait être, chez ses habitants, un émoussement des croyances. Ils n'en surpassaient pas moins le reste de la Syrie. Ils se battaient et commerçaient davantage : plus fanatiques, plus vicieux, ils faisaient les plus belles choses mais tout ceci avec une absence de conviction réelle qui stérilisait leur énergie multitudinaire.

Un trait caractéristique d'Alep : alors que la foi musulmane y était encore très vive, on y trouvait peut-être plus de camaraderie entre chrétiens, mahométans, Arméniens, Arabes, Turcs, Kurdes et Juifs que dans toute autre cité de l'Empire Ottoman ; on s'y montrait aussi plus amical, quoique peu tolérant, pour les Européens. En politique, la ville se tenait tout à fait à l'écart, sauf dans les quartiers arabes qui s'étendent, semblables à des villages semi-nomades tout piquetés de mosquées médiévales sans prix, à l'Est et au Sud des remparts couronnant sa grande citadelle. L'intensité de leur patriotisme spontané diffusait alentour, dans la masse des citoyens, une certaine conscience locale, moins vivace que le sentiment unanime de Damas, dû pour une grande partie au « repoussoir » de Beyrouth.

Toutes ces populations de Syrie nous étaient ouvertes par la maîtresse clef d'une langue commune. Les différences entre elles étaient politiques et religieuses ; moralement elles se distinguaient par une série de gradations allant de la sensibilité morbide de la côte à la retenue de l'intérieur. D'intelligence vive, admirant la vérité sans la rechercher, elles étaient satisfaites de soi ; non pas, comme les Égyptiens, sans recours devant une idée abstraite, mais dépourvues de sens pratique, et si paresseuses d'esprit qu'elles s'arrêtaient d'ordinaire à des vues superficielles. Leur idéal était de n'avoir rien à faire, pour pouvoir s'occuper activement des affaires d'autrui.

Dès l'enfance, les Syriens rejetaient toute autorité. Seule la crainte de châtiments physiques les faisait obéir à leur père, et plus tard, à peu près seule, au gouvernement ; peu de races, pourtant, avaient pour la coutume le respect des Syriens montagnards. Tous désiraient quelque chose de nouveau. Ils joignaient en effet, à leurs vues superficielles et à leur indiscipline, une passion pour la politique — science dont il était pour eux terriblement facile de se vernisser, mais trop difficile de se pénétrer. Quel que fût leur gouvernement, ils en étaient mécontents par point d'honneur intellectuel ; mais ceux qui élaboraient honnêtement des réformes viables étaient rares ; et ceux qui se mettaient d'accord, plus rares encore.

La Syrie sédentaire, en fait d'unités politiques indigènes, n'offrait rien de plus grand que le village, et la

Syrie patriarcale, rien de plus complexe que le clan. Ces groupements étaient d'ailleurs irréguliers, volontaires, dépourvus de sanction pratique. Seule la lente cristallisation de l'opinion publique y désignait les chefs issus de quelques familles qualifiées. L'organisation plus haute n'était rien qu'un système bureaucratique importé par les Turcs, en pratique assez bon ou très mauvais suivant la valeur des hommes (des gendarmes d'ordinaire), par où il s'exprimait en dernier ressort.

Même les plus instruits des Syriens faisaient preuve d'un étrange aveuglement sur l'importance réelle de leur pays et sur l'égoïsme des grandes puissances qui considèrent, naturellement, leurs propres intérêts avant celui des races sans puissance militaire. Quelques Syriens réclamaient à grands cris un royaume arabe. C'étaient d'ordinaire des musulmans. Les chrétiens catholiques demandaient au contraire une protection européenne du type « abbaye de Thélème » accordant des privilèges sans obligations. Ces deux propositions n'enthousiasmaient pas, naturellement, les groupes nationaux qui exigeaient l'autonomie syrienne avec une certaine connaissance de l'autonomie, mais aucune connaissance de la Syrie : car le mot Syrie n'existe pas en arabe, pas plus qu'un mot quelconque pour l'ensemble des régions qu'un politicien syrien quelconque a dans l'esprit. La pauvreté verbale du nom emprunté à la langue de Rome était le signe même d'une désintégration politique. De ville en ville, de village en village, de famille à famille, de croyance à croyance, des jalousies profondes se creusaient, soigneusement entretenues par les Turcs.

Les siècles semblent proclamer pour cette terre l'impossibilité d'une union autonome. Historiquement, la Syrie a été, entre mer et désert, un corridor joignant l'Afrique à l'Asie, l'Arabie à l'Europe. L'Anatolie, la Grèce, Rome, l'Égypte, l'Arabie, la Perse et la Mésopotamie ont fait d'elle un champ clos ou une terre vassale. Quand la faiblesse de ses voisins lui a laissé une indépendance passagère, elle s'est aussitôt et farouchement dissociée en « royaumes » ennemis du Nord, du Sud, de l'Est et de l'Ouest, royaumes dont la superficie était comprise entre celle de Yorkshire (au plus) et celle de Rutland (au pire) ; car si la Syrie est naturellement une contrée vassale, elle est aussi par habitude une contrée d'agitation infatigable et d'incessantes rébellions.

La maîtresse clef de l'opinion restait la langue commune, laquelle était aussi la clef de l'imagination. Les musulmans qui avaient l'arabe pour langue maternelle se considéraient pour cette raison comme un peuple élu. L'héritage du Coran et de la littérature classique servait de lien aux peuples de même langage. Le patriotisme, relié d'ordinaire au sol ou à la race, était ici maintenu par la trame des mots.

Une politique d'inspiration arabe trouvait encore un autre appui dans la gloire indistincte des premiers Khalifats. Leur souvenir, dans le peuple, avait traversé des siècles de mauvaise administration turque. Comme, par aventure, ces traditions évoquaient plutôt les Mille et Une Nuits que l'histoire réelle, les humbles gardaient la conviction que le passé arabe surpassait en splendeur le présent de la Turquie ottomane.

Nous savions que c'étaient là des rêves. Un gouvernement arabe en Syrie, si étayé qu'il fût par des préjugés arabisants, serait tout aussi « imposé » que le gouvernement turc, qu'un protectorat étranger ou que le Khalifat historique. La Syrie demeurait une mosaïque raciale et religieuse aux couleurs bien marquées. Tout essai de large unification aboutirait forcément à un ouvrage fait de pièces et de morceaux et à une administration déplaisante pour un peuple que ses instincts ramenaient toujours à une organisation locale et familière.

Nous avions, pour dépasser les limites adéquates, une excuse : la Guerre. La Syrie, mûre pour des rébellions locales, spasmodiques, pouvait être chauffée jusqu'à l'insurrection si un nouveau facteur apparaissait qui réalisât le nationalisme centripète des Encyclopédistes de Beyrouth en étouffant les discordances des sectes et des classes. Ce facteur devait être nouveau, pour éviter l'éveil des jalousies, mais non pas étranger, pour respecter la vanité syrienne.

Si nous regardions autour de nous, le seul facteur indépendant qui nous apparût avec une base acceptable et une force militaire était une prince sunnite comme Fayçal, qui prétendit faire revivre les gloires d'Ommayad ou d'Ayoubid. Il pouvait unir les hommes de l'intérieur jusqu'au moment du succès. Alors il faudrait transformer leur enthousiasme orgiaque en un service ordonné. La réaction était inévitable ; mais elle se produirait seulement après la victoire, et pour la victoire tous les éléments matériels et moraux pouvaient être mis en gage.

Restaient la technique et la direction des nouvelles révoltes. La direction, un aveugle pouvait la voir. Le centre vital de la Syrie avait été de tous temps la vallée du Yarmouk, le Hauran et Deraa. Quand le Hauran se serait joint à nous, notre campagne aurait réussi. La technique devait être de dresser une nouvelle échelle de tribus, comparable à celle qui nous avait hissés d'El Ouedj à Akaba. Cette fois notre échelle aurait pour degrés les Haoueitates, les Beni-Sakhrs, les Cherarats, les Rouallas et les Serahins. Ainsi, grimpant de trois cents milles, nous atteindrions Azrag, l'oasis la plus proche du Hauran et du Djebel Druse.

Nos opérations de développement avant le coup final auraient les caractères de manœuvres navales — mobilité, ubiquité, indépendance des bases et des communications, dédain des accidents du terrain, des aires stratégiques, des directions fixes et des points fixes. Qui est maître de la mer est le plus libre : il peut accepter ou refuser la guerre à sa guise. Nous étions maîtres du désert. Des troupes de raid, montées sur des chameaux et se suffisant à elles-mêmes comme des navires, pouvaient croiser en toute confiance le long des terres cultivées de l'ennemi, assurées qu'elles étaient d'une libre retraite dans l'océan-désert, élément interdit aux Turcs.

La pratique de la guerre nous indiquerait, de l'organisme ennemi, le point à détruire. Notre tactique serait celle du cricket « tip and run » : « touche et fuis ». Des coups et non pas des poussées. Nous ne devions jamais essayer de poursuivre un avantage. Le principe était : lancer la plus petite force le plus vite et le plus loin possible.

Cette vitesse et cette portée nécessaires pour une guerre à distance, nous pourrions les atteindre grâce à la sobriété des nomades et au rendement qu'ils obtiennent de leurs chameaux. Le chameau, cette machine naturelle prodigieuse et compliquée, donne, entre des mains expérimentées, les résultats les plus remarquables. Nos remous pourraient aller six semaines dans une indépendance complète si chaque homme fixait à sa selle un demi-sac de farine de quarante-cinq livres.

Pour l'eau, une réserve d'un demi-litre suffisait. Les chameaux doivent boire : nous ne gagnerions rien à prévoir pour nous plus que pour nos montures. Quelques-uns de nos hommes ne buvaient jamais entre deux puits, mais une telle endurance était rare ; la plupart se désaltéraient longuement à chaque puits et emportaient de quoi boire une fois pendant le « jour sec » intermédiaire. Les chameaux pouvaient faire 150 milles sans s'abreuver : trois jours de marche vigoureuse. Cinquante milles forment une étape facile ; quatre-vingts est un bon chiffre : en cas d'urgence nous pouvions couvrir 110 milles (177 kilomètres) dans les vingt-quatre heures ; deux fois, Ghazala, notre meilleure chamelle, franchit, seule avec moi, 143 milles (230 kilomètres) dans le jour. La distance entre deux puits étant rarement de 100 milles, une réserve d'un demi-litre donnait assez de latitude.

Nos six semaines de nourriture permettaient d'aller à 1 000 milles (1 600 kilomètres) et de revenir. L'endurance de nos chameaux rendait possible pour nous (pour moi, l'apprenti-chamelier de notre armée, « douloureux » serait le mot juste) de franchir 1 500 milles en 30 jours sans craindre la faim. Dépassions-nous, en effet, le temps prévu ? Chacun de nous était assis sur 200 livres de viande en puissance ; l'homme privé de son chameau n'avait qu'à monter en croupe sur un autre, en cas de nécessité.

L'équipement de ces troupes de raid devait viser à la simplicité, sans exclure pourtant une supériorité technique sur les Turcs dans un domaine essentiel. Je demandai à l'Égypte de grandes quantités d'armes légères automatiques, Hotchkiss ou Lewis, pour de bons tireurs isolés. Les hommes entraînés à leur maniement étaient délibérément tenus dans l'ignorance du mécanisme : il ne fallait pas gaspiller de la vitesse en essayant de réparer. Nos combats à nous duraient quelques minutes et se disputaient à dix-huit milles à l'heure. Si la mitrailleuse s'enrayait, l'homme devait la « balancer » et entrer dans le jeu avec son fusil.

Un autre trait distinctif pouvait être l'usage des explosifs puissants. Nous établîmes peu à peu une technique spéciale du dynamitage ; à la fin de la guerre nous pouvions démolir économiquement et sûrement n'importe quelle quantité de rails et de ponts. Allenby se montra généreux en explosifs. Seuls les canons tardèrent à venir jusqu'aux derniers mois. Retard pitoyable ! Dans la guerre de manœuvre un canon à longue portée en surclassait quatre-vingt-dix-neuf courts.

La distribution de nos rezzous n'avait rien d'orthodoxe. Nous ne pouvions ni mélanger ou combiner les tribus (à cause de leur méfiance réciproque) ni envoyer les hommes de l'une sur le territoire de l'autre. Pour compenser ce désavantage nous visions à la dispersion maxima des forces, et nous ajoutions la fluidité à la vitesse en utilisant un district le lundi, un autre le mardi, un troisième le mercredi. Ainsi notre mobilité naturelle était encore accrue. Quand nous poursuivions l'ennemi nos rangs se reformaient en hommes frais à chaque tribu nouvelle, gardant ainsi leur énergie première.

Le désordre maximum constituait, à la lettre, notre équilibre.

L'économie interne de nos rezzous poussait à l'extrême l'irrégularité et la souplesse d'articulation. Les circonstances n'étaient jamais deux fois les mêmes pour nous ; aucun système ne pouvait donc s'y adapter deux fois ; et notre diversité déroutait l'espionnage ennemi. Leur information se fondait sur l'identité des bataillons et des divisions ; des cadavres de trois compagnies pouvaient leur faire croire à l'existence d'un Corps d'Armée. En vérité, nos forces dépendaient d'un caprice.

Nous servions un idéal commun sans émulation entre tribus ; nous ne pouvions, par suite, espérer la naissance d'un esprit de corps. Les soldats ordinaires sont transformés en membres d'une caste, soit par des avantages matériels : solde, uniforme et privilèges, soit par le mépris qui les coupe de la vie. Nous ne pouvions ainsi lier nos hommes maille à maille : car ils se battaient de leur plein gré. Bien des armées ont été faites d'*enrôlés* volontaires ; bien peu ont *servi* volontairement. N'importe lequel de nos Arabes pouvait retourner chez lui sans encourir aucune sanction, dès que sa foi l'abandonnait. L'honneur était notre seul contrat.

Nous n'avions donc aucune discipline, au moins au sens où elle est restrictive, négatrice des individualités, le Plus Petit Dénominateur Commun des hommes. Dans les armées du temps de paix, la discipline signifie la poursuite non d'une moyenne, mais d'un absolu — l'égalisation à cent pour cent. Pour cela 99 % des hommes sont abaissés au niveau du plus faible dans la parade. Le but est de transformer l'unité en unité, l'homme en type : ainsi leur effort devient calculable et le résultat collectif uniforme en masse et en qualité. Plus la discipline est profonde, plus est faible la valeur individuelle, plus sûre est l'exécution.

En substituant ainsi le travail assuré au chef-d'œuvre possible, la science militaire sacrifie, délibérément, une fraction de la valeur totale, pour annuler l'élément d'incertitude, le facteur bionomique, dans l'humanité enrégimentée. Le complément nécessaire de la discipline est la guerre complexe, socialement organisée — cette forme de guerre où le combattant est en vérité le produit des efforts multipliés d'une longue hiérarchie humaine qui, de l'usine au service de ravitaillement, travaille à le maintenir en action sur le champ de bataille.

La guerre arabe devait être, en réaction contre cette forme, individuelle et simple. Chaque homme enrôlé devait servir sur le front de bataille et se suffire à lui-même. L'efficacité de nos forces était l'efficacité de l'homme seul. Il me parut que, dans notre guerre articulée, la somme de ces hommes seuls égalerait au moins le produit d'un système complexe de même valeur numérique.

En pratique nous n'emploierions pas sur la ligne de feu les masses d'hommes considérables que ce système simple mettait théoriquement à notre disposition : notre attaque pouvait être trop étendue (en contraste avec notre menace d'attaque qui ne le serait jamais trop). La tension morale du combat isolé rendait cette guerre « simple » très dure pour le soldat ; elle exigeait de lui une initiative particulière, de l'endurance et de l'enthousiasme. La guerre irrégulière est beaucoup plus intellectuelle qu'une charge à la baïonnette, beaucoup plus épuisante que le service d'imitation et d'obéissance confortable des armées régulières. Elle exige qu'on vous laisse les coudées franches. Dans la guérilla si deux hommes se trouvent ensemble, il y en a un de gaspillé. Notre idéal devait être de transformer la guerre en une suite de combats singuliers, nos régiments en une heureuse alliance d'agiles commandants en chef.

CHAPITRE LX

Les vaisseaux remontèrent à toute vapeur le golfe d'Akaba. Fayçal débarqua, accompagné de Jaafar, de son État-Major et de Joyce, bonne fée-marraine. Puis vinrent les autos blindées, Goslett, des équipes de travailleurs égyptiens et des milliers de soldats. Pour réparer les dommages causés par six semaines de paix, Falkenhayn était venu conseiller les Turcs ; sa belle intelligence rendait l'ennemi plus digne de notre action. Maan formait une division particulière sous les ordres de Behjet, l'ancien général commandant l'armée du Sinaï. Il disposait de six mille fantassins, d'un régiment de cavalerie et d'infanterie montée. Il avait retranché Maan au point de la rendre imprenable avec les moyens normaux dont on pouvait disposer dans une guerre de manœuvre. Une escadrille d'avions y volait chaque jour. De grands dépôts de munitions avaient été rassemblés.

Leurs préparatifs achevés, les Turcs commencèrent leur manœuvre ; leur objectif, apparut-il, était Goueira, la meilleure route vers Akaba. Deux mille fantassins pous-sèrent jusqu'à à Aba-El-Lissan qu'ils fortifièrent. La cavalerie surveilla les environs pour arrêter une contre-attaque éventuelle des Arabes du côté de l'ouadi Moussa.

Cette nervosité nous mit sur la piste. Nous résolûmes de jouer avec eux et de les provoquer à venir nous chercher précisément dans l'ouadi Moussa où les obstacles naturels étaient si formidables que l'élément humain, du côté défensif, pourrait se conduire aussi mal qu'il voudrait sans perdre pour cela la position.

En guise d'amorce, les indigènes de Delagha, tout près de nous, furent mis en branle. Les Turcs, pleins d'allant, contre-attaquèrent avec de dures pertes.

Nous enfonçâmes alors dans la tête des paysans de l'ouadi Moussa l'idée du riche butin dont jouissaient maintenant leurs rivaux de Delagha. Mauloud, vieux cheval de bataille, partit avec son régiment de muletiers et s'installa parmi les fameuses ruines de Pétra. Les Liathénas, encouragés, se mirent, sous la conduite de leur cheikh borgne Khalil, à fourrager à travers le plateau et à razzier par deux ou trois les animaux de selle ou de bât avec, éventuellement, les fusils de leurs gardes turcs. Ceci dura des semaines : les Turcs irrités s'animaient de plus en plus.

Nous pouvions les piquer plus désagréablement encore en demandant au général Salmond d'accomplir sur Maan le raid aérien à longue distance qu'il nous avait promis. L'entreprise était difficile : Salmond choisit donc Stent avec d'autres pilotes éprouvés de Rabigh ou d'El Ouedj et leur demanda de faire de leur mieux. Tous avaient l'expérience des atterrissages forcés dans le désert et savaient se diriger sur un point inconnu à travers des montagnes, sans carte. Stent parlait l'arabe parfaitement. La randonnée devait se faire entièrement par air. Son commandant, casse-cou plein de ressources, était un de ces paquets de nerfs qui, pour se châtier, font volontiers des choses insensées. Ce jour-là il ordonna de voler bas pour ne pas manquer les buts, réussit à atteindre Maan et laissa tomber trente-deux bombes sur la gare ou ses environs immédiats : la surprise fut complète. Deux bombes placées dans la caserne tuèrent trente-deux hommes et en blessèrent cinquante. Huit bombes frappèrent le hangar des machines, causant de lourds dommages au matériel. Une bombe dans la cuisine du général mit fin à son déjeuner et à son cuisinier du même coup. Quatre tombèrent sur l'aérodrome. En dépit des shrapnells, les pilotes et leurs appareils revinrent sains et saufs à leur terrain d'atterrissage provisoire, à Kountilla, au-dessus d'Akaba.

L'après-midi, ils rapiécèrent leurs appareils et, la nuit venue, dormirent sous leurs ailes. À l'aube suivante, trois d'entre eux repartaient vers Aba-el-Lissan où la vue d'un vaste camp avait fait venir l'eau à la bouche à Stent. Bombardant les parcs à chevaux, ils mirent en débandade les animaux affolés; puis ils passèrent aux tentes et dispersèrent les Turcs. Comme le jour précédent ils volaient bas et furent durement touchés : rien de fatal, pourtant. Bien avant midi ils étaient de retour à Kountilla.

Stent considéra ce qui lui restait d'essence et de bombes et décida qu'il pouvait faire un nouveau raid. Il ordonna donc à ses hommes de repérer la batterie qui les avait gênés le matin même. Les appareils décollèrent dans la chaleur de midi. Leur charge était si lourde qu'ils ne purent pas prendre de hauteur : franchissant avec gaucherie la crête derrière Aba-el-Lissan, ils se laissèrent tomber dans la vallée à trois cents pieds environ d'altitude. Les Turcs, toujours somnolents à cette heure, furent pris absolument à l'improviste. Des trente bombes lâchées, l'une fit taire la batterie, les autres tuèrent des douzaines d'hommes et d'animaux. Puis, les appareils allégés piquant en flèche vers le ciel regagnèrent leur base d'El Arish. Cet exploit réjouit les Arabes; les Turcs en furent sérieusement alarmés. Behjet Pacha fit aussitôt creuser des abris et disposa ses avions réparés sur le plateau, de façon bien inoffensive, pour la défense du camp.

Ces attaques aériennes avaient troublé les Turcs. Nos raids vésicants les attiraient au piège d'un faux objectif. Nous avions encore, pour détruire leur offensive, une troisième ressource : bloquer le chemin de fer. Il leur était si nécessaire qu'en cas d'arrêt leur force d'attaque s'émietterait en dispositions défensives. Nous fîmes donc un plan de nombreuses démolitions pour le milieu de septembre.

Je résolus aussi de ressusciter notre vieille idée : faire sauter un train. J'avais besoin, à cet effet, d'un engin plus puissant et plus sûr qu'une mine automatique. J'avais donc songé à allumer directement, par un courant électrique, une charge d'explosif sous la locomotive. Les officiers du Génie anglais encouragèrent cet essai — en particulier le général Wright, ingénieur en chef d'Égypte dont la sage expérience prenait un intérêt sportif à mes irrégularités. Il m'envoya les outils nécessaires : un exploseur et du câble isolé. Ainsi pourvu, je montai à bord du navire de Sa Majesté, le *Humber*, qui était notre nouveau stationnaire, et je me présentai à son commandant, le capitaine Snagge.

Snagge avait eu de la chance en fait de bateau : son navire, construit pour le Brésil, était beaucoup plus confortablement aménagé que les moniteurs britanniques ; et nous-mêmes avions doublement de la chance, puisque le commandant de notre stationnaire était l'hospitalité même. D'un naturel curieux, il s'intéressait aux événements de la côte et découvrait un aspect comique même à nos menus désastres. L'histoire d'un échec finissait toujours par des rires, et chaque bonne histoire me valait un bain chaud et du thé sans un soupçon de sable, avec tous les falbalas de la civilisation. Ses bontés nous tinrent lieu, bien souvent, d'un « retapage » en Égypte et nous permirent de continuer à cogner sur les Turcs pendant ces longs mois de désappointement et de faiblesse.

L'exploseur électrique se trouvait dans une formidable caisse blanche, cadenassée, très lourde. On démolit la caisse : une poignée à cliquet apparut. Nous la poussâmes : le navire ne sauta pas. Le câble était lourd, isolé dans une gaine de caoutchouc. On le coupa en deux. Ayant fixé les extrémités aux bornes latérales de la boîte, nous nous donnâmes réciproquement des secousses électriques. Ça marchait.

J'allai chercher des détonateurs. Les deux extrémités libres des câbles ayant été fourrées dans l'un d'eux, l'on manœuvra le levier : aucun résultat. En vain nous recommençâmes plusieurs fois, avec maintes lamentations. Enfin Snagge sonna et se fit envoyer l'officier artilleur mécanicien qui connaissait tous les trucs en matière de circuits. Il suggéra l'emploi de détonateurs électriques spéciaux. Le bateau en possédait six ; l'on m'en donna trois. L'un d'entre eux fut relié à la boîte et vlan ! au premier coup sur la poignée il explosa. Superbe ! Sentant que je n'avais plus rien à apprendre je m'en fus organiser les détails du raid.

De tous les buts possibles, le plus séduisant et le plus facile à atteindre semblait être El Medaoura, point d'eau sur la ligne à quatre-vingts milles au sud de Maan. Un déraillement là embarrasserait l'ennemi. Comme hommes, je prendrais les Haoucitates, guerriers éprouvés. L'expédition me révélerait aussi la valeur des trois paysans hauranis que j'avais ajoutés à ma suite personnelle. Étant donné l'importance qu'allait prendre pour nous le Hauran, il fallait apprendre son dialecte, son système de clans, ses vendetta, ses noms et ses routes. Ces trois garçons, Rahail, Assaf et Hemeid, m'instruiraient sans le savoir pendant les bavardages de la route.

La prise du train, après le déraillement, demandait des canons et des mitrailleuses. Des canons ? Pourquoi pas des mortiers de tranchée ? Des mitrailleuses ? Pourquoi pas des Lewis ? Le commandement d'Égypte nous envoya donc deux vigoureux sergents instructeurs choisis dans l'école militaire de Zeitun pour enseigner le maniement de ces outils à des escouades d'Arabes dans Akaba. Snagge leur donna refuge dans son bateau, puisque nous n'avions pas encore à terre de camp anglais convenable.

Leurs noms étaient peut-être Yells et Brooke ; mais ils devinrent Lewis et Stokes, d'après les noms de leurs armes jalousement aimées. Lewis était un grand Australien, mince et sinueux, dont le corps souple s'abandonnait à des courbes peu militaires. Un visage dur, des sourcils arqués, un nez d'oiseau de proie soulignaient encore chez lui la témérité australienne — cet air de vouloir faire quelque chose, et vite. Stokes était un bon type de petit propriétaire anglais, travailleur, silencieux, toujours à l'affût d'un ordre.

Lewis, plein d'inspirations à chaque événement, explosait de joie devant ce qu'on avait réussi. Stokes ne donnait son opinion qu'à la fin : alors, tout en remuant sa casquette, il énumérait consciencieusement les fautes qu'il devrait éviter la fois suivante. Tous deux étaient des hommes admirables. En un mois, sans langage commun avec leurs élèves et sans interprète, ils s'entendirent avec eux et leur enseignèrent le maniement de leurs armes avec une précision raisonnable. Nous n'en demandions pas davantage : un usage empirique s'accordait mieux avec l'esprit de nos raids aventureux qu'une connaissance scientifique complète.

Tandis que nous organisions le raid, notre appétit s'accrut. La gare d'El Medaoura avait l'air vulnérable ; trois cents hommes pouvaient l'enlever par surprise. Cet exploit serait fort utile, car le puits profond de la gare était le seul du secteur au-dessous de Maan. Une surcharge d'eau rendrait ruineux le service des trains sur ce tronçon de ligne.

CHAPITRE LXI

Lewis l'Australien vint à ce moment d'ambition me dire que lui et Stokes désiraient prendre part au raid. C'était une idée neuve et séduisante. Avec eux, si nous attaquions une garnison, nous nous sentirions sûrs de nos détachements techniques. D'ailleurs ils avaient l'air d'y tenir et leur excellent travail jusqu'ici méritait une récompense. Je les avertis que ce ne serait pas, pour eux, une partie de plaisir. Il n'y avait pas de règlement et nous ne pourrions pas, à l'intérieur des terres, adoucir à leur intention les duretés de la marche, de la nourriture et du combat. S'ils venaient, ils perdraient à coup sûr les conforts et les privilèges de l'Armée Britannique pour partager — et partager avec des Arabes — exactement tout, moins le butin. Vivres et discipline seraient les mêmes pour tous. Enfin, s'il m'arrivait un accident, leur ignorance de l'arabe les mettrait dans une situation délicate.

Lewis répondit qu'il recherchait précisément ce genre de vie étrange. Si nous pouvions le faire, dit Stokes, pourquoi pas lui ? Je leur prêtai donc deux de mes meilleurs chameaux, les sacs de leurs selles furent bourrés de bœuf en conserve et de biscuit et, le 7 septembre, nous remontions ensemble l'ouadi Ithm pour rejoindre à Goueira les Haoueitates d'Aouda.

On fit plus que je ne l'avais promis pour endurcir sans brutalité les deux sergents. Nous marchâmes d'un pas tranquille, ce jour où nous étions nos propres maîtres. Ni l'un ni l'autre n'avait auparavant monté un chameau et ils risquaient fort d'être terrassés avant le véritable début du raid par la terrible chaleur qui rayonnait, dans l'ouadi Ithm, des falaises nues de granit. Septembre était un mauvais mois. Quelques jours auparavant, à l'ombre des jardins de palmes, sur la plage d'Akaba, le thermomètre avait marqué 120 °F (49 °C). Nous fîmes donc halte pendant le milieu du jour à l'ombre d'une falaise et le soir nous ne parcourûmes que vingt milles avant de bivouaquer pour la nuit.

Notre repas fut confortable : bidons de thé chaud, riz et viande. Je pris plaisir, sous cape, à voir la réaction des deux hommes dans ce nouveau milieu ; chacun d'eux réagit d'ailleurs comme on pouvait le prévoir.

L'Australien fut à l'aise dès le début et se conduisit librement envers les Arabes. Mais quand ils lui rendirent la pareille avec le même ton de camaraderie, il fut étonné : froissé, presque. Il n'avait jamais cru qu'ils pussent être dupes de sa gentillesse au point d'oublier la distance qui sépare un homme blanc d'un homme brun.

Ce qui rendait la situation plus comique, c'est que Lewis était lui-même beaucoup plus brun que mes nouveaux compagnons. Le plus jeune parmi ceux-ci éveilla surtout mon intérêt. Rahail était presque un adolescent : bien bâti et vigoureux, il était trop en chair pour la vie que nous devions mener, mais d'autant plus enclin à accepter les souffrances. Son teint était haut en couleur, ses joues un peu trop pleines et boursouflées par le bas, presque pendantes. La bouche était petite et gonflée en bouton, le menton très pointu. Ceci, ajouté à un front haut et fort et à des yeux agrandis par le kohl, lui donnait un air mélangé de pétulance, d'artifice et de soumission lasse volontairement imposée à un orgueil fondamental. Il parlait avec une emphase braillarde dans un dialecte populacier et sans vergogne : toujours violent, ostentatoire, inquiet, nerveux. Son esprit n'était pas aussi fort que son corps, mais vif et volage. Épuisé ou chagrin, il fondait en larmes, aisément séchées par le moindre réconfort : il était prêt ensuite à supporter de nouvelles fatigues. Mes compagnons Mohammed et Ahmed, avec les novices Rashid et Assaf, permettaient à Rahail de grandes licences, soit à cause de son charme animal, soit parce qu'il mettait aisément sa personne en vedette. On dut le rabrouer sévèrement deux ou trois fois pour son inconvenance avec les sergents.

Stokes, l'Anglais, au contact de l'étrangeté arabe, devint encore plus lui-même, plus insulaire. À chaque mouvement, sa réserve correcte rappelait à mes hommes qu'il était différent et Anglais. Cette attitude suscita du respect en retour. Pour les Arabes Stokes était « le sergent » et Lewis « le long type ».

C'étaient là des caractères généraux, quoique plus ou moins marqués. Il est humiliant de voir que notre expérience livresque de tous les pays et de tous les siècles nous laisse encore avec des préjugés de blanchisseuse, sans l'habileté verbale d'une blanchisseuse pour s'entendre avec les étrangers. Les Anglais dans le Moyen-Orient se divisent en deux classes. Le type A, souple, insinuant, adopte les caractéristiques de ceux qui l'entourent, leur langage, leurs conventions de pensée, presque leur allure. Secrètement il dirige les hommes à son gré. Sous cette manœuvre huilée sa nature propre reste cachée, inaperçue.

Le type B, John Bull classique, devient d'autant plus anglais, et agressivement anglais, qu'il vit plus longtemps loin de l'Angleterre. À son usage, il invente alors une Mère-Patrie, réceptacle de toutes les vertus, si magnifique dans le lointain qu'en retournant au pays il découvre souvent dans sa réalité les signes de la plus triste décadence et se réfugie, hébété, dans les hymnes hargneux à la louange du bon vieux temps. À l'étranger, sous l'armure de sa certitude, il offre un échantillon accompli de nos caractères dominants. Il étale aux yeux du monde un Anglais accompli. Son passage ne va jamais sans froissements. Il a la main plus rude que l'autre, l'intellectuel, mais son énergie trace des andains plus larges.

La conviction de l'un est implicite ; l'autre la gueule à tout venant ; mais c'est la même. Les deux types admettent l'Anglais comme un être élu, inimitable, et qu'il serait blasphématoire ou impertinent de copier. Du haut de cette vanité, ils conseillent aux autres hommes d'être les meilleurs après eux. Dieu ne leur a pas donné d'être anglais : leur devoir reste d'être de bons exemplaires de leur race. Voilà pourquoi nous avons admiré les coutumes indigènes, étudié leur langage, écrit des livres sur leur architecture, leur folklore et leurs industries menacées. Un jour, découvrant à notre réveil que le régionalisme devenait politique, nous avons tristement secoué la tête en face de ce nationalisme ingrat — fine fleur, en vérité, de nos efforts innocents.

Les Français sont partis d'une doctrine analogue (dogme plutôt que secret instinct) qui fait du Français la perfection humaine : mais ils n'ont pas cessé d'encourager leurs sujets à les imiter. Évidemment, pensent-ils, un indigène n'atteindra jamais leur niveau, mais sa valeur sera d'autant plus grande qu'il en approchera davantage. Nous voyons dans l'imitation une parodie ; les Français y voient un compliment.

Le lendemain, dans la chaleur du matin, nous approchions sans hâte de Goueira à travers la plaine sablonneuse d'un rose reposant, quand un ronflement s'éleva dans l'air. En hâte nous fîmes sortir les chameaux de la piste pour entrer dans le maquis, pommelé de buissons, où leurs taches irrégulières ne seraient pas remarquées par les aviateurs ennemis. Nos charges de dynamite, le plus puissant et le plus aimé de nos explosifs, ainsi que les nombreux obus à l'ammonal du canon de Stokes, eussent été des voisins dangereux pendant un bombardement aérien. Nous restâmes en selle, sans bouger, pendant que nos chameaux raclaient ce qu'ils pouvaient dans les buissons alentour. L'avion tourna deux fois en cercle autour du roc de Goueira, en face, et laissa tomber trois bombes bruyantes.

Notre caravane se rassembla de nouveau sur la piste et s'en fut doucement vers le camp. Goueira grouillait de vie. C'était un marché pour les Haoueitates à la fois des montagnes et des plateaux. Aussi loin que s'étendait la vue, la plaine était couverte de troupeaux de chameaux. Leur multitude, chaque jour avant l'aube, vidait les puits les plus proches : ceux qui se levaient tard devaient parcourir plusieurs milles pour aller boire.

Ceci n'avait pas d'importance d'ailleurs ; les Arabes n'avaient rien à faire qu'à attendre l'aéroplane du matin et qu'à parler, ensuite, pour tuer le temps, jusqu'au moment où la nuit était assez noire pour dormir. Loisirs trop longs et conversations trop nombreuses avaient ravivé de vieilles jalousies. Aouda tâchait de s'annexer les tribus en s'aidant du fait que nous avions besoin de lui. Comme il touchait les soldes pour les Haoueitates, il se servait de cet argent pour tenter de soumettre à son autorité les petites tribus libres.

Regimbant contre cette pression, elles menaçaient soit de se retirer dans leurs montagnes, soit de rentrer en conversation avec les Turcs. Fayçal envoya le chérif Mastour comme médiateur. Ces milliers d'Haoueitates groupés en centaines de sections étaient tous aussi intraitables, têtes dures, chicaneurs et voraces. Les satisfaire sans irriter Aouda était une tâche assez délicate pour l'esprit le plus patient. D'ailleurs il faisait 110 °F (43 °C) à l'ombre, et l'ombre n'était qu'une houle de mouches.

Les trois clans méridionaux sur lesquels nous avions compté pour notre raid étaient parmi les dissidents. Mastour leur parla, les chefs des Abou Tayas leur parlèrent, nous leur parlâmes tous sans résultat. Il semblait que nos plans dussent échouer dès le départ.

Un jour que je longeais la falaise avant midi, Mastour vint m'annoncer que les hommes du Sud se préparaient à quitter le camp et le Mouvement. Plein de colère, j'entrai en coup de vent sous la tente d'Aouda. Il était assis à même le sable et prenait son repas de pain bouilli en compagnie de sa dernière femme, jeune gaillarde dont la peau brune était toute bleuie par l'indigo de sa robe neuve. À ma brusque apparition, la petite femme s'éclipsa comme un lapin derrière le rideau du fond. Pour assurer mon terrain je débutai par des plaisanteries : ainsi lui, Aouda, un vieillard, était aussi fou que le reste de sa race et considérait nos comiques moyens de reproduction non pas comme un plaisir anti-hygiénique mais comme l'occupation essentielle de l'existence ?

Aouda rétorqua qu'il désirait des héritiers. Trouvait-il donc, lui demandai-je, la vie assez bonne pour remercier ses parents insouciants de l'y avoir jeté ? Voulait-il transmettre égoïstement ce cadeau douteux à une âme non encore née ?

Il maintint son point de vue. « Je suis Aouda, dit-il fermement, et vous connaissez Aouda. Mon père (sur lui la miséricorde divine !) était un maître plus grand encore qu'Aouda ; et il avait coutume de louer mon grand-père. Le monde est toujours plus grand dans le passé — Mais, Aouda, nous disons : honneur à nos fils et à nos filles, héritiers de notre valeur accumulée, descendants en qui s'accomplit notre sagesse impuissante. À chaque génération la terre est plus vieille, l'humanité plus loin de son enfance… »

Le vieux bonhomme n'était pas d'humeur à se laisser taquiner ce jour-là : coulant vers moi, à travers ses paupières plissées, un regard de malice indulgente, il montra du doigt son fils Abou Taya qui, dans la plaine, essayait un nouveau chameau et lui frappait — vainement — le cou de sa cravache pour le faire marcher au pas d'une bête dressée. « Ah ! petit diable ! dit-il, s'il plaît à Dieu il aura hérité de ma valeur. Mais, Dieu merci, il n'a pas encore ma force, et s'il se conduit mal je lui ferai rougir le derrière. Sans doute parles-tu sagement. » Le résultat de notre conversation fut que je devais m'en aller attendre ailleurs les événements. Je jouai vingt chameaux pour transporter les explosifs et notre départ fut fixé au lendemain, deux heures après l'avion.

L'avion était le régulateur singulier des affaires publiques dans le camp de Goueira. Les Arabes, debout comme toujours avant l'aube, l'attendaient. Mastour envoyait un esclave guetter au sommet du piton et lancer le premier avertissement. Lorsque l'heure approchait, les Arabes, flânant et bavardant avec une insouciance affectée, se rapprochaient de la falaise. Puis chacun grimpait à sa corniche favorite. Derrière Mastour grimpait une troupe d'esclaves avec son café sur un brasero et son tapis. À l'ombre d'un creux, lui et Aouda s'asseyaient et causaient paisiblement. Le chant du moteur, soudain, s'élevait sur la passe du Shtar. Un petit frisson d'excitation courait le long des corniches bondées.

Tout le monde s'aplatissait contre le mur de roche et attendait, dans une immobilité totale. L'ennemi, cependant, traçait des cercles vains au-dessus de cet étrange spectacle : un piton écarlate enrubanné de milliers d'Arabes dans leurs vêtements aux couleurs gaies, nichés comme des ibis dans toutes les failles du roc. L'avion laissait tomber trois bombes, ou quatre bombes, ou cinq bombes, suivant le jour de la semaine. Leurs nuages de fumée dense, soudain gonflés, restaient posés sur la plaine d'un vert de sauge, compacts comme des choux à la crème ; puis ils se tordaient quelques minutes dans l'air immobile avant de s'étaler lentement pour s'évanouir enfin. Il n'y avait pas de danger, nous le savions bien : pourtant nous ne pouvions nous empêcher, chaque fois qu'un miaulement de bombe tombait de la lourde machine au-dessus de nos têtes, de retenir notre respiration.

CHAPITRE LXII

Nous quittâmes volontiers le bruit et les disputes brûlante de Goueira. À peine avions-nous « semé » notre escorte de mouches que nous fîmes halte ; aucun besoin de nous presser. D'ailleurs les deux pauvres types qui m'accompagnaient tâtaient d'une chaleur qu'ils n'avaient jamais connue : l'air étouffant s'appliquait comme un masque de métal sur les visages. J'admirais les efforts qu'ils faisaient pour n'en rien dire, fidèles à la promesse faite à Akaba : montrer la même fermeté que les Arabes. En vérité, par ce silence, les sergents allaient bien au-delà de leur engagement : leur ignorance de l'arabe leur donnait seule cette bravoure superflue, car les indigènes eux-mêmes se répandaient en plaintes contre le soleil tyrannique et l'atmosphère étouffante ; mais l'effet produit était salutaire. Pour l'effet, à mon tour, je trottais deçà delà, avec l'air de m'amuser beaucoup.

Nous poursuivîmes notre marche à la fin de l'après-midi ; l'arrêt pour la nuit eut lieu sous un écran épais de tamarins. Le camp était très beau : derrière nous, en effet, s'élevait une falaise de peut-être quatre cents pieds, rougie par le soleil horizontal. À nos pieds s'étalait un lit de boue chamois, dur et sourd comme un pavage de bois et aussi plat que la surface d'un lac sur un demi-mille de part et d'autre, un monticule bas, de côté, portait le bosquet de tamarins avec ses branches brunes frangées d'un vert élimé et poussiéreux ; la sécheresse et le soleil l'avaient tant fané, ce vert, qu'il prenait parfois, lorsque le vent remontait le val pour venir rebrousser l'herbe et pâlir les feuillages, le gris argenté qui miroite sous les feuilles des oliviers aux environs des Baux.

Nous approchions de Roum, le point d'eau des Beni Atiyehs au Nord : vallée bien digne d'occuper ma pensée puisque les Haoueitates eux-mêmes, peu sentimentaux d'ordinaire, m'avaient vanté son charme. Nous devions y entrer au petit matin; mais, très tôt avant l'aube, quand les étoiles brillaient encore, je fus éveillé par Aïd, l'humble chérif Harithi qui nous accompagnait. Il rampa jusqu'à moi et me dit d'une voix blanche : « Seigneur, voilà que je suis aveugle. » Je le fis coucher, et je sentis qu'il frissonnait comme s'il avait froid; tout ce qu'il put me dire fut qu'il s'était réveillé, dans la nuit, et qu'il n'y avait plus de vue dans ses yeux, seulement de la douleur. Le scintillement du soleil les avait brûlés.

Le jour était encore dans sa fleur lorsque, passant entre deux pics de grès, nous nous engageâmes sur une pente longue et douce qui ruisselait en face de nous du dôme des montagnes. Elle était couverte de tamarins : c'était là l'entrée, me dit-on, de la vallée de Roum. À gauche, une longue muraille de roche comme une vague de mille pieds, faisait, vers le milieu du val, une embardée impétueuse; l'autre arc, à droite, faisait face, par une chaîne abrupte, aux rouges dentelures. Nos bêtes remontèrent la pente en se frayant un chemin dans une végétation basse et sèche.

Peu à peu les broussailles se groupèrent en massifs : les feuillages avaient un vert d'autant plus fort qu'il se détachait sur de grandes taches de sable rose, d'un rose délicat et gai. La montée devint plus douce et le val prit la forme d'un couloir incliné. Les montagnes à droite se firent plus hautes et plus dures; l'autre face, par une belle symétrie, se roidit en un seul rempart massif de rocs rouges. Les deux côtés se rapprochèrent, se fixèrent à deux milles environ l'un de l'autre puis, dressant peu à peu leurs parapets parallèles à mille pieds au-dessus de nos têtes, étirèrent devant nos yeux une immense avenue de plusieurs milles de longueur.

Ce n'étaient pas des murailles continues, mais des suites de blocs distincts, escarpés, gigantesques *buildings* dressés de chaque côté de la Rue. De profondes impasses de cinquante pieds de large séparaient ces blocs que l'érosion avait travaillés, adoucissant les plans, modelant des porches ou d'immenses absides, enrichissant les surfaces rongées et meurtries d'une vague décoration. Des grottes s'ouvraient très haut sur l'à-pic, rondes comme des fenêtres : d'autres béaient au pied, comme des portes. Des coulures sombres, comme des traces d'usure, ombraient les façades sur des centaines de pieds. La roche granuleuse des falaises était striée verticalement ; mais cette masse principale reposait sur deux cents pieds d'une roche brisée de couleur plus sombre et de texture plus dure. Cette sorte de plinthe ne pendait pas, comme le grès, en plis de draperies, mais se fragmentait en éboulis horizontaux rappelant le soubassement d'un mur.

Chacun des blocs rocheux était coiffé de dômes (des nichées de dômes) d'un rouge moins chaud que le corps même de la montagne, grisâtres plutôt, et plats. Ils donnaient la dernière touche, une vague apparence d'architecture byzantine, à cet ensemble écrasant : voie religieuse plus grande que toute imagination. Les armées arabes se fussent perdues dans son ampleur, et, à l'intérieur des murailles, une escadrille d'avions aurait pu s'avancer en formation régulière. Notre minuscule caravane, brusquement intimidée, tomba dans un silence de mort, honteuse d'étaler sa petitesse en présence de masses aussi formidables.

Dans les rêves d'enfance, les paysages ont ce silence et cette ampleur. Chacun de nous allait retrouver, dans ses souvenirs, ce paysage type où tous les hommes se sont avancés, entre des murs semblables à ceux-ci, vers quelque place semblable à celle où cette route semblait nous mener. Plus tard, quand nos courses à l'intérieur devinrent fréquentes, j'eus souvent envie de quitter la route directe pour éclaircir une bonne fois ce mystère en passant une nuit dans Roum : alors je descendrais la vallée éclairée par l'aurore vers le scintillement de la plaine, ou je la remonterais au coucher du soleil vers cette place étincelante que mes timides anticipations en rêve ne m'avaient jamais laissé atteindre. « Franchirai-je cette fois, me disais-je, le Khazail pour tout apprendre ? » Mais, en vérité, j'aimais trop Roum.

Ce jour-là nous remontâmes l'avenue pendant quelques heures, et toujours la perspective en devenait plus grandiose, l'ordonnance plus magnifique. Enfin, une brèche s'ouvrit dans une falaise à droite sur une nouvelle merveille. Cette ouverture, qui avait peut-être trois cents mètres de large, n'était qu'une crevasse dans un tel mur. Elle conduisait à un amphithéâtre ovale dont la courbe, presque plate en face de nous, formait à droite et à gauche des lobes allongés. Les murs étaient à pic, comme tous ceux de Roum ; mais ils paraissaient plus hauts que les autres, car cette sorte de puits était creusé au cœur même d'une des montagnes dominantes du massif, et sa petitesse rendait écrasantes les hauteurs alentour.

Le soleil avait disparu derrière le mur à l'ouest, abandonnant le puits à l'ombre : mais les dernières lueurs mourantes inondaient d'écarlate les ailes de chaque côté de l'entrée et, derrière l'entrée, la masse farouche de la falaise formant l'autre versant de la vallée. Le sol du cirque était de sable humide, assombri de buissons. Au pied des murailles, partout, gisaient d'énormes rocs plus grands que des maisons, semblables parfois à des forteresses précipitées du sommet. En face de nous, un sentier, pâli par l'usage, grimpait en zigzags le long du soubassement jusqu'au pied de la masse centrale et de là tournait vers le sud, le long d'une corniche creuse bordée de rares arbres feuillus. D'entre ces arbres, et de crevasses invisibles dans la roche, sortaient d'étranges cris : c'étaient les voix, rendues musicales par l'écho, des Arabes abreuvant leurs chameaux aux sources qui jaillissaient là, à trois cents pieds au-dessus du sol.

Les pluies, apparemment, ruisselant sur les dômes gris du sommet, imbibaient la roche poreuse ; mon esprit suivait la marche de l'eau filtrant pouce par pouce à travers ces massifs de grès ; enfin elle rencontrait le soubassement horizontal, suivait, sous pression, sa surface interne, soudain jaillissait de la paroi à la jonction de deux couches rocheuses.

Mohammed tourna vers le lobe gauche de l'amphithéâtre. À son extrémité, des Arabes industrieux avaient déblayé un certain espace sous un roc en surplomb. C'est là qu'on déchargea les chameaux pour dresser le camp. L'ombre nous engloutit très vite dans ce cirque profond ; un air humide et froid lécha notre peau brûlée de soleil. Les Haoueitates qui avaient surveillé le déchargement des explosifs rassemblèrent leurs bêtes et les conduisirent en criant (pour éprouver l'écho), le long du sentier tortueux, jusqu'à l'abreuvoir où elles devaient boire en vue de leur retour prochain à Goueira. Cependant nous allumions les feux et l'on fit cuire du riz pour l'ajouter au bœuf en conserve des sergents pendant que mes serviteurs préparaient le café pour les visiteurs à venir.

Les Arabes dont les tentes étaient dressées autour des sources nous avaient vu entrer : ils ne tardèrent pas à apprendre qui nous étions. Une heure après, nous avions autour de nous les chefs des clans Daraucha, Zelebani, Zoueida et Togatga. Une grande conversation s'ensuivit, pas toujours heureuse. Aïd, le chérif, était trop accablé par le chagrin d'être aveugle pour ôter de mes épaules ce fardeau d'hospitalité et j'étais incapable de mener à bien un travail qui exigeait des connaissances si particulières. Ces clans, furieux contre les Abou-Tayis, nous soupçonnaient d'appuyer Aouda dans ses ambitions dominatrices. Ils n'étaient pas disposés à servir le chérif tant qu'ils n'auraient pas l'assurance d'obtenir son appui pour leurs réclamations les plus extrêmes.

Gasim Abou Dumeik, le beau cavalier qui avait conduit les hommes des Hauts-Plateaux à la charge d'Aba-el-Lissan, semblait particulièrement intraitable. C'était un homme sombre, avec un visage arrogant et un mince sourire : assez bon, au fond, mais malgracieux. Ce jour-là il était enflammé de jalousie contre les Toweihas. Seul, je ne pouvais songer à le convaincre : je choisis donc de faire éclater son hostilité.

Le prenant délibérément pour adversaire, je le combattis en discours violents et finis par le réduire au silence. Son auditoire, honteux, le quitta et pencha de mon côté. Les esprits furent troublés : tandis que des murmures s'élevaient contre les chefs, certains soutinrent qu'il fallait partir avec nous. J'en profitai pour dire que Zaal serait là dans la matinée, et que lui et moi accepterions l'aide de tous, sauf des Doumaniehs ; les paroles de Gasim rendaient impossible l'alliance avec ces derniers : ils seraient rayés du livre de Fayçal et déchus des droits acquis jusqu'ici aux secours et aux récompenses. Gasim, jurant qu'il allait sans retard se mettre au service des Turcs, quitta notre feu dans un violente colère, tandis que des amis prudents tentaient en vain de lui fermer la bouche.

CHAPITRE LXIII

Le matin suivant il était là avec ses hommes, prêt à se joindre à nous ou à nous tenir tête, selon le vent. Tandis qu'il hésitait, Zaal survint. L'aigre inflexibilité de l'un se heurta bientôt à la cruauté métallique de l'autre : le ton de la dispute monta. Nous les séparâmes avant qu'ils en vinssent aux mains, mais le choc fut assez dur pour détruire la faible amélioration apportée par la nuit. Les autres clans, dégoûtés par l'emportement brutal de Gasim, vinrent à nous, tranquillement, par deux ou trois, comme volontaires. Mais ils me prièrent d'informer Fayçal de leur loyalisme avant notre départ.

Devant leur inquiétude, je résolus de me mettre aussitôt en relation avec lui : j'aplanirais ces difficultés et je lèverais aussi des chameaux pour transporter nos explosifs. Nous ne pouvions plus, maintenant, louer les bêtes des Doumaniehs, et il n'y en avait pas d'autres ici. Le mieux était de faire le voyage moi-même. Gasim pouvait arrêter un messager, mais n'oserait pas m'attaquer personnellement. Les deux sergents furent confiés à Zaal, qui répondit de leur vie, et nous partîmes, Ahmed et moi, sur des chameaux presque nus, avec l'intention de faire en hâte l'aller-retour d'Akaba.

Nous ne connaissions que le très long chemin par l'ouadi Ithm. Un raccourci existait, mais il nous fut impossible de trouver un guide. En vain nous fouillâmes la vallée de fond en comble. Nous étions au désespoir lorsqu'un petit garçon laissa échapper que nous devions prendre la prochaine vallée à droite. Celle-ci, après une heure de marche, nous conduisit à une ligne de partage d'où les vallons fuyaient vers l'ouest. Ils ne pouvaient conduire qu'à l'ouadi Ithm : il n'y avait pas d'autre système d'écoulement, à travers ces montagnes, vers la mer. Nous dévalâmes donc au galop, en coupant deçà delà au hasard à travers les crêtes pour raccourcir le trajet probable.

Le paysage était de grès net, au début, avec des formes agréables ; il changea en approchant de la côte, les arêtes de granit qui la bordaient se dressèrent devant nous et, après trente milles de montée au trot, nous passâmes, par l'Ithm méridional, dans la vallée principale, juste au-dessus du puits que creusait l'officier allemand d'Akaba. Le voyage nous avait pris seulement six heures.

Nous allâmes droit à la maison de Fayçal. Mon retour subit l'effraya, mais j'expliquai d'un mot le petit drame qui se jouait à Roum. Aussitôt après le repas nous prîmes les mesures nécessaires. Pour le transport des explosifs, vingt chameaux de bât et leurs chameliers partiraient le surlendemain escortés par une petite garde d'esclaves. Fayçal me prêterait en outre, comme médiateur, le chérif Abdullah-el-Feir, le meilleur de ses partisans disponibles. Enfin, les familles des hommes engagés dans mon expédition contre la ligne pourraient, sur un certificat de ma main, venir s'approvisionner à ses magasins.

Nous repartîmes, Abdullah et moi, avant l'aube, et dès l'après-midi, après un voyage amical, nous retrouvions dans Roum tout notre monde sain et sauf; notre anxiété disparut donc. Le chérif Abdullah se mit aussitôt au travail. Ayant rassemblé les Arabes, y compris le récalcitrant Gasim, il adoucit leurs griefs avec ce don de persuasion facile qui est la marque naturelle d'un chef arabe et que toute son expérience avait encore aiguisé.

Durant son oisiveté forcée, pendant notre absence, Lewis avait exploré les falaises. Les sources, m'affirma-t-il, étaient excellentes pour s'y baigner. Heureux de laver la poussière et la sueur de mes longs voyages, je remontai droit le ravin en suivant la muraille ruinée d'un conduit qui, jadis, canalisait l'eau d'une source pour l'amener, de degré en degré, à un pavillon nabatéen au fond de la vallée. C'était une ascension d'un quart d'heure pour un homme fatigué, et sans difficulté aucune. Au sommet, la cascade, *el chellala* comme disent les Arabes, n'était plus qu'à quelques mètres.

Son fracas m'arrivait à gauche, à côté d'un bastion avancé de la falaise dont la rouge muraille était drapée de longs rameaux verts retombants. Le sentier contournait ce bastion sous une voûte taillée dans le roc. Sur la masse surplombante étaient gravées des inscriptions nabatéennes; un panneau entaillé portait un monogramme ou un symbole. Tout autour étaient des graffitis arabes, en particulier des marques de tribus dont quelques-unes témoignaient de migrations aujourd'hui oubliées. Mais mon attention était tout absorbée par l'eau qui éclaboussait dans un creux à l'ombre du roc surplombant.

Du roc, un ruisselet d'argent surgissait au soleil. Je recherchai la source même : un peu plus mince que mon poignet elle jaillissait avec force d'une fissure et tombait avec un bruit clair dans une vasque écumante, peu profonde, derrière la marche qui servait de seuil. Les murs et le toit de la crevasse suintaient d'humidité. Des fougères épaisses et des mousses du plus beau vert faisaient de cette grotte un paradis de cinq pieds carrés.

Sur la corniche odorante et lavée je dévêtis mon corps sale et m'avançai dans la petite vasque, ravi de goûter enfin ce glissement d'air et d'eau sur ma peau fatiguée. Le fraîcheur était délicieuse. Je m'allongeai paisiblement et laissai l'eau limpide, d'un rouge sombre, courir sur mon corps et laver, dans son gargouillis, toute la saleté du voyage. Pendant que je savourais ce bonheur, un homme en haillons avec une barbe grise et un visage taillé à coups de hache, très puissant et las à la fois, grimpa lentement le sentier. Arrivé en face de la source il se laissa tomber en soupirant sur mes habits que j'avais étendus au soleil, sur un roc à côté de la sente, pour que la chaleur en chassât la vermine grouillante.

M'ayant entendu bouger il se pencha, scruta de son regard chassieux le creux d'ombre où, derrière la brume de soleil, barbotait cette forme blanche. M'ayant bien considéré, il parut satisfait et, fermant les yeux, grommela : « L'amour vient de Dieu, appartient à Dieu et tend vers Dieu. »

Un écho quelconque des roches me permit, de ma vasque, d'entendre très distinctement ces mots prononcés à voix basse. Ils me figèrent. J'avais cru les Sémites incapables de considérer l'amour comme un lien entre eux-mêmes et Dieu, incapables même d'imaginer une telle relation, excepté sous la forme intellectuelle d'un Spinoza dont l'amour était si rationnel, si asexué et si transcendant qu'il n'avait pas cherché — ou plutôt n'avait pas permis — d'amour en retour. Le christianisme m'avait semblé le premier mouvement qui plaçât l'amour dans ce monde supérieur d'où le désert et le Sémite (de Moïse à Zénon) l'avaient exclu ; et le christianisme était un hybride dont la première racine seule était essentiellement sémite.

La naissance du christianisme en Galilée l'avait empêché d'être simplement une des innombrables révélations sémitiques. La Galilée était, précisément, en Syrie, une province non sémite, dont le contact était presque considéré comme impur par le Juif parfait. Elle restait à l'écart de Jérusalem comme Whitechapel de Londres. Le Christ avait volontairement établi son ministère au milieu de sa liberté intellectuelle ; non pas parmi les huttes de boue d'un village syrien, mais dans des rues raffinées parmi les fora, les maisons à piliers et les bains rococo, produits d'une civilisation grecque intense quoique corrompue et provincialement exotique.

Les habitants de cette colonie étrangère n'étaient pas des Grecs — au moins pas en majorité — mais des sortes de Levantins qui singeaient la culture grecque et créaient en retour une culture, laquelle n'était plus l'hellénisme correct et banal de la civilisation épuisée, mais une végétation spirituelle, luxuriante et tropicale, où l'équilibre rythmique de l'art grec, de l'idéalisme grec s'épanouissait en floraisons neuves, mais lardées des couleurs criardes et passionnées de l'Orient.

Les poètes de Gadara, jetant le bégaiement de leurs vers dans cette excitation générale, reflétaient la sensualité, le fatalisme désillusionné (vite transformés en luxurieux désordre) du siècle et du lieu ; à ces mondanités, peut-être, l'ascétisme sémite emprunta l'écho d'humanité et d'amour réel qui distingue la voix du Christ et s'en servit pour envahir impétueusement les cœurs européens avec un succès que le Judaïsme ni l'Islam ne purent jamais atteindre.

Puis, le christianisme avait eu la bonne fortune de rencontrer plus tard des architectes de génie ; son passage de siècle en siècle et de ciel en ciel avait été marqué par des « changements marins » incomparablement plus profonds que ceux de l'immuable doctrine juive — de l'abstraction livresque alexandrine à la prose latine pour le corps de l'Europe ; et surtout, dernière et terrible transformation, de la forme latine à la forme teutonne, synthèse formelle adaptée aux disputes glacées du Nord. La croyance presbytérienne est si loin de la foi orthodoxe dans sa première ou sa deuxième incarnation qu'avant la guerre nous pouvions envoyer aux doux chrétiens orientaux des missionnaires pour leur prêcher notre doctrine d'un Dieu logique.

L'Islam aussi avait changé, inévitablement, de continent à continent. Il avait évité la métaphysique sauf dans le mysticisme introspectif des dévots iraniens ; mais en Afrique il s'était bariolé de fétichisme (pour exprimer en un seul mot vague les animalités diverses du Continent Noir) ; dans les Indes il avait dû se plier au formalisme littéral de ceux qu'il avait convertis. En Arabie, pourtant, il avait gardé le caractère sémite ; ou, pour mieux dire, le caractère sémite avait persisté à travers la phase de l'Islam (comme à travers toutes les croyances successives dont les citadins revêtaient la simplicité originelle de la foi) exprimant le monothéisme des espaces déserts, le passage à l'infini du panthéisme et l'utilité quotidienne d'un dieu domestique et universellement répandu.

À l'opposé de cette fixité, ou de l'interprétation que j'en donnais, le vieillard de Roum, avec sa seule et courte phrase, venait de se dresser soudain, menaçant de ruiner ma théorie de la nature arabe. Craignant une révélation, je mis fin à mon bain et m'avançai pour reprendre mes habits. L'homme se voila les yeux de ses mains et grogna lourdement. Avec douceur je le persuadai de se lever, de me laisser habiller, puis de me suivre le long du sentier tortueux que les chameaux avaient tracé en grimpant d'une source à l'autre. Il vint s'asseoir auprès de notre feu où bouillait l'eau du café et tandis que Mohammed attisait la flamme, je cherchai en vain à lui faire exprimer sa doctrine.

Quand le repas du soir fut prêt, nous lui donnâmes à manger, arrêtant ainsi pour quelques minutes son fleuve intérieur de grognements et de mots entrecoupés. Tard dans la nuit, il se leva péniblement et s'en fut en trébuchant dans l'ombre, sans rien entendre, emportant, s'il en avait une, sa doctrine avec lui. Les Haoueitates me dirent que toute sa vie il avait erré ainsi parmi eux, gémissant d'étranges choses et sans se soucier jamais de nourriture, de travail ou d'abri. Tous lui faisaient l'aumône comme à un malheureux ; il ne répondait jamais rien et ne parlait à voix haute que seul ou au milieu des brebis et des chèvres.

CHAPITRE LXIV

La diplomatie conciliante d'Abdullah faisait des progrès. Gasim, boudeur maintenant plutôt qu'hostile, se refusait à toute décision publique : une centaine d'hommes appartenant à de petits clans osèrent donc le défier en promettant de nous accompagner. Conseil tenu avec Zaal, on décida de tenter fortune en utilisant au mieux cette force. Un plus long délai eût mis en péril les adhésions déjà acquises, sans grand espoir d'en obtenir d'autres, étant donné l'humeur actuelle des tribus.

C'était donc une petite troupe que la nôtre, le tiers à peine de ce que nous avions espéré. Cette faiblesse allait modifier nos plans de façon regrettable ; de plus, nous manquions d'un chef. Zaal, comme d'ordinaire, se montrait capable de prendre la tête de l'expédition et menait avec une prévoyance active les préparatifs concrets. Son ardeur était vive, mais il était trop proche d'Aouda pour convenir aux autres. Ses paroles cuisantes, d'ailleurs, et le sourire de mépris qui traînait toujours sur ses lèvres bleues et humides, inspiraient la méfiance ; les hommes hésitaient à suivre ses meilleurs avis.

Le lendemain arrivèrent les chameaux de bât envoyés par Fayçal : vingt bêtes guidées par dix affranchis et escortées par quatre de ses esclaves personnels. C'étaient les hommes les plus fidèles de son armée et les mieux avertis des devoirs d'un service personnel. Ils seraient morts pour sauver leur maître blessé et, s'il mourait, seraient morts avec lui. Deux d'entre eux furent attachés à chaque sergent pour assurer, quoi qu'il m'advint, leur retour sains et saufs. On tria les bagages nécessaires à notre raid réduit ; tout fut bientôt prêt pour un départ immédiat.

À l'aube donc, le 16 septembre, nous partîmes de Roum. Aïd, le chérif aveugle, insista pour nous accompagner, disant que s'il était incapable de se battre, il pouvait toujours monter sur un chameau et que, si Dieu nous accordait la réussite, il pourrait prendre congé de Fayçal dans le bonheur du succès et s'en retourner sans trop de tristesse vers la vie désormais vide qui serait la sienne. Zaal conduisait ses vingt-cinq Nohouaseras (un clan de la tribu d'Aouda) qui s'intitulaient mes hommes et qui étaient fameux par tout le désert pour la qualité de leurs bêtes. La dureté de mon « train » à dos de chameau les avait séduits.

Le vieux Motlog-el-Aouar, propriétaire d'El Djedha, la plus belle chamelle du Nord de l'Arabie, marchait dans notre avant-garde. Nous le regardions tous avec orgueil ou avidité, suivant nos relations avec lui. Ma Ghazala était plus haute et plus majestueuse, plus rapide aussi dans le trot ; mais elle était trop vieille pour la faire galoper. Ce n'en était pas moins dans notre troupe, et même, en vérité, dans cette partie du désert, la seule bête qu'on pût comparer avec El Djedha : mon renom bénéficiait du sien.

Le reste de la troupe s'égrenait derrière, comme les perles d'un collier rompu. Il y avait là des groupes Zoueida, Daraucha, Togatga et Zelebani, et ce fut au cours de cette expédition que la vertu d'Hammad-el-Tugtagi fut pour la première fois portée à ma connaissance. Une demi-heure après notre départ, nous vîmes émerger d'une vallée latérale quelques Dhoumaniyehs honteux, incapables de supporter que les autres partent pendant qu'ils resteraient avec les femmes.

Aucun groupe ne voulait marcher ou causer avec un autre. Je passai le jour à faire la navette, parlant tantôt à un cheikh renfrogné, tantôt à un autre, essayant de les rapprocher pour créer, avant que l'action ne devînt urgente, une certaine solidarité. Pour l'instant, ils ne s'entendaient que pour refuser à Zaal de diriger l'expédition : tous admettaient pourtant qu'il fût le guerrier le plus intelligent et le plus expérimenté. Personnellement, c'était le seul en qui j'eusse confiance quand j'avais le dos tourné. Rien des autres ne me paraissait sûr, ni leurs paroles, ni leurs conseils, ni même, peut-être, leurs fusils.

L'inutilité du pauvre chérif Aïd, incapable même d'être notre chef en titre, me força de prendre la direction. C'était à la fois contre mes principes et contre mon jugement, l'art compliqué des raids de tribus, le détail des repas et des pâturages, les ordres de route, les paiements, les disputes, le partage du butin, les vendettas et l'ordre de marche étant tout à fait étrangers au programme du cours d'histoire moderne professé à Oxford. La nécessité de bluffer sans cesse et de prétendre connaître ce que j'ignorais m'empêcha de voir le pays ; je n'eus pas le temps, non plus, de me demander comment nous attaquerions El Medaoura ni quelle était la meilleure façon d'employer nos explosifs par surprise.

L'arrêt pour le milieu du jour eut lieu dans un endroit fertile : la dernière pluie de printemps, glissant sur une pente sablonneuse, y avait fait lever d'épaisses touffes d'une herbe argentée que nos chameaux trouvèrent à leur goût. La température avait la douceur parfaite d'un mois d'août en Angleterre et nous flânâmes de bonne humeur, enfin guéris de nos querelles des jours précédents et de cette légère nervosité qui accompagne tous les départs, même le départ d'un camp provisoire. Dans les circonstances où nous nous trouvions, l'homme prend vite racine.

On repartit le soir et une piste en lacets nous fit descendre dans une vallée étroite entre des murs de grès de faible hauteur : avant le coucher du soleil nous foulions un lit de boue jaune semblable à celui qui avait si merveilleusement préludé à la gloire de Roum. Le camp fut établi à sa lisière. Après tout, mes va-et-vient n'avaient pas été inutiles, puisque trois groupes seulement se formèrent autour de flambées étincelantes où frétillait le tamarin. Mes hommes soupèrent autour du premier ; le deuxième était pour Zaal et le troisième pour les autres Haoueitates. Tard dans la nuit, lorsque tous les chefs eurent été régalés de viande de gazelle et de pain chaud, je pus les amener autour de mon feu neutre pour organiser raisonnablement notre étape du lendemain.

Au coucher du soleil, semblait-il, nous pourrions abreuver nos bêtes à un puits d'El Medaoura, à deux ou trois milles en deçà de la gare, dans le couvert d'une vallée. Aussitôt la nuit tombée, nous irions examiner la gare, voir si nos faibles troupes nous permettraient un assaut. J'y tenais, pour ma part (contre l'opinion la plus générale), car c'était de beaucoup le point le plus sensible de la ligne. Les Arabes étaient incapables d'apprécier ceci, parce qu'ils n'avaient pas dans l'esprit le tracé de tout le front turc avec ses tronçons successifs et leurs exigences. En tout cas, une certaine harmonie s'était établie entre nous et l'on se dispersa avec confiance pour aller dormir.

On prit le temps de manger au matin : nous n'avions devant nous qu'une étape de six heures. Le lit de boue, traversé, nous conduisit à une plaine de calcaire solide, parsemée de silex bruns émoussés par l'érosion. Des collines basses surgirent ensuite, coupées de lits sablonneux aux points où les tourbillons de vent, se heurtant à des pentes plus raides, avaient déposé leur charge de poussière. Des vallées peu profondes nous amenèrent à une ligne de faîte ; puis, par d'autres vallées semblables de l'autre côté, notre troupe déboucha brusquement entre des monceaux de pierres sombres dans le plein soleil et l'ampleur d'une plaine. Çà et là une dune basse étirait sa ligne fuyante.

Nous avions fait notre halte de midi dès entrer dans la région accidentée et, comme nous l'avions prévu, l'on atteignit le puits à la fin de l'après-midi. C'était en vérité une mare ouverte, de quelques mètres carrés, au creux d'une vallée tapissée de larges roches plates, de silex et de sable. Cette eau stagnante avait un air peu engageant. À sa surface était répandue une couche épaisse de boue verdâtre où nageaient de curieux îlots boursouflés d'un rose graisseux. Les Arabes m'expliquèrent que les Turcs avaient jeté jadis des chameaux morts dans la mare pour pourrir les eaux ; mais du temps avait passé ; les effets s'étaient affaiblis. Il n'y aurait pas eu d'effet du tout si l'on n'avait consulté que mon goût.

C'était là, pourtant, la seule eau que nous pussions boire si nous ne prenions pas El Medaoura. Chacun se mit donc en demeure de remplir son outre. Un des Haoueitates, au cours de ce travail, glissa sur la boue et tomba à l'eau. Le vert tapis se referma huileusement sur sa tête et nous le cacha an instant : il ressortit enfin en haletant et se hissa tant bien que mal sur le bord au milieu des éclats de rire. Mais il laissait derrière lui, dans l'écume, un trou noir d'où monta, dense comme un pilier, une puanteur de viande pourrie qui resta suspendue, décourageante, sur lui, sur nous, sur toute la vallée.

Au crépuscule, Zaal et moi, accompagnés des sergents et de quelques hommes, nous glissâmes sans bruit vers la gare. En une demi-heure nous étions sur la dernière crête : les Turcs y avaient creusé des tranchées et dressé un fortin avancé de pierres sèches, savant, mais vide par cette nuit de nouvelle lune. La gare était en face et au-dessous de nous, ses portes et ses fenêtres violemment dessinées par les feux de cuisine et les lampes de la garnison. Elle semblait tout près de nous ; mais le canon de Stokes ne portait qu'à trois cents mètres. On s'approcha donc encore, l'oreille tendue vers les bruits ennemis ; nous prenions bien garde, car les chiens pouvaient nous signaler par leurs aboiements. Le sergent Stokes fit quelques reconnaissances à droite et à gauche à la recherche de positions favorables pour sa pièce : il ne trouva rien de satisfaisant.

Cependant, Zaal et moi, nous avions rampé à travers le dernier espace plat : nous pûmes à la fin compter les tentes non éclairées et entendre parler les hommes. L'un d'entre eux fit quelques pas dans notre direction puis hésita. Il frotta une allumette, alluma sa cigarette ; une lumière crue inonda son visage que nous vîmes clairement : c'était un officier jeune, maladif, avec des joues creuses. Il s'accroupit, s'occupa un instant et retourna vers ses hommes qui se taisaient sur son passage.

On revint sur la colline pour tenir conseil à voix basse. La gare était très longue, composée de plusieurs bâtisses de pierre assez solides pour résister à nos obus. La garnison semblait être de deux cents hommes. Nous étions cent seize fusils et notre famille n'était pas très unie. La surprise était le seul atout dont nous fussions certains.

Tout compte fait, je fus d'avis qu'on devait laisser la gare tranquille pour une autre occasion qui pouvait être prochaine. En fait, une succession de hasards sauvèrent El Medaoura. Ce fut seulement au mois d'août 1918 que le Corps de Méharistes de Buxton lui administra le sort promis depuis si longtemps.

CHAPITRE LXV

Nous regagnâmes tranquillement nos chameaux pour dormir. Le lendemain matin, revenant exactement sur nos pas pour garder un pli du terrain entre le chemin de fer et nous, notre troupe piqua droit vers le sud à travers la plaine sablonneuse. Nous rencontrâmes là des traces de gazelles, d'oryx et d'autruches ; même, sur un seul point, de vieilles empreintes de léopard. Nous marchions vers les montagnes basses qui limitaient l'horizon, avec l'intention d'aller faire sauter un train. Zaal assurait en effet qu'au point où la voie les coupait, elle traçait une courbe propice à la pose d'une mine, tandis que les éperons dominants nous fourniraient une embuscade facile et d'excellentes positions pour nos mitrailleuses.

On tourna donc à l'est, à l'intérieur de ces montagnes jusqu'à environ un demi-mille de la voie. Le gros de la troupe fit halte dans un creux d'une trentaine de pieds tandis que quelques-uns d'entre nous descendaient vers la voie qui inclinait un peu à l'est pour contourner l'éperon plus élevé où nous nous trouvions. Cet éperon se terminait par un plan horizontal à cinquante pieds au-dessus de la ligne, face au nord et à l'autre pente de la vallée.

Les rails traversaient la dépression sur un haut remblai, avec un ponceau à deux arches pour l'écoulement des pluies. Ceci semblait un endroit idéal pour notre mine. C'était notre premier essai du système électrique et nous n'avions aucune idée de ce qui allait arriver. Mais, de toute évidence, nous avions plus de chance en plaçant le fourneau au-dessus d'une arche : quel que fût l'effet sur la locomotive, le pont s'écroulerait et les wagons à la suite dérailleraient inévitablement.

Le rebord du plateau formait une position admirable pour Stokes. Elle était plutôt haute pour les Lewis automatiques ; mais l'enfilade était merveilleuse, que le train montât ou descendît la voie. On décida donc de passer outre au désavantage d'un tir plongeant. J'étais content de savoir les deux Anglais dont j'étais responsable en bonne place, ensemble, à l'abri de toute surprise, avec une retraite indépendante vers le maquis : car Stokes, ce jour-là, souffrait cruellement de dysenterie. L'eau d'El Medaoura avait sans doute bouleversé ses entrailles. Peu d'Anglais ont reçu de leur éducation quelque résistance organique à la maladie.

De retour auprès des chameaux nous déchargeâmes les paquets d'explosifs ; nos bêtes s'en allèrent paître à l'abri sous quelques roches en surplomb où les Arabes grattaient du sel. Les affranchis de Fayçal transportèrent le canon de Stokes et ses obus; les Lewis; enfin la gélatine, la magnéto avec son câble isolé et les outils, à l'endroit choisi. Les sergents installèrent leurs joujoux sur la terrasse pendant que nous descendions vers le pont pour creuser, entre les extrémités de deux traverses métalliques, la chambre où fourrer mes cinquante livres d'explosif. Chaque paquet était enveloppé de papier. On le déchira et on fit fondre le tout dans un sac de sable à la chaleur du soleil pour obtenir un seul bloc de gelée tremblotante.

Il ne fut pas facile d'enterrer la mine. Le remblai était roide et, dans la poche abritée entre lui et le flanc de la colline, le vent avait déposé un lit de sable. Personne ne le traversa que moi; mais, en dépit de toutes mes précautions, je laissai inévitablement de grandes empreintes à la surface. Quant aux déblais du fourneau, je dus les transporter au creux de ma robe en plusieurs voyages jusqu'au ponceau d'où l'on pouvait les répandre, sans qu'il y parût, sur les galets du torrent sec.

Il me fallut presque deux heures pour creuser le fourneau et recouvrir la charge. Puis vint le « boulot » difficile de dérouler les lourds câbles isolés, du détonateur aux collines d'où nous mettrions le feu. Le sable, à la surface, formait une croûte qu'on dut casser pour enfouir les fils. C'étaient des câbles raides qui marquaient la surface ridée du sable de longues cicatrices, comme des traces de serpents ridiculement minces et lourds. Les enfonçait-on d'ici, ils ressortaient de là. À la fin nous dûmes les maintenir avec des pierres qu'il fallut aussi enterrer, non sans terrassements fâcheusement visibles.

Il fut ensuite nécessaire, avec un sac empli de sable, de tamponner les traces pour obtenir une surface régulière; enfin, avec un soufflet et mon manteau balancé comme un large éventail, je simulai la douce égalisation du vent. L'ensemble du travail nous demanda cinq heures; mais ce fut du beau travail : ni moi ni personne ne pouvions plus voir l'emplacement du fourneau ni le trace du câble double qui le reliait au point de mise à feu, à deux cents mètres de là, derrière la crête où se posteraient nos tirailleurs.

Les câbles étaient juste assez longs pour aller de cette crête jusqu'à la dépression. Les deux extrémités réunies furent fixées là aux bornes de la magnéto. C'était un emplacement idéal pour l'appareil et le manipulateur. Ce dernier, seulement, ne voyait pas le pont.

Le remède à cet inconvénient était facile : quelqu'un presserait la manette à un signal qui lui serait donné d'un point, à cinquante mètres de là, dominant également le pont et la magnéto. Salem, le meilleur esclave de Fayçal, demanda ce poste d'honneur qui lui fut accordé par acclamations. Il passa la fin de l'après-midi à s'exercer, (sur l'exploseur déconnecté, naturellement) : le moment vint où, par un réflexe parfait, il abaissait d'un coup de poing l'encliquetage à l'instant précis où je levais le bras, ma locomotive imaginaire étant sur le pont.

Nous retournâmes au camp en laissant une sentinelle sur la voie. Nos bagages paraissaient abandonnés. Ahuris, nous cherchions du regard le reste de la troupe quand nous vîmes soudain tous nos hommes qui se découpaient sur la lumière dorée du couchant, assis en ligne sur une haute crête. Je leur hurlai de se coucher ou de descendre, mais ils demeurèrent sur leur perchoir comme une bande de corneilles encapuchonnées, bien visibles du nord et du sud.

À la fin nous grimpâmes nous-mêmes et leurs silhouettes, bousculées, cessèrent de se profiler sur le ciel. Trop tard ! Les Turcs d'un petit poste près de Hallat-Ammar, à quatre milles au sud, les avaient vus et, dans leur terreur, ouvraient le feu sur les longues ombres que le soleil déclinant poussait avec lenteur le long des pentes, vers leur poste. Les Bédouins sont des maîtres dans l'art d'utiliser le terrain, mais, dans leur mépris pour la stupidité turque, ils refusaient de prendre aucune précaution. La crête était visible à la fois d'El Medaoura et de Hallat-Ammar et cette soudaine menace de guetteurs immobiles avait jeté l'alarme dans les deux postes.

Mais l'ombre se referma sur nous. Nous savions qu'il fallait dormir patiemment et laisser couler cette nuit, dans l'espoir du lendemain. Peut-être les Turcs nous croiraient-ils partis s'ils ne voyaient plus rien au matin. On alluma donc les feux dans un creux profond, on fit cuire le pain et l'on s'installa confortablement. Le travail en commun avait fait l'unité de la troupe ; la folie du perchoir fit tellement honte à tout le monde, qu'on tomba d'accord sur le choix de Zaal comme chef.

Le jour se leva tranquillement et pendant des heures nous surveillâmes la voie vide et ses postes paisibles. Les soins constants de Zaal et d'Haoueimil, son cousin boiteux, réussirent à nous maintenir invisibles. Non sans peine : rien ne peut calmer l'inquiétude des Bédouins ; ils sont incapables de rester assis dix minutes ; il leur faut remuer, faire ou dire quelque chose. Ce défaut les rend très inférieurs aux Anglais, lourds et impassibles, dans l'ennuyeuse et longue tension d'une guerre d'attente. De là vient aussi en partie leur manque de cœur dans la défense. Ce jour-là nous étions furieux contre eux.

Peut-être, après tout, les Turcs nous virent-ils : à 9 heures, en effet, une quarantaine d'hommes sortirent des tentes installées au sommet de la colline au sud d'Hallat-Ammar et s'avancèrent vers nous en formation déployée. Si nous les laissions faire, ils nous couperaient de notre mine dans une heure ; si nous les refoulions grâce à nos forces supérieures, la gare, alertée, arrêterait les trains. C'était une situation embarrassante. Nous essayâmes d'en sortir, à la fin, en détachant une trentaine d'hommes avec l'ordre de résister à la patrouille ennemie tout en cédant du terrain. L'ennemi, attiré ainsi un peu à l'écart, dans une région escarpée, ignorerait notre position principale et se rassurerait sur nos buts en trouvant devant lui une force insignifiante.

Pendant quelques heures tout marcha comme nous l'avions espéré ; la fusillade se fit irrégulière et lointaine

Une patrouille régulière s'avança avec confiance du sud et passant au pied de notre colline, sur notre mine même, poursuivit son chemin vers El Medaoura sans rien voir. Elle se composait de huit soldats et d'un gros caporal qui ne cessait de s'éponger le front. Onze heures : il faisait vraiment chaud. Un ou deux milles plus loin, cette vie de trimard lui parut trop fatigante. Il fit descendre sa troupe à l'ombre d'un long ponceau, dans le frais courant d'air qui coulait sous les arches : tous s'allongèrent sur le sable moelleux, burent à leurs bouteilles, fumèrent et, enfin, s'endormirent. C'était, pensâmes-nous, la sieste dont un bon Turc, dans les chaleurs de l'Arabie, fait une question de principe : et nous déduisîmes de ce petit repos qu'on ignorait notre présence ou qu'on ne s'en inquiétait pas. Nous nous trompions.

CHAPITRE LXVI

L'après-midi nous apporta de nouveaux soucis. À travers mes jumelles puissantes, je vis une centaine de soldats turcs sortir de la gare d'El Medaoura et marcher droit sur nous à travers les sables. Ils avançaient très lentement et sans doute contre leur gré, chagrins de perdre leur sieste bien-aimée ; mais quelles que fussent leur mauvaise humeur et la lenteur de leur marche, ils seraient certainement sur nous dans moins de deux heures.

Nous pliâmes donc bagage, prêts à déguerpir. J'avais décidé de laisser la mine et ses câbles en place : les Turcs ne la verraient peut-être pas ; nous pourrions revenir et retirer le bénéfice d'un travail si soigné. J'envoyai un messager donner l'ordre au détachement qui nous couvrait vers le sud de venir nous rejoindre plus haut, près de ces roches balafrées qui cachaient nos chameaux au pâturage.

À peine était-il parti, que notre guetteur cria : des nuages de fumée s'élevaient d'Hallat-Ammar. Nous nous précipitâmes, Zaal et moi, au sommet de la colline ; la forme et le volume de la fumée indiquaient en effet un train arrêté dans cette gare. Comme nous essayions de le voir par-dessus le sommet, il s'ébranla soudain dans notre direction, Nous hurlâmes aux Arabes de se mettre en position : ce fut un branle-bas éperdu sur le sable et la roche. Stokes et Lewis, avec leurs bottes, ne pouvaient gagner cette course ; ils arrivèrent pourtant au sommet oubliant leurs douleurs et leur dysenterie.

Les tirailleurs se postèrent en une longue ligne derrière l'éperon qui courait des canons à l'exploseur, puis à l'embouchure de la vallée. Ils pouvaient tirer de là sur le train déraillé à moins de cent cinquante mètres tandis que la portée des armes de Stokes et Lewis était d'environ trois cents. Un Arabe, perché sur un roc derrière les canons, nous criait ce qu'il pouvait voir du train — précaution bien nécessaire, car s'il contenait des troupes amenées à notre intention, celles-ci descendraient derrière notre éperon et il nous faudrait, en un éclair, faire face et battre en retraite en remontant la vallée au péril de notre vie. Heureusement le train, loin de s'arrêter, poursuivit sa route de toute la vitesse de ses deux locomotives chauffées au bois.

En face de la crête où nous avions été signalés, il ouvrit à tout hasard le feu dans le désert. J'entendais venir le tac-tac de la fusillade, assis sur un monticule dominant le pont d'où je donnerais le signal à Salem. Celui-ci dansait sur les genoux autour de l'exploseur en hurlant d'excitation et en appelant sur sa tête la fructueuse bénédiction d'Allah. La fusillade turque était des plus nourries. Je me demandais à combien d'hommes nous allions avoir affaire : l'avantage de la mine suffirait-il à faire pencher la balance du côté de nos quatre-vingts hommes ? Il aurait mieux valu, certes, que notre première expérience avec une mine électrique ne se fit pas dans des conditions si difficiles.

À ce moment, en tout cas, les deux locomotives, qui me parurent énormes, surgirent avec des coups de sifflet stridents, penchées sur la courbe. Derrière venaient dix wagons clos hérissés de fusils qui sortaient des portes et des fenêtres ; sur les toits, dans de petits bastions de sacs de sable, d'autres Turcs se tenaient comme ils pouvaient prêts à tirer sur nous. Je n'avais pas prévu deux locomotives et je décidai sur l'heure de faire exploser la mine sous la seconde ; si petit que fût l'effet, la machine intacte ne pourrait pas se découpler et emmener les wagons.

Ainsi, lorsque les roues motrices de la seconde machine atteignirent le pont, je levai le bras. Un grondement prodigieux éclata aussitôt et la voie disparut derrière une colonne de poussière et de fumée noire, haute de cent pieds et large d'autant. De cette ombre jaillirent des craquements effroyables, de longs martèlements métalliques d'acier déchiqueté et une grêle de ferraille ou de tôles ; une roue entière de locomotive tourbillonna soudain hors du nuage, noire contre le ciel et, planant sur nos têtes avec un miaulement musical, retomba lente et lourde dans le désert derrière nous. Puis, un silence de mort, sans cris d'hommes ni coups de feu, s'établit, persista, tandis que la brume grise de l'explosion, dérivant de la voie vers nous, franchissait notre crête pour se perdre dans les montagnes.

Pendant ce répit, je courus vers le sud rejoindre les sergents. Salem avait ramassé son fusil et chargeait dans le noir. Je n'avais pas atteint les canons que tout le creux déjà, pétillait ; les silhouettes brunes des Bédouins bondissaient de toutes parts pour un corps à corps avec l'ennemi. Je tâchai de voir ce qui se déroulait si vite et j'aperçus le train immobile, désarticulé sur le ballast, les flancs des wagons tressautant sous une grêle de balles ; les Turcs sautaient précipitamment des portes de derrière pour gagner l'abri du ballast.

À cet instant nos mitrailleuses se mirent à parler au-dessus de ma tête. Les longues files de Turcs juchés sur les wagons roulèrent de l'autre côté, enlevées comme des ballots de coton par la furieuse averse qui faisait rage au long des toits en arrachant au bois des nuages d'éclats jaunâtres. Jusqu'ici, le tir plongeant de nos engins avait été un avantage.

Lorsque j'atteignis Stokes et Lewis, le combat changeait d'allure. Les Turcs survivants s'étaient installés derrière le remblai qui avait là environ onze pieds de haut, et, abrités derrière les roues, tiraient presque à bout portant sur nos Bédouins, à vingt mètres sur l'autre rive du torrent ensablé. La courbe de la ligne protégeait l'ennemi de nos mitrailleuses. Mais Stokes glissa son premier obus dans sa pièce et, quelques secondes après, un grand fracas nous parvint du désert, derrière le train.

Stokes effleura la vis de pointage : le second obus tomba juste derrière les wagons dans le ravin profond en aval du pont où les Turcs avaient pris refuge. Les survivants du groupe s'enfuirent épouvantés, jetant fusils et équipements pour mieux courir. Là était la chance de nos Lewis. Le sergent, implacablement, pointa, bande après bande : les sables découverts bientôt furent jonchés de morts. Mouchagraf, le jeune Chérari qui manœuvrait la seconde pièce, vit que la bataille était finie, rejeta son arme et, avec un hurlement, bondit, un fusil à la main, pour rejoindre les autres qui, comme des bêtes sauvages, mettaient déjà les wagons en pièces et commençaient à piller. Le tout avait duré presque dix minutes.

Je pris mes jumelles et regardai vers le nord : la patrouille d'El Medaoura s'en revenait d'un pas mal assuré à la rencontre des fugitifs qui couraient vers eux à toutes jambes. Puis je regardai vers le sud : nos trente hommes du détachement arrivaient, flanc contre flanc, à toute bride, pour prendre leur part du butin. Les Turcs qu'ils avaient maintenus, les voyant ainsi filer, s'étaient mis à les suivre avec d'infinies précautions, en tirant des salves. Évidemment nous avions devant nous une demi-heure de répit ; puis nous serions menacés des deux côtés.

Je dévalai vers la voie en ruine pour voir les effets de l'explosif. Le pont avait disparu. Dans la brèche était tombé le premier wagon chargé de malades. Le choc qui les avait tous tués, sauf trois ou quatre, avait fait rouler morts et mourants en une seule masse saignante contre l'extrémité du wagon défoncé. L'un des vivants cria dans son délire le mot typhus. Je recoinçai la porte et les laissai se débrouiller tout seuls.

Les autres wagons gisaient, emboutis, hors des rails : les charpentes métalliques de quelques-uns étaient tordues de façon irréparable. La seconde locomotive n'était plus qu'un monceau de ferrailles ébouillantées et fumantes : ses roues motrices avaient sauté, arrachant le flanc du foyer ; cabine et tender mêlaient leurs feuillards tordus aux pierres écroulées de la culée du pont. Jamais plus elle ne fonctionnerait. La locomotive de tête s'en était mieux tirée ; quoique couchée hors des rails et surplombant à demi le vide, avec sa cabine arrachée, elle était encore sous pression, les bielles intactes.

Notre grand objectif étant la destruction des locomotives, j'avais gardé dans mes bras, en vue d'un cas semblable une caisse de coton-poudre avec son cordon et son détonateur tout préparés. Je les plaçai contre le cylindre extérieur. La chaudière eût été mieux, mais la vapeur sifflante me fit craindre une explosion générale qui eût balayé mes hommes (grouillant comme des fourmis au butin) d'une bourrasque de fragments arrachés. Le pillage ne prendrait sûrement pas fin avant l'arrivée des Turcs. J'allumai donc le cordon et dans la demi-minute dont je disposais avant l'explosion j'écartai, avec beaucoup de difficultés, la foule des pillards. La charge éclata, réduisant en miettes le cylindre et l'axe du piston. À cet instant je me demandai avec angoisse si le dommage serait suffisant. Mais les Turcs, en effet, trouvèrent la machine irréparable et la mirent à la ferraille.

La vallée offrait un drôle de spectacle. Les Arabes, fous de pillage, à demi nus, sans coiffures, se ruaient de tous côtés, hurlaient, tiraient des coups de fusil en l'air, se battaient du bec et de l'ongle, démolissaient les wagons, en sortaient trébuchants sous le poids d'énormes paquets qu'ils éventraient sur le ballast et triaient fiévreusement en détruisant ce qu'ils ne voulaient pas. Le train était bondé de réfugiés, de malades, de volontaires pour les bateaux de l'Euphrate et de familles d'officiers turcs qui s'en revenaient à Damas.

Des tapis étaient étalés partout; des matelas; des couvre-pieds fleuris par douzaines; des tas de couvertures; des vêtements de tous genres pour hommes ou femmes; des pendules; des casseroles; des vivres; des ornements et des armes. À côté de la voie, trente ou quarante femmes hystériques, sans voile, déchiraient leurs habits, arrachaient leurs cheveux et hurlaient à se rendre folles. Les Arabes, sans leur prêter la moindre attention, continuaient à saccager leurs biens domestiques, se gorgeaient de butin à en crever. Les chameaux étaient devenus propriété collective. Chacun chargeait avec frénésie la première bête qui lui tombait sous la main et, d'un cri, la chassait vers l'ouest et le vide pour retourner à quelque nouvelle fièvre.

Me voyant presque oisif, les femmes se ruèrent vers moi et s'accrochèrent à mes robes avec des hurlements. Je leur assurai que tout allait le mieux du monde, mais elles refusèrent de me lâcher. Enfin, quelques maris me délivrèrent. Repoussant leurs femmes, ils me saisirent les pieds, absolument terrifiés par la menace d'une mort immédiate. Un Turc dans cet état est un sale spectacle. Je les écartai de mon mieux à grands coups de mes pieds nus et je finis par me dégager.

Un peu plus loin, un groupe d'Autrichiens, officiers et sous-officiers, me prièrent tranquillement, en turc, de leur faire quartier. Je répondis en un allemand hésitant; sur quoi l'un d'eux, en anglais, demanda un docteur pour soigner ses blessures. Nous n'avions pas de docteur;

c'était sans importance, d'ailleurs, car il allait mourir. Je leur dis que les Turcs reviendraient dans une heure et prendraient soin d'eux ; mais il mourut avant cela, ainsi que la plupart des autres, comme on va le voir. C'étaient des instructeurs pour le maniement des nouveaux Howitzers de montagne, type Skoda, fournis à la Turquie pour la guerre du Hedjaz. Une dispute ayant éclaté entre eux et ma garde, l'un de ces officiers tira un coup de pistolet sur le jeune Rahail. Mes hommes, furieux, les mirent en pièces (sauf deux ou trois) avant que je pusse retourner pour intervenir.

Autant qu'on pouvait juger dans un tel désordre, nous n'avions pas eu de pertes. Parmi les quatre-vingt-dix prisonniers militaires étaient cinq soldats égyptiens qui n'avaient plus sur eux que leurs sous-vêtements. Ils me reconnurent et m'expliquèrent que, pendant un raid de nuit de Davenport près de l'oued Aïss, ils avaient été encerclés par les Turcs et faits prisonniers. J'appris ainsi quelque chose du travail de Davenport : il s'abrutissait au boulot, s'acharnant depuis des mois à maintenir un peu d'activité dans le secteur d'Abdullah, sans aucun des encouragements que nous recevions de nos succès et de l'enthousiasme ambiant. Ses meilleurs aides étaient de lourds fantassins comme ceux-ci : je les chargeai de conduire les prisonniers jusqu'aux roches salées, notre point de ralliement.

CHAPITRE LXVII

Lewis et Stokes étaient descendus m'aider. J'avais quelque inquiétude à leur sujet : nos gens avaient perdu l'esprit ; ils étaient prêts à agresser aussi bien amis qu'ennemis. Trois fois déjà j'avais dû me défendre contre des Arabes qui prétendaient ne pas me connaître et voulaient me dépouiller. Par bonheur l'uniforme kaki des sergents, tout sale de guerre, n'était pas très attirant. Lewis s'en fut à l'est de la voie compter les trente hommes qu'il avait abattus et voir, incidemment, s'il ne trouverait pas de l'or turc ou quelque trophée dans leurs havresacs. Stokes fit un petit tour jusqu'au pont, aperçut les cadavres des vingt Turcs déchiquetés par son second obus et se retira précipitamment.

Ahmed vint vers moi les bras chargés de butin et cria (aucun Arabe ne peut parier d'une voix normale dans l'excitation de la victoire) qu'une vieille voulait me voir dans l'avant-dernier wagon. Je l'envoyai aussitôt, les mains vides, chercher mon chameau et quelques bêtes de bât pour emporter les canons. Car on entendait fort bien, maintenant, la fusillade ennemie et les Arabes, gorgés de butin, s'échappaient un à un vers les montagnes en poussant devant eux des chameaux trébuchant sous leurs charges. Il n'était pas prudent de laisser les canons à terre jusqu'au dernier moment. Mais le désordre d'une première expérience et son succès foudroyant nous avaient tous ahuris.

Dans l'avant-dernier wagon était assise une grande dame arabe, très vieille et très agitée, qui me demanda ce que tout cela signifiait. Je lui donnai quelques explications. Elle-même était, me dit-elle, une vieille amie de Fayçal. Mais que faire ? Elle était trop infirme pour me suivre ; il ne lui restait plus qu'à attendre la mort. Je l'assurai qu'on ne lui ferait aucun mal : les Turcs étaient tout proches ; ils prendraient soin des survivants. Elle accepta ces encouragements et me pria de lui trouver sa vieille négresse qui lui apporterait un peu d'eau. L'esclave emplit en effet une tasse au tender percé de la première machine (une eau délicieuse dont Lewis se désaltérait avidement) et je la conduisis ensuite à sa maîtresse reconnaissante. Des mois plus tard m'arrivèrent secrètement de Damas une lettre et un charmant petit tapis du Bélouchistan de la part de Lady Ayesha, fille de Djellal-El-Lel, de Médine, en souvenir d'une étrange rencontre.

Ahmed ne ramena pas les chameaux. Mes hommes,

possédés par le démon de la cupidité, s'étaient éparpillés dans le désert en compagnie des Bédouins. Les sergents et moi restions seuls sur le lieu de la catastrophe : un étrange silence régnait maintenant. Nous craignions de devoir bientôt déguerpir en abandonnant les canons, quand je vis deux chameaux galoper vers nous à bride abattue. Zaal et Howeimil avaient remarqué notre absence et revenaient nous chercher.

Nous étions en train de rouler le câble électrique, le seul que nous possédions. Zaal sauta de son chameau et me demanda d'y monter. Je chargeai la bête, au contraire, du rouleau de câble et de la magnéto. Zaal trouva le temps de plaisanter notre étrange butin, quand on avait pillé dans le train tant d'or et tant d'argent. Howeimil, qui boitait horriblement d'une vieille blessure dans le genou, était incapable de marcher ; mais il fit accroupir son chameau, et l'on hissa derrière la selle les deux Lewis liés en ciseaux par les crosses. Restaient les mortiers de tranchée. Mais Stokes réapparut, menant gauchement par le nez un chameau de bât qu'il avait trouvé errant. On chargea les mortiers en hâte ; Stokes, très affaibli par sa dysenterie, fut placé sur la selle de Zaal, et les trois chameaux partirent à une bonne allure sous la direction d'Howeimil.

Cependant Lewis et Zaal, dans un creux invisible et bien abrité, derrière le plateau où étaient postés nos canons, firent un feu de boîtes de cartouches, d'essence et de débris quelconques, entassèrent tout autour les « tambours » des Lewis et quelques munitions pour armes légères, puis, sur le sommet du tas, déposèrent avec précaution quelques obus de Stokes. Ceci fait, nous partîmes en courant. Lorsque les flammes touchèrent la cordite et l'ammonal, ce fut un feu roulant formidable. Des milliers de cartouches partaient en série comme d'un carré de mitrailleuses et l'explosion des obus faisait jaillir d'épaisses colonnes de poussière et de fumée. Les Turcs, sur nos flancs, impressionnés par cette défense prodigieuse, eurent le sentiment que nous étions en nombre et fortement établis. Ils arrêtèrent leur avance, se mirent à couvert, puis commencèrent à encercler soigneusement notre position et à la reconnaître selon les règles, pendant que nous détalions, haletants, pour nous cacher derrière les crêtes.

Ainsi l'affaire semblait se terminer de façon heureuse ; nous étions satisfaits de nous en tirer sans autre perte que celle de mes chameaux et de leur charge ; quoique, dans ces bagages, fussent compris les effets bien-aimés des deux sergents. En tout cas nous trouverions de la nourriture à Roum : Zaal pensait même que nous y retrouverions notre propriété avec le gros de l'expédition qui nous attendait devant. C'est ce qui arriva en effet. Je retrouvai mes hommes surchargés de butin et nos chameaux dont on débarrassait promptement les selles pour leur donner l'air de nous attendre.

J'expliquai doucement ce que je pensais des deux hommes chargés d'amener les chameaux après la fusillade. Ils dirent pour leur défense que l'explosion avait dispersé les bêtes épouvantées et que les Arabes, ensuite, s'étaient appropriés les premières venues. C'était probablement vrai. Pourtant mes hommes n'étaient pas manchots : ils auraient pu se servir, eux aussi. Je demandai s'il y avait des blessés : une voix répondit que le jeune garçon de Shimt — un casse-cou — avait été tué lors du premier assaut contre le train. Cet assaut était une faute ; je n'avais pas donné d'ordre, sûr que les mitrailleuses et les canons mettraient fin à l'affaire, si la mine fonctionnait bien. Je ne me sentis pas responsable, par suite, de la mort du jeune Arabe.

Trois hommes avaient été légèrement blessés. Enfin, l'un des esclaves de Fayçal daigna déclarer que Salem manquait à l'appel. Je rassemblai tous les guerriers pour les interroger. Un Arabe dit enfin qu'il avait vu Salem allongé à terre, blessé, juste derrière la locomotive. Lewis se souvint alors qu'il avait vu, en effet, sur le sol, un nègre en piteux état. Il ignorait qu'il fût des nôtres. On ne m'avait rien dit et j'en fus furieux, car la moitié des Haoueitates au moins devaient être au courant et n'ignoraient pas que j'étais chargé de Salem. Par leur faute, pour la seconde fois, j'avais laissé un ami derrière.

Je demandai des volontaires pour aller le chercher. Après un instant Zaal se décida, puis douze des Naouaseras. Nous traversâmes la plaine au grand trot vers la voie de chemin de fer. Du sommet de la dernière crête, le train nous apparut, grouillant de Turcs. Ils étaient cent cinquante au moins. Notre tentative n'avait aucune chance. Salem devait être mort, car les Turcs ne faisaient pas de prisonniers arabes. Ils les tuaient même horriblement ; aussi, par pitié, achevions-nous ceux des nôtres gravement blessés qu'il aurait fallu abandonner sur le terrain.

Nous devions renoncer à Salem. Pour ne pas être revenus en vain, je suggérai à Zaal de nous glisser vers l'amont et de reprendre les effets des sergents. Il accepta et nous marchâmes jusqu'au moment où la fusillade turque nous força de nous mettre à couvert. Notre ancien campement, dans la dépression voisine, n'était plus distant que d'une centaine de mètres en terrain découvert et plat. Deux de nos meilleurs coureurs guettèrent donc le moment et, piquant tout à coup, détalèrent pour aller chercher les sacs de selle. Les Turcs se trouvaient loin et leur tir à distance était toujours mauvais ; mais, pour notre troisième voyage, ils montèrent une mitrailleuse et les nuages de poussière des balles, bien visibles sur le fond de galets sombres, leur permirent de nous serrer de près.

Je renvoyai les jeunes coureurs, triai moi-même, dans ce qui restait des bagages, le plus léger et le meilleur, et partis rejoindre le groupe. Nous dévalâmes la pente au galop. Quand notre groupe traversa à découvert, les Turcs virent clairement notre petit nombre. Ils s'enhardirent et coururent des deux côtés pour nous couper la retraite. Zaal sauta de son chameau, grimpa avec cinq hommes au sommet de la crête que nous venions juste de franchir, et ouvrit le feu sur les Turcs. C'était un merveilleux tireur : je l'ai vu, de sa selle, descendre à trois cents mètres, une gazelle au galop, à la deuxième balle. Son tir arrêta l'ennemi.

Il nous cria, à nous autres qui étions chargés, de traverser en hâte le creux suivant et de tenir la crête pendant qu'il se replierait sur nous. Ainsi nous pûmes reculer de crête en crête, réussissant à retarder les Turcs et à en blesser treize ou quatorze. Nous eûmes quatre chameaux blessés. Deux crêtes seulement nous séparaient encore de notre base et nous nous sentions désormais en sûreté, quand un cavalier solitaire s'avança vers nous. C'était Lewis avec un Lewis solidement posé en travers des cuisses. Entendant notre fusillade rapide, il était parti pour voir si nous avions besoin d'aide.

Cette arrivée modifia nettement l'équilibre des forces et mon humeur. J'étais furieux contre les Turcs qui avaient eu Salem et nous avaient pourchassés si loin, haletants et ruisselants de sueur, par la chaleur et la poussière. Nous nous postâmes donc pour donner à nos poursuivants une bonne volée. Mais soit que notre silence leur eût semblé suspect, soit qu'ils eussent pris peur de se voir éloignés de leur base, ils disparurent. Après quelques minutes nous retrouvâmes assez de sang-froid et de sagesse pour partir rejoindre les autres.

Ils formaient une caravane très lourde. De nos quatre-vingt-dix prisonniers, dix étaient des femmes, amies de Médine, qui avaient voulu se rendre à La Mecque par l'intermédiaire de Fayçal. Vingt-deux chameaux s'étaient trouvés sans cavaliers. Les femmes étaient montées sur les bâts de cinq bêtes et l'on avait installé les blessés par paires sur les autres. L'après-midi touchait à sa fin. Nous étions épuisés et les prisonniers avaient bu toute notre eau. Il fallait refaire le plein dans la nuit au vieux puits d'El Medaouara pour pouvoir continuer jusqu'à Roum.

Le puits était tout près de la gare : il fallait donc y aller et en partir aussitôt de peur que les Turcs, devinant notre itinéraire, ne vinssent nous y attaquer quand nous étions sans défense. Notre troupe se divisa donc en petits groupes qui se hâtèrent vers le nord. La victoire a toujours désorganisé une force arabe : nous n'étions plus un rezzou, mais une caravane trébuchant sous le poids des bagages, surchargée de biens domestiques suffisants pour enrichir une tribu pendant des années.

Mes sergents me demandèrent chacun un sabre en souvenir de leur premier combat irrégulier. Comme je parcourais la colonne dans cette intention, je rencontrai soudain les affranchis de Fayçal et, à mon grand étonnement, je vis en croupe de l'un d'eux, attaché au cavalier par des lanières, ensanglanté et sans conscience, le fameux Salem porté manquant.

Je trottai vers Ferhan pour lui demander des explications : où diable l'avait-il trouvé ? Salem, me dit-il, au premier obus de Stokes, s'était rué derrière la locomotive ; un Turc lui avait tiré dans le dos. La balle avait passé près de l'épine dorsale, sans le blesser mortellement à son avis. Lors du pillage, les Haoueitates lui avaient pris son manteau, son poignard, sa coiffure et son fusil. Mijbil, l'un des affranchis, l'ayant trouvé et porté jusqu'à son chameau, avait déguerpi pour le ramener chez lui sans nous avertir. Ferhan, le dépassant sur la route, l'avait relevé de ce travail. Salem, quand il se fut remis — car il guérit, en effet — me garda toujours un peu rancune de l'avoir abandonné, blessé, alors qu'il faisait partie de ma troupe. J'avais failli contre la loyauté. Je m'abritais d'ordinaire derrière un chérif pour éviter d'être jugé à l'impitoyable étalon des Arabes, sans merci pour les étrangers qui portent leurs habits et singent leurs manières. On ne me prit pas souvent avec un si pauvre bouclier que l'aveugle chérif Aïd.

On atteignit le puits en trois heures et le plein d'eau s'acheva heureusement. Un dizaine de milles nous mirent ensuite définitivement à l'abri. Nous fîmes halte alors pour dormir, et le matin nous trouva fatigués mais contents. La dysenterie avait violemment tracassé Stokes la nuit précédente, mais le sommeil et la fin des soucis lui rendirent la santé. Lui, moi et Lewis qui n'avions pas de fardeau, partîmes à l'avant-garde et, après avoir traversé une série de plaines de boue, nous atteignîmes, avant le coucher du soleil, le fond de l'ouadi Roum.

Cette nouvelle route était importante pour nos autos blindées ; ses vingt milles de boue durcie leur permettaient d'atteindre El Medaoura facilement. Nous pouvions donc arrêter la circulation des trains à notre guise. C'est avec de telles pensées que nous défilâmes dans l'avenue de Roum encore rutilante des lueurs du couchant ; les falaises étaient aussi rouges que les nuages à l'ouest, stratifiées comme eux et comme eux horizontales contre le ciel. De nouveau nous sentîmes à quel point la sereine beauté de Roum apaisait toute excitation. Sa grandeur écrasante, nous réduisant à la taille de nains, nous dépouilla de ce manteau de rires qui nous avait enveloppés quand nous marchions par les plaines hilares.

La nuit tomba, et la vallée devint un paysage de l'esprit. Les falaises invisibles, mais présentes, se chargeaient de présages. L'imagination tentait de reconstruire le plan de leurs remparts, en suivant le sombre contour découpé sur un dais d'étoiles. L'ombre, dans la profondeur, avait une réalité solide — une nuit à désespérer du mouvement. Nous sentions seulement peiner nos chameaux qui, d'un roulis monotone et feutré, heure après heure, faisaient leur chemin minuscule, sans l'accident d'un trou ni d'un obstacle, et sans que le mur d'en face nous parût plus près ou le mur derrière plus loin qu'au début.

Vers 9 heures, nous atteignîmes l'entrée du cirque où se trouvaient la source et notre ancien campement. Nous la reconnûmes au fait que la noirceur profonde devenait là plus noire parce qu'humide. Tournant nos chameaux à droite, nous avançâmes vers le roc qui dressait si haut dans le ciel ses dômes dentelés que les cordelettes de nos voiles, en les regardant, nous glissèrent sur les épaules. À coup sûr il nous suffirait de pointer nos cravaches pour toucher les murs devant nous ; pourtant il nous fallut marcher longtemps encore, ou plutôt ramper, sous leurs cornes.

Enfin notre groupe entra dans le taillis : nous criâmes. Un Arabe cria en retour. Les échos de ma voix, roulant de la falaise, rencontrèrent son cri et les deux sons, s'enveloppant l'un l'autre, luttèrent au milieu des pics. Une flamme pâle palpita sur la gauche : Moussa, notre veilleur, était là. Il alluma un feu de bois violemment parfumé : à sa lumière, défonçant nos boîtes de bœuf en conserve, nous mangeâmes avidement, engloutissant à chaque bouchée un bol de l'eau délicieuse, glacée, capiteuse après la puante boisson d'El Medaouara qui, pendant des jours, nous avait brûlé le gosier.

L'arrivée des autres ne nous éveilla pas. Deux jours plus tard nous entrions à Akaba : glorieux, chargés de richesses et proclamant que nous tenions les trains turcs à notre merci. D'Akaba, les deux sergents prirent en hâte le bateau pour l'Égypte. Les bureaux du Caire, se souvenant de leur existence, bougonnaient. Qu'importe ! Ils pouvaient avec joie payer ce genre de frais. Ils avaient, à eux seuls, gagné une bataille ; connu la dysenterie ; vécu avec du lait de chamelle ; appris à faire, sur un chameau, quatre-vingts kilomètres par jour sans souffrance. Puis, Allenby leur donna une médaille à chacun.

CHAPITRE LXVIII

Les jours passèrent à parler politique, organisation et stratégie avec Fayçal, pendant qu'on préparait activement une nouvelle expédition. Notre chance avait fouetté le camp ; l'art de faire sauter les trains promettait de devenir populaire si nous étions capables d'en enseigner la technique à un nombre d'hommes suffisant pour former plusieurs rezzous. Le capitaine Pisani fut le premier volontaire. C'était le chef expérimenté du groupe français d'Akaba, soldat énergique brûlant d'être à l'honneur — et aux honneurs. Fayçal me découvrit trois jeunes Damascènes de bonne famille qui désiraient prendre la tête de rezzous. Nous partîmes pour Roum en annonçant que ce raid était spécialement réservé au clan de Gasim. Tous furent sur des charbons ardents; mais la cupidité leur interdit de refuser. Pendant des jours les hommes accoururent en foule pour se joindre à nous. Beaucoup furent refusés. Nous partîmes pourtant avec cent cinquante hommes et une énorme caravane de chameaux dont les bâts vides devaient recevoir le butin.

Nous décidâmes pour changer un peu de travailler du côté de Maan. Il fallut donc remonter vers Batra, grimper de la chaleur au froid, de l'Arabie à la Syrie, et du tamarin à l'absinthe. Quand nous vîmes, en franchissant le col la tache rouge-sang piqueter les collines, au-dessus des sources infestées de sangsues, nous respirâmes pour la première fois l'haleine de ce désert du Nord : air trop fin pour être décrit, qui parle de solitude parfaite, d'herbe séchée et de soleil sur les silex brûlants.

Les guides nous dirent que le kilomètre 475 conviendrait pour une mine. Mais ce tronçon était surveillé par des blockhaus : il fallut déguerpir sans bruit. Notre troupe descendit la voie jusqu'au point où elle traverse une vallée sur un haut ballast percé de trois ponts. Après minuit nous plaçâmes là une mine automatique de lyddite, d'un type nouveau et très puissant. La pose demanda des heures et l'aube nous surprit au travail. À vrai dire il n'y eut pas d'aube perceptible : quand nous regardâmes autour de nous pour voir où cédaient les ténèbres, il nous fut impossible de localiser la lumière sur un point précis. De longues minutes après, le soleil se montra, déjà haut sur l'horizon, profilé en dégradé sur une bande vague de brouillard.

Notre troupe se retira à 1 000 mètres en amont dans le lit broussailleux du vallon pour se mettre à l'abri pendant le jour intolérable. Le soleil ne fit que croître, si proche de notre tranchée étincelante que nous nous sentions bondés de rayons. Notre troupe était composée d'hommes fous d'ordinaire ; l'espoir du butin accroissait leur folie jusqu'à la démence. Ils ne voulaient écouter que moi et portaient leurs disputes devant mon tribunal. Dans les six jours de ce raid il me fallut instruire et régler douze cas d'agression à main armée, quatre vols de chameaux, un mariage, deux larcins, un divorce, quatorze vendettas, deux cas de mauvais œil et un mauvais sort.

Je dus rendre ces jugements malgré ma connaissance imparfaite de l'arabe. Ce bluff frauduleux me blessa. Tels étaient encore les fruits, les fruits amers, de ma résolution : pourquoi m'étais-je juré, devant Akaba, de devenir un des chefs principaux de la Révolte ? Je soulevais les Arabes au moyen de faux et j'exerçais sur mes dupes une fausse autorité, ne basant guère mes jugements que sur leurs visages, autant que je pouvais les voir avec mes yeux picotants, noyés de larmes, brûlés par une année d'exposition aux élancements du soleil.

L'attente dura ce jour-là, puis la nuit. Au coucher du soleil je m'étais allongé près d'un buisson pour noter sur mon journal la fatigue de la journée quand un scorpion fit une sortie précipitée et, se cramponnant à ma main gauche, me piqua, autant que je crus sentir, à plusieurs reprises. La douleur de mon bras gonflé me tint éveillé jusqu'à l'aube : au grand soulagement de mon esprit surchargé. Car les protestations du corps qui l'accompagne interrompent son soliloque anxieux lorsque l'irritation d'une blessure superficielle vient secouer mes nerfs paresseux.

Pourtant une douleur de cet ordre ne durait jamais assez longtemps pour guérir le mal de l'esprit. Au bout d'une nuit elle cédait la place à ce désagréable (et peu honorable) malaise interne qui aiguillonne la pensée et laisse sa victime toujours moins endurante. Au matin la guerre m'apparut une folie aussi grande que le crime de mon faux commandement ; je mandai les cheikhs et j'allais remettre entre leurs mains embarrassées ma personne et mes titres usurpés lorsque la sentinelle nous annonça un train.

C'était un train-citerne qui descendait de Maan. Il passa sur la mine sans dommage. Les Arabes me remercièrent ; un pillage d'eau n'était pas leur rêve. En tout cas, la mine avait raté. À midi donc, avec mes élèves, j'allai placer une mine électrique au-dessus de la lyddite afin que l'explosion de l'une allumât l'autre. Pour cacher notre action, nous nous fiâmes au mirage et à la sieste de midi qui embuait les yeux des Turcs : non sans raison d'ailleurs, car il n'y eut pas d'alerte pendant l'heure où nous posâmes la mine.

Du pont sud les câbles électriques furent amenés à celui du milieu dont l'arche cacherait l'exploseur à un train au-dessus. Les Lewis furent placés sous le pont nord pour balayer l'extrémité du train après l'explosion. Les Arabes se déploieraient dans les buissons d'une petite vallée transversale à trois cents mètres, de notre côté de la voie. L'attente reprit : tout un jour de soleil et de mouches. Les Turcs patrouillèrent activement le long de la voie, le matin, l'après-midi et le soir.

Le second jour, à 8 heures du matin, un pilier de fumée quitta Maan. Au même instant s'avança la première patrouille. Ils n'étaient que six hommes, mais, s'ils arrivaient les premiers, ils pouvaient avertir et arrêter le train. Nous regardâmes, anxieux : qui gagnerait la course ? Le train était très lent et la patrouille s'arrêtait quelquefois.

Nous calculâmes que le train gagnerait de deux ou trois cents mètres. Tous le monde reçut donc l'ordre de rejoindre son poste. La machine, traînant douze wagons chargés, haletait sur la pente. Pourtant elle avançait avec régularité. J'étais assis près d'un buisson dans le lit du torrent à cent mètres de la mine : je pouvais voir, outre celle-ci, le groupe d'hommes autour de l'exploseur et les mitrailleuses. Lorsque Faiz et Bédri entendirent rouler la locomotive sur leur arche, ils dansèrent une danse de guerre autour de leur petite boîte électrique. Les Arabes, dans le fossé, me sifflaient doucement que le moment était venu. Mais j'attendis que la locomotive fût exactement au-dessus de l'arche pour me dresser d'un bond et agiter mon manteau. Faiz, aussitôt, pressa la manette : fracas, poussière, ténèbres éclatèrent comme à El Médaouara une semaine auparavant ; j'en fus enveloppé tandis que la fumée maladive et verdâtre de la lyddite planait paresseusement sur la catastrophe. Les Lewis tactacquèrent soudain, deux ou trois roulements brefs ; un hurlement jaillit des Arabes, et, conduits par Pisani clamant le vibrant cri de guerre des femmes, ils se ruèrent, torrent sauvage, sur le train.

Un Turc apparut sur les tampons du quatrième wagon à partir de la fin et découpla, laissant la queue du train reglisser sur la pente. Je fis un effort languissant pour jeter un bloc derrière la roue, mais sans assez de zèle, au fond, pour réussir. Il semblait juste et assez spirituel que cette partie du butin échappât. Un colonel turc, de la fenêtre, fit feu sur moi avec un pistolet Mauser et m'égratigna la hanche. Je ris de cet excès d'énergie, bien digne d'un officier régulier, qui croyait avancer la guerre en tuant un homme de plus.

Notre mine avait enlevé la première arche du pont. Le foyer de la locomotive était éventré et la plupart des tubes détruits. Cabine balayée, cylindre parti, châssis tordu, deux roues motrices en pièces. Le tender et le premier wagon s'étaient télescopés. Une vingtaine de Turcs étaient morts ; les prisonniers comprenaient quatre officiers qui, debout près de la voie, pleurnichaient pour qu'on leur laissât une vie que les Arabes ne songeaient pas à prendre.

Les wagons contenaient des vivres, environ soixante-dix tonnes ; vivres « de nécessité urgente », suivant la feuille de route pour Medain Salih. On envoya une des feuilles de route à Fayçal comme rapport détaillé de notre succès ; l'autre fut laissée sur place, acquittée.

Quelques coups de pied dirigèrent vers le nord une douzaine de civils qui avaient cru aller à Médine.

Pisani surveilla le transport ou la destruction du butin. Comme dans le raid précédent, les Arabes n'étaient plus que des chameliers marchant derrière leurs bêtes lourdement chargées. Farraj tint mon chameau pendant que Salem et Dheilan m'aidaient à assujettir l'exploseur et le câble trop lourd. Quand tout fut prêt, les renforts turcs étaient à quatre cents mètres de nous, mais nous pûmes partir sans avoir un seul homme tué ou blessé.

Mes élèves, par la suite, pratiquèrent seuls l'art de la mine et l'enseignèrent aux autres. Le bruit de leurs gains roula parmi les tribus comme une vague toujours croissante : pas toujours intelligemment. « Envoyez-nous un *lourens*[1] et nous ferons sauter des trains avec », écrivirent les Beni-Atiyehs à Fayçal. Il leur prêta Saad, un Ageyl de confiance qui leur fit dérailler un train important. Il contenait cette peste de Souleïman Refada, notre vieil adversaire d'El Ouedi, avec 20 000 livres en or et des trophées précieux. Saad répéta mon histoire en emportant tout juste pour sa part le câble électrique.

Dans les quatre mois qui suivirent, nos experts partis d'Akaba détruisirent dix-sept locomotives. Voyager devint, pour nos ennemis, d'une incertitude terrifiante. À Damas, les gens faisaient la queue, payaient même un supplément pour avoir les dernières places dans le train. Les mécaniciens firent grève. Le transport des civils cessa presque et nous étendîmes notre menace jusqu'à Alep en affichant simplement, une nuit, sur les murs de l'hôtel de ville, à Damas, que les bons Arabes voyageraient désormais à leurs risques et périls sur le train de Syrie. La perte des locomotives affecta durement les Turcs. Le matériel roulant étant commun à la Palestine et au Hedjaz, non seulement nos destructions rendirent impossible l'évacuation massive de Médine,

1. Lawrence *(N.d.T.)*.

mais encore elles commencèrent à toucher l'armée de Jérusalem au moment précis où la menace anglaise devenait formidable.

Cependant l'Égypte m'avait appelé par télégramme. Un avion m'emmena au Grand Quartier Général : Allenby, au feu de sa volonté, y reforgeait l'armée britannique rompue. Il me demanda ce que signifiaient nos efforts sur la ligne, ou, plutôt, s'ils signifiaient autre chose que la réclame mélodramatique faite à la cause de Fayçal.

Je lui exposai mon espoir : laisser fonctionner la ligne — mais juste fonctionner de façon à emprisonner dans Médine les troupes de Fakhri qui nous coûtaient là moins cher qu'en prison au Caire. La façon la plus sûre de limiter le trafic sans bataille était d'attaquer les trains. Les Arabes mettaient à ce travail un zèle absent de pures démolitions militaires. Nous ne pouvions pas encore briser la ligne ; car sa tête, c'est-à-dire son point le plus fort, se trouverait alors tout près de nous : or, nous préférions un ennemi faible dans le voisinage, tant que notre armée régulière ne serait pas équipée, entraînée et assez nombreuse pour investir Maan.

Il me questionna sur l'ouadi Moussa ; les messages turcs montraient leur intention d'attaquer sans retard sur ce point. J'expliquai que nous provoquions les Turcs à attaquer l'ouadi Moussa. Nous allions être récompensés s'ils tombaient, pieds et poings liés, dans notre piège. Nous allions toujours en petits groupes, jamais en formations serrées et leurs aéroplanes ne pouvaient pas estimer notre nombre. Leurs espions même en étaient incapables, puisque nos propres chefs n'avaient pas la moindre idée de leurs effectifs à un moment donné.

De notre côté nous étions renseignés sur eux exactement. Nous connaissions leurs unités une à une, un à un les hommes qu'ils déplaçaient. Ils nous traitaient comme des troupes régulières et, avant de risquer un mouvement, calculaient la force totale que nous leur opposerions *peut-être*. Moins orthodoxes, nous savions *à coup sûr* et exactement ce qu'ils nous opposeraient. Tel était notre équilibre. Depuis des années le Mouvement Arabe vivait sur ce plateau réjouissant mais instable, entre « peut-être » et « à coup sûr ». Nous ne devions pas laisser de marge au hasard. « Pas de marge » était en vérité la devise d'Akaba, à chaque instant dans toutes les bouches.

La grande attaque de Djémal sur l'ouadi Moussa, quand elle vint enfin, ne fit pas le moindre bruit. Mauloud présida magnifiquement les débats. Il ouvrit son centre et, avec le plus grandiose des humours, laissa avancer l'ennemi qui vint se briser le nez contre les falaises verticales du refuge arabe. Puis, tandis qu'il était encore ahuri et choqué de sa mésaventure, il tomba simultanément sur ses deux flancs. Jamais plus les Turcs n'attaquèrent une position arabe préparée. Leurs pertes avaient été lourdes, mais l'effet démoralisant d'un ennemi toujours invisible et pourtant plein de ressort leur coûta plus cher encore. Grâce à Mauloud, Akaba fut désormais libre de tout souci pour sa propre sécurité.

LIVRE VI

Le raid sur les ponts

Chapitres LXIX à LXXXI

Au mois de novembre 1917, Allenby fut prêt à déclencher une offensive générale contre les Turcs sur l'ensemble du front. Les Arabes auraient dû faire de même dans leur secteur; mais, craignant de tout jouer sur un coup de dés, je résolus d'aller plutôt couper la ligne de chemin de fer de la vallée du Yarmok, pour jeter le désordre dans la retraite turque escomptée. Cette demi-mesure rencontra l'échec qu'elle méritait.

CHAPITRE LXIX

Octobre fut donc pour nous un mois d'attente. Nous savions, en effet, qu'Allenby préparait avec Bols et Dawnay une attaque sur la ligne Gaza-Bir Cheba. La petite armée turque, fortement retranchée, avec d'excellentes communications latérales, avait été bouffie par ses victoires au point de croire qu'aucun général anglais n'était capable de garder ce que ses troupes lui avaient gagné par de durs combats.

Elle se trompait. La venue d'Allenby avait mis d'aplomb l'armée anglaise. Murray et ses hommes avaient toujours travaillé derrière un brouillard de jalousies personnelles ou bureaucratiques : la grandeur du nouveau chef balaya tout cela. Le général Lynden Bell céda la place au général Bols, naguère chef d'État-Major d'Allenby en France, un petit homme vif, brave, plaisant : tacticien, peut-être, mais surtout « doublure » admirable et effacée d'Allenby qui avait coutume, aux moments de détente, de se reposer sur lui. Par malheur, ni l'un ni l'autre n'avait le pouvoir de choisir ses collaborateurs ; mais le discernement de Chetwode sut les compléter en faisant de Guy Dawnay le troisième membre de l'État-Major.

Bols n'avait jamais d'opinion ni de moyen d'en former une. Dawnay, lui, était tout intelligence. Il lui manquait l'ardeur de Bols ainsi que l'élan calme et la compréhension humaine d'Allenby, qui était l'homme pour qui les hommes travaillaient, l'image que nous adorions. L'esprit froid et réservé de Dawnay considérait nos efforts d'un œil incolore : il pensait, il pensait sans cesse. Cette surface mathématique cachait des convictions passionnées et complexes, une connaissance érudite et raisonnée de l'art militaire et l'amertume brillante d'un jugement que nous et la vie avions désappointé.

C'était le moins professionnel des soldats : banquier lisant l'histoire grecque, stratège sans honte, poète brûlant et fort des choses quotidiennes. Pendant la guerre il avait eu la douleur de faire les plans (gâtés par d'incompétents tacticiens) de l'attaque contre Suvla et de la bataille de Gaza. Chaque ouvrage ainsi gâché le fit se retirer plus loin dans la dureté d'un orgueil glacé car il avait l'étoffe d'un fanatique.

Allenby, en ignorant son mécontentement, brisa cette glace. En retour, Dawnay consacra à l'offensive de Jérusalem tout le talent dont il était abondamment pourvu. L'union cordiale de ces deux hommes rendit la position des Turcs désespérée dès le début.

Leurs caractères divergents se reflétaient dans la complexité du plan. Gaza avait été entourée d'un système de tranchées à l'échelle européenne avec d'innombrables lignes de défense. C'était si évidemment le point le plus fort de l'ennemi que le haut commandement britannique en avait fait deux fois l'objectif d'une attaque de front. Allenby, qui arrivait de France, insista pour que toute offensive fût déclenchée avec un nombre écrasant d'hommes et de canons alimentés par des moyens de transport en quantité énorme. Bols approuva d'un signe de tête.

Dawnay n'était pas l'homme à livrer une bataille de front. Il cherchait à détruire la force de l'ennemi avec le moins d'embarras possible. Comme un maître politique, il se servait du titre de chef ainsi que d'un bluff couvrant la dernière profondeur d'astuce justifiable. Il conseilla une poussée à l'extrémité du front turc près de Bir Chéba. Pour obtenir à bas prix sa victoire, il voulait la principale force ennemie derrière Gaza : on obtiendrait ce résultat si la concentration des troupes anglaises restait cachée ; les Turcs prendraient alors l'attaque de flanc pour une feinte sans importance. Bols approuva d'un signe de tête.

Les mouvements furent donc faits dans le plus grand secret ; mais Dawnay trouva dans son service de renseignements un allié qui lui conseilla de ne pas se contenter de précautions négatives et de donner à l'ennemi des informations précises (mais spécieuses) sur les plans envisagés.

Cet allié était Meinertzhagen, que la vie avait fait dériver de l'étude des oiseaux migrateurs au métier militaire. Sa haine pour l'ennemi, immorale et véhémente, s'exprimait aussi volontiers par des fourberies que par la violence. Il convainquit Dawnay ; Allenby, après quelques hésitations, céda ; Bols approuva, et l'on se mit à l'œuvre.

Meinertzhagen ne connaissait pas de demi-mesures. C'était un logicien profondément idéaliste et si possédé par ses convictions qu'il ne répugnait pas à atteler le mal au char du bien. Stratège, géographe, tyran au rire silencieux, il prenait un plaisir aussi gaillard à tromper son ennemi (ou son ami) par quelque astuce peu scrupuleuse qu'à défoncer un à un, dans un coin, les crânes d'une troupe d'Allemands, avec son casse-tête africain. Ses instincts étaient servis par un corps d'une force prodigieuse et par un cerveau sauvage qui choisissait le meilleur moyen d'atteindre son but, sans se laisser arrêter par les doutes ou la coutume. Meiner composa soigneusement de faux documents militaires, détaillés et confidentiels, qui, pour un officier d'État-Major sachant son métier, indiqueraient de fausses positions pour le gros des troupes d'Allenby, une fausse direction pour la prochaine attaque et une date en retard de quelques jours. L'ennemi fut d'abord amené sur la piste par des indications calculées, données par T.S.F. en messages chiffrés. Quand Meiner fut certain que les Turcs avaient recueilli ces messages, il partit en reconnaissance avec ses carnets de notes. Il poussa jusqu'en vue de l'ennemi. Dans la galopade qui suivit, il perdit tout son équipement et manqua se perdre lui-même. Mais il eut la satisfaction de voir, par la suite, les réserves turques maintenues derrière Gaza et leurs préparatifs s'incliner vers la côte en se ralentissant. Au même instant un ordre du jour de l'armée signé Ali Fouad Pacha mettait ses officiers d'État-Major en garde contre le port des documents sur la ligne de feu.

De notre côté, sur le front arabe, nous avions de l'ennemi une connaissance approfondie. Nos officiers arabes avaient été officiers dans l'armée turque et connaissaient personnellement tous les chefs de l'autre côté. Ils avaient eu le même entraînement, pensaient de la même façon, adoptaient les mêmes points de vue. En approchant les Arabes nous pouvions explorer la mentalité militaire turque ; nous comprenions leur esprit, nous l'habitions presque. Les relations entre nous et l'ennemi étaient constantes, car la population civile de régions occupées par les Turcs était toute nôtre, sans avoir à payer ni à prêcher. Notre service de renseignements était donc le plus large, le plus complet et le plus sûr qu'on pût imaginer.

Ainsi, mieux qu'Allenby, nous connaissions le vide ennemi et l'ampleur des ressources anglaises. Par contre, nous sous-estimions, dans l'armée britannique, l'entrave d'une artillerie trop nombreuse, la complexité encombrante d'une infanterie et d'une cavalerie qui ne se déplaçaient qu'avec une lenteur de rhumatisants. Qu'Allenby eût un mois de beau temps comme nous l'espérions, et il devait prendre, à notre avis, non seulement Jérusalem, mais Caïffa, balayer les Turcs en déroute à travers les montagnes.

Ce serait alors notre moment : il fallait qu'il nous trouvât prêts au point où notre masse et notre action tactique seraient le moins attendues et le plus dangereuses. À mon sens, le centre d'attraction était Deraa, point de jonction des lignes Jérusalem-Caïffa-Damas-Médine, nombril des armées turques en Syrie, point commun à tous leurs fronts et, par bonheur pour nous, région où nous attendaient, intactes, de grandes réserves de guerriers arabes, que Fayçal, d'Akaba, entraînait et armait. Nous avions là, prêts à nous servir, les Rouallas, les Serahins, les Serdiyehs, les Khoreichas et, beaucoup plus forts que les indigènes des tribus, les sédentaires du Hauran et du Djebel Druse.

Je me demandai quelque temps si nous ne devions pas soulever tous ces partisans et harceler en force les communications turques. Avec la moindre adresse, nous étions certains de lever douze mille hommes : assez pour enlever Deraa d'assaut, détruire toutes les voies et même prendre Damas par surprise. Un seul de ces résultats eût rendu critique la situation de l'armée turque de Bir Cheba. Ma tentation de jouer tout notre capital sur cette carte fut donc des plus violentes.

Mais cette fois encore — et ce ne fut ni la dernière ni la première — il m'en coûta d'être au service de deux maîtres. J'étais l'un des officiers d'Allenby et dans sa confidence : en retour il attendait que je fisse pour lui de mon mieux. J'étais aussi le conseiller de Fayçal ; et Fayçal se fiait à mon honnêteté et à ma compétence au point de suivre souvent mes avis sans les discuter. Pourtant je ne pouvais ni expliquer à Allenby toute la situation arabe, ni dévoiler à Fayçal tout le plan des Anglais.

Les populations locales nous suppliaient de venir. Le cheikh Tallal-el-Hareidhin, chef de la plaine basse autour de Deraa, nous avait fait savoir, par des messages répétés, qu'avec seulement quelques-uns de nos cavaliers comme preuve du support arabe, il nous donnerait Deraa. Un tel exploit eût admirablement servi Allenby, mais Fayçal ne pouvait le provoquer que s'il avait bon espoir de s'installer ensuite lui-même en pays conquis. La prise soudaine de Deraa suivie d'une retraite eût impliqué le massacre ou la ruine de la magnifique race paysanne qui habitait le district.

Ces gens-là ne pouvaient se soulever qu'une fois, et leur effort devait être décisif. En les soulevant maintenant, on risquait le meilleur atout que Fayçal tint en réserve pour un succès éventuel ; et on le risquait sur l'hypothèse qu'Allenby balayerait l'ennemi dès sa première attaque et qu'il n'y aurait pas de pluie dans le mois de novembre, condition essentielle d'une avance rapide.

Ayant pesé dans mon esprit l'armée anglaise, honnêtement je ne pus être sûr de son succès. Les hommes étaient pour la plupart des soldats valeureux, mais les généraux, d'ordinaire, abandonnaient par stupidité ce qu'ils avaient gagné par ignorance. Allenby n'avait pas été mis à l'épreuve ; il nous arrivait de France avec une réputation non exempte de blâme, les troupes dont il disposait s'étaient effondrées dans — et avaient été ruinées par — la période Murray. Naturellement nous nous battions pour une victoire alliée ; et puisque les Anglais menaient le jeu, les Arabes, en dernier ressort, seraient forcément sacrifiés à leurs intérêts. Mais étions-nous au dernier ressort ? D'une façon générale, la guerre n'allait ni bien ni mal ; l'occasion perdue se retrouverait sans doute l'année suivante. Tout compte fait, pour l'amour des Arabes, je décidai de remettre à plus tard le coup de dés.

CHAPITRE LXX

La vie du Mouvement Arabe dépendait du bon plaisir d'Allenby. Il était donc nécessaire d'entreprendre quelque opération, moindre qu'une révolte générale, sur l'arrière de l'ennemi ; opération qui fût menée par un rezzou pour ne pas impliquer les populations locales et qui satisfît pourtant le général anglais en l'aidant matériellement dans la poursuite de l'ennemi. Réflexion faite, ces conditions me parurent converger vers le projet suivant : couper un des grands ponts de la vallée du Yarmok.

C'est en effet par la gorge étroite et abrupte du Yarmok que le chemin de fer de Palestine grimpe vers le Hauran, en route pour Damas. La dépression du Jourdain est si profonde, le bord oriental du plateau si abrupt, que cette section de la voie avait été des plus malaisées à construire. Les ingénieurs avaient dû suivre le lit même de la vallée tortueuse. La voie traversait donc et retraversait la rivière par une série de ponts dont les plus extrêmes à l'est et à l'ouest étaient les plus difficiles à remplacer.

La destruction de l'un ou l'autre de ces ponts couperait l'armée turque de sa base, à Damas, pendant au moins quinze jours et lui enlèverait toute chance d'échapper à l'avance d'Allenby. Pour atteindre le Yarmok il nous faudrait, en partant d'Akaba, parcourir (via Azrag) quelque 420 milles. Les Turcs considéraient le danger comme si éloigné qu'ils gardaient mal les ponts.

Je soumis donc ce plan à Allenby qui nous demanda d'exécuter le raid le 5 novembre ou l'un des trois jours suivants. Si nous réussissions et si le temps nous favorisait ensuite pendant quinze jours, il y avait de grandes chances pour qu'aucune des unités de l'armée von Kress ne survécût à sa retraite vers Damas. Les Arabes auraient alors l'occasion de lancer sur la capitale leur vague de révolte, relayant à mi-chemin les Anglais, dont l'impulsion originelle serait presque épuisée avec l'épuisement de leurs transports.

Pour de telles éventualités, nous avions besoin à Azrag d'un chef capable de rassembler autour de lui les partisans locaux en puissance. Nacer, notre pionnier habituel, était absent. Mais, parmi les Beni-Sakhrs, était Ali-ibn-el-Hussein, le jeune et séduisant chérif Harith qui s'était distingué lors des premiers efforts désespérés de Fayçal autour de Médine et qui, plus tard, était devenu plus newcombien que Newcombe autour de El Ula.

Ali, l'hôte, jadis, de Djémal à Damas, avait appris quelque chose de la Syrie. Je priai donc Fayçal de me le prêter. Il nous avait donné la preuve de son courage, de son habileté et de son énergie. Depuis le début du Mouvement, nulle aventure n'avait été assez dangereuse pour l'arrêter, nul désastre assez profond pour éteindre son rire aigu et sauvage comme un hurlement.

Physiquement, c'était un homme splendide : ni grand ni lourd, mais si fort qu'il pouvait s'agenouiller, allonger les avant-bras sur le sol, paumes en-dessus, et se relever ensuite avec un homme sur chaque main. Au surplus il était capable, pieds nus, de gagner de vitesse une chamelle au trot, de soutenir ce train pendant un demi-mille et de sauter ensuite en selle. Avec cela impertinent, têtu, vaniteux, aussi téméraire en paroles qu'en actes, convaincant lorsqu'il le voulait dans ses discours publics, et assez éduqué pour un homme dont l'ambition était de surpasser les nomades du désert dans l'art de la guerre et l'exercice physique.

Ali nous amènerait les Beni-Sakhrs. Nous avions du côté des Sérahins, la tribu d'Azrag, de bonnes raisons d'espérer. J'étais en contact avec les Beni-Hassans. Les Rouallas, naturellement, étaient à cette saison dans leurs pâturages d'hiver, ce qui nous privait de notre meilleure carte dans le Hauran. Faiz-el-Ghusein était parti dans le Léja pour préparer l'action contre le chemin de fer du Hauran, si le signal était donné. Des dépôts d'explosifs avaient été constitués aux points convenables. Nos amis, à Damas, étaient avertis et Ali Riza Pacha Rikabi, gouverneur militaire de la cité aux yeux innocents des Turcs, mais aussi agent principal et conspirateur au service du chérif, prenait tranquillement ses mesures pour garder le pouvoir quand le moment serait venu.

Le détail de mon plan était : fondre d'Azrag, sous la

conduite de Rafa (le cheikh valeureux qui m'avait escorté au mois de juin) sur Oum Keïs, en une ou deux étapes énormes, avec une poignée d'hommes, peut-être cinquante. Oum Keïs était Gadara, très précieuse par le souvenir de Ménippe et de Méléagre, le Grec syrien immoral dont le lyrisme marque le plus haut point de la littérature syrienne. La ville domine juste le dernier pont (à l'ouest) sur le Yarmok : chef-d'œuvre métallique dont la destruction me donnerait certainement un nom dans l'école gadaréenne. Une demi-douzaine seulement de sentinelles gardaient les culées et les poutres. La relève était assurée par une garnison de soixante hommes logés dans la gare de Hemmé, où les sources chaudes de Gadara jaillissent encore pour le bénéfice des malades du pays. J'avais l'espoir d'entraîner quelques Abou Tayis sous les ordres de Zaal. Avec ces hommes-loups, j'étais sûr de l'assaut. Pour empêcher l'arrivée de renforts ennemis, nous balayerions les alentours avec des mitrailleuses que serviraient les Hindous du capitaine Bray (volontaires venus de la division de cavalerie en France) sous la direction de Djémadar Hassan Schah, homme ferme et expérimenté. Depuis des mois ils battaient la campagne, coupant des rails du côté d'El Ouedj ; on pouvait supposer qu'ils étaient devenus de bon méharistes, aptes aux marches forcées que j'envisageais.

La démolition des grandes poutres suspendues par des masses limitées d'explosif était un travail de précision exigeant un chapelet de charges avec mise de feu électrique. Le *Humber*, pour simplifier le système d'attache, nous fabriqua des lanières et des boucles en toile à voile. Ce n'en était pas moins un travail difficile à faire sous le feu de l'ennemi. De peur d'un accident, Wood, l'ingénieur de base à Akaba, et le seul officier du génie que nous eussions sous la main, fut invité à venir me doubler. Il accepta aussitôt, quoique une commission médicale lui eût interdit tout service actif (une balle lui avait traversé la tête en France). George Lloyd, qui passait ses derniers jours à Akaba avant de partir pour Versailles où l'appelait une fâcheuse commission interalliée, résolut de nous accompagner jusqu'à El Djafeur. Comme c'était un des meilleurs garçons du monde et l'un des voyageurs les moins gênants sur terre, sa décision ajouta beaucoup à notre désir désespéré.

Nous faisions nos derniers préparatifs quand un allié inattendu surgit en la personne de l'émir Abd-el-Kader-el-Jezairi, petit-fils du guerrier chevaleresque qui avait défendu Alger contre les Français. Cette famille vivait en exil à Damas depuis une génération. L'un de ses membres, Omar, avait été pendu par Djémal pour une trahison qu'avaient révélée les documents Picot. Les autres avaient été déportés. Abd-el-Kader nous raconta tout au long son évasion de Bruse et les mille aventures de son voyage à travers l'Anatolie, vers Damas. En vérité, il avait été libéré par les Turcs sur la requête du khédive Abbas Hilmi qui l'avait envoyé en négociateur à la Mecque. Il avait vu le roi Hussein et revenait de cette entrevue avec une bannière écarlate, de nobles cadeaux, son esprit (un peu fêlé) à demi persuadé de notre droit, et toute sa personne enflammée par saccades.

Il avait offert à Fayçal ses villageois, corps et âmes : c'étaient des exilés algériens, rudes et cognant dur, qui vivaient massés sur la rive nord du Yarmok. Nous sautâmes sur l'occasion d'obtenir ainsi, pendant un temps assez bref, le contrôle de la vallée moyenne et de son tronçon de voie (y compris deux ou trois ponts principaux) sans l'inconvénient d'un soulèvement paysan : car les Algériens étaient des étrangers haïs et la paysannerie arabe ne les suivrait pas. Je comptais demander à Rafa de venir nous rencontrer à Azrag ; nous y renonçâmes donc et nous ne dîmes pas un mot à Zaal, limitant nos pensées à l'ouadi Khalid et à ses ponts.

Nous organisions notre affaire dans ce sens lorsqu'un télégramme du colonel Brémond vint nous mettre en garde : Abd-el-Kader, à l'en croire, était un espion à la solde des Turcs. Cela dérangeait tous nos plans. On surveilla l'homme étroitement sans trouver de preuve. L'accusation ne devait pas être acceptée aveuglément, étant donnée sa source. Brémond nous grevait plus qu'il ne nous aidait. Abd-el-Kader ne se gênait pas pour attaquer la France en public comme en privé, et le tempérament militaire du colonel pouvait fort bien avoir faussé son jugement. Les Français considèrent leur patrie comme une jolie femme : cela les conduit à une espèce de dépit national contre ceux qui en méprisent les charmes.

Fayçal invita Abd-el-Kader à nous accompagner, Ali et moi, et me dit : « Je sais qu'il est fou ; mais je le crois honnête. Gardez vos têtes et servez-vous de lui. » Nous continuâmes donc, ostensiblement, à faire bénéficier l'Algérien d'une confiance complète, en nous basant sur ce principe qu'un fourbe n'ajouterait pas foi à notre honnêteté et qu'un honnête homme soupçonné deviendrait plus aisément un fourbe. En fait, Abd-el-Kader était un fanatique de l'Islam rendu à moitié fou par son enthousiasme religieux et par la plus violente outrecuidance. Mon christianisme avoué offensait ses susceptibilités musulmanes. Son orgueil fut blessé, en outre, par notre camaraderie ; car les indigènes honoraient davantage Ali et me traitaient mieux que lui-même. Son entêtement stupide, deux ou trois fois, mit Ali hors de lui et provoqua des scènes pénibles ; il finit par nous laisser dans le bain à un moment critique, après avoir entravé notre marche et bouleversé notre humeur et nos plans autant qu'il était en son pouvoir.

CHAPITRE LXXI

Le départ fut, comme toujours, difficile. Je choisis pour ma garde six hommes de plus dont l'un, Mahmoud, natif du Yarmok. C'était un jeune garçon de dix-neuf ans, alerte et ardent, avec la pétulance qui accompagne souvent les chevelures frisées. Un autre, Aziz, de Tafas, plus âgé, avait passé trois ans chez les Bédouins pour couper au service militaire. Quoique bon chamelier, c'était un être superficiel, avec autant d'esprit qu'un lapin, mais orgueilleux. Le troisième était Mustapha, gentil garçon de Deraa, très honnête, qui s'en allait d'ordinaire tristement seul parce qu'il était sourd et honteux de son infirmité. Un jour, sur la plage, il m'avait brièvement demandé de faire partie de ma garde. Il s'attendait si évidemment à être refusé que je le pris : ce fut un bon choix, d'ailleurs, pour les autres qui passèrent toutes les corvées à ce doux paysan. Pour équilibrer son insuffisance, j'enrôlai Chaouak et Salem, deux chameliers Chéraris et Abd-el-Rahman, un esclave qui s'était enfui de Riyadth.

De mon ancienne garde je laissai Mohammed et Ali au repos. Ils étaient fatigués par ces démolitions de trains et, comme leurs chameaux, avaient besoin de rester au vert quelque temps. Ceci faisait d'Ahmed le chef inévitable. Son énergie farouche méritait cette promotion mais, comme d'habitude, le choix le plus évident ne fut pas le plus heureux. Ahmed mésusa de sa puissance, devint tyrannique : ce fut donc son dernier raid avec moi. Je pris Kreim pour les chameaux ainsi que Rahail, l'Haurani luxurieux et infatué de soi-même, qu'un excès de travail, par bonheur, rendait continent. Matar, un parasite des Beni-Hassans, s'attacha à nous. Ses fesses de gras paysan emplissaient sa selle et tenaient une place à peine moins large dans les plaisanteries obscènes ou sinistres qui, pendant l'étape, aidaient mes hommes à passer le temps. Son avidité sans vergogne nous assura de lui, jusqu'au moment où ses espoirs furent déçus.

Mon service était maintenant profitable, car je connaissais ma valeur pour le Mouvement et je dépensais largement pour ma sécurité. La renommée, pour une fois secourable, dorait ma main ouverte. Farraj et

Daoud, avec Khidr et Mijbil, deux Biachas, complétaient ma troupe.

Farraj et Daoud, en chemin, faisaient gaiement du bon travail, car ils aimaient la route comme tous les Ageyls ; mais dans les camps, leur excès de vitalité les fourrait toujours dans des histoires qui leur coûtaient cher. Cette fois-là, ils se surpassèrent en disparaissant le matin même de notre départ. À midi, un messager du cheikh Youssouf vint m'apprendre qu'ils étaient en prison : le cheikh désirait me parler à leur sujet. Je me rendis aussitôt chez lui et je trouvai sa masse énorme secouée à la fois de rire et de rage. Il avait acheté récemment, me dit-il, une chamelle de course couleur crème, de la plus pure race. La bête s'était écartée, le soir, jusque dans la palmeraie où mes Ageyls campaient. Bien loin de soupçonner qu'elle appartenait au gouverneur, ils avaient travaillé jusqu'à l'aube à lui teindre la tête en rouge éclatant, avec du henné, et les pattes en bleu, avec de l'indigo. Puis ils l'avaient relâchée.

Tout Akaba, aussitôt, saisi de fou rire, avait bouillonné autour de cet animal de cirque. Youssouf l'ayant reconnu, non sans difficultés, avait lancé toute sa police à la recherche du criminel. Les deux amis furent traînés devant le tribunal, avec de la teinture jusqu'aux coudes. Ils protestèrent hautement de leur entière innocence : mais les présomptions étaient trop fortes. Et Youssouf, après avoir fait de son mieux pour froisser leurs sentiments avec une côte de palme, les avait mis aux fers pour une semaine de méditations. Je réparai précipitamment le dommage en prêtant au cheikh un chameau jusqu'au jour où le sien aurait repris un aspect respectable ; puis j'expliquai que nous avions un besoin urgent des criminels et promis de leur administrer une autre dose du traitement à la côte de palmes aussitôt que leur peau pourrait le supporter. Il les fit donc remettre en liberté. Heureux de quitter, à n'importe quelles conditions, leur prison grouillante de vermine, ils nous rejoignirent en chantant.

Cette histoire nous avait retardés. Nous prîmes donc un immense repas final avec tout le luxe du camp et, le soir venu, nous partîmes. Pendant quatre heures il fallut marcher lentement : une première étape est toujours lente ; les chameaux et les hommes détestent également ces départs pour une nouvelle aventure. Les charges glissaient ; il fallait desserrer ou resserrer les sangles ; les hommes changeaient de monture. Outre mes propres chamelles (Ghazala, la vieille grand-mère qui allait bientôt mettre bas, et Rima, une Chérari que les Sakhours avaient volée aux Rouallas) et celles de ma garde du corps, j'avais dû fournir des bêtes aux Indiens, en prêter une à Wood (qui craignait la selle et montait un nouvel animal presque chaque jour) et une autre à Thorne, le *yeoman* de Lloyd, qui montait comme un Arabe et paraissait n'avoir jamais porté autre chose qu'un turban et un manteau rayé sur son costume kaki. Lloyd lui-même était sur une pur-sang Dhéraiyeh que Fayçal lui avait prêtée, belle bête et qui paraissait rapide, mais rasée après la gale, et maigre.

Notre troupe s'effilocha. Wood resta en arrière et mes hommes, frais émoulus, tout occupés d'ailleurs à maintenir le groupe des Hindous, le perdirent bientôt de vue. Seul avec Thorne, il manqua le tournant vers l'est, dans cette obscurité qui emplit les gorges profondes de l'Ithm les nuits où la lune ne passe pas juste au zénith. Les deux Anglais poursuivirent donc leur chemin sur la piste principale de Goueira. Après plusieurs heures de marche ils résolurent d'attendre le jour dans une vallée latérale. Aucun d'eux ne connaissait le pays et, comme ils n'étaient pas sûrs des Arabes, ils prirent la garde tour à tour. Nous nous doutâmes de ce qui était arrivé en ne les voyant pas apparaître à notre halte de minuit. Avant l'aube Ahmed, Aziz et Abd-el-Rahman retournèrent avec l'ordre de se disperser sur les trois ou quatre pistes praticables et de ramener les deux hommes à Roum.

Je restai avec Lloyd et le gros de la troupe pour leur

servir de guide parmi les courbes de grès rose et les vallées vert tamarin qui mènent à Roum. Air et lumière étaient si admirables que nous allions sans penser le moins du monde au lendemain. D'ailleurs, n'avais-je pas Lloyd pour causer ? Le monde devint vraiment bon. Une faible averse le soir précédent avait marié le ciel et la terre dans la maturité du jour. Les couleurs des falaises, des arbres et du sol étaient si pures, si vives, que nous souffrions d'être ainsi à l'attache, de ne pouvoir les toucher vraiment ni les emporter avec nous. Rien ne nous pressait. Les Indiens, à l'expérience, s'étaient révélés mauvais chameliers ; de leur côté, Farraj et Daoud alléguaient, pour marcher à pied pendant des milles, une nouvelle irritation de la selle nommée la « youssoufite ».

Enfin nous entrâmes dans Roum au moment où le soleil pourpre, enflammant ses stupéfiantes falaises, jetait au travers de l'avenue d'obliques échelles d'un feu poudroyant. Wood et Thorne étaient déjà là, dans le cirque de grès qui contenait les sources — Wood malade et couché sur l'emplacement de notre ancien camp. Abd-El-Rhaman les avait rattrapés avant midi et avait fini par les persuader de le suivre, après bien des malentendus, car leurs quelques mots d'égyptien ne les aidaient guère à comprendre son dialecte aridh (il mangeait d'ailleurs la moitié des mots) non plus que l'argot haoueitate avec lequel il requinquillait ses phrases. Pour leur malheur il avait coupé à travers les montagnes par un raccourci des plus pénibles.

Wood avait souffert de la faim, de la chaleur et du souci. Furieux au point de refuser le repas qu'Abd-el-Rhaman avait combiné pour eux dans une tente de nomades au bord de la route, il commençait à croire qu'il ne nous reverrait jamais. Et lorsqu'il nous revit, trop possédés de l'admiration religieuse que Roum impose à ses visiteurs pour sympathiser profondément avec ses souffrances, son amertume s'accrut. En vérité, après un vague regard et un « oui », nous le laissâmes couché pour flâner en nous chuchotant notre émerveillement. Par bonheur Ahmed et Thorne pensèrent davantage à la nourriture, et le souper rétablit entre nous des relations cordiales.

Le jour suivant, nous montions en selle lorsqu'Ali et Abd-el-Kader apparurent. Lloyd et moi prîmes un second lunch avec eux car ils se querellaient ; les devoirs de l'hospitalité arrêtèrent leurs disputes. Lloyd était ce type extraordinaire de voyageur capable de manger n'importe quoi avec n'importe qui, n'importe comment et à n'importe quel moment. Puis nous repartîmes en pressant l'allure pour rejoindre notre troupe dans la vallée géante dont les montagnes, pour atteindre à l'architecture, ne manquaient que d'un dessin intentionnel.

Dans le bas-fond nous traversâmes la plaine de Gaa, faisant lutter nos chameaux de vitesse sur sa surface de velours. Nous rejoignîmes enfin le gros de la troupe, que notre galop, soudain, dispersa. Les chameaux des Indiens, modérément chargés, se mirent à danser, dans un bruit de quincaillerie, tant qu'ils n'eurent pas fait verser leurs charges. Puis le calme se rétablit et doucement nous remontâmes tous ensemble l'ouadi Hafira qui semble, au travers du plateau, la balafre d'un coup d'épée. À son extrémité un défilé roide montait jusqu'à Batra ; mais ce jour-là nous ne marchâmes pas plus avant, la paresse et un certain désir de confort nous commandant de nous arrêter dans le fond abrité de la vallée. Le soir était frais : de grands feux nous réjouirent. Farraj, comme d'ordinaire, accommoda pour moi du riz à sa façon. Lloyd, Wood et Thorne avaient apporté du bœuf en conserve et des biscuits de l'Armée britannique. On s'assit donc en cercle pour festoyer.

Le jour suivant nous grimpâmes le défilé en zigzags : l'avenue herbeuse de l'ouadi Hafira au-dessous de nous dressait en son milieu une sorte de cône avec, comme fond, la fantasmagorie des dômes grisâtres et des ardentes pyramides de Roum, prolongée encore aujourd'hui par la méditation des masses nuageuses en suspens sur le val. Nous regardâmes onduler notre longue caravane : avant midi les chameaux, les Arabes, les Indiens et les bagages avaient atteint le sommet sans accident. Satisfaits, nous nous laissâmes tomber droit dans la première vallée verdoyante au-delà de la crête. Elle était abritée du vent. Un faible soleil tempérait la fraîcheur automnale de ces hauts plateaux. Quelqu'un commença à parler de nourriture.

CHAPITRE LXXII

Je partis vers le nord en éclaireur accompagné d'Aouad, jeune chamelier Chérari que nous avions engagé à Roum sans enquête. Il y avait tant de chameaux de bât dans notre troupe et les Indiens étaient encore si maladroits pour les charger et les conduire que ma garde du corps était détournée de son service normal. Aussi quand Chaouakh me présenta son cousin, un Chérari Khayal, prêt à me servir à n'importe quelles conditions, je l'acceptai sur un simple coup d'œil ; je me disposais, maintenant, à voir ce qu'il valait dans une situation difficile.

Nous fîmes le tour d'Aba-el-Lissan pour nous assurer que les Turcs demeuraient dans une oisiveté décente. Ils avaient coutume, en effet, dès la première alerte, de lancer des patrouilles montées du côté de Batra et je ne tenais pas à engager si tôt notre troupe dans une action inutile. Aouad était un garçon d'environ dix-huit ans, brun et déguenillé, superbement bâti, avec les muscles et les tendons d'un athlète, leste comme un chat, alerte sur sa selle (il montait magnifiquement) et d'assez bonne apparence, avec quelque chose, pourtant, de la bassesse des Chérarats et, dans ses yeux sauvages, je ne sais quelle attente constante et soupçonneuse comme si, à chaque moment, quelque événement pût survenir dans son existence qui ne fût ni particulièrement recherché ni précisément agréable.

Ces ilotes Chérarats sont une énigme du désert. Les autres hommes peuvent avoir des espoirs ou des illusions. Les Chérarats savent que l'humanité ne leur consentira rien de mieux que l'existence physique dans ce monde ou dans l'autre. Sur une dégradation si extrême on pouvait fonder un espoir solide. Je traitai les Chérarats exactement comme les autres hommes de ma garde. Ils s'en étonnèrent, mais s'en réjouirent, aussi, quand il eurent appris que ma protection était active et suffisante. Pendant le temps de leur service ils m'appartinrent absolument : bons esclaves, d'ailleurs, car rien de ce qu'on peut faire dans le désert n'était au-dessous de leur dignité ou au-delà de leur force et de leur expérience.

Aouad, en ma présence, se montrait confus et intimidé : il était gai pourtant et plaisantait volontiers avec ses compagnons. Le bonheur soudain de cet engagement dépassait tous ses rêves et il était pitoyablement décidé à me complaire. Pour l'instant, me complaire signifiait se promener sur la grande route de Maan pour attirer l'attention des Turcs. Quand ils nous eurent aperçus, en effet, et pris en chasse, nous revînmes sur nos pas, et un nouveau crochet brusque envoya les muletiers nous chercher vers le nord dans la direction opposée au danger. Aouad joua le jeu avec une attention amusée et se servit adroitement de son fusil neuf.

Je grimpai ensuite avec lui au sommet d'une montagne qui dominait Batra et les vallées en pente vers Aba-el-Lissan. Nous restâmes là, paresseusement, jusqu'après midi à regarder les Turcs sur la mauvaise piste, nos compagnons endormis, leurs chameaux au pâturage et les ombres des nuages bas semblables à de douces vallées fuyant sur l'herbe dans le pâle soleil. On se sentait paisible, au frais, loin de l'agitation du monde. L'austérité de l'altitude faisait honte à notre bagage vulgaire de soucis. À la place des conséquences, elle instaurait la liberté, la solitude, le pouvoir d'échapper à notre escorte de personnages artificiels : repos et oubli des chaînes de l'être.

Aouad, lui, ne pouvait oublier son appétit et le pouvoir, goûté depuis peu, de le satisfaire avec régularité chaque jour. Couché sur le ventre, il ne cessa de s'agiter, mâchant d'innombrables brins d'herbe et parlant de ses joies animales en mots saccadés, sans me regarder en face. Enfin, nous vîmes la caravane d'Ali mordre sur le col. Je dévalai en hâte à sa rencontre nous avions, me dit-il, perdu quatre chameaux dans le défilé : deux s'étaient brisé la patte, deux autres, trop faibles, n'avaient pu grimper les degrés rocheux. Enfin lui-même s'était à nouveau disputé avec Abd-el-Kader. « Allah nous délivre de ce sourd plein de suffisance, avec ses manières de rustre ! » L'émir, sans aucun sens de la route, s'était encombré de bagages ; il refusa tout net de former avec Lloyd et moi une seule caravane par mesure de sécurité.

Nous partîmes en avant ; ils nous suivraient le soir venu. Comme ils n'avaient pas de guide, je leur prêtai Aouad ; nous nous retrouverions sous les tentes d'Aouda. Nous poussâmes alors par des vallées peu profondes, de crête en crête, jusqu'au moment où le soleil se coucha derrière une éminence. C'était la dernière. De son sommet nous aperçûmes un cube — la gare de Ghadir-el-Haj — bizarrement seul dans la plaine, à des milles et des milles de distance. La vallée, derrière nous, était piquetée de bruyères : on cria donc halte et l'on alluma les feux. Ce soir-là, Hassan Schah eut l'excellente idée (ce devint ensuite une habitude) de nous offrir, pour clore notre repas, une tasse de son thé indien. Nous étions trop avides et trop heureux pour refuser ; sans vergogne, les jours suivants, nous épuisâmes son thé et son sucre avant que, de la base, ne lui parvinssent de nouvelles rations.

Je repérai avec Lloyd la direction du point où nous comptions traverser la voie, juste au-dessous de Chédia. Les étoiles se levaient et nous fûmes d'accord qu'il fallait marcher sur Orion. On partit donc et l'on marcha sur Orion pendant des heures et des heures : Orion ne semblait jamais plus près et nous ne voyions rien venir entre elle et nous. Nous avions quitté les crêtes pour la plaine et la plaine était interminable, monotonement rayée d'ouadis peu profonds dont nous prenions toujours, à la lumière laiteuse des étoiles, les rives basses, plates, rectilignes, pour le ballast que nous espérions. Le terrain était ferme et la brise fraîche du désert activait l'allure de nos-bêtes.

Nous partîmes en avant, Lloyd et moi, pour tâcher de retrouver la voie ; je voulais éviter d'engager le gros de la troupe si le hasard nous faisait tomber sur un blockhaus turc ou une patrouille. Nos excellentes bêtes, peu chargées, allongèrent trop le pas. Sans le savoir nous distançâmes peu à peu le lourd convoi des Indiens. Hassan Schah le Djemadar envoya un homme en éclaireur pour ne pas nous perdre de vue, puis un autre, puis un troisième. Sa troupe, à la fin, ne fut plus qu'un chapelet d'éclaireurs se hâtant derrière nous. Alors il fit passer à voix basse le message urgent de ralentir le pas. Mais quand ce message nous parvint, laminé par trois langues, il était devenu inintelligible.

Nous fîmes halte : la nuit paisible était pleine de bruits ; des senteurs d'herbes sèches flottaient et palpitaient autour de nous dans la brise mourante. Nous repartîmes plus lentement, pendant des heures, me sembla-t-il : la plaine était toujours barrée de digues trompeuses qui gardaient notre attention inutilement tendue. Nous eûmes l'impression que les étoiles avaient tourné, faussant notre orientation. Lloyd possédait, quelque part, une boussole. On s'arrêta pour fourrager dans les sacs profonds de sa selle. Thorne nous rejoignit et trouva la boussole. Après nous être concertés autour de son aiguille lumineuse, nous abandonnâmes Orion pour une étoile plus favorable au nord. Et la marche reprit, interminable. Soudain, au sommet d'un talus plus considérable, Lloyd tira vivement sur les rênes et pointa son doigt devant lui. À l'horizon, juste en face de nous, se détachaient deux cubes et un toit pointu. Nous marchions droit sur la gare de Chédia : nous y étions presque.

C'était le moment de se trotter : tournant bride à droite, notre troupe franchit en hâte un espace découvert, un peu nerveuse à l'idée d'un retardataire qui manquât ce brusque tournant ; mais tout marcha bien et quelques minutes plus tard, au fond de la plus proche dépression, nous nous exclamions en anglais, turc, arabe et urdu. Loin derrière nous dans le camp turc, un aboi de chien éclata, nous faisant battre le cœur un peu plus vite.

Nous connaissions maintenant les lieux. Un changement de direction devait nous faire éviter le premier blockhaus au-dessous de Chedia. La troupe s'ébranla, confiante — encore un peu, et nous traverserions la voie. Mais de nouveau le temps se traîna sans rien apporter. Il était minuit ; nous marchions depuis six heures et Lloyd commença à parler amèrement d'atteindre Bagdad le lendemain matin. À coup sûr il n'y avait pas de voie dans ces parages. Thorne vit une rangée d'arbres, puis les vit bouger. Les culasses de nos fusils cliquetèrent ; mais c'étaient seulement des arbres.

Découragés, nous poursuivîmes notre route avec indifférence, piquant du nez dans nos selles et laissant nos paupières se fermer de sommeil. Ma Rima perdit brusquement patience. Elle glapit, plongea de côté, me vidant presque de ma selle, bondit follement par-dessus deux talus et un fossé et finit par se laisser tomber à plat dans la poussière. Je la frappai sur la tête et elle se leva pour marcher encore avec nervosité. De nouveau les Indiens traînaient loin derrière nous. Mais après une heure, ce qui devait être le dernier talus de cette nuit dressa vaguement devant nous une silhouette différente des autres. D'un peu plus près, elle apparut rectiligne, montra de loin en loin des taches plus sombres qui pouvaient être les bouches noires des ponceaux. Nous secouâmes nos esprits ; les chameaux furent poussés en avant à une allure rapide et silencieuse. Le talus se hérissa d'une grille aux pointes aiguës : les poteaux télégraphiques. Un personnage coiffé de blanc nous arrêta un instant ; mais comme il se refusait à bouger, nous jugeâmes que c'était une borne kilométrique.

Rapidement la troupe fit halte et nous partîmes en reconnaissance le long de la voie, puis droit sur elle. Que cachait ce calme ? Sans doute les ténèbres allaient-elles soudain cracher du feu et le silence se déchirer en fusillade. Mais il n'y eut pas d'alerte. La voie était vide. Mettant pied à terre, nous courûmes inspecter deux cents mètres de ballast dans chaque sens : personne. Nous avions la place de passer.

L'ordre fut donné aussitôt à nos hommes de franchir la voie et de redescendre dans le vide amical du désert à l'est. Cependant, assis sur les rails, sous les fils télégraphiques chantants, nous regardions cette longue suite d'ombres massives émerger vaguement du noir, rouler, grimper, traverser le ballast en râclant les cailloux et s'évanouir de l'autre côté, dans ce silence gonflé d'efforts qu'est une caravane de chameaux la nuit. Le dernier passa. Notre petit groupe se rassembla alors au pied d'un poteau télégraphique. D'une bousculade brève, Thorne émergea lentement, grimpa le long du poteau, saisit le fil le plus proche et se hissa jusqu'à l'isolateur. Il atteignit le sommet : un instant après, avec un profond gémissement métallique, les deux extrémités du fil sautaient du poteau secoué, battaient l'air et se libéraient plus loin de cinq ou six poteaux de part et d'autre. Le second et le troisième fils suivirent le même chemin : au tintamarre de leurs tortillements sur les pierres du ballast, la nuit n'apporta pas de réponse, nous avions donc passé heureusement dans l'espace vide entre deux blockhaus. Thorne, les mains pleines d'échardes, se laissa glisser le long du poteau chancelant. Nous rejoignîmes nos chameaux agenouillés, puis la troupe. Une autre heure, et l'on fit halte jusqu'à l'aube ; mais auparavant nous avions été mis en éveil par une brève fusillade en rafale et par le tac-tac d'une mitrailleuse, loin vers le nord. Le petit Ali et Abd-el-Kader ne traversaient pas la voie aussi proprement que nous.

Le matin, par un gai soleil, on fit route parallèlement à la voie pour saluer le premier train de Maan ; puis l'on s'enfonça dans l'étrange plaine d'El Djafeur. La force du soleil augmentait sans cesse, créant des mirages sur tous les fonds surchauffés. Notre troupe traînait, s'éparpillait, et nous, qui marchions en avant, voyions quelques-uns de nos hommes noyés dans un flot d'argent, d'autres nager bien au-dessus de sa surface mouvante qu'étirait ou contractait chaque balancement du chameau et chaque inégalité du sol.

Tôt dans l'après-midi, nous trouvâmes Aouda, petitement campé sur le terrain buissonneux et escarpé au sud-ouest du puits. Il nous reçut avec gêne. Ses grandes tentes étaient parties, avec les femmes, se mettre hors de l'atteinte des avions turcs. Les rares Taoueihas présents se disputaient avec violence, mécontents de la répartition des soldes. Le vieil Aouda était fâché de se montrer à nous dans une telle faiblesse.

Je fis de mon mieux pour aplanir les difficultés en inclinant l'esprit des nomades dans une nouvelle direction, vers des intérêts compensateurs. Je réussis, car ils sourirent, ce qui, chez des Arabes, signifie souvent que la bataille est à moitié gagnée. C'était assez pour l'instant. Nous allâmes déjeuner avec Mohammed-el-Dheilan — meilleur diplomate qu'Aouda parce qu'il avait moins de franchise ; quelle que fût la vérité, il nous eût accueillis joyeusement s'il l'avait jugé nécessaire. Aussi fûmes-nous très bien reçus autour de son plateau de riz, de viande et de tomates sèches. Mohammed, villageois de cœur, se nourrissait trop bien.

En flânant, après le repas, parmi les fossés gris et secs comme des bauges de mammouths, balafres profondes taillées par les crues dans une boue fibreuse, j'exposai à Zaal mon projet d'expédition contre les ponts du

Yarmok. L'idée ne lui sourit nullement. Le Zaal d'octobre n'était plus le Zaal d'août. Le succès avait transformé le noble et hardi cavalier du printemps en un homme prudent à qui sa nouvelle richesse faisait trouver la vie précieuse. Au printemps il m'eût conduit n'importe où, mais le dernier raid avait mis ses nerfs à l'épreuve et il déclara maintenant qu'il ne partirait que si j'en faisais une question personnelle.

Je lui demandai comment nous pourrions composer notre troupe; il me désigna trois hommes du camp comme des gaillards convenables pour une tentative aussi désespérée. Les autres étaient déjà partis peu satisfaits. Mais emmener trois Taoueihas était pire qu'inutile : leur juste orgueil irriterait les autres et eux-mêmes seraient trop peu nombreux pour suffire à la tâche. Je déclarai donc que je chercherais ailleurs. Zaal ne cacha pas son soulagement.

Nous discutions encore auprès du feu où bouillait le café (car j'avais besoin des conseils de Zaal, un des meilleurs raiders vivants, qui pouvait juger avec compétence mon plan à demi formé) quand un jeune homme épouvanté, se précipitant sur nous, bégaya que des cavaliers avançaient rapidement dans un nuage de poussière du côté de Maan. Les Turcs avaient là un régiment de muletiers et un régiment de cavalerie qui s'étaient toujours vantés de rendre quelque jour visite aux Abou Tayas. Tout le monde bondit pour les recevoir.

Aouda avait avec lui quinze hommes dont cinq seulement aptes à la guerre, les autres étant de vieilles barbes ou des enfants. Mais nous étions trente de notre côté : il avait vraiment du guignon, ce commandant turc qui choisissait juste, pour faire sa surprise, le jour où les Haoueitates recevaient une section de mitrailleurs hindous connaissant leur métier. Les chameaux furent entravés, couchés dans les fossés les plus profonds, tandis que les Vickers et les Lewis étaient postées dans d'autres tranchées naturelles; admirablement camouflées dans des buissons d'alcali, elles commandaient, de part et d'autre, huit cents mètres de terrain plat. Aouda abaissa ses tentes et envoya ses tirailleurs se joindre aux nôtres. Puis nous attendîmes tranquillement. Enfin le premier cavalier apparut sur la crête à notre niveau. Nous vîmes alors que la troupe était celle d'Ali-ibn-el-Hussein et d'Abd-el-Kader qui venaient à El Djafeur du côté de l'ennemi. On courut joyeusement à leur rencontre tandis que Mohammed sortait pour Ali une seconde édition de son riz aux tomates. Ils avaient perdu deux hommes et une jument dans la fusillade sur la ligne, la nuit précédente.

CHAPITRE LXXIII

Lloyd devait retourner à Versailles. Nous demandâmes à Aouda de lui fournir un guide pour lui faire retraverser la voie. Le difficile n'était pas de trouver un homme, mais sa monture, car les chameaux des Haoueitates étaient au pâturage ; le plus proche se trouvait au sud-est des puits à une journée complète de voyage. Je tranchai la difficulté en donnant une de mes propres bêtes. Le choix tomba sur ma vieille Ghazala dont la portée se révélait plus lourde que nous n'avions pensé. Notre expédition devait être longue : avant la fin elle serait incapable de soutenir un train rapide. Mais le guide ne la monta pas : en honneur de sa bonne tenue en selle et de son esprit joyeux ; Thorne fut transféré sur Ghazala à l'ébahissement des Haoueitates. Ils tenaient Ghazala pour la meilleure chamelle de leur désert et auraient payé cher l'honneur de la monter. Voilà qu'on la donnait à un soldat dont le visage rose et les yeux gonflés d'ophtalmie étaient ceux d'une femme éplorée : « J'ai un peu l'air, dit Lloyd, d'enlever une nonne ! » Voir partir Lloyd était bien triste. Il comprenait ; il nous aidait avec sagesse et souhaitait le succès de notre cause. C'était aussi le seul homme en Arabie ayant une culture complète : nos esprits, ces quelques jours, avaient vagabondé de conserve, abordant tous les livres et tous les sujets du ciel ou de la terre qui pouvaient nous traverser l'esprit. Son départ nous abandonnait de nouveau à la guerre, aux tribus et aux chameaux, sans fin.

La nuit commença par une indigestion de ce travail. La querelle des Haoueitates devait être réglée. À la nuit tombée, nous fîmes cercle autour du feu d'Aouda et pendant des heures je m'efforçai de toucher ce rond de visages éclairés par la flamme, usant de tous les arts tortueux que je pouvais connaître, accrochant tantôt l'un, tantôt l'autre (il était facile de voir à l'éclair de leurs regards quand un mot portait juste), errant aussi, parfois et gaspillant de précieuses minutes sans obtenir de réponse. Les Abou Tayas avaient la tête aussi dure que le corps et la chaleur de l'enthousiasme avait fini par s'éteindre en eux, depuis trop longtemps au service de la Révolte.

Peu à peu, cependant, je gagnais du terrain, mais la discussion durait encore vers minuit lorsqu'Aouda, levant son bâton, réclama du silence. Tous se turent en se demandant où était le danger, mais, au bout d'un instant, nous nous sentîmes frôlés par une suite de percussions trop sourdes, trop larges, trop basses pour être perçues par l'oreille. C'était comme le murmure d'un tonnerre lointain et très grave. Aouda tourna ses yeux hagards vers l'Ouest et dit : « Les canons anglais. » Allenby commençait sa préparation d'artillerie ; son bruit secourable conclut la conférence en ma faveur, sans discussion possible

Le lendemain matin, l'atmosphère du camp était cordiale et sereine. Le vieil Aouda, ses difficultés résolues pour cette fois, m'embrassa chaudement en appelant sur nous la prière et la paix, Au dernier moment, alors que je posais la main sur mon chameau agenouillé, il courut vers moi, me prit de nouveau dans ses bras et me pressa contre lui. Je sentis sa barbe rude brosser mon oreille tandis qu'il me murmurait dans un souffle : « Méfiez-vous d'Abd-el-Kader. » Il y avait trop de monde autour de nous pour en dire davantage.

Nous poursuivîmes notre route par les fonds d'El Djafeur, interminables, mais sauvagement beaux. La nuit tomba comme nous atteignions le pied d'un escarpement siliceux dressé comme une falaise sur la plaine. Le bivouac fut établi là, au creux d'un taillis infesté de serpents. Nos étapes étaient courtes et très lentes. Les Indiens, somme toute, n'étaient que des apprentis dans ce métier. Ils avaient passé des semaines à l'intérieur du pays d'El Ouedj ; j'en avais imprudemment conclu qu'ils savaient monter à dos de chameau. Sur de bons animaux et en faisant de leur mieux, ils arrivaient tout juste à un moyenne de trente-cinq milles par jour ; c'était une partie de plaisir pour le reste de la troupe.

Pour nous, donc, chaque jour était fait de mouvements faciles, libres, sans effort ni souffrance physique. Un temps doré — aubes brumeuses, soleils adoucis et soirs fraîchissants — ajoutait à la paix de notre avance une étrange paix naturelle. Cette semaine fut un été de la Saint-Martin qui passa comme le souvenir d'un rêve. Je n'éprouvai qu'une impression de douceur, de confortable, dans un air heureux, au milieu d'amis contents. Une telle perfection présageait certainement une fin ; mais cette certitude, parce qu'aucun espoir rebelle ne venait la contrarier, ne fit qu'approfondir la quiétude du présent automnal. Aucune pensée, aucun souci. Presque jamais, dans mon existence mon esprit ne fut aussi apaisé que pendant ces jours.

On s'arrêta pour le déjeuner et la sieste — nos soldats réguliers demandaient trois repas par jour. Soudain, il y eut une alerte. Des cavaliers et des méharistes apparurent à la fois à l'ouest et au nord et se refermèrent rapidement sur nous. Chacun sauta sur son fusil. Les Indiens, qui prenaient l'habitude des manœuvres hâtives, mirent rapidement en place Vickers et Lewis. Trente secondes plus tard nous étions en posture de défense, quoique, dans cette étendue presque plate, notre position ne nous donnât qu'un faible avantage. Sur chaque flanc étaient mes gardes, dans leurs habits brillants couchés en tirailleurs parmi les touffes grises d'herbes folles, la crosse du fusil amoureusement posée sur la joue. Auprès d'eux, les quatre groupes parfaitement ordonnés des Indiens en kaki s'accroupissaient auprès des mitrailleuses. Derrière étaient couchés les hommes du chérif Ali, avec lui-même au centre, la tête nue et l'œil au guet, appuyé nonchalamment sur son fusil. Dans le fond, nos chameliers chassaient nos bêtes vers un pâturage à couvert de notre feu.

C'était un tableau que nous composions. Je le contemplais avec admiration et le chérif Ali nous exhortait à tirer seulement quand l'attaque se préciserait — lorsque Aouad, tout à coup, le rire sur les lèvres, bondit et courut vers l'ennemi en secouant sa large manche au-dessus de sa tête, en signe d'amitié. Ils firent feu sur lui ou au-dessus de lui, en tout cas sans l'atteindre. Il se coucha et tira, en retour, un seul coup juste au-dessus de la tête du premier cavalier. Cette riposte et notre silence résolu les rendirent perplexes. Ils se rassemblèrent en un groupe hésitant et, après une brève discussion, secouèrent leurs manteaux, d'assez mauvais gré, semblait-il, en réponse à notre signal.

L'un d'eux s'avança vers nous au pas. Aouad, sous la protection de nos fusils, fit deux cents mètres à sa rencontre. L'homme était un Soukhourri qui, lorsqu'il entendit nos noms, feignit une vive surprise. Nous nous avançâmes alors sous la conduite du chérif Ali, et les autres assaillants, voyant notre attitude paisible, vinrent nous rejoindre. C'était un rezzou des Zebn Soukhours, campés, comme nous l'avions prévu, en face de nous à Bair.

Ali, furieux de cette attaque traîtresse, les menaça de toutes sortes de représailles. Ils accueillirent d'un air boudeur ces invectives : c'était, dirent-ils, l'habitude des Beni-Sakhrs de tirer sur les étrangers. « Soit, répondit

Ali ; l'habitude est excellente dans le désert » ; mais leur apparition sans avertissement et sur trois côtés à la fois sentait la préméditation et l'embuscade. Les Beni-Sakhrs formaient une bande dangereuse : ils n'étaient plus des nomades assez purs pour suivre le code d'honneur et obéir à l'esprit de la loi dans le désert, mais ils n'étaient pas assez sédentaires pour renoncer à la rapine et aux raids.

Nos ex-ennemis s'en furent donc à Bair pour annoncer notre venue. Mifleh, chef de leur clan, jugea plus prudent d'effacer la mauvaise impression causée par leur attaque en organisant pour nous une fantasia générale où tous les hommes et les animaux du lieu furent employés, avec hurlements d'accueil, galops, courbettes de chevaux et salves. Ils tournoyèrent autour de nous en une poursuite effrénée, « cataclant » sur les rocs avec beaucoup de hardiesse cavalière et très peu de considération pour notre gravité : car ils ne cessaient de se jeter au milieu de notre troupe et de décharger leurs fusils sous le cou de nos chameaux. Des nuages d'une craie desséchante s'élevèrent : les cris en devinrent croassements.

La parade, à la fin, se ralentit puis cessa. Mais Abd-el-Kader, qui convoitait même l'admiration des fous, jugea le moment venu de faire éclater sa valeur. Les Beni-Sakhrs criaient à Ali-ibn-el-Hussein : « Dieu donne la victoire à notre chérif ! » et venaient à reculons se placer près de moi en hurlant : « Salut, Aurans, héraut de l'action ! » Abd-el-Kader grimpa sur sa jument, se mit debout dans sa haute selle mauresque et, suivi de ses sept gardes algériens, roides derrière lui, se mit à caracoler en courbes lentes avec des « houp-houp » lancés d'une voix gutturale, et des coups de pistolet mal assurés.

Les Bédouins, étonnés de ce spectacle, demeuraient bouche bée, sans mot dire. Mifleh finit pourtant par s'avancer vers nous et, de sa voix la plus enjôleuse : « Seigneurs, dit-il, ayez la bonté de rappeler votre serviteur, car il ne sait ni monter ni tirer et, si par hasard il touchait quelqu'un, il détruirait le bonheur de ce jour. » La nervosité de Mifleh avait un précédent qu'il ignorait. Le propre frère d'Abd-el-Kader avait probablement battu un record du monde en tuant, par accident, avec son pistolet automatique, trois de ses amis à Damas. Ali Riza Pacha, le meilleur duelliste du lieu, avait dit : « Trois choses sont notoirement impossibles. La première est que la Turquie gagne cette guerre. La deuxième, que la Méditerranée se transforme en champagne et la troisième, qu'on me trouve dans le même lieu que Mohammed Saïd armé. »

Les chameaux furent débâtés près des ruines. Au-delà de notre camp les tentes noires des Beni-Sakhrs piquetaient la vallée comme un troupeau de chèvres. Un messager vint nous prier de rejoindre Mifieh sous sa tente. Ali avait une enquête à faire auparavant. À la requête des Beni-Sakhrs, Fayçal avait envoyé une équipe de maçons et de puisatiers bichas pour rebâtir le puits que les Turcs avaient fait sauter et où nous avions, Nacer et moi, en route pour Akaba, trouvé des charges d'explosif encore intactes. Ces travailleurs, qui vivaient à Bair depuis des mois, avaient mandé pourtant que le travail était loin d'être fini. Fayçal nous avait chargés de rechercher la cause d'un retard aussi coûteux. Ali la découvrit bientôt : les Bichas avaient vécu à l'aise avec la farine et la viande extorquées aux Arabes. Sur les reproches d'Ali, ils ergotèrent en vain. Les chérifs ont un flair judiciaire aiguisé par l'expérience et, dans ce cas particulier, Mifleh nous préparait un grand repas. Mes hommes, excités, murmuraient qu'on avait vu égorger des moutons derrière sa tente, sur le rocher au-dessus des tombes. La justice d'Ali courut, vola, avant que les plateaux ne fussent prêts. En un moment il entendit les noirs, les condamna et leur fit appliquer la peine par ses propres esclaves à l'intérieur des ruines. À leur retour, un peu intimidés, ils baisèrent les mains du chérif en signe de pardon et ce fut une troupe réconciliée qui s'agenouilla autour de la viande.

Les festins haoueitates dégouttaient de beurre ; ceux des Beni-Sakhrs en étaient inondés. Il éclaboussait nos vêtements, ruisselait sur nos mentons, ébouillantait le bout de nos doigts. Quand la première pointe de l'appétit fut émoussée, ce jour-là, les mains plongèrent plus lentement, mais le repas était encore bien loin de sa fin officielle lorsqu'Abd-el-Kader se leva en grognant, essuya ses mains à son mouchoir et se rassit sur le tapis contre la paroi de la tente. Nous hésitâmes, mais Ali murmura : « Le rustre ! » et la cérémonie continua jusqu'à réplétion complète des convives de ce service, alors que les plus frugaux avaient déjà commencé à lécher, de leurs doigts douloureux, les caillots de graisse figée.

Ali se racla la gorge et nous revînmes à nos tapis, tandis qu'une deuxième, puis une troisième tablées nous relayaient autour des plats. Un marmouset de cinq ou six ans, vêtu d'une chemise crasseuse, resta seul à se bourrer solennellement des deux mains du commencement à la fin, puis, le ventre gonflé et la face luisante, s'en fut en trébuchant, incapable de dire un mot, et serrant encore sur son cœur une énorme côtelette intacte.

À la porte de la tente les chiens faisaient craquer les os à grand bruit ; l'esclave de Mifleh, dans un coin, fendait le crâne du mouton pour en sucer la cervelle. Cependant Abd-el-Kader assis ne cessait de cracher, de roter et de se curer les dents. Enfin il envoya un de ses domestiques chercher son coffre de pharmacie et se versa abondamment d'une drogue en grommelant qu'il digérait mal la viande coriace. Il entendait, par cette grossièreté, se faire une réputation de grandeur. Sans doute ses propres villageois pouvaient-ils être impressionnés par ses façons, mais les Zebns étaient encore trop près du désert pour être mesurés au mètre du pur paysan. D'ailleurs ils avaient sous les yeux, ce jour-là, l'exemple contraire d'Ali-ibn-el-Hussein, grand seigneur racé du désert.

Se lever tous ensemble à la fin du repas est une coutume des déserts centraux. Sur la frange des terres cultivées, parmi les populations demi-nomades, chacun se lève et se glisse à l'écart aussitôt repu. Les Anazehs de l'extrême Nord installent l'étranger seul dans l'obscurité pour qu'il n'ait pas honte de son appétit. Ce sont là des coutumes particulières. Mais, parmi les clans considérables, la manière des chérifs est généralement en honneur. Aussi les intentions du pauvre Abd-el-Kader ne furent-elles pas comprises.

Il se retira et nous nous assîmes à l'entrée de la tente d'où nous dominions la vallée, maintenant constellée de bivouacs qui paraissaient singer ou refléter le ciel au-dessus. C'était une nuit calme, exception faite des chorals hurlés auxquels les chiens se provoquaient de temps à autre ; quand ils s'espacèrent, l'on entendit à nouveau le choc tranquille et sourd de la grosse artillerie qui préparait l'assaut en Palestine.

À cet accompagnement de canons, nous confiâmes à Mifleh que nous allions faire un raid dans le district de Deraa et que nous serions heureux de l'avoir, lui et quinze hommes montés, pour nous accompagner. Après notre échec du côté des Haoueitates, nous avions résolu de ne rien dire de l'objet direct de notre entreprise, de peur que son caractère désespéré ne décourageât nos partisans. Mifleh, en tout cas, accepta aussitôt et, apparemment avec plaisir, promettant d'emmener avec lui les quinze meilleurs guerriers de la tribu et son propre fils. Ce garçon, qu'on appelait Turki, était un vieil amour d'Ali-ibn-el-Hussein. Chacun avait pour l'autre une attirance animale. Ils vagabondaient toujours ensemble, prenant plaisir à un contact sans paroles. Turki était un beau garçon au visage ouvert, de peut-être dix-sept ans. Il n'était pas grand, mais large et puissant, avec un visage rond, tacheté, un nez retroussé et une lèvre supérieure trop courte qui montrait ses fortes dents mais lui donnait un air boudeur, démenti par la gaieté des yeux.

En deux occasions critiques nous appréciâmes sa crânerie et sa fidélité. Son excellent caractère jurait avec une certaine tendance à mendier qu'il tenait de son père, dont l'avidité rongeait tout le visage. Le grand souci de Turki était d'être reconnu comme un homme parmi les hommes : il guettait toujours l'occasion d'accomplir quelque exploit téméraire qui lui permît de vanter son courage devant les filles de la tribu. Il conçut une joie extraordinaire de la robe de soie que je lui donnai au dîner et, pour la faire voir, traversa deux fois le village de tentes à pied et sans manteau, en couvrant d'invectives ceux qui ne se rendaient pas assez vite à notre rendez-vous de départ.

CHAPITRE LXXIV

La nuit était tombée depuis longtemps quand notre caravane quitta Bair après avoir fait le plein d'eau. Nous autres, chefs, attendîmes plus longtemps encore tandis que les Zebns s'apprêtaient. Les préparatifs de Mifleh comprenaient une visite à Essad, l'ancêtre supposé du clan, ou plutôt à sa tombe toujours ornée, près de la pierre d'Annad. Les Beni-Sakhrs étaient déjà assez sédentaires pour s'affubler de toutes les superstitions villageoises sémitiques : lieux saints, arbres sacrés et châsses funèbres. Le cheikh Mifleh pensa que l'occasion exigeait de lui une offrande : il voulait ajouter une autre cordelette de tête à la collection haillonneuse qui pendait déjà au chevet d'Essad. Par un trait caractéristique, il nous demanda de fournir l'offrande. Je lui tendis l'un de mes riches cordons de La Mecque en soie rouge lamée d'argent, non sans lui faire remarquer que la vertu de l'offrande appartenait au donateur. Ce grigou de Mifleh me pressa alors d'accepter un sou en échange pour pouvoir feindre un achat. Lorsque je revins, quelques semaines plus tard, la cordelette avait disparu : Mifleh maudit hautement en ma présence le sacrilège d'un Chérari sans foi ni loi qui avait osé voler son ancêtre. Turki aurait pu m'en dire davantage.

Une vieille chaussée en pente raide nous conduisit hors de l'ouadi Bair. Nous retrouvâmes les autres déjà campés à l'abri d'une crête. Mais pour cette fois il n'y eut ni conversation ni café. Nous nous couchâmes côte à côte, silencieux et l'oreille tendue pour saisir la palpitation des canons d'Allenby. Ils parlaient éloquemment; des éclairs de chaleur, à l'ouest, leur composaient des flammes.

Nous passâmes le lendemain à la gauche des Thlaithoukhouat (« les Trois Sœurs », dont les cimes blanches et nettes servent de points de repère, sur les hauts versants de leurs massifs, toute une journée de marche alentour) pour suivre le doux roulis des pentes au-delà. Cette exquise matinée de novembre avait la douceur d'un été anglais; mais je devais me défendre de ses charmes. Je passais étapes et haltes parmi les Beni-Sakhrs pour accoutumer mon oreille à leur dialecte et emmagasiner dans ma mémoire les informations qu'ils laissaient tomber sur les tribus, les familles ou les hommes.

Dans le désert, tous les hommes honorables se connaissent personnellement; au lieu de livres, ils étudient leur génération. Toute ignorance dans ce domaine vous marque aussitôt comme mal-né ou étranger; et les étrangers ne sont pas admis aux conversations familières, aux conseils ou aux confidences. Je n'ai rien trouvé d'aussi fatigant — quoique rien ne fût plus important pour le succès de mon entreprise — que ce tour de force constant d'omniscience apparente dès la première rencontre avec une tribu.

Notre camp fut établi, au crépuscule, dans un affluent de l'ouadi Djecha auprès de quelques arbustes au feuillage gris-vert qui plaisaient à nos chameaux et nous fournirent du bois. Les canons, cette nuit, résonnaient fort et clair ; peut-être la dépression de la mer Morte entre nous et eux renvoyait-elle les échos par-dessus notre haut plateau. Les Arabes murmurèrent : « Ils sont plus proches. Les Anglais avancent. Dieu délivre les hommes de cette pluie. » Ils s'apitoyaient sur le trépas de ces Turcs qui avaient été si longtemps leurs faibles oppresseurs ; à cause, précisément, de cette faiblesse, ils les préféraient encore (tout oppresseurs qu'ils fussent) à l'étranger puissant et à sa justice aveugle sans discernement.

Les Arabes respectent un peu la force, davantage l'habileté, qu'ils possèdent à un degré enviable ; mais, plus que tout, ils respectent la franchise qui ne mâche pas ses mots — presque la seule arme que Dieu ne leur ait pas donnée. Le Turc possédait toutes ces qualités tour à tour. Elles lui attiraient le respect des Arabes dans la mesure où il n'était pas collectivement redouté. Cette distinction entre le collectif et le personnel est des plus importantes en la matière. Les Arabes préféraient individuellement certains Anglais à n'importe quel Turc ou étranger. Mais prétendre généraliser ce fait et appeler les Arabes anglophiles eût été folie pure. Chaque étranger faisait chez eux son pauvre lit.

Nous partîmes tôt avec l'intention de faire, avant le coucher du soleil, la longue étape jusqu'à Ammari. Les dunes succédaient aux dunes, tapissées de galets brûlants et toutes couvertes de petites plantes safran, si brillantes et si serrées que nous marchions dans un paysage d'or. Les Soukhours l'appelaient Safra-el-Djecha. Les creux avaient seulement quelques pouces de profondeur avec des lits granulés, comme du maroquin, dans un entrelacs courbe inextricable, par les innombrables filets d'eau de la dernière pluie. Chaque gonflement gris était un mamelon de sable durci de boue, parfois scintillant de cristaux de sel et parfois hérissé des branchettes en poils de brosse, à demi ensablées, qui lui avaient donné naissance. Ces fins de vallées débouchant dans le Sirhan étaient toujours riches en pâturages.

Quand il y avait de l'eau dans leurs creux, les tribus se rassemblaient et les peuplaient de villages nomades. Les Beni-Sakhrs qui nous accompagnaient avaient campé de cette manière; tandis que nous franchissions les dunes monotones, ils montrèrent du doigt un creux que rien ne distinguait des autres, avec les traces d'un foyer et des fossés rectilignes: «Ici était ma tente; là couchait Hamdan-el-Sahi. Regardez les pierres sèches où était mon lit et celles de Tarfa à côté. Dieu la prenne en pitié, elle est morte d'un sépédon l'année du samh dans le Snainirat.»

Vers midi, une troupe de chameaux trottants apparut au sommet d'une dune. Ils avançaient vite et droit vers nous. Le petit Turki partit au galop sur sa vieille chamelle, la carabine armée en travers des cuisses, pour se rendre compte de leurs intentions. «Ah! cria Mifleh alors qu'ils étaient encore à un mille, voici Fahad sur sa Chaara, qui marche en tête. Ce sont nos alliés.» C'étaient eux en effet. Fahad et Adhoub, les principaux capitaines des Zebns, campaient à l'ouest de la ligne près de Ziza quand un Gomani leur apporta la nouvelle de notre expédition. Aussitôt ils avaient sauté en selle et, galopant sans répit, nous avaient rattrapés à mi-chemin. Fahad me gronda courtoisement: croyais-je donc pouvoir traverser leur district en quête d'aventures pendant que les fils de son père resteraient sous leurs tentes?

Fahad était un homme mélancolique qui parlait peu, et d'une voix douce; il avait peut-être trente ans, un visage pâle, une barbe soignée et des yeux tragiques. Son jeune frère était plus grand et plus fort que lui, mais ne dépassait pas la taille moyenne. Au contraire de Fahad, il était actif, bruyant, peu soigné d'apparence, avec un nez aplati, un visage imberbe et des yeux verts, luisants, qui couraient avidement d'un objet à l'autre. Sa grossièreté éclatait dans sa chevelure embroussaillée et ses habits sales. Fahad était plus propre, mais vêtu lui aussi très simplement, et tous deux, sur leurs chamelles rustiques au poil rude, ne ressemblaient en rien à ce qu'on eût imaginé d'après leur réputation de grands cheikhs. C'étaient pourtant des guerriers fameux.

À Ammari une froide bourrasque soulevait autour du puits la poussière cendreuse d'un sol salin. Un nuage nous environna qui crissait sous les dents comme un vieux souffle d'éruption. Quant à l'eau, nous n'eûmes pas de chance. Elle était à la surface, comme tant d'eaux du Sirhan, mais presque tous les trous étaient affreusement amers. Un des plus importants, appelé Bir-el-Emir, fut jugé excellent par contraste. Il était dans un petit bas-fond de calcaire dénudé entre des monticules de sable.

L'eau (opaque, avec un goût mêlé de saumure et d'ammoniaque) était juste au-dessous du niveau de la dalle rocheuse dans un vaste réservoir de pierre dont les bords étaient irrégulièrement creusés par-dessous. Pour juger de sa profondeur, Daoud y précipita Farraj tout habillé. Il disparut dans tout ce jaune, puis remonta tranquillement à la surface, mais dans la grotte creusée par le surplomb de la roche. Le soir tombait et nous ne pouvions pas le voir du dehors. Daoud attendit anxieusement une minute, puis, ne voyant pas reparaître sa victime, déchira son manteau et plongea à son tour… pour trouver son ami qui l'attendait en souriant dans sa niche. Tous deux avaient été pêcheurs de perles dans le Golfe et nageaient comme des poissons.

On les hissa sur la terre ferme. Ils se battirent comme des chiens à côté du trou d'eau. Comme tous deux cognaient dur, ils revinrent à mon feu trempés, déchirés, saignants, les cheveux, le visage, les bras, les jambes et tout le corps couverts de boue et d'épines, plus semblables aux démons d'une tornade qu'aux présences discrètes et souriantes dont j'avais l'habitude. En dansant, me dirent-ils, ils avaient culbuté dans un buisson ; il serait digne de ma générosité ordinaire de leur faire don de vêtements neufs. Je les envoyai au diable eux et leurs espoirs et leur donnai l'ordre d'aller repriser leurs trous.

Mes gardes du corps (et plus particulièrement les Ageyls) étaient naturellement fats ; ils dépensaient tout leur argent à des ornements ou à des habits et beaucoup de leur temps à tresser leurs longues mèches luisantes. Le beurre donnait à leur chevelure l'éclat indispensable, et pour se débarrasser de la vermine, ils se raclaient fréquemment le crâne avec un peigne fin puis l'arrosaient d'urine de chameau. Un docteur allemand de Bir Cheba, au temps où ils étaient au service des Turcs (car c'étaient là les hommes qui, un matin, dans les brouillards de l'aube, avaient assailli nos *yeomen* dans le Sinaï et complètement « nettoyé » un poste) leur avait enseigné la manière d'être propres en enfermant les pouilleux dans les latrines tant qu'ils n'avaient pas avalé leurs poux.

Le vent faiblit au point du jour et nous marchâmes vers Azrag, à une demi-étape devant nous. Nous avions à peine franchi les sables amoncelés près des puits qu'il y eut une nouvelle alerte. On avait aperçu des cavaliers dans les broussailles. Ce pays était le paradis des remous. Nous nous groupâmes sur le terrain le plus favorable. Les Indiens choisirent une crête minuscule hachée d'étroites rigoles. En un moment leurs chameaux furent entravés dans le creux derrière et les mitrailleuses en place. Ali et Abd-el-Kader déployèrent dans la brise leurs bannières cramoisies. Nos éclaireurs, conduits par Ahmed et Aouad, coururent à droite et à gauche et quelques coups de feu furent échangés de loin. Mais tout s'arrêta soudain. La troupe ennemie sortit du couvert, se mit en ligne, s'avança vers nous en agitant manteaux et manches au chant d'une marche guerrière de bienvenue. C'étaient les hommes de la tribu Serhan qui s'en allaient prêter serment à Fayçal. Apprenant qui nous étions, ils tournèrent bride pour nous accompagner, heureux de couper au voyage ; car leur tribu n'était pas, d'ordinaire, belliqueuse ou nomade. Ils firent quelques tralalas pour notre entrée commune dans le camp d'Aïn-el-Beidha (quelques milles à l'est d'Azrag) où toute la tribu était rassemblée : la réception, en tout cas, fut bruyante car les femmes, le matin même, n'avaient pas vu sans craintes ni lamentations leurs époux s'engager sur le chemin hasardeux de la Révolte.

Les voici de retour, dans la journée, marchant par cent de front, avec un chérif pour eux tout seuls, des bannières arabes, des mitrailleuses et les mêmes chants joyeux qu'à leur départ. Je regardai, pour moi, une remarquable chamelle rouge de peut-être sept ans, montée par un Sirhani au second rang. Cette bête refusa de rester en arrière mais, d'un long pas balancé qui n'avait pas d'égal parmi les nôtres, passa, prit de l'avance et la garda. Ahmed s'en fut discrètement faire connaissance avec son possesseur.

Les chefs du camp répartirent nos hommes entre leurs tentes qui se disputaient l'honneur de nous recevoir. Ali, Abd-el-Kader, Wood et moi échûmes à Mteir, cheikh suprême de la tribu, un bon vieux type sans dents dont la mâchoire branlante, le temps qu'il parlait, s'affaissait dans la main qui la soutenait. Il nous accueillit avec beaucoup de fla-fla et grande abondance de mouton rôti et de pain. Wood et Abd-el-Kader firent sans doute un peu les dégoûtés, car, la politesse à table des Serahins paraissant plutôt primitive, il y eut autour du plateau commun plus de barbotages et de bredouillements qu'il n'eût été décent dans les meilleures tentes. Après le repas, pressés par l'hospitalière insistance de Mteir, nous nous allongeâmes sur le tapis, pour la nuit. Mais autour de nos viandes fraîches s'amassa bientôt, l'appétit éveillé par le changement de nourriture, tout le troupeau des tiques, puces et poux autochtones qu'excédait un régime exclusif de Sérahin. L'enthousiasme les rendit si voraces qu'avec la meilleure volonté du monde je ne pus pas continuer à leur offrir ce festin. Ali fut probablement de mon avis car lui aussi se mit sur son séant et déclara souffrir d'une légère insomnie.

Nous réveillâmes donc le cheikh Mteir; l'on envoya chercher Mifleh-ibn-Bani, homme jeune et actif qui commandait d'ordinaire leurs batailles et nous leur exposâmes les besoins de Fayçal ainsi que le plan conçu pour le soulager.

Ils nous écoutèrent gravement. Le pont ouest, dirent-ils, était tout à fait impossible. Les Turcs avaient empli le pays alentour de bûcherons militaires par centaines. Un rezzou ne pourrait jamais se glisser inaperçu. Ils soupçonnaient fort, d'autre part, les villages maures et Abd-el-Kader lui-même. Pour rien au monde ils n'iraient rendre visite aux uns sous la conduite de l'autre. Quant à Tell-el-Sahab, le pont le plus proche, ils craignaient que les villageois, leurs ennemis invétérés, ne vinssent les attaquer par derrière. D'ailleurs, s'il pleuvait, les chameaux ne pourraient plus retraverser au trot les pleines boueuses de Remthé : ce serait l'encerclement et le massacre.

Ceci nous mit dans un embarras profond. Les Serahins étaient notre dernière carte : s'ils refusaient de nous accompagner, nous ne pourrions exécuter le projet d'Allenby en temps voulu. Ali rassembla donc autour de notre maigre feu un plus grand nombre des meilleurs hommes de la tribu et renforça la partie courageuse de l'assemblée en amenant Fahad, Mifleh et Adhoub. En leur présence nous attaquâmes cette prudence grossière des Serahins qui nous semblait d'autant plus honteuse que nous venions de faire un plus long séjour au contact purifiant du désert.

Nous leur exposâmes la question, non pas abstraitement mais concrètement, suivant leur angle particulier. La vie sédentaire, dans les agglomérations, n'était-elle pas uniquement sensuelle, faite pour être vécue et aimée jusqu'à l'extrême ? La Révolte, elle, n'offrait pas de maison de repos ni de joies — dividendes payés comptant. S'accroître toujours, supporter tout ce que les nerfs peuvent supporter, et se servir de chaque avance comme d'une base pour une aventure plus lointaine, une privation plus profonde, une souffrance plus aiguë — tel était l'esprit de la Révolte. Les sens ne pouvaient rien sur le passé ou l'avenir. Une émotion sentie était une émotion conquise, une expérience morte, que nous enterrions en l'exprimant.

Faire partie du désert, ils le savaient bien, c'était s'engager dans un combat fatal et jamais clos contre un ennemi qui n'était pas le monde, ni la vie, ni rien, mais l'espoir lui-même ; ce que l'humanité appelait l'échec était la liberté accordée par Dieu. Nous ne pouvions exercer cette liberté, *notre* liberté, qu'en ne faisant pas ce que nous aurions pu faire, alors la vie nous appartiendrait ; car nous la maîtriserions en la méprisant. La mort (l'échec à vivre) apparaîtrait comme la meilleure de nos œuvres, la dernière fidélité accessible à l'homme libre, et son loisir final. De ces deux pôles, mort et vie, ou, moins définitivement, loisir et subsistance, nous devions écarter la subsistance — la chair même de la vie — ou, du moins, l'écarter au maximum, réduire sa part le plus possible et nous accrocher au loisir. Ainsi nous servirions à promouvoir dans l'univers le « non-faire » plutôt que le « faire ». Sans doute il existait des hommes non-créateurs, des hommes au loisir stérile ; mais l'activité de ceux-là n'eût été aussi que matérielle. Pour donner naissance à des réalités immatérielles qui participent de l'esprit plutôt que de la chair, nous devions être jaloux du temps et du labeur sacrifiés pour nos satisfactions physiques, puisque, chez la plupart des hommes, l'âme vieillit bien avant le corps. L'humanité n'avait rien gagné aux travaux forcés de ses esclaves.

On ne pouvait retirer aucune gloire d'un succès assuré, mais on pouvait en arracher beaucoup à une défaite assurée. L'Omnipotence et l'Infini étaient nos deux ennemis les plus dignes, les seuls, en fait, qu'un homme véritable se dût de combattre, parce qu'ils sont des monstres nés de son propre esprit ; et nos plus redoutables ennemis sont toujours dans notre maison. Dans la lutte contre l'Omnipotence la gloire était de rejeter orgueilleusement toutes nos pauvres armes et de L'affronter les mains vides; pour être battus non seulement par plus d'esprit, mais par l'avantage de meilleurs outils. Pour le clairvoyant, l'échec était le seul but. Nous devions croire, toujours et en dépit de tout, qu'il n'y avait pas de victoire hormis de descendre dans la mort en combattant et en réclamant la défaite, priant — dans un excès de désespoir — l'Omnipotence de frapper plus fort encore, afin que, par ces mêmes coups, Elle trempe, en nos êtres torturés, l'arme de Sa propre ruine.

Ce fut un discours haché, à demi incohérent, forgé désespérément, phrase à phrase, dans la nécessité extrême où nous nous trouvions, sur l'enclume de leurs esprits, à la lueur d'un feu mourant; c'est à peine si je pus ensuite en retrouver le sens; pour une fois ma mémoire oublia son métier de peintre et n'enregistra rien que le sentiment d'une humilité croissante chez les Serahins, la paix nocturne où s'évanouit leur amour du monde, et, soudain, comme un éclair, leur décision de nous accompagner, quel que fût le risque. Avant l'aube nous appelâmes le vieil Abd-el-Kader et, le prenant à part au milieu des buissons ensablés, nous hurlâmes dans son oreille quasi impénétrable que les Serahins partiraient avec nous, sous ses auspices, pour l'ouadi Khalid, après le lever du soleil. Il grommela quelque approbation et nous nous confiâmes que jamais plus, si nous en avions encore le temps et l'occasion, nous n'accueillerions un sourd dans une conspiration.

CHAPITRE LXXV

Épuisés, nous nous allongeâmes un moment; mais il fallut bien vite nous remettre debout pour passer en revue les chameliers du Sirhan. Hirsutes, sauvages, ils défilèrent devant nous ventre à terre; nous les jugeâmes cavaliers médiocres : leur exhibition assourdissait trop pour convaincre. Je jugeai déplorable aussi qu'ils n'eussent pas de véritable chef. Mteir était trop vieux pour le service et Ibn Bani semblait un personnage mal défini dont les ambitions se tournaient plutôt vers la politique que vers la guerre. En tout cas nous avions ces hommes et nous n'en avions point d'autres : il n'y avait pas à revenir là-dessus. À 3 heures de l'après-midi nous partions donc pour Azrag, car une autre nuit dans la tente n'eût laissé de nous que des ossements desséchés. Abd-el-Kader et ses suivants montèrent sur leurs juments pour signifier que le front de bataille était proche. Ils marchaient juste derrière nous.

Ali n'avait jamais vu Azrag et nous grimpâmes la crête pierreuse fort excités, en évoquant guerres, chansons, amours des premiers rois-bergers, aux noms émouvants comme une musique, qui avaient chéri cet endroit ; ainsi que les légionnaires romains qui, dans des temps plus reculés encore, y avaient langui en garnison. Soudain apparut le fort bleu, dressé, sur son socle de roches, au-dessus des palmeraies bruissantes, parmi les sources luisantes et les fraîches prairies. D'Azrag comme de Roum, l'on disait «*Numen inest*». Tous deux étaient des lieux hantés; mais si Roum était vaste, sonore, et pareil à Dieu, l'insondable silence d'Azrag restait comme imprégné d'histoire, poètes errants, guerriers, royaumes morts, crimes, chevalerie, magnificence défunte d'Hira et de Ghassan. Chaque pierre, chaque feuille d'herbe, irradiait le vague souvenir du clair Éden soyeux, depuis si longtemps aboli.

Enfin Ali secoua les rênes; son chameau descendit prudemment à travers les rocs de basalte jusqu'à la riche prairie près des sources. Nos yeux plissés pendant des semaines s'ouvrirent enfin largement : le soleil reflété ne brûlait plus. Ali hurla : «De l'herbe ! » et, se jetant à bas de sa selle, tomba sur les pieds et les mains, le visage enfoui dans ces pousses dures qui paraissaient si tendres au milieu du désert. Il se redressa, rouge, en poussant le cri de guerre harith, déchira son voile et courut le long du marécage, bondissant par-dessus les ruisseaux rougeâtres où l'eau se caillait parmi les roseaux. La blancheur de ses pieds éclatait sous les plis oscillants de ses robes de Cachemire. Nous autres, Occidentaux, rencontrons rarement cette beauté nouvelle que prend le corps quand il s'avance légèrement sur des pieds nus : alors le rythme et la grâce du mouvement deviennent visibles, le jeu des muscles et des tendons révélant à l'œil le mécanisme de chaque pas et l'équilibre du repos.

Quand nous revînmes à nos affaires, Abd-el-Kader avait disparu. On le chercha en vain dans le château, dans les palmeraies, près des sources. À la fin, j'envoyai quelques-uns de nos hommes à sa recherche ; ils revinrent avec des Arabes qui avaient vu partir Abd-el-Kader : aussitôt après le départ, me dirent-ils, il avait quitté la caravane et filé vers le Nord, à travers les monticules feuilletés, dans la direction de Djebel Druse. Les hommes de la troupe ne savaient rien de nos projets et détestaient Abd-el-Kader ; ils s'étaient simplement réjouis de son départ ; mais, pour nous, la nouvelle était grave.

De nos trois points d'attaque éventuels, Oum Keis avait été abandonné ; sans Abd-el-Kader l'ouadi Khalid était impossible ; restait seul le pont de Tell-el-Sahab. Pour l'atteindre il fallait traverser à découvert la plaine entre Remthé et Deraa. Abd-el-Kader était allé renseigner l'ennemi sur nos plans et nos forces. Les Turcs, s'ils s'aidaient des précautions les plus raisonnables, nous prendraient au piège près du pont. Conseil tenu, nous décidâmes avec Fahad d'essayer tout de même en nous fiant à l'incompétence ordinaire de notre ennemi. Ce ne fut pas une résolution de tout repos. Le soleil, quand nous la prîmes, nous parut moins doux, Azrag moins au-dessus de toute crainte.

Le lendemain matin notre caravane se déroula, pensive, par une vallée caillouteuse, puis franchit une crête et descendit dans l'ouadi El Harith, dont le lit verdoyant avait une ressemblance nostalgique avec certains paysages anglais. Ali se réjouit de voir ces riches pâturages qui portaient son nom de famille et fut aussi satisfait que nos chameaux en découvrant, au milieu des arbustes, des mares limpides datant des pluies de la semaine précédente. Cette découverte nous incita à déjeuner et à faire une halte plus longue. Adhoub s'en fut avec Ahmed et Aouad chasser la gazelle. Il en rapporta trois. On décida donc de prolonger encore la halte et de faire un second repas — un vrai festin — avec des bouchées de viande cuites à la broche sur des baguettes. On les fait rôtir jusqu'au point où l'extérieur est noir comme du charbon tandis que le cœur reste succulent. Les habitants du désert apprécient ses bontés accidentelles. Mais dans ce cas il y avait autre chose : un regret pesait sur ce raid, alourdissait nos étapes et nous faisait prendre plaisir à tous les retards.

Par malheur, ces vacances furent gâtées pour moi par un lit de justice. La vendetta entre Ahmed et Aouad avait provoqué un duel au fusil pendant la chasse. Le coup d'Aouad avait coupé la cordelette d'Ahmed; celui d'Ahmed avait troué le manteau d'Aouad. Je les désarmai et prononçai d'une voix forte ma sentence : tous deux auraient le pouce et l'index de la main droite tranchés. Terrifiés, ils se précipitèrent aussitôt et en public dans les bras l'un de l'autre pour un violent baiser de paix. Tous mes hommes, un peu plus tard, se portèrent garants pour eux. Je rapportai le cas à Ali-ibn-el-Hussein qui remit Aouad et Ahmed en liberté provisoire après avoir donné à leur promesse mutuelle le sceau d'un ancien châtiment nomade fort curieux : on frappe la tête du coupable avec le tranchant d'une lourde dague tant que le sang ne ruisselle pas jusqu'à la ceinture. Les entailles faites ainsi au cuir chevelu sont douloureuses, mais sans danger, et l'on suppose que la douleur d'abord et les cicatrices ensuite rappelleront au coupable la parole qu'il a donnée.

L'étape se poursuivit pendant des milles sur un terrain parfait, riche en pâturages pour nos chameaux. À

Abou Soana nous découvrîmes une dépression siliceuse pleine d'une eau de pluie délicieusement claire qui s'épandait dans un véritable canal de deux pieds peut-être de profondeur sur dix de large, mais long de sept ou huit cents mètres. Ce devait être notre base pour le raid contre les ponts. Afin de nous assurer contre toute surprise, nous fîmes encore quelques mètres jusqu'au sommet d'un monticule pierreux. Arrivés là nous vîmes avec surprise qu'une troupe de cavaliers circassiens en descendait à peine : les Turcs les avaient envoyés reconnaître si la source était occupée. Ils nous avaient manqués de cinq minutes, pour notre bénéfice réciproque.

Le lendemain on remplit les outres (car nous ne trouverions rien à boire jusqu'au pont) et l'on se mit en route sans hâte. Le désert finissait par une dépression peu profonde à la limite d'une plaine cultivée qui s'étendait, toute plate, jusqu'aux rails, à quelques milles de là. On attendit le crépuscule pour la traverser. Nous comptions nous faufiler discrètement jusqu'au pied des collines, de l'autre côté, au-dessous de Deraa. Au printemps, ces collines étaient pleines de troupeaux, car la pluie revêtait le bas de leurs pentes d'herbe fraîche et de fleurs. Avec la venue de l'été tout séchait : on n'y rencontrait personne alors sauf, par hasard, d'obscurs voyageurs. Nous avions les plus grandes chances de nous abriter dans leurs plis, pendant tout un jour, sans être dérangés.

Notre halte fut l'occasion d'un nouveau repas : nous mangions avec insouciance tout ce que nous pouvions et aussi souvent que nous le pouvions. Cela allégeait nos sacs et nous empêchait de penser. Malgré cette aide, pourtant le jour nous parut très long. Enfin le crépuscule arriva. La plaine eut un frisson au moment où l'ombre, massée déjà depuis une heure au pied des collines en face, soudain se répandit et l'inonda. Nous sautâmes en selle. Après deux heures de marche rapide sur du gravier, Fahad et moi, partis en éclaireurs, arrivâmes aux rails. Je découvris sans difficulté un passage pierreux où notre caravane ne laisserait aucune trace. Les gardes turcs étaient évidemment sereins. Abd-el-Kader n'avait donc pas encore semé de panique par ses nouvelles.

Notre troupe marcha de l'autre côté de la voie encore une heure puis plongea dans une très légère dépression rocheuse, tapissée de plantes succulentes. C'était Ghadir-el-Abyadh, recommandé par Mifleh comme poste d'embuscade. Il paraissait bien surprenant que nous fussions là à couvert. Nous fiant pourtant à sa parole, nous nous allongeâmes pour dormir au milieu de nos bêtes chargées. L'aube nous montrerait à quel point nous étions cachés et saufs.

Au point du jour Fahad me fit grimper au bord de notre creux, c'est-à-dire à quinze pieds environ. Seule une prairie en pente douce nous séparait de la voie : elle semblait à une bonne portée de fusil. Cette proximité était vraiment fâcheuse, mais les Soukhours ne connaissaient pas de meilleure cachette. Il fallut rester tout le jour sur le qui-vive. Aussitôt que le guetteur annonçait quelque chose, tous nos hommes couraient pour voir et le bord du talus se hérissait d'une frise de têtes. On eut beaucoup de peine aussi à empêcher les chameaux d'aller paître à découvert. Chaque fois qu'une patrouille passait, il fallait les traiter avec beaucoup de douceur : le moindre beuglement ou raclement eût attiré l'ennemi. Le jour précédent avait été long. Celui-ci le fut davantage. Nous ne pouvions plus manger : il fallait économiser jalousement notre eau qui risquait de manquer le lendemain. Cette seule idée nous donnait soif.

Ali et moi prîmes nos dernières dispositions pour le raid. Nous étions cloués dans ce creux jusqu'au coucher du soleil ; ensuite il fallait atteindre Tell-el-Sahab, faire sauter le pont et revenir à l'est de la voie avant l'aube. Ceci impliquait au moins cent trente kilomètres à dos de chameau dans les treize heures de nuit, avec une démolition compliquée au milieu. Très peu de nos Indiens étaient capables de ce tour de force. Cavaliers médiocres, ils avaient, au surplus, éreinté leurs chameaux en venant d'Akaba. Un Arabe qui sait épargner sa monture peut la ramener en bon état après un dur travail. Les Indiens avaient fait de leur mieux, mais ce qu'ils avaient dû apprendre les avait fourbus, eux et leurs bêtes, au cours d'étapes pour nous faciles.

On choisit donc parmi les Indiens les six meilleurs cavaliers et on leur donna les six meilleures bêtes : Hassan Schah, leur chef au grand cœur, devait les conduire. Il décida que sa petite troupe serait le mieux armée avec seulement une mitrailleuse Vickers. C'était une réduction très sérieuse de notre pouvoir offensif. Le développement de ce fameux plan du Yarmok me paraissait de moins en moins heureux.

Les Beni-Sakhrs étaient de bons soldats; mais nous nous méfiions des Serahins. Nous décidâmes donc, Ali et moi, de faire des Beni-Sakhrs, sous les ordres de Fahad, notre troupe d'assaut. Nous laisserions quelques Serahins garder les chameaux; les autres porteraient jusqu'au pont les paquets d'explosif. Pour faciliter ce transport précipité, dans la nuit, sur des pentes raides, on divisa les charges en blocs de trente livres, chacun dans son propre sac blanc pour être plus visible. Wood se chargea de ce repaquetage et y prit, naturellement, le fameux mal de tête que l'on gagne toujours au maniement de la gélatine explosive. Cela nous fit passer le temps.

Mes gardes durent être soigneusement distribués. Un bon cavalier fut affecté à chacun des indigènes locaux; moins habiles, ceux-ci avaient par contre l'avantage de bien connaître le pays. Chaque couple ainsi formé reçut l'ordre de surveiller un des étrangers dont j'étais responsable, avec l'instruction formelle de ne pas le quitter de la nuit. Ali-ibn-el-Hussein emmena six de ses domestiques et la troupe fut complétée par vingt Beni-Sakhrs et quarante Serahins. Les chameaux boiteux ou faibles furent laissés au creux d'Abyadh sous la surveillance. des restants qui reçurent l'ordre de les ramener avant l'aube du lendemain à Abou Soana et d'attendre là de nos nouvelles. Deux de mes hommes furent atteints d'une maladie subite qui, dirent-ils, les empêchait de nous accompagner. Je les exemptai pour cette nuit et aussi pour le temps à venir, de tout service.

CHAPITRE LXXVI

Le soleil se couchait quand nous nous séparâmes. Notre troupe partit vers l'amont, abattue, sans aucune envie de poursuivre. L'ombre s'amassait lorsque nous franchîmes la première crête pour tourner vers l'Ouest : nous voulions rejoindre la route des pèlerins dont les ornières seraient notre meilleur guide. Nous dévalions, en trébuchant, la pente accidentée, quand les hommes en tête prirent tout à coup le galop. Nous les suivîmes tous : ils entouraient un colporteur terrifié, ses deux épouses et ses deux ânes chargés de raisins, de farine et de manteaux. Ils se dirigeaient vers Mafrak, la gare derrière nous. Ceci était malencontreux ; à la fin, nous leur donnâmes l'ordre de camper. Un Sirhani resterait pour les garder : il les relâcherait à l'aube et s'enfuirait, en traversant la voie, vers Abou Soana.

L'on poursuivit à travers champs, tant bien que mal, dans l'obscurité maintenant complète ; enfin nous vîmes luire les ornières blanches de la route. C'était cette même route sur laquelle les Arabes m'avaient accompagné en sortant de Rabigh, lors de ma première nuit en Arabie. Depuis ce jour, en douze mois, nous avions combattu en la remontant de quelque 1 200 kilomètres, dépassant tour à tour Médine et Hédia, Daïzad, El Medaouara et Maan. Il restait peu de chemin à faire pour arriver à son point d'origine, Damas, où notre pèlerinage armé prendrait fin.

Mais cette nuit nous faisait peur : nous avions eu les nerfs ébranlés par la fuite d'Abd-el-Kader, l'unique traître de notre expérience. Nous avions, malgré lui, quelques chances de réussite, et un calcul impartial nous l'eût montré, mais nous n'étions pas en état de juger froidement la situation; quasi désespérés, nous songions que la Révolte Arabe n'accomplirait jamais sa dernière étape, mais resterait comme un nouvel exemple des caravanes qui, tendues vers le but entrevu dans un mirage, meurent, homme après homme, dans le désert sauvage, sans la ternissure de l'accomplissement.

Un berger, j'imagine, dispersa ces pensées en déchargeant son fusil sur notre troupe qu'il avait vue surgir silencieusement de l'ombre. Il nous manqua très largement mais se mit à hurler d'épouvante et, dans sa fuite, vida sa cartouchière sur notre masse sombre.

Mifleh-el-Gomaan, en tête, fit un écart violent : toute notre colonne, à sa suite, plongea sur une pente, traversa un bas-fond bien fait pour se rompre le cou, et contourna enfin un épaulement de montagne. Là, retrouvant la paix intacte de la nuit, nous reprîmes notre roulis régulier sous les étoiles. L'alerte suivante fut causée par un aboiement de chien à gauche. Puis l'ombre d'un chameau se dressa, menaçante, en travers de la piste : mais non — c'était une bête égarée, sans cavalier. On repartit.

Mifleh me fit chevaucher à côté de lui en m'appelant « Arab » pour que mon nom trop connu ne trahît pas mon passage à quelque étranger invisible dans l'ombre. Nous descendions dans un creux très touffu quand une odeur de cendres nous parvint : soudain la silhouette brune d'une femme bondit d'un buisson à côté de la piste et s'enfonça dans la nuit en hurlant. Ce devait être une bohémienne, car l'incident n'eut pas de suite. Une montagne surgit. Au sommet était un village : il nous jeta ses feux au visage quand nous étions encore bien loin. Mifleh nous fit couper vers la droite à travers une large étendue de terre labourée. On grimpa lentement. Les selles craquaient. Au sommet de la crête on fit halte.

Là-bas, vers le nord, au-dessous de nous, brillaient quelques grappes de feux. C'était la gare de Deraa illuminée pour le va-et-vient des convois militaires. Cette tranquillité dédaigneuse avait quelque chose de rassurant, sans doute, mais d'un peu arrogant aussi. (Notre vengeance fut de mettre fin à ces splendeurs : Deraa devait éteindre à l'aube ses lumières pour une année complète, c'est-à-dire jusqu'au jour où elle tomba entre nos mains.) Notre groupe serré suivit la ligne de faîte à gauche, puis descendit par une longue vallée dans la plaine de Remthé : du village lui-même, par instants, nous parvenait une rouge étincelle, dans l'ombre vers le nord-ouest. Nous marchions maintenant sur un terrain plat mais à demi labouré et tout creusé par les lapins d'un labyrinthe où nos bêtes, en trébuchant, s'empêtraient jusqu'au boulet. Il fallait pourtant se hâter : les incidents et la dureté de la route nous avaient mis en retard. Mifleh poussa sa monture qui prit le trot à regret.

J'étais mieux monté que la plupart sur la chamelle rougeâtre que j'avais remarquée en avant de nous à Beidha. C'était une grande diablesse qui ratissait le sol d'un énorme mouvement de piston très dur à supporter ; mais ce pilonnage n'était pas complètement mécanique ; il y avait du courage dans l'effort qui emportait toujours cette bête en tête de la colonne. Quand elle avait ainsi brûlé la politesse à toutes ses rivales, son ambition tombait au niveau d'une foulée solide, à peine plus longue que la normale, semblable à celle de toute autre monture, hormis l'impression qu'on en retirait d'une immense réserve de force et d'endurance. Je remontai la colonne pour enjoindre aux hommes de se hâter. Les Indiens, qui se roidissaient comme à cheval, faisaient de leur mieux, ainsi que la plupart d'entre nous ; mais le terrain était si mauvais que leurs plus grands efforts n'avaient pas de résultats fameux. Un homme, puis un autre, au fil des heures, restait en arrière. Je résolus donc de marcher à la fin de la colonne avec Ali-ibn-el-Hussein qui montait une vieille mais magnifique chamelle de course. Malgré, j'imagine, ses quatorze ans, je ne la vis pas s'avachir ou s'énerver une seule fois dans toute la nuit. La tête basse, elle allait de ce pas du Nedjed, traînant mais rapide et souple, si confortable pour le cavalier. Notre vitesse et nos cravaches rendirent la vie dure aux hommes et aux bêtes qui traînaient en arrière.

Peu après 9 heures, nous sortîmes des labours. Le terrain aurait dû s'améliorer ; mais il se mit à bruiner et la terre grasse devint glissante. Le chameau d'un Sirhani s'abattit. Son cavalier le releva en un clin d'œil et repartit au trot. Un Beni-Sakhr à son tour tomba. Sans mal non plus il remonta en hâte. Plus loin nous découvrîmes un des serviteurs d'Ali debout près de son chameau arrêté. Ali lui siffla l'ordre d'avancer et comme l'autre marmonnait, lui fouetta sauvagement la tête. Le chameau terrifié plongea ; l'esclave, saisissant au vol la sangle de derrière, réussit à se lancer en selle. Ali le poursuivit d'une grêle de coups. Mustapha, l'un de mes hommes, cavalier inexpérimenté, tomba deux fois. Aouad, son camarade de file, put heureusement saisir le licol et aider l'homme à se remettre en selle avant que nous les rattrapions.

La pluie cessa et nous pûmes presser l'allure. On descendait maintenant. Soudain Mifleh, se dressant dans sa selle, fouetta l'air au-dessus de sa tête. Un aigre tintement métallique nous indiqua que nous étions sous la ligne télégraphique de Mezerib. Puis l'horizon gris devant nous s'éloigna. Nous eûmes l'impression de marcher sur la cambrure d'une croupe tandis que l'ombre fonçait encore de chaque côté et en face. Soudain parvint à nos oreilles un faible murmure pareil à celui du vent très loin dans des feuillages, mais continu et lentement crescendo. Ce devait être la grande chute d'eau sous Tell-el-Sahab : nous pressâmes l'allure avec confiance.

Quelques minutes plus tard Mifleh arrêta sa bête et lui tapota doucement le cou : elle s'agenouilla en silence. Il mit pied à terre pendant que, derrière lui, nous tirions sur les rênes et nous nous groupions sur une espèce de plateau herbu non loin d'un montjoie éboulé. Devant nous, d'une lèvre d'ombre, montait le fracas de la rivière qui depuis si longtemps grondait à nos oreilles. Nous dominions la gorge du Yarmok et le pont était juste au-dessous de nous à droite.

Pour qu'aucun bruit ne nous trahît, nous aidâmes les Indiens à descendre de leurs chameaux chargés ; puis, à voix basse, nous tînmes conseil sur l'herbe gluante. La lune n'était pas encore sur le Hermon mais la nuit pâlissait déjà dans la promesse de l'aube : des lambeaux de nuages déchiquetés traversaient un ciel livide. Je distribuai les sacs d'explosif aux quinze porteurs et nous partîmes. Les Beni-Sakhrs, sous la conduite d'Adhoub, plongèrent devant nous, en éclaireurs, dans l'obscurité de la gorge. Le sentier était roide ; la pluie l'avait rendu traîtreusement glissant, nous devions enfoncer dans le sol nos orteils nus crispés pour trouver un point d'appui solide. Deux ou trois hommes tombèrent lourdement.

Nous étions dans la partie la plus difficile, aux prises avec de brusques surplombs de roches, quand un bruit nouveau s'ajouta au grondement de l'eau. Un train venant de Galilée remontait en grinçant la pente ; les essieux de ses roues crissaient à chaque courbe, et la vapeur de sa locomotive, à chaque halètement, montait des profondeurs cachées du ravin en pâles bouffées spectrales. Les Serahins reculèrent. Wood les poussa derrière nous ; Fahad et moi sautâmes à droite : à la lumière du brasier, je pus voir, dans les trucks découverts, des hommes en kaki, des prisonniers peut-être, remontant vers l'Asie Mineure.

Quelques pas encore. Enfin j'aperçus à nos pieds, dans la noirceur de l'à-pic, une forme plus noire encore avec une petite tache clignotante de lumière à l'autre extrémité. Nous fîmes halte pour l'examiner aux jumelles. C'était le pont, vu de cette hauteur en projection horizontale, avec une tente de garde blottie sous le mur (crénelé de maisons) de la rive opposée. Tout était silencieux, sauf la rivière ; tout était immobile, sauf la petite flamme qui dansait devant la tente.

Wood, qui devait descendre seulement si j'étais

blessé, tenait les Indiens prêts à arroser la tente de garde du feu de leur mitrailleuse, si l'engagement devenait général. Cependant Ali, Fahad, Mifleh et le reste de la troupe avec les Beni-Sakhrs et les porteurs d'explosif se glissaient jusqu'au vieux sentier de construction qui aboutissait à la butée la plus proche. Nous nous faufilâmes en file indienne, nos manteaux bruns et nos habits terreux parfaitement confondus avec le calcaire au-dessus de nous et les profondeurs au-dessous. Enfin nous touchâmes les rails juste à la courbe qui précédait l'entrée du pont. Là toute la troupe fit halte et je rampai en avant avec Fahad.

Nous parvînmes à la butée de pierre nue, puis, nous glissant sur le ventre dans l'ombre des rails, nous arrivâmes presque au contact du gris squelette des poutres suspendues. Nous pouvions voir l'unique sentinelle s'appuyer contre la butée opposée, à soixante mètres de nous, de l'autre côté du gouffre. L'homme, pendant que nous le regardions, se mit à marcher lentement, à droite, à gauche, à droite, à gauche, devant son feu, sans jamais mettre le pied sur le pont vertigineux. Impuissant à détacher de lui mes regards fascinés, je demeurai allongé, l'esprit vide, la volonté vide, tandis que Fahad revenait à plat ventre au point où la culée sortait du flanc de la colline.

À quoi bon ? Je voulais attaquer les poutres mêmes. Je revins donc chercher les porteurs de gélatine. Je ne les avais pas atteints quand retentit là-haut le fracas d'un fusil qu'on lâche, suivi d'une dégringolade. La sentinelle sursauta, leva les yeux. Elle vit au sommet, dans la zone de lumière que la lune élevait lentement sur la gorge à chaque instant plus belle, nos mitrailleurs qui descendaient occuper une nouvelle position dans l'ombre qui les fuyait. Elle les interpella d'une voix forte puis leva son fusil, fit feu et hurla pour appeler la garde.

Aussitôt ce fut la pagaïe. Les invisibles Beni-Sakhrs, accroupis dans l'étroit sentier au-dessus de nos têtes, ripostèrent au hasard. La garde turque se rua dans ses tranchées et ouvrit un feu rapide sur les éclairs de nos armes. Les mitrailleurs indiens, surpris au moment où ils se déplaçaient, n'eurent pas le temps de cribler la tente avant la sortie de ses occupants. La mêlée devint générale. Les salves turques, répercutées par les échos, se doublaient du choc des balles contre les rocs derrière nous. Les porteurs serahins avaient appris de mes gardes qu'un projectile pouvait faire sauter la gélatine. Aussi, quand les balles crachotèrent alentour, flanquèrent-ils leurs sacs par-dessus bord dans le ravin pour filer dare-dare. Nous étions encore, Fahad et moi, dans l'ombre de la butée, invisibles, mais les mains vides. Ali sauta auprès de nous et nous rapporta que les sacs d'explosif étaient maintenant quelque part dans les profondeurs de la gorge.

On ne pouvait songer à aller les reprendre, avec un tel enfer déchaîné contre nous. Nous décampâmes donc, escaladant sous le feu turc, sans accident, notre sentier de chèvres, pour arriver enfin, à bout de souffle, sur le plateau. Wood, dégoûté, nous y attendait avec ses Indiens : je lui dis que tout était fini. Déjà, auprès du montjoie, les Serahins grimpaient sur leurs chameaux. Toute la troupe les imita en hâte et partit au grand trot ; les Turcs continuaient leur feu roulant au fond de la vallée. Turra, le plus proche village, entendit le vacarme et entra dans la danse. D'autres villages s'éveillèrent à leur tour ; des scintillations s'allumèrent par toute la plaine.

Notre ruée dépassa, sur la piste, un groupe de paysans qui revenaient de Deraa. Les Serahins, vexés du rôle qu'ils avaient joué (ou de ce que j'en avais dit dans la chaleur de la fuite), étaient en quête d'un mauvais coup : ils les dépouillèrent complètement. Les victimes s'enfuirent avec leurs femmes dans le clair de lune en poussant le strident « Au secours ! » arabe. Remthé les entendit. Ses hurlements multipliés, à leur tour, éveillèrent tous les dormeurs du voisinage. Ceux qui possédaient une bête partirent pour nous charger de flanc tandis que, sur des milles, tous les toits des villages se hérissaient de tirailleurs.

Abandonnant les bandits serahins alourdis par leur butin, nous piquâmes de l'avant, les dents serrées, gardant le plus d'ordre possible. Mes hommes entraînés faisaient merveille, relevant ceux qui tombaient et prenant en croupe les hommes dont les chameaux se relevaient incapables de galoper. Le terrain était encore boueux, les labours plus pénibles que jamais. Mais le tumulte, derrière, nous talonnait, forçant, jusqu'à épuisement, comme une meute, hommes et bêtes vers le refuge des montagnes. Enfin nous touchâmes au but. Un raccourci meilleur nous donna quelque paix; nous poussions toujours, cependant, nos animaux harassés car l'aube était proche. Peu à peu le vacarme derrière nous mourut et les derniers traînards nous rejoignirent, chassés, comme à l'aller, par la grêle de coups qu'Ali-ibn-el-Hussein et moi-même faisions pleuvoir sur eux.

Le jour parut quand nous descendions vers la voie. Wood, Ali et les chefs partis en éclaireurs s'amusèrent à couper le fil télégraphique pendant le passage de la caravane. Nous avions traversé la ligne la nuit précédente pour faire sauter le pont de Tell-el-Sahab, couper la Palestine de Damas. Et voici qu'après tant de peines et d'efforts nous coupions le télégraphe de Médine ! Les canons d'Allenby qui ébranlaient toujours l'air à notre droite nous rappelaient amèrement notre propre fiasco.

L'aube grise se leva; une douceur y flottait, présageant la pluie grise qui ne manqua pas de survenir, si délicate et si désespérée qu'elle semblait railler notre marche trébuchante vers Abou Soana. Au coucher du soleil nous atteignîmes la longue mare. Le reste de la troupe s'enquit curieusement du détail de nos fautes. Nous étions des imbéciles, tous des imbéciles et notre rage ne savait où se prendre. Ahmed et Aouad se battirent de nouveau; le jeune Mustapha refusa de cuire le riz; Farraj et Daoud le bourrèrent de coups de poing jusqu'à le faire pleurer ; Ali fit bâtonner deux de ses esclaves ; mais aucun d'entre nous ou d'entre eux ne s'en souciait vraiment. Nos esprits étaient malades d'échec et nos corps harassés par une course détestable de cent milles à travers un sale pays, dans de sales conditions, d'un coucher de soleil à l'autre, sans arrêt et sans nourriture.

CHAPITRE LXXVII

La nourriture allait devenir notre principale préoccupation ; nous tînmes conseil, sous une averse glacée, pour considérer ce qu'on pouvait faire. Pour nous alléger, nous avions emporté d'Azrag seulement trois jours de vivres — trois jours qui prenaient fin ce soir. Mais nous ne pouvions pas retourner les mains vides : les Beni-Sakhrs demandaient un succès et les Serahins s'étaient couverts trop récemment de honte pour ne pas réclamer à grands cris une nouvelle aventure. Nous avions encore un sac de réserve de trente livres d'explosif. Ali-ibn-el-Hussein, qui avait entendu parler des exploits au-dessous de Maan et qui était aussi arabe que n'importe quel Arabe, dit : « Faisons sauter un train ! » Une acclamation universelle salua le projet. Tous les regards se tournèrent vers moi : mais je ne pouvais pas si vite partager leurs espoirs.

On peut faire sauter un train avec une exactitude scientifique, quand l'opération est exécutée de sang-froid, avec des forces suffisantes et des mitrailleuses bien placées. Menée à la va-comme-je-te-pousse, l'entreprise devient dangereuse. La difficulté, dans le cas présent, venait des Indiens, les seuls mitrailleurs que nous eussions sous la main. Excellents soldats quand ils sont bien nourris, le froid et la faim en font des moitiés d'hommes. Je n'avais aucune envie de les entraîner, sans ravitaillement régulier, dans une aventure qui pouvait durer une semaine. Affamer des Arabes n'avait rien de cruel : ils ne mourraient pas d'un jeûne de quelques jours et combattraient aussi vaillamment l'estomac vide ; d'ailleurs, si les choses devenaient trop difficiles, nous pouvions tuer et manger quelques chameaux. Mais les Indiens, quoique musulmans, refusaient par principe la viande de chameau.

J'expliquai à mes interlocuteurs ces subtilités de régime. Ali dit aussitôt que si je me chargeais de faire sauter le train, les Arabes et lui mèneraient l'assaut sans mitrailleuse. Comme, dans cette région sans méfiance, nous pouvions tomber sur un train de ravitaillement avec seulement des civils ou une petite garde de réservistes, j'acceptai de courir le risque. On applaudit à cette décision et toute la troupe, encapuchonnée dans ses manteaux, forma le cercle pour achever ce qui nous restait de vivres. Ce fut un souper froid et tardif (la pluie avait trempé le bois : impossible d'allumer du feu) mais nos cœurs étaient un peu réconfortés par la perspective d'un nouvel effort.

À l'aube les Hindous (et les Arabes inaptes) partirent misérablement pour Azrag. Ils s'étaient lancés dans cette expédition avec l'espoir d'un véritable engagement militaire ; et voici qu'après la pagaïe du pont ils perdaient maintenant le train. C'était dur pour eux. Afin d'adoucir le coup, je demandai à Wood de les accompagner. Il accepta, non sans discussion, par égard pour eux ; mais ce fut sage aussi pour lui, car il souffrait depuis quelques jours d'un refroidissement qui tournait à la pneumonie.

Les soixante hommes qui restaient repartirent donc avec moi vers le chemin de fer. Aucun d'entre eux ne connaissait le pays ; je les conduisis donc à Minifir où, en compagnie de Zaal, nous avions fait des nôtres au printemps. Le sommet surplombant que nous avions occupé alors était excellent à tous points de vue : poste d'observation, camp, pâturage et retraite. Nous restâmes là jusqu'au coucher du soleil, frissonnants, les yeux fixés sur l'immense plaine qui s'étendait comme une carte jusqu'aux sommets ennuagés du Djebel Druse, avec Oum-el-Djémal et ses villages frères comme des maculatures d'encre sous la pluie.

Au crépuscule, on descendit poser la mine. Le ponceau (rebâti) du kilomètre 172 me parut encore le plus convenable. Nous allions nous mettre à l'ouvrage quand un grondement s'approcha ; dans la pluie tombante et le brouillard, un train surgit sur la courbe nord, à deux cents mètres à peine. Nous nous précipitâmes sous la longue voûte et il roula au-dessus de nos têtes. C'était fâcheux ; mais quand la voie fut à nouveau libre, on se mit à enterrer la charge. Il faisait un froid de loup, avec des averses subites que le vent chassait dans la vallée.

La voûte, de quatre mètres de portée, solidement bâtie, enjambait un torrent caillouteux qui naissait près de notre camp. Les pluies du printemps y avaient creusé un lit profond de quatre pieds, étroit et sinueux, admirable tranchée d'approche jusqu'à trois cents mètres de la ligne. Là le ravin s'élargissait et courait droit au ponceau, bien en vue de la voie.

La charge d'explosif fut soigneusement enfouie sur la clé de voûte, plus profond que d'habitude et sous une traverse : ainsi les patrouilles ne risqueraient pas de sentir trembler sous leurs pieds sa gelée molle. Les fils électriques suivaient la pente du ballast et remontaient le lit du torrent, où il était facile de les cacher, aussi loin que le permettait leur longueur. Malheureusement ils n'avaient que soixante mètres : on avait eu des difficultés à trouver en Égypte des câbles isolés et nous n'avions pu en emporter davantage. Soixante mètres suffisaient pour le pont ; pour un train, c'était bien peu. Par bonheur les extrémités des fils atteignaient juste un petit buisson d'une trentaine de centimètres sur le bord du ravin. On les laissa donc enterrés près de ce point de repère commode. Impossible de les laisser connectés à l'exploseur que les patrouilles régulières eussent aisément aperçu sur ce terrain découvert.

À cause de la boue, le travail dura plus longtemps que d'ordinaire ; l'aube allait pointer quand il fut fini ; j'attendis le jour dans le courant d'air du ponceau, mouillé et chagrin, puis je revins inspecter toute la surface du terrain remué et je passai une autre demi-heure à effacer nos traces, répandant çà et là de l'herbe et des feuilles et arrosant la boue avec l'eau d'une flaque voisine. À ce moment on me fit signe que la première patrouille arrivait ; je m'en fus rejoindre les autres.

Je n'eus pas le temps de les atteindre : déjà ils se précipitaient à leurs postes de tirailleurs choisis d'avance le long du ravin et sur les éperons qui le flanquaient. Un train arrivait du nord. Ahmoud, un esclave de Fayçal, avait l'exploseur ; lui non plus n'eut pas le temps de m'atteindre. Le train, composé de quelques wagons clos, passa devant nous à toute vitesse : les orages dans la plaine et la brume du matin l'avaient trop longtemps caché aux yeux de notre guetteur. Ce nouvel échec accrut notre tristesse ; Ali commença à dire que rien ne marcherait jamais dans cette expédition. Constatation dangereuse, parce qu'elle risquait d'amener bientôt la découverte d'un mauvais œil ; pour détourner l'attention je suggérai d'envoyer de nouvelles sentinelles plus loin, l'une sur les ruines au nord, l'autre sur le grand montjoie de la crête sud.

Nous n'avions rien pour déjeuner : nous prétendîmes donc n'avoir pas faim. Tous prirent plaisir à ce petit jeu et pendant quelque temps nous devisâmes gaiement sous la pluie, blottis, pour avoir moins froid, les uns contre les autres, derrière un parapet de chameaux ruisselants. L'eau faisait friser comme une toison le poil de nos bêtes qui prenaient un air bizarrement échevelé. Quand la pluie cessait, ce qui arrivait fréquemment, une bise gémissante et glacée fouillait nos habits avec beaucoup de soin à la recherche des parties les moins protégées de nos personnes. Après quelques heures, nous trouvâmes que nos chemises mouillées et collantes manquaient vraiment de confortable. Nous n'avions rien à manger, rien à faire, rien pour nous asseoir excepté des roches mouillées, de l'herbe mouillée ou de la boue. Mais ce mauvais temps persistant ne cessait de me rappeler que l'avance d'Allenby sur Jérusalem serait arrêtée ; la pluie lui ôtait sa meilleure chance. Or l'infortune du lion était presque un encouragement pour les souris. Nous marcherions ensemble l'année suivante.

Dans les meilleures circonstances l'attente est pénible. Ce jour-là elle fut ignoble. Même les patrouilles ennemies pataugeaient, trébuchaient le long de la voie sous l'averse, faisaient leur service par manière d'acquit. Enfin, dans une éclaircie, vers midi, nos sentinelles du sommet sud agitèrent frénétiquement leurs manteaux pour signaler un train. En un clin d'œil nous fûmes tous en position car nous avions passé les dernières heures accroupis près des rails dans l'eau d'un fossé pour ne pas manquer l'occasion suivante. Les Arabes se mirent habilement à couvert. Du point où je devais mettre le feu, je regardai leur embuscade et ne vis rien que la pente grise des collines.

Je n'entendais pas venir le train ; mais j'avais confiance et j'attendis, agenouillé, prêt, une demi-heure : en vain. L'attente devenant intolérable, je demandai par gestes ce qui se passait. On m'envoya dire que le train arrivait très lentement — un train énormément long. Nos appétits s'aiguisèrent. Plus long le train, plus grand le butin. Puis on m'avisa qu'il s'était arrêté. Il repartit.

Enfin, vers 1 heure, j'entendis son halètement. La locomotive était évidemment mauvaise (tous ces trains chauffés au bois marchaient mal) et la lourde charge à la montée dépassait ses faibles forces. Je m'accroupis derrière mon buisson tandis qu'il franchissait la tranchée sud et s'avançait en rampant le long du ballast, au-dessus de ma tête, vers le ponceau. Les dix premiers wagons étaient des trucks découverts bondés de troupes. Mais, encore une fois, il était trop tard pour choisir : quand la locomotive fut carrément au-dessus de la mine, j'abaissai la poignée de l'exploseur. Sans résultat. Je sciai vigoureusement, par quatre fois.

Toujours aucun résultat. Alors je compris que quelque chose s'était détraqué et que j'étais, moi, agenouillé sur un talus découvert avec un train turc plein de troupes qui défilait lentement à cinquante mètres. Le buisson que j'avais cru d'au moins un pied de haut, était devenu plus petit qu'une feuille de figuier. Je me sentis l'objet le plus évident de tout le paysage. Derrière moi s'ouvrait le ravin où je devais faire deux cents mètres à découvert pour rejoindre mes Arabes (ils se demandaient ce que j'attendais, ce que je pouvais bien faire). Impossible de filer vers eux comme une flèche : les Turcs arrêteraient le train et nous achèveraient. Si je restais tranquille j'avais juste une chance d'être ignoré ou pris pour un Bédouin quelconque.

Je restai donc tranquille, ne calculant plus que mes chances de vie ou de mort, pendant que 18 trucks ouverts, 3 wagons à chevaux et 3 wagons d'officiers se traînaient devant moi. La machine haletait toujours plus lentement, et je pensais à chaque seconde qu'elle allait s'arrêter. Les troupes ne prêtèrent pas grande attention à moi, mais les officiers furent intéressés. Ils sortirent sur les petites plates-formes à l'extrémité de leurs wagons, pointant du doigt et ouvrant de grands yeux. Je leur adressai, en retour, un petit signe de main et un sourire nerveux. Je devais faire, pensai-je, un berger bien peu vraisemblable, avec mon costume de La Mecque et ma petite torsade d'or sur la tête : peut-être mes robes boueuses, la pluie et leur ignorance me firent-elles accepter. La cabine du wagon de queue disparut lentement dans la tranchée nord.

D'un saut je fus debout : enterrer mes fils, soulever ce sacré exploseur et fuir comme un lapin vers la colline fut l'affaire d'un instant. Là je repris haleine et jetai un regard en arrière : le train avait fini par s'arrêter. Il attendit, à cinq cents mètres de la mine, pendant une heure ou presque, pour faire monter sa pression. Cependant une patrouille d'officiers battait soigneusement le terrain à l'endroit où j'étais assis. Mais les fils étaient proprement enterrés. Ils ne trouvèrent rien; la machine reprit courage et, d'un coup, les emmena.

CHAPITRE LXXVIII

Mifleh était navré : il croyait que j'avais volontairement laissé passer le train. Quand les Serahins apprirent la véritable cause de notre échec, ils dirent : « La malchance est sur nos têtes. » Historiquement, ils avaient bien raison; mais comme ils en faisaient une prophétie, je glissai une allusion sarcastique à leur courage près du pont, la semaine précédente : les préférences de leur tribu, insinuai-je, devaient aller à la garde des chameaux. À ces mots le tumulte éclata; les Serahins m'attaquaient furieusement, les Beni-Sakhrs prenaient ma défense. Ali, entendant ce vacarme, accourut.

Quand l'affaire fut réglée, le découragement originel était presque oublié. Ali me soutint noblement. Il était pourtant bleu de froid, le malheureux, et frissonnait de fièvre. Haletant, il déclara que son ancêtre le Prophète avait donné aux chérifs la faculté de double vue : notre chance allait tourner. Ceci réconforta nos hommes; et notre premier acompte de bonheur échut sur l'heure puisque, dans cette humidité, et sans autre outil que ma dague, je pus ouvrir la boîte de l'exploseur et persuader à son système électrique de fonctionner à nouveau convenablement.

Chacun reprit son poste auprès des fils, mais hélas! nous ne vîmes rien venir. La nuit accrut encore le grabuge et la poisse. Tout le monde grognait; il n'y avait pas de train; il pleuvait trop pour allumer du feu; notre seule nourriture — en puissance — était du chameau. La viande crue ne tenta personne; nos bêtes eurent donc la vie sauve jusqu'au lendemain.

Ali se coucha sur le ventre pour calmer les crampes d'estomac, et tenta de faire passer sa fièvre en dormant. Khazen, son domestique, lui prêta son manteau comme couverture supplémentaire. Un moment je pris Khazen sous le mien, mais il fut bientôt si peuplé que je le lui abandonnai et descendis faire la connection à mon exploseur. Je passai le reste de la nuit à écouter chanter les fils télégraphiques, souhaitant à peine dormir tant il faisait froid. Rien ne vint couper ces longues heures et l'aube pluvieuse me parut encore plus laide qu'à l'ordinaire. Nous étions écœurés à en crever de Minifir, des chemins de fer, des trains qu'on attend et de ceux qu'on fait sauter. Je remontai auprès de mes hommes pour laisser passer la patrouille turque. Puis le ciel s'éclaircit, Ali s'éveilla beaucoup mieux et son nouveau courage nous réconforta. Ahmoud, l'esclave, sortit de sa robe quelques morceaux de bois qu'il avait gardés toute la nuit sur la peau. Ils étaient presque secs. On débita avec précaution quelques lamelles d'explosif dont la flamme chaude fit partir le feu bon train, tandis que les Soukhours tuaient en hâte une chamelle galeuse, la moins précieuse de nos bêtes, et découpaient rapidement des morceaux de grandeur convenable.

Juste à ce moment, la sentinelle nord cria qu'un train arrivait. Abandonnant notre feu, nous franchîmes hors d'haleine les six cents mètres qui nous séparaient de nos positions. Sifflant de toute sa vapeur, le train apparut en effet sur la courbe, magnifique joujou avec deux machines et douze wagons de voyageurs, qui dévalait la pente à toute vitesse. Je mis le contact sous la première roue motrice de la première locomotive. L'explosion fut terrifiante. La terre me jaillit au visage ; je culbutai dans le noir pour me retrouver assis, la chemise déchirée sur l'épaule et le sang ruisselant de longues égratignures, déchiquetées, au bras gauche. Entre mes genoux gisait l'exploseur écrasé sous une plaque de tôle tordue et couverte de suie. Devant moi un tronc d'homme ébouillanté fumait. Quand je pus glisser un regard à travers la poussière et la vapeur de l'explosion, toute la chaudière de la première locomotive me parut absente.

Je sentis vaguement, dans mon hébétude, qu'il était temps de rejoindre mes hommes. Mais lorsque je bougeai une vive douleur dans le pied droit m'arrêta ; je pus seulement boitiller ; la tête me tournait, après cette commotion. Le mouvement me rendit une vue plus nette et je m'en fus à cloche-pied vers le haut du ravin, d'où les Arabes dirigeaient déjà un feu nourri sur les wagons bondés. Ivre, je me réconfortais en répétant, en anglais, à voix haute : « Oh ! je suis fâché de ce qui arrive. »

L'ennemi, bientôt, riposta et je me trouvai pris entre deux feux. Ali me vit tomber, crut que j'étais grièvement blessé, bondit à mon secours avec Turki, une vingtaine de ses domestiques et les Beni-Sakhrs. Les Turcs, ayant réglé leur hausse, en descendirent sept en quelques secondes. Les autres, d'un bond, furent près de moi — magnifiques athlètes, dignes d'un sculpteur. Leurs culottes de coton blanc, bouffantes, serrées autour des tailles étroites et des chevilles, leurs corps bruns épilés et leurs accroche-cœurs, collés contre les tempes en une longue courbe, leur donnaient l'apparence de danseurs russes.

Sur les pieds et sur les mains, nous revînmes tous à couvert et là, secrètement, je me tâtai le corps. Pas de blessure sérieuse, découvris-je : pourtant, outre les bleus et les balafres causés par la plaque de tôle, j'avais un orteil brisé et cinq sillons de balles (dont quelques-uns désagréablement profonds). Mes habits étaient en lambeaux.

Du ravin, nous pûmes jeter un coup d'œil alentour. L'explosion avait détruit la voûte du ponceau ; la carcasse de la première machine était couchée un peu plus loin, au pied du ballast où elle avait roulé. La seconde locomotive avait culbuté dans le trou et gisait maintenant en travers du tender de la première. Son châssis était tordu. Je les jugeai toutes deux irréparables. Le second tender avait disparu de l'autre côté. Les trois premiers wagons télescopés étaient en pièces.

Le reste du train avait complètement déraillé et les wagons, butés les uns contre les autres à des angles divers, zigzaguaient le long de la voie. L'un d'eux, un salon décoré de drapeaux, était celui de Mehmed Djémal Pacha, Général Commandant le VIIIe Corps d'Armée, qui s'en allait en hâte défendre Jérusalem contre Allenby. Ses chevaux étaient dans le premier wagon ; son automobile, en queue du train : nous la criblâmes de balles. Dans son État-Major nous remarquâmes un gras ecclésiastique, probablement Assad Choukair, l'iman d'Ahmed Djémal Pacha, maquereau turcophile notoire. Nous fîmes feu sur lui tant qu'il ne tomba pas.

Mais tout cela n'avançait rien. Visiblement, nos chances de piller le train étaient faibles. Il avait contenu quatre cents hommes et les survivants, maintenant revenus de leur surprise, s'étaient mis à couvert et nous menaient la vie dure. Tout d'abord notre groupe de l'éperon nord avait engagé un corps à corps et presque enlevé la victoire. Mifleh, sur sa jument, avait chassé les officiers du salon jusque dans le fossé. Mais il était trop excité pour s'arrêter et tirer posément : ils s'étaient échappés sans mal. Les Arabes qui le suivaient avaient tourné bride pour ramasser les fusils ou les médailles qui jonchaient le sol et sortir du train valises et malles. Si nous avions eu, suivant ma technique, une mitrailleuse postée pour balayer l'autre côté du train, pas un Turc n'en fût réchappé.

Mifleh et Adhoub nous rejoignirent sur la colline et demandèrent où était Fahad. L'un des Serahins déclara qu'il conduisait la première sortie (alors que j'étais étendu à côté de l'exploseur) et qu'il avait été tué. On, nous montra sa cartouchière et son fusil pour nous prouver qu'il était mort et qu'on avait tenté de le sauver. Adhoub ne dit pas un mot, mais bondit hors du ravin et dévala la pente en courant. Nous le suivîmes des yeux, l'haleine coupée, mais les Turcs ne semblèrent pas le voir. Une minute plus tard, il traînait un corps derrière la rive gauche.

Mifleh revint vers sa jument, monta en selle et la mena derrière un éperon. Tous deux placèrent le corps inerte en travers du pommeau et nous l'amenèrent. Une balle avait frappé Fahad en plein visage, brisant quatre dents et entaillant la langue. Il était tombé inconscient mais, au moment où Adhoub arriva près de lui, il venait juste de reprendre ses sens et tentait de s'enfuir, aveuglé par le sang, sur les mains et les genoux. Il retrouva assez d'aplomb pour s'accrocher à une selle. On le transporta donc sur le premier chameau venu et on l'emmena aussitôt.

Les Turcs, nous voyant si tranquilles, se mirent à grimper la pente. Nous les laissâmes venir à mi-chemin pour ouvrir un feu nourri qui en tua une vingtaine et fit reculer les autres. Le terrain autour du train était jonché de morts ; les wagons brisés en étaient pleins ; mais les Turcs se battaient sous les yeux de leur commandant de corps : sans perdre courage, ils contournèrent les éperons pour nous prendre de flanc.

Nous ne restions plus que quarante : évidemment nous ne pouvions plus rien faire de bon. Nous courûmes donc en petits groupes, remontant le lit du torrent et nous arrêtant à chaque angle bien protégé pour tirer au jugé sur les Turcs et retarder leur marche. Le petit Turki se fit remarquer par sa promptitude et son calme : sa carabine de cavalerie turque à crosse droite le contraignait pourtant à démasquer sa tête ; quatre balles traversèrent son voile. Ali était furieux de ma lenteur dans la retraite. En vérité, mes blessures saignantes m'empêchaient de marcher, mais pour ne rien lui en dire je prétendais être à mon aise et étudier les Turcs avec beaucoup d'intérêt. Ces repos successifs pendant lesquels je reprenais un peu courage le maintenaient avec Turki loin derrière les autres.

Enfin nous atteignîmes le sommet. Là, chaque homme

bondit sur le premier chameau venu et nous partîmes ventre à terre vers le désert à l'est. Après une heure de galop (et désormais en sûreté) chacun de nous reprit sa bête. L'excellent Rahail, en dépit de l'excitation générale, avait emporté, pendu à sa selle, un énorme gigot du chameau tué juste avant le combat. Il nous fournit un motif de halte cinq milles plus loin. Un petit groupe de quatre chameaux apparut alors, marchant dans la même direction. C'était notre compagnon Matar qui retournait de son village natal et se rendait à Azrag avec des charges de raisin et de friandises paysannes.

On s'arrêta donc aussitôt sous un énorme roc dans l'ouadi Dhouleil, à l'ombre d'un figuier stérile, pour faire cuire notre repas, le premier depuis trois jours. On pansa sérieusement la blessure de Fahad, somnolent de lassitude et de fièvre. Adhoub, voyant ceci, plaça l'un des tapis neufs de Matar en travers d'une selle et, relevant les extrémités, les cousit en forme de poches. Fahad fut déposé dans l'une pendant qu'Adhoub se hissait dans l'autre pour faire contrepoids : ainsi lesté, le chameau fut emmené au sud vers les tentes de leur tribu.

Les autres blessés furent pansés en même temps. Mifleh appela les plus jeunes garçons de la troupe et leur fit arroser les blessures de leur urine — antiseptique grossier. Nous, cependant, les entiers, nous remettions un peu de nos fatigues. J'achetai un autre chameau galeux pour avoir un surplus de viande, payai des récompenses et des indemnités aux parents des tués, et distribuai de l'argent pour les soixante ou soixante-dix fusils que nous avions pris. Petit butin, mais non pas méprisable : quelques Serahins, arrivés au combat sans fusil et réduits à lancer des pierres inoffensives, en avaient maintenant deux chacun. Le jour suivant nous rentrions à Azrag où l'on nous fit un accueil triomphal et où, Dieu nous pardonne, nous nous flattâmes d'avoir été victorieux.

CHAPITRE LXXIX

Le ciel s'était mis décidément à la pluie ; tout le pays était saturé d'eau. Allenby n'avait pas obtenu son beau temps et il n'y aurait pas de grande avance cette année. Nous résolûmes pourtant de nous établir à Azrag. Ce serait, d'abord, une base de prédication d'où la Révolte s'étendrait vers le nord ; puis un centre de renseignements ; enfin un obstacle entre Nouri Châalan et les Turcs. Ses richesses en Syrie et le dommage qu'auraient à supporter les hommes de ses tribus si on les privait de leurs marchés naturels l'avaient seuls jusqu'ici empêché de se déclarer. En nous établissant dans un de ses principaux fiefs nous lui ferions honte de passer à l'ennemi. La position d'Azrag était favorable pour nous et le vieux château, si nous le rendions habitable, nous fournirait un bon Quartier Général, pour dur que fût l'hiver.

Je m'établis donc dans la tour de la porte sud et mis mes six serviteurs hauranis (pour lesquels un travail manuel n'était pas une déchéance) à recouvrir de broussailles, de palmes et d'argile les anciennes poutres de pierre du toit aujourd'hui béant vers le ciel. Ali prit ses quartiers dans la tour d'angle du sud-est et répara aussi son toit. Les Hindous colmatèrent tant bien que mal les pièces du nord-ouest qu'on leur abandonna. On aménagea les magasins au rez-de-chaussée de la tour ouest, près de la poterne : c'était l'endroit le plus solide et le plus sec. Les Biachas décidèrent de vivre au-dessous de moi dans la porte sud. On mura les entrées et le porche devint un hall. Une grande arche fut ensuite ouverte dans la cour, sur la palmeraie, avec une rampe pour que nos chameaux pussent rentrer chaque soir.

Hassan Schah fut nommé Sénéchal. En bon musulman, ses premiers soins furent pour la petite mosquée de la cour. On avait arraché la moitié du toit ; les Arabes avaient parqué des brebis entre ses murs. Hassan mit ses vingt hommes à racler la saleté et laver le pavage. La mosquée devint alors une charmante maison de prière. Ç'avait été un lieu fermé, coupé du monde, dédié à Dieu seul : le Temps l'avait ouvert à l'Évanescence pour qui les vents, la pluie, le soleil officient ; se joignant à l'adoration, ceux-ci avaient appris aux adorateurs que l'Évanescence et Dieu se confondent.

Aussitôt après, notre prudent Djémadar fit aménager des emplacements de mitrailleuses dans les plus hautes tours qui dominaient toutes les approches. Il installa ensuite une sentinelle à demeure (prodige et objet d'admiration en Arabie) dont le principal devoir était de fermer la poterne au coucher du soleil. La porte était une dalle de basalte, d'un pied d'épaisseur, posée en équilibre sur des pivots également de basalte taillés dans la masse du roc et emboîtés dans le seuil et le linteau. Il fallait un effort énorme pour la lancer, mais elle se fermait à la fin avec une telle violence qu'elle faisait trembler tout le mur ouest du vieux château.

Cependant nous étudiions la question du ravitaillement. Akaba était bien loin et les routes qui y conduisaient seraient en hiver des plus pénibles. Nous organisâmes donc une caravane vers le Djebel Druse, terre neutre et seulement à un jour de distance. Matar se chargea de la conduire et partit avec une longue file de chameaux qui rapporteraient des vivres de toutes sortes pour notre troupe bigarrée. Les hommes de ma garde avaient appris à manger ce qu'ils avaient. Mais, pour les Indiens, une nourriture sans poivre n'était pas de la nourriture ; Ali-ibn-el-Hussein demandait du mouton, du beurre et de la viande fumée pour ses hommes et les Biachas ; enfin il y avait les hôtes et les réfugiés qui ne manqueraient pas d'arriver aussitôt que le bruit de notre établissement courrait dans Damas. Jusqu'à leur venue nous pouvions espérer quelques jours de repos et nous nous installâmes pour jouir des dernières miettes de l'automne — ces jours alternés de pluie et de soleil. Nous avions des moutons et de la farine, du lait et du bois de chauffage. À part la boue, de mauvais augure, la vie dans le fort ne s'annonçait pas trop mal.

Le répit finit plus tôt que nous ne l'avions pensé. Wood, dont la santé traînait depuis quelque temps, fut abattu par une attaque de dysenterie violente. Le mal en soi n'était pas grave, mais la faiblesse qui le suit pouvait mettre sa vie en danger lorsque l'hiver se serait installé sérieusement. D'ailleurs Wood était l'ingénieur d'Akaba et, hormis le plaisir de sa compagnie, je n'avais aucune raison valable de le retenir plus longtemps. On composa donc une troupe chargée de le ramener à la côte. Les hommes choisis pour cette escorte, Ahmed, Abd-el-Rahman, Mahmoud et Aziz reviendraient d'Akaba à Azrag avec une seconde caravane de provisions chargée surtout de rations pour les Indiens. Le reste de mes hommes demeurerait ici à se geler sans rien faire, en attendant un développement nouveau de la situation.

Puis nos visiteurs affluèrent. Il en venait tout le jour et chaque jour. Tantôt c'était une file rapide de salves, de cris rauques et de chameaux précipités qui annonçaient une parade bédouine : Roualla, ou Cherarat, ou Serahin, Serdiyeh ou Beni-Sakhr, chefs de grand renom comme Ibn Zouhair, Ibn Kaebir, Rfa-el-Khoreisha, ou petit chef de famille étalant devant les yeux clairs d'Ali-ibn-el-Hussein son avidité et son bon vouloir. Puis c'était une galopade sauvage de chevaux : Druses ou paysans-guerriers de la plaine arabe. D'autres fois encore une lente et circonspecte caravane de chameaux menés par la bride d'où descendaient, les muscles raidis, quelques politiciens syriens ou quelques marchands peu accoutumés à la route. Un jour arrivèrent cent malheureux Arméniens fuyant la faim et la terreur turque. Parfois survenait un groupe d'officiers caracolants, tirés à quatre épingles, déserteurs arabes de l'armée turque, fréquemment suivis par leurs compagnies de soldats arabes. Les visiteurs affluaient ainsi de toutes parts et chaque jour. Le désert, vierge à notre arrivée, s'étoila de pistes grisâtres.

Ali, pour s'occuper de nos hôtes, nomma un, puis deux, puis trois majordomes qui recevaient le flot montant des nouveaux venus, distinguaient les fidèles des curieux et les amenaient en temps voulu devant lui ou moi. Tous demandaient des informations sur le chérif, l'armée arabe et les Anglais. Les marchands de Damas apportaient des présents : pâtisserie, sésame, caramel, pâte d'abricots, amandes, robes de soie, manteaux de brocart, voiles pour la tête, peaux de mouton, tapis de feutre incrustés d'arabesques vives et tapis persans. Nous leur donnions en retour ce dont la guerre les avait privés : sucre, riz, rouleaux de cotonnade. Tout le monde apprit que l'abondance régnait à Akaba où se déversaient, par la mer ouverte, des marchandises venues de tous les points du globe ; ainsi la Cause Arabe, qu'ils adoptaient par sentiment, par instinct, par inclination, faisait appel encore à leurs intérêts. Lentement notre exemple et notre enseignement les convertissaient. Très lentement même, parce que nous le voulions, afin que leur adhésion fut plus sûre.

Le grand atout de Fayçal, dans ce travail qui gagnait le Nord à sa cause, fut la personnalité du chérif Ali-ibn-el-Hussein. Ce casse-cou qui défiait, dans leurs exploits les plus farouches, les plus farouches guerriers des tribus, tournait maintenant sa force vers de plus grands buts. Sa double nature faisait de son visage et de son corps des plaidoiries puissantes, charnelles, sans doute, dans la mesure où elles n'étaient pas spiritualisées par une transfusion d'énergie morale. Nul ne pouvait le voir sans désirer le voir encore, surtout quand il souriait (comme il le faisait rarement) à la fois de la bouche et des yeux. Sa beauté était une arme dont il se servait consciemment. Il était vêtu de robes immaculées, toutes blanches ou toutes noires, et il étudiait ses gestes.

La fortune avait joint en lui la perfection physique et une grâce extraordinaire ; mais ces qualités n'étaient que la juste expression de son pouvoir. Elles rendaient visible un courage que rien ne faisait céder : il eût préféré se faire hacher sur place. Son orgueil éclatait dans son cri de guerre : « Harith je suis » qui le rattachait à deux mille ans de piraterie nomade. Ses yeux immenses, dont on voyait le blanc, avec de grandes pupilles noires qui tournaient lentement, soulignaient encore la dignité glacée de son port, cette dignité qu'il recherchait et où il se figeait en un incessant effort sur lui-même. Mais souvent un fou rire jaillissait, débordait de lui à l'improviste ; et sa jeunesse, garçonnière ou féminine, son feu, son diable-au-corps, éclataient dans sa nuit comme une aurore.

En dépit de cette richesse, un fond de tristesse demeurait en lui, désir secret des gens simples et remuants pour la pensée abstraite où leur esprit ne peut atteindre. Sa force physique croissait chaque jour, bourgeonnait, couvrait, avec haine, de chair cette humble réalité qui l'eût satisfait davantage. Sa joie sauvage n'était qu'un signe de ce désir s'exténuant en vain. Le cercle d'étrangers qui l'assiégeait soulignait son éloignement (son éloignement involontaire) de ses propres compagnons. En dépit d'un goût instinctif pour la confession et la camaraderie, il n'avait pas d'intimes. Et cependant il ne pouvait rester seul. S'il n'avait pas d'hôte, il mangeait avec ses esclaves que son khazen devait servir.

Pendant ces lentes nuits nous ne craignions rien du monde. D'abord c'était l'hiver : à travers l'ombre et la pluie, peu d'hommes se fussent aventurés dans le labyrinthe de lave ou les marais — seules approches de notre forteresse. Puis nous avions des gardiens-fantômes. Le premier soir que nous veillions avec les Serahins, Hassan Schah avait fait la ronde et l'on broyait le café près du feu quand un étrange et long gémissement s'éleva au pied des tours. Ibn-Bani me saisit par le bras et s'accrocha à moi tout frissonnant. « Qu'est-ce donc ? » lui murmurai-je. Haletant, il me dit que les chiens des Beni-Hillais, bâtisseurs légendaires du château, hantaient chaque nuit les six tours à la recherche de leurs maîtres.

Tout le monde se tut pour tendre l'oreille. Par la fenêtre d'Ali, au noir châssis de basalte, s'insinuait un bruissement — les palmes sèches remuées par la brise nocturne — intermittent comme la pluie en Angleterre sur les feuilles mortes encore craquantes. De nouveau les cris s'élevèrent, encore, encore, toujours crescendo, sanglotant au pied de nos murs, en vagues profondes, pour diminuer, s'éloigner, mourir enfin, étouffés et lamentables. Chaque soir, quand ils revenaient, nos hommes pilonnaient plus fort le café et les Arabes lançaient une chanson soudaine pour chasser de leurs oreilles l'obsession de cette infortune. Aucun Bédouin ne voulut guetter dehors ce mystère et de nos fenêtres on ne voyait rien que les fils d'eau glissant dans la lumière de notre flambée. Ainsi la légende resta : loups ou chacals, hyènes ou chiens en chasse, leur ronde spectrale, en tout cas, nous gardait mieux que n'importe quelles armes.

Le soir, quand on avait repoussé la porte, tous les hôtes s'assemblaient chez moi ou chez Ali; le café, les histoires circulaient jusqu'au dernier repas et, après lui, jusqu'au sommeil. Les nuits d'orage, on allumait au centre de la pièce un grand feu de broussailles et de bouse. Autour de lui nous disposions les tapis et les peaux de mouton de nos selles et, à sa lumière, nous contions le détail de nos batailles, écoutant en retour les récits traditionnels des visiteurs. Les bonds étranges de la flamme sursautante pourchassaient, sur les murs grossiers, derrière nous, nos ombres tordues par leurs bosses et emmitouflées de fumée. Quand le conteur marquait un temps d'arrêt, notre cercle étroit s'agitait, roulait sur l'autre jambe ou l'autre coude; cependant les tasses tintaient, passaient de main en main; un esclave, de son manteau, éventait la puanteur bleue montant du foyer, la poussait vers la meurtrière, faisant tournoyer, dans ce courant d'air, la braise ardente qui volait en étincelles. Tant que le conteur ne reprenait pas, nous entendions siffler les gouttes d'eau tombant du toit, le long de ses poutres de pierre, une à une, au cœur de la flamme.

Le ciel, enfin, se prit en pluie compacte : nul ne put plus nous approcher. Nous apprîmes, dans notre solitude, tous les ennuis d'un emprisonnement entre les murs sans mortier de ces lugubres palais moyenâgeux. La pluie ruisselait dans l'épaisseur des murailles et, soudain, jaillissait dans les pièces par les crevasses. On jetait sur les dallages inondés des radeaux de branchages recouverts de tapis de feutre ; puis nous nous blottissions sous des peaux de mouton avec un autre tapis étendu au-dessus de nous comme un bouclier contre l'eau. Immobiles, nous grelottions de l'aube sale au crépuscule, l'esprit comme en suspens entre ces murailles massives dont chaque meurtrière laissait entrer, flottant ainsi qu'une flamme blanche, un ruban glacé de brouillard. Le passé et l'avenir coulaient sur nous comme une rivière sans tourbillons. Nous nous rêvions des vies imaginaires dans l'esprit du lieu : sièges, festins, raids, meurtres et chansons d'amour dans la nuit.

Ces évasions du corps entravé ont une douceur énervante et dangereuse ; seul un changement de lieu pouvait m'aider à les combattre. Douloureusement je me hissai de nouveau dans le présent et contraignis mon esprit à dire qu'il fallait employer ce temps d'hiver à explorer le pays autour de Deraa.

Comme je songeais à cette entreprise, survint, sans avertissement, par un matin de pluie, Tallal-el-Hareidhin, cheikh de Tafas. C'était un *outlaw* fameux dont la tête était mise à prix, mais si grand seigneur qu'il allait en vérité où il lui plaisait. En deux années de vie sauvage, il avait tué, me dit-on, vingt-trois Turcs. Ses six suivants étaient splendidement montés ; lui-même m'apparut un personnage prestigieux dans le plus haut style du Hauran. Sa peau de mouton était du plus bel angora recouvert de drap fin, vert, avec des incrustations de soie et des dessins brodés. Ses autres vêtements étaient en soie; ses grandes bottes, sa selle d'argent, son sabre, sa dague et son fusil, à la hauteur de sa réputation.

Il s'approcha cavalièrement de notre feu, comme un homme sûr d'être bien accueilli et salua bruyamment Ali (après notre long séjour parmi les nomades, tous les sédentaires nous paraissaient bruyants) en riant à gorge déployée de la pluie, de notre vieux château et de l'ennemi. Il paraissait avoir trente-cinq ans; court et fort, avec un visage plein, il portait une barbe bien taillée et de longues moustaches en pointes. Ses yeux ronds étaient rendus plus ronds, plus larges et plus sombres par le khôl dont il les surchargeait à la mode villageoise. Il était des nôtres, et de tout cœur, ce qui nous réjouit, car son nom était de ceux qu'on pouvait invoquer dans le Hauran. Quand une journée de conversation m'eût assuré de lui, je l'emmenai secrètement vers la palmeraie et je lui confiai mon ambition d'aller faire un tour vers chez lui. Cette idée le charma et il m'accompagna avec la fidélité et la bonne humeur que peut seul montrer un Syrien sur un bon cheval. Halim et Faris, spécialement engagés, me suivirent comme gardes.

Nous passâmes à Oumtaiye, notant les pistes, les puits et les lits de lave et nous traversâmes la voie à Sheihk Saad pour tourner vers le sud à Tafas où Tallal se trouvait chez lui. Le lendemain nous étions à Tell Arar, position splendide qui domine Deraa près du chemin de fer de Damas. Nous traversâmes ensuite un district onduleux (plus difficile qu'il ne paraissait) jusqu'à Mezerib sur la ligne de Palestine. Là aussi je fis des plans pour la tentative prochaine, pour le jour où nous pourrions, avec des hommes, de l'argent et des canons, déclencher le soulèvement général qui nous donnerait à coup sûr la victoire. Peut-être le printemps suivant verrait-il Allenby faire le bond en avant que nous attendions.

CHAPITRE LXXX

Pour «boucler» cette inspection discrète dans la dépression du Hauran, il était nécessaire de visiter Deraa, sa capitale. Nous pouvions en effet, lors de notre offensive, la couper à la fois du Nord, de l'Ouest et du Sud en détruisant les trois lignes de chemin de fer; mais il serait beaucoup plus propre d'enlever le point de jonction et de travailler ensuite en partant de là. Tallal, cependant, ne pouvait se risquer avec moi à l'intérieur de la ville, où il était bien trop connu. Nous nous séparâmes donc après de grands remerciements de part et d'autre et je filai vers le sud avec mes hommes, le long de la ligne de chemin de fer jusqu'à Deraa. Là on mit pied à terre. Mon domestique Halim prit les poneys et partit pour Nisib, au sud de Deraa. Mon plan était de faire le tour de la gare et de la ville avec Faris, pour atteindre Nisib après le coucher du soleil. Faris était le meilleur compagnon pour cette aventure parce qu'il avait l'allure d'un paysan insignifiant, assez vieux pour être mon père, et respectable.

Respectabilité d'ailleurs toute relative! Dans le soleil mouillé qui avait remplacé la pluie de la nuit précédente, nous allions comme deux trimards. Le sol était boueux, nous étions pieds nus et nos habits crottés étalaient les souillures du sale temps que nous avions subi. Je portais les habits trempés de Halim avec une veste Haurani déchirée et je boitais encore de la fracture récoltée en faisant sauter le train de Djémal. La piste était glissante: l'on ne pouvait y marcher qu'en écarquillant largement les orteils. Faire cela pendant plusieurs milles m'était particulièrement douloureux. Je ne voudrais pas, dans ce récit de la Révolte, toujours insister sur mes souffrances physiques, sous le prétexte que les souffrances physiques furent toujours pour moi si cruelles; pourtant il ne s'est guère passé de jours en Arabie qui ne m'apportât une douleur corporelle, outre le sentiment corrosif de mon hypocrisie envers les Arabes et la fatigue légitime d'un chef responsable.

Je grimpai sur le ballast du chemin de fer de Palestine, et de sa courbe, militairement bien placée, j'examinai la gare de Deraa ; mais le terrain était trop découvert pour une attaque par surprise. Je décidai de descendre le long des défenses est ; et nous partîmes lourdement, notant au passage des magasins allemands, quelques barbelés çà et là et des ébauches de tranchées. Les soldats turcs circulaient sans curiosité entre les tentes et leurs latrines creusées de notre côté.

Au coin de l'aérodrome, à l'extrémité sud de la gare, je piquai vers la ville. Il y avait de vieux Albatros dans les hangars ; des hommes flânaient alentour. L'un d'entre eux, un soldat syrien, se mit à nous poser des questions sur nos villages ; y avait-il beaucoup de « gouvernement » là où nous vivions ? C'était, j'imagine, un aspirant déserteur qui cherchait des tuyaux pour un refuge. Enfin nous pûmes nous débarrasser de lui et filer. Mais quelqu'un appela, en turc. Nous fîmes les sourds ; alors un sergent courut derrière nous et, me prenant rudement par le bras : « Le Bey te demande. » Il y avait trop de témoins pour fuir ou se battre : je suivis donc le sergent sans protester. Il ne fit pas attention à Faris.

Derrière la haute palissade s'étendait un camp avec de nombreuses baraques et quelques bâtisses. L'on me conduisit ; dans une pièce de terre battue : au dehors, sur une terrasse était assis un gros officier turc, une jambe repliée sous lui. Il me jeta tout juste un coup d'œil quand le sergent m'amena devant lui et lui fit un long rapport en turc. Il me demanda mon nom : « Ahmed-ibn-Bagr, Circassien de Kouneitra. » — « Déserteur ? » — « Nous autres, Circassiens, n'avons pas de service militaire. » Il se tourna vers moi, ouvrit de grands yeux et dit lentement : « Tu mens. Prenez-le dans votre section, Hassan Chaouich, et faites le nécessaire jusqu'au moment où le Bey l'enverra chercher. »

On me conduisit dans une salle de gardes encombrée

de gros bancs de bois où étaient assis une douzaine d'hommes en uniformes sales. Ils m'enlevèrent ma ceinture et mon poignard, me firent laver soigneusement et me donnèrent à manger. Je passai tout le jour là. À aucun prix ils ne voulurent me laisser sortir. Mais ils tentèrent de me rassurer. La vie d'un soldat n'était pas toute mauvaise. Demain, peut-être, j'aurais une permission si je comblais ce soir les désirs du Bey. Le Bey semblait être Nahi, le Gouverneur. S'il n'était pas content, me dirent-ils, je serais désigné pour l'école du fantassin dans le dépôt de Balbek. Je pris, de mon mieux, l'air d'un homme qui ne voit rien, en effet, de pire au monde.

Tôt dans la soirée, trois hommes vinrent me chercher. J'avais cru que ce serait une occasion de fuir, mais l'un des hommes ne me lâcha pas. Je maudis ma petite taille. Nous traversâmes la voie qui était sextuple, outre les voies de garage conduisant au dépôt de machines. Une grille latérale, une rue, un square et l'on arriva devant une maison isolée à deux étages. Il y avait une sentinelle à la porte et j'entrevis d'autres soldats dans l'ombre de l'entrée. On me conduisit au premier étage jusqu'à l'appartement du Bey, ou, plutôt, jusqu'à sa chambre. C'était encore un homme énorme, Circassien lui-même peut-être ; assis sur le lit en pyjama, il tremblait et suait comme dans un accès de fièvre. Quand on me poussa à l'intérieur il garda la tête baissée et renvoya les soldats d'un geste. Puis d'une voix blanche il me dit de m'asseoir sur le tapis en face de lui et retomba dans son silence : cependant je considérais le sommet de son crâne où se dressait une chevelure hérissée, pas plus longue que le chaume noir de ses joues et de son menton. Enfin il me considéra des pieds à la tête et me dit de me lever, puis de me tourner. J'obéis. Il se rejeta alors sur le lit et m'y attira dans ses bras. Quand je vis ce qu'il voulait je me dégageai et me remis debout, heureux de découvrir que j'étais son égal, au moins en matière de lutte.

Il se mit alors à me cajoler, disant que j'étais blanc et

frais, que j'avais des extrémités fines, qu'il m'exempterait de service et de corvée, ferait de moi son ordonnance, me paierait même des gages, si je voulais l'aimer.

Je m'entêtai. Il changea de ton et m'ordonna durement de quitter mon pantalon. Comme j'hésitais il se jeta sur moi; je le repoussai. Alors il frappa des mains pour appeler la sentinelle qui entra précipitamment et me lia les bras. Le Bey jurait en m'adressant d'horribles menaces; sous ses ordres, l'homme qui me maintenait déchira mes vêtements, lambeau à lambeau. Quand il découvrit les cicatrices (à moitié guéries) des balles qui m'avaient fouetté la peau lors du dernier combat, les yeux du Bey s'arrondirent. Enfin il se remit lourdement sur ses pieds et vint, une lueur dans les yeux, me tripoter par tout le corps. Je le supportai jusqu'au moment où il devint trop ignoble. Alors je lui flanquai mon genou dans le ventre.

Il chancela vers son lit, plié en deux et grondant de douleur; la sentinelle, cependant, appelait le caporal et les trois autres hommes pour m'empoigner les mains et les pieds. Dès que je fus incapable de bouger, le Gouverneur reprit courage, cracha sur moi, jurant qu'il me ferait demander pardon. Il ôta sa pantoufle et m'en martela le visage tandis que le caporal, m'empoignant aux cheveux, me tirait la tête en arrière pour la présenter aux coups. Alors le Gouverneur se pencha, m'enfonça les dents dans le cou tant que le sang ne coula pas. Puis il m'embrassa. Après quoi il sortit la baïonnette d'un de ses hommes. Je pensai qu'il allait me tuer et je regrettai l'existence; mais il se contenta de pincer un pli de la chair sur les côtes, le traversa de la pointe, non sans un travail considérable, et fit faire à la lame un demi-tour. La douleur fut cruelle et je sursautai; le sang coulait le long de mes côtes et tombait goutte à goutte sur le devant de ma cuisse. Le Bey eut l'air d'y prendre beaucoup de plaisir et en aspergea mon ventre avec la pointe de ses doigts.

Désespéré, je parlai. Son visage changea et il demeura

immobile puis, maîtrisant sa voix avec effort, me dit en appuyant sur les mots : « Tu dois bien comprendre que je sais ; tout ira beaucoup mieux pour toi si tu fais ce que je désire. » L'émotion me coupa la parole ; nous nous regardâmes silencieusement pendant que les hommes, sentant là un mystère qui les dépassait, se détournaient, mal à l'aise. Mais, évidemment, sa phrase était une amorce : lui-même n'y mettait pas ou ne voulait pas y mettre le sens que je craignais. Je ne pouvais plus me fier à ma bouche crispée qui me trahissait toujours en cas d'émotion violente ; je finis donc par relever simplement le menton, le signe pour « non » en Orient ; alors il se rassit et dit à mi-voix au caporal de m'emmener et de faire mon éducation.

Ils me poussèrent à coups de pied sur le palier et m'étendirent, en me bourrant les côtes, sur un banc qui se trouvait là pour les gardes. Deux hommes s'agenouillèrent sur mes chevilles en appuyant de tout leur poids sur le dos des genoux tandis que deux autres, me tordant les poignets à les faire craquer, m'écrasaient les mains et le cou contre le bois. Déjà le caporal avait couru au bas de l'escalier et remontait avec un fouet circassien, ronde lanière de cuir souple et noir s'effilant depuis la grosseur du pouce à la poignée (qui était d'argent) jusqu'à une pointe dure plus fine que celle d'un crayon.

Il me vit frissonnant (en partie, je pense, de froid) et fit siffler la cravache à mon oreille en se flattant qu'à la dixième entaille je hurlerais grâce et qu'à la vingtième je mendierais les caresses du Bey. Et aussitôt il me fouetta de toutes ses forces, comme un fou, tandis que je serrais les dents pour supporter cette horrible chose qui s'enroulait autour de mon corps comme un fil de fer rougi.

Pour demeurer maître de moi je comptai les coups. Mais après le vingtième je perdis le compte et ne sentis plus que le poids d'une douleur sans forme : non pas labour de griffes, ainsi que je m'y attendais, mais craquèlement de tout l'être sous la tension d'une force trop considérable dont les vagues roulaient le long de l'épine dorsale pour s'engouffrer dans le cerveau et s'y battre en un heurt terrible, prisonnières. Quelque part dans la pièce un réveil de bazar tictacquait violemment : je souffris que les coups de fouet ne fussent pas d'accord avec lui. Je me tordais et me convulsais, mais l'on me tenait si étroitement que les efforts étaient inutiles. Quand le caporal eut fini, les hommes le remplacèrent, très méthodiquement, donnant tant de coups puis marquant un temps d'arrêt pendant lequel ils se disputaient pour le tour suivant, se délassaient un brin et s'amusaient de moi de façon qu'on ne peut écrire. Ceci fut répété souvent quoique le tout n'ait peut-être pas duré plus de dix minutes. Au début d'une série on me forçait à tourner la tête pour me faire voir, à chaque coup, l'espèce de crête, d'abord dure et blanche (comme un ballast) mais bientôt d'un sombre écarlate, qui se gonflait sous la peau, avec une strie sanglante au croisement de deux bourrelets. Le fouet tombant de plus en plus sur des traces fraîches, les morsures se firent plus noires et plus trempées ; un moment vint où toute ma chair trembla de douleur accumulée et de terreur devant le coup futur. Ma résolution de ne pas crier avait été bientôt vaincue, mais tant que ma volonté gouverna mes lèvres je ne gémis qu'en arabe, et avant la fin un bienheureux étourdissement m'empêcha de plus prononcer un mot.

Enfin je fus complètement brisé et ils parurent satisfaits. Je ne sais comment je me retrouvai hors du banc, le dos sur le parquet sale, pelotonné, ébloui, haletant mais vaguement confortable. J'avais monté tous mes ressorts à bloc, décidé à souffrir jusqu'à la mort sans plus être acteur mais spectateur du drame. Je ne me souciais plus des tressaillements ou des plaintes de mon corps. Cependant je savais (ou j'imaginais) ce qui se passait autour de moi.

Je me souvins plus tard que le caporal m'avait fait lever d'un coup de sa botte cloutée ; le jour suivant, en effet mon côté droit était noir et une côte endommagée me causait à chaque aspiration une douleur cruelle. Je me souvins aussi de lui avoir souri stupidement : une chaleur délicieuse, probablement sexuelle, se gonflait en moi et me traversait. Soudain il leva le bras et me sabra, de toute la longueur de son fouet, dans l'aine. Le coup me cassa en deux, hurlant ou, plutôt, essayant en vain de hurler, haletant d'horreur par ma bouche ouverte. L'un des soldats gigota de joie. Une voix cria : « Diable ! tu l'as tué ! » Un autre coup de plein fouet. Une clameur. Mes yeux s'obscurcirent : à l'intérieur de moi-même le cœur de la vie parut se soulever en houle lente, faire éclater mes nerfs, chassé du corps qu'il habitait par ce dernier spasme indescriptible.

À en juger par les meurtrissures ils durent me battre encore, mais je ne me souvins plus que d'avoir été traîné par deux hommes, chacun d'eux me tirant une jambe comme pour m'écarteler pendant qu'un troisième me chevauchait. J'en souffris moins, pour l'instant, que de nouveaux coups. À ce moment Nahi appela. Ils me jetèrent de l'eau sur le visage, essuyèrent un peu de l'ordure et me portèrent, sanglotant et criant grâce, jusqu'à sa chambre. Mais il me rejeta en hâte : j'étais une loque trop sanguinolente pour son lit. Il blâma leur excès de zèle qui m'avait abîmé. Je suis persuadé, au contraire, que cette « dérouille » était normale : la coupable était ma peau d'appartement, plus vite crevassée que celle d'un Arabe.

Ainsi le caporal, tout penaud, choisi pour sa jeunesse et sa bonne apparence, dut rester dans la chambre tandis que les autres m'emportaient par l'escalier étroit jusqu'à la rue. La fraîcheur de la nuit sur mes plaies cuisantes et l'éclat imperturbable des étoiles après l'horreur de cette heure passée me firent pleurer de nouveau. Les soldats, maintenant libres de parler, m'avertirent que les hommes devaient souffrir les caprices de leurs officiers ou payer leur refus, comme je venais de le faire, par une souffrance plus grande.

À travers une espèce de terrain vague ils m'emmenèrent derrière le palais du Gouverneur, dans un appentis en planches jonché de couvertures poussiéreuses. Un tailleur arménien vint, à moitié endormi, me laver et me panser rapidement. Puis tous partirent ; mais le dernier soldat demeura un instant en arrière pour me murmurer avec un accent druse que la porte de la pièce contiguë n'était pas fermée à clef.

Je demeurai couché, dans une stupeur fiévreuse, engourdi peu à peu par le froid, la tête horriblement douloureuse, jusqu'au moment où l'aube blanchit les fentes du hangar. Une locomotive siffla dans la gare. Ces sensations et une soif horrible me ramenèrent à la vie. Je découvris que je ne souffrais pas. La moindre douleur physique était, depuis mon enfance, mon obsession et ma terreur secrète. L'excès de souffrance, aujourd'hui, m'avait-il stupéfié comme un narcotique ? Ma première réaction, pourtant, fut d'angoisse : avec beaucoup d'efforts, je me remis, nu, sur mes pieds pour me balancer en gémissant, me demandant si ce n'était pas un rêve et si je n'étais pas revenu de cinq années en arrière, à l'époque où, timide conscrit à Khalfati, j'avais connu quelque chose de semblable, mais de moins dégradant.

La pièce contiguë était une infirmerie. À la porte pendaient des habits minables. Je les enfilai lentement, gauchement, à cause de mes poignets gonflés, et choisis dans l'armoire à pharmacie une fiole de sublimé : on ne me reprendrait pas vivant. La fenêtre donnait sur un long mur vide. Je le sautai avec raideur et partis, tremblant, sur la route, dans la direction du village. Je dépassai quelques hommes déjà levés qui ne prirent pas garde à moi. En vérité je n'avais rien de remarquable avec mon costume de drap sombre, mon fez rouge et mes pantoufles ; mais ce fut seulement en me prodiguant les objurgations à voix basse que j'évitai un geste stupide de peur. Deraa me semblait inhumain à force de vice et de cruauté, et le rire d'un soldat derrière moi me fit l'effet d'une douche froide.

Auprès du pont étaient les puits, entourés d'hommes et de femmes. Une auge écartée était libre. De son extrémité j'écopai un peu d'eau, au creux de mes mains, et je m'en frottai le visage; puis je bus, avec un plaisir extrême. Après quoi je descendis la vallée vers le sud, bientôt invisible de la ville. Cette vallée fournissait la route cachée par où un raid éventuel pourrait atteindre Deraa et surprendre les Turcs. Ainsi, dans ma fuite, je résolvais, trop tard, le problème qui m'avait amené dans la ville.

Plus loin, un Serdi sur son chameau me dépassa tout clopinant sur la route de Nisib. J'expliquai que j'avais affaire là et que les pieds déjà me faisaient mal. Il eut pitié et me prit en croupe sur son animal osseux. Je m'accrochai à lui pendant le reste de la route, éprouvant à mon tour les tortures de mon patron adoptif sur son gril. Les tentes des tribus étaient juste en face du village. Je trouvai là Faris et Halim, inquiets sur mon sort et curieux de savoir comment je m'en étais tiré. Halim était allé dans la nuit à Deraa et, de l'absence de toute excitation, avait conclu qu'on n'avait pas découvert la vérité. Je leur racontai une bonne histoire de fourberie et de corruption qu'ils promirent de garder pour eux, en riant très fort de la simplicité des Turcs.

Pendant la nuit, je m'arrangeai pour voir le grand pont de pierre près de Nisib. Non pas que ma volonté estropiée se souciât plus que d'une guigne de la Révolte Arabe (ou de quoi que ce fût, hormis sa guérison). Mais puisque la guerre avait été une de mes lubies, par habitude je voulus me forcer à continuer jusqu'au bout. Nous reprîmes ensuite nos chevaux et l'on fit route prudemment jusqu'à Azrag. Le seul incident fut la rencontre d'un rezzou d'Ould-Alis qui nous laissèrent aller, nous et nos chevaux, sans rien nous voler, en apprenant qui nous étions. Générosité inattendue car les Ould-Alis n'étaient pas encore de nos partisans. La considération qu'ils me montrèrent (immédiate, comme si nous avions mérité l'hommage de tous) rendit un instant plus léger le fardeau d'une certitude que les jours suivants devaient confirmer — la certitude que, cette nuit, dans Deraa, la citadelle même de mon intégrité personnelle s'était irrémédiablement écroulée.

CHAPITRE LXXXI

Xouri, l'émir druse de Salklad, arriva juste avant nous au vieux château. C'était sa première visite au chérif Ali. Il nous raconta la fin de l'histoire de l'émir Abd-el-Kader, l'Algérien. Après avoir lâché notre troupe, il avait gagné d'un trait le village de Xouri et y avait fait une entrée triomphale, drapeau arabe au vent, et ses sept cavaliers caracolant autour de lui en tirant des salves. Les villageois furent ahuris; le gouverneur turc protesta : de telles manifestations, dit-il, étaient une insulte pour lui. Il rendit visite à Abd-el-Kader qui, tenant le divan en grande pompe, lui déclara que le chérif Fayçal gouvernait désormais le Djebel Druse, qu'il était son représentant, et que tous les fonctionnaires actuels se voyaient maintenus à leur poste.

Le lendemain, nouvelle marche à travers le district. Le gouverneur, patient, fit une nouvelle plainte. L'émir Abd-el-Kader tira alors son épée de La Mecque damasquinée d'or et jura qu'avec cette arme il allait faire voler de ses épaules la tête de Djémal Pacha. Les Druses présents le blâmèrent déclarant qu'on ne devait pas dire de telles choses dans leur maison devant Son Excellence le Gouverneur. Sur quoi Abd-el-Kader les appela fils de porcs, accidents du foyer, fils de chiens, cocus volontaires et maquereaux, aspergeant de ses insultes toute la compagnie présente. Les Druses se fâchèrent. Abd-el-Kader bondit hors de la maison et sauta sur son cheval en criant qu'il lui suffirait de frapper du pied pour que tout le Djébel Druse se soulevât à ses côtés.

Toujours avec ses sept suivants, il descendit ventre à terre jusqu'à la gare de Deraa où il entra comme il était entré dans Salklad. Les Turcs, qui connaissaient dès longtemps sa folie, le laissèrent faire. Quand il leur assura qu'Ali et moi allions attaquer le pont du Yarmok cette nuit, ils n'en crurent pas un mot. Lorsque l'événement, pourtant, eut confirmé ses dires, ils prirent la chose plus au sérieux et l'envoyèrent à Damas sous bonne garde. L'humour brutal de Djémal fut amusé ; on libéra Abd-el-Kader comme objet de risée. Peu à peu il se plia aux circonstances ; les Turcs s'en servirent une fois de plus comme agent provocateur et comme dérivatif à l'énergie des nationalistes syriens locaux.

Le temps était maintenant affreux : givre, neige, bourrasques sans arrêt. Évidemment on ne pourrait plus rien faire à Azrag de quelques mois sinon enseigner et prêcher. Je n'avais pas grand zèle pour cela. En cas de nécessité, j'avais pris ma part des fatigues du prosélytisme et j'avais prêché de mon mieux. Je n'avais jamais oublié pourtant ma qualité d'étranger ni l'incongruité qu'il y a à venir plaider chez autrui la cause de la liberté nationale, Cette guerre m'imposait toujours de « semer » ma propre pensée et de considérer la Révolte avec la confiance et le naturel des indigènes. Je devais me persuader sans cesse que le Gouvernement Britannique pourrait vraiment tenir ses promesses. La fatigue ou la maladie me rendaient cette fraude particulièrement difficile ; l'activité désordonnée de mon cerveau finissait par épuiser ma patience. D'ailleurs, après la brusque franchise des Bédouins, qui entraient chez moi tout de go, m'interpellaient d'un « Ya Aurens », et me racontaient leur histoire sans cérémonie, ces citadins huileux m'exaspéraient à réclamer en rampant la faveur d'une audience de leur Seigneur, Bey, Prince et Libérateur. De telles dignités supposées étaient sans doute utiles, comme une armure dans un duel, mais incommodes aussi, et mesquines.

Loin de jouer au grand seigneur, j'avais toujours essayé, au contraire, de me rendre accessible à tous, même si j'avais l'impression constante que presque tout le monde venait tous les jours me rendre visite. J'avais prêché aussi éloquemment que possible, par mon propre exemple, la simplicité de vie. Je n'avais ni tentes, ni cuisiniers, ni esclaves personnels ; rien que mes gardes, qui étaient des soldats, non des domestiques : et voilà ces épiciers byzantins qui venaient essayer de nous corrompre ! Furieux, je résolus de m'enfuir vers le Sud pour voir si l'on ne pouvait rien tenter, malgré le froid, du côté de la mer Morte que l'ennemi tenait comme une tranchée entre la Palestine et nous.

L'argent qui me restait fut confié au chérif Ali pour l'entretien de ses troupes d'Azrag jusqu'au printemps. Je laissai aussi les Indiens à ses soins. On leur acheta des chameaux de course frais, pour le cas d'un départ brusqué dans l'hiver, quoique l'annonce quotidienne d'un raid turc contre Azrag fût écartée avec mépris par le jeune Ali. Nos adieux furent affectueux de part et d'autre. Ali me donna la moitié de sa garde-robe : chemises, voiles, ceintures et tuniques. Je lui donnai une part égale de la mienne, et nous nous embrassâmes comme David et Jonathan, chacun revêtu des habits de l'autre. Après quoi, accompagné seulement de Rahail, avec mes deux meilleurs chameaux, je partis vers le Sud.

Nous quittâmes Azrag le soir, dans les lueurs du couchant, sous un ciel que des troupes de grues traversaient, semblables à des barbes de flèches. Le voyage fut pénible dès le début. La nuit était profonde quand nous atteignîmes l'ouadi Boutoum où les conditions empirèrent. Toute la plaine était inondée ; nos pauvres chameaux glissaient et trébuchaient sans cesse. Nous tombions aussi souvent qu'eux, d'ailleurs, mais entre les chutes, du moins, nous nous reposions dans nos selles, tandis qu'ils marchaient. À minuit nous avions traversé le Ghadah; les fondrières devinrent impraticables. D'ailleurs les mauvais traitements subis à Deraa m'avaient laissé dans une étrange faiblesse. Mes muscles paraissaient à la fois irrités et en bouillie; tout effort m'effrayait par avance. Nous fîmes donc halte.

Nous dormîmes sur place, dans la boue, pour nous lever à l'aube, couverts d'écailles, et nous sourire, du même sourire idiot. Le vent soufflait; le sol commençait à sécher. Détail important car je voulais atteindre Akaba avant que les hommes de Wood n'en fussent repartis avec leur caravane. Comme ils avaient quitté Azrag depuis huit jours, nous devions nous hâter. L'aversion de mon corps pour les fatigues d'un train rapide était une autre (et perverse) raison d'accélérer l'allure. Jusqu'à midi nous ne fîmes pas grand chemin; les pieds de nos bêtes brisaient encore la croûte de galets pour s'enfoncer dans l'argile rouge au-dessous. L'après-midi, en terrain plus haut, les choses marchèrent mieux, on approcha rapidement de ces blanches tentes célestes qui étaient les pics de Thlaithakhouat.

Soudain des coups de feu éclatèrent tout près et quatre hommes, vociférant, dévalèrent la pente à notre avance. J'arrêtai mon chameau, en voyageur paisible. Sur quoi ils mirent pied à terre, coururent vers nous, leurs armes à bout de bras, et demandèrent qui j'étais. Eux, dirent-ils spontanément, étaient des Haoueitates Jazis. Ils mentaient avec effronterie, car les marques de leurs chameau étaient Faiz. Nous visant à quatre pas, ils nous ordonnèrent de descendre. Je me mis à rire, ce qui est une bonne tactique avec des Bédouins, dans les moments difficiles. Mon attitude les intrigua. Je demandai à celui qui criait le plus fort s'il connaissait son propre nom. Il ouvrit de grands yeux, me prenant pour un fou. Il s'approcha, le doigt sur la gâchette. Me penchant alors vers lui, je lui murmurai que son nom devait être « Teras » car aucun autre voyageur ne pouvait être aussi grossier. Et tout en parlant je braquai sur lui un pistolet caché dans ma robe.

C'était une insulte mortelle. Mais le fait de provoquer ainsi un homme armé l'étonna tellement que, pour un instant, il oublia de nous tuer. Il fit un pas en arrière et jeta un regard alentour, craignant la présence de quelque réserve qui eût justifié mon arrogance. Aussitôt, je partis sans hâte, mais avec un frisson dans le dos qui me donnait la chair de poule ; et je criai à Rahail de me suivre. Ils le laissèrent partir lui aussi. Nous n'avions pas fait cent mètres qu'ils se repentirent et tirèrent, mais nous pouvions plonger par-dessus un monticule dans la dépression voisine ; un temps de galop, fait avec plus de confiance, nous mit bientôt en lieu sûr.

D'une crête, au coucher du soleil, nous jetâmes un regard en arrière sur la plaine du Nord ; elle se perdait dans le gris, sauf, çà et là, l'éclair de taches ou de flaques d'un feu rouge, reflets du couchant dans les mares des bas-fonds. Ces « yeux » d'un rouge humide et sanglant, bien plus visibles que le reste de la plaine, étendaient la portée de notre vision jusqu'à des milles dans le brouillard et semblaient en suspens dans l'air, détachés sur le ciel comme un mirage.

Nous passâmes Bair longtemps après la nuit tombée : seuls quelques feux brûlaient encore devant les tentes. Plus loin j'aperçus les étoiles reflétées dans un fond de vallée ; nos chameaux haletants purent donc s'abreuver à une mare, laissée par la pluie de la veille, et jouir, après avoir bu, d'une demi-heure de halte. Les voyages de nuit sont pénibles pour les hommes et les animaux. De jour, les chameaux voient les irrégularités de la piste et ondulent par-dessus ; l'homme, de son côté, peut balancer son corps pour éviter le choc d'un pas trop long ou trop court. Mais la nuit, tout est caché et la marche devient une succession de heurts torturants. Je souffrais, cette nuit, d'un accès de fièvre qui m'irritait ; je ne prêtai pas la moindre attention aux plaintes de Rahail. Ce jeune homme nous avait tous exaspérés pendant des mois par sa vigueur abondante et ses railleries pour nos faiblesses. Cette fois-ci j'étais résolu à le faire crier grâce, sans pitié. Avant l'aube il pleurnichait déjà sur lui-même ; pas trop haut, de peur d'être entendu.

L'aube, dans El Djafeur, vint insensiblement au travers du brouillard, soleil-fantôme qui laissait la terre intacte et ne se manifestait que par un reflet clignotant au ras des yeux. Le sommet des choses se découpait en silhouettes mates sur l'horizon gris perle ; leur base se fondait mollement dans le sol. Nos ombres n'avaient pas de bord : nous doutions si cette faible tache sur le sol, aux pieds de nos bêtes, était, ou non, projetée par nous. Nous atteignîmes le camp d'Aouda dans la matinée. On fit halte pour le saluer et manger quelques dattes de Jauf. Aouda ne put pas nous fournir deux chameaux de relais. Nous remontâmes en selle pour franchir la voie au début de cette nuit. Rahail ne protestait même plus. Il allait à mes côtés, silencieux et pâle, tenu droit par la seule idée de durer plus longtemps que moi ; il commençait à tirer de ses souffrances une sorte d'orgueil.

En admettant que nous fussions partis à égalité, il avait l'avantage de la force. J'étais presque au bout de la mienne. Chaque pas me faisait céder un peu plus à une douleur lente qui s'unissait à l'abattement de la fièvre et à l'engourdissement du voyage pour fermer peu à peu les portes de mes sens. Je semblais enfin approcher de cette insensibilité que je n'avais jamais pu atteindre — lieu édénique, cependant, pour un homme né avec une chair si paresseuse que rien, en deçà de l'évanouissement, ne pouvait libérer vraiment son esprit. Voici maintenant que je me dédoublais. Une partie de moi-même continuait à guider sagement sa bête, l'épargnait et l'aidait à chaque pas. Une autre, planant au-dessus, à droite, se penchait curieusement, demandait ce que faisait la chair. La chair ne donnait pas de réponse : en vérité, elle ne connaissait plus rien qu'une exigence qui la forçait d'aller, d'aller toujours. Mais un troisième personnage, bavard celui-là, s'étonnait, critiquait ces labeurs que le corps s'infligeait à lui-même et rejetait avec mépris toute raison d'effort.

Je passai la nuit à ces conversations mutuelles. Mes yeux aveugles voyaient devant moi le but de l'aube : le sommet du défilé dominant cet autre inonde de Roum étalé au soleil comme une carte ; et mes différents personnages discutaient cette thèse : que la lutte, sans doute, est bonne, mais que toute fin est stupide et devient l'origine de nouvelles difficultés. Le corps épuisé peinait obstinément, sans rien vouloir entendre, avec juste raison, d'ailleurs, car ces « moi » dédoublés ne disaient rien que je ne fusse capable de penser froidement ; ils étaient nés de moi, indigènes de mon royaume. Telesius, instruit par quelque expérience semblable, fragmentait l'âme. Poussant à la limite, il aurait vu son régiment de pensées d'actes et de sentiments, créatures distinctes, en cercle autour de lui, fixant, comme un rond de vautours, le trépas, au centre, de l'être commun qui leur donnait la vie.

Rahail me fit sortir de cette transe, mi-sommeil et mi-mort, en secouant ma rêne. Il me frappa sur l'épaule, cria que nous avions perdu notre chemin et que nous marchions maintenant vers les lignes turques d'Aba-el-Lissan. Il avait raison et nous dûmes faire un long circuit pour atteindre Batra sans encombre. Nous franchîmes à pied, dans le défilé, les tronçons les plus roides, pour redescendre en trébuchant l'ouadi Hafira. Au milieu de l'oued un brave petit Haoueiti, âgé de peut-être quatorze ans, courut droit sur nous, le doigt sur la gâchette du fusil, et nous demanda d'expliquer notre présence : ce que nous fîmes en riant. Il rougit et donna pour excuse que les chameaux de son père le retenaient toujours loin dans le désert : il ne nous connaissait, ainsi, ni l'un ni l'autre de vue ou même par description. Il me supplia de ne pas le couvrir de honte en racontant son erreur. Cet incident brisa la glace entre Rahail et moi ; nous franchîmes le Gaa en bavardant. Là, sous les tamarins, nous fîmes une sieste d'une heure, puisque notre retard du côté de Batra avait rendu impossible le trajet Azrag-Akaba en trois jours. Nous prîmes tranquillement cette défaite. La gloire de Roum ne laisse pas un homme se gaspiller en regrets fiévreux.

Nous remontâmes la vallée dans le début de l'après-midi, à notre aise maintenant et plaisantant, tandis que la longue nuit d'hiver se glissait sur les pentes. Après avoir dépassé le Khazail dans la montée nous retrouvâmes le soleil, voilé sous des bandes horizontales de nuages bas, à l'ouest. Ce fut un riche crépuscule anglais. Dans Ithm le brouillard fumait doucement du sol, s'amassait dans chaque creux en flocons laineux et blancs. Nous atteignîmes Akaba à minuit et, après avoir dormi hors du camp, je rejoignis Joyce pour le breakfast. La caravane n'était pas encore prête à partir : Wood, en vérité, était là depuis quelques jours à peine.

Plus tard arrivèrent des ordres urgents qui m'enjoignaient de gagner sans retard la Palestine par avion. Croil m'emmena sur son appareil jusqu'à Suez. Je repartis de là pour le Quartier Général d'Allenby, au-delà de Gaza. Il était si plein de ses victoires récentes qu'il me suffit d'annoncer l'échec de notre expédition sur le Yarmok : les misérables circonstances du fiasco purent rester dans l'ombre.

J'étais encore avec lui quand un message de Chetwode lui annonça la chute de Jérusalem. Allenby se prépara à y faire son entrée avec la pompe officielle qu'avait dessinée l'universelle imagination de Marc Sykes. Le général fut assez bon (quoique je ne fusse pour rien dans cette victoire) pour permettre a Clayton de me prendre auprès de lui ce jour-là comme officier d'État-Major. Les officiers attaché personnellement au général fouillèrent pour moi leurs garde-robes et, par leurs soins, je finis par ressembler à un major de l'Armée Britannique. Dalmeny me prêta les insignes rouges du col, Evans la casquette galonnée : c'est donc muni de tous les colifichets réservés à mon grade que je pris part à cette cérémonie de la porte de Jaffa, pour moi le moment suprême de la guerre.

LIVRE VII

Campagne de la mer Morte

Chapitres LXXXII à XCI

Après la prise de Jérusalem, Allenby, pour soulager son aile droite, nous fixa un objectif limité. L'exécution commença bien mais lorsque nous eûmes atteint la mer Morte, le mauvais temps, les querelles et les divisions intestines vinrent émousser notre esprit d'offensive et briser notre force.

Un malentendu m'ayant séparé de Zeid, j'abandonnai et revins en Palestine pour annoncer notre échec et demander la faveur d'un nouvel emploi. Allenby, plein d'espoir, était alors plongé dans de vastes plans d'offensive pour le printemps suivant. Il me renvoya aussitôt auprès de Fayçal avec des pouvoirs et des devoirs nouveaux.

CHAPITRE LXXXII

Confus du triomphe — c'était moins un triomphe, en vérité, qu'un hommage rendu par Allenby à l'esprit dominant du lieu — nous revînmes en voiture au Quartier Général de Shea. Les aides se précipitèrent et, de grands paniers, sortit un lunch varié, compliqué et succulent. Une courte paix s'établit, que devait mettre en pièces M. Picot, le représentant politique français qu'Allenby avait autorisé à marcher à côté de Clayton pendant la cérémonie. « Dès demain, mon cher général, dit-il de sa voix flûtée, je prendrai les mesures nécessaires pour établir dans cette ville un gouvernement civil. »

Jamais mot historique ne fut plus hardi. Un silence suivit, semblable à celui qui dut régner dans le ciel quand on rompit le septième sceau. Salade, poulet à la mayonnaise et sandwiches au foie gras restèrent intacts sur nos langues; bouche bée, nous nous tournâmes tous vers Allenby. Lui-même parut un instant incapable de répondre. L'idole allait-elle trahir quelque faiblesse? Nous commencions à le craindre. Soudain le sang lui monta au visage; il avala, le menton en avant (comme nous l'aimions) et dit durement « Il n'existe, dans la zone militaire, qu'une seule autorité : le Général Commandant en chef, moi-même. » — « Mais Sir Grey, Sir Edward Grey... » bégaya M. Picot. Allenby coupa : « Sir Edward Grey avait en vue le gouvernement civil qui s'établira quand j'aurai jugé que la situation militaire l'autorise. » Et, toujours dans notre auto, à travers le soleil d'une grande reconnaissance, nous roulâmes, sur le front des montagnes au garde-à-vous jusqu'à notre camp.

Là, Allenby et Dawnay m'apprirent que les troupes britanniques, s'étant avancées dans les montagnes pleines de corniches et d'à-pics entre Ramleh et Jérusalem, n'y progressaient plus que très lentement, sous une grêle d'obus et de balles. Les Turcs leur opposaient une résistance désespérée. Allenby nous demandait donc, dans le répit qui allait suivre, de remonter vers le nord, du côté de la mer Morte, de façon à établir, si c'était possible, la liaison avec son aile droite et former un front continu. Par bonheur nous avions déjà envisagé ce mouvement avec Fayçal qui préparait une avance convergente sur Tafila, première étape indispensable.

C'était le moment de demander à Allenby ce qu'il comptait faire ensuite. Il répondit qu'il serait sans doute arrêté jusqu'au milieu de février : alors il pousserait vers Jéricho. Comme une grande partie du ravitaillement ennemi se faisait par la mer Morte, il me demanda de considérer l'arrêt de ce service comme second objectif si l'effort vers Tafila réussissait.

J'espérais bien faire davantage ; si les Turcs, répondis-je, ne cessaient pas d'être inquiétés, nous pourrions rejoindre l'armée britannique à l'extrémité nord de la mer Morte ; et s'il lui était possible d'amener dans Jéricho les cinquante tonnes de vivres et de munitions quotidiennement nécessaires à Fayçal, nous abandonnerions Akaba pour transporter notre base dans la vallée du Jourdain. Les troupes régulières arabes, qui atteignaient maintenant trois mille hommes, suffiraient à nous maintenir sur la rive orientale du fleuve.

L'idée sourit à Allenby et à Dawnay. Ces facilités de ravitaillement, ils pouvaient presque me le promettre, nous seraient accordées quand la voie de chemin de fer atteindrait Jérusalem, c'est-à-dire à peu près vers la fin de janvier. Deux mois après l'achèvement de la ligne, nous pourrions changer notre base.

De cette conversation résultait un programme clair. Les Arabes devaient atteindre la mer Morte aussitôt que possible ; interrompre le service de ravitaillement turc vers Jéricho avant le milieu de février ; enfin arriver au Jourdain avant la fin de mars. Le premier mouvement demanderait un mois de préparation : tous les préliminaires étant déjà engagés, je pouvais prendre un peu de vacances. Je retournai donc au Caire et passai là une semaine à faire des expériences avec des câbles isolés et des explosifs.

Au bout de la semaine, je crus bon de retourner à Akaba où j'arrivai le jour de Noël : Snagge, officier le plus ancien en grade, avait invité à dîner tous les Anglais de la base. Il avait tendu le pont arrière du navire et construit des tables où les hôtes et la vingtaine d'invités tenaient à l'aise. Son hospitalité, sa bonne grâce à nous prêter le docteur et l'atelier du bateau, enfin sa bonne humeur constante, avaient fait de Snagge le parrain de la base.

Le *Hardinge*, aux premiers temps de la Révolte, avait joué pour nous ce rôle de Providence. Un jour d'hiver, à Yanbo, Fayçal était arrivé des montagnes ruisselant de pluie, glacé, triste, affreusement las. Le commandant Linberry avait envoyé sa vedette à terre et invité Fayçal à bord : il y avait trouvé, préparés à son intention, une cabine chaude, un repas dans le calme et un bain bénéfique. Après quoi, allongé dans un fauteuil et fumant une de ses éternelles cigarettes, l'émir m'avait fait remarquer d'une voix rêveuse qu'il connaissait maintenant l'ameublement du paradis.

Tout allait bien, me dit Joyce. La situation avait sensiblement changé depuis la victoire de Mauloud. Les

Turcs s'étaient concentrés d'abord dans Aba-el-Lissan. Mais nous les harcelions de raids sur le chemin de fer au Sud de Maan. Abdullah et Ali en faisaient autant près de Médine, et les Turcs, qui manquaient d'hommes pour garder la voie, avaient dû déjà en retirer d'Aba-el-Lissan pour renforcer certains tronçons.

Mauloud poursuivit plus tard cet avantage. Il disposa des avant-postes sur le plateau et razzia, sur la route de Maan, les caravanes qui ravitaillaient l'ennemi. Un froid intense, la pluie, la neige régnaient sur ces hauteurs : quelques-uns de nos hommes, mal vêtus, en moururent. Mais les Turcs perdirent autant d'hommes et beaucoup d'animaux ; leurs chameaux galeux succombaient rapidement dans les tempêtes et dans la boue. Gênés pour le transport des vivres, ils durent encore retirer des troupes d'Aba-el-Lissan.

Le moment vint où ils furent trop faibles pour tenir une position aussi large. Au début de janvier, Mauloud les chassa vers Mreigha. Les Bédouins, alors, tombèrent sur les Turcs en retraite et mirent en pièces le bataillon d'arrière-garde. Ce qui restait se replia précipitamment vers Ouheida à seulement six milles de Maan ; et comme nos troupes pressaient encore les Turcs de façon inquiétante, ils se retirèrent à Semna, c'est-à-dire aux avant-postes de Maan, à seulement trois milles de la gare. Ainsi, le 7 janvier, Mauloud exerçait sur Maan une pression directe.

L'heureux tour des événements nous donnait dix jours de loisir ; comme Joyce et moi étions rarement libres ensemble nous décidâmes de fêter cette occurrence en nous payant une ballade en auto sur les lits de boue d'El Medaouara.

Les autos avaient maintenant un campement permanent à Goueira. Gilman et Dowsett, avec leurs mécaniciens et cinquante soldats égyptiens, avaient passé plusieurs mois dans l'ouadi Ithm à bâtir, comme des soldats du génie, une route carrossable à travers la gorge. Ç'avait été un grand travail ; la route fonctionnait maintenant jusqu'à Goueira. On emplit donc les Rolls de pneus de rechange, d'essence et de nourriture pour quatre jours et nous partîmes pour notre tournée d'exploration.

Les lits de boue, secs comme un vieil os, permettaient une marche parfaite. Les pneus, sur leur surface veloutée, laissaient à peine une légère trace blanche. Nous zigzaguions à grande allure sur ce billard spacieux, frôlant les touffes de tamarins et faisant gronder nos moteurs sous les énormes aiguilles de grès. Les conducteurs, qui s'amusaient pour la première fois depuis neuf mois, se ruèrent de front en une course folle. Leurs compteurs de vitesse touchèrent le 65 (105 km/h), ce qui n'était pas si mal pour des voitures qui, depuis des mois, labouraient le désert, sans autres réparations que les plus courantes, quand les mécaniciens avaient le temps ou les outils.

Pour passer le col de sable entre deux champs de boue nous établîmes, avec des broussailles, une route de fascines. Dès que celle-ci fut prête, les autos s'y engagèrent à une allure de casse-cou pour éviter de s'enliser, fumant, sifflant et tanguant sur les tertres dans un style qui paraissait fatal pour les ressorts. Mais nous savions qu'il est presque impossible de briser une Rolls ; nous réservâmes donc notre pitié pour les conducteurs Thomas, Rolls et Sanderson. Les secousses leur arrachaient le volant des mains ; ils arrivèrent au bout haletants et les paumes saignantes.

Après le lunch et un temps de repos, nouvel excès de vitesse, coupé d'un divertissement insensé : la prise en chasse, par deux grandes voitures, d'une gazelle qu'elles ne purent atteindre malgré leurs embardées. À la fin du second lit de boue (le Gaa de Disi) les difficultés reparurent pendant un mille : mais le troisième, celui d'Abou Sahouana, nous fournit l'occasion d'un glorieux sprint final de quinze milles sur la boue et le terrain plat, caillouteux, mais également ferme, qui lui fait suite. Nous passâmes là une nuit fraîche, heureux du bœuf en conserve, du thé, des biscuits, de la conversation anglaise et de nos rires autour du feu doré dont la broussaille pétillante jaillissait en pluie d'étincelles. Lorsque nous fûmes las de ces plaisirs, il y eut le sable moelleux sous nos corps et deux couvertures pour nous envelopper. C'étaient, pour moi, de vraies vacances, sans Arabes et sans rôle fastidieux à jouer.

Le matin suivant nous filâmes presque jusqu'à El Medaouara. Le terrain était excellent jusqu'au faîte. Nous avions donc atteint, aisément et vite, le but de notre reconnaissance. Nous revînmes aussitôt chercher les autos blindées pour entreprendre une opération immédiate avec l'aide des canons de montagne montés sur Talbot.

Ces chars avaient fait partie d'une unité plus considérable : le général Clayton, voyant en Égypte cette section dépareillée, nous l'avait envoyée dans un moment d'inspiration. Ses six Talbot, avec des boîtes de vitesse spéciales pour de durs efforts, portaient deux pièces servies par des canonniers anglais. Il était immoral de donner à de bons soldats de si sales outils ; pourtant l'allant des hommes semblait à peine affecté par la qualité inférieure de leurs armes. Le chef de section, Brodie, était un Écossais silencieux, jamais fort enthousiaste et jamais fort inquiet ; un homme qui aurait eu honte de remarquer les difficultés et qui marquait de sa personnalité toute sa troupe. Si dure que fût la tâche assignée, ils l'entamaient avec une détermination si calme que leur volonté l'emportait. En toute occasion et dans les circonstances les plus critiques, on était sûr de les trouver en place au bon moment, ruisselants de sueur mais imperturbables, sans un mot d'explication ni de plainte.

Huit autos imposantes, partant le lendemain de Goueira, atteignirent notre vieux campement derrière El Medaouara au coucher du soleil. C'était on ne peut mieux : nous campâmes avec l'intention d'aller repérer le lendemain matin une route vers la voie. Nous partîmes en effet de bonne heure dans une Rolls pour fouiller, tout le jour, ces détestables petites collines. Enfin, le soir, on découvrit une position à l'abri de la dernière crête, un peu au-dessus de Tell Chahm, la seconde station au nord d'El Medaouara.

Nous avions parlé vaguement de faire sauter un train, mais le pays était trop découvert et les blockhaus trop nombreux. Nous résolûmes d'attaquer plutôt un petit ouvrage défendu par des tranchées, exactement en face de notre point d'embuscade. Ainsi donc, le premier de l'an, tard dans la matinée, par une fraîcheur semblable à celle d'un bon jour d'été en Angleterre, et après un excellent petit déjeuner, nous roulâmes doucement sur une plaine pierreuse jusqu'à un mamelon qui dominait le poste turc. Joyce et moi, sautant des autos, grimpâmes sur le sommet pour surveiller les opérations.

Joyce commandait, et, pour la première fois, j'assistai à un combat en spectateur. C'était une nouveauté fort agréable. Ce travail avec des autos blindées était du combat de luxe : nos soldats, derrière leurs plaques d'acier, ne pouvaient pas être touchés. Nous jouâmes donc aux grandes manœuvres dans le meilleur style des généraux réguliers, tenant une conférence laconique sur le sommet de notre monticule et considérant la bataille à travers des lorgnettes.

La batterie des Talbot ouvrit la danse, avec beaucoup d'allant, juste au-dessous de nous. Cependant les trois autos blindées rampaient sur le flanc des terrassements turcs comme de gros chiens sur une piste. Les soldats ennemis sortirent brusquement la tête pour nous regarder : tout était fort amical et curieux. À ce moment les autos firent pivoter leurs Vickers et commencèrent à arroser les tranchées. Les Turcs, comprenant enfin qu'il s'agissait d'une attaque, se jetèrent derrière leurs parapets et tiraillèrent, sans ensemble, sur les autos. Autant vouloir secouer les puces à un rhinocéros avec du plomb pour petits oiseaux. Au bout d'un instant ils tournèrent leur attention vers les canons de Brodie et criblèrent de balles tout le terrain alentour.

Évidemment ils n'avaient pas envie de se rendre ; et tout aussi évidemment, nous n'avions aucun moyen de les y forcer. Nous nous retirâmes donc, après un petit tour vers le haut, puis le bas de la ligne, afin de tâter le terrain : il était assez dur pour des autos blindées marchant à bonne vitesse. Mais nos hommes attendaient davantage. Pour les égayer, on poussa au sud jusqu'en face de Chahm. Là, Brodie choisit pour ses pièces une bonne position à deux mille mètres et plaça une série d'obus fort proprement dans la cible de la gare.

Les Turcs, qui n'aimaient pas ça, filèrent peu à peu vers un blockhaus pendant que nos autos envoyaient à loisir leurs balles dans les portes et les fenêtres de la gare. Nous y fussions entrés sans peine. Mais à quoi bon ? Joyce rallia tout le monde et l'on revint a couvert des montagnes. Le problème qui nous avait préoccupés était d'atteindre la ligne avec des autos à travers les multiples difficultés de la plaine et de la montagne. Ce problème résolu, nous ne sûmes plus que faire. Nous n'avions pas la moindre idée de la tactique ou de la méthode à suivre : mais cette indécision même nous apprit beaucoup.

Militairement, la voie était désormais pour nous à un jour de Goueira : le trafic était, par suite, à notre merci. Toutes les troupes turques en Arabie ne pouvaient rien contre une seule auto blindée, en terrain découvert. Du coup, la situation de Médine, déjà mauvaise, devenait désespérée. L'État-Major allemand s'en rendit compte et, après la visite de Falkenhayn à Maan, pressa les Turcs à plusieurs reprises d'abandonner tout ce qui était au sud de ce point. Mais le vieux parti turc tenait à Médine. C'était tout ce qui leur restait de leur souveraineté sur les Lieux Saints — leur dernier titre au Khalifat. Le sentiment l'emporta sur l'avis des techniciens militaires.

Les Anglais, par contre, étaient curieusement obtus sur ce sujet. Ils persistaient à juger nécessaire la prise de Médine, gaspillaient beaucoup d'argent et d'explosifs pour les opérations qu'Ali et Abdullah ne cessaient d'entreprendre de leur base à Yanbo. Quand je soutenais la tactique inverse, ils traitaient mes arguments de paradoxes spirituels. Pour nous faire pardonner notre inaction délibérée dans le Nord, nous dûmes arguer de notre impuissance : les Arabes, comprirent-ils, étaient trop poltrons pour couper la ligne près de Maan et la garder coupée. Ceci cadrait avec leurs vues : les soldats, toujours prêts à croire le mal qu'on leur dit des indigènes, acceptaient leur infériorité comme un compliment personnel. Nous nous engraissâmes donc aux frais de notre réputation : c'était un stratagème peu généreux mais c'était le plus tactile. La science militaire de l'État-Major surpassait à ce point la mienne qu'il refusa toujours de me laisser lui enseigner les étranges conditions d'une guerre de partisans arabes ; et l'on ne pouvait tout de même pas me demander de créer un jardin d'enfants à l'usage de leurs imaginations.

CHAPITRE LXXXIII

De retour à Akaba, je consacrai à des affaires domestiques mes derniers jours de liberté. Il s'agissait surtout, pour moi, de constituer une garde pour ma protection personnelle. La rumeur publique en effet ne cessait de grossir mon importance. Quand nous avions remonté le pays, depuis Rabigh et Yanbo, les Turcs s'étaient montrés curieux ; puis, ennuyés ; enfin, ils avaient attribué aux Anglais l'impulsion et la direction de la Révolte Arabe. Nous nous flattions exactement de même en attribuant la valeur turque à l'influence allemande.

En tout cas, les Turcs répétèrent assez souvent ce conte pour en faire un article de foi. Ils commencèrent à offrir 100 livres pour la prise d'un officier anglais, vivant ou mort. Plus tard, non content d'augmenter le chiffre général ; ils offrirent pour moi un prix spécial. Après la chute d'Akaba, ce prix devint respectable ;

mais quand nous eûmes fait sauter Djémal Pacha nous nous trouvâmes, Ali et moi, en tête de la liste : 20 000 livres vivants et 10 000 morts.

Ceci, naturellement, était pure rhétorique. Le prix serait-il payé en or, en papier ? Serait-il même payé tout court ? Rien ne permettait de le dire. La somme justifiait pourtant quelques précautions. Je me composai une troupe en engageant, au hasard des rencontres, tous les gaillards sans frein à qui un excès de cran avait causé ailleurs quelques ennuis. Je voulais des hommes capables de galoper et de vivre dur ; des hommes orgueilleux d'eux-mêmes et sans famille. Par bonheur j'en trouvai aussitôt trois ou quatre qui fixèrent pour l'avenir un ton et un niveau.

Un après-midi, je lisais tranquillement dans la tente de Marshall à Akaba (je logeais chez Marshall, notre docteur écossais, toutes les fois que je restais au camp) lorsqu'un homme entra sans faire de bruit sur le sable : c'était un Ageyl, mince, brun, de petite taille, mais revêtu d'une robe somptueuse. Il portait sur l'épaule le plus riche sac d'arçon que j'eusse jamais vu. Sa broderie de laine, verte, écarlate, blanche, orange, bleue, portait cinq rangs de glands tissés sur les côtés ; du milieu et du fond pendaient des lanières de cinq pieds ornées de motifs géométriques, de franges et de glands.

Après un salut respectueux, le jeune homme jeta le sac sur mon tapis, dit simplement : « Pour vous » et disparut aussi rapidement qu'il était entré. Le lendemain il revint avec une selle de chameau d'une égale beauté dont les longs troussequins de cuivre étaient ornés d'exquises gravures dans le style ancien du Yémen. Le troisième jour il revint les mains vides, vêtu d'une pauvre chemise de coton, se laissa tomber en tas devant moi et dit qu'il voulait entrer à mon service. Il avait un drôle d'air sans ses robes de soie : son visage plissé, troué de variole et imberbe n'indiquait aucun âge, tandis qu'il avait le corps souple et quelque chose de l'insouciance d'un jeune garçon dans l'allure.

Ses longs cheveux noirs étaient soigneusement tressés en trois nattes brillantes le long de chaque joue. Ses yeux étaient faibles, réduits à des fentes. Sa bouche sensuelle, molle, humide, lui donnait un air de gaieté à demi cynique. Je lui demandai son nom : Abdullah, me dit-il, surnommé El Nahabi, ou le Voleur — ce surnom étant, à l'en croire, un héritage de son honorable père. Ses propres aventures ne l'avaient pas beaucoup servi. Né à Boreida, il avait eu, tout jeune, des difficultés avec les pouvoirs civils pour cause d'impiété. Adolescent, une mésaventure dans la maison d'une femme mariée l'avait contraint de quitter en hâte sa ville natale et de prendre du service auprès d'Ibn Saoud, émir du Nedied.

Ses jurons, pendant ce service, lui avaient valu quelques coups de latte et divers emprisonnements. En conséquence, il avait dû déserter, ce qui l'avait conduit à Koueït où, de nouveau, il était tombé amoureux. Dès sa remise en liberté, il était parti pour Hail et s'était enrôlé parmi les partisans de l'émir Ibn Rachid. Par malheur, son officier lui avait déplu. Il l'avait donc cravaché en public; on l'avait payé de retour, en nature; après une lente convalescence en prison, il s'était retrouvé, une fois de plus, sans ami dans le vaste monde.

On construisait alors le chemin de fer du Hedjaz et il était venu sur les chantiers chercher fortune. Mais un entrepreneur lui avait confisqué son salaire, sous le prétexte qu'il faisait la sieste à midi. En réplique, il avait confisqué sa tête a l'entrepreneur. Le gouvernement turc étant intervenu, il avait trouvé la vie vraiment dure dans la prison de Médine. Enfin, grâce à une fenêtre, il était retourné à La Mecque où son intégrité bien connue et sa maîtrise de chamelier l'avaient fait nommer facteur entre La Mecque et Djeddah. Il s'était assagi dans cet emploi, avait rejeté loin de lui ses extravagances de jeunesse et, amenant à La Mecque père et mère, les avait établis dans une boutique pour travailler à son compte, le capital étant fourni par une association de marchands et de voleurs.

Après une année de prospérité, il fut arrêté par des bandits de grand chemin et perdit à la fois son chameau et son emploi. On saisit même sa boutique à titre de compensation. De ce naufrage, il sauva tout de même assez d'argent pour s'équiper et entrer dans la police montée chérifienne. Son mérite lui valut d'être nommé sous-officier, mais l'attention des autorités fut attirée sur sa section par une trop grande facilité à jouer de la dague et les paroles malsonnantes qui sortaient de sa propre bouche, véritable panse d'ignominie qu'avaient bourrée d'ordures tous les bordels des grandes villes d'Arabie. Ses lèvres sardoniques, salaces, menteuses, décochèrent un trait de trop. Dégradé, il accusa de son malheur un Ateibi jaloux qu'il poignarda dans le tribunal sous les yeux outragés du chérif Charraf.

Or, nul n'avait un sens plus sévère de la décence publique que le chérif Charraf. La plus dure des bastonnades fut donc appliquée à Abdullah qui faillit en mourir. Remis, il entra au service de Charraf. La déclaration de guerre le fit ordonnance d'Ibn Dakhil, capitaine des Ageyls chez Fayçal. Sa réputation s'accrut. Mais la mutinerie d'El Ouedj transforma Ibn Dakhil en ambassadeur. Abdullah regrettant la camaraderie de l'armée, Ibn Dakhil lui avait donné un certificat écrit pour qu'il pût entrer à mon service.

Pendant deux ans, déclarait cette lettre, Abdullah s'était montré fidèle mais irrespectueux : défaut ordinaire des fils de la honte. Il était le plus expérimenté des Ageyls car il avait servi tous les princes arabes, chassé chaque fois après avoir subi le fouet et la prison, pour des manifestations d'une individualité trop offensante. Ibn Dakhil ajoutait que le Nahabi était, après lui-même, le meilleur cavalier du pays; qu'il était maître dans la connaissance des chameaux et aussi brave que n'importe quel fils d'Adam : bravoure facile car il ne voyait pas le danger. En résumé, c'était un parfait partisan et je l'engageai sans retard.

À mon service il ne tâta qu'une fois de la cellule. Ce

fut au Grand Quartier Général d'Allenby où un sergent de la prévôté désespéré téléphona un jour pour dire qu'une espèce de fou, armé jusqu'aux dents, avait été trouvé assis sur le seuil du Commandant en Chef; il s'était d'ailleurs laissé conduire sans protestations à la salle de police où il mangeait des oranges en quantité prodigieuse, se proclamant mon fils et l'un des braves de Fayçal. On manquait d'oranges.

Telle fut la première conversation téléphonique d'Abdullah. Il déclara à la P. M. qu'une installation de ce genre améliorerait de façon sensible le confort des prisons, et prit cérémonieusement congé. Il refusa absolument d'admettre qu'on pût se promener dans Ramleh sans armes et obtint en effet un laissez-passer légalisant son sabre, son poignard, son pistolet et son fusil. Le premier usage qu'il fit du laissez-passer fut une nouvelle visite à la salle de police où il offrit des cigarettes à la police militaire.

Il examinait les postulants à mon service; grâce à lui et à Zaagi, mon autre commandant (un homme inflexible, avec l'allure normale d'un officier), la plus étonnante bande de spécialistes se forma bientôt autour de moi. Les Anglais d'Akaba les traitaient de coupe-jarrets; mais ils ne coupaient les jarrets que sur mon ordre. Peut-être aux yeux d'autrui étaient-ils coupables de n'obéir qu'à moi seul. Pendant mes absences, pourtant, ils se montraient serviables pour le major Marshall. Je veux dire qu'ils le retenaient, de l'aube à la nuit, pour l'instruire sur les chameaux de race, leur élevage et leurs maladies. Marshall, qui n'y comprenait rien, montrait beaucoup de patience; dès le point du jour, deux ou trois de mes hommes venaient s'asseoir au pied de son lit afin de poursuivre son éducation dès qu'il reprendrait conscience.

La bonne moitié de mes hommes (presque cinquante sur quatre-vingt-dix) étaient des Ageyls, ces villageois nerveux du Nedjed qui donnaient à l'armée de Fayçal son pittoresque et son allure. Le soin qu'ils accordaient à leurs chamelles était, dans leur service, le trait le plus marquant. Elles accouraient de cent mètres quand ils criaient leurs noms, et lorsqu'ils mettaient pied à terre, veillaient sur le fourniment. Les Ageyls étant des mercenaires, on n'en tirait rien sans les bien payer ; et c'est parce qu'on les payait mal qu'ils étaient tombés peu à peu en discrédit. Pourtant l'exploit individuel le plus courageux de la guerre arabe fut accompli par l'un d'entre eux qui deux fois entra dans Médine à la nage par l'aqueduc souterrain et revint avec un rapport complet sur la ville investie.

Je donnais à mes hommes six livres par mois — solde normale pour un homme et un chameau. Mais comme je les montais sur mes propres bêtes, c'était tout bénéfice pour eux. Ceci rendait mon service enviable : tous les hommes hardis et ambitieux aspiraient à y entrer. Pour épargner mon temps, car j'avais plus à faire que beaucoup, mes voyages étaient toujours longs, durs et brusques. L'Arabe ordinaire dont le chameau représentait la moitié de la fortune ne pouvait pas se permettre de le crever à me suivre. D'ailleurs ce train était pénible aussi pour l'homme. Il me fallait donc des cavaliers choisis et montés sur mes propres bêtes. J'achetai à prix d'or les animaux les plus rapides et les plus endurants que l'on pût obtenir. Je ne considérais que la vitesse et la puissance, sans me soucier du confort ; la dureté du pas n'entrait pas en ligne de compte Nous choisissions même souvent les animaux qui avaient le pas le plus dur, car c'étaient les plus résistants. Quand ils maigrissaient, nous les échangions ou nous les mettions au repos dans notre propre hôpital de chameaux ; l'on traitait les hommes de même. Sous les ordres de Zaagi, chaque homme était responsable de l'état de sa bête et de sa sellerie.

Tous ces gaillards, très fiers d'appartenir à ma garde, étalaient un esprit de corps flamboyant. Ils étaient habillés comme un champ de tulipes, de toutes les couleurs sauf le blanc : car je n'étais jamais mis autrement moi-même, et ils ne voulaient pas avoir l'air d'empiéter sur mes prérogatives. En une demi-heure ils étaient prêts pour un raid de six semaines — limite fixée par la nourriture qu'on peut emporter dans un sac de selle. Ils s'écartaient des chameaux de bât comme d'une disgrâce. Ils pouvaient voyager jour et nuit suivant mon caprice et mettaient un point d'honneur à ne jamais parler de fatigue. Si un nouveau venu grommelait, les anciens le faisaient taire, ou lui fournissaient un autre motif de se plaindre, brutalement.

Ils se battaient comme des démons quand je le voulais et quelquefois quand je ne le voulais pas, surtout avec les Turcs ou les profanes. Pour un homme de la garde, en frapper un autre était la dernière des offenses. Ils attendaient des récompenses extravagantes et d'extravagantes punitions. Ils se vantaient par toute l'armée de leurs peines et de leurs gains. Cette exagération dans les deux sens les maintenait prêts à n'importe quel effort, à n'importe quel risque.

Abdullah et Zaagi les commandaient, sous mon autorité, avec une sauvagerie que palliait seule la liberté, à chaque instant, de quitter le service. Nous n'eûmes pourtant qu'une seule démission. Les autres, quoique jeunes et pleins d'ardeur charnelle, séduits par cette vie irrégulière, bien nourris, actifs, riches, paraissaient sanctifier leurs risques et se laisser fasciner par leurs souffrances. La servitude, comme tous les autres états, est profondément modifiée dans les cerveaux orientaux par leur obsession de l'antithèse entre la chair et l'esprit. Ces jeunes garçons prenaient plaisir à se soumettre ; à dégrader leur corps afin de mieux mettre en relief leur liberté dans une égalité spirituelle. À l'autorité ils préféraient presque la servitude, plus riche en expériences et plus libre de soucis quotidiens.

Les relations de maître à serviteur en Arabie me parurent offrir, par suite, plus d'égalité et de dureté à la fois que partout ailleurs. Les serviteurs y craignaient l'épée de la justice et le fouet du contremaître ; non parce que l'une pouvait mettre un terme arbitraire à leur existence et l'autre imprimer sur leurs flancs de rouges ravins de souffrance, mais parce qu'ils étaient les symboles et les moyens de l'obédience à laquelle un vœu les liait. Ils trouvaient une joie à l'abaissement, une liberté à consentir au maître le dernier usage, et le plus bas, de leur chair et de leur sang, parce que leur esprit était égal au sien et le contrat, volontaire. Un tel engagement sans limites excluait l'humiliation, les murmures et les regrets.

Ayant ainsi mis en gage leur endurance, les hommes se sentaient déshonorés si, par faiblesse ou par insuffisance de courage, ils ne pouvaient donner ce qu'on leur demandait. La douleur était pour eux un dissolvant moral, un cathartique, presque un honneur dont on se flatte à bon droit quand on lui survit. La peur, le plus fort motif chez l'homme méprisable, perdait chez nous sa force, puisque le sentiment éveillé était l'amour pour une cause — ou pour une personne. Les pénalités, du coup, perdaient leur sens, cette adhésion étant accordée volontairement, les yeux ouverts, et non par obéissance. Au but les hommes dédiaient leur être ; son obsession ne laissait point de place à la vertu ou au vice. Joyeusement ils le nourrissaient d'eux-mêmes, lui donnaient leur vie, plus encore, les vies de leurs frères — offrande cent fois plus difficile que le sacrifice de soi.

À nos yeux las de le fixer, l'idéal partagé transcendait le personnel, jusque-là, pour nous tous, mesure normale du monde. Est-ce à dire que nous acceptions avec joie de fondre nos personnalités discordantes dans quelque arrangement où chacune eût trouvé un sens raisonnable, nécessaire ? Non, cette transcendance même, en surmontant les faiblesses individuelles, rendait l'idéal transitoire. Car son principe devenait l'Activité, qualité primitive, étrangère à notre structure et que nous pouvions seulement représenter ou plutôt contrefaire, par une inquiétude d'esprit, d'âme et de corps, au-delà même de notre cohésion. Ainsi toujours l'idéalité de l'idéal s'évanouissait, laissant ses adorateurs épuisés : car ils devraient tenir pour faux ce qu'ils avaient adoré la veille.

Pour l'instant, en tout cas, les Arabes étaient possédés et la cruauté de leur maître répondait à leur exigence. D'ailleurs mes hommes appartenaient à trente tribus en vendetta ; sans ma main qui les tenait ils eussent chaque jour assassiné un ennemi. Leurs haines les empêchaient de s'unir contre moi ; et leur diversité nous fournissait, à moi et à mes émissaires, des répondants ou des espions partout entre Akaba et Damas, Bir Cheba et Bagdad. Presque soixante d'entre eux moururent à mon service.

Par un piquant retour, les événements me contraignirent à prendre la vie de mes gardes pour modèle et à devenir aussi casse-cou, aussi dur et aussi prompt qu'eux. Les chances contre moi étaient lourdes et le climat pipait les dés. Je battais mes hommes pendant le court hiver, grâce à mes alliés, gel et neige ; mais dans la chaleur ils me battaient. L'inégalité d'endurance était moins forte. Pendant des années, avant la guerre, j'avais travaillé à mettre mon corps en ordre par un manque persévérant de soins ; j'avais appris à manger beaucoup à la fois ; puis à rester deux, trois, quatre jours sans nourriture ; pour trop manger ensuite. Je m'étais fait une règle d'éviter les règles, en matière de régime ; et une suite d'exceptions m'avait habitué à n'avoir pas d'habitudes.

Organiquement, donc, j'étais capable de tenir mon rang dans le désert, ne craignant ni la faim, ni l'indigestion, jamais importuné par cette question de nourriture. Au cours d'un raid, je pouvais rester sans boire entre les puits et, comme les Arabes, boire énormément aujourd'hui pour la soif d'hier et celle de demain.

De même, quoique le sommeil demeurât pour moi le plaisir le plus riche, je pouvais le remplacer par le balancement cahoté d'une nuit en selle, le supprimer même, plusieurs nuits à la suite, et laborieuses, sans fatigue excessive. Je devais ces libertés à des années de maîtrise personnelle (le mépris de l'habitude fut peut-être la leçon de notre virilité). Elles me faisaient apte à mon travail ; mais, bien sûr, je les tenais pour moitié de mon entraînement, pour moitié d'essais expérimentaux — dénuement et choix mêlés — et non pas, comme les Arabes, de ma nature, sans effort. En compensation, j'avais mon énergie consciente. Leurs volontés, moins tendues, flanchaient avant la mienne et, par comparaison, je paraissais résistant et actif.

Quant aux sources de cette énergie volontaire, je n'osais pas aller y voir de près. L'antithèse entre l'esprit et la matière, qui se trouvait à la base du renoncement religieux des Arabes, ne m'aidait pas le moins du monde. J'arrivais au renoncement (dans la mesure où j'y arrivais) par une route tout opposée, grâce à ma conviction que le mental et le physique ne font qu'un, indissolublement ; que nos corps, l'univers, nos pensées, nos sensibilités aux contacts doivent être conçus à l'intérieur de la boue moléculaire, composés de cette boue, élément universel où dérivent les formes, caillots, combinaisons de densités diverses. Il me paraissait impensable que des collections d'atomes pussent concevoir autrement qu'en termes d'atomes. Mon sens dépravé des valeurs m'interdisait de voir entre l'abstrait et le concret considérés comme symboles, une opposition plus sérieuse qu'entre un libéral et un conservateur.

La pratique de cette guerre fortifia en moi l'attitude nihiliste. Nous y vîmes souvent des hommes se contraindre ou être entraînés aux limites les plus cruelles de la résistance, sans jamais le moindre signe d'une rupture physique. L'écroulement provenait toujours d'une faiblesse morale qui rongeait le corps par l'intérieur, sans trahison intime, celui-ci ne pouvait rien sur la volonté. Au cours de nos longues marches nous allions, dépouillés de corps, ignorant la chair et les sensations ; et lorsque, pendant un arrêt, cette excitation tombait, nous retrouvions nos corps avec une sorte d'hostilité, cette certitude méprisante qu'ils accomplissaient leur fin la plus haute non pas en servant à l'esprit de véhicule, mais lorsque, après la dissolution, leurs éléments fumaient un coin de terre.

CHAPITRE LXXXIV

Loin de la ligne de feu, à Akaba, nous pouvions voir le revers de la médaille, la corruption de notre enthousiasme gâtant le moral de la base. Nous fûmes heureux de pouvoir enfin nous échapper dans les montagnes propres et fraîches de Gouéira. Ce début d'hiver nous donnait des jours soit ensoleillés et chauds, soit assombris par les masses nuageuses amoncelées sur le plateau où Mauloud, à neuf milles de là, montait la garde dans le brouillard et dans la pluie. Les soirs contenaient juste cette pointe de froid qui donne une valeur plus délicieuse à un manteau épais, à un feu.

Nous attendîmes dans Gouéira l'annonce que notre opération contre Tafila avait commencé. Tafila est ce nœud de villages qui commande l'extrémité méridionale de la mer Morte. Nous avions décidé de nous employer à la fois de l'ouest, du sud et de l'est, l'est devant ouvrir le bal en attaquant Djouf, la plus proche gare sur la ligne du Hedjaz. La conduite de cette attaque avait été confiée au chérif Nacer, le Fortuné. Il était accompagné de Nouri Saïd, chef d'État-Major de Jaafar, avec quelques troupes régulières, un canon et des mitrailleuses. Leur base était El Djafeur. Au bout de trois jours leur message arriva. Comme d'ordinaire, Nacer avait dirigé son raid avec décision et compétence. Djouf, l'objectif, était une forte gare comprenant trois bâtiments de pierre avec un réseau de postes et de tranchées. Derrière la gare, sur un monticule bas, ceint de tranchées et de murailles, les Turcs avaient disposé des mitrailleuses et un canon de montagne. Au-delà du monticule se dressait une crête haute et aiguë, dernier éperon des montagnes qui séparent El Djafeur de Bair.

Là était le point faible de la défense. Les Turcs étaient trop peu nombreux pour occuper à la fois la gare et la crête; or, cette dernière dominait la voie. Nacer, une nuit, occupa sans coup férir tout le sommet de la montagne puis coupa la ligne au-dessus et au-dessous de la gare. Quelques minutes plus tard, dès que le jour permit d'y voir, Nouri Saïd amena son canon de montagne au bord de la crête et au troisième obus, par un coup heureux, fit taire définitivement la pièce turque au-dessous de lui.

Nacer fut transporté; les Beni-Sakhrs bondirent en selle, jurant qu'ils allaient charger sur-le-champ. Folie pure, jugea Nouri, tant que les mitrailleuses turques seraient en action dans les tranchées. Mais ses paroles n'eurent aucun effet sur les Bédouins. Désespéré, il ouvrit un feu roulant sur les positions turques; le flot des Beni-Sakhrs croula de la crête et, en un clin d'œil, recouvrit le mamelon. Les Turcs, voyant dévaler vers eux cette horde, jetèrent leurs fusils et détalèrent vers la gare. Deux Arabes seulement furent mortellement blessés.

Nouri se précipita vers le mamelon. La pièce turque était intacte. Il la fit pivoter et, à bout portant, tira dans la salle d'attente. Le troupeau des Beni-Sakhrs, voyant voler le bois et les pierres, hurla de joie, sauta de nouveau en selle et tomba sur la gare au moment où l'ennemi se rendait. Presque deux cents Turcs survivants, y compris sept officiers, furent faits prisonniers.

Les Bédouins s'enrichirent à ce raid : outre les armes, il y avait là 25 mules et, sur la voie de garage, 7 wagons de vivres choisis, pour les mess d'officiers de Médine : des choses que les nomades connaissaient seulement par ouï-dire, d'autres qu'ils ne connaissaient pas du tout; ils nageaient dans l'ivresse. Les malheureux soldats réguliers eux-mêmes eurent une part du butin et purent, une fois encore, goûter les olives, la pâte de sésame, les abricots secs et autres produits, doux ou salés, de leur Syrie natale, à demi oubliée.

Nouri Saïd, qui avait des goûts raffinés, arracha aux mains de quelques énergumènes les conserves de viande et les liqueurs. Il y avait un plein wagon de tabac. Comme les Haoueitates ne fumaient pas, on le partagea entre les Béni-Sakhrs et les troupes régulières. Sa perte priva complètement de tabac la garnison de Médine. Fayçal, lui-même fumeur enragé, fut si ému de ce triste état, qu'il chargea plusieurs chameaux de cigarettes bon marché et les chassa dans Tébouk avec ses compliments.

Après le pillage, les soldats du génie firent sauter deux locomotives, le château d'eau, la pompe, et la jonction des voies de garage. Ils mirent le feu aux wagons et endommagèrent un pont mais sans beaucoup de zèle : comme d'ordinaire, après la victoire, les hommes étaient trop chargés et trop excités pour s'attarder longtemps à des besognes altruistes. On campa derrière la gare. Aux environs de minuit il y eut une alerte. Le bruit et les lumières d'un train surgirent du sud ; il s'arrêta, évidemment en connaissance de cause, au point où nous avions coupé la voie le soir précédent. Aouda envoya des éclaireurs.

Ils n'étaient pas retournés lorsqu'un sergent pénétra, seul, dans le camp de Nacer et demanda à s'enrôler dans l'armée du chérif. Il venait du train de secours : les Turcs l'avaient envoyé explorer la gare. Il raconta qu'ils étaient seulement soixante hommes avec un canon et que, si on le laissait retourner avec des nouvelles rassurantes, on pourrait prendre tout le train sans coup férir. Nacer appela Aouda qui appela les Haoueitates et ils s'en furent, silencieusement, dresser le piège. Mais déjà nos éclaireurs, ayant décidé de jouer leur chance seuls, avaient ouvert le feu contre les wagons. En hâte le mécanicien renversa la vapeur et fit reculer le train, sain et sauf, jusqu'à Maan. Ce fut la seule tristesse de Djouf.

Après le raid, le temps se gâta de nouveau. Les

chutes de neige se succédèrent pendant trois jours. La troupe de Nacer regagna péniblement les tentes d'El Djafeur. Ce plateau proche de Maan, de trois à cinq mille pieds au-dessus du niveau de la mer, est ouvert à tous les vents du nord et de l'est. Ils arrivent de l'Asie Centrale ou du Caucase, traversent à une allure furieuse l'immense désert et déferlent d'abord sur ces basses montagnes d'Edom. Frôlant ensuite les sommets, ils vont dépenser ce qui leur reste de force cuisante plus bas, dans la Judée et le Sinaï qui connaissent ainsi un hiver des plus rudes, à ce degré de latitude.

Devant Bir Chéba et Jérusalem les Anglais trouvaient le temps froid, mais nos Arabes fuyaient là-bas pour avoir chaud. Le service de ravitaillement anglais, pour notre malheur, comprit trop tard que nous nous battions dans une petite Alpe. Il laissa les trois quarts de nos hommes privés de tentes et ne nous envoya ni habits de laine, ni bottes, ni assez de couvertures pour en donner deux à chaque homme dans les garnisons de montagne. Nous n'eûmes pas de désertion, ni de mort ; mais nos soldats vécurent dans un état de misère douloureuse qui gelait en eux tout espoir.

Notre plan prévoyait, en cas de succès à Djouf, l'envoi immédiat des Arabes de Petra, sous les ordres du chérif Abd-el-Mauin, vers Chobek, à travers les forêts de leurs montagnes. Ils partirent en effet. Ce fut une marche mystérieuse que celle de ces paysans avançant dans le brouillard givré, vêtus de peaux de mouton, les pieds gelés, et franchissant gorges profondes et crêtes dangereuses sur des épaisseurs de neige que hérissaient, comme des piques de fer gris, les genévriers aux feuillages avares. Glace et gel abattaient les bêtes, souvent les hommes : ces durs montagnards accoutumés à souffrir cruellement du froid avancèrent malgré tout.

Les Turcs, à l'annonce de cette progression opiniâtre, s'enfuirent de leurs grottes et de leurs abris dans la forêt, et, jonchant les pistes derrière eux de bagages et d'équipements, gagnèrent la tête de ligne du chemin de fer latéral. Cette tête de ligne, avec ses baraquements provisoires aisément dominés par les canons arabes, ne valait guère mieux qu'un piège. La meute des nomades déchira l'ennemi fuyant la chute de ses bâtiments en flammes. Seule une compagnie disciplinée de troupes régulières, sous les ordres d'un officier albanais, put, en combattant, se frayer un chemin vers la ligne principale. Les autres furent tués ou faits prisonniers. Les Arabes enlevèrent également les magasins de Chobek (le vieux Monréale des Croisés) au sommet d'un cône calcaire dominant une vallée sinueuse. Abd-el-Mayin y installa son Q.G. et le fit savoir à Nacer. Mastour fut averti de son côté. Sans retard il arracha au confort de leurs tentes dans les profondeurs ensoleillées de l'Arabie ses cavaliers et ses fantassins Motalgas pour gravir avec eux le défilé à l'est vers Tafila.

Mais Nacer gagna la course : bondissant d'El Djafeur, il franchit la distance en une seule étape et, après une nuit de marche en tempête, apparut à l'aube sur la lèvre rocheuse du ravin où se cachait Tafila pour sommer aussitôt le village de se rendre, sous peine de bombardement. Menace gratuite, car Nouri Saïd avait ramené les canons à Gouéira. Les Turcs n'étaient que cent quatre-vingts dans le village, mais ils avaient pour eux le clan paysan des Mouhaisins, bien moins leurs amis que les ennemis d'un clan rival dont le chef, Dhiab (homme vulgaire, d'ailleurs), s'était déclaré pour Fayçal. Ainsi, la seule réponse que reçut Nacer fut, du fond de la vallée, une salve mal dirigée.

Les Haoueitates, pour riposter, se déployèrent au long de la falaise. Mais tout cela déplut à Aouda, le vieux lion, furieux que des villageois mercenaires eussent l'audace de résister aux Abou Tayis, leurs maîtres séculaires. Secouant la rêne de sa jument, il descendit le sentier au galop et vint se poster dans la plaine, face aux dernières maisons du village. Là, les menaçant de la main : « Chiens, gronda-t-il de sa voix prodigieuse, ne connaissez-vous pas Aouda ? » Quand les villageois reconnurent ce guerrier implacable, le courage leur manqua. Une heure après, dans la maison de ville, le chérif Nacer, sirotant le thé de son hôte le gouverneur turc, le consolait gentiment de ce revers de fortune.

À la nuit, Mastour fit son entrée. Ses Motalgas, voyant leurs ennemis mortels les Abou Tayis qui se gobergeaient dans les meilleures maisons, leur jetèrent un regard noir. Les deux chérifs établirent leurs troupes intraitables dans des cantonnements distincts. Ils avaient peu d'autorité pour le rôle de médiateurs : les Abou Tayis, en effet, avaient presque fini par adopter Nacer, et les Jazis, Mastour.

Le lendemain matin, les deux fractions se chamaillaient déjà ; le jour se passa dans l'anxiété ; car, outre cette vendetta latente, les Mouhaisins essayaient d'affirmer leur autorité sur les villageois et de nouvelles complications surgissaient sous les espèces de deux éléments étrangers : une colonie de pillards Senoussis, venus du Nord de l'Afrique, que les Turcs avaient installée dans des terres riches, mais quasi abandonnées, et un faubourg d'Arméniens pleurards et actifs (un millier environ) survivants d'une déportation infamante ordonnée par les Jeunes-Turcs en 1915.

Les habitants de Tafila furent saisis d'une frayeur mortelle. Nous manquions, comme d'habitude, de vivres et d'animaux pour le transport ; ils nous refusèrent tout secours. Ils avaient dans leurs granges de l'orge et du froment ; mais il les cachaient. Ils ne manquaient pas non plus d'animaux de bât, mulets ou ânes ; ils les chassèrent vers des régions plus sûres. Je crois bien qu'ils auraient pu nous chasser aussi, mais par bonheur pour nous, ils n'eurent pas le cran de résister. L'indifférence était le plus puissant allié de l'ordre que nous imposions : un gouvernement oriental repose moins sur le consentement ou l'impuissance des gouvernés que sur l'hébétude, l'indolence et les jérémiades qui donnent à une minorité un pouvoir indu.

Fayçal avait délégué son jeune demi-frère Zeid pour

prendre la tête de cette offensive vers la mer Morte. C'était la première campagne de Zeid dans le Nord : il partit rejoindre son poste plein d'ardeur. Son conseiller technique était Jaafar Pacha, notre général. Son infanterie, ses canonniers et ses mitrailleurs furent arrêtés à Petra par le manque de ravitaillement. Mais Zeid et Jaafar poussèrent jusqu'à Tafila.

Nous touchions à la catastrophe. Aouda affectait, à l'égard des jeunes Motalgas Metaab et Annad, fils d'Abtan que le fils d'Aouda avait tué autrefois, une magnanimité plus amère pour eux que le fiel. Ces adolescents, vifs, assurés, vaniteux, commençaient à parler hautement de vengeance — mésanges menaçant un faucon. Aouda déclara que s'ils lui manquaient de respect, il les fouetterait sur la place du marché. Sans doute ! Mais leurs partisans étaient deux fois plus nombreux que les siens ; le village allait être à feu et à sang. Les jeunes muguets, accompagnés de Rahail, mon matamore, se pavanaient dans les rues.

Zeid remercia Aouda, le paya et le renvoya dans son désert. Les meilleurs têtes des Mouhaisins durent rejoindre, en qualité d'hôtes forcés, la tente de Fayçal. Dhiab, leur ennemi, était notre ami. Nous nous souvînmes tristement de cet adage : que les meilleurs alliés d'un régime nouveau, installé par la violence, ne sont pas ses partisans, mais ses adversaires. Zeid avait apporté beaucoup d'or : notre situation économique s'améliora. Un officier gouverneur fut désigné et cinq villages organisés pour servir de base à des opérations nouvelles.

CHAPITRE LXXXV

Nos plans s'en furent pourtant bientôt à la dérive. Nous discutions encore quand les Turcs, brusquement, essayèrent de nous déloger. Pareille tentative nous ahurit. Nous n'avions jamais imaginé qu'ils eussent l'espoir ou le désir de garder Tafila. Allenby venait juste d'entrer à Jérusalem : toute l'issue de la guerre, pour les Turcs, pouvait dépendre de leur défense sur le Jourdain. Si Jéricho ne tombait pas, ou jusqu'à sa chute, Tafila demeurerait un village obscur, sans le moindre intérêt. Nous-mêmes n'attachions aucune valeur à sa possession. Notre désir était de passer outre et de marcher vers l'ennemi. Dans une situation aussi difficile que celle des Turcs à ce moment, risquer un seul homme pour reprendre Tafila nous parut une folie caractérisée.

Hamid Fakhri Pacha, qui commandait la 48e division et le secteur d'Amman, en jugea tout autrement, ou reçut des ordres. Il rassembla trois bataillons d'infanterie, c'est-à-dire environ neuf cents hommes (en janvier 1918 un bataillon turc était une pauvre chose), une centaine de cavaliers, deux howitzers de montagne, vingt-sept mitrailleuses et les envoya par chemin de fer et par route jusqu'à Kérak. Là, il réquisitionna tous les moyens de transport, nomma un jeu complet de fonctionnaires pour la nouvelle administration de Tafila et marcha vers le sud pour nous surprendre.

Il nous surprit. Nous ne sûmes rien de lui jusqu'au moment où ses éclaireurs tombèrent sur nos avant-postes de l'ouadi Hessa, dans cette gorge profonde, large et difficile qui sépare Kerak de Tafila et le Moab de l'Edom. Au crépuscule il avait refoulé ces avant-postes ; il était sur nous.

Jaafar Pacha avait ébauché un système de défense sur la rive sud du grand ravin de Tafila. Il proposait, en cas d'attaque turque, de céder le village et de défendre les hauteurs qui le dominaient, derrière. Ceci m'avait paru doublement faux. Les pentes étaient raides, ce qui rendait leur défense aussi difficile que leur attaque. Elles pouvaient être tournées par l'est ; de plus, en quittant le village, nous perdions ses habitants qui donneraient leurs suffrages et leur secours actif aux occupants de leurs maisons.

Quoi qu'il en fût, c'était l'idée dominante — la seule qu'eût Zeid. Vers minuit il ordonna donc la retraite : domestiques et partisans chargèrent leurs affaires. Les hommes armés allèrent se poster sur la crête sud pendant que le convoi de bagages filait se mettre en sûreté par la route basse. Ce mouvement déclencha la panique dans la ville. Les paysans y virent une fuite (je pense qu'ils avaient raison), coururent sauver leurs biens et leur vie. Il gelait dur ; une croûte de glace craquante recouvrait le sol. Dans l'obscurité des ruelles, rafales, cohue, cris, étaient épouvantables.

Le cheikh Dhiab, afin de faire éclater la splendeur de son propre loyalisme, nous avait raconté des histoires de brigands sur la ville en révolte contre nous. J'avais l'impression, au contraire, que ces villageois vigoureux constituaient une force utilisable. Pour en avoir le cœur net, j'observai et j'écoutai, soit de ma terrasse, soit en parcourant les raidillons de la ville, dans l'obscurité, enveloppé de mon manteau, pour n'être pas reconnu, et suivi discrètement de gardes à portée de voix. Les gens, en vérité, étaient fous de peur, presque dangereusement fous, maltraitant n'importe qui et n'importe quoi ; mais aucun sentiment turcophile n'apparaissait. Le retour des Turcs leur faisait horreur ; ils étaient prêts à soutenir de toutes leurs forces un chef déterminé à se battre contre eux. J'en fus heureux, car ce sentiment concordait avec mon désir ardent de rester sur place et de résister vigoureusement.

À la fin je rencontrai les jeunes cheikhs jazis, mataab et annad, étincelants sous leurs robes de soie et l'argent de leurs armes : je les envoyai à la recherche de leur oncle Hamd-el-Arar. À celui-ci je demandai de se rendre au nord du ravin pour annoncer aux paysans, qui, si l'on en croyait la fusillade, résistaient toujours, que nous courions à la rescousse. Hamd, mélancolique, courtois et noble cavalier, galopa aussitôt avec une vingtaine de parents, tout ce qu'il put rassembler dans l'affolement général.

Leur passage dans les rues, ventre à terre, mit le comble à la panique. Par les portes et les fenêtres les femmes jetaient leurs ballots qu'aucun homme ne ramassait. Les enfants, piétinés, hurlaient ; leurs mères hurlaient de toute façon. Les Motalgas au galop tiraient en l'air pour se donner du courage et, comme une réponse, les éclairs de la fusillade ennemie commencèrent à franger la falaise nord sur la dernière noirceur du ciel avant l'aurore. Je remontai vers les hauteurs opposées pour m'entretenir avec le chérif Zeid.

Assis gravement sur un roc, il balayait le pays de sa jumelle. Plus l'instant devenait critique et plus Zeid se retirait dans une nonchalance détachée. J'étais, pour moi, dans une rage froide. Les Turcs n'auraient jamais dû, d'après les règles d'une saine tactique, se risquer à revenir ici. C'était de leur part simple gloutonnerie, l'« ôte-toi-là-même-si-je-ne-m'y-mets-pas » indigne d'un ennemi sérieux, juste une de ces absurdités dont les Turcs étaient prodigues. Comment pouvaient-ils espérer une guerre décente s'ils ne nous laissaient pas une chance de les honorer ? Le moral de nos troupes était continuellement ruiné par leurs folies ; nos hommes ne pouvaient pas plus respecter leur courage que nos officiers leur intelligence. Ce matin-là, d'ailleurs, il faisait un froid de loup, je n'avais pu fermer l'œil de la nuit et, teutoniquement, je résolus de leur faire payer cher ce bouleversement de nos plans.

Ils devaient être peu nombreux, à en juger par la rapidité de leur avance. Nous avions donc tous les avantages : temps, position, nombre et température ; nous pouvions les mettre aisément échec et mat ; mais, pour ma rage, ce n'était pas assez. Nous allions jouer leur propre jeu, à notre échelle minuscule, leur donner la bataille rangée de leurs rêves, les tuer tous. Je ratisserais dans ma mémoire toutes les maximes à demi oubliées du manuel militaire orthodoxe pour en faire, sur le terrain, une parodie vécue.

Résolution ignoble : avec, pour alliés, l'arithmétique

et la géographie, nous aurions pu épargner le facteur humain souffrant ; il est cruel de transformer la victoire en farce consciente. Il nous suffisait, pour gagner, de refuser la bataille et de prendre les Turcs au piège, en manœuvrant notre centre comme nous l'avons fait en vingt occasions avant ou après celle-ci. Mais la mauvaise humeur et l'orgueil blessé s'unirent cette fois pour me faire repousser cette solution : non content de connaître ma puissance, je résolus d'en donner à l'ennemi, et à tous, l'annonce publique. Zeid, voyant les inconvénients de la ligne de défense, était tout disposé, maintenant, à écouter la voix du tentateur.

Je conseillai, en premier lieu, d'envoyer Abdullah avec deux Hotchkiss tâter la force et la disposition de l'ennemi. Puis on discuta de la suite : fort utilement d'ailleurs, car le jeune Zeid était déjà un homme de guerre courageux et froid, avec le tempérament d'un officier professionnel. Nous vîmes Abdullah gravir l'autre pente. La fusillade prit pendant quelque temps une violence nouvelle puis s'évanouit dans le lointain. L'arrivée de nos mitrailleuses avait donné du cœur aux cavaliers motalgas et aux paysans : tombant sur la cavalerie turque, ils l'avaient refoulée par-dessus la première crête, à travers une plaine de deux milles, et enfin sur une autre crête jusqu'au premier palier de la grande dépression de Hessa.

Là était le gros des troupes turques qui s'ébranlait après une nuit où le froid avait raidi les hommes sur place. Ils entrèrent convenablement en action, arrêtant net Abdullah. Nous entendions le roulement distant des mitrailleuses, avec ses houles soudaines coupées d'une canonnade à bâtons rompus. Nos oreilles nous disaient ce qui se passait aussi clairement que nos yeux auraient pu le faire ; et il se passait d'excellentes choses. Je déclarai à Zeid que nous en savions assez, qu'il fallait marcher en avant : mais, sa prudence entrant en scène, il insista pour que nous attendions les renseignements exacts d'Abdullah, son avant-garde.

Ce n'était pas nécessaire d'après le manuel. Mais on me savait soldat d'occasion et l'on en profitait pour hésiter quand mes avis étaient trop péremptoires. Je ne dis rien et partis en avant pour préjuger de leurs décisions. En chemin, je trouvai mes gardes fort occupés à fouiller les déménagements en désordre au milieu des rues ; ils y faisaient les plus intéressantes découvertes. Je leur dis de remettre la main sur nos chameaux et d'amener en hâte leur Hotchkiss sur la pente nord de la gorge.

La route plongeait dans un bosquet de figuiers (leurs branches, nœuds de serpents bleuâtres, étaient nues et le seraient longtemps encore après le reverdissement universel), puis tournait à l'est et, par de longues sinuosités, montait jusqu'à la crête. Je la quittai pour escalader tout droit.

C'est l'avantage d'aller pieds nus : on acquiert sur les roches une sûreté de marche incroyable et toute nouvelle, quand la plante des pieds est assez durcie par un douloureux entraînement ou glacée au point de ne pas sentir les entailles et les écorchures. L'escalade me réchauffa et me fit gagner du temps. Bientôt sur le sommet, j'y trouvai d'abord une sorte d'esplanade puis une dernière crête dominant le plateau.

Ce talus rectiligne, offrant encore des traces d'un rempart byzantin, convenait à merveille pour une dernière ligne de défense : nous y mettrions notre réserve. À vrai dire, nous n'avions pas encore de réserve — nous n'avions rien ni personne à mettre nulle part : nul, en tout cas, n'en avait la moindre idée — mais si nous avions quelqu'un, sa place était là. Précisément apparurent, cachés avec beaucoup de discrétion dans un creux, les Ageyls personnels de Zeid. Certes, il me fallut, pour les sortir de là, user de mots à leur faire dresser les nattes sur la tête ; mais enfin, je les vis assis en frise sur la Crête de Réserve. Une vingtaine environ, ils avaient, d'un peu loin, une allure magnifique : on eût dit la « fraction avancée » d'une troupe considérable. Je leur laissai mon cachet avec l'ordre de rassembler tous les arrivants et, en particulier, mes hommes munis de leur Hotchkiss.

Comme je marchais vers le nord dans la direction de la bataille, je rencontrai Abdullah qui allait porter ses renseignements à Zeid. Il avait épuisé ses munitions, perdu cinq hommes tués par des obus et une mitrailleuse hors d'usage. Les Turcs, d'après lui, avaient deux canons. Son intention était de faire monter ici Zeid avec toutes ses troupes et de se battre. Je n'avais rien à ajouter à ce message et, sans aucune astuce, je laissai mes heureux maîtres parapher en personne la décision correcte.

J'eus, en les attendant, tout le loisir d'étudier le terrain de notre prochaine bataille. C'était une petite plaine (d'environ deux milles de large) bordée par des crêtes basses verdoyantes, et vaguement triangulaire, ma Crête de Réserve étant la base. Elle était traversée par la route de Tafila-Kerak qui plongeait en face dans la vallée de Hessa. Les Turcs remontaient cette route en combattant. La charge d'Abdullah nous avait permis d'occuper la crête ouest (à gauche) qui formait à cet instant notre ligne de feu.

Les obus tombaient dans la plaine que je traversai non sans peine, car les tiges hérissées d'absinthe poignardaient mes pieds nus déjà écorchés par les rocs. Le tir ennemi était trop long; les obus frôlant la crête éclataient derrière. L'un d'eux tomba à mon côté et je pus lire le calibre sur sa fusée brûlante. Peu à peu, cependant, les Turcs rectifièrent; lorsque j'atteignis la crête, elle était abondamment arrosée de shrapnells. Évidemment un observateur leur avait permis de régler leur tir : en regardant autour de moi, je vis les troupes ennemies grimper sur la crête est, au-delà de la tranchée où passait la route de Kerak. Ils allaient bientôt nous déborder par le flanc droit.

« Nous » — c'était une soixantaine d'hommes groupés derrière la crête en deux masses, l'une au bas, l'autre au sommet. L'étage inférieur était composé de paysans à pied, hors d'haleine, misérables, mais non sans chaleur (la première que j'eusse encore rencontrée de ce jour). Ils avaient épuisé leurs munitions, me dirent-ils ; tout était fini. Je leur assurai que tout commençait, au contraire, en leur montrant ma crête de réserve abondamment peuplée. Nos forces de secours étaient là. Qu'ils courent emplir à nouveau leurs cartouchières et tiennent bon là-bas. Nous protégerions leur retraite en nous accrochant ici, pendant les quelques minutes où c'était encore possible.

Réconfortés, ils détalèrent. Gagnant alors l'étage supérieur, j'allai deçà delà, citant mes auteurs militaires : on ne doit pas cesser le feu sur une position tant que l'on n'est pas prêt à l'ouvrir sur la suivante. Le chef de la petite troupe était le jeune Metaab qui, pour ce dur travail, n'avait plus gardé que son étroite culotte de cheval. Le visage sale et hagard, ses accroche-cœur noirs tout de travers, il frappait des mains et criait d'une voix rauque, confondu et vexé : il avait tant espéré de cette première bataille livrée pour nous.

Ma présence au dernier moment, alors que les Turcs l'emportaient, lui fut cruelle. Sa colère s'accrut encore quand je lui dis que je venais simplement étudier le paysage. Voyant là une inconvenance cavalière, il hurla je ne sais quoi sur les chrétiens qui vont sans armes au combat. Je répliquai par une citation de Clausewitz, lequel affirme qu'une arrière-garde a moins pour fonction d'agir que d'être. Mais il n'avait pas envie de rire, et peut-être avec raison, car le petit talus siliceux qui nous servait d'abri crépitait de balles. Les Turcs, connaissant notre présence, avaient tourné sur ce point le feu de vingt mitrailleuses. Le talus avait quatre pieds de haut et cinquante de long; sur ses nervures siliceuses, parfaitement nues, les balles claquaient de façon assourdissante; dans l'air au-dessus de nos têtes bourdonnaient ou sifflaient tant de ricochets et d'éclats que risquer un coup d'œil sur le parapet semblait fatal. Évidemment il faudrait bientôt quitter cet endroit; comme j'étais à pied je partis en avant, emportant, de Metaab, la promesse d'attendre là, s'il l'osait, encore dix minutes.

Je me réchauffai en courant. Je comptais mes foulées pour m'aider à trouver la hausse exacte quand les Turcs occuperaient à leur tour cette position. Ils la prendraient parce qu'ils n'en avaient pas d'autres; mais elle était très mal protégée du côté sud. En perdant cette crête, tenue par les Motalgas, nous allions probablement gagner la bataille. Les cavaliers tinrent encore quasiment les dix minutes promises, puis partirent au galop sans éprouver de pertes. Metaab m'offrit au passage un de ses étriers et m'enleva; nous nous trouvâmes bientôt, hors d'haleine, au milieu des Ageyls. Il était juste midi et nous avions toute la paix et le loisir nécessaires pour penser.

Notre nouvelle crête avait environ quarante pieds de haut et une forme commode pour la défense. Quatre-vingts de mes hommes l'occupaient déjà; d'autres ne cessaient d'arriver. Mes gardes étaient en place avec leur mitrailleuse; Lutfi, grand démolisseur de locomotives, montait en hâte avec encore deux mitrailleuses et cent Ageyls. Notre affaire devenait un pique-nique; à force de nous entendre répéter «excellent» d'un air pénétré, avec une joie excessive, nos hommes finirent par considérer froidement la position. Les mitrailleuses furent postées sur la crête même, avec l'ordre de tirer de temps à autre, sans insistance, de façon à troubler les Turcs, mais pas trop, pour retarder le déploiement ennemi, suivant la tactique de Masséna. Une accalmie suivit : je m'allongeai dans un coin au soleil, abrité du vent, et dormis là pendant une heure bénéfique; cependant les Turcs occupaient notre ancienne position et s'y déployaient comme une bande d'oies, avec à peu près la même sagesse. Nos hommes les laissèrent tranquilles et se contentèrent de se montrer.

Au milieu de l'après-midi, Zeid arriva avec Mastour, Rassim et Abdullah. Ils amenaient le gros de nos forces, soit 20 hommes montés sur des mules, 30 cavaliers Motalgas, 200 villageois, 5 fusils-mitrailleurs, 4 mitrailleuses et la pièce de montagne de l'armée égyptienne qui avait combattu autour de Médine, de Petra et de Djouf. C'était magnifique. Je m'éveillai pour leur souhaiter la bienvenue.

Les Turcs, voyant notre rassemblement, ouvrirent le feu shrapnells et mitrailleuses; mais leur hausse était mal réglée; ils bafouillèrent. Nous étant ensuite rappelés les uns aux autres que le mouvement est l'âme de la stratégie, nous résolûmes de nous mouvoir. Rassim se transforma en officier de cavalerie et partit avec nos quatre-vingts hommes montés sur des animaux quelconques pour contourner la crête est et tâcher d'envelopper l'aile gauche ennemie. Les manuels ne conseillent-ils pas de faire porter l'attaque sur un point plutôt que sur une ligne? En suivant une aile quelconque de dimension finie on doit à la fin la trouver réduite à un point c'est-à-dire à un seul homme. Rassim apprécia la façon dont j'envisageais son objectif.

Avec une grimace humoristique, il promit de nous amener ce dernier homme. Mais Hamd-el-Arar prit la chose plus au sérieux. Avant de partir il fit le vœu de mourir pour la Cause Arabe et, tirant cérémonieusement son épée, lui adressa, en l'appelant par son nom, un discours héroïque. Rassim, lui, prit cinq mitrailleuses : une bonne idée.

Nous fîmes, au centre, grand étalage de nos personnes pour que leur départ passât inaperçu. Cependant l'ennemi amenait une procession apparemment interminable de mitrailleuses qu'il installait, à intervalles réguliers, le long de la crête, comme sur l'étagère d'un musée. Une tactique d'aliénés. La crête était en silex et un lézard n'y eût pas trouvé d'abri. Nous savions, par expérience, que chaque balle, frappant la roche, rebondissait dans un jaillissement d'éclats mortels. En outre, connaissant la distance, nous pûmes régler soigneusement nos Vickers en bénissant leurs longues hausses démodées. Notre canon de montagne fut mis en place et calé, prêt à lâcher sur l'ennemi une rafale de shrapnells quand Rassim aurait engagé l'action.

Pendant cette attente on annonça un renfort de cent hommes venant d'Aïma. Ils s'étaient querellés la veille avec Zeid à propos de soldes, mais, dans ces circonstances graves, avaient noblement décidé d'arrêter les vieux comptes. Leur arrivée nous convainquit de laisser choir le Maréchal Foch et d'attaquer au moins sur trois côtés à la fois. Les hommes d'Aïma partirent donc avec trois mitrailleuses pour envelopper à l'ouest l'aile gauche ennemie. Alors, de notre position centrale, nous ouvrîmes le feu, harcelant leurs lignes, sans abri, de balles et de ricochets.

Les Turcs sentirent que la journée tournait contre eux. Le jour baissait et le coucher du soleil a souvent donné la victoire aux défenseurs restés fermes sur leurs positions. Le vieux général Hamid Fakhri rassembla son État-Major et ordonna à tout le monde de prendre un fusil. « Je suis soldat depuis quarante ans, dit-il, et je n'ai jamais vu de rebelles se battre comme ceux-ci. Entrez dans les rangs. » Mais il était trop tard. Rassim poussa en avant les mitrailleuses, chacune avec ses deux servants. Quand l'ennemi les vit, elles étaient en position : déjà, ouvrant le feu, elles froissaient son aile gauche.

Les hommes d'Aïma, qui connaissaient la moindre feuille d'herbe de ces collines, leurs propres pâturages, rampèrent sains et saufs jusqu'à trois cents mètres des mitrailleuses turques. L'ennemi, retenu par notre menace de front, ne s'en avisa qu'au moment où leur salve soudaine, balayant ses mitrailleurs, sema le désordre dans l'aile droite. À cette vue nous criâmes à nos chameliers et aux villageois qui nous entouraient l'ordre d'avancer aussitôt.

Mohammed-el-Ghasib, chef de maison de Zeid, prit leur tête, ses robes de soie gonflées par le vent, la bannière cramoisie des Ageyls au-dessus de sa tête. Tous ceux qui étaient restés au centre avec nous, domestiques, canonniers et mitrailleurs, coururent derrière lui en un large front aux couleurs vives.

Le jour avait été trop long pour moi et je tremblais maintenant du seul désir d'en voir la fin. Mais Zeid, à mes côtés, battait des mains devant l'ordre magnifique avec lequel notre plan se déroulait dans la rougeur glacée du soleil couchant. D'un côté, la cavalerie de Rassim balayait les débris d'une aile gauche vers la dépression derrière la crête. De l'autre, les hommes d'Aïma abattaient impitoyablement les fugitifs. Le centre ennemi refluait en désordre par la brèche, poursuivi par nos hommes à pied, à cheval ou à chameau. Les Arméniens, accroupis anxieusement tout le jour derrière nous, tirèrent leurs poignards et, s'excitant l'un l'autre, bondirent en avant.

Je pensai aux gorges qui nous séparaient de Kérak : ravin de Hessa, sentiers tortueux et rapides, maquis, défilés, étranglements. Ç'allait être un massacre. J'aurais dû pleurer sur ces ennemis, intercéder pour eux ; mais après les fureurs et les fatigues du combat j'avais l'esprit trop las pour songer à descendre dans cet enfer et passer la nuit à sauver des Turcs. En décidant de livrer bataille, j'avais tué 20 ou 30 de nos 600 hommes ; le nombre des blessés serait peut-être triple. C'était le sixième de nos forces sacrifié pour un triomphe tout verbal car l'égorgement de ces 1 000 pauvres Turcs n'affecterait en rien l'issue de la guerre.

Le recensement final indiqua la capture de 2 Howitzers de montagne (des Skodas, très utiles pour nous), 27 mitrailleuses, 200 chevaux ou mules et 250 prisonniers. Les hommes nous dirent que 50 Turcs seulement avaient pu s'enfuir, épuisés, vers les lignes. Les Arabes, soulevés sur leur passage, les abattaient ignoblement. Nos propres hommes abandonnèrent rapidement la poursuite, car ils étaient las, endoloris et mourants de faim. Le froid, de plus, était terrible. Une bataille peut, d'abord, être excitante pour les généraux, mais leur imagination, d'ordinaire, se donne trop libre cours à l'avance. La réalité, ensuite, leur paraît creuse : si quelconque, si paisible, qu'ils cherchent partout l'essentielle merveille dont ils ont rêvé ! Ce soir ne nous laissa point de gloire, mais l'épouvante de cette chair meurtrie qui avait été nos hommes et que des caravanes emportaient devant nous vers leurs villages.

Durant notre retour, il se mit à neiger et ce fut seulement très tard, par un dernier effort, que nous pûmes rentrer nos blessés. Les blessés turcs restèrent : ils étaient morts le lendemain. Cruauté indéfendable, comme toute la théorie de la guerre. Mais aucune responsabilité spéciale ne pesait sur nous. Nous risquions nos vies dans le blizzard (ployés par le frisson glacé de la victoire) pour sauver nos compagnons ; si nous avions pour règle de ne pas perdre d'Arabes, même pour tuer beaucoup de Turcs, nous pouvions encore moins les perdre pour sauver des Turcs.

Le lendemain et le surlendemain il neigea plus fort encore. Ce temps nous emprisonna ; les journées monotones nous arrachèrent peu à peu l'espoir d'agir. Nous aurions dû talonner les Turcs au-delà de Kérak et les refouler jusqu'à Amman par la seule crainte de notre offensive ; au lieu de cela rien ne sortit de nos pertes et de nos peines, excepté un rapport que j'adressai au G.Q.G. britannique en Palestine, pour la consommation particulière de l'État-Major. C'était un morceau mesquin, écrit en recherchant l'effet, plein de sourires pimpants et de fausse simplicité. Or, il me fit juger comme un amateur modeste qui faisait de son mieux d'après les grands modèles, alors que je faisais le clown, grimaçant derrière eux, tandis qu'à grands roulements de tambours, avec Foch pour chef de fanfare, ils descendaient la vieille route de « l'effusion de sang » vers le « palais » de Clauzewitz. Mon rapport, comme ma bataille, fut une parodie du règlement militaire. Le G.Q.G. l'apprécia et, couronnant innocemment la blague, m'offrit une décoration sur son seul témoignage. Nous aurions, dans l'armée, des poitrines plus étincelantes si chaque homme était libre de rédiger, sans témoin, ses propres communiqués.

CHAPITRE LXXXVII

Le seul bénéfice d'Hessa fut la leçon que j'en tirai. Rien ne nous entraîna plus dans une bataille, ni plaisanterie, ni certitude du succès. Notre honneur fut même en partie racheté, trois jours plus tard, par une bonne et sérieuse opération : nous l'organisâmes avec Abdullah-el-Feir qui campait au-dessous de nous dans ce paradis qu'est la côte méridionale de la mer Morte, plaine toute jaillissante de sources d'eau douce et recouverte d'une opulente végétation. Un messager lui porta la nouvelle de notre victoire et lui soumit un projet de raid sur le port lacustre de Kérak, l'objectif étant la destruction de la flottille turque.

Abdullad-el-Feir choisit environ soixante-dix cavaliers, Bédouins de Bir Chéba. Ils suivirent pendant la nuit la piste-corniche qui court entre les montagnes du Moab et le littoral, jusqu'à hauteur du poste turc ; puis, dans la prime grisaille de l'aube, quand leurs yeux purent voir assez loin pour galoper, ils bondirent hors du maquis vers la crique nord où étaient amarrés les canots automobiles et les petits navires à voiles. Les équipages, sans défiance, dormaient sur la plage ou, non loin, dans des huttes de roseaux.

Ces marins de la flotte turque n'étaient nullement préparé à un combat sur terre, encore moins à une attaque de cavalerie. La charge fut menée ventre à terre ; les Turcs s'éveillèrent au roulement des sabots et l'engagement prit fin aussitôt. Les cabanes furent brûlées, les magasins pillés et tous les navires sabordés au large. Puis, sans une blessure et avec soixante prisonniers, nos hommes revinrent en se félicitant. 28 janvier : nous avions atteint notre second objectif — arrêter le trafic sur la mer Morte — quinze jours avant la date promise à Allenby.

Le troisième objectif était l'embouchure du Jourdain, près de Jéricho, avant la fin de mars : l'opération se fût bien présentée sans le mauvais temps et la peur des souffrances qui nous paralysaient depuis la journée rouge de Hessa. Les conditions, dans Tafila, s'étaient améliorées. Fayçal nous avait envoyé des munitions et des vivres. Les indigènes ayant pris confiance en notre force, les prix tombèrent. Les tribus autour de Kérak, en contact quotidien avec Zeid, offrirent de se joindre à lui en armes dès qu'il avancerait.

Mais voilà bien ce que nous ne pouvions faire. Le dur hiver repoussait hommes et chefs dans le village, les entassait en une morne oisiveté contre laquelle les conseils de mouvement ne servaient pas à grand-chose. À vrai dire, la raison elle-même conseillait de ne pas sortir. Deux fois je me risquai à tâter l'air, là-haut, sur le plateau couvert de neige dont la surface unie était jonchée de cadavres turcs, pauvres tas bruns de vêtements raidis : mais la vie n'y était pas tolérable. La couche de neige, dans le jour, fondait un peu, pour geler encore dans la nuit. La peau se gerçait dans le vent ; les doigts perdaient leur force et leur sensibilité. Les joues frissonnaient comme des feuilles mortes ; incapables, enfin, de frissonner, elles se contractaient en un engourdissement douloureux.

Nous lancer à travers cette neige, sur des chameaux, bêtes singulièrement ineptes en terrain glissant, eût été folie pure : qu'une poignée de cavaliers résolût de nous combattre, elle nous tenait à sa merci. D'ailleurs, au traînaillement des jours, même cette dernière chance nous fut retirée. L'orge se fit rare à Tafila ; nos chameaux, déjà privés par l'hiver de tout pâturage naturel, furent aussi privés de nourriture artificielle. Il fallut les emmener dans le district plus fortuné de Ghor, à une journée de notre garnison principale.

Le Ghor, si loin de nous par la route indirecte, n'était guère pourtant qu'à six milles à vol d'oiseau ; nous le voyions fort bien à 5 000 pieds au-dessous de nous. La vue de ce jardin d'hiver tout proche, sur le bord du lac, mettait du sel sur nos blessures. Nous étions parqués dans des maisons de pierre froide grouillantes de vermine, manquant de bois, manquant de vivres, coincés par la tempête dans des ruelles comme des égouts, sous les blizzards de grésil, dans les rafales d'un vent glacial : et là, dans la vallée, il y avait du soleil sur l'herbe printanière haute et fleurie, sur les brebis gonflées de lait et l'air si tiède que les hommes allaient sans manteau.

Nous étions, moi et ma troupe personnelle, plus heureux que la plupart : le Zaagi nous avait trouvé une maison vide inachevée avec deux bonnes pièces et une cour. Mon argent nous donnait du combustible et même du grain pour nos montures. Nous gardions celles-ci sous un appentis dans un coin de la cour ; Abdullah, l'ami des bêtes, pouvait les bichonner et les dresser à loisir : chaque chamelle, en entendant son nom, venait prendre sur ses lèvres un morceau de pain, comme un baiser, doucement, de sa lippe pendante. Ce furent de tristes jours. Avoir du feu signifiait suffoquer dans une fumée verte ; les fenêtres n'étaient fermées que par des volets bouche-trous, de notre propre fabrication. L'eau, tout le jour, dégouttait du toit d'argile et les puces, toute la nuit, sur le pavé de pierre, chantaient en chœur des los en l'honneur de la viande nouvelle qui leur était offerte. Nous étions vingt-huit dans deux pièces étroites qu'emplissait l'aigre puanteur de notre foule.

Le sac de ma selle contenait une *Mort d'Arthur*. Elle me distrayait de mon dégoût. Les hommes n'avaient que des ressources physiques : confinement et souffrance aigrirent leurs caractères. Leurs bizarreries, adoucies d'ordinaire par le voile sauveur de la distance, maintenant, dans ce coude à coude, me heurtaient. Une vieille blessure à la hanche, gelée, m'irritait par ses élancements douloureux. De jour en jour, à mesure que notre état devenait plus animal et plus sordide, la tension, parmi nous, croissait.

Enfin une querelle éclata entre Aouad, le sauvage Cherari, et le petit Mahmas; aussitôt leurs poignards se croisèrent. Les autres intervinrent et la tragédie se solda par une légère blessure. Mais la grande loi de notre groupe avait été violée; l'exemple était aussi criard que la culpabilité; les hommes s'entassèrent donc dans l'autre pièce pendant que les chefs, dans celle-ci, exécutaient sans tarder la sentence. Mais les coups de fouet sifflants de Zaagi éveillaient en moi des souvenirs trop cruels : je l'arrêtai avant qu'il fût bien échauffé. Aouad, qui avait supporté sa punition sans une plainte, à cette grâce imprévue se releva lentement sur les genoux et, les jambes ployées, la tête dodelinante, s'en fut en trébuchant jusqu'à sa couverture.

C'était maintenant le tour du jeune Mahmas qui attendait à l'écart : lèvres serrées, menton en avant, front en avant, le coin de ses petits yeux abaissé en une expression indescriptible de révolte. Il ne faisait pas proprement partie de ma garde; c'était un chamelier. Mais ses capacités étaient encore bien inférieures à l'idée qu'il s'en faisait. Un orgueil toujours à vif le rendait brusque et dangereux pour ses compagnons. S'il avait le dessous dans une discussion ou si quelque ami le raillait, il se penchait en avant, sa petite dague au poing, et décousait l'ami. Réfugié maintenant dans un coin, il montrait les dents, jurant à travers ses larmes qu'il aurait la peau de ceux qui lui feraient du mal. Les Arabes ne distinguent pas, dans l'endurance, leur plus haute qualité virile, la part du corps et celle de l'âme, et ne font aucune place aux défaillances nerveuses. On appela couardise l'accès de larmes de Mahmas : relâché, il partit furtivement cacher son déshonneur dans la nuit.

J'étais fâché pour Aouad : son stoïcisme m'avait fait honte. Cette honte s'accrut encore quand, à l'aube suivante, j'entendis un pas boitillant dans la cour et je vis Aouad qui essayait de faire son travail et de soigner les chameaux à l'ordinaire. Je l'appelai, avec l'intention de lui donner un voile brodé en récompense de ses loyaux services. Il vint, pitoyable et boudeur, s'offrir, avec une inquiétude crispée, à quelque nouveau châtiment. Mon changement d'attitude le fit fondre en larmes. L'après-midi il chantait et gueulait, heureux comme un roi : n'avait-il pas trouvé, dans Tafila, un imbécile pour lui payer mon voile de soie quatre livres ?

Cette façon de nous mettre réciproquement les nerfs à fleur de peau était si révoltante que je résolus d'éparpiller ma troupe et d'aller moi-même chercher l'argent supplémentaire dont nous aurions besoin au retour du beau temps. Zeid avait dépensé la moitié de la somme consacrée à Tafila et à la mer Morte, en soldes, ravitaillement et récompenses pour les vainqueurs de Seil Hessa. Où que nous fassions porter notre prochain effort, il nous faudrait enrôler et payer des troupes nouvelles ; seuls les indigènes locaux connaissaient, instinctivement, les qualités de leur terrain ; d'ailleurs, ils se battaient mieux, car ils défendaient contre l'ennemi leurs maisons et leurs récoltes.

Joyce aurait pu sans doute s'arranger pour m'envoyer l'argent non sans peine, en cette saison. Il était plus sûr de descendre moi-même et plus vertueux de partir que de rester dans cette puanteur et cette promiscuité de Tafila. Nous prîmes donc la route, cinq hommes, un jour qui promettait d'être un peu moins bouché que d'ordinaire. On marcha bon train jusqu'à Rechidiya. En grimpant le col, derrière, nous nous trouvâmes un instant dans un faible soleil, au-dessus des nuages.

Dans l'après-midi le temps se ferma de nouveau et le vent durcit du nord et de l'est : il nous fit regretter d'être en route, au milieu d'une plaine nue. À peine avions-nous franchi le gué de Chobek que la pluie se mit à tomber, d'abord par ondées capricieuses et violentes, puis régulièrement, pour tout de bon : elle semblait pencher sur notre épaule gauche ses longues stries, comme un toit de chaume, pour nous protéger, au moins en partie, du vent désolé. Les fils d'eau, en frappant le sol, le doublaient de fourrure, blanche comme l'écume d'une vague. Nous poursuivîmes sans arrêt. Longtemps après le coucher du soleil nous poussions encore nos chameaux tremblants qui glissaient et tombaient sans cesse sur les pentes savonnées. Nous faisions, malgré tout, environ deux milles à l'heure ; cette avance était si excitante et si inattendue que le seul exercice nous en réchauffait.

J'avais eu l'intention de marcher toute la nuit, mais, près d'Odrob, le brouillard descendit, nous environna comme un rideau au-dessus duquel les nuages, lambeaux de voiles, tournoyaient et dansaient dans le calme du ciel. La perspective parut changée : les montagnes lointaines s'amenuisèrent et les monticules proches grandirent. Nous inclinâmes beaucoup trop à droite.

Ce terrain découvert, ferme en apparence, mais pourri, se brisait sous le poids des chameaux : à chaque foulée ils s'y enfonçaient de quatre ou cinq pouces. Les pauvres bêtes s'étaient gelées tout le jour et si souvent affalées qu'elles étaient roidies de meurtrissures. Elles renâclaient maintenant devant les difficultés nouvelles, se hâtaient pendant quelques pas, s'arrêtaient abruptement, regardaient alentour et soudain essayaient de fuir par côté.

Nous les arrêtions à temps et elles durent avancer à l'aveuglette jusqu'au moment où surgirent des vallées rocheuses aux faites dentelés ; tout était noir à droite et à gauche ; devant nous se dressaient apparemment des montagnes où nous n'en attendions pas. Il s'était remis à geler ; les roches larges et plates de la vallée se verglacèrent. Pousser plus loin, sur une fausse route, par une telle nuit, eût été folie pure. Je découvris un affleurement de roche plus considérable. Derrière sa masse, dans ce qui aurait dû être un coin abrité, nous fîmes coucher les chameaux, serrés les uns contre les autres et la queue au vent : de face, ils pouvaient mourir de froid. Puis nous nous blottîmes contre eux avec l'espoir d'y trouver le sommeil et quelque chaleur.

De chaleur, personnellement, je n'en trouvai point; de sommeil, à peine. Je m'assoupis une seule fois pour m'éveiller en sursaut avec l'impression que des doigts lents me tapotaient le visage. J'ouvris les yeux sur une nuit que blêmissaient des flocons de neige larges et doux. Leur chute ne dura qu'une minute ou deux; mais la pluie leur succéda; puis le gel. Je m'accroupis, je me serrai en boule, souffrant de toutes les façons possibles, trop misérable pour bouger, jusqu'à l'aube hésitante, mais qui me suffit. Je roulai dans la boue pour voir mes hommes noués dans leurs manteaux et tapis contre les flancs de leurs bêtes. Sur chaque visage pesait la plus douloureuse expression de désespoir résigné.

C'étaient quatre hommes du Sud que la peur de l'hiver avait rendus malades à Tafila et qui allaient se reposer à Gouéira jusqu'au retour des chaleurs. Mais ici, dans le brouillard, ils avaient accepté, comme des chameaux mâles, la mort prochaine. Leur fierté, qui leur défendait de se plaindre, n'allait pas cependant jusqu'à refuser de me montrer silencieusement le sacrifice qu'ils faisaient pour moi. Ils ne répondirent à mes paroles ni par un mot ni par un mouvement. Sous un chameau mâle qui s'est jeté à terre, le mieux est d'allumer un brin de feu pour le faire lever; j'empoignai le plus petit de ces mannequins par ses cheveux frisés et lui prouvai qu'il n'était pas encore complètement privé de sentiment. Les autres se levèrent; quelques coups de pied remirent debout les chameaux engourdis. Notre seule perte fut une outre collée au sol par le gel.

Avec le jour l'horizon s'était approché; nous vîmes que la bonne route passait à un quart de mille à notre gauche. On la suivit à pied; les bêtes étaient trop fatiguées pour supporter notre poids (toutes moururent, sauf la mienne, à la suite de cette étape) et les bas-fonds d'argile si boueux que nous glissions et tombions comme elles. Le truc appris à Deraa — écarquiller les orteils et les crisper dans la boue à chaque pas — nous fut pourtant utile; ainsi, accrochés les uns aux autres, nous pûmes continuer notre marche.

L'air semblait assez froid pour tout geler, mais ne gelait rien; le vent, qui avait changé dans la nuit, nous balayait de l'ouest, butant contre nous ses blizzards. Nos manteaux ventrus nous traînaient en arrière comme des voiles. Il fallut les quitter enfin et nous marchâmes plus aisément, la chemise étroitement serrée contre le corps pour l'empêcher de claquer dans la bise. Les tourbillons étaient rendus visibles par le glissement d'une brume blanche emportée par monts et par vaux. Sur nos mains, gourdes jusqu'à l'insensibilité, nous ne reconnaissions les crevasses qu'aux taches rouges teignant leurs emplâtres de boue. Mais nos corps, moins glacés, frissonnèrent pendant des heures sous les grêlons d'une suite d'orages. Nous nous tordions pour leur offrir un côté moins endolori, écartant nos chemises de la peau afin de nous protéger momentanément.

Tard dans l'après-midi nous avions couvert les dix milles qui nous séparaient d'Aba-el-Lissan. Les hommes de Mauloud avaient déjà gagné leurs abris et personne ne nous héla; je n'en fus pas fâché car nous étions sales et misérables, filandreux comme des chats pelés. La marche devint facile ensuite car les deux derniers milles, jusqu'à la tête du Chtar, étaient gelés comme du fer. Remontant sur nos chameaux, dont l'haleine fumait hors des naseaux grommelants, nous aperçûmes bientôt, par les déchirures des nuages, la merveilleuse échappée sur la plaine de Gouéira, chaude, rouge et confortable. Les nuées avaient fait à la plaine un étrange plafond, coupant le ciel, horizontalement, par une couche de blancheurs caillebottées au niveau du col que nous franchissions. Ce spectacle nous réjouit quelques minutes. De temps à autre une poignée d'écume floconneuse était arrachée à la masse et projetée sur nous. Nous la sentions, sur notre à-pic, nous fouetter le visage et, tournant la tête, nous pouvions voir un ourlet blanc s'étirer sur la crête rugueuse, s'effilocher, puis s'évanouir en un poudroiement de givre ou un filet d'eau sur le sol brun-noir.

Ayant ainsi admiré le ciel, nous dévalâmes gaiement dans le défilé, jusqu'au sable sec, sous un tiède air calme. Notre plaisir, pourtant, ne fut pas aussi vif que nous l'avions espéré. Le sang se frayant de nouveau un passage dans les membres et les visages gelés nous causa une douleur plus aiguë que naguère en se retirant ; et la souffrance nous apprit que nos pieds s'étaient déchirés et meurtris presque jusqu'à la pulpe, sur les roches. Dans la boue glacée nous n'en avions rien senti, mais le sable chaud et salé récurait nos entailles. Désespérés, nous remontâmes sur nos tristes bêtes qu'il fallut battre sans pitié pour leur faire prendre le chemin de Gouéira. Le changement de terrain, pourtant, leur rendit courage et elles nous ramenèrent au camp, sans enthousiasme, mais avec succès.

CHAPITRE LXXXVIII

Suivirent des nuits de paresse — trois nuits — sous les tentes des autos blindées à Gouéira. Alan Dawnay était là ainsi que Joyce et d'autres ; et le plaisir de la conversation me parut d'autant plus grand que je pouvais me vanter de Tafila. Mes amis, par contre, furent un peu vexés par ma chance : la grande expédition qu'ils avaient, de leur côté, montée avec Fayçal quinze jours auparavant pour enlever El Médaouara avait échoué. Il fallait en accuser d'abord le vieux problème de la coopération entre les troupes régulières et irrégulières ;

puis le vieux Mohammed-el-Bedaoui. Ce dernier, placé à la tête des Beni-Atiyehs, était un jour parti avec ses hommes vers le puits, avait crié : « Halte pour la sieste » et s'était arrêté deux mois, cédant complaisamment à cette veine hédoniste des Arabes qui peut les rendre esclaves absolus de leur chair. En Arabie, où le superflu manque, la tentation du nécessaire pèse toujours sur les hommes. Chaque morceau qu'ils portent à la bouche pourrait, s'ils n'y prenaient garde, devenir un plaisir. Le luxe pourrait être fait de choses aussi simples que l'eau courante ou l'ombre d'un arbre. Rareté et gloutonnerie se transforment en voluptés orgiaques. Cette histoire me rappela le mot d'Apollonius : « Levez-vous donc de là, hommes de Tarse, assis sur votre rivière comme des oies et ivres de son eau limpide. »

30 000 livres en or m'arrivèrent à ce moment d'Akaba avec ma chamelle Wodheiha, la meilleure bête de mon écurie, ou plutôt de ce qui en restait. Elle provenait d'un élevage Ateiba et avait gagné de nombreuses courses pour son ancien propriétaire. On me l'amena dans une forme splendide, grasse sans l'être trop, les coussins de ses pieds endurcis par de longues marches sur les cailloux du Nord, et la robe épaisse et tassée. Elle n'était pas grande et semblait lourde, mais elle était docile et agréable à monter ; elle tournait à droite ou à gauche dès que l'on tapotait la selle du côté désiré. Ainsi pouvais-je la mener sans cravache et lire confortablement un livre quand la marche le permettait.

Mes gardes étant à Tafila, à Azrag ou en mission, je demandai à Fayçal une escorte temporaire. Il me prêta ses deux cavaliers Ateibas, Serj et Rameid ; et, pour m'aider à porter mon or, il leur adjoignit le cheikh Motlog, dont la valeur s'était révélée pendant une reconnaissance des autos blindées vers Tebouk, dans les plaines au-dessous d'El Medaouara

Motlog avait la responsabilité du raid. Haut perché sur la pile de bagages d'une Ford, il indiquait le chemin. Les autos, lancées à toute vitesse sur les dunes, tanguaient comme des canots dans la houle. À un mauvais tournant, elles dérapèrent follement sur deux roues. Motlog, projeté hors de la voiture, retomba sur la tête. Marshall s'arrêta et courut en arrière tout contrit, prêt à des excuses, mais le cheikh, en se frictionnant tristement le crâne, dit avec douceur : « Ne vous fâchez pas. Je n'ai pas appris à monter ce genre d'animal. »

L'or était en sacs de 1 000 livres. Quatorze des vingt hommes de Motlog reçurent deux sacs chacun et je pris moi-même les deux derniers. Chaque sac pesait 22 livres ; étant donné l'état épouvantable des routes, deux sacs formaient, pour un chameau, une charge suffisante, en équilibre de part et d'autre de la selle. Nous partîmes à midi, espérant faire une bonne étape avant d'aborder les montagnes ; malheureusement la pluie se mit à tomber, une demi-heure après notre départ, et nous trempa jusqu'aux os ; nos chameaux frisaient comme des chiens mouillés.

Motlog, à cet instant précis, aperçut une tente (celle du chérif Fahad) dans le renfoncement d'un pic de grès. Malgré mes instances, il résolut d'y passer la nuit : pour la traversée des montagnes, on aviserait le lendemain. C'était là, je le savais bien, une décision fatale ; nous allions perdre plusieurs jours à tergiverser. Je lui dis donc adieu et poursuivis ma route avec mes deux hommes et six Haoueitates qui se rendaient à Chobek et s'étaient joints à notre caravane.

La discussion nous avait retardés : nous n'atteignîmes qu'à la nuit le pied du défilé. La pluie triste et lente nous faisait regretter déjà notre accès de vertu, envier l'hospitalité que Motlog recevait de Fahad, quand, tout à coup, le rougeoiement d'une étincelle à notre gauche nous fit traverser la vallée : nous trouvâmes sur l'autre bord Saleh-ibn-Chefia campé là dans une tente et trois grottes avec cent affranchis de Yanbo. Saleh, fils du pauvre vieux Mohammed, notre bouffon, était ce beau garçon qui avait enlevé El Ouedj d'assaut, dans la bataille que commandait Vickery.

« *Cheyf ent* ? » (« Comment allez-vous ? »), dis-je gravement deux ou trois fois. Ses yeux étincelèrent à cette salutation juheina. Il s'avança vers moi et, la tête courbée, laissa tomber d'une voix intense un chapelet de vingt « *Cheyf ent* » avant de reprendre haleine. Comme je détestais être surpassé, j'en dégoisai fort solennellement une douzaine. Mais il éclata de nouveau, dépassant cette fois, et de loin, la vingtaine. Je renonçai donc à apprendre combien de fois on peut répéter un salut dans l'ouadi Yanbo.

Saleh, en dépit de mes vêtements trempés, me fit place sur son propre tapis, dans sa tente, et me donna, en attendant le plat chaud de viande et de riz, une robe neuve cousue de la main de sa mère. Nous nous couchâmes ensuite et je dormis béatement une nuit entière, au tambourinement de la pluie sur la double toile de tente.

Nous partîmes à l'aube, en mordant sur le quignon de pain que nous avait donné Saleh. Comme nous posions le pied sur la pente, Serj leva les yeux et dit : « La montagne a mis sa calotte. » Il y avait un dôme blanc de neige sur chaque sommet. Les Ateibas poussèrent leurs bêtes, curieux de toucher et de manier cette nouvelle merveille. Les chameaux, tout aussi neufs, étirèrent le cou pour renifler deux ou trois fois cette blancheur, avec une curiosité lasse ; puis ils retirèrent la tête et regardèrent encore devant eux, indifférents.

Notre paresse ne dura pas longtemps. À peine levions-nous le nez au-dessus de la dernière crête, qu'un vent du nord-est nous souffleta, si froid, si prompt et si mordant qu'il nous coupa le souffle et nous fit tourner bride pour retrouver en hâte notre abri. La première impression fut celle d'un danger mortel ; mais, naturellement, c'était stupide ; reprenant courage, notre troupe piqua, tête baissée, à travers le plus cruel de la bise jusqu'au demi-abri de la vallée. Serj et Rameid, terrifiés par cette nouvelle douleur dans leurs poumons, crurent qu'ils étranglaient. Pour leur épargner un pénible débat intérieur, si nous passions devant un campement ami, je fis faire un détour à notre petite troupe, évitant ainsi la hauteur qu'occupait Mauloud : nous ne vîmes donc rien de ses soldats toujours battus par la tempête.

Il y avait deux mois, sans répit, que ces hommes de Mauloud campaient là, à 4 000 pieds au-dessus de la mer. Ils devaient vivre dans des abris souterrains peu profonds creusés au flanc de la montagne, sans autre combustible que l'armoise mouillée, dont ils pouvaient trouver juste assez pour faire cuire l'indispensable galette un jour oui un jour non. Ils avaient pour tout vêtement l'uniforme d'été des troupes anglaises. Ils dormaient, dans leurs trous inondés et grouillants de vermine, sur des sacs de farine vides ou à moitié vides, tassés, noués à six ou huit : c'est seulement ainsi qu'ils pouvaient accumuler sur eux assez de couvertures trouées pour avoir chaud.

Plus de la moitié moururent ou tombèrent malades à cause du froid et de l'humidité. Les autres maintinrent leur garde, tiraillant chaque jour contre les avant-postes ennemis et protégés seulement par l'inclémence du temps d'une contre-attaque écrasante. Nous leur dûmes beaucoup, et plus encore à Mauloud dont la grandeur d'âme sut les raidir dans l'accomplissement de leur devoir.

L'histoire de ce vieux guerrier balafré, dans l'armée turque, était un catalogue de duels où l'avait entraîné son sentiment opiniâtre de l'honneur et de la nationalité arabes. À cette foi il avait à deux ou trois reprises sacrifié sa carrière. Elle devait être bien forte, en effet, la foi qui le rendit capable d'endurer joyeusement trois mois d'hiver en face de Maan et de distribuer assez de sa propre énergie à cinq cents hommes ordinaires pour les garder inébranlables autour de lui.

Le seul jour passé dans cette région nous suffit. Sur la crête près d'Aba-el-Lissan le sol était encroûté de givre, mais seule la morsure du vent debout gênait notre marche. Les véritables difficultés vinrent ensuite. Au pied d'un énorme talus de boue glissante les chameaux s'arrêtèrent, les pieds dans la neige fondue, et meuglèrent désespérément, comme pour nous dire que jamais ils ne nous hisseraient là-haut. Nous sautâmes à terre pour les aider ; mais les hommes glissaient autant que les bêtes. Nous dûmes à la fin quitter les chères bottes qui nous cuirassaient contre l'hiver et, pieds nus, hâler nos montures sur ce glacis, comme à l'aller.

Ce fut la fin de notre confort. Avant le coucher du soleil nous dûmes bien vider vingt fois la selle, pas toujours volontairement, car nos montures, souvent, dérapaient et roulaient sur le flanc, dans un fracas où le tintement de l'or se mêlait au grondement de leurs ventres, creux comme des tonneaux. Les chutes, au début, quand nos chamelles étaient fortes, les rendaient furieuses, autant que des chamelles peuvent être furieuses ; puis la colère fit place aux plaintes, et enfin, à la peur. Nos paroles se firent brèves, car le vent ne nous donnait pas de répit. Rien en Arabie ne doit couper autant qu'une bise du Nord à Maan, et ce jour-là nous avait réservé la plus forte et la plus effilée. Il semblait que pour elle nous n'eussions point d'habits ; elle crispait nos doigts, incapables de tenir les rênes ou la cravache, comme des griffes, et paralysait nos jambes qui ne pouvaient plus s'accrocher aux piquets d'arçon. Aussi lorsque nos bêtes tombaient, étions-nous projetés d'un bloc pour nous écraser lourdement sur le sol, hérissés de froid et les jambes croisées, encore dans l'attitude que nous avions en selle.

Cependant il ne pleuvait pas, le vent semblait plutôt sécher le terrain ; nous poursuivîmes énergiquement notre route vers le Nord. Le soir nous avions presque atteint le petit ruisseau de Basta. Nous faisions donc plus d'un mille à l'heure. De peur que le lendemain hommes et bêtes fussions trop fatigués pour garder ce train, je résolus de marcher encore dans l'obscurité et de traverser le petit torrent. Il était gonflé ; nos bêtes renâclèrent nous dûmes les mener par la bride dans un mètre d'eau glacée.

Sur les hauteurs au-delà le vent nous souffleta haineusement. Vers 9 heures, mes compagnons se jetèrent sur le sol en pleurant et refusèrent d'aller plus loin. Moi aussi j'étais bien près des larmes; seul me soutenait, à vrai dire, l'ennui que me causaient leurs lamentations sans vergogne. Au fond du cœur j'étais donc, malgré moi, heureux de leur céder. Nos neuf chameaux furent disposés en phalange et les hommes s'allongèrent au milieu, confortablement. La tempête, autour, faisait rage, hurlait comme une grosse mer, la nuit, autour d'un navire. Les étoiles qu'on pouvait voir, brillantes, semblaient changer capricieusement de place et de constellation suivant la déchirure des nuages qui filaient bon vent sur nos têtes. Chacun de nous avait deux couvertures de l'armée et un paquet de pain grillé; ainsi armés contre le mal, nous pûmes dormir avec confiance dans la boue et le froid.

CHAPITRE LXXXIX

Nous repartîmes à l'aube plus dispos; mais le temps s'était amolli, avec une grisaille où s'estompaient les tristes montagnes vêtues d'absinthe. Leurs pentes révélaient, douloureusement, les côtes calcaires de ce vieux terrain. La boue, dans leurs creux, accrut encore nos peines. Les vallées embrumées formaient des rivières visqueuses de neiges fondantes : enfin d'épaisses averses de flocons à demi liquides croulèrent de nouveau sur nous. Nous atteignîmes les ruines désolées d'Odroh par un midi qui ressemblait au crépuscule. Le vent soufflait, mourait par intermittences; des bancs de nuages et de crachin se refermèrent sur nous avec lenteur.

J'inclinai vers la droite pour éviter les Bédouins campés entre nous et Chobek; nos compagnons Haoueitates, au contraire, voulaient nous mener droit sur eux. Ces six milles en sept heures les avaient épuisés. Les deux Ateibas étaient non seulement épuisés mais démoralisés et en pleine révolte : rien au monde, jurèrent-ils, ne les empêcherait de rejoindre les tentes. Nous nous disputâmes au bord de la route, sous un mol amoncellement de neige.

Pour ma part je me sentais alerte et heureux, hostile aux longueurs d'une hospitalité inutile. L'impécuniosité de Zeid me fournissait un excellent prétexte pour un combat singulier avec l'hiver édomite. Chobek n'était plus qu'à dix milles et j'avais encore cinq heures de jour devant moi. Je décidai donc de partir seul. Il n'y avait aucun danger car, par un temps pareil, pas un Turc, pas un Arabe n'eût consenti à mettre le nez dehors : les routes m'appartenaient. Je pris donc à Serj et à Rameid leurs 4 000 livres et chassai les deux hommes dans la vallée avec ma malédiction et l'étiquette de lâches, qu'en vérité ils ne méritaient pas. Rameid étouffait de sanglots et le chagrin nerveux de Serj soulignait chaque embardée de son chameau d'un gémissement prolongé. Je les renvoyai fous de rage et d'humiliation, puis, tournant le dos, je partis.

En vérité, j'avais la meilleure chamelle. Mon excellente Wodheiha accepta courageusement le poids supplémentaire de l'or. Je la montais en terrain plat ; quant aux montées et aux descentes, nous les faisions côte à côte avec des glissades et des accidents comiques qui paraissaient, ma foi, la divertir.

Au coucher du soleil la neige cessa de tomber. Nous dévalions alors vers la rivière de Chobek : sur la colline en face j'aperçus une piste qui zigzaguait vers le village. J'essayai d'un raccourci, mais sur la rive boueuse, la croûte gelée me trompa ; passant soudain à travers la glace trop mince (tranchante comme un couteau) je m'embourbai si profondément que j'eus peur de devoir passer la nuit là, la moitié du corps dans la boue glacée et l'autre moitié au-dessus ; ou peut-être tout entier dedans, ce qui eût été une mort plus propre.

Wodheiha (une bête pleine de sens) avait refusé d'entrer dans le marais ; mais, ne sachant que faire sur le bord, elle considérait gravement mes jeux de la boue et du hasard. Je n'avais pas lâché la bride et je pus persuader l'animal de faire un pas en avant. Me rejetant alors brusquement en arrière dans le margouillis giclant sous mon poids, je battis l'air derrière ma tête et je parvins à saisir son fanon. Effrayée, elle fit un saut qui me désembourba. Nous pataugeâmes ensuite tant bien que mal jusqu'à un gué plus sûr en aval qui nous laissa traverser : auparavant je m'étais accroupi (à contrecœur) dans le courant, pour me laver d'une argile puante et lourde.

Je remontai en selle frissonnant. Franchissant la crête nous atteignîmes la base du cône élégant que couronnait l'enceinte du vieux château de Monréale, noble silhouette sur le ciel nocturne. Le calcaire était dur ; il gelait. Des amoncellements de neige atteignaient un pied de profondeur de chaque côté du sentier qui zigzaguait jusqu'au sommet de la colline. La glace craquait lugubrement sous mes pieds nus, en approchant de la porte. Pour faire une entrée théâtrale, je grimpai contre l'épaule patiente de Wodeiha jusqu'à la selle — et m'en repentis bien vite : affolée par l'étrangeté du lieu, elle se rua sous la voûte et ce fut seulement en m'aplatissant de côté contre son cou que j'évitai la voussure de l'arche.

Sûr de trouver encore le chérif Abd-el-Main à Chobek j'avançai hardiment dans la rue silencieuse, sous la lumière peignée des étoiles qui jouait avec les chandelles de glace et leurs ombres parmi les murs, les toits ou le sol neigeux. Ma bête hésitait, trébuchait sur des marches cachées dans l'épaisseur de la neige, mais je n'en avais cure. J'avais atteint mon but pour cette nuit : puis, l'on pouvait tomber sur une couverture aussi mollement poudreuse. Au carrefour je criai le salut de bonne nuit : après une minute une voix enrouée invoqua le Seigneur derrière l'épaisseur de sacs qui bourraient l'étroite fenêtre d'une masure, à droite. Je demandai Abd-el-Mayein ; l'on m'indiqua « le palais du gouvernement » qui se trouvait à l'autre bout de l'enceinte du vieux château.

Arrivé là j'appelai de nouveau. Une porte s'ouvrit toute grande : un nuage de lumière fumeuse en sortit, coula, traversa négligemment la rue, peuplé de tourbillons et de visages noirs qui scrutaient l'ombre pour me reconnaître. Les hélant amicalement par leurs noms, j'annonçai que j'étais venu manger un mouton avec le maître ; sur quoi, ces esclaves bondirent, jacassant, criant de surprise, et me débarrassèrent de Wodheiha qu'ils entraînèrent dans l'étable puante où ils vivaient eux-mêmes. L'un d'eux, à la lueur d'une torche, me fit gravir l'escalier de pierre extérieur jusqu'à la porte de la maison, puis à travers une foule nouvelle de domestiques m'emmena, par un corridor tortueux où s'égouttait le toit troué, vers une petite pièce. Abd-el-Muein était là, couché sur un tapis, à plat ventre, pour respirer la couche d'air la moins enfumée.

Mes jambes vacillaient. Je me laissai tomber à côté de lui, et dans la même position, pour échapper à l'étouffement. La fumée montait d'un brasero de cuivre où du bois crépitait, dans l'embrasure d'une meurtrière de l'énorme rempart extérieur. Le maître de la maison me chercha en hâte un pagne pendant que je quittais tous mes vêtements qui fumèrent bientôt devant le feu : l'atmosphère devint moins âcre, d'ailleurs, pour les yeux et la gorge, lorsque le bois fut transformé en braise. Cependant Abd-el-Mayin, frappant des mains pour hâter la préparation du souper, fit servir du « fauzan » (c'est le thé en argot harith, d'après le nom du cousin d'Abd-el-Mayin, gouverneur de leur village) chaud et épicé. Nous en bûmes jusqu'au moment où arriva le mouton cuit dans le beurre avec des raisins secs.

Il m'expliqua, en bénissant le plat bienvenu, qu'ils en seraient réduits, le lendemain, à mourir de faim ou à voler : car il avait là deux cents hommes, mais de vivres, point, ni d'argent. Les messagers envoyés à Fayçal étaient bloqués par la neige. Aussitôt je frappai, moi aussi, des mains pour faire apporter mes sacoches et, sans retard, je lui comptai cinq cents livres en acompte sur ses subsides. C'était bien payer ma nourriture, et nous plaisantâmes gaiement sur l'originalité de ceux qui, en plein hiver, s'en vont seuls sur les routes avec plus de cinquante kilos d'or dans leurs bagages. Je lui répétai que Zeid était, comme lui, à bout de ressources et racontai comment Seri et Rameid se trouvaient maintenant à l'abri chez les Bédouins. Les yeux du chérif noircirent ; il fouetta l'air de sa cravache. J'expliquai alors, pour atténuer leur faute, que le froid ne me gênait pas, car le climat anglais ressemblait à celui-ci pendant une bonne partie de l'an. « Dieu nous en préserve », dit Abd-el-Muyein.

Au bout d'une heure il s'excusa : il venait juste de se marier avec une femme de Chobek. Nous parlâmes du mariage arabe dont le but est la procréation. Je le querellai à ce sujet, citant le vieux Dyonisus de Tarse.

Les Arabes avaient été choqués de le voir encore célibataire à soixante ans. Ils voient dans la procréation et l'évacuation des actions corporelles également inévitables. La religion n'ordonne-t-elle pas d'honorer les parents ? À son tour, Abd-el-Mayein justifiait le commandement. Je lui demandai comment les Arabes ascètes peuvent considérer avec plaisir des enfants qui sont la preuve incarnée de leur impudicité. Imaginez, lui dis-je, l'âme d'un nouveau-né qui voit ramper hors de la mère cette masse aveugle et sanguinolente qui est lui-même. Cela lui parut une excellente plaisanterie, et la conversation en resta là. Roulés dans nos tapis nous nous endormîmes au chaud. Les puces s'avançaient en rangs pressés, mais ma nudité, seule défense arabe contre un lit plein de vermine, atténua le fléau. Mes meurtrissures elles-mêmes ne purent m'empêcher de dormir : j'étais trop fatigué.

Je m'éveillai le lendemain la tête fendue de migraine

et déclarai qu'il me fallait poursuivre ma route. On trouva deux hommes pour m'escorter ; l'avis général était pourtant que je n'atteindrais pas Tafila cette nuit. Je pensais, pour moi, que le chemin ne pouvait être pire que la veille. Ainsi nous dévalâmes, en patinant avec précaution, le sentier rapide, jusqu'à la plaine où s'étirait encore la route romaine avec ses bornes milliaires gisantes, aux inscriptions évocatrices d'empereurs fameux.

De la plaine, mes deux compagnons pusillanimes s'esquivèrent pour retourner au château avec leurs camarades. Je poursuivis seul, tantôt à pied, tantôt en selle, comme la veille. La piste était horriblement glissante, excepté sur le pavage antique, dernière empreinte de la Rome Impériale qui avait jadis — mais avec quelle autre magnificence ! — joué les Turcs dans le désert. Sur ces tronçons, Wodheiha pouvait me porter ; mais il fallait descendre et traverser à gué les ravins là où quatorze siècles d'inondations avaient emporté les fondations de la route. La pluie survint et me trempa ; puis un vent aiguisé apporta le gel. Je finis par craquer dans une armure de soie blanche comme un chevalier de théâtre ; ou plutôt comme un gâteau de noces, bien glacé.

En trois heures, la chamelle et moi nous eûmes traversé la plaine. Merveilleux ! Mais nous n'étions pas au bout de nos peines. La neige, aussi abondante que mes guides l'avaient annoncé, cachait complètement le sentier qui serpentait au flanc de la montagne entre des murs, des fossés et des chaos de roches. Les deux premiers contours nous donnèrent une peine infinie. Wodheiha, fatiguée d'enfoncer jusqu'aux rotules dans cette chose inutile et blanche, flancha sensiblement. Elle grimpa pourtant encore un bout de pente raide, puis manqua le bord du sentier, au ras d'un talus. Nous roulâmes ensemble de quelques dix-huit pieds de hauteur jusque dans un lit de neige gelée d'un mètre d'épaisseur. Wodheiha se releva avec de petits gémissements et s'immobilisa toute tremblante.

Quand des chameaux mâles vous lâchent ainsi, ils

préfèrent mourir sur place, après plusieurs jours d'agonie. Je craignis cette fois d'avoir trouvé la limite d'effort d'une chamelle. Je m'avançai vers elle, dans la neige jusqu'au cou, et tentai de la remorquer, vainement. Puis je passai un long moment à la battre par-derrière. Je montai en selle : elle s'accroupit. Je sautai de nouveau à terre et la fis lever. Peut-être la couche de neige était-elle trop épaisse. Je lui taillai donc une magnifique petite route d'un pied de large, trois de profondeur et dix-huit pas de long avec, pour seuls outils, mes mains et mes pieds nus. La neige était si dure à la surface qu'il fallait tout mon poids pour la briser d'abord et l'écoper ensuite. La croûte, coupante, m'entailla poignets et chevilles. Le sang finit par ruisseler et le bord de ma route fut bientôt strié de petits cristaux roses, pâles, très pâles, comme la chair des pastèques.

Ce travail achevé, je revins à Wodheiha qui m'attendait patiemment et remontai en selle. Elle partit sans difficultés. Je lui fis prendre le galop et l'élan nous emporta par-dessus le creux encore plein de neige, jusque sur le sentier. Là, il fallut reprendre avec précaution la montée : je marchais en avant, tâtant le terrain avec mon bâton et creusant de nouvelles tranchées quand la neige amoncelée était trop épaisse. En trois heures nous fûmes au sommet : comme il était balayé par le vent du côté ouest, je quittai la piste et progressai avec beaucoup de peine, de roc en roc, en suivant le faîte très accidenté de la montagne. À plusieurs milliers de pieds au-dessous de nous, derrière l'échiquier des maisons de Dana, s'étendait l'oasis ensoleillée d'Arabah, fraîche et verte.

Quand nous dûmes abandonner la crête, la marche se fit plus dure encore ; de nouveau Wodheiha flancha. La situation devenait sérieuse, car le soir était proche. Soudain je m'avisai de la solitude environnante ; si la nuit nous prenait au sommet de cette montagne, loin de tout secours, Wodheiha mourrait ; or, c'était une très noble bête. Il fallait considérer aussi sa charge d'or ; jusqu'à quel point pouvais-je, même en Arabie, déposer 6 000 souverains au bord d'une route, avec un sceau comme signe de propriété, et les laisser tranquillement toute une nuit ? Je ramenai donc Wodheiha de cent mètres en arrière sur notre piste battue, montai en selle et l'enlevai au pas de charge vers le talus. Elle répondit. Nous passâmes en trombe jusqu'à la lèvre nord du sommet, dominant le village senoussi de Racheidiya.

Sur ce côté de la montagne, abrité du vent et exposé au soleil toute l'après-midi, le dégel avait commencé. La neige superficielle cachait une couche de boue liquide. Lorsque Wodheiha plongea là-dedans de toute sa vitesse acquise, les pieds lui manquèrent ; elle s'étala, les quatre pattes jointes. Sur sa queue, donc, et moi toujours en selle, nous dévalâmes, en une vaste courbe, peut-être cent pieds. La queue s'écorcha-t-elle (il y avait des pierres sous la neige) ? Arrêtée par un rebord, ma chamelle se releva, flageolante et grognante, mais fouettant l'air comme un scorpion, et partit à une vitesse de dix milles à l'heure dans le sentier glissant qui conduisait à Racheidiya, avec des dérapages et des plongeons affolants ; je m'accrochais cependant à ma selle, terrifié à l'idée d'une chute où je me fusse brisé les os.

Une foule d'Arabes, soldats de Zeid, empêchés de rejoindre Fayçal par le temps, sortirent de leurs maisons en entendant son approche claironnante : des hurlements de joie saluèrent une entrée aussi distinguée. Je demandai des nouvelles : on me dit que tout allait bien. Je remontai donc en selle pour franchir les derniers huit milles qui me séparaient de Tafila. Arrivé là, je donnai à Zeid ses lettres et quelque argent et je m'en fus volontiers au lit... indifférent aux puces pour cette nuit encore.

CHAPITRE XC

Je me retrouvai le lendemain presque aveuglé par la neige, mais heureux et plein de force. Je cherchai quelque occupation pour emplir les journées suivantes, jusqu'à l'arrivée du second convoi d'or. Je résolus enfin d'aller examiner en personne les approches de Kérak et le terrain où nous devrions avancer bientôt vers le Jourdain. Je demandai donc à Zeid de prendre les 24 000 livres que lui apporterait Motlog et de dépenser ce qui serait nécessaire pour les usages courants jusqu'à mon retour.

Il y avait, m'apprit Zeid, un autre Anglais à Tafila. La nouvelle m'étonna et je m'en fus rendre visite au lieutenant Kirkbride. C'était un jeune officier d'État-Major, parlant bien l'arabe : Deeds l'avait envoyé faire un rapport pour l'*Intelligence Service* sur les possibilités de notre front. Ce fut le début d'un travail en commun, tout à notre profit et au crédit de Kirkbride : ce garçon taciturne et résistant, presque un adolescent par l'âge, mais d'une folle hardiesse dans l'action, resta pendant huit mois le compagnon silencieux d'officiers arabes.

Le froid s'était atténué et l'on pouvait marcher même sur les hauteurs. Nous traversâmes l'ouadi Hessa pour pousser jusqu'au bord même de la vallée du Jourdain dont les profondeurs retentissaient de l'avance d'Allenby. Les Turcs, me dit-on, tenaient encore Jéricho. Nous revînmes à Tafila satisfaits d'une reconnaissance qui nous rassurait pleinement sur l'avenir. De nous aux Anglais, la route était toujours possible, souvent facile. Il faisait si beau que nous pouvions commencer sans retard, avec l'espoir de toucher au but dans un mois.

Zeid m'écouta froidement. Je vis Motlog près de lui et je le saluai de quelques plaisanteries sarcastiques en lui demandant quel était son compte personnel sur l'or qu'il avait emporté. Puis j'énumérai de nouveau ce que nous pouvions faire sans tarder. Zeid m'arrêta. « Mais cela va demander beaucoup d'argent. » — « Pas du tout », répondis-je. Les fonds dont nous disposions couvriraient les frais largement. Zeid me rétorqua que, pour sa part, il ne disposait plus de rien ; et comme je le regardais bouche bée il murmura, un peu rouge de honte, qu'il avait dépensé tout ce que j'avais apporté. Je crus à une plaisanterie. Mais il persista, disant qu'on devait tant à Dhiab, cheikh de Tafila ; tant aux villageois ; tant aux Haoueitates Jazis ; tant aux Beni Sakhrs.

Une telle prodigalité n'eût été concevable qu'en cas de défensive. Les tribus nommées n'étaient rien que des éléments ayant leur centre à Tafila, des hommes que leurs vendettas rendaient inutilisables au nord de l'ouadi Hessa. En principe, il est vrai, les chérifs enrôlaient pendant leur avance tous les hommes des districts traversés, avec une solde mensuelle ; mais il était parfaitement entendu, en pratique, qu'on payait seulement cette solde aux hommes appelés à faire un service actif. Fayçal, sur ses registres d'Akaba, avait ainsi plus de 40 000 hommes inscrits tandis que tous les subsides reçus d'Angleterre n'en eussent pas payé 17 000. La solde des autres (qui ne prenaient pas part à la guerre) restait due en principe et on nous la réclamait souvent, mais la dette n'était pas légale. Zeid, en tout cas, dit l'avoir payée.

Je fus frappé de stupeur : c'était la ruine complète de mes plans et de mes espoirs, l'effondrement de nos efforts pour tenir la parole donnée à Allenby. Zeid maintint qu'il n'avait plus d'argent. Je partis ensuite demander la vérité à Nacer, que la fièvre retenait au lit. Il me dit d'un ton découragé que tout allait mal, Zeid étant trop jeune et trop timide pour résister à ses conseillers malhonnêtes et couards.

Toute la nuit je réfléchis sur ce qu'on pouvait faire. Mais je ne trouvai rien. Au matin je pus seulement envoyer un mot à Zeid, disant que s'il ne voulait pas rendre l'argent, je devais m'en aller. Il m'envoya, en réponse, le compte supposé de ses dépenses. Pendant que je faisais mes paquets, Joyce et Marshall arrivèrent. Ils venaient de Gouéira me surprendre. Je les mis au courant de la situation et leur dis que je retournais auprès d'Allenby solliciter un nouveau travail. Joyce, après un vain appel à Zeid, me promit de tout expliquer à Fayçal.

Il se chargea en outre de régler mes affaires et de disperser ma garde du corps. Je pus donc, accompagné seulement de quatre hommes, partir à la fin de cet après-midi pour Bir Chéba, la route la plus rapide vers le Grand Quartier Général. La venue du printemps donna à la première partie de ce trajet, tandis que nous suivions, sur une corniche, l'escarpement d'Araba, une beauté inégalée ; et je fus d'autant plus sensible à cette beauté que je lui disais adieu. Les ravins, dans les profondeurs, étaient revêtus d'arbres, mais plus près de nous, leurs pentes rapides, vues ainsi du sommet, offraient une tapisserie verdoyante faite de prairies plongeant vers des à-pics de roches nues et multicolores. Quelques-unes des couleurs étaient minérales, dues à la roche elle-même ; d'autres, accidentelles, provenaient de l'eau que la fonte des neiges ne cessait de faire tomber du haut de la falaise, poudroiement d'embruns emportés par le vent ou fils de diamant accrochés aux lourdes tresses des fougères.

À Bouséira, petit village suspendu au-dessus de l'abîme sur un éperon rocheux, mes compagnons insistèrent pour s'arrêter et manger. J'accédai à leur désir parce qu'en faisant manger un peu d'orge à nos chameaux nous pourrions ensuite marcher toute la nuit et atteindre Bir Chéba au matin. Mais pour éviter tout retard je refusai d'entrer dans les maisons ; nous fîmes collation dans le petit cimetière. La tombe proche portait, cimentées dans les joints, les tresses de cheveux que les parents affligés avaient sacrifiées. Une piste en zigzag nous conduisit ensuite par le grand défilé jusqu'aux bas-fonds brûlants de l'ouadi Dhahal : falaises et sommets se resserrent à tel point au-dessus de l'oued que la lumière des étoiles perce à grand-peine son obscurité. Après l'effort de cette terrible descente, un tremblement nerveux agitait les pattes antérieures de nos bêtes : nous fîmes halte pour les calmer. Elles repartirent ensuite, pataugeant jusqu'aux boulets dans l'eau de torrent, sous une longue voûte de bambous frémissants, si basse que leurs éventails nous balayaient le visage. Les étranges échos de ce passage couvert effrayèrent nos bêtes qui prirent le trot.

Bientôt nous quittions les bambous et le défilé même, et nous battions le terrain découvert d'Araba. Arrivés au lit principal nous découvrîmes que nous avions perdu notre route. Rien d'étonnant à cela : je me guidais seulement d'après les souvenirs d'une carte de Newcombe consultée trois années auparavant. On perdit une demi-heure avant de découvrir une rampe permettant à nos chameaux de gravir la pente meuble.

Nous en trouvâmes une à la fin, qui nous engagea dans les sinuosités d'un labyrinthe marneux — étrange région, saline et par suite stérile, semblable à une mer orageuse brusquement figée, toutes ses vagues transformées en terre dure et fibreuse, très grise sous la demi-lune de cette nuit. Nous obliquâmes ensuite à l'ouest : enfin les hautes branches de l'arbre du Husb se dessinèrent sur le ciel et nous entendîmes murmurer la source abondante qui jaillit entre ses racines. Nos chameaux burent un peu. Ils descendaient de 5 000 pieds depuis Tafila et devaient remonter de 3 000 jusqu'en Palestine.

Dans les petites ondulations qui précèdent l'ouadi Murra, nous vîmes tout à coup un feu de grosses bûches, ardentes et empilées avec un soin tout récent. On ne voyait personne : il s'agissait donc de soldats ; pourtant le bois n'était pas disposé à la façon nomade. L'embrasement du feu prouvait la proximité des hommes ; sa taille, leur nombre ; aussi la prudence nous fit-elle déguerpir. En fait, c'était le bivouac d'une section anglaise d'autos Ford sous les ordres des deux fameux Mac qui cherchaient une route carrossable du Sinaï à

Akaba. Les hommes, cachés dans les ombres, nous tenaient au bout de leurs Lewis.

Nous grimpâmes le défilé au point du jour. Il tombait une petite pluie, rafraîchissante après les exagérations de Tafila. Des nuages en charpie, d'une finesse extrême, gardaient au flanc des monts une immobilité déraisonnable. Cependant nous traversions la plaine, sans efforts. À midi nous touchions Bir Chéba : ce n'était pas si mal pour quatre-vingts milles, ou presque, de montées et de descentes.

Jéricho, nous dit-on, venait de tomber. Je m'en fus jusqu'au G.Q.G. d'Allenby. J'y trouvai Hogarth. Je lui avouai que j'avais tout gâché et que je venais demander à Allenby un rôle plus modeste ailleurs. Je m'étais mis tout entier dans cette histoire arabe et j'avais fait naufrage : une erreur de jugement sur Zeid, le propre frère de Fayçal, un bonhomme pour qui j'avais vraiment de l'affection. Maintenant je n'avais plus rien dans mon sac qui eût la moindre valeur sur le marché arabe et je demandais pour moi la sécurité des choses coutumières ; le droit de suivre ; l'oreiller du devoir et de l'obéissance ; l'irresponsabilité.

Je me plaignis. Depuis que j'avais mis le pied en Arabie, rien que des choix ou des requêtes ; pas un ordre. J'étais las, à en mourir, du libre arbitre et de bien autre chose à côté du libre arbitre. Un an et demi que j'étais en mouvement, franchissant chaque mois à dos de chameau plus de 1 500 kilomètres, sans compter les heures d'énervement à bord d'avions insensés ou les ruées à travers champs sur des autos monstrueuses. J'avais été touché dans les cinq derniers engagements et mon corps redoutait tant de nouvelles souffrances que je devais maintenant me contraindre, pour rester sous le feu. J'avais toujours eu faim ; ces derniers temps je n'avais pas cessé d'avoir froid ; le gel et la saleté, empoisonnant mes blessures, les avaient transformées en un amas d'ulcères douloureux.

Ces tracas fussent restés à leur rang de mesquineries

inévitables, étant donné le mépris où je tenais le corps, et mon propre corps souillé en particulier, sans la fraude épuisante dont j'avais dû faire mon ordinaire spirituel : cette prétention à conduire le soulèvement national d'une autre race, cette « pose » et ce prêche quotidiens, sous un habit étranger, dans une langue étrangère, avec, derrière, le sentiment que les « promesses » faites aux Arabes vaudraient ce que vaudrait leur force armée au moment des réalisations. Nous nous étions flattés du faux espoir que les Arabes, au jour de la paix, seraient capables de se défendre, sans aide ni conseil, avec des outils de papier. En attendant, nous donnions ce lustre à notre fraude de conduire leur guerre avec économie et pureté. Mais maintenant j'avais perdu ce lustre. Les morts, sans cause ni effet, de Hessa pouvaient être imputés à ma vanité personnelle. Ma volonté était perdue aussi. J'avais peur d'être seul et d'offrir aux vents du hasard, du pouvoir ou de la luxure une âme vide qu'ils emporteraient.

CHAPITRE XCI

Hogarth garda un silence diplomatique et m'emmena déjeuner avec Clayton. J'appris là que Smuts était venu en Palestine, envoyé par le Ministère de la Guerre, avec des nouvelles qui changeaient complètement notre situation relative. Pendant des jours, l'État-Major avait essayé de me convoquer à ses Conférences. Enfin on avait envoyé des avions à la recherche de Tafila ; mais les pilotes avaient laissé tomber leurs messages près de Chobek parmi des Arabes qui avaient trop peur du temps pour bouger.

Clayton protesta qu'étant données les conditions nouvelles il ne pouvait être question de me laisser partir. L'Orient allait à peine démarrer. Allenby me dit que le Ministère de la Guerre comptait sur lui pour réparer le « pat » du front occidental. Il devait prendre au moins Damas et, si possible, Alep, dans le plus bref délai. La Turquie devait être mise hors de combat une fois pour toutes. Or, ses difficultés provenaient de son aile droite qui s'appuyait aujourd'hui sur le Jourdain. Il m'avait convoqué pour savoir si les Arabes pouvaient le soulager de ce fardeau.

Aucune évasion possible : il me fallait revêtir encore mon vieux manteau de fraude en Orient. Avec le mépris que j'eus toujours pour les demi-mesures, je le revêtis aussitôt et m'en enveloppai complètement. Fraude ou farce, personne en tout cas ne pourrait dire que j'étais incapable de jouer ce jeu. Sans même mentionner, par suite, les motifs de mon voyage, je fis remarquer à Allenby qu'il me demandait de réaliser, sous l'angle britannique, le plan du Jourdain que j'avais jadis proposé. Allenby approuva et me demanda si nous en étions toujours capables. Je répondis que non, pour l'instant, à moins que certains facteurs nouveaux ne fussent d'abord éliminés.

Le premier était Maan. Il nous fallait prendre cette ville avant d'aborder un autre district. Si l'on fournissait aux unités régulières arabes des moyens de transport accroissant leur portée, elles pourraient venir s'installer à quelques milles au nord de Maan, couper la ligne de chemin de fer de façon permanente et forcer la garnison de Maan à sortir ; en rase campagne, les Arabes battraient facilement les Turcs. Nous aurions besoin de sept cents chameaux de bât, d'un appoint en canons et mitrail-leuses, enfin d'une garantie contre une attaque sur notre flanc, du côté d'Amman, pendant que nous réglerions le sort de Maan.

Un plan fut établi sur ces bases. Allenby fit détacher à Akaba deux unités du Camel Transport Corps ; cette organisation, montée avec des éléments égyptiens sous les ordres d'officiers anglais, avait démontré sa haute efficacité pendant la campagne de Bir Chéba. C'était un cadeau considérable : avec ces moyens de transport nous allions pouvoir maintenir nos 4 000 hommes de troupes régulières à quatre-vingts milles de leur base. Canons et mitrailleuses furent également promis. Quant à nous protéger d'une attaque du côté d'Amman, Allenby déclara que ce n'était pas très difficile. Il avait l'intention, pour assurer son propre flanc, de prendre Salt, au-delà du Jourdain, et d'y maintenir une brigade indienne. Une Conférence du Corps d'Armée était fixée pour le lendemain : je devais y assister.

Il fut décidé à cette conférence que l'armée arabe se porterait sans retard sur le plateau de Maan pour prendre Maan. De leur côté, les Anglais traverseraient le Jourdain, occuperaient Salt et détruiraient au sud d'Amman le plus possible de la ligne, en particulier le grand tunnel. On débattit ensuite quelle part les Arabes d'Amman prendraient à cette dernière opération anglaise. Bols pensait que nous devions collaborer. Je combattis cette opinion le repli sur Salt, après le raid, n'irait pas sans réaction indigène la tâche des partisans arabes serait plus facile s'ils entraient en scène seulement quand cette fièvre serait tombée.

Chetwode, qui devait diriger l'avance, me demanda comment ses hommes distingueraient les Arabes amis des Arabes hostiles : *a priori*, ils détestaient tout ce qui portait une robe. Comme je portais moi-même une robe à cette Conférence, je répondis naturellement que les porteurs de robes détestaient tous les hommes en uniforme. Un rire général régla la question et l'on convint que nous soutiendrions l'occupation anglaise de Salt seulement quand les troupes y viendraient au repos après le raid. Dès la chute de Maan, les réguliers arabes marcheraient vers le Nord et s'approvisionneraient à Jéricho. Les sept cents chameaux les suivraient, leur fournissant toujours ainsi un rayon d'action de quatre-vingts milles. Ceci leur permettrait de contribuer, au nord d'Amman, à la grande offensive d'Allenby sur tout le front, de la Méditerranée à la mer Morte, seconde phase de l'opération ayant pour but la prise de Damas.

N'ayant plus rien à faire là, je m'en allai passer deux jours au Caire d'où un avion me ramena à Akaba pour prendre avec Fayçal mes nouveaux arrangements. Je lui dis qu'à mon avis les Arabes avaient mal agi avec moi en détournant, à mon insu, l'argent du compte spécial que j'avais, d'accord avec eux, retiré uniquement pour la campagne de la mer Morte. J'avais donc laissé Zeid; mon rôle de conseiller devenait impossible si l'on se moquait ainsi de moi.

Allenby m'avait envoyé de nouveau. Mais ce retour ne signifiait pas que le dommage fût réparé. On avait raté une grande occasion et gaspillé tous les fruits d'une avance. Les Turcs allaient reprendre Tafila dans une semaine, sans la moindre difficulté.

Fayçal fut à la fois navré — car il craignait le mal que la reprise de Tafila causerait à sa réputation — et choqué de mon indifférence à cette perte. Pour le réconforter je lui démontrai que Tafila, maintenant, ne signifiait plus rien pour nous. L'intérêt portait désormais sur les points extrêmes de sa zone d'influence, Amman et Maan. Tafila ne valait plus un seul de nos hommes. En vérité, si les Turcs s'y installaient de nouveau, ils affaibliraient à cet effet soit Maan, soit Amman, et faciliteraient ainsi notre véritable besogne.

Cela lui rendit un peu d'aplomb. Il n'en envoya pas moins à Zeid des avertissements urgents, sans résultat d'ailleurs, puisque six jours plus tard les Turcs reprenaient Tafila. Cependant Fayçal avait réorganisé la distribution de ses fonds. Je lui annonçai qu'Allenby, pour nous remercier de l'action sur la mer Morte et Aba-el-Lissan, avait mis 300 000 livres à mon crédit spécial et nous avait donné un train de sept cents chameaux de bât avec son personnel et son équipement complet.

Toute l'armée en fut soulevée de joie; cette colonne de bagages allait nous permettre de prouver sur le terrain la valeur des troupes régulières arabes, à l'entraînement et à l'organisation desquelles Joyce, Jaafar et tant d'officiers arabes ou anglais avaient travaillé pendant des mois. Nous arrêtâmes, *grosso modo*, plans et dates et je m'embarquai fort affairé pour l'Égypte.

LIVRE VIII

La ruine du plus haut espoir

Chapitres XCII à XCVII

Le plan établi en accord avec Allenby avait un triple objectif : faire notre jonction au travers du Jourdain, prendre Maan et couper Médine de sa base, en une seule opération. C'était un projet trop ambitieux : aucun de nous ne réalisa toute sa part. Les Arabes échangèrent donc la surveillance du placide chemin de fer de Médine contre le fardeau beaucoup plus lourd d'investir dans Maan une force turque aussi considérable que leur armée régulière.

Pour nous aider, Allenby accrut nos moyens de transport, ce qui donnait à notre action plus de portée et de mobilité à la fois. Maan étant imprenable pour nous, nous concentrâmes notre effort sur un seul objectif : couper sa ligne du nord et empêcher les Turcs de soulager leur garnison par un secours du côté d'Amman.

Évidemment cette tactique ne pouvait amener de décision. D'autre part, l'avance allemande dans les Flandres, à ce moment, priva Allenby de ses unités anglaises et, par suite, de son avantage sur les Turcs. Il nous fit savoir qu'il n'était pas en état d'attaquer.

Laisser le « pat » actuel se prolonger pendant 1918 était une perspective intolérable. Nous nous proposâmes donc de renforcer l'armée arabe en vue des opérations d'automne près de Deraa et dans le pays des Beni-Sakhrs. Notre action, en éloignant une division turque du front de Palestine, permettrait une attaque anglaise correspondante qui devait aboutir, entre autres choses, à notre jonction dans la basse vallée du Jourdain, près de Jéricho. Après un mois de préparatifs, ce projet fut abandonné, d'abord à cause de ses risques, mais aussi parce qu'un meilleur plan se présentait à nous.

CHAPITRE XCII

Au Caire où je passai quatre jours, nos affaires n'étaient plus laissées au hasard, loin de là. Le sourire d'Allenby nous avait donné un État-Major. Nous avions plusieurs officiers pour notre service de ravitaillement, un pour les transports maritimes, un pour les munitions, et tout un bureau de renseignements : à la tête, Alan Dawnay, frère du stratège de Bir Chéba maintenant retourné en France, le plus beau cadeau d'Allenby — plus beau que mille et mille chameaux de bât. Officier de carrière, il était marqué au coin de sa classe : le plus officiel des militaires reconnaissait en lui un militaire officiel. Mais son esprit compréhensif avait senti instinctivement les qualités particulières d'une révolte ; son entraînement régulier enrichissait seulement son intelligence de l'irrégulier. Il mariait en lui la guerre et la révolte, comme à Yanbo, jadis, j'avais rêvé de les voir se marier en tout officier de carrière. Pourtant, dans ces trois années de pratique, j'avais vu seulement Dawnay y réussir.

Il ne pouvait pas prendre la direction complète et directe de tout parce qu'il ne savait pas l'arabe. D'ailleurs sa santé avait souffert de la campagne des

Flandres. Il avait ce don, rare chez les Anglais, de tirer le meilleur parti, non seulement des mauvaises choses, mais des bonnes. Sa culture était exceptionnelle pour un officier de carrière, et son imagination, vive. La perfection de ses manières lui attirait la sympathie de toutes les races et de toutes les classes. Il nous enseigna la technique de la guerre sur des points où, jusqu'à lui, nous nous étions contentés d'approximations onéreuses et grossières. Son goût des ajustements précis remania notre «métier».

La Révolte Arabe avait été jusqu'ici une sorte de coup de tête, une entreprise vivant à la diable, avec des moyens aussi petits que ses devoirs et ses perspectives. Désormais Allenby comptait sur elle, lui donnait une part raisonnée dans ses plans. Cela nous imposait de faire mieux encore qu'il n'attendait, puisque nos échecs devaient être en partie payés par la vie de ses soldats. Cette responsabilité nous emmenait loin, terriblement loin des joyeuses aventures.

J'établis avec Joyce un triple plan d'action pour soutenir le premier effort d'Allenby. À notre centre, les troupes régulières arabes, sous les ordres de Jaafar, occuperaient la voie, une étape au nord de Maan. Joyce, avec nos autos blindées, se glisserait jusqu'à El Medaouara et détruirait la ligne, de façon permanente cette fois, car nous étions prêts à isoler Médine. Au nord, Mirzouk et moi ferions notre jonction avec Allenby quand il se replierait sur Salt, vers le 30 mars. Cette date me donnant quelque loisir, je résolus d'aller à Chobek avec Zeid et Nacer.

C'était le printemps, très agréable après l'hiver cuisant dont les excès nous semblaient maintenant un rêve, devant la nouvelle jeunesse et la force de la nature. Car il y avait de la force dans ce renouveau montagnard où l'âpre fraîcheur des soirées corrigeait les midis languides.

Tout partageait notre éveil : même les insectes. La première nuit, j'avais plié sous ma tête, en guise de coussin, mon voile de cachemire : quand je le ramassai, à l'aube, vingt-huit poux se débattaient, empêtrés dans sa traîne neigeuse. Désormais nous dormîmes sur nos couvertures de selle, ces peaux de mouton tannées que les nomades tendent sur tout le fourniment pour avoir un siège plus doux et imperméable à la sueur. Même ainsi nous n'étions pas seuls. Les tiques des chameaux, après s'être gorgées du sang de nos bêtes entravées jusqu'à former de petits coussinets tendus, d'un bleu d'ardoise, larges comme l'ongle du pouce, et épais, rampaient sous le corps des dormeurs, se blottissaient contre la face inférieure des peaux de mouton ; et si nous roulions sur elles dans la nuit, notre poids les faisait éclater en bruns paillassons de sang et de poussière.

Nous vivions dans cet air plaisant, avec une grande abondance de lait, quand des nouvelles arrivèrent d'Azrag où Ali-ibn-el-Hussein et les Indiens maintenaient une garde vigilante. Un Indien était mort de froid, ainsi que Daoud, mon petit domestique ageyl, l'ami de Farraj. Farraj lui-même nous l'apprit.

Ils avaient été amis dès l'enfance, dans une éternelle gaieté, travaillant ensemble, dormant ensemble, partageant leurs bénéfices et leurs gains avec l'honnête franchise d'un amour parfait. Aussi ne fus-je pas étonné de revoir Farraj vieilli, le regard plombé, le visage sombre et dur. Dès ce jour jusqu'à la fin de son service il ne nous fit jamais plus rire. Il soignait minutieusement, plus encore qu'autrefois, mon chameau, le café, mes habits et mes selles, et faisait chaque jour, régulièrement, ses trois prières. Les autres s'offrirent pour le réconforter ; il s'éloigna au contraire, errant dans répit, silencieux, gris et très seul.

Considérée de cet Orient torride, notre conception anglaise de la femme semblait participer de ce climat nordique qui avait aussi raidi notre foi. Autour de la Méditerranée, l'influence de la femme et la signification qu'on lui prête tirent leur force irrésistible d'une entente où on lui accorde, sans conteste, le monde physique, comme au pauvre d'esprit. Cet accord, cependant, en niant l'égalité des sexes, rend l'amour, la camaraderie et l'amitié impossibles entre homme et femme. La femme devient une machine pour exercices musculaires et l'homme ne peut apaiser ses désirs psychiques que dans un commerce avec ses pairs. De là naissent ces appariages d'homme à homme, pour fournir à la nature humaine plus qu'un contact de chair à chair.

Nous autres, Occidentaux de cet âge complexe, moines de la cellule de nos corps, toujours à la recherche de quelque chose qui nous comblât au-delà de la parole et des sens, étions, par le seul effort de notre recherche, à jamais coupés de cette joie, consentie cependant à des enfants comme ces Ageyls insoucieux, heureux de recevoir sans retour, fût-ce l'un de l'autre. Nous nous torturions avec l'héréditaire remords de la luxure qui nous avait donné naissance, essayant de la racheter par toute une vie de misère : inscrivant en face de chaque bonheur (notre découvert) un enfer qui le compensât, et dressant un bilan de bien et de mal en vue d'un futur jugement.

Cependant à Aba-el-Lissan notre plan soulevait de violentes critiques. Nous avions proposé de poster l'armée arabe en travers de la voie au nord de Maan et de détruire la garnison de cette ville dans la bataille en rase campagne qu'elle serait contrainte de livrer ; cependant Allenby attaquerait sa base et les renforts possibles dans Amman. Fayçal et Jaafar approuvaient le plan, mais leurs officiers réclamaient à grands cris une attaque directe sur Maan. Joyce leur fit remarquer qu'ils manquaient de canons et de mitrailleuses, que leurs troupes n'avaient pas encore été mises à l'épreuve, que notre projet était, stratégiquement, le plus sage. En vain. Mauloud, brûlant de livrer l'assaut sans retard, dénonça, dans ses mémoranda à Fayçal, le danger que faisait courir à la liberté arabe l'interférence anglaise. À ce moment, Joyce s'alita d'une pneumonie et dut retourner à Suez. Dawnay vint à son tour raisonner les mécontents. Sa haute réputation militaire, la perfection de ses bottes, son air de science bien habillée en faisaient notre meilleur atout. Mais il arriva trop tard. Les officiers arabes mettaient leur honneur à être engagés dans une bataille.

Nous convînmes qu'il fallait leur céder sur ce point quoique, en vérité, nous fussions tout-puissants : nous tenions dans nos mains l'argent, les vivres et jusqu'aux moyens de transport, maintenant. Mais à un peuple débraillé il faut, ma foi, un gouvernement débraillé ; et nous devions prendre garde d'aller trop vite avec cette démocratie maîtresse d'elle-même, l'armée arabe, où le service demeurait aussi volontaire que l'enrôlement. À nous tous, officiers anglais, nous pouvions parler familièrement de diverses armées : turque, égyptienne ou britannique, et chacun de nous se faisait le champion de ses maîtres en discipline. Joyce prônait la magnifique tenue de ses Égyptiens — troupes correctes avant tout, éprises de parades, surpassant les Britanniques par la beauté physique, le « chic » et la perfection de manœuvre. Je soutenais, de mon côté, la frugalité des Turcs, cette armée de serfs jamais au pas. Tous nous connaissions, de quelque façon, l'armée britannique. Opposant ces divers services, nous voyions l'obéissance y varier suivant le degré de force organisée qui sanctionnait la discipline.

En Égypte les soldats appartenaient à leur service, sans contrôle de l'opinion publique. L'esprit de corps leur servait donc de stimulant (paisible) vers une perfection formelle. Les Turcs, en théorie, appartenaient aux officiers : corps et âme ; mais leur servage était adouci par des chances de désertion. En Angleterre le soldat de métier servait aussi durement que n'importe quel Turc : la force croissante du sentiment public avait seulement arraché à l'autorité la ressource d'infliger directement une souffrance physique : mais en pratique, sur notre population moins obtuse, l'exercice sac au dos et les fatigues des manœuvres avaient à peu près le même effet qu'un système oriental.

Personne, dans l'armée régulière arabe, n'avait le pouvoir de punir : cette différence vitale éclatait partout dans nos troupes. Pas de discipline formelle ; pas de subordination. Le service était actif ; l'attaque, toujours imminente ; et, comme dans l'armée d'Italie, les hommes reconnaissaient le devoir de battre l'ennemi. Pour le reste, ils n'étaient pas soldats mais pèlerins, brûlant toujours de faire un pas de plus.

Je n'étais pas mécontent de cet état de choses. J'ai toujours vu dans la discipline — dans la discipline formelle du moins — une vertu du temps de paix, caractéristique ou empreinte qui distingue les soldats des hommes complets et permet d'effacer l'humanité de l'individu. La discipline résout volontiers tous les problèmes par la négative : ne pas faire ceci ou cela. Sa nourrice est donc une règle assez sévère pour décourager toute désobéissance. Réaction de masse, qualité de foule impersonnelle, qui perd son sens pour un homme seul puisqu'elle implique une obéissance, donc une dualité de vouloir. La discipline ne demande nullement aux hommes de seconder activement la volonté de leur chef : car l'on y trouverait alors, comme dans l'armée arabe et dans toute armée irrégulière, entre l'ordre et l'exécution, un certain arrêt, le temps, pour la pensée, d'être transmise ou digérée ; le temps, pour le système nerveux, de transformer la volonté personnelle en acte. Il n'est pas une armée régulière, au contraire, qui ne s'efforce d'éliminer ce temps de réflexion dans les mouvements de ses troupes. Les sergents instructeurs essaient de rendre l'obéissance instinctive ; d'en faire un réflexe mental suivant sans retard le commandement, comme si toute la puissance motrice des volontés individuelles s'étaient concentrées en un seul système.

Cela est bien, dans la mesure où la vitesse en est accrue. Mais si le chef tombe, la discipline ne prévoit rien au-delà de cette faible hypothèse que la volonté personnelle des subordonnés, loin d'être atrophiée, est gardée en réserve dans un parfait état, prête à remplir instantanément les fonctions du supérieur hiérarchique, le commandement, effectif roulant ainsi sans heurt de grade en grade jusqu'au moment où il est recueilli intact par le plus âgé des deux simples soldats survivants.

Une autre faiblesse de la discipline me semble, cédant aux jalousies humaines, de mettre le pouvoir entre les mains d'une arbitraire vieillesse dont l'activité capricante est encore corrompue par une longue habitude de l'autorité ; l'on sait si les facilités démoralisantes de cette dernière ont tôt fait de ruiner un homme, en tuant dans son âme le mode subjonctif ! D'ailleurs, spontanément, je me suis toujours méfié de l'instinct, dont les racines sont animales. La raison me paraît donner aux hommes plus de prix que la peur ou la souffrance : et c'est pourquoi je n'inscris pas le « chic » d'une troupe à l'actif de sa valeur guerrière.

Car, avec la guerre, un changement subtil se fait dans le soldat. La discipline est modifiée, soutenue, engloutie même par l'ardeur au combat. Cette ardeur est ce qui emporte la victoire au sens moral, et souvent même au sens physique. Une guerre est faite de crises d'effort intense. Pour des raisons psychologiques, les chefs désirent réduire au minimum la durée de cet effort extrême : non parce que les hommes refuseraient de le donner — d'ordinaire ils le soutiennent jusqu'à la défaillance — mais parce que chaque crise réduit la réserve de forces. L'ardeur au combat est nerveuse : à haute tension elle déchire l'esprit de la chair.

Susciter une telle excitation guerrière, en temps de paix, pour créer un esprit militaire, serait aussi dangereux que doper trop tôt un athlète. La discipline, avec le « chic » qui l'accompagne (mot suspect impliquant une contrainte et une douleur superficielles) a été inventée pour prendre sa place. L'armée arabe, née et grandie sur le front de bataille, ignora toujours les habitudes du temps de paix. Elle n'eut à envisager les problèmes de son propre maintien qu'après l'armistice : l'insuccès, alors, fut éclatant.

CHAPITRE XCIII

Après le départ de Joyce et de Dawnay, je quittai moi-même Aba-el-Lissan avec Mirzouk. Le jour promettait de porter à sa perfection la fraîcheur printanière de ce haut plateau. Une semaine auparavant, un blizzard furieux avait sévi : aujourd'hui, quelque chose de la blancheur neigeuse semblait avoir passé dans la lumière. La terre était tout égayée d'herbe nouvelle et le soleil oblique, à travers notre troupe, pâle comme de la paille, tiédissait, mûrissait la brise palpitante.

Nous emmenions deux mille chameaux du Sirhan qui portaient nos munitions et nos vivres. Pour ne pas fatiguer la caravane, les soldats avançaient sans hâte ; on n'atteindrait la voie qu'après la nuit. Nous marchions seulement quelques-uns en éclaireurs pour repérer la voie pendant le jour et assurer une traversée paisible : car le passage de nos groupes dispersés prendrait à coup sûr plusieurs heures.

Ma garde du corps m'accompagnait et Mirzouk avait ses propres Ageyls avec deux chameaux de course fameux. La gaieté de l'air et de la saison leur monta à la tête. Bientôt ils se défiaient à la course, se menaçant, ou galopant autour de nous. Je n'étais pas moi-même très bon cavalier (ni en humeur de plaisanter). J'évitai donc leurs jeux qui les entraînèrent vers le Nord cependant que j'avançais seul, purgeant peu à peu mon esprit des clameurs et des intrigues du camp. L'abstraction du paysage désert me lava de ces lies. Sa grandeur m'envahit l'esprit, qui se vida : car elle provenait, cette grandeur, non pas d'une addition mais d'une soustraction de la pensée à sa vacance. La faiblesse de la vie terrestre reflétait la force du ciel — si vaste, si beau, si fort.

Peu avant le coucher du soleil la voie devint visible : elle décrivait une ample courbe en terrain découvert parmi des touffes basses d'herbes et de buissons. Tout était paisible : je m'avançai donc avec l'intention de faire halte de l'autre côté pour surveiller la traversée de la caravane. J'éprouvais toujours un petit frisson en touchant les rails, but de tant d'efforts.

Les pieds de mon chameau, en grimpant sur le ballast, firent rouler quelques pierres et je vis surgir de l'ombre longue d'un ponceau, à ma gauche, un soldat turc qui, sans doute, avait dormi là tout le jour. Il jeta un regard affolé sur moi et sur le pistolet que j'avais en main, puis un triste regard vers son fusil posé contre la butée, à plusieurs mètres. C'était un homme jeune, vigoureux mais sombre. Je le considérai et dis à voix basse : « Dieu est miséricordieux ». Il reconnut le son et le sens de la phrase arabe et leva les yeux vers les miens, en un éclair, tandis que son visage, bouffi de sommeil, prenait lentement une expression de joie incrédule.

Pourtant il ne prononça pas un mot. Je pressai du pied le flanc velu de ma bête qui enjamba délicatement les rails et descendit de l'autre côté. Le petit Turc fut assez humain pour ne pas me tirer un coup de fusil dans le dos. Je m'éloignai de lui, attendri comme toujours à la pensée d'une vie qu'on a sauvée. Arrivé à bonne distance je jetai un regard en arrière. Il leva la main et me fit le pan de nez.

Buvant du café près d'un feu qui servait de phare aux autres, nous attendîmes que leurs sombres colonnes eussent toutes franchi la voie. L'étape du lendemain nous conduisit à l'ouadi El Djinz ; la crue avait laissé des « yeux » d'eau peu profonds, sertis dans les rides de l'argile et fouettés de rêches cils broussailleux. L'eau était grise, comme le lit marneux de la vallée, mais douce. Nous campâmes là pour la nuit, car le Zaagi avait abattu une outarde dont Xénophon dit avec raison que sa chair blanche est bonne. Pendant que nous festoyions, les chameaux festoyaient aussi. Le printemps se montrait généreux ; ils enfonçaient jusqu'au genou dans une succulente verdure.

Une quatrième étape facile nous emmena jusqu'à Atara, notre but, où nos alliés Mifleh, Fahad et Adhoub avaient établi leur camp. Fahad n'était pas remis de sa blessure, mais Mifleh, avec des paroles mielleuses, vint nous saluer, le visage rongé et la voix sifflante d'avidité.

Notre avance, grâce à Allenby qui se réservait la part du lion, promettait d'être simple. Aussitôt prêts, nous traversions la voie pour nous rendre à Themed, le principal point d'eau des Beni-Sakhrs. Puis, derrière un écran de cavalerie, nous gagnerions Madeba pour y établir notre Quartier Général pendant qu'Allenby mettrait en état la route Jéricho-Salt. Nous devions faire notre jonction avec les Anglais le plus confortablement du monde sans tirer un coup de fusil.

Cependant nous n'avions qu'à attendre ici, dans les Atatir, qui, pour notre joie, verdoyaient vraiment, avec un étang dans chaque creux et des lits de hautes herbes parés de fleurs. Les crêtes calcaires que le sel rendait stériles encadraient délicieusement les ravins. De leur plus haut sommet le regard s'étendait au nord comme au sud, et l'on voyait comment la pluie, en ruisselant, avait peint les vallées, sur fond blanc, de larges bandes vertes, nettes et fermes ainsi que des coup de pinceau. Le renouveau s'étendait partout ; de jour en jour la toile se remplissait, plus brillante ; le désert finit par devenir une plantureuse prairie. Des troupes de brises folâtres culbutaient par la plaine, leurs houles larges et brèves gonflant l'herbe, puis la couchant, en andains satinés alternativement sombres et clairs, comme du jeune blé sous le rouleau. Assis sur la colline nous frissonnions devant le passage de ces ombres qui semblaient annoncer une lourde rafale — et nous recevions au visage un souffle chaud et parfumé qui s'enfuyait derrière nous, reflet d'argent sur le verdoiement de la plaine. Nos chameaux, devenus délicats, broutaient une heure ou deux puis s'affalaient pour ruminer, éructant méthodiquement de pleins estomacs d'une bouillie verte à odeur de beurre, qu'ils mâchonnaient avec une lenteur pesante.

Enfin nous arriva la nouvelle que les Anglais venaient de prendre Amman. Une demi-heure après nous marchions sur Themed à travers la voie abandonnée. De nouveaux messages annoncèrent que les Anglais battaient en retraite; nous avions averti les Arabes, qui n'en furent pas moins inquiets. Nouveau messager : les Anglais avaient fui de Salt. Ceci était nettement contraire aux intentions d'Allenby; je donnai ma parole que la nouvelle était fausse. Enfin un homme arriva au grand galop nous dire que les Anglais avaient seulement fait sauter quelques rails au sud d'Amman après deux jours de vains efforts contre la ville. Ces rumeurs commencèrent à m'inquiéter sérieusement : j'envoyai Adhoub, qui avait la tête solide, porter une lettre à Chetwode ou à Shea en demandant une note sur la situation réelle. Nous attendîmes dans une inquiétude mortelle, errant lourdement par les champs de jeunes orges, tandis que nos esprits bâtissaient plan sur plan avec une activité fiévreuse.

Très tard dans la nuit un roulement de sabots répercuté dans la vallée annonça l'arrivée d'Adhoub au grand galop. Djémal Pacha, nous dit-il, était maintenant à Salt, victorieux, et en train de pendre les Arabes qui avaient accueilli avec faveur les Anglais. Les Turcs poursuivaient toujours Allenby loin dans la vallée du Jourdain et pensaient reprendre Jérusalem. Je connaissais assez mes compatriotes pour écarter cette éventualité; mais, évidemment, la situation était très mauvaise. Nous revînmes désorientés et penauds vers nos Atatir.

Inattendu, ce revers m'en frappa davantage. Le plan d'Allenby m'avait paru modeste et cet effondrement sous les yeux des Arabes était déplorable. Ils ne nous avaient jamais crus capables, d'ailleurs, de faire les grandes choses que j'annonçais. Retrouvant maintenant leur indépendance, ils se disposèrent à jouir du printemps, encouragés par quelques familles de bohémiens arrivés du Nord avec leur matériel d'étamage sur des ânes. Les indigènes Zebns les accueillirent avec un humour qui me parut incompréhensible jusqu'au moment où je vis que les bohémiennes, outre les profits légitimes de leur métier, s'ouvraient aisément à d'autre avances.

Elles étaient particulièrement faciles pour les Ageyls et connurent, pendant un certain temps, une prospérité inouïe, car nos hommes avaient autant d'appétit que de générosité. Je me servis d'elles, aussi, à ma façon. Il semblait vraiment stupide de rester ainsi à ne rien faire si près d'Amman, sans même y jeter un coup d'œil. Aussi louâmes-nous, Farraj et moi, trois de ces jolies petites femmes pour aller, habillés comme elles, faire une ballade dans le village. Cette visite connut un plein succès, quoique infructueuse, car je décidai qu'il fallait laisser la place tranquille. Il y eut un seul moment désagréable, près du pont, pendant notre retour. Nous rencontrâmes quelques soldats turcs qui, se fiant, pour nous cinq, aux apparences, se montrèrent un peu trop pressants. Faisant preuve, en cette circonstance, d'une réserve et d'un coup de jarret inhabituels aux bohémiennes, nous sortîmes intacts de l'aventure. Pour l'avenir, je décidai de reprendre mes habitudes et de porter dans les camps ennemis un uniforme de simple soldat anglais. L'effronterie était si grande qu'on ne la soupçonnait pas.

Je décidai ensuite de faire revenir les Indiens d'Azrag au camp de Fayçal et d'y retourner moi-même. Nous partîmes par une de ces aubes nettes où les sens s'éveillent avec le soleil tandis que l'intelligence, fatiguée par les pensées de la nuit, demeure à sommeiller. Par de tels matins, pendant une heure ou deux, les sons, les parfums et les couleurs du monde vous frappent un à un, directement, sans que la pensée les filtre ou les standardise. Chaque sensation isolée semble exister suffisamment par elle-même ; l'incohérence et le manque de soin dans la création cessent d'être irritants.

Nous longeâmes la voie vers le sud, avec l'espoir de croiser les Indiens d'Azrag, beaucoup plus lents que nous ; notre petit groupe, monté sur des bêtes de course, fondait d'une hauteur à l'autre pour surveiller l'horizon. La douceur du jour nous incitait à galoper ainsi sur les galets des dunes, méprisant les sentiers innombrables qui conduisaient seulement aux camps de l'année précédente ou d'une des mille ou dix mille dernières années : car toute piste foulée, dans ce mélange de silex et de calcaire, marque le visage du désert pour tout le temps que le désert durera.

Près de Faraifra apparut une petite patrouille de huit Turcs qui remontaient la voie. Nos hommes, tout frais de leurs vacances dans les Atatir, me demandèrent de marcher sur eux. Je jugeai d'abord la chose trop insignifiante ; mais ils grognèrent et je cédai. Aussitôt les plus jeunes piquèrent de l'avant au grand galop. J'ordonnai aux autres de traverser la ligne pour faire sortir les Turcs de leur abri derrière un ponceau. Zaagi, cent mètres plus loin à ma droite, devinant la manœuvre, pivota pour l'exécuter. Mohsin le suivit avec sa section, tandis qu'Abdullah et moi-même poussions vigoureusement nos montures de notre côté de la voie pour prendre l'ennemi à la fois par les deux flancs.

Farraj, qui chargeait le premier de tous, ne voulut pas écouter nos cris ni remarquer les balles qui sifflaient près de sa tête. Il regarda autour de lui pour voir notre manœuvre mais poursuivit son galop ventre à terre vers le pont qu'il atteignit avant que le groupe de Zaagi n'eût traversé la ligne. Le feu des Turcs s'arrêta ; je supposai qu'ils étaient descendus de l'autre côté du ballast pour se mettre en sûreté. Mais lorsque Farraj fit halte sous l'arche du pont, un coup de feu partit : il tomba ou sauta de sa selle, et disparut. Un instant après, la troupe de Zaagi, en position sur le talus, tirait une trentaine de coups comme si l'ennemi était toujours là.

J'étais très inquiet pour Farraj. Je voyais son chameau debout près du pont, seul. Farraj pouvait être touché ou en train de poursuivre l'ennemi. Je ne pouvais croire qu'il fût allé délibérément vers les Turcs, à découvert, pour faire halte devant leurs armes : pourtant cela y ressemblait fort. J'envoyai Feheyd dire à Zaagi de courir de son côté le plus rapidement possible tandis que nous marcherions nous-mêmes en hâte droit au pont.

Nous l'atteignîmes ensemble. Il n'y avait plus là qu'un Turc mort et Farraj traversé de part en part, couché près de l'arche, juste comme il était tombé de son chameau. Il semblait avoir perdu connaissance, mais, quand nous sautâmes à terre, il nous salua puis se tut, perdu dans cette solitude où plongent les blessés qui sentent la mort proche. Nous déchirâmes ses habits pour voir, inutilement, la blessure. La balle l'avait pris de face et paraissait avoir touché l'épine dorsale. Les Arabes dirent aussitôt qu'il n'avait plus que quelques heures à vivre.

On essaya de le soulever car, s'il ne semblait pas souffrir, il était incapable de bouger. On essaya aussi d'arrêter le sang qui coulait de sa large blessure, étoilant l'herbe de rouges coquelicots. Mais cela semblait impossible et au bout d'un instant il nous dit de le laisser seul puisqu'il était mourant et heureux de mourir, n'ayant plus de goût à vivre. En vérité, ce goût l'avait quitté depuis longtemps et les hommes très las et tristes tombent souvent amoureux de la mort, de cette faiblesse triomphale qui rentre chez elle quand la force a été vaincue dans une dernière bataille.

Pendant que nous nous affairions autour de lui, Abd-el-Latif poussa un cri d'alarme. Il pouvait voir une cinquantaine de Turcs remonter la ligne dans notre direction; bientôt après, nous entendîmes un trolley automobile qui arrivait du nord. Nous n'étions que seize, sur une position impossible. Je dis qu'il fallait battre en retraite aussitôt en emportant Farraj. On essaya donc de le soulever, d'abord, dans sa robe, puis dans une couverture; mais il reprenait conscience et hurla si lamentablement que nous n'eûmes pas le cœur de lui faire plus mal encore.

Impossible de le laisser tomber entre les mains des Turcs que nous avions vu brûler vivants nos malheureux blessés. C'est pourquoi nous nous étions toujours promis, avant l'action, de nous achever en cas de blessure fatale. Mais je n'avais jamais imaginé qu'il pût m'incomber de tuer Farraj.

Je m'agenouillai à côté de lui, tenant mon pistolet contre le sol, près de sa tête, pour qu'il ne devinât pas mon dessein. Mais il dut le deviner, car il ouvrit les yeux et me saisit de sa main rêche et calleuse, la petite main de ces adolescents du Nedjed. J'attendis un instant. Il dit : « Daoud ne sera pas content de vous », tandis que le vieux sourire revenait étrangement sur son visage gris et crispé. « Saluez-le de ma part », répondis-je. Il me rendit la réponse consacrée : « Dieu vous donnera la paix », et ferma enfin les yeux avec fatigue.

Le trolley turc était maintenant tout près, oscillant vers nous sur la voie comme un gros bousier ; les balles de sa mitrailleuse lardaient l'air autour de nos têtes tandis que nous fuyions vers la montagne. Mohsin conduisait le chameau de Farraj. Sa peau de mouton et ses couvertures gardaient encore la forme de son corps depuis sa chute près du pont. À la tombée de la nuit nous fîmes halte. Zaagi vint me murmurer que tous les hommes se disputaient le droit de monter le lendemain cette bête magnifique. Il la désirait pour lui. Mais je ressentais toute l'amertume du vol que ces morts enfin réunis infligeaient encore à ma pauvreté ; et pour déprécier une grande perte par une petite, je tuai le pauvre animal avec ma seconde balle.

Puis le soleil se coucha sur nous. Pendant cette journée chaude et sans brise l'air emprisonné dans les vallées de Kérak avait absorbé, dans sa stagnation méditative, le parfum aspiré des fleurs. Avec l'ombre, le monde reprit haleine ; un souffle venu de l'ouest se répandit sur le désert. Nous étions à plusieurs milles de toute herbe et de toute fleur, mais soudain nous les sentîmes autour de nous, glissant en vagues parfumées d'une douceur poisseuse. Cette apparition s'évanouit vite et le vent de la nuit, humide et stimulant, le remplaça. Abdullah m'apporta mon souper, du riz et de la viande de chameau (le chameau de Farraj). Puis nous nous endormîmes.

CHAPITRE XCIV

Au matin, près de l'ouadi El Djinz, nous rejoignîmes les Indiens qui avaient fait halte auprès d'un arbre solitaire. Je me crus revenu au temps jadis, à notre mémorable raid sur les ponts l'année précédente, quand, de nouveau, je cheminai à travers champs en compagnie d'Hassan Schah, écoutant les Vickers brinqueballer sur leurs agrafes et donnant aux soldats un coup de main pour resserrer les sangles de leurs charges ou de leurs selles. Les Indiens paraissaient toujours aussi empotés avec leurs chameaux ; aussi ne traversâmes-nous la voie qu'au crépuscule.

Je les quittai là. Je me sentais inquiet ; une marche rapide dans la nuit pouvait guérir mon esprit malade. Nous poussâmes donc, à travers l'ombre fraîche, dans la direction d'Odroh. Du sommet, nous aperçûmes les lueurs d'un feu à notre gauche. Des éclairs jaillissaient sans cesse, aux environs, sans doute, d'Abou Djerdane. Nous fîmes halte. Un grondement sourd d'explosions nous parvint. Une flamme vive et fixe apparut, grandit puis se divisa. La gare était peut-être en feu. Nous pressâmes l'allure pour interroger Mastour.

Mais la place de son camp était déserte : seul un chacal y errait. Je résolus d'aller droit vers Fayçal. Nous trottions le plus rapidement possible, car le soleil montait. La piste était infestée de sauterelles : à quelque distance, pourtant elles avaient une certaine beauté, argentant l'air du frisson de leurs ailes. L'été tombait sur nous à l'improviste : mon septième été, sans interruption, en Orient.

Nous approchions de la fusillade ; on tirait en face de nous sur le Semna, ce croissant de hauteurs qui domine Maan. Des troupes gravissaient lentement ses pentes pour s'arrêter en dessous de la crête. Évidemment nous avions pris le Semna. Nous marchâmes donc vers cette nouvelle position. Dans la plaine en deçà je rencontrai un chameau chargé d'une civière. L'homme qui le menait dit : « Mauloud Pacha » en montrant la charge. Je courus vers lui. « Mauloud est-il blessé ? » criai-je. Car c'était un des meilleurs officiers de l'armée, un des hommes les plus loyaux aussi envers nous. Loyal ou non, d'ailleurs, on n'aurait pu refuser d'admirer un patriote aussi tenace et aussi entier. Le vieux guerrier, de sa civière, me répondit d'une voix faible : « Oui, Laurens Bey, je suis blessé, mais grâce soit rendue à Dieu, ce n'est rien. Nous avons pris le Semna. » Je répondis que j'y allais. Alors Mauloud se hissa fiévreusement sur le bord de la civière et, à peine capable de voir ou de parler (il avait le fémur brisé au-dessus du genou), me montra point par point comment il fallait organiser la défense de la montagne.

Comme nous arrivions, les Turcs envoyaient sur les pentes leurs premiers obus, sans grande vigueur. Nouri Saïd avait pris le commandement à la place de Mauloud. Il se tenait froidement sur le sommet. Beaucoup d'hommes parlent plus vite sous le feu, et feignent une aisance, une jovialité qui les trahissent. Nouri devenait plus calme ; Zeid, plus ennuyé.

Je demandai où était Jaafar. Nouri me dit qu'à minuit il avait sans doute attaqué Abou Djerdane, comme il était convenu. Je lui parlai des flammes aperçues dans la nuit et qui devaient marquer son succès. Pendant que nous nous réjouissions ensemble, les messagers de Jaafar arrivèrent. Il avait fait des prisonniers, conquis des mitrailleuses, détruit la gare et trois mille rails. Un effort si brillant réglait le compte de la ligne Nord pour des semaines. Nouri me dit ensuite qu'à l'aube précédente il avait pris d'assaut la gare de Ghadir-el-Hadj et l'avait détruite avec cinq ponts et mille rails. La ligne Sud avait donc également son compte.

Tard dans l'après-midi un calme mortel s'établit. Les deux côtés avaient cessé un bombardement sans objet. On me dit que Fayçal s'était transporté à Ouheida. On traversa la petite rivière gonflée, près de l'hôpital temporaire où se trouvait Mauloud. Mahmoud, le docteur à la barbe rouge, pensait qu'il se remettrait sans amputation. Fayçal était au sommet de la colline, silhouette noire sur le soleil : l'astre bordait d'un étrange halo son corps mince, et baignait d'or sa tête sous la filoselle de son voile. Je fis agenouiller mon chameau près de lui ; Fayçal étendit les mains vers moi en criant : « Plaise à Dieu ! Bonnes nouvelles ? » Je répliquai : « La louange et la victoire soient à Dieu ! » et il m'entraîna dans sa tente pour un échange de récits.

Fayçal avait appris, par Dawnay, plus que je ne savais moi-même de l'échec anglais devant Amman : le mauvais temps, le désordre, le coup de téléphone d'Allenby à Shea et sa décision soudaine — arrêter les frais. Sage décision, sans doute, quoiqu'elle nous atteignît cruellement. Joyce était à l'hôpital mais se remettait bien, et Dawnay se tenait à Gouéira, prêt à partir pour El Médaouara avec toutes les autos.

Fayçal me demanda ce que je savais du combat de Semna et de Jaafar ; je lui dis ce que je venais d'apprendre, l'opinion de Nouri et les perspectives probables. Nouri s'était plaint que les Abou Tayis n'eussent rien fait pour lui de tout le jour. Aouda nia. Je rappelai alors l'histoire de notre première prise du plateau, par quelle raillerie je leur avais fait honte, provoquant ainsi la charge d'Aba-el-Lissan. Fayçal ne savait rien de l'histoire. Son exhumation blessa profondément le vieil Aouda. Il jura avec véhémence qu'il avait fait de son mieux aujourd'hui mais que les conditions n'étaient pas favorables aux nomades. Et comme je persistais à lui tenir tête, il quitta la tente fort irrité.

Nous passâmes les jours suivants, Maynard et moi, à surveiller les opérations. Les Abou Tayis s'emparèrent de deux avant-postes à l'est de la gare tandis que Saleh-ibn-Chefia enlevait un parapet avec une mitrailleuse et vingt hommes. Ces gains nous donnèrent une plus grande liberté de mouvement autour de Maan. Le troisième jour, Jaafar massa son artillerie sur la crête sud pendant que Nouri menait l'assaut des hangars de la gare. Comme il s'y installait, les canons français cessèrent le feu. Nous circulions dans une auto Ford, essayant de suivre les bonds successifs de nos troupes, lorsque nous vîmes arriver Nouri, parfaitement habillé, ganté, sa pipe de bruyère aux lèvres : il nous renvoya demander au capitaine Pisani, chef de l'artillerie, un tir immédiat de soutien. Nous trouvâmes Pisani qui se tordait les mains de désespoir, complètement démuni de munitions. Il avait imploré Nouri, nous dit-il, de ne pas attaquer au moment où il se trouvait à court.

Il n'y avait rien à faire qu'à regarder chasser nos hommes de la gare. La route était jonchée de corps crispés en uniforme kaki. Les yeux des blessés, profonds de souffrance, nous regardaient d'un air accusateur. Ils ne contrôlaient plus leur corps brisé, que les déchirements de la chair agitaient, malgré eux, de saccades. Nous pouvions, de notre côté, tout voir et penser froidement, mais les sons avaient disparu : l'idée que nous venions de perdre la bataille nous empêchait d'entendre quoi que ce fût.

Nous comprîmes ensuite que l'allant de nos fantassins avait dépassé toutes nos espérances. Ils s'étaient battus sous le feu des mitrailleuses en utilisant le terrain avec intelligence. Ils avaient si peu besoin d'être menés que nous avions perdu seulement trois officiers. Cette affaire de Maan nous démontra que les Arabes pouvaient bien se battre sans le soutien de cadres anglais.

Ceci nous donnait plus de liberté dans nos plans. L'échec était donc, en partie, racheté.

La matin du 18 avril, Jaafar décida sagement de limiter ses pertes et se retira sur les positions de Semna, où les troupes se reposèrent. Vieil ami de collège du commandant turc, il lui adressa, sous le couvert du drapeau blanc, une lettre l'invitant à se rendre. La réponse fut qu'ils ne demanderaient pas mieux, mais qu'ils avaient l'ordre de tenir jusqu'à la dernière cartouche. Jaafar offrit un répit pendant lequel ils pourraient brûler toutes leurs cartouches ; mais les Turcs hésitèrent tant que Djémal Pacha put amener des troupes d'Amman, réoccuper Abou Djerdane et faire passer, dans la ville assiégée, une caravane de vivres et de munitions. Le chemin de fer resta hors de service pendant plusieurs semaines.

Je partis en auto rejoindre Dawnay. J'étais un peu inquiet sur la façon dont un officier régulier allait conduire sa première bataille de guérilla avec la plus compliquée des armes, l'auto blindée. D'ailleurs Dawnay n'était pas arabisant ; ni Peake, son expert-chamelier, ni Marshall, son docteur, ne parlaient couramment l'arabe. Ses troupes étaient mêlées : Anglais, Égyptiens, Bédouins — les deux derniers éléments étant d'ailleurs antipathiques l'un à l'autre. Je stoppai donc dans le camp au-dessus de Tell Chahm après minuit et vins m'offrir délicatement comme interprète. Par bonheur, Dawnay me reçut bien et m'emmena faire le tour des positions. Une exhibition superbe. Ici, les autos parquées géométriquement ; là, les chars ; sentinelles et avant-postes veillaient, leurs mitrailleuses prêtes. Même les Arabes occupaient une position tactique derrière une colline, en réserve mais hors de vue et d'ouïe ; par quelque sortilège Chérif Hazaa et Dawnay les avaient fait rester où ils les avaient mis. Je me mordis la langue pour ne pas dire qu'il manquait seulement un ennemi.

Mais l'exposé méthodique du plan me plongea dans des abîmes d'admiration insondables. Dawnay avait préparé des « ordres d'opérations » — un truc bougrement orthodoxe, avec des temps zéro et la suite des mouvements. Chaque unité y avait son devoir tout tracé. Nous attaquerions le « poste en plaine » à l'aube (autos blindées) du monticule où Joyce et moi avions si bien ri lors de notre expédition avortée. Les autos, tous silencieux bouchés, « prendraient position » avant le jour et emporteraient la tranchée par surprise. Les camions 1 et 3 démoliraient alors les ponts marqués A et B sur le plan d'opérations (échelle 1/250 000) à l'heure 0 plus 1 h 30, pendant que les autos se porteraient sur le « poste fortifié » et, avec le soutien d'Hazaa et des Arabes, l'enlèveraient (0 plus 2 h 15).

Hornby et les explosifs, dans les Talbot numéros 40 531 et 41 226 les suivraient et démoliraient les ponts D, E et F pendant que les troupes prendraient leur lunch. Après le lunch, quand le soleil bas permettrait de voir à travers le mirage, c'est-à-dire, pour être exact, à 0 plus 8 heures, les troupes unies attaqueraient le poste sud : les Égyptiens par l'est, les Arabes par le nord, couverts par un feu à longue portée des mitrailleuses de chars et les pièces de 10 de Brodie postées sur la « colline d'observation ». Le poste tomberait alors et les forces se transporteraient à la gare de Tell Chahm qui serait bombardée par Brodie du nord-ouest, arrosée par des aéroplanes qui s'envoleraient des champs de boue de Roum (à 0 plus 10 heures), et attaquée en premier lieu de l'ouest par les autos blindées. Les Arabes suivraient les chars, tandis que Peake, avec ses méharistes, descendrait du poste sud. « La gare sera prise à 0 plus 11 h 30 », disait le plan, se permettant enfin un peu d'humour. Mais ce fut justement là qu'il fut pris en défaut, car les Turcs, dans leur hâte ignorante, se rendirent dix minutes trop tôt : la seule tache sur un jour pur de toute effusion de sang.

D'une voix flûtée, je m'enquis si Hazaa avait compris. L'on me répondit qu'Hazaa n'avait pas de montre pour synchroniser ses mouvements (à propos, voulais-je bien mettre la mienne à l'heure ?) et que, par suite, il entrerait en jeu quand les autos tourneraient vers le nord ; ses mouvements ultérieurs seraient réglés par des ordres exprès. Sur quoi je m'esquivai pour aller dormir une heure quelque part.

À l'aube, nous vîmes les autos rouler silencieusement jusque sur le parapet de sable des tranchées endormies, et les Turcs ahuris sortir les mains hautes. On ne cueille pas plus aisément une pêche mûre. Hornby fila en toute hâte sur ses deux camions Rolls, mit 50 kilos de coton-poudre sous le pont A et le fit sauter de façon convaincante. L'explosion nous projeta presque, Dawnay et moi, hors de la troisième voiture d'où nous surveillions majestueusement les opérations ; nous courûmes montrer à Hornby une méthode plus économique qui utilise les trous de drainage comme chambres de mines. Nous eûmes ainsi les ponts suivants pour dix paquets d'explosif pièce.

Pendant que nous étions au pont B, les autos concentrèrent le feu de leurs mitrailleuses sur le parapet du « poste fortifié », cercle de murailles épaisses (très visibles à cause de leurs longues ombres matinales) sur un monticule aux pentes trop roides pour des voitures. Hazaa était prêt, ardent et excité ; et l'arrosage de nos quatre mitrailleuses, crachant et criblant de concert, causaient aux Turcs une telle frayeur que les Arabes les cueillirent, pour ainsi dire, par-dessous la jambe. Ce fut la pêche n° 2.

Repos, ensuite, pour tout le monde, mais travail pour Hornby et moi, désormais aide-ingénieur. Nos Rolls Royce suivirent la ligne avec deux tonnes de coton-poudre ; ponts et rails voltigèrent partout où la fantaisie nous en prit. La section des chars nous couvrait ; et les chars couvraient quelquefois la section, quand les matériaux divers faisaient du vol plané en musique dans un air épaissi de fumée. Un bloc de vingt livres retomba en plein sur une tourelle. Résultat : une bosselure et point de mal. Entre-temps, tout le monde prenait des photographies des plus beaux coups de mine. Guerre de luxe, démolition de luxe ; nous nous amusions. Après ce lunch ambulant, nous partîmes voir tomber le « poste sud ». Il chut à la minute précise, mais de façon inconvenante. Hazaa et ses Amrans étaient maintenant trop chauffés pour suivre les bonds méthodiquement alternés de Peake et de ses Égyptiens. Ils prirent la chose pour une chasse à courre, chargèrent sur leurs chameaux et franchirent d'un saut parapets et tranchées. Les Turcs, fatigués de cette guerre, abandonnèrent avec dégoût.

Venait ensuite l'action centrale de la journée, l'assaut contre la gare. Peake dévala du nord et tâcha d'enlever ses hommes en s'exposant lui-même, obstinément, au feu de l'ennemi ; il y réussit assez mal, l'honneur de ses Égyptiens n'étant pas des plus farouches. Brodie ouvrit le feu avec sa précision coutumière tandis que les aéroplanes, dessinant leurs cercles flegmatiques au-dessus des tranchées, y laissaient tomber des bombes sifflantes. Les autos blindées avancèrent alors, avec des éternuements de fumée, et dans cette atmosphère épaisse, une file de Turcs agitant des choses blanches sortirent bientôt de leur tranchée principale avec un air découragé.

Aussitôt la manivelle des Rolls tourna ; les Arabes bondirent sur leurs chameaux ; les hommes de Peake, devenus hardis, prirent le pas gymnastique, et tout le monde se rua vers la gare. Notre auto gagna la course ; j'y acquis la cloche de la gare, une pièce fort imposante en bronze de Damas. Le suivant prit le poinçon des billets, et le troisième le timbre humide pendant que les Turcs nous considéraient ahuris, indignés de se voir ainsi relégués au second rang.

Une minute après, avec un hurlement, les Bédouins se jetaient dans le pillage le plus fou de leur histoire. 200 fusils, 8 000 paquets de cartouches, des bombes, des vivres et des habits en abondance étaient emmagasinés dans la gare. Chacun se gorgea et démolit à sa guise. Un malheureux chameau accrut la pagaïe en faisant éclater à l'entrée de la cour une des nombreuses mines de protection placées par les Turcs. L'explosion le fit cabrioler cul par-dessus tête ; une panique s'ensuivit. Les pillards crurent que Brodie rouvrait le feu.

L'officier égyptien, cependant, avait découvert un magasin intact et l'avait fait garder par des soldats : sa troupe était à court de vivres. Les loups d'Hazaa, point encore rassasiés, ne voulurent pas reconnaître le droit des Égyptiens au partage. Quelques coups de feu éclatèrent. Notre médiation obtint que les Égyptiens pussent prendre d'abord les vivres dont ils avaient besoin, puis une ruée générale s'ensuivit qui fit éclater les parois du magasin.

Le butin de Chahm fut si énorme que huit Arabes sur dix s'en contentèrent. Au matin, seuls Hazaa et une poignée d'hommes restaient pour les opérations suivantes. Le programme de Dawnay parlait alors de la gare de Ramleh. Mais ses ordres d'opérations étaient encore à l'état d'ébauche, la position n'ayant pas été examinée. Nous envoyâmes donc Wade la reconnaître avec son auto blindée et une deuxième auto de secours. Il avança prudemment, tronçon à tronçon, dans un silence de mort. Enfin, sans coup férir, il entra dans la cour de la gare, avec précaution, de peur des mines dont les déclics et les fils couvraient le sol d'arabesques.

La gare était bouclée. Une demi-bande de mitrailleuse à travers la porte et les volets n'ayant pas obtenu de réponse, il descendit de sa voiture, fouilla la bâtisse et la trouva vide d'hommes mais assez pleine de marchandises précieuses pour faire s'exclamer sur leur vertu Hazaa et sa poignée de fidèles. Nous passâmes le jour à détruire encore quelques milles de la voie abandonnée jusqu'au moment où l'on jugea que les dommages étaient suffisants pour occuper pendant quinze jours la plus forte équipe de réparations.

Le troisième jour devait être celui d'El Medaouara. Mais nous n'avions plus guère d'espoir ni de troupes. Les Arabes étaient partis, les hommes de Peake trop peu belliqueux. La garnison d'El Medaouara, pourtant, pouvait être prise de panique comme celle de Ramleh : nous passâmes donc la nuit en terrain conquis. L'infatigable Dawnay disposa des sentinelles qui, pour rivaliser de « chic » avec leur officier, se lancèrent dans un va-et-vient à la Buckingham Palace au ras de nos têtes soi-disant endormies. Je finis par me lever pour leur enseigner l'art de monter la garde dans le désert.

Au matin nous partîmes inspecter El Medaouara, royaux dans nos voitures qui grondaient par les plaines de sable et de galets, le pâle soleil levant derrière nous. Cette lumière, qui nous masquait aux yeux de l'ennemi, nous permit d'approcher assez pour voir un long train arrêté en gare. Renfort ou évacuation ? Un moment après il dirigeait sur nous le feu de quatre canons dont deux petits Howitzers autrichiens, alertes et précis. À 7 000 mètres, ils tiraient si bien que nous décampâmes avec une hâte dépourvue de dignité vers quelques creux plus distants. Un long détour nous conduisit ensuite au point où j'avais fait, avec Zaal, sauter notre premier train. Le pont sous lequel la patrouille turque avait fait la sieste fut détruit, puis nous revînmes à Ramleh étendre encore la démolition de la voie et des ponts, afin de rendre la coupure permanente et décourager Fakhri à jamais de la réparer. Fayçal, cependant, avait envoyé Mohammed-el-Dheilan enlever les gares encore intactes entre Maan et notre brèche. Dawnay fit sa jonction avec eux (géographiquement, du moins) sous l'escarpement, un jour plus tard. Ainsi les quatre-vingts milles de voie entre Maan et El Medaouara étaient tombés entièrement entre nos mains avec leurs sept gares. Cette opération mit fin à la défense active de Médine.

Un nouvel officier, Young, arriva de Mésopotamie pour renforcer notre État-Major. C'était un soldat de carrière, exceptionnellement brillant, possédant une vieille et vaste expérience de la guerre ; il connaissait à fond l'arabe. Son rôle devait être de me doubler auprès des tribus de façon à obtenir une action plus large et mieux dirigée. Pour lui permettre de se faire la main et de s'accoutumer à nos conditions nouvelles, je lui passai la chance qui s'offrait de faire collaborer Zeid, Nacer et Mirzouk à une nouvelle brèche de quatre-vingts milles dans la voie au nord de Maan. De mon côté, je descendis à Akaba et pris le bateau de Suez pour aller consulter Allenby sur les opérations futures.

CHAPITRE XCV

Dawnay vint à ma rencontre et nous convînmes de notre plaidoirie, avant de nous rendre au camp d'Allenby. Le général Bols, tout heureux, nous y accueillit d'un sourire : « Eh bien ! nous tenons El Salt ». À nos regards abasourdis il répondit que le chef des Beni-Sakhrs, un beau matin, était venu à Jéricho pour offrir la coopération immédiate de ses vingt mille hommes à Themed ; le lendemain, dans sa baignoire, il avait combiné son plan ; tout était arrêté.

Je lui demandai qui était le chef des Beni-Sakhrs. « Fahad », répliqua-t-il, triomphant de cette incursion heureuse dans ce qui avait été mon domaine. C'était de plus en plus fou. Fahad, je le savais bien, ne pouvait pas lever quatre cents hommes ; et, pour le moment, il n'y avait pas une seule tente à Themed ; toute la tribu avait gagné le Sud, vers Young.

Nous courûmes au bureau pour savoir la vérité : malheureusement, l'histoire était bien telle que Bols nous l'avait racontée. La cavalerie anglaise était partie impromptu dans les montagnes du Moab sur une promesse en l'air des cheikhs Zebns : gaillards cupides qui étaient venus à Jérusalem tâter des largesses d'Allenby et qu'on avait crus sur parole.

Il n'y avait pas, alors, de troisième adjoint au Grand Quartier Général. Guy Dawnay, le frère de notre guerrier, qui avait fait le plan de l'offensive sur Jérusalem, était entré dans l'État-Major de Haig ; Bartholomew, qui devait élaborer l'offensive d'automne sur Damas, était encore avec Chetwode. L'exécutif d'Allenby pendant ces mois était donc inférieur à son pouvoir de conception.

Car, naturellement, l'expédition échoua quand j'étais encore à Jérusalem où je me consolais de l'insuffisance de Bols avec Storrs devenu maintenant le gouverneur de la place, un gouverneur plein d'urbanité et d'astuce. Les Beni-Sakhrs étaient couchés dans leurs tentes ou partis bien loin, avec Young. Aucun d'entre eux n'aida le général Chauvel qui vit les Turcs, derrière son dos, réoccuper les gués du Jourdain et s'emparer de la route par laquelle il s'était avancé. Seul l'instinct d'Allenby, lui montrant le danger juste à temps, nous fit échapper au désastre. Pourtant nos pertes furent douloureuses. Cet échec apprit aux Anglais à montrer plus de patience pour les difficultés de Fayçal ; convainquit les Turcs que le secteur d'Amman était le point dangereux ; enfin, donna aux Beni-Sakhrs l'impression que les Anglais étaient incompréhensibles : non pas de grands soldats, sans doute, mais capables d'exploits bizarres sous l'éperon du moment. Ainsi, le premier échec d'Amman fut en partie racheté par une répétition délibérée de ce qui avait paru accidentel. En même temps cette opération ruinait tous les espoirs que Fayçal avait pu concevoir de traiter indépendamment avec les Beni-Sakhrs ; cette tribu prudente et riche demandait des alliés sur qui l'on pût compter.

Notre manœuvre, clairement définie quand nous étions en tête à tête avec l'ennemi, s'empêtrait maintenant dans les difficultés d'un partenaire. Il nous fallait danser aux violons d'Allenby. Or celui-ci n'était pas satisfait. L'offensive allemande en France lui arrachait toutes ses troupes. Il garderait Jérusalem, mais ne pouvait se permettre, de plusieurs mois, aucune perte, encore moins une attaque. Le Ministère de la Guerre lui promettait des divisions indiennes de Mésopotamie et des contingents de troupes fraîches levées aux Indes. Grâce à ces renforts, il rebâtirait son armée sur le modèle indien. Peut-être serait-il ainsi, à la fin de l'été, en état de reprendre les opérations; mais, pour l'instant, nous devions tous les deux nous contenter de tenir.

Il me dit ceci le 5 mai : c'était, dans le plan Smuts, la date où toute l'armée devait s'ébranler vers le Nord jusqu'à la chute de Damas et d'Alep. Comme première phase de ce mouvement concerté, nous avions pris à notre charge le siège de Maan; l'arrêt d'Allenby nous laissait englués dans un investissement de forces supérieures aux nôtres. En outre, les Turcs retirés d'Amman auraient maintenant le loisir de nous refouler d'Aba-el-Lissan jusqu'à Akaba. Dans une situation si fâcheuse j'eusse volontiers suivi la pente ordinaire des collaborations : envoyé l'autre au diable. Mais déjà la loyauté d'Allenby se préoccupait de nous soulager. Il menaçait l'ennemi par l'établissement, sur le Jourdain, d'une large tête de pont comme s'il allait le traverser une troisième fois. Ainsi Amman resterait sur le qui-vive. Pour nous fortifier sur notre plateau, il nous offrit l'équipement technique dont nous pourrions avoir besoin.

Je profitai de l'occasion pour demander des raids d'avions répétés sur le chemin de fer du Hedjaz. Le général Salmond, mandé, se montra aussi généreux, en paroles et en actes, que le Commandant en Chef. À partir de ce jour jusqu'à l'effondrement de la Turquie, la *Royal Air Force* ne cessa d'exercer sur Amman une pression sourde et désagréable. Si l'ennemi ne montra pas plus d'activité, nous le dûmes à la désorganisation de ses transports par des bombardements aériens. À l'heure du thé, Allenby mentionna la Brigade Impériale des Chameliers qui se trouvait alors dans le Sinaï, en regrettant que la situation actuelle le contraignît à la dissoudre : il devait se servir des hommes pour renforcer ses troupes montées. « Et qu'allez-vous faire de leurs chameaux ? » demandai-je. Il rit et dit : « Demandez au Q.G.[1] »

1. *Quartermaster General* : Général chargé du service de campement, approvisionnement, matériel, etc. *(N.d.T.)*

Obéissant, je traversai le jardin poussiéreux, tombai à l'improviste sur le Quartermaster General, Sir Walter Campbell — très Écossais — et répétai ma question. On me répondit fermement que ces chameaux étaient affectés comme moyens de transport divisionnaires à la seconde des nouvelles divisions indiennes. J'expliquai que j'en aurais voulu deux mille. La première réponse fut à côté de la question ; la seconde signifiait que j'étais libre de continuer à en vouloir. Je discutai, mais le général paraissait incapable de partager mon point de vue. Bien sûr, il est de la nature d'un Q.G. d'être chiche.

Je retournai chez Allenby et dis bien haut, devant tout le monde, qu'on allait disposer de 2 200 chameaux de selle et 1 300 chameaux de bât. Tous, provisoirement, avaient été affectés aux transports ; mais, naturellement, des chameaux de selle restaient des chameaux de selle. Tout l'État-Major sifflota et prit un air entendu, comme s'ils doutaient, eux aussi, qu'on pût faire porter des bagages à des chameaux de selle. Cette technicité, même feinte, pouvait nous servir. Un officier anglais, par point d'honneur, est connaisseur en animaux. Aussi ne fus-je pas étonné de voir Sir Walter Campbell invité à dîner ce soir-là chez le Général en Chef.

Nous étions assis l'un à droite, l'autre à gauche d'Allenby qui se mit, dès le potage, à parler de chameaux. Sir Walter s'écria que la suppression providentielle de la Brigade Impériale donnerait au train de la ... division son effectif réglementaire : une aubaine, vraiment, car on avait fouillé tout l'Orient pour y trouver des chameaux. C'était passer la mesure. Allenby, lecteur assidu de Milton, avait un sens aigu du style : ce vers-là était faible. Il se moquait bien des effectifs réglementaires, fétiches des bureaux administratifs.

Il me regarda en clignant de l'œil « Et vous, que voulez-vous en faire ? » Je répliquai vivement « Mettre mille hommes dans Deraa le jour qu'il vous plaira. » Il sourit et considéra Sir Walter Campbell en secouant la tête puis dit tristement : « Q.G., vous avez perdu. » La chèvre, à ces mots, devint folle, et le chou, bête comme chou. C'était un don immense, royal, le don de mobilité infinie. Désormais les Arabes pouvaient gagner la guerre quand et comme ils le voudraient.

Le lendemain matin je partis rejoindre Fayçal, au frais dans son aire d'Aba-el-Lissan. Nous discutâmes, tout au long, histoire, tribus, migrations, sentiments, pluies printanières et pâturages. Enfin je glissai négligemment qu'Allenby venait de nous donner deux mille chameaux. Fayçal, l'haleine coupée, me saisit le genou : « Mais comment ? » Je lui contai toute l'histoire. Il sauta sur ses pieds et m'embrassa. Puis il frappa violemment des mains. La silhouette noire d'Hejris parut à la porte de la tente. « Vite, cria Fayçal, appelle-les. — Qui ? demanda Hejris. — Mais Fahad, Abdullah-El-Feir, Aouda, Motlog, Zaal... — Pas Mirzouk ? » demanda Hejris timidement. Fayçal le traita d'imbécile et le noir détala ; cependant j'ajoutai : « Voici la fin qui approche. Bientôt vous pourrez me laisser partir. » Il protesta, disant que je devais rester avec eux toujours, et non pas seulement jusqu'à Damas comme je l'avais promis à Oumledj. Moi qui voulais tant m'en aller !

Un bruit de pieds nus approcha de la tente et s'arrêta sur le seuil : les cheikhs reprenaient leur dignité, rectifiaient leur voile. Un à un ils vinrent s'asseoir en silence sur le tapis, chacun disant d'une voix machinale : « Plaise à Dieu ! Bonnes nouvelles ? », et lorsque Fayçal répondait à chacun « Loué soit Dieu ! », ils considéraient, étonnés, ses yeux dansants.

Quand se tut le frou-frou de la dernière robe, Fayçal leur annonça que Dieu nous avait envoyé les moyens de la victoire — deux mille chameaux de selle. Notre guerre, désormais, devait s'avancer sans obstacle vers la liberté, son but triomphal. Ils murmurèrent d'étonnement, faisant de leur mieux, pourtant, comme de grands seigneurs, pour rester calmes ; du coin de l'œil ils me dévisageaient pour deviner la part que j'avais prise à cet événement. « La bonté d'Allenby », dis-je. Zaal, promptement, intervint au nom de tous. « Dieu veille sur sa vie et la tienne. » Je répondis : « L'on nous donne la victoire », puis je me levai et, me tournant vers Fayçal : « Avec votre permission », dis-je ; et je me glissai hors de la tente pour aller annoncer la nouvelle à Joyce. Derrière mon dos ils éclatèrent en paroles extravagantes sur leurs futurs exploits, plus extravagants encore. Puérilité ? Sans doute ! Mais ce serait une étrange guerre que celle où chaque soldat ne sentirait pas qu'il est en train de la gagner.

Joyce fut, lui aussi, réjoui et apaisé par mes deux mille chameaux. Les questions, aussitôt, se pressèrent : à quel coup les employer ? Comment organiser leur venue de Bir Chéba à Akaba ? Où trouver, pour deux mois, un pâturage pour cette multitude d'animaux ? Il fallait les désaccoutumer de l'orge, pour l'usage que nous voulions en faire.

Mais nous avions le temps. Il fallait, cependant, nous maintenir sur le plateau cet été, assiéger Maan et garder les voies coupées. La tâche n'était pas facile.

Le ravitaillement, d'abord. Je venais de débrayer tout le mécanisme existant. L'Egyptian Camel Corps avait établi un service de transports continu entre Akaba et Aba-El-Lissan. Mais il transportait moins, et moins vite, que ne l'avaient prévu nos estimations les plus faibles. Nous le pressâmes d'augmenter ses charges et sa vitesse ; l'on nous opposa des règlements de fer, établis pour réduire au minimum les pertes d'animaux. En accroissant légèrement les chiffres, nous pouvions doubler la capacité de transport du convoi. En conséquence, j'avais offert de garder les animaux et de renvoyer les Égyptiens.

Les Anglais, à court d'hommes, sautèrent sur mon idée presque trop vite. Nous eûmes un mal terrible à improviser des convoyeurs. Goslett, seul, avait déjà pris l'intendance, les transports, les munitions, la trésorerie et le commandement de la base. Un travail supplémentaire eût été cruel. Dawnay dénicha donc Scott, parfait

Irlandais, pour assumer le commandement de la base. Il était gai, courageux et capable. Akaba respira mieux. Les munitions furent confiées à Bright, sergent ou sergent-major. Young prit les transports et le travail de quartermaster.

Young s'était surmené à chevaucher furieusement entre Naimats, Hedjaias et Beni-Sakhrs, entre Nacer, Mirzouk et Fayçal, essayant de les combiner et de les faire mouvoir ensemble. Du même coup il avait surmené les Arabes. Dans le service des transports, son coup de collier et ses aptitudes seraient mieux employés. De toute son énergie il s'empoigna avec le chaos. Il n'avait pas de magasins pour ses caravanes, pas de selles, pas de commis, pas de vétérinaires, pas de remèdes ; seulement de rares convoyeurs. Faire marcher dans ces conditions un service ponctuel et sans heurt était impossible : pourtant Young y réussit presque, avec ses façons curieuses et désagréables. Le ravitaillement de notre armée régulière sur le plateau était un gros problème : il fut résolu grâce à lui.

Cependant le front de la Révolte s'élargissait toujours. Fayçal, enfermé dans sa tente, ne cessait d'enseigner et de prêcher les principes du Mouvement Arabe. Akaba était en pleine prospérité. Même notre service en campagne marchait bien. Les réguliers arabes venaient juste d'enlever pour la troisième fois Abou Djerdane, cette gare, tant de fois battue, que nous avions maintenant l'habitude de prendre et de reperdre. Nos autos blindées, tombant par hasard sur une sortie turque de Maan, avaient donné à l'ennemi une telle frottée, qu'il ne renouvela jamais l'expérience. Zeid, qui commandait la moitié de l'armée postée au nord de Ouheida, déployait beaucoup de vigueur. Sa gaieté, son allant, avaient plus d'attrait pour les officiers professionnels que la poésie et le sérieux de Fayçal. L'heureuse association des deux frères permettait à chaque sorte d'homme de sympathiser avec l'un ou l'autre chef de la Révolte.

Il y avait, pourtant, des nuages dans le nord. À Amman se concentraient des forces importantes désignées pour Maan aussitôt que les conditions de ravitaillement leur permettraient de bouger. Les stocks de réserve devaient être amenés de Damas par chemin de fer dans la mesure où l'autorisaient les raids de la Royal Air Force.

Afin de parer à cette menace, Nacer, notre meilleur général de guérilla, avait été désigné pour faire, en avant de Zeid, quelque opération de grand style contre le chemin de fer. Il était venu camper dans l'ouadi Hessa avec Hornby, gorgé d'explosif, et la section de méharistes égyptiens de Peake entraînée aux démolitions. Tant qu'Allenby n'aurait pas repris son aplomb, nous devions lutter pour gagner du temps. Le secours de Nacer serait des plus précieux s'il pouvait nous donner un mois de répit en jouant avec l'armée turque au fantôme insaisissable. S'il échouait, il fallait nous attendre à la délivrance de Maan et à un furieux assaut, sur Aba-el-Lissan, des ennemis ravigotés.

CHAPITRE XCVI

Nacer attaqua la gare de Hessa dans son vieux style, coupant la ligne au nord et au sud la nuit précédente et concentrant un fort bombardement sur les bâtiments de la gare dès le point du jour. Rassim était le canonnier, et le canon, notre vieille antiquité de Médine, El Ouedj et Tafila. Quand les Turcs faiblirent, les Arabes chargèrent, Beni-Sakhrs et Haoueitates se disputant la conduite de la charge.

Naturellement, nous n'eûmes pas de mort; c'était toujours le cas avec cette tactique. Hornby et Peake réduisirent ensuite la place à un monceau de ruines. Ils firent sauter le puits, les réservoirs, les machines, les pompes, les bâtiments, trois ponts, le matériel roulant et à peu près quatre milles de rails. Le jour suivant Nacer se déplaça vers le nord et détruisit la gare de Faraifra. Peake et Hornby continuèrent leur travail ce jour et le jour suivant. Déjà cela semblait notre plus grande démolition. Je décidai d'aller y voir moi-même.

Une douzaine de mes hommes m'accompagnaient. Sous le pont de Racheidiya nous arrivâmes à l'arbre solitaire Chedjerat-el-Tayar. Mes Hauranis arrêtèrent leurs bêtes sous ses branches épineuses d'où pendaient, empalés, les haillons des vêtements offerts par les voyageurs. Mohammed dit : « Sur toi, ô Mustapha ! » À regret Mustapha descendit de sa selle, ôta un à un ses vêtements, puis, presque nu, se coucha, arqué sur le montjoie croulant. Les autres hommes mirent pied à terre, arrachèrent chacun une épine et, en procession, vinrent les planter (dures et aiguës comme du cuivre) dans sa chair où elles demeuraient profondément piquées. Les Ageyls, yeux ronds et bouche bée, considéraient la cérémonie ; mais, voyant qu'elle allait finir, se hâtèrent de descendre à leur tour comme des singes, avec une grimace lascive, et vinrent eux aussi planter leurs épines où ce pouvait être le plus douloureux. Mustapha frissonna sans mot dire jusqu'au moment où Mohammed lui ordonna : « Lève-toi ! » en se servant de l'inflexion féminine. Tristement il arracha les épines, se rhabilla et remonta en selle. Abdullah ne connaissait pas la raison de ce châtiment et l'attitude des Hauranis montrait qu'ils n'avaient pas envie d'être questionnés.

Nous atteignîmes Hessa où Nacer et ses six cents hommes vivaient cachés sous des falaises et des buissons par peur des avions ennemis qui en avaient tué beaucoup. Une bombe, tombant dans une mare où onze chameaux étaient en train de boire, les avait projetés tous morts en cercle sur la berge jonchée de lauriers-roses en fleur. Nous demandâmes des représailles sévères au Vice-Maréchal Salmond.

Le chemin de fer était toujours entre les mains de Nacer ; Hornby et Peake, toutes les fois qu'ils avaient des explosifs, descendaient y travailler. Ils avaient fait ébouler une tranchée et imaginé, pour la démolition des voies, une nouvelle technique qui culbutait chaque section d'un bloc à mesure qu'elle était coupée. De Sultani, dans le nord, jusqu'à Djouf, dans le sud, le dommage s'étendait. Quatorze milles maintenant. Nacer comprenait pleinement l'importance d'une action sans répit, et j'avais bon espoir de le voir poursuivre. Il avait trouvé une grotte confortable, à l'épreuve des bombes, entre deux aiguilles calcaires qui, emboîtées comme des dents, émergeaient du flanc verdoyant de la colline. La chaleur et les mouches n'étaient pas encore formidables dans la vallée. L'eau y ruisselait, les pâturages y étaient plantureux. Enfin, Tafila se trouvait derrière : si Nacer était un jour trop pressé par l'ennemi, il lui suffirait d'envoyer un message ; toute la paysannerie des villages voisins, ses rudes petits chevaux tintinnabulant de sonnailles, s'engouffrerait à son secours par dessus la crête.

Le jour de notre arrivée, les Turcs envoyèrent une troupe composite (chameliers, cavaliers et fantassins) réoccuper Faraifra en guise de première contre-attaque. Nacer, aussitôt, leur sauta à la gorge. Pendant que les mitrailleuses forçaient les Turcs à baisser la tête, les Abou Tayis, chargeant jusqu'à cent mètres du mur croulant qui constituait leur seule défense, razzièrent tous les chameaux et quelques chevaux. Mettre ainsi des animaux de course devant le nez des Bédouins était un sûr moyen de les perdre.

Je descendais avec Aouda vers la fourche de la vallée quand monta, au-dessus de nos têtes, le grondement plaintif des Mercedes. La nature elle-même se tut devant ce maître bruit : même les oiseaux et les insectes se blottirent. Nous rampâmes derrière des blocs éboulés. La première bombe tomba plus bas dans la vallée, là où Peake avait camouflé son camp dans un taillis de lauriers-roses d'une vingtaine de pieds. Les avions volaient vers nous, car les bombes suivantes éclatèrent plus près ; la dernière tomba juste en face, dans un tonnerre poussiéreux, près des chameaux récemment capturés.

Quand la fumée se fut éclaircie, deux d'entre eux se débattaient sur le sol dans les spasmes de l'agonie. Un homme défiguré, dont le sang giclait par une frange de chair rouge autour du cou, trébucha en hurlant vers nos rocs. Il buta aveuglément de l'un à l'autre, tituba, battit l'air de ses bras étendus, fou de souffrance. Puis il tomba et ne bougea plus. Tous ceux qui s'étaient dispersés à son approche osèrent s'avancer de lui : mais il était mort.

Je revins vers Nacer, sain et sauf dans sa grotte avec Naouaf et Faiz, frère de Mithgal, chef des Beni-Sakhrs. Naouaf, homme tortueux, était si plein d'un orgueil si sensible, qu'il pouvait se courber à n'importe quelle mesquinerie secrète pour sauver la face publiquement. Il était fou, comme tout le clan des Faiz, incertain comme eux, et volubile, avec des yeux clignotants.

Notre connaissance, qui datait d'avant la guerre, avait été renouvelée secrètement l'année précédente : trois d'entre nous s'étaient glissés après le coucher du soleil dans leurs riches tentes de famille près de Ziza. Faouaz, l'aîné des Faiz, était un notable arabe qui faisait partie du comité de Damas et jouait un rôle éminent dans le complot pour l'indépendance. Il nous reçut avec des paroles amicales, nous offrit l'hospitalité, un riche repas, et, après notre conversation, les plus opulentes couvertures.

Je dormais depuis une heure ou deux lorsqu'une voix, basse mais passionnée, me parvint à l'oreille au travers d'une barbe qui puait le tabac. C'était Naouaf, le frère, qui venait me mettre en garde. Derrière son apparence amicale, Faouaz m'avait trahi : il avait envoyé des cavaliers à Ziza ; les troupes seraient bientôt là pour m'arrêter. Nous étions certainement pris au piège. Mes Arabes s'accroupirent sur place, prêts à se battre comme des bêtes aux abois, et tuer au moins quelques ennemis avant de mourir eux-mêmes. Cette attitude ne me convenait pas. S'il fallait en venir au corps à corps, je ne valais plus rien. Le dégoût d'être touché me révoltait plus que l'idée de la mort et la défaite ; peut-être une terrible lutte de ce genre, dans ma jeunesse, m'avait-elle donné à jamais la peur de tout contact ; peut-être aussi avais-je tellement de respect pour l'esprit et de mépris pour le corps que je ne voulais pas être redevable au second de la vie du premier.

Je demandai à voix étouffée un conseil à Naouaf. Il rampa en arrière sous le rideau de la tente. Nous suivîmes en traînant mes quelques affaires dans un léger sac de selle. Derrière la tente suivante, celle de Naouaf, étaient couchés les chameaux entravés et sellés. Nous montâmes sans bruit en selle. Naouaf détacha sa jument et nous servit de guide, le fusil armé en travers des cuisses, jusqu'à la voie de chemin de fer et au-delà dans le désert. Puis il nous indiqua, d'après les étoiles, la direction de notre but supposé dans Bair. Quelques jours plus tard, le cheikh Faouaz était mort.

CHAPITRE XCVII

J'expliquai à Fayçal que la brèche faite par Nacer durerait encore un mois ; lorsque les Turcs se seraient débarrassés de lui un troisième mois passerait avant qu'ils n'attaquent Aba-el-Lissan. À ce moment nos nouveaux chameaux seraient prêts pour notre offensive. Nous pourrions, suggérai-je, demander à son père, le roi Hussein, de faire transporter à Akaba les unités régulières maintenant commandées par Ali et Abdullah. Ce renfort porterait nos troupes à dix mille hommes régulièrement équipés.

Nous les diviserions en trois groupes. Le premier, peu mobile, maintiendrait la garnison de Maan. Un millier d'hommes, sur nos chameaux frais, attaqueraient le secteur Deraa-Damas. Le reste composerait une seconde expédition de deux ou trois mille fantassins qui, traversant le pays des Beni-Sakhrs, irait faire sa jonction avec Allenby à Jéricho. Le rezzou à grande portée, en prenant Deraa ou Damas, forcerait les Turcs à retirer de Palestine une division, peut-être deux, pour rétablir leurs communications. L'ennemi, ainsi affaibli, donnerait à Allenby l'occasion d'avancer son front au moins jusqu'à Naplouse. La chute de Naplouse couperait les communications latérales qui rendaient les Turcs si forts dans le Moab et contraindrait l'ennemi à se replier sur Amman, nous donnant ainsi la possession paisible de tout le bassin du Jourdain. Pratiquement, je proposai d'employer à fond les Arabes du Hauran pour nous faire atteindre Jéricho, à mi-chemin de Damas, notre but définitif. Fayçal tomba d'accord là-dessus et me donna, pour son père, des lettres qui conseillaient cette tactique. Par malheur, « le vieux » était à ce moment peu disposé à prendre l'avis de Fayçal ; ce fils, qui réussissait trop bien à son gré et recevait de l'Angleterre des secours disproportionnés, le faisait jaunir de jalousie. Pour traiter avec le Roi, je combinai donc une action convergente de Wingate et d'Allenby, ses trésoriers-payeurs. Je résolus d'aller en Égypte moi-même pour les presser d'écrire des lettres ayant la roideur nécessaire. Au Caire, Dawnay tomba d'accord à la fois sur le transfert des troupes régulières du Sud et sur une offensive indépendante. Nous allâmes trouver Wingate. Une discussion le convainquit de la valeur de mon idée. Il écrivit donc au roi Hussein en lui conseillant fortement de renforcer Fayçal. J'insistai pour qu'il dît clairement au Roi que la continuation de notre secours financier dépendrait de sa décision ; mais Wingate refusa d'exercer une pression aussi franche et conçut la lettre en termes polis qui allaient glisser sur la dureté soupçonneuse du vieux de La Mecque.

Les avantages, pourtant, étaient tels que nous fûmes trouver Allenby pour lui demander aide et secours auprès du Roi. L'atmosphère du Grand Quartier Général était bien changée depuis ma dernière visite. On y palpitait comme d'ordinaire d'énergie et d'espoir, mais un sens nouveau de logique et de coordination s'y manifestait à un degré extraordinaire. Allenby faisait preuve, dans le choix de ses hommes, d'un curieux aveuglement, dû sans doute à sa grandeur positive qui semblait rendre superflue la valeur de ses subordonnés. Mais Chetwode, peu satisfait, était intervenu de nouveau et avait fait nommer Bartholomew, son propre chef d'État-Major, au troisième rang de la hiérarchie. Bartholomew ne possédait pas l'imagination de Dawnay ni ses facettes multiples ; pourtant il était plus compliqué, plus achevé même comme soldat, d'une prudence plus consciencieuse : il avait l'allure amicale d'un capitaine d'équipe sportive.

Nous déroulâmes devant lui notre plan : lancer le ballon en automne avec l'espoir qu'après notre poussée il lui serait possible d'entrer vigoureusement dans le jeu. Il nous écouta en souriant — et dit que nous venions trois jours trop tard. La nouvelle armée britannique arrivait de Mésopotamie et des Indes : le groupement, l'entraînement des hommes faisaient des progrès prodigieux. Le 18 juin une Conférence limitée était arrivée, après mûre considération, à l'idée que l'armée était capable d'une offensive générale et soutenue dès le mois de septembre.

Le ciel, en effet, s'éclaircissait sur nos têtes. Allenby déclara carrément qu'à la fin de septembre il déclencherait une grande offensive pour réaliser le plan Smuts jusqu'à Damas et Alep. Notre rôle était celui qu'on nous avait assigné au printemps : nous devions entreprendre le raid sur Deraa avec nos deux mille chameaux. L'époque et le détail seraient fixés dans les semaines suivantes, à mesure que les calculs de Bartholomew prendraient corps.

Nos espoirs de victoire avaient été trop souvent anéantis pour m'abandonner à ceux-ci sans réserve. En guise de seconde corde à notre arc j'obtins donc la bénédiction d'Allenby pour le transfert à Akaba des contingents réguliers d'Abdullah et d'Ali. Je partis, ainsi paré, vers Djeddah, où je n'eus pas plus de succès que je n'en espérais. Le Roi, ayant eu vent de mon projet, s'était réfugié, sous prétexte de Ramadan, dans sa capitale inaccessible de La Mecque. Nous eûmes une conversation par téléphone au cours de laquelle le roi Hussein, quand le sujet devenait dangereux, se réfugiait derrière l'incompétence des téléphonistes de La Mecque. J'avais trop de choses dans l'esprit pour goûter ce genre de farce : je coupai donc, remis les lettres de Fayçal, de Wingate et d'Allenby, intactes, dans mon sac, et retournai au Caire par le premier bateau.

LIVRE IX

L'élan pour le dernier effort

Chapitres XCVIII à CVI

Allenby, dans son organisation rapide des renforts qui arrivaient des Indes et de la Mésopotamie, surpassa tous nos espoirs et fut bientôt capable de projeter une offensive pour l'automne. Nos forces et celles de l'ennemi étant à peu près égales, la victoire dépendrait de notre habileté à tromper les Turcs : il fallait les persuader que tout le danger pour eux était au-delà du Jourdain.

Nous pouvions y contribuer en restant tranquilles pendant six semaines, et en feignant une faiblesse qui inciterait les Turcs à attaquer.

Les Arabes, alors, prendraient la tête du mouvement au moment critique, en coupant les communications par chemin de fer avec la Palestine.

Un tel enchevêtrement de bluffs exigeait de choisir pour chaque action le moment exact; l'équilibre eût été détruit, en effet, autant par la retraite prématurée des Turcs en Palestine que par une attaque prématurée contre les Arabes au-delà du Jourdain. Nous empruntâmes à Allenby quelques troupes du Corps des Chameliers

Impériaux pour prêter plus de vraisemblance à notre situation soi-disant critique. Cependant nous préparions activement le raid sur Deraa sans autre difficulté qu'un inopportun accès de pique du roi Hussein.

CHAPITRE XCVIII

Le 11 juillet nous eûmes, Dawnay et moi, une nouvelle conversation avec Allenby et Bartholomew. Leur générosité confiante nous permettait de voir le fonctionnement intime d'un esprit de général. C'était une grande expérience : éducative, rassurante et très précieuse pour moi qui étais aussi vaguement général, dans mon genre. Bols, en permission, n'assistait pas à cette dernière élaboration des plans. Sir Walter Campbell était également absent. Bartholomew et Evans, leurs suppléants, complotèrent de réorganiser les convois de l'armée sans souci des formations régulières et avec tant d'élasticité qu'on pût soutenir n'importe quelle poursuite.

La confiance d'Allenby était un mur. Avant l'attaque, il s'en fut voir ses troupes, secrètement massées dans l'attente du signal, et leur dit qu'il était sûr de faire, avec leur aide, trente mille prisonniers — quand toute notre partie dépendait d'un hasard ! Bartholomew, pour l'instant, était fort anxieux. Refondre toute l'armée avant septembre serait, dit-il, un travail fantastique ; et en admettant même qu'on fût prêt (en fait, quelques brigades venaient juste d'être créées quand on les engagea) nous ne devions pas admettre que l'attaque se déroulerait suivant le plan prévu. Nous ne pouvions la déclencher que dans le secteur côtier en face de Ramleh, notre tête de ligne, le seul point où il fût possible de concentrer du matériel. Ce fait crevait les yeux. Bartholomew ne pouvait croire que les Turcs persistent à ne pas le voir, encore que leurs dispositions actuelles n'en tinssent pas compte.

Le plan d'Allenby était de masser le gros de son infanterie et toute sa cavalerie dans les petits bois d'orangers et d'oliviers de Ramleh, juste avant le 19 septembre. Il espérait, simultanément, faire croire aux Turcs, par une suite de démonstrations dans la vallée du Jourdain, qu'une concentration de troupes s'opérait dans cette région. Les deux raids sur Salt avaient fixé les regards de l'ennemi exclusivement sur la rive orientale du Jourdain. Le moindre mouvement des Anglais ou des Arabes dans cette zone était suivi de contre-précautions qui révélaient les craintes turques. Sur le secteur de la côte, au contraire, ils n'avaient que des effectifs absurdement faibles. Toute la question était de les maintenir dans cette erreur funeste.

Après le succès de Meinertzhagen, les feintes, qui, pour le général ordinaire, ne sont que de spirituels hors-d'œuvre avant la bataille, étaient devenues pour Allenby un point essentiel de stratégie. Bartholomew résolut donc de dresser (près de Jéricho) toutes les tentes jetées au rebut en Égypte ; de transporter là les hôpitaux vétérinaires et les camps de malades ; de placer, partout où c'était plausible, des simulacres de camps, des simulacres de chevaux, des simulacres de troupes ; de jeter de nouveaux ponts sur la rivière ; de concentrer tous les canons capturés et de les utiliser pour un bombardement de la zone ennemie ; enfin, certains jours convenablement choisis, de faire défiler les non-combattants sur les routes poussiéreuses pour donner le sentiment d'une concentration ultime avant l'assaut. Au même instant la Royal Air Force allait remplir le ciel d'escadrilles soigneusement ménagées, formées des derniers types d'avions de combat. La prépondérance ainsi acquise priverait l'ennemi pendant quelques jours de reconnaissances aériennes.

Bartholomew désirait nous voir seconder ses efforts avec toute la vigueur et la sincérité possibles de notre côté d'Amman. Il nous avertit pourtant qu'en tout cas le succès tiendrait à un fil puisque les Turcs, pour sauver leur armée et nous donner toute notre concentration à refaire, n'avaient qu'à se replier simplement de sept ou huit milles dans le secteur côtier. L'armée britannique serait alors comme un poisson qui fouette la poussière : chemin de fer, artillerie lourde, magasins, camps, tout serait mal placé ; et elle n'aurait plus de bois d'oliviers pur masquer sa nouvelle concentration. Ainsi, tout en garantissant que les Anglais feraient de leur mieux, il nous supplia de ne pas engager, à cause de lui, les Arabes dans une position d'où ils ne pussent plus échapper.

Nous repartîmes pour Le Caire, Dawnay et moi, pleins d'ardeur et de calculs devant ces nobles perspectives. Les nouvelles d'Akaba posaient de nouveau la question de la défense du plateau. Les Turcs, ayant chassé Nacer de Hessa, préparaient une attaque contre Aba-el-Lissan pour la fin d'août, c'est-à-dire au moment où notre détachement pour Deraa devait se mettre en route. Il fallait retarder les Turcs au moins d'une quinzaine sans quoi leur menace risquait de nous paralyser. Une intervention urgente était nécessaire.

En ces circonstances délicates, Dawnay pensa au bataillon encore existant de l'Imperial Camel Corps. Peut-être le G.Q.G. consentirait-il à nous le prêter pour abuser les Turcs. Bartholomew, consulté par téléphone, comprit et soutint notre requête auprès de Bols à Alexandrie, et d'Allenby. Après un actif échange de dépêches nous eûmes satisfaction. Le colonel Buxton, avec trois cents hommes, nous fut prêté pour un mois à deux conditions : *primo*, nous fournirions son plan d'opérations ; *secundo*, il n'aurait pas de pertes. Bartholomew sentit nécessaire de nous présenter ses excuses pour cette magnifique réserve, vraiment réconfortante, mais qu'il jugea peu militaire !

Nous nous assîmes donc, Dawnay et moi, devant une carte pour mesurer les étapes de Buxton : du Canal à Akaba ; de là, par Roum, à El Medaouara qu'il enlèverait de nuit ; de là, par Bair, aux environs d'Amman pour détruire le pont et le tunnel ; enfin, retour en Palestine le 30 août. Son activité nous procurait un mois de répit pendant lequel nos deux mille chameaux apprendraient à brouter, tout en charriant les suppléments de fourrage et de vivres dont Buxton aurait besoin.

Pendant que nous tracions ces plans, un autre plus compliqué arrivait d'Akaba, minutieusement élaboré par Young, pour Joyce, d'après notre accord de juin sur une action indépendante des Arabes dans le Hauran. Il indiquait toutes les quantités : vivres, munitions, fourrages et moyens de transport pour deux mille hommes d'Aba-el-Lissan à Deraa. Toutes nos ressources avaient été prises en considération ; d'après le calendrier ainsi établi, nos centres de ravitaillement auraient fait leur plein et l'attaque pourrait commencer en novembre.

Sans tenir compte, même, d'Allenby et de son armée reconstituée, ce plan n'avait plus aucune valeur. Il dépendait du renforcement immédiat de l'armée arabe à Aba-el-Lissan : or le roi Hussein avait refusé les renforts. D'ailleurs novembre était trop près de l'hiver avec ses pistes boueuses qui rendaient impossible la circulation dans le Hauran.

On pouvait discuter du temps et des effectifs. Mais Allenby entendait attaquer le 19 septembre et désirait que nous commencions l'offensive entre quatre et deux jours avant son propre départ. « Trois hommes et un gamin, avec des pistolets, devant Deraa, le 16 septembre », voilà, m'avait-il dit en propres termes, tout ce qu'il attendait ; il aimait mieux cela que des milliers d'hommes une semaine avant ou après. Il s'inquiétait fort peu, en vérité, de notre force militaire qui n'entrait pas dans ses estimations tactiques. Il nous assignait un but moral, psychologique, diathétique : garder les yeux du Commandement turc fixés sur l'autre rive du Jourdain. L'Anglais, en moi, partageait son point de vue, mais le conseiller des Arabes jugeait également importants l'agitation et le combat : l'une pour servir la cause commune, l'autre pour donner aux Arabes le respect de soi sans lequel la victoire ne serait jamais salutaire.

Ainsi, sans hésitation, nous écartâmes le plan Young pour nous mettre à bâtir le nôtre. Le trajet Aba-el-Lissan Deraa prendrait quinze jours; une autre semaine serait nécessaire pour couper les voies, battre en retraite et se reformer dans le désert. Nos hommes devraient donc emporter de quoi se suffire pendant trois semaines. Je savais exactement ce que cela représentait — depuis deux ans nous ne faisions pas autre chose — et je donnai aussitôt à Dawnay mon évaluation : nos deux mille chameaux, en un seul voyage, sans dépôts sur la route ni colonne supplémentaire de ravitaillement devaient suffire pour cinq cents méharistes réguliers, les soixante-cinq de montagne à tir rapide français, des mitrailleuses à l'avenant, deux autos blindées, des sapeurs, des éclaireurs et deux avions jusqu'à la fin de l'expédition. C'était, nous parut-il, une interprétation assez généreuse des « trois hommes et un gamin » d'Allenby. Nous en fîmes part à Bartholomew qui nous renvoya la bénédiction du G.Q.G.

Young et Joyce « râlèrent » quand je revins leur annoncer qu'on avait mis au panier leur grand travail d'organisation. Je ne dis rien de son déséquilibre ni de son calendrier tardif : j'accusai du changement l'armée reconstituée d'Allenby. Ma nouvelle proposition (pour laquelle j'avais d'avance engagé leur assentiment) était l'assemblage compliqué, « en queue d'aronde », de deux raids à réaliser en un mois et demi : le raid « trouble-fête » du British Camel Corps, et notre grand raid de surprise sur Deraa.

Le sentiment de Joyce fut que j'avais fait une erreur. L'arrivée d'étrangers allait émasculer les Arabes ; leur départ au bout d'un mois serait encore pire. Young, lui, accueillit mon idée d'un « impossible » têtu et belliqueux. Le Camel Corps allait accaparer les chameaux de bât qui eussent permis à la colonne de Deraa d'atteindre son but. En voulant courir deux lièvres à la fois je n'en atteindrais aucun. Je défendis mon plan ; une vive dispute en résulta.

D'abord je répondis à Joyce sur l'Imperial Camel Corps. Les Anglais arriveraient un beau matin — sans qu'un Arabe en soupçonnât rien — et s'évanouiraient tout aussi vite vers Roum. D'El Medaouara au pont de Kissir ils marcheraient dans le désert, loin des yeux de l'armée arabe et des oreilles villageoises. Le service de renseignements ennemi, ainsi maintenu dans le vague, croirait à la présence, sur le front de Fayçal, de toute la défunte brigade. Devant un tel appoint à nos forces de choc, les Turcs s'inquiéteraient pour leur chemin de fer ; et l'apparition de Buxton à Kissir (qu'on prendrait pour une reconnaissance préliminaire) prêterait quelque valeur aux histoires les plus folles sur notre intention d'attaquer bientôt Amman. Joyce, désarmé par ces raisonnements, me soutint désormais de son approbation.

Quant aux difficultés de Young en matière de transports, elles me laissaient froid. Lui, nouveau venu, déclarait insolubles mes problèmes. Mais j'en avais résolu de semblables, impromptu, sans avoir la moitié de son habileté ni de sa force ; et je savais qu'ils n'étaient même pas difficiles. En ce qui concernait le Camel Corps, nous laissâmes Young s'empoigner avec les charges et les horaires : l'armée britannique était son domaine ; et quoiqu'il ne voulût rien affirmer, sinon que la chose était impossible, la chose n'en fut pas moins faite, et deux ou trois jours avant le temps voulu. Mais le raid sur Deraa était une autre histoire : point par point, je discutai la conception qu'il s'était faite de sa nature et de son équipement.

Je rayai le fourrage (la plus lourde charge) après Bair. Young ironisa sur la patiente endurance des chameaux : mais les pâturages, cette année, étaient superbes dans la zone Azrag-Deraa. Des vivres pour les hommes, je retranchai tout ce qui concernait la seconde attaque et le voyage du retour. Young émit la supposition que les hommes se battraient fort bien le ventre vide. J'expliquai que nous vivrions sur le pays. Sur un pauvre pays, pensait Young. Sur un très bon pays, déclarai-je.

Il dit que le retour nous prendrait bien dix jours de marche : un long jeûne. Mais je n'avais nullement l'intention de revenir à Akaba. Aurais-je donc la bonté de lui dire si je prévoyais une défaite ou une victoire ? Je lui fis remarquer que chaque homme aurait un chameau sous lui ; en tuant seulement six chameaux par jour, toute la troupe serait abondamment nourrie. Mais ceci ne l'apaisa pas. Je continuai à lui réduire essence, autos, munitions, tout enfin, au strict minimum compatible avec notre plan. Il devint, en riposte, hargneusement professionnel. Alors j'exposai tout au long mon théorème vénérable : que nous vivions par notre irrégularité même et battions les Turcs par notre imprécision. Le plan de Young était une erreur parce que calculable.

Nous allions au contraire lancer une colonne de mille méharistes vers Azrag leur concentration y serait achevée le 13 septembre ; le 16 nous envelopperions Deraa et couperions ses chemins de fer ; deux jours après nous nous retirerions à l'est de la ligne du Hedjaz pour attendre l'action d'Allenby. Pour parer à tout accident, nous achèterions de l'orge dans le Djebel Druse et le garderions en réserve à Azrag.

Nouri Châalan nous accompagnerait avec un contingent de Rouallas. Nous aurions aussi les Serdiyehs, les Serahins et les paysans hauranis du « Pays Creux », sous la conduite de Tallal-el-Hareidhin. Young qualifia de déplorable cette aventure. Joyce, qui avait fort goûté notre prise de bec, me jugeait ambitieux mais voulait bien risquer la chose. J'étais sûr, en tout cas, que tous deux feraient de leur mieux puisque la décision était déjà prise. Dawnay avait facilité l'organisation en obtenant du G.Q.G. le prêt de Stirling, officier d'État-Major habile, avisé et plein de tact. La passion de Stirling pour les chevaux lui ouvrait, comme un passeport, l'intimité de Fayçal et de ses chefs.

Quelques officiers arabes reçurent des décorations militaires britanniques en récompense de leur vaillante conduite autour de Maan. Ces marques d'estime de la part d'Allenby donnèrent du cœur à l'armée. Nouri Pacha Saïd offrit de diriger l'expédition de Deraa. Son courage, son autorité et son sang-froid le désignaient pour ce raid. Il se mit à choisir un à un, à cette intention, les quatre cents meilleurs hommes de notre armée.

Pisani, le commandant français, encouragé par la Military Cross et rêvant d'obtenir un D.S.O. (Distinguished Service Order), prit enfin possession des quatre canons Schneider que Cousse nous avait envoyés après le départ de Brémond, et passa des heures de torture, en tête à tête avec Young, à essayer de loger ses munitions réglementaires, le fourrage de ses mules, ses hommes et sa cuisine sur la moitié des chameaux requis. Les camps bourdonnaient d'ardeur et de préparatifs. Tout promettait bien.

Nos dissentiments de famille étaient fâcheux mais inévitables. La Révolte Arabe avait pris des proportions qui débordaient maintenant notre sommaire organisation de secours. Mais le prochain acte serait probablement le dernier ; avec un peu de patience nous pouvions faire servir nos ressources présentes. Les discussions ne dépassaient pas notre cercle et grâce au magnifique désintéressement de Joyce nous gardâmes assez d'esprit d'équipe pour éviter une rupture complète, quelle que fût, en apparence, ma tyrannie. D'ailleurs, j'avais une réserve de confiance en moi et j'étais prêt, si c'était nécessaire, à tout prendre sur mes épaules. Quand je disais cela mes collègues me jugeaient orgueilleux. Mais la source de ma confiance n'était pas dans une habileté particulière : seulement, je préférais torcher mon affaire à la diable plutôt que de la laisser, par défaut, s'effondrer tout entière.

CHAPITRE XCIX

C'était maintenant la fin de juillet ; à la fin d'août le raid sur Deraa devait être en route. Cependant il fallait guider le Camel Corps de Buxton dans l'exécution de son programme, avertir Nouri Châalan, enseigner aux autos blindées la route d'Azrag et trouver des terrains d'atterrissage pour les avions. Un mois bien occupé. Nouri Châalan, le plus loin, fut le premier dont on s'occupa. Nous lui demandâmes de venir rencontrer Fayçal à El Djafeur vers le 7 août. L'affaire de Buxton nous parut ensuite la plus urgente. J'annonçai à Fayçal, sous le sceau du secret, la venue de ces forces anglaises. Pour éviter à coup sûr toute perte, leur attaque d'El Médaouara devait avoir lieu dans des conditions de surprise absolue. Je les guiderais moi-même jusqu'à Roum dans cette première étape critique parmi les déchets des tribus Haoueitates autour d'Akaba.

Je me rendis donc à Akaba où Buxton me permit de donner à chaque compagnie quelques explications sur son itinéraire et le naturel ombrageux des alliés qu'ils venaient secourir sans y être invités. Je les suppliai, en cas de bagarre, de tendre l'autre joue : d'abord parce que, mieux éduqués que les Arabes, ils avaient moins de préjugés ; ensuite, parce qu'ils étaient fort peu nombreux. Après ces discours solennels la troupe s'engagea dans la gorge opprimante d'Ithm, sous les rouges falaises du Nedjed, sur les mamelons d'Imran — lent prélude à la grandeur de Roum — puis, à travers la brèche du roc Kkouzail, dans le sanctuaire intérieur des sources et sa religieuse fraîcheur. Le paysage, là, refusait d'être plus longtemps décor, gagnait le ciel, et notre humanité bavarde devenait poussière à ses pieds.

Nos hommes, dans Roum, firent à l'abreuvoir leur première expérience d'égalité avec les Arabes. Ils la trouvèrent pénible, mais firent preuve d'une merveilleuse douceur. Buxton, vieux fonctionnaire du Soudan, parlait l'arabe et comprenait les mœurs indigènes : un homme très patient, gai et sympathique. Hazaa sut admonester utilement les Arabes ; Stirling et Marshall, qui accompagnaient la colonne, connaissaient familièrement les Beni-Atiyehs. Grâce à leur diplomatie et à la prudence des simples soldats anglais, rien de fâcheux n'arriva.

Je passai à Roum le premier jour, muet devant l'irréalité de ces grands garçons bien portants, semblables à de gauches collégiens dans leurs chemises de sport et leurs shorts, qui se promenaient, anonymes et irresponsables, parmi les montagnes abruptes qui avaient été mon domaine. Trois ans de Sinaï avaient brûlé le rouge de ces visages où les yeux bleus vacillaient faiblement, comparés aux sombres regards passionnés des Bédouins. Je leur trouvais la face large, le front bas et les traits grossiers auprès des Arabes élégants, à qui des générations de mariages consanguins avaient donné l'éclat d'une patine qui les faisait paraître infiniment plus vieux que nos frustes, primitifs, honnêtes Anglais. Les soldats du continent paraissaient lourds et gauches auprès de nos maigres athlètes ; mais comparés à mes souples Nejdis, c'étaient les Anglais qui paraissaient à leur tour lourds et gauches.

Je revins ensuite à Akaba, par le couloir de l'Ithm, seul avec six gardes silencieux et réservés qui me suivaient comme des ombres, harmonieux, engloutis dans leur sable, et leur brousse, et leur roc natif. Le mal du pays me serra le cœur, accentua encore ma fatigue de vivre en proscrit parmi ces Arabes dont j'exploitais le plus haut idéal, faisant de leur amour de la liberté un outil de plus pour la victoire de l'Angleterre.

Le soir allait venir et, sur la crête horizontale du Sinaï, en face, le soleil s'abaissait avec un éclat qui me parut extravagant : en vérité j'étais las à mourir de cette existence; rarement j'avais autant soupiré après les tristes cieux de l'Angleterre. Ce coucher de soleil était farouche, excitant, barbare; il ravivait, d'un trait, les couleurs du désert, comme chaque soir, à vrai dire, en un miracle nouveau de force et de chaleur — et je ne soupirais qu'après la faiblesse, les froids, la grisaille, une brume où le monde ne m'apparût pas dans une carte aussi cristalline, nettement découpé en bien et en mal. Nous autres Anglais qui vivions des années parmi les étrangers, allions toujours revêtus de l'orgueil de notre pays natal — étrange entité, sans rien de commun avec ses habitants puisque ceux qui aimaient le plus l'Angleterre goûtaient souvent le moins les Anglais. Ici, en Arabie, sous la nécessité de la guerre, je trafiquais de mon honnêteté pour son soutien, inévitablement.

Je retrouvai dans Akaba le reste de ma garde assemblé prêt à la victoire; j'avais promis aux hommes du Hauran qu'ils fêteraient ce grand événement dans leurs villages libérés; et sa date était proche. Ainsi, pour la dernière fois nous fîmes l'appel sur la plage balayée de vent, au ras des vagues brasillantes où le soleil rivalisait d'éclat avec l'étincellement mouvant de mes hommes. Ils étaient soixante. Zaagi avait rarement réuni tant d'hommes de sa troupe, et tandis que nous chevauchions par les monts bruns vers Goueira, il s'ingénia à les ordonner dans le style Ageyl, centre et ailes, avec des poètes et des chanteurs à droite et à gauche. L'étape se fit donc en musique. Je blessai Zaagi en refusant de déployer une bannière, comme un prince.

Je marchais sur ma Ghazala, la vieille grand-mère, de nouveau magnifiquement alerte. Son faon était mort depuis peu; Abdullah, qui marchait à côté de moi, en avait accroché la peau sèche en guise de croupière, derrière la selle. Nous fîmes un bon départ grâce à la mélopée de Zaagi; mais au bout d'une heure Ghazala dressa la tête et prit l'amble avec inquiétude en levant les pieds comme un danseur au sabre.

J'essayai de la presser ; mais Abdullah passa en flèche à côté de moi, écarta son manteau et sauta de selle, la peau du faon à la main. Il atterrit, dans un éclaboussement de gravier, sous le nez de Ghazala qui s'était arrêtée avec de sourds gémissements. Sur la terre, à ses pieds, il étendit la petite dépouille et attira la tête de la mère. Elle s'arrêta de gémir, traîna trois fois les lèvres sur la peau sèche puis releva la tête et, avec une petite plainte, repartit. Cette scène se renouvela plusieurs fois dans le jour. À la fin, elle parut oublier.

À Gouéira, Siddons m'attendait avec un avion. Nouri Châalan et Fayçal me réclamaient sans retard à El Djafeur. L'air était faible et plein de trous ; notre appareil racla presque la crête du Chtar. Immobile, je me demandais si nous n'allions pas nous écraser sur les roches. Je l'espérais presque. J'étais sûr que Nouri allait réclamer l'exécution de notre demi-marché déshonorant dont l'accomplissement paraissait plus impur encore que le projet. La mort en avion serait une évasion décente. C'est à peine, pourtant, si je la souhaitais : non par peur, j'étais bien trop las ; ni par scrupule, j'ai toujours pensé que notre vie nous appartient absolument et que nous sommes libres de la garder ou de la rejeter ; mais par habitude : car depuis quelque temps je ne risquais mon existence que si notre cause semblait l'exiger.

En hâte je cloisonnai mon esprit, l'instinct et la raison y étant comme toujours en bataille. L'instinct disait : « Meurs », mais la raison disait que c'était là seulement couper la longe de l'esprit, le lâcher en liberté et le perdre : mieux valait chercher quelque mort mentale, quelque lent gaspillage du cerveau qui le fît tomber au-dessous de ces énigmes. Un accident était plus bas qu'une faute délibérée. Si je n'hésitais pas à risquer ma vie, pourquoi faire tant d'embarras pour une salissure ? La vie et l'honneur, cependant, paraissaient être des catégories différentes ; aucun des deux ne pouvait payer l'autre. L'honneur, d'ailleurs, ne l'avais-je pas perdu l'année précédente quand j'avais affirmé aux Arabes que l'Angleterre tenait ses engagements ?

Ou bien l'honneur était-il comme les feuilles de la Sibylle, la valeur de ce qui reste croissant avec les pertes ? La partie en était-elle égale au tout ? Le secret où je me renfermais vis-à-vis de moi-même ne me permettait pas d'estimer les responsabilités. Mes débauches de travail physique me laissaient inassouvi et le doute sans répit, la question incessante ligotaient mon esprit d'une spirale vertigineuse, sans me laisser aucun espace pour penser.

Nous arrivâmes enfin, sains et saufs, à El Djafeur. Fayçal et Nouri nous y accueillirent dans l'esprit le plus conciliant du monde, sans faire d'allusion au prix que je devrais payer. Il semblait incroyable que ce vieillard se fût joint librement à notre jeunesse. Car il était très vieux, livide, usé, avec, répandue sur lui, une grisaille de chagrin et de remords, et un visage où bougeait seul un amer sourire. Sur les cils rudes, les paupières pendaient, fléchissaient en plis las : le soleil vertical, au travers, glissait une scintillation rouge dans les prunelles, trous ardents où l'homme semblait lentement brûler. Seul le noir funèbre de ses cheveux teints, seule la peau funèbre de son visage, avec son réseau de rides, trahissaient ses soixante-dix ans.

Une conversation cérémonieuse s'engagea autour de cet homme aux paroles rares ; car il avait auprès de lui tous les notables de sa tribu, cheikhs fameux, à ce point alourdis par leurs robes de soie, mise personnelle ou don de Fayçal, qu'ils froufroutaient comme des femmes dans leurs lents mouvements de bœufs. Le premier d'entre eux était Faris — comme Hamlet ne pardonnant pas à Nouri le meurtre de Sottam son père : c'était un homme maigre, avec une moustache tombante et un pâle visage artificiel, qui opposait à la secrète antipathie du monde des manières douces, une voix mielleuse et insinuante. « *Yifham* », gloussa-t-il de moi avec étonnement, « il comprend notre arabe ». Trad et Sultan étaient là aussi graves, francs, les yeux ronds : caractères honorables et glorieux cavaliers. Mijhem le rebelle, amené là par Fayçal, s'était réconcilié avec son oncle, contre le gré de celui-ci, d'ailleurs, qui semblait à peine tolérer à côté de lui la présence de ce petit homme blême, avidement amical pourtant.

Mijhem était un grand chef aussi, le rival de Trad dans la conduite des rezzous, mais faible et cruel au fond du cœur. Il était assis près de Khalid, le frère de Trad, autre cavalier plein de santé rieuse, avec le visage de Trad mais sans sa virilité. Dourzi-ibn-Doughmi fit une entrée imposante et me souhaita la bienvenue : en retour, je me souvins de son avidité à Nebk. C'était un borgne sinistre, le nez crochu ; lourd, menaçant et avare, mais brave. Le Khaffadji, fils gâté du vieux Nouri, était aussi présent. Il recherchait ma camaraderie à cause de son père, mais sans aucune idée de gain personnel : il était assez jeune pour s'arrêter à la joie d'une guerre imminente et à l'orgueil de ses nouvelles armes, déjà hérissées.

Bender, l'adolescent rieur, compagnon d'âge et de jeu du Khaffadji, me prit au piège devant tous en me demandant d'entrer dans ma garde. Rahail, son frère de lait, lui avait raconté leurs souffrances et leurs plaisirs, également excessifs, et la servitude le fascinait de son attrait malsain. J'esquivai d'abord la question, mais il insista et je l'écartai alors en murmurant que je n'étais pas un roi pour prendre des Chaalans à mon service. Le sombre regard de Nouri croisa le mien et m'approuva.

Rahail, à mes côtés, se pavanait lascivement dans ses robes criardes. À voix basse, sous le couvert de la conversation, il m'indiquait le nom de chaque chef. Eux n'avaient pas besoin de demander qui j'étais : mes habits et mon apparence me distinguaient assez dans le désert. J'étais le seul homme rasé de frais et cela me rendait déjà remarquable ; je doublais cette notoriété en portant toujours des robes de pure soie, parfaitement blanches (au moins à l'extérieur), sur la tête une cordelette de La Mecque or et rouge et une dague d'or à la ceinture. En m'habillant de la sorte, j'avançais une prétention que confirmait le respect de Fayçal en public.

Combien de fois, dans de tels conseils, Fayçal n'avait-il pas conquis et enflammé pour notre cause de nouvelles tribus ! Combien de fois n'avais-je pas fait ce travail moi-même ! Mais jusqu'à ce jour nous n'avions jamais travaillé ensemble, dans la même assemblée, nous relayant l'un l'autre, de nos pôles opposés ; le travail allait comme un jeu d'enfant ; les Rouallas fondaient à notre double chaleur. D'une pression, d'un mot, nous pouvions les émouvoir. Une tension s'affirmait ; l'auditoire retenait son souffle, avec des lueurs de foi dans les yeux amincis fixés sur nous.

Fayçal, en une phrase, lança leurs pensées sur l'histoire et le langage arabes, poussant ainsi l'idée de nationalité dans les esprits ; puis il se tut pour un instant : car, pour ces maîtres illettrés de la langue, les mots étaient vivants et ils aimaient les goûter, purs de toute mixture, un à un, entre le palais et la langue. Une autre phrase leur montra l'esprit de Fayçal compagnon et chef, qui sacrifiait tout pour la liberté nationale ; et le silence revint, tandis qu'ils l'imaginaient nuit et jour sous sa tente, enseignant, prêchant, donnant des ordres, nouant des amitiés. Quelque chose de l'idée monta pour eux derrière cette image d'un homme à l'immobilité d'icône, vidé de désirs, d'ambitions, de faiblesses, de fautes ; richesse humaine asservie à une abstraction, n'ayant plus qu'un regard, un bras, un dessein, un but : vivre ou mourir à son service.

Bien sûr, ce n'était là qu'un homme peint, sans chair ni sang, mais vrai tout de même : car son individualité avait cédé à l'idéal sa troisième dimension, et renoncé à la richesse et aux artifices du monde. Fayçal demeurait caché dans sa tente, voilé pour rester notre chef : en vérité il était le meilleur serviteur de l'idée nationale, son instrument et non son maître. Mais dans la pénombre de la tente, rien ne semblait plus noble.

Il poursuivit, évoquant pour eux l'ennemi pris dans le filet d'une éternelle défensive, heureux s'il pouvait faire le strict nécessaire : nous autres, cependant, capables d'abstinence, voguions calmement dans le silence amical du désert, jusqu'au moment où il nous plaisait de toucher terre.

Notre conversation était habilement dirigée pour éclairer chez nos auditeurs leurs propres suites de pensées secrètes ; nous voulions que l'enthousiasme leur appartînt, que leurs conclusions fussent non pas greffées par nous, mais naturelles. Peu à peu nous les sentîmes s'éveiller ; de petites flammes jaillirent ; nous n'avions plus qu'à regarder nos auditeurs s'émouvoir, parler, s'échauffer les uns les autres. Enfin l'atmosphère vibra ; leurs phrases haletantes, pour la première fois traduisirent le soulèvement, la germination en eux de notions qui les dépassaient infiniment. Bientôt ils nous pressèrent de leur hâte : ils étaient, eux, les créateurs ; nous étions des étrangers retardataires ; ils essayèrent de nous faire comprendre toute l'intensité de leur foi ; nous oublièrent ; et soudain firent éclater les moyens et le but de notre désir commun. Une nouvelle tribu venait d'adhérer à la Révolte. Pourtant le simple « oui » de Nouri, à la fin, avait plus de poids que toutes les paroles précédentes.

Dans notre prédication, rien n'était laissé aux nerfs. Nous faisions de notre mieux, au contraire, pour exclure les sens afin que l'adhésion gagnée fût lente, durable, dépourvue de sentimentalité. Nous ne voulions pas de « conversion par le riz ». Obstinément nous refusions d'acheter, avec notre or abondant et fameux, des convictions sans base spirituelle. L'argent était une confirmation — mortier et non pierre de taille. En achetant des hommes nous aurions fondé la Révolte sur l'intérêt : nos partisans, au contraire, devaient être prêts à faire toute la route sans rien mêler à leurs motifs qu'une certaine fragilité humaine. Même moi, l'étranger, le fraudeur impie, qui soufflais aux autres leur patriotisme, je sentais une délivrance à ce feint emprisonnement dans une idée — la délivrance du moi haïssable et de son éternelle inquiétude, ceci malgré le manque d'ingénuité de mon jeu.

Car, naturellement, je n'avais pas pu me tromper longtemps moi-même. Mais je tenais ma partie si cavalièrement que personne, sauf Joyce, Nésib et Mohammed-el-Dheilan, ne parut voir que je jouais un rôle. Pour l'homme instinctif, toute croyance partagée par deux ou trois êtres recevait une sorte de sanction miraculeuse qui autorisait à lui sacrifier le bien-être et la vie des individus. Pour l'homme rationnel, les guerres de nationalités étaient une duperie au même titre que les guerres de religion. Aucune cause ne valait qu'on se battît pour elle ; et la bataille même, l'acte de bataille, ne contenait aucune part de vertu intrinsèque. La vie était une affaire privée, absolument ; et rien ne justifiait la mainmise violente d'un homme sur un autre : la propre mort de chacun, pourtant, était son dernier acte libre, grâce rédemptrice et mesure d'une intolérable souffrance.

Nous placions notre foi presque hors d'atteinte pour les Arabes — car elle menait à des œuvres, terrain dangereux où les hommes peuvent confondre l'acte et le vouloir. Mon erreur, mon aveuglement de chef (avide de trouver un moyen de convaincre) fut de laisser trop souvent les fidèles se contenter d'une image concrète, finie, de nos buts, alors qu'il s'agissait proprement d'un effort infini vers une clarté rêvée, hors d'atteinte. Notre foule, cherchant sa lumière dans les objets terrestres, était comme un troupeau pathétique de chiens reniflant le pied d'un réverbère. Moi seul, valet de chambre de l'idéal, j'avais pour devoir de passer derrière la châsse.

L'ironie pour moi était d'aimer plus les objets que la vie ou les idées ; et l'incongruité, de répondre à l'appel contagieux de l'action, qui met l'accent sur la diversité des choses. Je trouvais dur de rester ainsi à califourchon entre le sentiment et l'action. Je n'avais eu qu'un grand désir dans mon existence — pouvoir m'exprimer sous quelque forme imaginative — mais mon esprit trop diffus n'avait jamais su acquérir une technique. Le hasard, à la fin, avec un humour pervers, me jetant dans l'action, m'avait donné une place dans la Révolte Arabe — thème tout prêt pour le regard et la main d'un homme direct — m'offrant ainsi une chance en littérature, l'art-sans-technique. Sur quoi, seul le mécanisme m'intéressa. Le mode épique m'était étranger, comme à toute ma génération. Rien dans ma mémoire ne me guidait vers l'épopée : je ne pouvais sentir en moi-même des hommes pareils à Aouda, qui me paraissait chimérique comme les falaises de Roum et aussi vieux que Mallory.

Parmi les Arabes, j'étais le désillusionné, le sceptique ; j'enviais leur foi bon marché. L'imposture inaperçue habillait si juste, si bien, la camelote humaine. Les ignorants, les simples, les trompés, étaient parmi nous les heureux. Notre bluff leur donnait la gloire. Nous leur payions, du respect de nous-mêmes, le plus profond sentiment de leur vie. Plus nous nous condamnions, plus nous nous méprisions, et plus nous pouvions nous enorgueillir cyniquement de nos créatures. Il était si facile de gonfler leur crédit, si impossible d'abaisser leurs motifs au niveau de notre impitoyable clairvoyance. Ils étaient nos dupes, et ils combattaient l'ennemi de tout leur cœur. Ils volaient au vent de notre volonté comme de la paille, et pourtant ils n'étaient pas de la paille, mais les plus braves, les plus simples et les plus joyeux des hommes. *Credo quia sum* ? Mais le fait d'être cru par la foule ne balance-t-il pas une entorse à la droiture ? Peut-être une dévotion, un espoir unanimes, montant des myopes multitudes, donnent-ils le visage de Dieu même à l'idole non consentante ; et peut-être la chose se nourrit-elle des prières que l'homme élève silencieusement vers Lui.

Sur ce texte, mon esprit se mit à tisser sa toile, dans son espace poussiéreux, parmi les rayons des pensers et leurs particules d'idées dansantes. Je vis alors qu'on ne gagnait rien, honnêtement, à élever ainsi l'Inconnu au trône de Dieu : c'était choisir un bouc émissaire et se bercer d'une fausse paix. Souffrir par ordre, ou par devoir — cela était facile. Le simple soldat souffrait des coups qu'il n'avait pas voulus; mais notre volonté de chefs devait jouer au contremaître jusqu'à l'épuisement des travailleurs, et se garder à l'abri en envoyant les autres au danger. Il aurait pu être héroïque d'offrir ma propre vie pour une cause en laquelle je ne pouvais pas croire; mais faire mourir les autres, sincèrement, pour mon image sculptée, n'était qu'un vol — un vol d'âmes. Croyant à la vérité de notre message, ils acceptaient de se faire tuer pour lui : leur attitude, par là, devenait plus logique que glorieuse, leur courage s'abâtardissait en déduction, leur attitude se concevait comme un équilibre de profits et pertes. Inventer un message, au contraire, et mourir en toute clairvoyance pour son image fabriquée — cela était plus grand.

Toute cette histoire de Révolte ne semblait exprimable qu'en termes de vie ou de mort. En général, nous ne sentions notre chair que dans la souffrance. Sans doute notre joie s'aiguisait-elle d'une longue habitude de la douleur; mais nos facultés de souffrir semblaient plus grandes que notre capacité en joie. L'assoupissement, ici, jouait son rôle. Les deux émotions, d'ailleurs, nous étaient offertes car notre souffrance était riche en remous qui troublaient sa pureté.

Un récif, où maint jugement fit naufrage, fut la croyance vaine que notre martyre pouvait être le prix de quelque rédemption, peut-être celle de toute une race. De cette fausse investiture naissait en nous un bonheur fugace mais brûlant : nous avions l'impression de prendre sur nous la douleur et l'expérience d'un autre, sa personnalité. Élargissement triomphal : nous échappions à nos « moi » étouffants, conquérions notre plénitude, arrachions un changement d'esprit momentané.

En réalité c'était par amour pour nous que nous prenions les souffrances d'autrui, ou, du moins, pour un bénéfice futur ; et nous ne pouvions éviter de le savoir qu'en nous dupant nous-mêmes sur notre sentiment et nos motifs.

La victime volontaire, en s'immolant soi-même, mettait à son actif un rare don de sacrifice ; il y avait peu de plaisirs — et il n'y avait pas d'orgueil — aussi riches, aussi pleins de joie que ce choix des peines d'autrui dans un but de perfectionnement personnel. Un égoïsme s'y cachait, comme dans toute perfection. Car chaque occasion de sacrifice n'offrait de place qu'à un sacrifié ; qui se hâtait de la prendre volait ses compagnons du mal qui leur était dû. Le vicaire expiatoire se réjouissait, mais tous ses frères étaient blessés dans leur virilité. L'humble acceptation de leur délivrance leur était comptée comme imperfection ; leur joie des douleurs épargnées était coupable, puisqu'elle les faisait instruments du supplice, responsables pour une part de l'affliction du médiateur. N'eût-il pas été plus pur, pour ce médiateur, de demeurer dans la foule et de regarder un autre acquérir la pureté du rédempteur ? Une des routes conduit à la perfection personnelle, l'autre à la véritable immolation de soi qui laisse la perfection au voisin. Hauptmann nous disait de prendre aussi généreusement que nous donnions ; mais nous étions plutôt comme les cellules de ruche dont chacune ne peut changer ou s'agrandir qu'aux dépens de toutes les autres.

Souffrir pour autrui, simplement, donnait un sentiment de grandeur. Rien de plus haut qu'une croix pour en contempler le monde. L'orgueil exhilarant de ce destin dépassait toute vanité. Chaque croix, pourtant, occupée, volait les tard-venus, ne leur laissait qu'un rôle de copistes ; et le plus bas est l'imitation d'un exemple. Le bénéfice vrai du sacrifice revenait à l'âme de la victime.

Une rédemption, pour être honnête, devait être libre, accomplie d'une âme enfantine. Si le rédempteur prenait conscience des motifs secrets de son acte et de sa gloire future, tout cela était gaspillé. L'altruiste introspectif s'adjugeait une part sans valeur — que dis-je ? dangereuse pour lui-même, puisque, lui passif, la croix eût été disponible pour un innocent. Épargner cette souffrance aux simples en donnant pour eux un moi compliqué, c'était, pour un homme moderne, faire preuve non de générosité mais d'avarice. Car lui, criblé d'énigmes, ne pouvait pas partager leur croyance en la rédemption qu'apportait son agonie ; et eux, qui le regardaient sans le comprendre, pouvaient éprouver cette honte qui est le lot des disciples virils ; ou ne pas l'éprouver, et encourir la double punition de l'ignorance.

Ou bien cette honte était-elle, à son tour, un sacrifice qu'on dût admettre et admirer en soi ? Dans quelle mesure était-il juste de laisser des hommes mourir parce qu'ils ne comprenaient pas ? L'aveuglement et la folie singeant la justice étaient plus lourdement punis que le mal volontaire, au moins dans l'état actuel de conscience et de remords de l'homme vivant. L'individu complexe qui se défend d'être rédempteur soi-même, sachant bien que le sacrifice élève le rédempteur et abaisse les rachetés, peut laisser par là un frère imprudent jouer à sa place ce rôle de fausse noblesse, et encourir plus tard, quand il saura, la plus lourde punition. Aucune voie droite n'apparaissait, pour nous-autres chefs, dans ces tortuosités de labyrinthe moral, dans cette succession de cercles inconnus où des motifs honteux annulaient ou accentuaient toujours les précédents.

Pourtant je ne pus pas attribuer mon acceptation de la duperie arabe à une faiblesse de caractère ou une hypocrisie native. Il est vrai que j'ai dû posséder quelque tendance, quelque aptitude à la fraude. Je n'eusse pas, sans cela, fraudé si bien, ni poursuivi pendant deux ans et fait aboutir une fraude que d'autres avaient conçue et mise sur pied. Je n'eus aucune part dans le début de la Révolte Arabe ; et, à la fin, j'étais responsable des embarras qu'elle causait à ses inventeurs. À quel moment exact, dans l'intervalle, ma culpabilité, d'accessoire, était-elle devenue principale, et à quel titre devais-je être condamné ? Ce n'était pas à moi à le dire. Il suffisait que, depuis le raid sur Akaba, j'eusse amèrement regretté de m'être empêtré dans cette révolte — assez amèrement pour me ronger aux heures d'inaction, mais point assez pour couper mes attaches. D'où les zigzags de ma volonté et, sans répit, ces plaintes insipides.

CHAPITRE CI

Siddons me ramena le soir même en avion à Gouéira et dans la nuit je dis à Dawnay (qui venait juste d'arriver à Akaba) que la vie était encombrée mais sans heurts. Le lendemain matin un avion vint nous apprendre comment Buxton s'était comporté à El Medaouara. Il avait décidé d'attaquer la position avant l'aube en se servant surtout de bombes ; trois groupes avaient été formés, l'un pour la gare, les deux autres pour les principales redoutes.

Avant minuit, donc, l'on déposa sur le sol des repères de ganses blanches pour guider les hommes vers le point zéro. L'ouverture des opérations avait été décidée pour 4 heures moins le quart. Mais les Anglais eurent quelque difficulté à trouver le chemin, de sorte qu'il faisait presque jour lorsque l'affaire s'engagea contre la redoute sud. Après un bombardement de la redoute et de ses alentours, les hommes s'élancèrent à l'assaut et prirent aisément la position. Là, ils découvrirent que le groupe de la gare venait d'atteindre lui aussi son objectif. La redoute intermédiaire essaya, mais en vain, de se défendre. Vingt minutes plus tard ses hommes se rendaient.

La redoute nord possédait un canon, et paraissait plus résolue : elle arrosa libéralement de ses obus la cour de la gare occupée maintenant par nos troupes. Buxton, sous le couvert de la redoute sud, dirigea alors le feu des pièces de Brodie qui, avec leur précision habituelle, placèrent coup sur coup dans le but. Les avions de Siddons, survolant l'ennemi, le bombardèrent tandis que le Camel Corps, du nord, de l'est et de l'ouest, prenait les parapets sous le feu sévère de ses Lewis. À 7 heures du matin les derniers Turcs se rendaient tranquillement. Nous avions 4 morts et 10 blessés ; quant aux Turcs, ils perdaient 21 hommes, et nous laissaient 150 prisonniers, 2 pièces de campagne et 3 mitrailleuses.

Buxton, aussitôt, employa les Turcs à mettre sous pression la pompe élévatoire pour pouvoir abreuver ses chameaux. Cependant les hommes faisaient sauter les puits, détruisaient les pompes pour les machines et deux mille mètres de rail. Au crépuscule, un chapelet de charges au pied du château d'eau en éparpilla les pierres par toute la plaine : Buxton, un instant plus tard, donnait l'ordre de départ à sa troupe. Les quatre cents chameaux se levant ensemble dans un tonnerre de Jugement Dernier, partirent pour El Djafeur. Dawnay, rayonnant, s'en fut à Aba-el-Lissan pour saluer Fayçal. Allenby l'avait envoyé porter au chérif un message de prudence. Il devait le prier de ne rien tenter de trop téméraire car l'offensive anglaise était un coup de dés, et, en cas d'échec, les Arabes se trouveraient, s'ils avaient besoin de secours, sur la mauvaise rive du Jourdain. En particulier, Allenby priait Fayçal de ne pas lancer de raid sur Damas mais de se réserver pour le jour où les circonstances seraient franchement favorables.

Cette prudence, raisonnable et opportune, me visait particulièrement. Exaspéré, un soir, au G.Q.G., j'avais lâché tout de go qu'à mon avis 1918 était notre dernière chance et que nous prendrions Damas, en tout cas, quoi qu'il advînt à Deraa ou à Ramleh ; car il valait mieux avoir pris Damas et le perdre que de ne jamais l'avoir pris.

Fayçal accueillit d'un sage sourire l'homélie de Dawnay et répondit que cet automne, quand le ciel tomberait, il tenterait de prendre Damas ; si les Anglais n'étaient pas capables de tenir leur partie, il sauverait son peuple en concluant avec la Turquie une paix séparée.

Depuis longtemps il entretenait des rapports avec certains éléments turcs, rapports connus de Djémal Pacha qui ouvrait les correspondances. Par instinct, quand il avait tout son bon sens, Djémal était mahométan ; la révolte de La Mecque était un jugement pour lui. Il était prêt à faire n'importe quoi pour racheter un tel péché contre la foi. Ses lettres, sur ce point, étaient révélatrices. Fayçal envoya celles qu'il reçut à La Mecque et en Égypte avec l'espoir qu'on y lirait ce que nous y lisions. Mais leurs avances de paix furent prises à la lettre et nous reçûmes l'ordre de répondre que la force des armes était maintenant notre juge. Magnifique réponse, certes ; mais en temps de guerre on ne devait pas laisser échapper une telle chance de propagande dans le camp ennemi.

Sans doute une entente avec Djémal n'était pas possible. Il avait émondé les meilleures têtes de Syrie : en lui faisant place dans notre paix nous eussions renié le sang de nos amis. Mais en indiquant subtilement cette impossibilité dans notre réponse, nous pouvions élargir en Turquie la cassure nationale-religieuse.

Nous visions particulièrement la partie anti-allemande de l'État-Major turc, sous la direction de Mustapha Kémal : ces éléments étaient d'une « turquerie » trop chatouilleuse pour dénier un droit d'autonomie aux provinces arabes de l'Empire Ottoman. Fayçal fit donc des réponses tendancieuses et la correspondance se poursuivit brillamment. Les militaires turcs commencèrent à se plaindre des dévots qui mettaient les reliques avant la stratégie. Les nationalistes écrivirent que Fayçal mettait seulement en pratique, de façon prématurée et désastreuse, leurs propres convictions sur l'inévitable et juste indépendance de la Turquie.

Cette fermentation, dont Djémal n'ignorait rien, influa sur sa décision. On nous offrit d'abord l'autonomie pour le Hedjaz. Puis la Syrie fut admise au même bénéfice ; enfin la Mésopotamie. Fayçal ne semblait toujours pas satisfait ; aussi l'ambassadeur de Djémal (pendant que son maître était à Constantinople) ajouta hardiment une couronne de roi à la part du chérif Hussein de La Mecque. Enfin les Turcs nous avouèrent que la prétention de la famille du Prophète au gouvernement spirituel de l'Islam ne manquait pas de logique !

Le comique de ces lettres ne devait pas cacher leur valeur réelle comme instrument de division. Dans l'État-Major turc, les musulmans vieux jeu jugeaient le chérif un pécheur impardonnable. Les modernistes, au contraire, le considéraient comme un nationaliste sincère mais impatient, égaré par les promesses de l'Angleterre. Leur désir était de le ramener au bien par des arguments plutôt que par une correction militaire.

Leur plus forte carte était le traité Sykes-Picot par lequel l'Angleterre, la France et la Russie se partageaient la Turquie dans le meilleur style diplomatique, et que les Soviets avaient publié. Djémal en lut les clauses les plus méprisantes au cours d'un banquet à Beyrouth. Cette révélation nous fit un tort momentané ; avec justice, d'ailleurs, car les Français et nous avions voulu cacher une divergence politique réelle sous l'emplâtre d'une formule assez vague pour que chacun l'interprétât à sa façon.

Par bonheur j'avais depuis longtemps révélé à Fayçal l'existence de ce traité et je l'avais convaincu que le meilleur moyen pour lui d'y échapper était d'apporter aux Anglais une aide efficace. Ils auraient honte, après la victoire, de supprimer un allié à coups de fusil, pour la réalisation de l'accord : sans compter que si les Arabes réalisaient mes intentions, les fusils ne seraient pas tous du même côté. Je suppliai Fayçal de ne pas se fier à nos promesses, comme son père, mais à la force de son action.

Fort opportunément d'ailleurs, dans ces circonstances délicates, le Gouvernement britannique jugea bon de donner aussi joyeusement de la main gauche. Il promit aux Arabes (ou plutôt à un comité sans autorité de sept sages Gothamites, au Caire) la possession du territoire qu'ils auraient conquis sur les Turcs pendant la guerre. Cette heureuse nouvelle circula par toute la Syrie.

Enfin, pour secourir les Turcs abattus et nous montrer qu'il était capable de faire autant de promesses qu'il y avait de parties, notre Cabinet opposa aux documents A pour le chérif, B pour leurs alliés et C pour le Comité arabe, un document D adressé à Lord Rothschild, nouvelle puissance, à la race duquel on promettait d'équivoques avantages en Palestine. Le vieux Nouri Châalan, fronçant son nez plein de sagesse, se retourna vers moi la main pleine de documents et me demanda lequel il devait croire. Comme une fois déjà, je répondis sans hésiter : « Le dernier en date » et son propre respect de la parole donnée fit comprendre à l'émir l'humour de ma réponse. Il fit de son mieux, par la suite, pour le succès de notre cause commune : mais quand il lui arrivait de faillir à quelque promesse, il me confiait qu'elle avait été annulée par une intention plus récente.

Djémal n'en persista pas moins dans ses espoirs : c'était un bandit obstiné. Après la défaite d'Allenby à Salt il nous envoya l'émir Mohammed Saïd, frère d'Abd-el-Kader, de magnifique mémoire. Mohammed Saïd, un dégénéré, front bas et mauvaise langue, était aussi tortueux que son frère, mais moins brave. Il se tint très modestement devant Fayçal et lui offrit la paix de Djémal.

Fayçal lui répondit qu'il arrivait à un moment opportun. Il pouvait garantir à Djémal le loyalisme de son armée si les Turcs évacuaient Amman et transmettaient les pouvoirs de cette province à un gouvernement arabe. Cet idiot d'Algérien crut avoir remporté un succès de premier ordre, et revint en toute hâte à Damas, où Djémal, pour sa peine, le fit presque pendre.

Mustapha Kémal, alarmé, pria Fayçal de ne pas jouer le jeu de Djémal et lui promit qu'aussitôt les Arabes dans leur capitale, tous les mécontents en Turquie se joindraient à eux et se serviraient de leur territoire comme d'une base d'offensive contre Enver Pacha et ses alliés allemands en Anatolie. Mustapha espérait que l'adhésion de toutes les forces turques à l'est du Taurus lui permettraient de marcher droit sur Constantinople.

Les événements firent avorter, à la fin, ces négociations compliquées, que ne connurent ni l'Égypte ni La Mecque : on y avait reçu de façon trop désappointante nos premières confidences. Je craignais que les Anglais ne fussent effrayés en apprenant ces négociations séparées de Fayçal. Pourtant, par loyauté pour les soldats arabes, nous ne pouvions pas fermer toutes les voies conduisant à une accommodation avec la Turquie. Si nous perdions la guerre en Europe, c'était leur seule issue ; et j'étais toujours hanté par la peur que la Grande-Bretagne ne prévînt Fayçal et ne conclut sa propre paix séparée, non pas avec les nationalistes, mais avec les conservateurs turcs.

En effet, le gouvernement anglais était allé déjà très loin dans cette voie sans en informer les Arabes, ses plus petits alliés. J'appris les démarches précises et les propositions faites dans ce sens (propositions qui impliquaient le meurtre d'innombrables Arabes combattant maintenant à nos côtés) non pas officiellement, mais par un canal privé. Ce fut là, entre vingt autres, une des circonstances où des amis personnels m'aidèrent plus que notre Gouvernement — dont l'action et le silence me fournirent à la fois un exemple, une excitation et une excuse. Je ne fis que l'imiter.

CHAPITRE CII

Après les négociations de paix nous pouvions nous remettre à du travail propre. Nous décidâmes, Joyce et moi, de faire une autre de nos excursions en auto blindée, vers Azrag cette fois, pour briser jusqu'à ce point la piste de Deraa. Nous partîmes donc rencontrer à El Djafeur le Camel Corps victorieux qui s'avança paisiblement, dans un ordre et une tenue impeccables, par la plaine luisante au coucher du soleil : tous, officiers et hommes, étaient ravis de leur succès d'El Medaouara et de la liberté, sans ordre ni contrainte, dont ils jouissaient dans le désert. Buxton dit qu'ils étaient capables de n'importe quel raid.

Ils devaient se reposer là deux nuits et prendre quatre jours de vivres dans le magasin installé ponctuellement par Young près de la tente d'Aouda. Nous partîmes donc de bon matin, Joyce et moi, dans notre voiture. Rolls l'astucieux conduisait. Nous atteignîmes aisément l'ouadi Bair. Auprès des puits campait Alouain, glabre, silencieux, inquiet : un parent d'Aouda qui cachait, loin de lui, son indépendance et sa paix.

Nous ne restâmes là que quelques minutes — le temps de prendre toutes dispositions utiles pour assurer la sécurité du Camel Corps. Puis nous repartîmes en compagnie d'un jeune et farouche Chérari qui devait nous aider à trouver notre route. Son éducation de chamelier ne lui avait sans doute pas appris à reconnaître le terrain pour une auto blindée de cinq tonnes, mais si nous repérions le chemin ensemble, il pourrait ensuite guider sans nous d'autres raids semblables.

Le plateau d'Erha permettait une avance facile : les

vallonnements semés de galets alternaient avec des lits d'argile dure. Dévorant les kilomètres, nous arrivâmes bientôt dans les têtes peu profondes de l'ouadi Djinz tapissées d'excellents pâturages.

Quelques bergers Abou Tayis, haillonneux et tête nue, le fusil à la main, y rassemblaient anxieusement, en chantant un chant de guerre, un énorme troupeau de chameaux. Au tonnerre de notre échappement libre ils se précipitèrent vers nous. Un rezzou, hurlèrent-ils, rôdait dans les bas-fonds en face. Filant dans la direction indiquée, nous prîmes bientôt en chasse cinq méharistes qui détalaient à bride abattue vers le nord. Rejoints en dix minutes, ils firent gracieusement agenouiller leurs bêtes et vinrent nous saluer amicalement. Que pouvaient-ils faire d'autre ? Il est difficile, nu, de se disputer avec un ennemi plus rapide et vêtu de fer. C'étaient des Haoueitates Djazis, voleurs indubitables, mais tout miel maintenant, et s'exclamant sur le plaisir de cette rencontre soudaine. Je fus plutôt sec et leur ordonnai de rentrer aussitôt sous leurs tentes. Ils repartirent, tout penauds, vers l'ouest.

Nous suivîmes la rive est de l'Oum Kharug : le terrain était solide, mais la marche lente, car il fallait traverser de petits ravins tributaires et nous devions étendre devant nos roues des fascines de broussailles lorsque les vieux lits des crues étaient mous ou ensablés. Vers la fin du jour les touffes d'herbe s'épaissirent dans les creux : un pâturage excellent pour nos futures caravanes.

Le vent de ce désert nordique, au matin, était si frisquet que nous décidâmes de prendre un breakfast chaud. Puis l'on tourna les manivelles et nos voitures filèrent en ronronnant sur le confluent de l'Oum Kharug et du Dhiroua, dans le grand bassin du Dhiroua lui-même, enfin, par une ligne de partage imperceptible, dans le Djecha. Ces bassins peu profonds débouchaient dans le Sirhan près d'Ammari que j'espérais visiter; car, si quelque mésaventure nous chassait d'Azrag, notre plus proche refuge serait Ammari, si les autos pouvaient y aller toutefois. Ces bataillons de « si » voltigeaient autour de chaque projet nouveau.

Le sommeil de la nuit avait rafraîchi Rolls et Sanderson qui franchirent dans un beau style la crête safranée du petit Djecha pour redescendre dans la vallée principale. Les falaises de craie apparurent dans l'après-midi : contournant leurs pentes cendreuses, nous entrâmes dans le Sirhan juste près des trous d'eau. Ceci nous assurait une sûre retraite : l'ennemi ne serait jamais assez mobile pour nous interdire en même temps Azrag et Ammari.

Ayant rempli les radiateurs avec l'eau détestable du puits où Farraj et Daoud s'étaient précipités par jeu, nous piquâmes vers l'ouest de crête en crête ; et quand nous fûmes assez loin pour éviter aux rezzous de trébucher sur nous dans l'obscurité, les autos firent halte. Nous nous assîmes alors, Joyce et moi, pour contempler un couchant gris, rose, puis rouge, écarlate enfin, mais d'un écarlate si intolérablement profond que nous attendions, trépidants, une langue de flamme, un éclair, un coup de tonnerre qui vînt mettre en pièces son immobilité vertigineuse. Nos hommes, cependant, ouvraient les boîtes de conserves, faisaient du thé et disposaient le tout sur une couverture, avec des biscuits, pour notre repas. D'autres couvertures suivirent, où nous nous enveloppâmes pour un sommeil délicieux.

Le lendemain, une traversée rapide du delta de Ghadaf nous conduisit jusqu'à la vaste plaine de boue qui s'étire sur sept milles au sud et à l'est des marais ceignant le vieux château d'Azrag.

Le mirage, ce jour-là, nous masquait ses limites par des taches d'un bleu d'acier — fusées de tamarins suspendues dans l'air et brouillées par la brume chaude. Je désirais gagner les sources de Medjaber dont le lit boisé nous fournirait une approche invisible : Rolls fit donc bondir sa voiture en une ruée palpitante à travers la vaste étendue. La terre se brisait, fuyait devant nous, tandis qu'un panache de trombe roulait sur la piste derrière.

Enfin, dans la clameur véhémente des freins, nous ralentîmes pour traverser une jeune futaie de tamarins, haut plantés sur leurs monticules de sable. Il fallut zigzaguer entre eux pour rester sur le terrain dur; puis les tamarins cessèrent, et le sable humide apparut, tout pommelé de buissons épineux. Les autos s'arrêtèrent derrière le monticule d'Aïn-el-Assad, à l'abri dans cette coupe creuse de roseaux où l'eau transparente perlait, joyaux entre les tiges vives.

Nous gravîmes sans hâte le monticule des tombes pour dominer les grands étangs. Les abreuvoirs étaient déserts. Un mirage planait sur les lointains, mais les arbustes proches empêchaient la formation des vagues de chaleur et le soleil puissant nous montrait la vallée dans une lumière aussi cristalline que ses eaux courantes : il n'y avait là personne, excepté des oiseaux sauvages et quelques troupeaux de gazelles qui, alarmées par les borborygmes de nos moteurs au ralenti, se rassemblaient craintivement pour un combat.

Rolls reprit le volant; la voiture dépassa le vivier romain, contourna le champ de lave de l'ouest et, longeant le marécage, en cette saison prairie, atteignit les murs bleus du château, muet dans ses palmeraies froufroutantes dont l'immobilité cachait peut-être plus de peur que de paix. Je m'étais senti coupable d'introduire l'auto pétaradante et son équipage d'hommes du Nord en kaki dans le silence lointain de ce lieu légendaire et caché. Mais j'avais mal prévu : car ce furent les hommes qui me parurent réels tandis que le fond devenait décor de théâtre. Leur fraîcheur et leur certitude (la grande netteté des troupes britanniques en uniforme) honoraient plus Azrag que l'abandon total.

Nous ne restâmes qu'un moment. Je grimpai avec Joyce dans la tour ouest et nous tombâmes d'accord sur les avantages multiples d'Azrag comme base. Malheureusement il n'y aurait pas de pâturage; nous ne pouvions donc nous attarder ici dans l'intervalle entre nos deux raids. Nous traversâmes le lobe nord de la plaine de boue ; admirable terrain d'atterrissage pour les avions que Siddons ajoutait à notre colonne. Sa visibilité, entre autres qualités, serait parfaite. Les appareils rejoignant leur nouvelle base après un vol de deux cents milles, ne pouvaient manquer de voir cet immense bouclier reflétant le soleil.

Nous revînmes à Aïn-el-Assad, où nous attendait le char d'assaut, pour retourner à une allure plus rapide sur les galets du désert vide. C'était le milieu de l'après-midi et il faisait très chaud, surtout dans le métal éclatant des tourelles ; nos conducteurs grillaient ; mais ils maintinrent leur vitesse et avant le coucher du soleil nous étions sur la crête qui sépare les vallées du Djecha, à la recherche d'un chemin plus facile et plus court que celui de l'aller.

La nuit nous surprit non loin d'Ammari et au sud. Nous campâmes sur un monticule : une brise, précieuse après le jour vésicant, nous arrivait, chargée de parfums, des pentes fleuries du Djebel Druse. Sa fraîcheur nous fit apprécier le thé chaud de nos hommes et les couvertures dont nous avions capitonné les angles de la voiture.

Cette excursion était pour moi délicieuse ; je n'avais pas, en effet, d'autre responsabilité que celle de la route. À cette joie s'ajoutait le piment des réflexions que le jeune Chérari me confiait naturellement, puisque j'étais le seul à porter des robes comme lui et à parler sa langue. Ce pauvre paria, qu'on n'avait jamais auparavant traité avec la moindre considération, était fort étonné des manières anglaises. Personne ne l'avait battu ni même menacé.

Il me dit que chacun de nos hommes s'en allait tout seul comme une famille ; leurs habits trop justes, insuffisants, et leur ajustement laborieux le choquaient par une apparence de contrainte. Lui se mouvait librement dans ses robes, son voile et son manteau. Dans leurs chemises et leurs shorts, leurs molletières et leurs souliers, la brise ne savait par où les prendre. À vrai dire ils portaient depuis si longtemps ces habits jour et nuit, dans la chaleur et la sueur, penchés sur leurs machines couvertes de poussière et d'huile, que la toile faisait corps avec eux, comme une écorce d'arbre.

Puis, tous étaient rasés de frais, tous habillés de même. Son regard de Chérari, qui souvent distinguait un homme d'un autre à ses robes, était déconcerté par cette uniformité extérieure. Pour les discerner, il fallait apprendre leurs formes individuelles, comme nues. Ils ne faisaient pas cuire leur nourriture, buvaient chaud, se parlaient à peine, mais un seul mot les lançait parfois dans d'incompréhensibles accès d'un rire caquetant, sans humanité ni noblesse. Il les croyait mes esclaves et jugeait que leur existence comportait peu de repos et de satisfaction ; il accordait néanmoins que, pour un Chérari, c'eût été un luxe que de voyager assis, à la vitesse du vent ; et un grand privilège que de manger de la viande (de la viande de conserve) tous les jours.

Le lendemain nous suivîmes bon train la crête, pour atteindre Bair dans l'après-midi. Par malheur les pneus nous causèrent des ennuis. L'auto blindée était trop lourde pour les cailloux ; toujours elle s'enfonçait un peu, ce qui rendait la marche pénible en troisième. Les enveloppes chauffèrent. D'où une série vexante d'éclatements et d'arrêts pour changer le pneu ou la roue. Il faisait chaud, nous étions pressés et le maniement du cric ou de la pompe usa notre bonne humeur. À midi, l'on atteignit la grande crête dorsale qui conduit à Ras Mouheiouir. Je promis à mes conducteurs assombris que la route serait superbe.

Elle le fut. Nous reprîmes tous courage. Même les pneus se comportèrent mieux ; nos deux voitures se ruèrent sur la crête tortueuse, oscillant en longues courbes de l'est vers l'ouest, puis vers l'est encore, et dominant tantôt à gauche les vallées peu profondes qui dévalaient vers le Sirhan, tantôt à droite la plaine jusqu'au chemin de fer du Hedjaz. De menus scintillements dans la brume du lointain marquaient ses gares blanches illuminées par un soleil torrentiel. Tard dans l'après-midi nous atteignîmes la fin de la crête et l'on plongea dans le creux pour remonter, à quarante milles à l'heure, sur le mamelon de Hadi. La nuit était bien proche lorsque, coupant à travers les ravins d'Ausadji, nous touchâmes le puits de Bair dans une vallée grouillante de bivouacs : Buxton, Marshall et le Camel Corps dressaient leur camp, ayant franchi la distance El Djafeur-Bair en deux étapes faciles.

Ils étaient rongés d'impatience, car Bair n'avait encore que deux puits et tous deux assiégés. Au premier, les Haoueitates et les Beni-Sakhrs tiraient de l'eau pour six cents chameaux arrivant de leurs pâturages, au sud-est, après vingt-quatre heures de voyage sans boire ; l'autre était entouré par un millier d'hommes — Druses, réfugiés syriens, marchands de Damas et Arméniens — en route pour Akaba. Ces voyageurs peu accommodants barraient tout accès au puits de leur cohue bruyante et batailleuse.

Nous tînmes avec Buxton un conseil de guerre. Young avait ponctuellement envoyé à Bair quatorze jours de rations pour les hommes et les animaux. Or, il ne restait plus que huit jours pour les hommes et dix pour les animaux. Les chameliers de la colonne de ravitaillement, que la poigne de Young forçait seule à marcher, avaient quitté El Djafeur dans un état de quasi-révolte : le désert leur faisait peur. En chemin ils avaient perdu, volé ou vendu ce qui manquait aux provisions de Buxton.

Je soupçonnai les Arméniens, mais il fut impossible de rien leur arracher et nous dûmes adapter nos plans à ces conditions nouvelles. Buxton élimina de sa caravane tout ce qui n'était pas essentiel, je réduisis à une seule les autos blindées et je modifiai l'itinéraire.

CHAPITRE CIII

Paresseusement, j'aidai nos méharistes dans leur longue corvée d'eau à des puits de quarante pieds de profondeur. Je pris plaisir à la gentillesse de Buxton et de ses trois cents compagnons. Ils animaient toute la vallée : les Haoueitates, n'ayant jamais imaginé qu'il y eût tant d'Anglais au monde, n'arrêtaient pas de les regarder. J'étais assez fier de ma race, du calme pimpant de ces hommes et de l'activité ordonnée avec laquelle ils accomplissaient un travail qu'ils s'étaient partagé eux-mêmes. Les Arabes, à côté d'eux, avaient l'air d'étrangers en Arabie. La conversation de Buxton m'était aussi une joie : il y montrait une large intelligence, de la culture et de la hardiesse. Malheureusement, il était très pris par les préparatifs de leur longue marche forcée.

Demeuré donc plusieurs heures seul, j'en profitai pour faire le point de mon existence : car j'avais, le 15 août précisément, trente ans. Je me souvins, avec un sentiment d'étrange bizarrerie que, quatre années aupa-ravant, je m'étais promis d'être, à trente ans, général et anobli. Ces dignités temporelles (si je survivais aux quatre prochaines semaines de lutte) étaient désormais à portée de ma main — mais mon sentiment de culpabilité envers les Arabes m'avait délivré d'ambitions aussi crues, me laissant seulement le désir d'une bonne réputation parmi les hommes.

La conscience de ce désir me rendait profondément suspecte ma sincérité envers moi-même. Seul un trop bon acteur pouvait ainsi imposer une opinion favorable sur son compte. Les Arabes me croyaient, Allenby et Clayton se fiaient à moi, ma garde du corps mourrait pour moi. Je commençai à me demander si toutes les réputations étaient fondées, comme la mienne, sur une fraude.

Les louanges que je recevais en salaire de mes actes, je devais maintenant les accepter. Toute protestation véridique de ma part était taxée d'humilité, de modestie charmante : les hommes sont toujours ravis de croire à une histoire romanesque. Cela m'irritait, cette sotte confusion entre la timidité, qui affecte la conduite, et la modestie, point de vue mental. Je n'étais pas modeste, mais honteux de ma gaucherie, de mon enveloppe physique et de la dissemblance solitaire qui faisait de moi, pour les autres hommes, non un compagnon mais une connaissance, aussi fermée, anguleuse et difficile qu'un cristal.

Avec les hommes j'avais toujours l'impression de perdre pied. D'où un accès de minutie — le vice des amateurs qui tâtonnent. Comme ma guerre était trop méditée, parce que je n'étais pas soldat, mes actes étaient trop « travaillés », parce que je n'étais pas homme d'action. C'étaient autant d'efforts intensément conscients, accomplis sous les yeux et sous la critique latérale d'un moi désintéressé.

Il faut ajouter à cette attitude les irritantes tensions physiques, faim, fatigue, chaleur ou froid, enfin la répugnante grossièreté de la vie parmi les Arabes. Elles favorisaient toute anormalité. Au lieu de faits et de chiffres, mes carnets de notes étaient pleins d'états d'esprit, de rêveries, de scrupules, induits ou déduits de notre situation et exprimés en mots abstraits, au rythme saccadé du pas de mon chameau.

Ce jour anniversaire, à Bair, pour satisfaire ma sincérité, je voulus disséquer mes croyances et mes motifs, tâtonner dans ma propre nuit. Cette timidité, cette défiance de soi, mettaient à mon visage un masque — souvent un masque d'indifférence ou de légèreté — et me déconcertaient. Mes pensées labouraient de leurs griffes ce calme, sachant bien que c'était un calme de masque : car, en dépit de mes efforts pour ne jamais m'appesantir sur le point intéressant, à certains moments trop intenses, mes appétits, échappant à tout contrôle, éclataient ouvertement et m'effrayaient.

Je connaissais bien en moi-même le faisceau de puissances et d'entités. C'était leur personnage central qui demeurait caché. Il y avait mon désir de plaire — si fort et si nerveux que jamais je ne pus me confier amicalement à un autre. La terreur d'échouer dans une tentative si importante me contractait avant même d'essayer. En outre, il y avait la question du niveau : l'intimité me semblait honteuse si *l'autre* ne pouvait pas donner la seule réponse parfaite, dans la même langue, d'après les mêmes méthodes et pour les mêmes raisons.

Puis il y avait mon désir de gloire ; et l'horreur qu'on connût mon goût d'être connu. Le mépris que j'éprouvais pour ma passion d'être distingué m'a fait refuser tous les honneurs offerts. Je chérissais mon indépendance presque comme un Bédouin. Mais mon impuissance à me voir faisait que je saisissais mieux ma forme dans une peinture extérieure ; les remarques obliquement entendues sur mon compte m'apprenaient le mieux l'impression que je faisais. Cette avidité à m'entendre et à me voir chez autrui était mon propre assaut contre mon inviolable citadelle intérieure.

J'évitais les créatures basses qui semblaient m'offrir l'image de notre échec dans notre lutte vers l'esprit. Si elles s'imposaient à moi, je les haïssais. Mettre la main sur une chose vivante m'était une souillure et je tremblais si elle me touchait ou s'intéressait à moi de trop près. C'était une répulsion atomique, comme la trajectoire intacte d'un flocon de neige. J'aurais choisi tout le contraire, sans la tyrannie de ma tête. Je ne rêvais que de l'absolutisme des femmes et des animaux, et je me lamentais le plus quand je voyais un soldat avec sa promise ou un homme caressant un chien. J'aurais voulu être à la fois aussi superficiel et parfait. Mais mon geôlier me retenait.

Sentiments et illusion ne cessaient de se battre en moi. La raison était assez forte pour gagner, pas assez pour anéantir les vaincus ou m'empêcher de les apprécier davantage ; et peut-être la plus profonde science de l'amour est-elle en effet d'aimer ce qu'on méprise. Mais cela, je ne pouvais que le souhaiter : je pouvais voir le bonheur dans la suprématie du corporel, mais je ne pouvais lui rendre les armes. Je pouvais essayer d'endormir mon esprit pour laisser à la suggestion la voie libre : et je restais amèrement éveillé.

J'aimais les choses inférieures ; c'est vers le bas que je cherchais mes plaisirs ou mes aventures. Il y avait apparemment dans la dégradation une certitude, une sécurité finale. L'homme peut s'élever à n'importe quelle hauteur mais il ne peut tomber au-dessous d'un certain niveau animal. Je trouvais un repos dans cette satisfaction. La force des choses, l'âge, une dignité artificielle me l'avaient refusée de plus en plus. Mais je gardais encore l'arrière-goût de liberté laissé par deux semaines de ma jeunesse dans les bas-fonds de Port-Saïd, à charger, le jour, le charbon des steamers avec d'autres parias des trois continents, et dormir, la nuit, recroquevillé sur la jetée même, aux pieds de De Lesseps, frôlé par le passage des houles.

Il est vrai que toujours rôdait cette Volonté inquiétante, attendant l'heure de bondir. Mon cerveau était prompt et silencieux comme un chat sauvage, mes sens en paquets de boue à ses pieds, et ma conscience (qui n'oubliait jamais son propre personnage ni sa timidité) racontant à la bête qu'il est mal élevé de bondir et vulgaire de manger sa proie. Ainsi empêtrée dans un filet d'hésitations et de nerfs, on ne pouvait en avoir peur ; pourtant c'était une vraie bête, et ce livre n'est que sa peau galeuse, desséchée, empaillée et carrément plantée sur ses pieds pour que les hommes la contemplent.

J'étais vite à l'étroit dans les idées. Aussi me méfiais-je des experts qui sont souvent des intelligences emprisonnées entre quatre murs. Ils connaissent en vérité le moindre pavé de leur cour : mais je savais peut-être de quelle carrière on avait extrait les pierres et quel salaire gagnait le maçon. Je contredisais les experts par insouciance car j'avais découvert que les matériaux se plient toujours au but et que la Volonté vous guide sûrement par une des nombreuses routes qui relient le projet à sa réalisation. La chair n'existait pas.

J'avais ramassé bien des choses pour les considérer, jouer avec et les reposer ensuite. Car la conviction même me manquait pour une œuvre. Imaginer me paraissait plus solide que faire. Diverses ambitions, à la recherche d'elles-mêmes, me hantèrent, mais pour s'évanouir bientôt ; car le critique, en moi, me faisait dédaigneusement rejeter leurs fruits. Je réussissais toujours à dominer les circonstances où le hasard m'avait fait dériver, mais jamais je ne m'y engageais volontairement. En vérité je me considérais comme un danger pour les hommes ordinaires, par la force sans gouvernail et secouée d'embardées que je mettais à leur disposition.

Je suivais, je ne fondais pas ; sans même l'envie de suivre, à vrai dire. La faiblesse m'écarta seule d'un suicide mental, de quelque lente besogne qui eût étouffé, à la fin, la fournaise de mon cerveau. J'avais toujours développé, aidé, les idées des autres hommes sans jamais créer rien moi-même, puisque je ne pouvais pas approuver la création. Si d'autres hommes créaient, je voulais bien me mettre à leur service pour raccommoder leur œuvre ; car si la création est un péché, la création d'un estropié ou d'un borgne est à la fois péché et honte.

Toujours, en travaillant, j'avais essayé de servir ; la surveillance du chef le met trop en relief. La sujétion à un ordre était pour moi une économie de pensée — de douloureuse pensée — et mettait en glacière ma Volonté centrale : ainsi je glissais sans douleur à l'oubli de toute activité. Mon fiasco vint en partie de n'avoir jamais trouvé un chef qui m'utilisât. Tous, par incapacité, faiblesse ou affection, me laissèrent trop les mains libres ; ils semblaient ne pas voir qu'un esclavage volontaire est l'orgueil le plus profond d'un esprit morbide, et la douleur subie pour la faute d'autrui, son plus joyeux honneur. Mais non. Ils me donnaient toute licence et j'en abusais pour m'octroyer d'insipides douceurs. Un verger n'est bon pour la maraude qu'avec un gardien, des chiens, de hautes murailles et des barbelés. Au diable une triste impunité !

Fayçal était un esprit courageux, faible, ignorant et qui tentait de faire le travail d'un génie, d'un prophète ou d'un grand criminel. Je le servis par pitié, et ce motif nous dégrada tous deux. Allenby approchait davantage du maître que je souhaitais. Mais je dus l'éviter ; je n'osais pas m'incliner devant lui ; j'avais trop peur qu'il ne montrât des pieds d'argile et, d'un mot amical, ne ruinât ma fidélité. Quelle idole, pourtant, cet homme fut pour nous, bloc prismatique, tasse, compact, de grandeur pure et suffisante !

Il y a des qualités comme le courage qui ne peuvent pas se manifester seules : elles n'apparaissent que mêlées à un médium, bon ou mauvais. La grandeur, dans Allenby, se montrait autre, catégoriquement : suffisante en soi, facette de réalité humaine et non d'intellect. Elle rendait superflues les qualités ordinaires : intelligence, imagination, acuité, travail prenaient l'air stupides près de lui. On ne pouvait le mesurer à nos étalons, pas plus qu'on ne peut comparer le tranchant d'une proue et celui d'un rasoir. Sa puissance intérieure l'exemptait du jugement commun.

D'entendre louer autrui me faisait jalousement désespérer de moi-même. Car je prenais ces éloges à la lettre ; m'eût-on, au contraire, encensé dix fois plus, que je n'eusse compté pour rien ces compliments. J'étais pour moi-même une Cour Martiale inévitablement sévère parce que les ressorts secrets de l'action m'apparaissaient à nu, me laissant discerner l'intention de la chance. Je pouvais seulement porter à mon crédit ce qui avait été médité à l'avance, prévu, préparé, visé. Connaissant ainsi le déchet, j'étais contraint de m'abaisser à la mesure même des fausses louanges reçues. C'était la revanche de mon éducation d'historien instruit sur la valeur du jugement public : plus petit dénominateur commun, pour ceux qui savent, mais sans appel.

Quand une chose était à ma portée, je n'en voulais plus. Ma joie était dans le désir. Ce que mon esprit désirait avec constance, je pouvais l'atteindre (c'est le cas de tous les hommes sensés) et lorsqu'un désir prenait la tête, je luttais tant que le but n'était pas à portée de main. Alors je me détournais, content d'avoir pu. Je cherchais seulement pour moi-même la mesure de ma force, sans me soucier le moins du monde d'en instruire les autres.

Il y avait dans les commencements un attrait particulier qui me contraignait à lutter sans cesse pour libérer ma personnalité de toute concrétion, la projeter dans un milieu nouveau, offrant ainsi à ma curiosité sa nouvelle ombre nue. Ce moi central, invisible, je semblais en saisir la meilleure image, comme un reflet au fond d'une eau paisible, dans l'esprit d'un autre homme encore indifférent. Les jugements considérés, qui contenaient en eux quelque chose du passé et du futur, n'avaient pas de valeur pour moi, quand je les comparais à ces premiers chocs révélateurs, élan ou retrait instinctif devant l'étranger.

Nombre de mes actions eurent pour mobile cette curiosité égoïste. Lorsque je me trouvais en compagnie d'hommes nouveaux, je me livrais à de petites expériences extravagantes, observant le choc de telle ou telle phrase sur mes auditeurs, traitant mes compagnons comme autant de buts offerts à mon ingéniosité intellectuelle : à la fin, j'étais incapable moi-même de reconnaître où commençait et où finissait ma propre blague. Ces mesquineries ajoutaient encore au malaise que j'éprouvais devant les autres hommes ; je craignais toujours le caprice qui me contraindrait de les ajouter à mes trophées de chasse. D'ailleurs ils s'intéressaient à trop de choses qui me révoltaient. Ils parlaient devant moi de leur nourriture, de leurs maladies, de leurs jeux et de leurs plaisirs : avouer que nous possédions un corps me paraissait une dégradation suffisante sans nous étendre encore sur ses faiblesses et ses attributs. Je me sentais honteux de les voir se vautrer dans le corporel qui ne pouvait être, à mon sens, qu'une glorification de la croix où l'homme est cloué. En vérité, je n'aimais pas le moi que je pouvais voir et entendre.

CHAPITRE CIV

Je venais d'atteindre cette conclusion utile quand un remue-ménage se produisit du côté des tentes taoueihas. Des hommes hurlants coururent vers moi. Je rassemblai toute mon énergie pour aller apaiser une dispute probable entre les Arabes et les Anglais, mais reçus au contraire un appel au secours contre un rezzou chammar qui venait d'enlever quatre-vingts chameaux, à deux heures de marche, près des Snainirat. Pour ne pas paraître absolument insociable, je fis monter sur nos chameaux de relais quatre ou cinq de mes hommes dont les amis ou les parents avaient souffert du vol, et je les envoyai régler l'affaire.

Buxton et ses hommes partirent au milieu de l'après-midi. J'attendis, pour moi, jusqu'au soir et je surveillai les hommes qui chargeaient nos six mille livres de coton-poudre sur les trente chameaux de bât égyptiens. Mes gardes — dégoûtés — devaient, pendant l'expédition, mener (ou pousser) les bêtes de ce convoi.

Jugeant que Buxton camperait pour la nuit peu avant d'arriver au Hadi, nous nous rendîmes là directement. Mais nous ne vîmes pas trace de bivouac; la piste n'était pas foulée. Nous montâmes sur la crête pour voir au-delà. Une bise cruelle, venant de l'Hermon, nous fouetta au visage. Les pentes devant nous étaient noires et silencieuses. Pour nous autres, sédentaires, accoutumés aux exhalaisons de fumée, de sueur ou de terre fraîchement retournée, il y avait quelque chose de fouilleur, d'inquiétant, de presque dangereux dans ce vent affilé du désert. Faisant donc quelques pas en arrière, nous nous cachâmes derrière le bord de la crête pour dormir confortablement dans un air confiné.

Au matin, nos regards scrutèrent en vain cinquante milles de paysage vide. Nos compagnons manquaient : soudain Daher, devers le Hadi, cria qu'il voyait leur colonne grimper en lacets du sud-est. Ils avaient perdu leur route presqu'aussitôt, la veille, et campé en attendant l'aube. Mes hommes ne tarirent pas en plaisanteries sur le cheikh Saleh, leur guide, qui pouvait se perdre ainsi entre le Thlaithoukhouat et Bair : un Londonien eût dit entre Marble Arch et Oxford Circus.

En tout cas, c'était un matin parfait : un chaud soleil dans le dos et le vent frais en face. Le Camel Corps, dans un style splendide, contourna les pointes glacées des trois pies pour plonger dans les vertes profondeurs de Dhiroua. Il était loin de la troupe compassée et respectueuse arrivée naguère à Akaba : la souple intelligence et l'observation sympathique de Buxton s'étaient très vite assimilé l'expérience d'une guerre de partisans et le règlement avait été adapté aux nécessités nouvelles.

Buxton avait modifié la formation de la colonne et brisé sa subdivision formelle en deux compagnies durement distinctes. Puis il avait changé l'ordre de marche. Les rangs impeccables de jadis s'étaient émiettés en un caillebotis qui s'éparpillait ou se rassemblait promptement à chaque variation de la route ou du terrain. Il avait réduit les charges et modifié l'amarrage permettant ainsi aux chameaux d'allonger le pas et les étapes. Il avait fait des coupes sombres dans le système de haltes à heure fixe (pour laisser pisser les chameaux !). Le pansage aussi était moins en honneur. Autrefois les hommes bichonnaient leurs animaux comme des pékinois ; chaque halte était animée par un massage bruyant des bosses dégarnies, à grands coups de couverture. Maintenant tout le temps libre était consacré au pâturage.

En conséquence, notre Imperial Camel Corps était devenu rapide, élastique, endurant et silencieux ; sauf, pourtant, dans les départs en groupe où les trois cents chameaux mâles, grognant à l'unisson, faisaient un tintamarre qu'on devait entendre à plusieurs milles dans la nuit. Mais chaque étape voyait les hommes plus habiles, plus à l'aise sur leurs montures, plus nerveux, plus minces, plus prompts. Ils se conduisaient comme des collégiens en vacances et la camaraderie des officiers et des hommes créait dans leur troupe une atmosphère charmante.

Mes chameaux étaient dressés à la marche arabe, genou plié avec un grand balancement du boulet, qui rendait chaque foulée un peu plus longue et un peu plus rapide que la normale. Les chameaux de Buxton, au contraire, faisaient leur bonhomme de chemin à leur allure native, sans se préoccuper des cavaliers que les souliers à clous et les selles de bois et d'acier (fabrication Manchester) isolaient de tout contact direct.

C'est pourquoi, si je partais à chaque étape avec mes cinq hommes aux côtés de Buxton, à l'avant-garde, le pilonnage énergique de mes bêtes nous faisait vite gagner du terrain; surtout lorsque je montais ma Baha, bête d'une hauteur immense, avec des os énormes, qui tenait son nom de sa voix bêlante, résultat d'une balle qui lui avait traversé le menton. De très belle race, mais de caractère difficile, c'était une chamelle à demi sauvage, impatiente du pas de promenade. Bientôt, les naseaux levés et le poil ébouriffé par la brise, elle partait en une espèce de gigue inquiète que détestaient mes Ageyls, parce que leurs reins délicats en souffraient, mais que, pour ma part, je trouvais assez drôle.

Ayant ainsi gagné trois milles sur la colonne anglaise, nous cherchions quelque coin herbu ou riche en buissons succulents; là, couchés dans la chaude fraîcheur de l'air, nous laissions nos bêtes paître, en attendant d'être rejoints. Et c'était toujours un beau spectacle, en vérité, que l'arrivée du Camel Corps.

À travers le mirage qui clignotait sur les cailloux scintillants de la dune, apparaissait d'abord la masse brune et contractée de la colonne qui se balançait dans la brume. Puis les masses s'émiettaient en petits groupes oscillants qui se heurtaient et se repoussaient tour à tour. Enfin nous discernions les cavaliers, plongés, comme de grands oiseaux de mer, jusqu'au poitrail dans l'argent du mirage, avec Buxton, silhouette athlétique, et sa magnifique monture en avant de ses hommes kaki, brûlés de soleil, et riant.

Je m'étonnais de voir combien ils montaient diversement. Les uns étaient assis avec naturel, malgré la roideur incommode des selles ; d'autres, faisant saillir leurs fesses, se penchaient en avant comme des villageois arabes ; d'autres enfin se berçaient en selle comme les Australiens sur leurs chevaux. Mes hommes, jugeant sur l'apparence, étaient enclins à railler. Je leur déclarai que, sur ces 300 hommes, j'en trouverais 40 qui monteraient mieux, se battraient mieux et supporteraient mieux la souffrance que n'importe quel autre groupe de 40 hommes choisis dans l'armée de Fayçal.

À midi, près de Ras Mouheiwer, nous fîmes halte une heure ou deux : la chaleur était moins forte qu'en Égypte pendant le mois d'août, mais Buxton ne voulait pas faire marcher ses hommes tout le jour sans arrêt. Les chameaux furent lâchés tandis que les hommes s'allongeaient, puis mangeaient, puis tâchaient de dormir malgré l'essaim de mouches que nous avions porté depuis Bair en colonies sur nos échines suantes. Cependant mes gardes passèrent, furieux du travail indigne (un convoi de bagages !) que je leur imposais, jurant que jamais auparavant on ne leur avait infligé pareille honte, et priant Dieu, non sans quelques blasphèmes, que, le monde, du moins, ne connût pas ma tyrannie à leur égard.

Leur chagrin s'accroissait encore du fait que leurs bêtes de bât étaient des chameaux Somalis dont la plus grande vitesse atteignait trois milles à l'heure. La troupe de Buxton en faisait presque quatre et j'arrivais moi-même à plus de cinq : ces étapes furent donc pour le

Zaagi et ses quarante voleurs un supplice de lenteur sans autre accident qu'une bête récalcitrante ou quelque charges déplacées.

Raillant leur gaucherie (bouviers, coolies !), nous leur offrîmes d'acheter leurs marchandises quand ils arriveraient au marché : ils finirent par rire de leur propre malheur. Après le premier jour ils parvinrent à nous tenir pied en prolongeant un peu leur étape de la nuit (un peu seulement, car ces brutes faisaient toutes de l'ophtalmie et n'y voyaient plus dans l'obscurité) et en rognant sur le petit déjeuner et les siestes. Ils menèrent au but leur caravane sans perdre une seule charge : bel exploit, d'ailleurs, pour ces gentlemen tout dorés, et possible seulement parce que, sous leur dorure, ils étaient les meilleurs maîtres chameliers qu'on pût louer en Arabie.

On dormit cette nuit à Ghadaf. L'auto blindée nous dépassa pendant la halte, son guide Chérari perché avec une grimace de triomphe sur le couvercle de la tourelle. Une heure ou deux plus tard Zaagi arriva, annonçant que tout allait bien. Il pria Buxton de ne pas tuer directement sur la route les chameaux qui tombaient en cours d'étape : car chacune de ces carcasses fournissait à ses hommes une nouvelle excuse pour festoyer et rester en arrière.

Abdullah fut troublé d'apprendre pourquoi les Anglais tuaient les bêtes qu'ils abandonnaient. Je lui fis remarquer que nous autres, Arabes, achevions nos blessés graves dans la bataille. Mais, riposta Abdullah, nous le faisions pour nous épargner des tortures où nous pourrions nous couvrir de honte. Il n'était pas un homme vivant, à son avis, qui ne préférât une mort graduelle, par faiblesse, dans le désert, à une fin soudaine. La mort la plus lente était la plus heureuse puisque l'absence d'espoir supprimait l'amertume de la défaite et laissait à l'homme toute liberté d'esprit pour se disposer à entrer dans la miséricorde divine. Le point de vue anglais — qu'il est plus pitoyable de tuer vite tout ce qui n'est pas un homme — ne lui parut pas sérieux.

CHAPITRE CV

Notre lendemain fut comme la veille : un « boulonnage » de quarante milles. Le jour suivant était le dernier avant l'attaque du pont. Je pris la moitié de mes hommes dans le convoi de bagages et les envoyai en éclaireurs pour couronner successivement chaque sommet. La manœuvre fut bien exécutée, mais sans profit pour nous ; au milieu de la matinée, en effet, nous marchions, pleins d'espoir, à bonne allure, vers Muaggar, notre point d'embuscade bien visible en face de nous, quand un avion turc monta du sud, survola toute la longueur de notre colonne et descendit devant nous dans Amman.

Nous entrâmes fatigués dans Muaggar à midi pour nous cacher aussitôt dans les substructures d'un temple romain. Nos guetteurs s'installèrent sur les crêtes d'où ils surveillaient la plaine moissonnée, jusqu'au chemin de fer du Hedjaz. Sur les pentes des collines, à travers nos lorgnettes, les pierres grises semblaient s'aligner comme des troupeaux au pâturage.

J'envoyai mes paysans dans les villages plus bas pour recueillir des nouvelles et avertir les habitants de rester chez eux. Ils revinrent dire que la chance tournait décidément contre nous. Autour du blé qu'on vannait sur les aires, se trouvaient des soldats turcs, car les contrôleurs d'impôts mesuraient les tas sous la garde de plusieurs sections d'infanterie montée : trois groupes de ce genre (quarante hommes) coucheraient cette nuit dans les trois villages les plus proches du pont — ceux que nous devions nécessairement côtoyer à l'aller et au retour.

Nous tînmes conseil en hâte. L'aéroplane nous avait

vus ou non. Les Turcs avertis, en mettant les choses au pire, avaient peut-être renforcé la garde du pont. Mais ces renforts ne m'effrayaient guère. L'ennemi allait nous prendre pour l'avant-garde d'un troisième raid sur Amman, ce qui l'inciterait plutôt à concentrer qu'à détacher des troupes. Les hommes de Buxton étaient des soldats d'élite ; il avait fait d'admirables plans. La victoire était certaine.

Ce qui m'inquiétait c'était le coût, ou plutôt la valeur de ce pont, en vies anglaises. Je me souvenais de la note de Bartholomew interdisant les pertes.

Ces troupes montées allaient entraver notre retraite. Le Camel Corps devait mettre pied à terre à un mille — ou presque — du pont, pour éviter le bruit (ces sacrés chameaux mâles !). La fusillade, sans parler d'une explosion de trois tonnes de coton-poudre contre les culées du pont, allait éveiller tout le district. Les patrouilles turques dans les villages pouvaient tomber sur notre parc à chameaux — un vrai désastre — et, en tout cas, gêneraient nos mouvements pendant une retraite en terrain accidenté.

Les hommes de Buxton ne pouvaient pas, après l'explosion, s'éparpiller comme une volée de moineaux et retrouver seuls leur chemin vers le Muaggar. Dans un combat de nuit, certains d'entre eux seraient coupés des autres, s'égareraient. Il faudrait les attendre, perdre peut-être encore d'autres hommes dans l'affaire. Bref, nos pertes totales pouvaient atteindre cinquante hommes : à mon sens, le pont n'en valait pas plus de cinq. Pourquoi le détruisions-nous ? Pour effrayer les Turcs, les déconcerter, les convaincre de nous laisser tranquilles jusqu'au 30 août, date à laquelle notre grande colonne partirait pour Azrag. Nous étions aujourd'hui le 20. Le danger qui avait semblé pressant en juillet n'existait plus maintenant.

Buxton fut de mon avis. Nous décidâmes de crier aussitôt demi-tour. À ce moment d'autres avions turcs s'élevèrent d'Amman et fouillèrent, à notre recherche, les âpres collines au nord du Muaggar.

À l'annonce de la retraite, les hommes désappointés grognèrent. Ils avaient mis leur orgueil dans ce long raid et brûlaient de raconter à l'Égypte incrédule qu'ils avaient, strictement, rempli leur programme.

Pour gagner au moins quelque chose, j'envoyai Saleh et les autres chefs pomponner leurs villages d'énormes rumeurs sur notre nombre et les vastes desseins de l'armée chérifienne, dont nous n'étions qu'une reconnaissance et qui allait enlever Amman dès la nouvelle lune. C'était bien là l'histoire que les Turcs craignaient d'apprendre ; l'opération qu'ils imaginaient ; l'attaque dont ils avaient peur. Poussant avec prudence leurs cavaliers dans le Muaggar, ils y trouvèrent la confirmation des récits extravagants des villageois : le sommet de la colline jonché de boîtes de conserves vides et les pentes de la vallée sillonnées de traces profondes d'énormes autos. Et nous en avions fait, des traces ! Cette alerte les arrêta et les tint sur les dents, sans la moindre perte pour nous, pendant huit jours. La destruction du pont nous en eût donné quinze.

Dès que l'ombre fut assez épaisse, nous partîmes pour Azrag, à cinquante milles de là. Le raid devint, par jeu, excursion de touristes : l'on parla ruines romaines et pavillons de chasse des Ghassanides. Le Camel Corps avait la pratique, presque l'habitude, des marches de nuit : son allure était donc aussi rapide que pendant le jour, et jamais les unités ne s'égaraient ou ne perdaient le contact avec les autres. La lune était brillante et l'on marcha jusqu'au moment où elle pâlit dans l'aube. Nous passâmes vers minuit le palais solitaire de Kharaneh sans nous soucier de faire un détour pour aller voir ses ruines étranges. La lune fut, pour une part du moins, responsable de cette indifférence : sa blancheur rendait nos esprits glacés et sans ombre comme elle ; nous restions assis tranquilles dans nos selles, rien qu'assis tranquilles.

Craignant la rencontre de rezzous arabes et une attaque, par ignorance, du Camel Corps, je marchais avec mes hommes à sept ou huit cents mètres en avant de la colonne. Soudain, devant les pas étouffés de nos bêtes, s'élevèrent, de plus en plus nombreux, des oiseaux de nuit gros et noirs. Ils se multipliaient. Le sol finit pas être recouvert d'un tapis d'oiseaux qui partaient en masses épaisses, sans le moindre bruit, et tournoyaient autour de nous, vertigineusement, comme des plumes dans un tourbillon silencieux. Leurs cercles fous tissaient un cocon dans ma tête. Cette foule muette épouvanta mes hommes qui décrochèrent leurs fusils et tirèrent balle après balle dans l'énorme palpitation. Au bout d'environ deux milles, la nuit se vida de nouveau. Nous nous couchâmes enfin dans l'armoise odorante jusqu'au moment où le soleil nous éveilla.

Dans l'après-midi, fatigués, nous atteignîmes Kousaïr-el-Amra — petit pavillon de chasse d'Harith, Roi-Berger et patron des poètes — dressé sur un beau fond d'épais feuillages murmurants. Buxton établit son Quartier Général dans l'ombre fraîche du hall et nous nous reposâmes à déchiffrer les fresques effacées, avec plus de plaisanteries que de profit spirituel. Quelques-uns des hommes s'installèrent dans d'autres pièces, tandis que la plupart, avec les chameaux, allaient s'étendre sous les arbres pour sommeiller jusqu'au soir. Les avions ne nous avaient pas découverts — ne pouvaient plus nous découvrir ici. Demain ce serait Azrag, et l'eau fraîche remplacerait cette saleté de Bair, de jour en jour plus écœurante.

Azrag était aussi un lieu fameux, la Reine de ces oasis, plus belle qu'El Amra, avec sa verdure et ses eaux courantes. J'avais promis un bain à tout le monde. Les Anglais, qui ne s'étaient plus lavés depuis Akaba, soupiraient après ce luxe. En attendant, El Amra était merveilleuse. Devant ces salles et ces fresques étranges, les hommes me demandèrent étonnés qui étaient ces rois de Ghassan. Je pus leur raconter de vagues histoires sur leur poésie et leurs guerres cruelles : mais tout cela paraissait si loin, si clinquant !

Le lendemain, tranquillement, nous gagnâmes Azrag. La dernière crête de lave granuleuse franchie, lorsque nous aperçûmes, rangées en cercle, les tombes de Medjaber (le plus beau des cimetières) je trottai en avant avec mes hommes pour prévenir toute mauvaise rencontre et goûter une fois encore le charme distant de ce lieu, avant l'arrivée des autres. Ces soldats étaient si sûrs d'eux-mêmes que je craignais de voir Azrag, soudain moins rare à leur contact, ramenée vers le flot vivant qui l'avait abandonnée depuis dix siècles.

Les deux craintes étaient stupides. Azrag était vide d'Arabes et aussi belle que jamais, plus belle même lorsque, un instant après, ses étangs limpides se peuplèrent de blancs nageurs cependant que la brise, coulant à travers ses roseaux, se ponctuait d'échos, cris joyeux et plongeons sonores. Les hommes creusèrent un grand puits où l'on enterra nos tonnes de coton-poudre pour l'expédition sur Deraa en septembre ; puis tous coururent de toutes parts cueillir les fruits écarlates et doux des buissons de saa. Mes gardes, indulgents pour notre caprice, les appelaient « raisins chéraris ».

Nous nous reposâmes là deux jours, retenus par la fraîcheur de ces eaux vives. Buxton monta avec moi jusqu'au fort pour examiner l'autel de Dioclétien et Maximin, avec l'intention d'ajouter un mot en faveur du roi George V. Mais notre excursion fut empoisonnée d'abord par des mouches grises, et tragiquement gâchée ensuite par un accident. Un Arabe qui tirait aux poissons dans le vivier du fort laissa tomber son fusil : l'arme explosa, tuant net le lieutenant Rowan, des Gardes Écossais. Nous l'enterrâmes dans le petit cimetière de Medjaber dont la paix immaculée me faisait envie depuis longtemps.

Le troisième jour notre étape nous conduisit par Ammari et le Djecha jusqu'aux environs des Thlaithoukhouat — ce vieux pays dont j'avais appris à connaître les variations presque imperceptibles. Près du Hadi, nous nous sentîmes chez nous et fîmes une étape de nuit pendant laquelle les hurlements des hommes (« Sommes-nous bien nourris ? Non ! Voyons-nous du pays ? Oui ! ») roulaient comme un tonnerre sur les longues pentes derrière moi. Quand ils étaient fatigués de dire la vérité, je pouvais entendre le cliquetis de leur fourniment amarré aux selles de bois — onze ou quinze crochets à fixer chaque fois, au lieu du sac arabe que l'on jette d'un seul mouvement en travers de la selle.

J'étais si bien enserré dans ce corps dont la masse sombre et la queue s'effilaient derrière moi, qu'à mon tour je perdis mon chemin entre le Hadi et Bair. Jusqu'à l'aube je me guidai aux étoiles (le prochain repas des hommes les attendait à Bair ; ils avaient épuisé la veille leurs dernières réserves) et le point du jour nous surprit dans une vallée boisée qui était certainement l'ouadi Bair. Mais quand le diable y eût été, je ne pouvais pas dire si nous étions en amont ou en aval des puits. J'avouai mon erreur à Buxton et Marshall et l'on tâtonna quelque temps. Par bonheur Sagr-ibn-Chaalan, l'un de nos vieux alliés de l'époque d'El Ouedj, se trouva sur nos pas et nous remit dans le droit chemin. Une heure plus tard le Camel Corps avait touché ses rations et retrouvé ses vieilles tentes près des puits. Salama, le prévoyant docteur égyptien, lui avait même réservé une surprise : comptant sur notre retour ce jour-là, il avait fait remplir les abreuvoirs qui contenaient assez d'eau pour la moitié de nos bêtes.

Je résolus de rejoindre Aba-el-Lissan avec les autos blindées. Buxton se trouvait maintenant en pays de connaissance, au milieu d'amis, et pouvait se passer de mon aide. Nous plongeâmes donc vers la plaine d'El Djafeur pour y bondir de dune en dune à la vitesse de soixante milles à l'heure. J'étais dans la voiture en tête. Nous soulevions un tel nuage de poussière que nous perdîmes l'autre. À la lisière sud elle n'était plus là. Une crevaison, sans doute ? Nous attendîmes patiemment, scrutant les vagues pommelées du mirage qui ruisselaient au ras du sol. Sa buée sombre, sous le ciel pâle (mais d'un bleu toujours plus profond en montant vers le zénith) se déplaçait à tout instant, nous donnant chaque fois une fausse alerte. Enfin, dans sa grisaille, apparut une navette noire agitant derrière elle une longue traîne de poussière scintillante.

C'était Greenhill qui en mettait un coup. Les plis de l'air clapotaient contre sa tourelle, la chauffant à tel point que son acier brûlant marquait de cloques les bras nus et les genoux des hommes, à chaque sursaut du char bondissant sur le sol broyé par la chaleur et dont l'épais tapis de poussière attendait le vent bas d'automne qui le balaierait à travers le désert en aveuglantes et irrespirables rafales.

Notre auto attendait, enfoncée jusqu'aux jantes. Les hommes, cependant, arrosèrent d'essence un petit tas de poussière et nous firent du thé — du thé militaire chargé de feuilles comme une eau de crue et jauni par le lait en boîte, mais excellent pour les gorges sèches. Nous le buvions quand les autres arrivèrent : deux tubes de radiateur, nous dirent-ils avaient éclaté dans la chaleur de cette ruée à un mille par minute à travers la plaine embrasée. On leur servit aussi du thé et, de leurs poings huileux, rieurs, ils secouèrent la poussière qui leur recouvrait le visage. Ils avaient l'air très vieux sous cette grisaille saupoudrant leurs cils, leurs sourcils et leur bouchant les pores du visage : mais la sueur avait creusé des ravins, profonds et cernés de noir, jusqu'à leur peau rouge.

Ils burent en hâte (car le soleil tombait et nous avions encore cinquante milles à faire) puis jetèrent le fond de leur tasse sur le sol : les gouttes roulèrent, se dispersèrent comme du vif-argent jusqu'au moment où coagulées, sucées par la poussière, elles criblèrent de creuses mouchetures sa surface grise lissée par le vent. Traversant la voie détruite, nous filâmes ensuite à Aba-el-Lissan où Joyce, Dawnay et Young déclarèrent que tout marchait à merveille. En fait, nous avions achevé nos préparatifs et chacun s'en allait de son coté, Joyce au Caire pour voir un dentiste, Dawnay au G.Q.G. pour assurer Allenby de notre obéissance et de notre prospérité.

CHAPITRE CVI

Le bateau qui devait emmener Joyce arriva de Djeddah avec le courrier de La Mecque. Fayçal ouvrit sa *Kibla* (la gazette du roi Hussein) et se trouva nez à nez avec une Proclamation Royale, en première page, déclarant que si des imbéciles appelaient Jaafar Pacha le Général en Chef de l'Armée arabe du Nord, ce titre n'existait même pas; qu'en vérité il n'existait pas de grade supérieur à capitaine dans l'armée arabe où le cheikh Jaafar faisait son devoir ni plus ni moins qu'un autre.

Le Roi avait publié cela (après avoir lu qu'Allenby venait de décorer Jaafar) sans avertir Fayçal, pour dépiter les Arabes sédentaires du Nord, officiers syriens et mésopotamiens dont il méprisait le relâchement et redoutait les mérites. Sachant que ces hommes luttaient non pour lui donner le pouvoir mais pour libérer leur pays et gouverner eux-mêmes, le vieux n'avait plus pu maîtriser ses appétits.

Jaafar vint offrir sa démission à Fayçal. Il fut suivi des officiers divisionnaires et de leurs États-Majors, puis des colonels et des chefs de bataillon. Je les suppliai de ne prêter aucune attention aux mouvements d'humeur d'un vieillard de soixante-dix ans qui vivait hors du monde, enfermé dans La Mecque, et qui ne devait qu'à eux sa grandeur. Fayçal refusa les démissions, fit remarquer que les nominations (non approuvées par son père) avaient été faites par lui seul et que lui seul, par suite, était discrédité par la proclamation royale.

Sur ces bases il télégraphia à La Mecque et reçut en réponse une dépêche qui l'appelait traître et proscrit. Il répliqua en renonçant au commandement de l'armée d'Akaba. Hussein nomma Zeid pour lui succéder. Zeid refusa promptement. Les messages chiffrés de Hussein devinrent indéchiffrables de rage et toute vie militaire à Aba-el-Lissan s'arrêta d'un coup. Dawnay, d'Akaba, avant le départ du bateau, m'appela au téléphone et me demanda tristement si tout espoir était perdu. Je lui répondis que c'était une question de chance mais que, peut-être, nous nous en tirerions.

Trois voies s'ouvraient devant nous : soit obtenir du roi Hussein, par pression, qu'il retirât sa proclamation, soit continuer, en l'ignorant, soit proclamer officiellement l'indépendance de Fayçal. Chaque solution avait ses avocats parmi les Anglais comme parmi les Arabes. Nous télégraphiâmes à Allenby d'aplanir l'incident. Hussein était plein d'entêtement et de ruse ; le forcer hors de ses positions et le contraindre à faire des excuses pouvait prendre des semaines. En temps normal nous aurions pu consentir ces délais ; mais notre expédition pour Deraa devait partir dans trois jours ou jamais. Il fallait trouver un moyen de poursuivre la lutte pendant que les bureaux d'Égypte chercheraient une solution.

Mon premier soin fut d'envoyer un exprès à Nouri Châalan pour l'avertir que je ne pourrais me trouver à la réunion de ses tribus dans Kaf, mais que je serais tout à sa disposition à Azrag dès le premier jour de la nouvelle lune. Triste expédient, car Nouri pouvait être pris de soupçons et manquer au rendez-vous ; et sans les Rouallas nous perdions la moitié de notre valeur et de nos effectifs devant Deraa le 16 septembre. Mais il fallait risquer cette perte. Sans Fayçal, ses réguliers et les canons de Pisani, il ne pouvait y avoir d'expédition : je devais donc rester à Aba-el-Lissan pour tâcher de calmer les esprits.

Mon deuxième soin fut de faire partir les caravanes

pour Azrag — bagages, vivres, essence et munitions. Young prépara tout, s'élevant, comme toujours, à la hauteur des circonstances où sa volonté n'était pour rien. Il était son premier obstacle, mais celui-là franchi, il ne permettait à personne de l'arrêter. Je n'oublierai jamais le visage radieux de Nouri Saïd interpellant joyeusement, après une conférence mixte, un groupe d'officiers arabes : « Ne vous en faites pas, mes amis : il traite les Anglais aussi mal que nous ! » Young fit donc partir chaque échelon — non pas, il est vrai, à la date prévue, mais seulement avec un jour de retard — sous le commandement de ses officiers désignés, selon notre programme. Nous avions pris pour principe de ne donner des ordres aux Arabes que par l'intermédiaire de leurs propres chefs ; cela évitait tout précédent pour ou contre l'obéissance. Et ils filèrent, doux comme des agneaux.

Mon troisième soin fut de faire face à une révolte des troupes. De faux bruits avaient couru sur la crise. Le malentendu surtout affecta les canonniers qui se prirent de querelle, un après-midi, avec leurs officiers et se précipitèrent vers leurs pièces pour les tourner contre les tentes des chefs. Mais Rassim, le commandant d'artillerie, les avait prévenus et avait dressé sous sa propre tente une pyramide des blocs de culasses. Je pris avantage de ce moment comique pour aller parler aux hommes. Ils m'accueillirent d'abord avec hostilité ; mais je n'étais à leurs yeux qu'un personnage excentrique, mi-Anglais, mi-Bédouin et, par curiosité, ils acceptèrent enfin de causer avec moi.

Je leur contai la tempête dans une tasse de café qui faisait rage chez les Altesses ; et ils en rirent joyeusement. Ils tournaient leurs regards vers Damas, non vers La Mecque, et se moquaient de tout ce qui n'était pas leur armée. Ils craignaient une désertion de Fayçal qui n'était pas sorti depuis plusieurs jours. Je promis de l'amener immédiatement et lorsque Fayçal et Zeid, en effet, avec leur visage ordinaire traversèrent les lignes dans la Vauxhall que Bols avait fait peindre spécialement en vert à leur intention, ils se convainquirent de leur erreur.

Mon quatrième soin fut de faire partir les troupes pour Azrag au jour fixé. Pour cela il fallait rétablir leur confiance en la confiance des officiers. On fit appel au tact de Stirling. Nouri Saïd brûlait, comme tout soldat l'eût fait à sa place, d'utiliser la chance qui lui était offerte : il accepta volontiers de prendre la tête de l'expédition jusqu'à Azrag en attendant les excuses de Hussein. Si celles-ci n'arrivaient pas, ils pourraient revenir ou rompre leur serment de fidélité ; mais si nous avions satisfaction, comme je le lui promettais, les services gratuits de l'armée du Nord feraient monter le rouge au joues du vieux.

Les hommes furent convaincus par des arguments plus grossiers. Nous leur fîmes savoir clairement que nous serions contraints de couper la solde et les vivres si l'organisation de l'armée était rompue. Ils cédèrent et leurs colonnes respectives — infanterie montée, mitrailleurs, sapeurs égyptiens, ghourkas et canonniers de Pisani — partirent suivant les itinéraires prévus par Stirling et Young avec seulement deux jours de retard.

Enfin, j'avais pour dernière obligation de restaurer la suprématie de Fayçal. Il était vain, sans lui, de rien tenter de sérieux entre Deraa et Damas. Nous pouvions déclencher l'attaque sur Deraa qu'Allenby attendait de nous ; mais la prise de Damas — c'est-à-dire cc que j'attendais des Arabes, le motif qui m'avait placé à leurs côtés, le but pour lequel j'avais pris mille peines et dépensé mon esprit et ma force —, la prise de Damas exigeait que Fayçal fût avec nous sur le front de combat, libéré de devoirs militaires, mais prêt à saisir au passage et à exploiter politiquement ce que nos corps conquéraient pour lui. À la fin, il offrit de rejoindre l'armée sous mes ordres.

Quant aux excuses de La Mecque, Allenby et Wilson faisaient de leur mieux pour les obtenir, et accaparaient les câbles. S'ils échouaient, j'avais résolu de promettre à Fayçal l'appui direct du Gouvernement anglais et de le faire entrer à Damas comme prince-souverain. C'était une ligne possible. Mais je préférais l'éviter, sauf en cas de nécessité extrême. Les Arabes, jusqu'ici, avaient fait de l'histoire propre, dans leur Révolte ; je ne voulais pas que notre aventure aboutît à une scission misérable avant la victoire commune et la paix.

Le roi Hussein se conduisit comme je l'attendais : protestations abondantes, circonlocutions sans fin, mais nulle compréhension apparente des effets néfastes qu'avait eu son intrusion dans les affaires de l'armée du Nord. Pour lui éclaircir les esprits nous lui parlâmes avec une franchise qui nous valut des réponses insultantes mais contournées. Ses télégrammes arrivaient par l'Égypte et par sans-fil à nos opérateurs d'Akaba. Une auto me les apportait pour que je les remisse à Fayçal. Les chiffres arabes étaient simples et je supprimais les passages indésirables, embrouillant absurdement les dispositions conventionnelles avant de les passer en code à Fayçal. Grâce à cet expédient facile, l'humeur de son entourage n'était pas inutilement irritée.

Ce petit jeu se poursuivit pendant plusieurs jours, car La Mecque ne répétait jamais un message signalé comme incompréhensible, mais télégraphiait une version nouvelle un peu moins blessante à chaque réédition. Enfin arriva un long message dont la première moitié contenait des excuses boiteuses et un retrait de la fâcheuse proclamation, tandis que la seconde moitié répétait l'offense sous une nouvelle forme. Je supprimai la fin et portai le début marqué « très urgent » dans la tente où Fayçal était assis au milieu de tous ses officiers d'État-Major.

Son secrétaire déchiffra la dépêche puis tendit à Fayçal le texte en clair. Mes allusions avaient éveillé l'attention générale et les yeux étaient fixés sur Fayçal pendant qu'il lisait. Il fut étonné et me jeta un regard surpris car les mots amènes du télégramme ne ressemblaient guère à l'entêtement acariâtre de son père. Mais il se ressaisit, lut tout haut les excuses et dit à la fin d'une voix passionnée : « Le télégraphe a sauvé notre honneur. »

Un chœur d'exclamations joyeuses éclata aussitôt. Fayçal en profita pour se pencher et murmurer à mon oreille : « Je veux dire l'honneur de presque tous. » Ce fut fait avec tant de charme que je ris et dis d'un air de sainte Nitouche : « Je ne comprends pas ce que vous voulez dire. » Il répliqua : « Je vous ai offert de servir pendant cette dernière expédition sous vos ordres ? N'était-ce pas assez ? — Cela n'allait pas avec votre honneur. » Il murmura : « Vous mettez toujours le mien avant le vôtre », puis se dressant avec énergie : « Maintenant, messieurs, dit-il, louons Dieu et travaillons. »

En trois heures nous eûmes fixé nos calendriers, désigné nos successeurs à Aba-el-Lissan et fixé leurs attributions et leurs devoirs respectifs. Je pris congé. Joyce nous revenait à peine d'Égypte ; Fayçal promit de venir, avec lui et Marshall, me rejoindre à Azrag le 12 au plus tard. Tout le camp était dans la joie quand je montai dans une Rolls pour filer vers le Nord, avec l'espoir de rallier encore les Rouallas et Nouri Châalan à temps pour notre attaque de Deraa.

LIVRE X

On achève la maison

Chapitres CVII à CXXII

Notre colonne mobile d'avions, d'autos blindées, de réguliers arabes et de Bédouins se rassembla à Azrag pour couper les trois lignes de chemin de fer qui convergeaient à Deraa. La ligne du Sud fut coupée à Mafrak ; celle du Nord à Arar ; celle de l'Ouest à Mezerib. Faisant le tour de Deraa, nous pûmes regagner le désert en dépit de raids aériens.

Le jour suivant, Allenby attaquait. En quelques heures il eut dispersé les armées turques de façon irrémissible.

Je pris alors l'avion pour la Palestine afin d'obtenir des secours aériens ; j'y reçus en outre des ordres pour la seconde phase de notre poussée vers le Nord.

Nous encerclâmes Deraa pour hâter son évacuation. Le général Barrow fit sa jonction avec les Arabes. De concert, nous avançâmes sur Kisoué où l'on rencontra l'infanterie montée australienne. Nos forces unies entrèrent dans Damas sans rencontrer de résistance. Un certain désordre se manifesta dans la ville. Il fallut lutter pour l'apaiser. Allenby arriva et aplanit toutes les difficultés. Après quoi il me laissa partir.

CHAPITRE CVII

Il y avait, à laisser ces nuages derrière nous, une félicité inexprimable. Nous nous accrochâmes avec gratitude les uns aux autres, Winterton, Nacer et moi. Lord Winterton était notre dernière recrue : un officier expérimenté du Camel Corps de Buxton. Le chérif Nacer n'avait pas quitté la pointe du combat depuis les premiers jours de Médine ; nous l'avions désigné aussi pour cette dernière opération. Il méritait d'avoir les honneurs de Damas, lui qui avait eu successivement ceux de Médine, d'El Ouedj, d'Akaba et de Tafila ; sans compter ceux de tant de jours stériles.

Derrière nous, dans la poussière, une petite Ford faisait de son mieux pour ne pas se laisser semer ; notre magnifique voiture avalait ces kilomètres familiers. J'avais été fier naguère d'accomplir le trajet Azrag-Akaba à dos de chameau en trois jours ; maintenant nous franchissions la distance en deux et des sommeils princiers nous reposaient du confort funèbre d'être emportés à l'aise tout le jour dans des Rolls Royce, comme les grands de cette guerre.

Comme leur vie était facile ! Le corps moelleusement appuyé, les muscles reposés aidaient le cerveau à se concentrer sur un travail de fauteuil; nos cerveaux et nos corps, cependant, ne connaissaient que des stupeurs d'une heure dans la rougeur de l'aube et la rougeur du couchant, les deux moments du jour les plus pernicieux pour la marche. Bien des jours nous avions passé en selle vingt-deux heures sur vingt-quatre, chacun prenant à son tour le direction de la troupe dans l'ombre, pendant que les autres piquaient du nez sur le pommeau pour un instant d'oubli.

De mince oubli : au plus profond de ces assoupissements le pied continuait à presser l'épaule du chameau pour lui faire garder le pas d'étape, et le cavalier s'éveillait à la moindre perte d'équilibre causée par un faux-pas ou un contour. À cela s'étaient ajoutés la pluie, la neige, le soleil qui n'avaient cessé de nous battre; peu de nourriture, peu d'eau et aucune sécurité contre les Turcs ou les Arabes. Pourtant ces mois de surmenage avec les nomades m'avaient laissé établir mes plans avec une certitude où les nouveaux venus voyaient la témérité d'un fou furieux, mais qui procédait, en fait, d'une connaissance exacte de mes matériaux.

Maintenant le désert n'était plus normal : que dis-je ? Il était honteusement peuplé. On n'y perdait jamais les hommes de vue : caravanes effilées de soldats, d'indigènes, de bagages montant lentement vers le Nord par l'interminable plaine d'El Djafeur. Ayant dépassé cette foule (de bon augure pour une concentration ponctuelle à Azrag) nous filâmes grand train, mon excellent chauffeur, Green, touchant même une fois le 67 milles à l'heure. Nacer, assis dans le fond de la voiture, à moitié étouffé, ne pouvait que faire un signe de main à tous les amis que nous dépassions.

À Bair les Beni-Sakhrs alarmés nous apprirent que les Turcs s'étaient, la veille, brusquement lancés vers l'ouest, de Hessa vers Tafila. Mifleh me crut fou ou, au moins, d'une gaieté inconvenante, quand j'éclatai de rire en apprenant cette nouvelle. Quatre jours avant elle eût arrêté l'expédition d'Azrag; mais maintenant que nous étions partis, les Turcs pouvaient bien prendre Aba-el-Lissan, Gouéira, Akaba même. Ils y seraient les bienvenus. Comme ils marchaient, comme ils montaient bien sur le formidable bateau de notre offensive contre Amman ! Les voilà partis, ces innocents, pour contre-attaquer notre feinte attaque. Chaque homme qu'ils envoyaient au Sud était un homme, ou plutôt dix hommes perdus.

À Azrag, nous trouvâmes quelques domestiques de Nouri Châalan et la Crossley avec un officier aviateur, un pilote, quelques pièces de rechange et un hangar de toile pour les deux machines qui devaient protéger notre concentration. Nous passâmes la première nuit sur l'aérodrome — et nous nous en repentîmes. Une mouche à chameaux, téméraire, blindée, et dont la piqûre valait celle d'un frelon, prit d'assaut nos régions exposées, jusqu'au coucher du soleil. Vint un repos béni quand la fraîcheur du soir adoucit nos démangeaisons — mais le vent changea. Les rafales chaudes d'une poussière aveuglante et salée nous balayèrent pendant trois heures. En vain nous tirions les couvertures sur nos têtes. Impossible de dormir puisque toutes les demi-heures il fallait se lever et rejeter le sable menaçant de nous enterrer. À minuit le vent cessa. Sortant de nos trous, trempés de sueur, nous nous préparions à dormir enfin — quand un nuage de moustiques roula sur nous : la lutte avec eux dura jusqu'à l'aube.

À l'aube, donc, nous changeâmes de camp pour nous installer sur la hauteur de Medjaber, à un mille à l'ouest de l'eau et cent pieds environ au-dessus des marais, dans un lieu ouvert à tous les vents. Après quelque repos, on monta le hangar et l'on partit se baigner dans l'eau limpide. Nous nous déshabillâmes au bord des étangs miroitants dont le fond et les pentes nacrés réfléchissaient le ciel avec un éclat lunaire. « Délicieux », hurlai-je après ma plongée, tout en nageant deçà delà. « Mais pourquoi ces saluts continuels sous l'eau ? » me demanda Winterton peu après. À cet instant une mouche à chameau le piqua par-derrière : il comprit et plongea à ma suite. Nous nagions, essayant désespérément de garder la tête mouillée pour décourager les hordes grises ; mais elles avaient trop faim pour craindre l'eau ; après cinq minutes il fallut sortir et, sans interrompre un combat frénétique, enfiler de nouveau nos habits : le sang nous coulait de vingt coups de dague.

Nacer, debout, se gaussait de nous. Nous partîmes ensemble vers le fort pour y faire la sieste. La vieille tour d'angle d'Ali-Ibn-El-Hussein, le seul toit du désert, nous offrit sa fraîcheur paisible. Le vent agitait doucement les palmes, au dehors, avec des craquements de gel ; c'étaient des palmiers négligés, trop nordiques pour que leurs dattes rouges fussent mangeables ; mais leurs tiges portaient d'épaisses branches basses qui jetaient une ombre plaisante. C'est dans ce calme, sur son tapis, que Nacer voulut s'asseoir. La fumée grise de sa cigarette rejetée montait en ondulant dans l'air tiède, palpitait et se dissolvait dans les mouchetures de soleil qui scintillaient entre les feuilles. « Je suis heureux », dit-il. Nous étions tous heureux.

Dans l'après-midi une auto blindée arriva pour compléter une défense nécessaire, encore que le risque d'une attaque ennemie fût très faible. Trois tribus nous servaient de couverture entre Azrag et le chemin de fer. Il y avait seulement quarante cavaliers à Deraa, aucun à Amman ; d'ailleurs les Turcs ne connaissaient pas encore notre venue. Un de leur aéroplanes survint dans la matinée du 9, décrivit un cercle négligent et s'en fut, probablement sans nous voir. Notre camp, sur ce sommet, nous permettait une observation splendide des routes de Deraa et d'Amman. Pendant le jour, notre petite troupe — douze Anglais, Nacer et son esclave — paressait, flânait, se baignait au coucher su soleil, jouait aux touristes, pensait ; et la nuit venue, dormait confortablement. Du moins était-ce vrai pour moi : je jouissais de ce précieux interlude entre les amis que j'avais dû combattre à Aba-el-Lissan et les ennemis du mois prochain.

Précieux — cet instant dut l'être surtout en moi-même. Pendant cette marche sur Damas (car c'est ainsi que nous l'imaginions déjà) mon équilibre mental s'était modifié. Je sentais derrière moi la puissance roidie de l'enthousiasme arabe. Le point culminant de nos années de prédication était atteint : tout un pays unifié tendait, d'un seul effort, vers sa capitale historique. Confiant en cette arme que j'avais trempée moi-même et jugeant qu'elle suffisait à réaliser tous mes buts, je paraissais oublier mes compagnons anglais, étrangers à mon idéal, dans l'ombre de la grande guerre. Je n'essayais pas de leur faire partager ma certitude.

Longtemps après, j'appris que Winterton se levait chaque matin à l'aube pour examiner l'horizon, de peur que mon insouciance ne nous valût quelque surprise. Plus tard, à Oumtaiye, à Cheikh Saad, les Anglais nous jugèrent dans une position sans espoir. En fait je savais (et je crois bien avoir dit) que nous étions en sécurité autant que quiconque dans le monde en guerre. Leur orgueil me cacha toujours les doutes qu'ils entretenaient sur mes plans.

Ces plans comportaient une feinte sur Amman et la destruction réelle des voies de Deraa : nos pensées n'allaient guère plus loin ; j'avais l'habitude, en examinant les solutions diverses, de rester en suspens sur les étapes futures.

Le public accorde souvent son crédit aux généraux, parce qu'il voit seulement les ordres et le résultat ; Foch lui-même a dit (avant d'avoir commandé une armée) que les généraux gagnaient les batailles ; mais aucun général ne l'a jamais cru. La campagne de Syrie, en septembre 1918, a été peut-être, du point de vue scientifique, la plus parfaite de toute l'histoire anglaise ; celle où la force a joué le plus petit rôle, et la pensée, le plus grand. Tout le monde a donc donné le crédit de la victoire à Allenby et Bartholomew (et en particulier ceux qui travaillèrent sous leurs ordres). Mais les deux chefs ont toujours refusé de voir la campagne sous ce jour, sachant bien comment leurs idées rudimentaires se précisaient au fur et à mesure de leur application, et comment leurs subordonnés forgeaient souvent leur propre tactique sans le savoir.

En nous établissant à Azrag nous avions réalisé la première partie de notre plan : la feinte. Nous avions envoyé par milliers aux Beni-Sakhrs nos « cavaliers de Saint-George » — nos souverains d'or — achetant tout l'orge sur leurs aires mêmes et priant seulement les propriétaires de n'en rien dire, car nous en aurions besoin, pour nos animaux et ceux de nos alliés britanniques, quinze jours plus tard. Aussitôt Dhiab de Tafila, grand dadais clopinant et mal fichu, s'en fut, comme nous le désirions, colporter la nouvelle par tout Kérak.

Fayçal, en outre, avertit les Zebns de rejoindre Bair pour une expédition militaire, et Hornby, qui avait revêtu maintenant (peut-être un peu prématurément) le costume arabe, préparait activement un grand assaut sur Madeba. Son plan était de se mettre en route le 19, dès que l'offensive d'Allenby serait déclenchée. Il espérait ainsi s'accrocher à Jéricho. Si nous échouions à Deraa, nos troupes pourraient ainsi revenir en arrière et renforcer son action qui deviendrait alors, non pas une feinte, mais la seconde vieille corde de notre arc. Par malheur les Turcs estropièrent ce projet par leur avance sur Tafila ; Hornby dut défendre Chobek.

Pour la deuxième partie, l'affaire de Deraa, il fallait bâtir un plan de véritable attaque. En guise de prélude nous résolûmes de couper le chemin de fer près d'Amman. L'avantage était double : empêcher l'envoi de secours à Deraa et renforcer la vraisemblance d'une poussée sur Amman. Je jugeai que si le travail technique de mine était confié aux Égyptiens, cette attaque préliminaire pourrait être exécutée par les Gourkhas : leur détachement ne distrairait pas le gros de nos troupes de son objectif principal.

Cet objectif était de couper les voies dans le Hauran et de les garder coupées au moins une semaine. Il y avait, semblait-il, trois façons d'y parvenir. La deuxième était d'avancer au nord de Deraa jusqu'à la ligne de Damas, comme dans mon expédition avec Tallal pendant l'hiver, de la couper, puis de filer vers le chemin de fer du Yarmok. La deuxième était d'avancer au sud de Deraa vers le Yarmok, comme dans mon expédition avec Ali-ibn-el-Hussein en novembre 1917. La troisième était de marcher droit sur Deraa même.

Ce troisième projet n'était réalisable que si l'Air Force pouvait nous promettre un bombardement de Deraa, en plein jour, assez fort pour remplacer une préparation d'artillerie et nous permettre de tenter l'assaut avec nos faibles effectifs. Salmond espérait pouvoir le faire, mais tout dépendrait du nombre d'avions de bombardement qu'il recevrait et monterait à temps. Nous convînmes que Dawnay viendrait en avion le 11 septembre nous apporter son dernier mot. Jusque-là, nous tiendrions les différents projets comme également probables.

De nos troupes de soutien, mes gardes arrivèrent les premiers dès le 9 septembre nous les vîmes remonter, avec beaucoup d'esbroufe, l'ouadi Sirhan — heureux, plus gras que leurs chameaux gras, le teint reposé, et fort satisfaits d'un mois de bamboche chez les Rouallas. Nouri, me dirent-ils, était presque prêt, et décidé à venir nous rejoindre. L'enthousiasme vigoureux de cette tribu néophyte leur avait infusé, par contagion, une vie et un allant qui nous ragaillardirent.

Le 10, nos deux avions arrivèrent d'Akaba. Murphy et Junor, leurs pilotes, en descendirent pour la joie des mouches grises qui cabriolaient dans l'air autour de leur succulence. Le 11 apparurent les autres autos blindées, avec Joyce et Stirling, mais sans Fayçal. Marshall était resté pour l'escorter le lendemain; l'on pouvait être sûr que tout marcherait bien : ce bon Marshall, riche en ressources, dirigeait les événements avec un humour cultivé, moins bruyant que tenace. Young, Peake, Scott-

Higgins arrivèrent ensuite avec les bagages. Azrag grouillait de troupes ; ses lacs, de nouveau, résonnaient de cris et de plongeons : bruns et minces, bruns et forts, cuivrés ou blancs, les corps peuplaient leurs eaux transparentes.

Le 11 survint l'avion de Palestine. Dawnay, par malheur, était encore une fois malade et l'officier d'État-Major qui avait pris sa place (un bleu) avait pas mal souffert du roulis ; d'ailleurs il avait oublié les notes qu'il devait nous remettre. Son assurance, plutôt massive, et la considération qu'il portait à son univers de parfait Anglais avaient déjà cédé à ces coups répétés ; mais ce qui l'acheva fut de nous trouver nus au milieu du désert, sans piquets, ni guetteurs, ni téléphone, ni sentinelles, ni réserves apparentes, ni lignes de défense, ni refuges, ni bases.

Du coup, il en oublia le plus important de ses messages — à savoir que le 6 septembre Allenby, saisi d'une inspiration nouvelle, avait dit à Bartholomew : « Pourquoi nous tracasser avec Messoudieh ? Poussons notre cavalerie droit sur Afouleh et Nazareth », ce qui avait modifié tout le plan et substitué à un objectif fixe une avance énorme et indéfinie. Nous n'en sûmes donc rien. Mais, en faisant subir un interrogatoire en règle au pilote que Salmond avait renseigné, nous pûmes nous faire une idée claire de nos ressources en appareils de bombardement. Le minimum nécessaire pour l'assaut de Deraa n'était pas atteint. Nous demandâmes donc seulement à l'Air Force de gêner les mouvements de l'ennemi pendant que nous tournerions la ville par le nord pour détruire à coup sûr la ligne de Damas.

Le jour suivant, Fayçal arriva, suivi de son armée, Nouri Saïd tiré à quatre épingles, Djémil l'artilleur, les Algériens de Pisani qui ressemblaient à des marchands de quatre saisons, enfin tout ce qui composait nos « trois hommes et un gamin ». Les mouches grises avaient maintenant, pour s'engraisser, deux mille chameaux à leur disposition; repues, elles abandonnèrent Junor et ses mécaniciens à demi saignés.

Dans l'après-midi, Nouri Châalan apparut avec Trad et Khalid, Faris, Durzi et les Khaffadji. Aouda Abou Tayi arriva avec Mohammed-el-Dheilan, suivi de Fahad et Adhoub, les chefs Zebns, puis d'Ibn Bani, chef des Serahins et d'Ibn Genj, chef des Serdiyehs. Madjid-ibn-Sultan, des Adouans, près de Salt, était venu se renseigner exactement à propos de notre attaque sur Amman. Tard dans la soirée, des salves éclatèrent au nord : Tallal-el-Hareidin, mon vieux compagnon, arriva tout ébouriffé par le galop avec quarante ou cinquante paysans montés. Son visage sanguin rayonnait de joie : voilà longtemps qu'il espérait notre arrivée. Druses, citadins syriens, Isaouiyehs et Haouamehs gonflèrent encore nos troupes. Même l'orge prévu pour notre retour en cas d'échec (perspective que nous considérions rarement) se déversa sur nous en une longue caravane.

Tout le monde était plein de vigueur et de santé. Tout le monde sauf moi. La foule avait détruit mon bonheur d'être à Azrag. Je descendis la vallée jusqu'à notre lointain Ain-el-Essad et restai là couché tout le jour dans ma vieille tanière au milieu des tamarins : le vent, dans leurs branches au vert poussiéreux, avait les mêmes murmures que dans les arbres anglais. Il me dit que j'étais fatigué à en mourir de ces Arabes; menu fretin où s'incarnait l'esprit sémite et qui pouvait atteindre à des hauteurs ou à des bas-fonds hors de notre portée mais non de notre vue. Dans leur capacité illimitée pour le bien et le mal, ils réalisaient notre absolu : ce n'était pas en vain que depuis deux ans je feignais de leur ressembler.

Ce jour-là il m'apparut, de façon définitive, que ma patience à supporter cette simulation était à bout. Une semaine, deux semaines, trois, et j'insisterais pour être délivré. Mon courage était brisé; heureux si j'en pouvais cacher si longtemps la ruine.

Joyce, cependant, avait pris sur ses épaules les responsabilités que j'abandonnais. Par son ordre, Peake et ses méharistes égyptiens, devenus sapeurs, Scott-Higgins et ses gourkhas, ainsi que deux autos blindées chargées de les protéger, s'en furent couper la ligne près d'Ifdein.

D'après notre plan, Scott-Higgins devait, à la nuit tombée, lancer sur un blockhaus ses Indiens agiles — agiles à pied car sur leurs chameaux ils étaient comme des sacs. Peake démolirait alors jusqu'à l'aube. Le matin venu, les autos couvriraient leur retraite vers l'est à travers la plaine ; nous autres, le corps principal des troupes, avancerions alors d'Azrag a Oumtaiye, grande citerne à quinze milles au-dessous de Deraa, qui devait constituer notre base avancée. Ayant pourvu la petite expédition de guides rouallas, nous saluâmes, pleins d'espoir, leur départ pour cet important préliminaire.

CHAPITRE CVIII

Notre colonne s'ébranla juste à l'aube. Le contingent d'Aba-el-Lissan avait fourni 1 000 hommes. 300 étaient des cavaliers nomades de Nouri Châalan. Il avait amené aussi 2 000 chameliers rouallas, mais nous lui demandâmes de les laisser dans l'ouadi Sirhan. Il ne semblait pas sage, avant le jour suprême, de risquer des troubles en lançant tant de Bédouins sur les villages du Hauran. Les cavaliers, eux, étaient des cheikhs (ou des serviteurs de cheikhs), hommes cossus sur lesquels nous avions prise.

Les affaires avec Nouri et Fayçal me retinrent tout le jour à Azrag ; mais Joyce m'avait laissé une voiture, le « Brouillard Bleu », avec laquelle, le matin suivant, je rattrapai l'armée. Je la trouvai en train de déjeuner parmi les dunes âpres, aux creux herbus, du Giaan-El-Khounna. Les chameaux, ravis d'échapper enfin au cercle stérile d'Azrag, bourraient en hâte leurs estomacs de cette excellente nourriture.

Joyce me reçut avec de mauvaises nouvelles. Peake venait de nous rejoindre : des difficultés avec les nomades campés non loin de la voie l'avaient empêché d'atteindre son objectif. Nous avions fait grand cas de cette brèche dans la ligne d'Amman ; l'échec était des plus désagréables. Je quittai la voiture, pris une charge de coton-poudre et partis en avant sur mon chameau. Les autres firent un détour pour éviter les âpres langues de lave qui dévalaient vers le chemin de fer, à l'ouest. Mais avec les Ageyls et quelques hommes bien montés je coupai, par un raccourci, droit vers la plaine où se dressaient les ruines d'Oum-el-Djémal.

La démolition d'Amman me préoccupait : quelle était la meilleure façon, et la plus rapide, de réaliser le projet ? L'énigme des ruines vint s'ajouter à mon propre problème. Ces villes-frontières romaines — Oum-el-Djémal, Oum-el-Surab, Oumtaiye — révélaient un esprit obtus. Ces bâtiment, incongrus dans ce qui était alors, et restait, un poste désert, témoignaient de l'insensibilité des bâtisseurs. C'était presque une affirmation vulgaire du droit de l'homme (du droit romain) à garder ses habitudes sur toute la surface de son domaine. Cette architecture italienne — dont quelques provinces plus dociles devaient faire les frais — dressée à la frontière du monde révélait un aveuglement prosaïque à tout l'éphémère de la politique. Une maison qui survit ainsi au dessein de son architecture marque un orgueil trop trivial pour faire honneur à qui l'a conçue.

Oum-el-Djémal étalait une impudence si agressive et la voie ferrée au-delà était si péniblement intacte, que je demeurai aveugle à un combat aérien entre Murphy, sur notre Bristol de chasse, et un biplace ennemi. Le Bristol fut sérieusement endommagé avant de descendre le Turc en flammes. L'armée applaudit à ce spectacle ; mais Murphy, jugeant ses avaries trop graves pour être réparées avec les faibles ressources d'Azrag, repartit le matin même pour la Palestine. Ainsi notre minuscule aviation se trouva réduite à un seul B-E 12 d'un type trop démodé pour le combat et d'un faible secours pour les reconnaissances. De cela nous nous avisâmes dans le jour : mais pour l'instant nous étions aussi ravis que nos hommes de la victoire de notre champion.

J'atteignis Oumtaiye juste avant le coucher du soleil. Le gros des troupes était encore à cinq ou six milles derrière. Nous fîmes donc à peine boire nos bêtes pour filer aussitôt vers la voie, à quatre milles plus bas vers l'ouest, avec l'idée de faire quelque démolition-express. L'obscurité commençante nous permit d'approcher sans alerte ; à ma grande joie, je découvris que le terrain était praticable pour des autos blindées et que nous avions devant nous deux excellents ponts.

Je résolus, dans ces circonstances, de revenir le lendemain matin avec des autos et une charge importante d'explosif pour démolir le plus grand des ponts, celui à quatre arches. Sa destruction coûterait aux Turcs plusieurs jours de travail acharné et nous débarrasserait d'Amman tout le temps nécessaire à notre premier raid sur Deraa. Ainsi serait atteint le but que la démolition de Peake n'avait pu réussir. La découverte était heureuse et nous revînmes en explorant le terrain avant l'obscurité complète afin de reconnaître la meilleure route pour les autos.

Comme nous grimpions sur la dernière côte, haute et droite ligne qui masquait complètement Oumtaiye à la vue et à ses guetteurs possibles, le vent frais du nord-est nous souffla au visage l'odeur chaude et la poussière de dix mille pieds ; du faite, les ruines apparurent si différentes de ce qu'elles étaient trois heures aupa-ravant que nous fîmes halte, bouche bée. Tout le creux était pailleté, joyeusement, d'une voie lactée de bivouacs minuscules, feux à peine allumés que faisait encore clignoter leur fumée rougeoyante Les hommes, alentour, faisaient du pain et du café, tandis que d'autres menaient à l'abreuvoir, ou ramenaient, les chameaux turbulents

Je descendis vers le camp sombre, celui des Anglais ; assis avec Joyce, Winterton et Young, je leur dis ce que nous devions faire, le lendemain, avant toute chose. Allongés autour de nous les soldats anglais fumaient en silence. Ils risquaient sans mot dire leur vie dans cette expédition parce que nous l'ordonnions. Réaction typique, aussi révélatrice de notre caractère national que le tumulte volubile et rieur du camp voisin l'était du caractère arabe. Dans les moments de crise, une race se ramassait sur elle-même, l'autre se répandait au dehors.

Au matin, tandis que l'armée déjeunait et fondait au soleil le froid que l'aube coule dans les muscles, j'expliquai aux chefs arabes, réunis en Conseil, que ce tronçon de voie se prêtait à un raid en autos. Nos deux chars, décida-t-on, iraient attaquer, pendant que le gros des troupes poursuivraient leur marche vers Tell Arar, sur la ligne de Damas, à quatre milles au nord de Deraa. Elles s'établiraient et occuperaient la ligne à l'aube le lendemain, 17 septembre. Nous aurions le temps, avec les autos, de régler le compte du pont et de les rejoindre avant l'attaque.

Vers 2 heures de l'après-midi, comme nous roulions vers la voie, nous eûmes le spectacle grandiose d'un essaim d'avions anglais filant vers Deraa, dans un grondement énorme, pour un premier bombardement. Nous avions jusqu'alors soigneusement épargné à la ville toute attaque aérienne : aussi les pertes furent-elles lourdes dans cette garnison sans entraînement, sans abris et sans armes spéciales. Le moral des hommes souffrit autant que le trafic ; et jusqu'au moment où notre assaut, déclenché du nord, força tout de même les Turcs à nous voir, toute leur énergie fut consacrée à creuser des abris à l'épreuve des bombes.

Titubant sur le terrain herbu entre des escaliers et des étalements de roches, nos deux voitures et nos deux chars arrivèrent pourtant sains et saufs derrière une dernière crête, juste en deçà de notre objectif. Sur la pente au sud du pont se dressait un blockhaus de pierre.

Nous décidâmes de laisser les voitures là, à couvert. Je me transportai donc, dans un char, avec mes 75 kilos d'explosif amorcé et prêt à détoner. Mon intention était de descendre droit au pont, sans prendre garde au feu inoffensif de l'ennemi ; une fois à l'abri des arches, je pourrais placer, puis allumer les charges. Cependant l'autre auto blindée, prenant le rôle actif, attaquerait le blockhaus à faible portée pour couvrir mon opération.

Les deux chars partirent simultanément. À cette vue, les sept ou huit Turcs qui formaient la garnison du poste, ahuris, sortirent de leurs tranchées et, fusils en main, s'avancèrent vers nous à découvert, poussés soit par une terreur panique qui les empêchait de comprendre, soit par un pur courage inhumain.

En quelques minutes le second char ouvrit le feu, tandis que quatre nouveaux Turcs apparaissaient à côté du pont et tiraient sur nous. Nos mitrailleurs réglèrent leur hausse. Première rafale brève : un des hommes tomba, un autre fut frappé, leurs compagnons s'enfuirent puis, réfléchissant, revinrent sur leurs pas en faisant des signes amicaux. On leur prit leurs fusils et on les envoya en amont, vers nos voitures dont les conducteurs, perchés sur la crête, suivaient la lutte avec attention. Le blockhaus se rendit au même moment. Nous fûmes très contents d'avoir pris le pont et sa section de voie en cinq minutes, sans une perte.

Joyce, en hâte, dévala dans sa voiture avec un supplément d'explosif, et nous nous affairâmes autour du pont — un joli petit pont de vingt-cinq mètres sur cinq de hauteur, décoré d'une plaque de marbre luisante portant le nom et les titres du Sultan Abd-el-Hamid. Dans les trous d'écoulement des tympans, on fourra six petites charges en zigzag dont l'explosion disloqua scientifiquement toutes les arches. Ce fut un bel exemple de démolition élégante — celle qui laisse la maçonnerie debout, mais branlante, de sorte que l'ennemi doit d'abord démolir laborieusement cette ruine avant de commencer à rebâtir.

Quand ce travail fut achevé, les patrouilles ennemies se trouvaient assez proches pour nous fournir un bon motif de fuite. Nos prisonniers, auxquels nous tenions pour les renseignements qu'ils pouvaient nous donner, s'installèrent sur nos paquets et nous partîmes en cahotant. Malheureusement notre joie nous fit cahoter avec un peu trop d'insouciance et, au premier ravin, un craquement se produisit sous ma voiture. Un des côtés du coffrage s'affaissa doucement sur le pneu de la roue arrière et la bloqua.

Le bras antérieur d'un ressort arrière, cristallisant près du châssis, venait de se rompre ; seul un atelier pouvait réparer la cassure. Le désespoir nous saisit : nous étions seulement à trois cents mètres de la ligne et nous allions perdre la voiture quand l'ennemi arriverait, c'est-à-dire dans dix minutes. Une Rolls dans le désert valait son pesant d'or ; voici dix-huit mois que nous faisions rouler celle-ci, non pas sur les routes polies qu'avaient imaginées ses constructeurs, mais à travers champs, et quels champs ! à grande vitesse, jour et nuit, avec une tonne de marchandises et cinq ou six hommes : or, c'était notre premier accident grave dans une équipe de neuf voitures.

Rolls, notre conducteur, le plus fort et le plus avisé de nos hommes, excellent mécanicien (nos autos devaient une large part de leur durée à son savoir-faire et à ses avis) était presque en larmes devant cette malchance. Tous, officiers, soldats, Anglais, Arabes, et Turcs, massés autour de lui, nous regardions anxieusement son visage. Lorsqu'il comprit que lui, simple soldat, devenait le chef dans ces circonstances graves, même les poils en broussaille sur sa mâchoire semblèrent se durcir de sombre détermination. Enfin il dit que nous avions une seule chance. Nous pouvions soulever avec un cric la branche fléchie du ressort et la caler, avec des coins, contre le marchepied, presque dans son ancienne position. Avec l'aide de cordes, les minces cornières du marchepied supporteraient sans doute ce poids supplémentaire.

Nous avions, dans chaque voiture, une certaine longueur de volige pour glisser entre les doubles pneus si l'auto s'enlisait dans le sable ou la boue. Trois épaisseurs devaient nous donner la hauteur désirée. Nous n'avions pas de scie, mais nous découpâmes les planches en les perforant perpendiculairement à coups de fusil. Les Turcs, à ces détonations, s'arrêtèrent avec prudence. Joyce nous entendit aussi et revint en hâte à notre secours. On empila dans son auto la charge de l'autre, souleva avec un cric le ressort et le châssis de la voiture, glissa les coins en place, laissa retomber sur eux tout le poids de l'auto : un coup de manivelle et l'on repartit. Rolls, à chaque pierre, à chaque trou, soulageait la voiture en la mettant au pas tandis que nous courions sur les côtés, tous (les prisonniers comme les autres), pour déblayer la piste, avec des cris d'encouragement.

Au camp, nous consolidâmes notre système : une ligature de fil télégraphique (pris aux Turcs) ajusta les uns aux autres les coins, puis les coins au châssis et le châssis au ressort brisé ; lorsque l'ensemble parut aussi solide que possible, on remit la charge. Le marchepied était si solide que la voiture put accomplir son travail ordinaire pendant les trois semaines qui suivirent : elle entra à la fin à Damas dans cet état. Grand fut Rolls et grand fut Royce ! Ils valaient des centaines d'hommes dans ce désert.

Ce ficelage nous retarda de plusieurs heures ; nous résolûmes de dormir à Oumtaiye. En partant avant l'aube, nous n'arriverions pas trop tard auprès de Nouri Saïd, sur la voie ferrée de Damas, le lendemain ; et nous pourrions lui dire que pour une semaine, la ligne d'Amman était bloquée par la destruction d'un pont principal. C'était la direction par où les renforts pouvaient arriver le plus vite à Deraa ; désormais notre arrière était sauf. Nous avions même porté secours à ce pauvre Zeid, derrière nous, à Aba-el-Lissan ; car les

Turcs massés à Tafila allaient suspendre leur attaque tant que leurs communications n'étaient pas rétablies. Notre dernière campagne s'ouvrait sous d'heureux auspices.

CHAPITRE CIX

Ponctuellement donc, avant l'aube, nous filions sur les traces des autos de Stirling, vivement désireux de les rejoindre avant la bataille. Malheureusement le terrain ne nous servit guère. Nous eûmes d'abord une mauvaise descente, puis la traversée difficile de grands espaces de dolérite en grenaille où les voitures rampèrent avec beaucoup de peine. Plus tard survinrent des pentes labourées : l'avance y fut pénible ; la sécheresse de l'été avait fendu cette terre rouge, en craquelures profondes d'un mètre et larges de deux à trois pouces. Les chars de cinq tonnes durent se mettre en première et s'en sortirent tout juste.

On rattrapa l'armée arabe vers 8 heures du matin, au sommet d'une pente qui descendait vers la ligne de chemin de fer : nos troupes se déployaient pour attaquer la petite redoute qui gardait le pont entre nous et le mamelon de Tell Arar dont la tête dominait le pays vers Deraa.

Les cavaliers Rouallas, sous la conduite de Trad, dévalèrent la longue pente et s'engagèrent au galop dans le lit du ravin planté de réglisses. Young bondit derrière eux dans sa Ford. De la crête nous pensions la ligne prise sans coup férir quand soudain le poste turc négligé cracha une sale petite fusillade, et nos braves, qui se tenaient dans de magnifiques attitudes sur la voie conquise (en se demandant ce que diable il fallait faire ensuite), disparurent.

Nouri Saïd fit descendre les canons de Pisani et lancer quelques obus. Puis les Rouallas et les troupes enlevèrent d'assaut, aisément, la redoute : un homme seulement fut tué. Ainsi, les 10 milles les plus au sud de la ligne Deraa-Damas étaient en notre pouvoir à 9 heures du matin. C'était la seule voie qui unit la Palestine au Hedjaz et je pouvais à peine croire à notre bonheur ; à peine imaginer que la parole donnée à Allenby eût été si simplement et si vite tenue.

Le flot des Arabes roula de la crête et recouvrit la tête ronde du Tell Arar pour examiner le bas-fond, cerné de collines, où le soleil horizontal mettait un faux relief en y glissant plus d'ombre encore que de lumière. Nos soldats pouvaient voir Deraa, Mezerib et Ghazala, les trois gares clés, à l'œil nu.

Je voyais, pour ma part, plus loin : au nord, Damas, base des troupes turques, leur seul lien avec Constantinople et l'Allemagne, maintenant coupée ; au sud, Amman, Maan et Médine, coupées ; à l'ouest, Liman von Sanders isolé dans Nazareth, Naplouse et la vallée du Jourdain. Nous étions au 17 septembre, jour promis, quarante-huit heures avant celle où Allenby lancerait en avant le bélier de sa force. En quarante-huit heures les Turcs pouvaient bien décider de modifier leurs dispositions pour faire face à notre nouveau danger, mais ils ne pouvaient pas les modifier avant l'attaque d'Allenby. Bartholomew avait déclaré : « Dites-moi s'ils seront encore sur la Ligne d'Halja la veille de notre offensive, et je vous dirai si la victoire est à nous. » Eh bien ! ils y étaient ; donc, nous gagnerions. La question était : combien ?

Je voulais que la voie fût détruite à l'instant. Or, tout semblait s'être arrêté. Les troupes avaient fait leur part : Nouri Saïd postait des mitrailleuses sur le mamelon d'Arrar pour repousser toute sortie de Deraa. Mais pourquoi les démolitions n'étaient-elles pas commencées ? Je me précipitai. Les Égyptiens de Peake étaient en train de prendre leur breakfast. C'était comme le jeu de boules de Drake. Je demeurai muet d'admiration.

Au bout d'une heure, cependant, ils étaient rassemblés et entamaient leur destruction régulière et rapide ; déjà les artilleurs français, qui avaient emporté aussi du coton-poudre, s'attaquaient au pont le plus proche. Ils n'étaient pas très forts pour ce travail ; mais au second essai ils réussirent tout de même à faire un peu de mal.

De la tête du Tell Arar, avant que le mirage ne se mît à danser, nous examinâmes soigneusement Deraa à travers mes fortes lorgnettes, histoire de voir ce que les Turcs nous réservaient ce jour-là. Notre première découverte ne fut pas encourageante. Leur aérodrome grouillait d'équipes qui sortaient avion sur avion. Je pouvait en compter huit ou neuf alignés. Sauf sur ce point, tout se passait comme nous l'attendions. Quelques troupes d'infanterie couraient sur leurs positions de défense ; leurs mitrailleuses tiraient dans notre direction : mais nous étions à quatre milles. Des locomotives chauffaient ; mais les trains n'étaient pas blindés. Derrière nous, devers Damas, le pays s'étalait, paisible, comme une carte. De Mezerib à notre droite, aucun mouvement. Nous conservions l'initiative.

Notre espoir était de faire exploser six cents charges repiquées comme des oignons de tulipes et qui mettraient hors de service six kilomètres de rails. Le système des tulipes avait été inventé par Peake et moi à cette occasion. Trente onces d'explosif étaient enterrées sous le milieu de la traverse médiane de chaque section de dix mètres. Les traverses étaient en acier et leur forme de boîte composait une chambre d'explosion : les gaz, en la remplissant, soulevaient le milieu de la traverse. Si la charge était convenablement placée, le métal ne cassait pas mais se dressait en formant une bosse à deux pieds dans l'air. La force d'arrachement soulevait les rails de trois pouces ; la traction vers le centre les rapprochait de six pouces ; et comme les coussinets coinçaient les patins, les rails étaient gauchis vers l'intérieur très sérieusement. Cette triple déformation rendait le dommage irréparable. Trois à cinq traverses étaient également gâchées et une tranchée creusée à travers le ballast. Tout ceci avec une seule charge allumée par un cordon si court que la première explosait pendant qu'on allumait la troisième, les débris passant sans danger sur la tête de l'opérateur.

Six cents charges de ce genre fourniraient aux Turcs une grosse semaine de travail, traduction généreuse encore des « trois hommes et un gamin armés de pistolets » d'Allenby. Je revins vers les troupes. À cet instant, deux événements se produisirent. Peake alluma sa première charge, peuplier de fumée noire suivi d'une détonation, et le premier avion turc piqua sur nous. Nous nous coulâmes, Nouri Saïd et moi, dans un abri admirable, affleurement de roc fissuré de profondes tranchées naturelles sur la pente sud de la colline. Là, nous attendîmes la bombe de sang-froid ; mais ce n'était qu'un avion de reconnaissance, un Pfalz ; il nous étudia et revint à Deraa faire son rapport.

Le rapport fut sans doute désagréable, car trois biplaces, quatre avions de chasse et un vieil Albatros au ventre jaune, s'élevant rapidement l'un après l'autre, vinrent tracer des cercles sur nos têtes, laissant tomber des bombes ou arrosant nos troupes d'un feu plongeant de mitrailleuses. Nouri disposa ses Hotchkiss dans les fissures des roches et répondit du tac au tac. Pisani fit dresser le nez à ses quatre canons de montagne et décocha quelques shrapnells optimistes. Ils troublèrent l'ennemi qui élargit son cercle et revint beaucoup plus haut. Son tir devint alors incertain.

Nous éparpillâmes troupes et chameaux ; les nomades s'éparpillaient eux-mêmes. Ce déploiement, pour diminuer autant que possible notre densité, demeurait notre seul espoir. La plaine, en effet, n'aurait pas offert de couverture à un lapin ; et nos cœurs se serrèrent à voir combien de milliers d'hommes nous avions ainsi, piquetés par tout le terrain. C'était un spectacle étrange, du sommet de la colline, que ces deux milles carrés libéralement saupoudrés d'hommes et d'animaux et d'où montaient çà et là, silencieusement (ou, du moins, sans correspondance apparente avec les coups de tonnerre) d'énormes bulbes de fumée paresseuse aux points de chute des bombes, ou des bondissements d'embruns poussiéreux là où les balles de mitrailleuses fouettaient le sol.

À en juger par le spectacle et par le bruit, l'affaire paraissait chaude. Mais les Égyptiens travaillaient aussi méthodiquement qu'ils avaient mangé. Quatre groupes repiquaient les tulipes ; Peake et l'un de ses officiers allumaient chaque série aussitôt placée. Les deux tablettes de chaque charge ne faisaient pas une explosion à grand effet, et les avions ne semblaient pas voir le manège. Du moins n'arrosaient-ils pas particulièrement les travailleurs. À mesure que la destruction avançait, nos hommes peu à peu sortaient de la zone dangereuse pour s'enfoncer dans le paysage tranquille du Nord. Nous suivions leurs progrès à l'état des poteaux télégraphiques. Dans les parties intactes ceux-ci se dressaient en bon ordre, maintenus par le fil tendu. Derrière Peake ils piquaient du nez à droite ou à gauche, ou tombaient.

Nouri Saïd, Joyce et moi tînmes conseil : la question était maintenant d'atteindre la ligne de Palestine et de couronner, en coupant la section du Yarmok, notre action sur la voie de Damas et celle du Hedjaz. Les difficultés qu'on nous signalait allaient exiger presque tous nos hommes : or, l'observation aérienne à laquelle nous étions soumis rendait ce départ peu prudent. Les bombes pouvaient causer de grandes pertes à notre colonne traversant la plaine à découvert ; en outre, l'équipe de démolition de Peake serait laissée à la merci des Turcs de Deraa, s'ils avaient assez de cœur au ventre pour tenter une sortie. Pour l'instant, ils avaient peur ; mais le temps pouvait les rendre braves.

Pendant que nous hésitions, le problème reçut une solution merveilleuse. Junor, le pilote de notre B-E 12, maintenant seul à Azrag, ayant appris par Murphy (momentanément hors de combat) la sortie des avions turcs, se mit dans la tête de remplacer le Bristol de chasse et d'accomplir seul le programme aérien. Au moment, donc, où les difficultés s'accumulaient autour de nous, il entra soudain dans l'arène.

Nous le regardâmes avec ahurissement : son zinc était si vieux que n'importe quel appareil ennemi, avion de chasse ou biplace, devait n'en faire qu'une bouchée ; mais d'abord il les étonna en fonçant sur eux au tac-tac de ses deux mitrailleuses. Ils s'éparpillèrent pour examiner à loisir cet ennemi inattendu. Junor piqua vers l'ouest à travers la ligne et tous partirent à sa poursuite avec cette aimable faiblesse des gens de l'air pour un ennemi de leur sorte, si important que soit, par ailleurs, l'objectif terrestre.

Nous nous trouvâmes donc laissés en paix. Nouri saisit l'occasion par les cheveux, rassembla trois cent cinquante réguliers avec deux pièces de Pisani et les fit avancer en hâte sur le dos d'âne derrière le Tell Arar dans la direction de Mezerib. Si les aéroplanes nous accordaient une demi-heure de répit, ils ne remarqueraient probablement, au retour, ni cet amoindrissement d'effectifs sur place, ni les groupes épars du détachement qui filait vers l'ouest dans les éteules, en profitant des moindres creux. Ces champs cultivés avaient, d'en haut, l'air d'un édredon ; le sol était couvert, en outre, de hautes tiges de maïs, et les chardons, sur de grandes étendues, atteignaient la hauteur de nos selles.

Nous expédiâmes les paysans à la suite des soldats. Une demi-heure après, je rassemblais ma garde du corps pour gagner Mezerib avant la colonne, quand le bourdonnement des moteurs retentit de nouveau. À notre grand étonnement, Junor réapparut, toujours vivant, mais serré de près par trois avions qui criblaient son propre appareil de balles. Il virait et glissait magnifiquement, rendant coup pour coup. Le nombre même des ennemis gênait leurs mouvements ; mais l'issue du combat ne faisait pas de doute.

Dans le faible espoir d'un atterrissage, nous courûmes

vers la voie ferrée où s'étendait une bande de terrain sans trop de roches. Tout le monde se mit à le déblayer en hâte. Junor était contraint de voler de plus en plus bas. Il nous lança un message annonçant que son essence s'épuisait. Après cinq minutes de travail fébrile, on étala un signal d'atterrissage. Il plongea dans sa direction, mais une rafale de vent prit l'appareil à angle aigu. La zone déblayée était trop petite, en tout cas. Il prit terre magnifiquement, puis une nouvelle rafale le saisit. Le train d'atterrissage se détacha et l'appareil capota sur la lande.

Nous courûmes à la rescousse : Junor était déjà hors de la carlingue, sans autre mal qu'une coupure au menton. Il enleva son Lewis, les Vickers et les bandes de munitions. Jetant tout dans la Ford de Young, nous déguerpîmes au moment où l'un des biplaces turcs, avec un sale plongeon, laissait choir une bombe à côté de l'épave.

Cinq minutes plus tard, Junor demandait une autre besogne. Joyce lui donna une Ford pour lui tout seul. Filant hardiment le long de la voie, il arriva tout près de Deraa et fit sauter un tronçon de la voie. Les Turcs s'en avisèrent trop tard. Jugeant ce zèle vraiment excessif, ils ouvrirent sur lui le feu de leurs mitrailleuses ; mais il repartit sur sa Ford brinquebalante, sain et sauf pour la troisième fois.

CHAPITRE CX

Ma garde du corps attendait en deux longues colonnes sur la pente de la colline. Joyce demeurait à Tell Arar comme force de couverture avec une centaine d'hommes de Nouri Saïd, les Rouallas, les Gourkhas et les autos. Cependant nous nous glissions jusqu'à la ligne de Palestine. Mon groupe personnel ayant toute l'apparence de Bédouins, je résolus de piquer ouvertement sur Mezerib par le plus court chemin car nous étions fort en retard.

Par malheur notre colonne attira l'attention de l'ennemi. Un aéroplane rampa sur nos têtes et lâcha des bombes : une deux, trois, manqué ; quatre, au beau milieu. Deux hommes tombèrent. Leurs chameaux, masses saignantes, ruaient sur le sol. Les hommes n'avaient pas une égratignure : ils sautèrent en croupe de deux camarades. Un autre appareil flotta au-dessus de nous, l'allumage coupé. Deux autres bombes : un choc fit pirouetter mon chameau ; je fus presque projeté hors de la selle et mon coude droit, brûlant, s'engourdit. J'eus l'impression d'être grièvement blessé. Des larmes de dépit me montèrent aux yeux : être mis hors de jeu quand vingt-quatre heures de plus aux commandes m'eussent donné un énorme succès ! Le sang ruisselait le long de mon bras ; peut-être si je ne regardais pas pourrais-je continuer en ignorant ma blessure.

Au crachotement d'une mitrailleuse, mon chameau fit un écart. Je m'accrochai au pommeau : mon bras blessé était toujours là et fonctionnait fort bien. Je l'avais cru emporté. Ma main gauche écarta le manteau et explora la blessure : il n'y avait rien qu'un petit éclat de métal encore brûlant, trop léger pour causer un mal sérieux après avoir troué les plis redoublés du manteau. Cette bagatelle montrait dans quel état étaient mes nerfs. C'était (assez bizarrement) la première fois que j'étais atteint par un avion.

La colonne se déploya et fila bon train sur ce terrain que nous connaissions par cœur, s'arrêtant seulement pour dire aux jeunes paysans que la besogne était maintenant à Mezerib. Les sentiers à travers champs étaient pleins de ces jeunes hommes qui couraient à notre aide, hors de chaque village. Ils montraient beaucoup d'ardeur ; mais nos yeux s'étaient reposés si longtemps sur la brune maigreur des nomades que ces gais villageois, avec leurs visages rougeauds, leurs cheveux frisés, la blancheur grassouillette de leurs bras et de leurs jambes, ressemblaient à des filles. Es avaient retroussé leurs robes au-dessus du genou pour marcher plus vite et les plus ardents couraient à côté de nos bêtes, à travers champs, en renvoyant à mes vieux brisquards plaisanterie pour plaisanterie.

Comme nous atteignions Mezerib, Durzi-Ibn-Doughmi vint à notre rencontre : les soldats de Nouri Saïd, me dit-il, n'étaient qu'à deux milles derrière nous. On abreuva les chameaux et nous bûmes longuement nous-mêmes, car la journée avait été longue et chaude ; et elle n'était pas finie. Puis, de derrière le vieux fort, j'examinai le terrain au-delà du lac : il y avait de l'animation dans la gare française.

Quelques-uns des paysans aux jambes blanches nous dirent que les Turcs l'occupaient en force. Mais l'approche était trop tentante. Abdullah mena la charge. Pour moi, j'avais résolu de mettre un terme à mes jours d'aventure sous l'excuse cossarde qu'il fallait garder ma peau pour des circonstances graves. Cette réserve faite, je désirais entrer à Damas. Le travail d'aujourd'hui était trop facile. Abdullah trouva du blé, de la farine et un petit butin : armes, chevaux et ornements. Cette vue excita nos amis villageois. De nouveaux partisans accoururent à travers les prés, comme des mouches vers le miel. Tallal nous rejoignit, toujours au galop. Passant la rivière, nous avançâmes tous deux sur l'autre rive, à pied et jusqu'au genou dans les herbes folles. Enfin la gare turque se dressa à trois cents mètres en face. Nous pourrions prendre ces bâtiments avant d'attaquer le grand pont de Tell-el-Sahab. Tallal s'avançait négligemment. Des Turcs apparurent à droite et à gauche. « Ça va, ça va, dit-il, je connais le chef de gare. » À deux cents mètres, vingt fusils crachèrent une salve scandaleuse. Nous nous jetâmes dans les herbes (des chardons, pour la plupart) et revînmes en rampant avec précaution, sans blessure. Tattal jurait.

Mes hommes, entendant les jurons ou la fusillade passèrent la rivière et surgirent tout ruisselants. Mais je les fis retourner craignant qu'une mitrailleuse ne fût cachée dans la gare. Nouri Saïd ne devait pas être loin. Il arriva en effet avec Nacer et nous tînmes conseil. Nouri fit remarquer qu'un retard à Mezerib pourrait nous faire perdre le pont, objectif plus considérable. J'en tombai d'accord. Mais après tout, ce que nous tenions déjà pouvait suffire : la voie principale démolie par Peake ne serait pas réparée avant une semaine, et dans une semaine la situation aurait changé. Pisani mit donc, d'excellente grâce, ses pièces en batterie, et envoya à bout portant quelques obus à forte puissance. Sous leur protection et celle de nos vingt mitrailleuses qui déployaient un toit au-dessus de sa tête, Nouri s'avança, ganté, l'épée à la main, pour recevoir la reddition des quarante soldats encore vivants.

Cette gare était particulièrement riche : des centaines de paysans hauranis, frénétiques, se ruèrent au pillage. Hommes, femmes, enfants se battaient comme des chiens sur chaque objet. Portes, fenêtres, chambranles, marches d'escalier même, tout fut emporté. Un pillard plein d'espérance fit sauter le coffre-fort : il y trouva des timbres-poste. D'autres crevèrent une longue rame de wagons et y découvrirent toutes sortes de marchandises. On emporta des tonnes de butin. On en gaspilla davantage. Les débris les plus hétéroclites jonchaient le sol.

Avec Young je coupai le télégraphe, nœud important de lignes générales ou locales. À vrai dire, la liaison essentielle de l'armée de Palestine avec sa base passait par là. Il était agréable d'imaginer, dans Nazareth, le nouveau juron de Liman von Sanders à chaque fil sautant — avec un magnifique « taoung ! » — sous nos cisailles. Ce travail fut fait lentement, cérémonieusement, pour porter à son comble l'indignation de l'adversaire. L'absence totale d'initiative chez les Turcs exigeait une centralisation énergique ; en détruisant le télégraphe nous poussions loin la désorganisation de leur armée en une cohue privée de chefs. Après le télégraphe, les aiguillages ; enfin nous repiquâmes quelques tulipes : pas beaucoup, mais assez pour être désagréables. Pendant que nous travaillions, une machine haut-le-pied descendit la ligne de Deraa en reconnaissance. Le bruit et les nuages de nos tulipes l'inquiétèrent. Elle se retira discrètement. Plus tard un aéroplane vint nous rendre visite.

Parmi le matériel roulant capturé se trouvaient, sur des trucs, deux camions chargés de friandises pour quelque cantine allemande. Les Arabes, qui se méfiaient des bouteilles et des boîtes de conserves, avaient presque tout gâché ; mais nous pûmes sauver quelques potages et de la viande ; plus tard Nouri Saïd nous donna un bocal d'asperges. Avisant un Arabe qui ouvrait la caisse pour en estimer le contenu, il lui avait crié avec horreur « Des os de porc ! », à l'apparition des asperges. Le paysan avait tout rejeté en crachant ; et Nouri de bourrer en hâte les sacs de sa selle !

Les camions portaient d'énormes réservoirs d'essence. Derrière étaient quelques wagons de bois. Au coucher du soleil, le pillage terminé, lorsque soldats et indigènes se furent repliés dans les molles prairies auprès du lac, on mit le feu à l'essence et au bois.

Le flamboiement splendide qui courait de wagon en wagon éclaira notre repas du soir. Le bois brûlait avec un éclat solide, constant, tandis que les langues farouches et les explosions de l'essence jaillissaient plus haut que les grands réservoirs de la gare. On laissa les hommes cuire du pain, souper et se reposer avant de les lancer sur notre nouvel objectif, le pont d'El Sahab, à trois milles vers l'ouest. Nous avions eu l'intention d'attaquer dès la nuit venue, mais la faim nous arrêta ; puis des essaims de visiteurs survinrent, car notre incendie, comme un phare, annonçait notre présence à la moitié du Hauran.

Ces visiteurs étaient nos yeux dans le pays. Il fallait donc les accueillir aimablement. J'étais chargé de recevoir tous les porteurs de nouvelles et de les laisser me parler librement ; après quoi je devais comparer et combiner ces témoignages pour me faire un tableau complet de la situation. Complet, parce que je finissais par acquérir ainsi une certitude intuitive ; mais mon jugement n'était pas conscient ni logique. Les informateurs étaient si nombreux qu'ils m'informaient jusqu'à me rendre fou ; mon esprit pliait sous de telles exigences.

Un flot d'hommes se déversait du Nord : cavaliers, chameliers, piétons, des centaines et des centaines d'Arabes soulevés d'un enthousiasme grandiose et terrible, convaincus que c'était là l'occupation finale du pays et que Nacer scellerait dans la nuit sa victoire en prenant Deraa. Les magistrats de Deraa vinrent même nous ouvrir leur ville. En acceptant leur offre, nous devenions maîtres de l'eau alimentant la grande gare qui devrait fatalement céder. Mais si la défaite de l'armée turque était lente, nous risquions d'être chassés de la ville et de perdre les habitants de la plaine entre Deraa et Damas, c'est-à-dire, en définitive, ceux qui tenaient dans leurs mains notre victoire finale. Beau calcul, sinon nouveau ; mais tout compte fait, les arguments étaient encore contre la prise de Deraa. De nouveau il fallut écarter nos amis avec des excuses qu'ils pussent comprendre.

CHAPITRE CXI

Bien lent, ce travail. Nous étions prêts enfin, lorsqu'un nouveau visiteur apparut, le jeune chef de Tell-el-Sahab. Son village commandait le pont. Il décrivit la position ; la garde importante ; sa place. Évidemment le problème était plus difficile que nous ne l'avions pensé, s'il disait vrai. Mais disait-il vrai ? Son père, qui venait juste de mourir, nous était hostile, et le jeune fils faisait preuve d'un dévouement un peu trop subit. Il proposa pourtant, à la fin, de nous amener, dans une heure, l'officier qui commandait la garde — un de ses amis. Nous l'envoyâmes donc chercher son Turc, et l'on dit aux troupes qui attendaient de prendre encore quelques instants de repos.

Le garçon revint bientôt avec un capitaine arménien, très désireux de faire à son gouvernement le plus de mal possible. Il était aussi très nerveux. Nous eûmes beaucoup de peine à le convaincre de nos lumières. Ses subalternes, dit-il, étaient des Turcs loyaux ainsi que quelques-uns des sous-officiers. Il nous proposa de venir tout près du village et d'y rester en embuscade pendant que trois ou quatre de nos gaillards les plus résolus se cacheraient dans sa chambre. Il appellerait ses subordonnés un à un ; nos hommes pourraient les ligoter à mesure qu'ils entreraient.

Ceci paraissait sortir d'un livre d'aventures et nous approuvâmes avec beaucoup d'enthousiasme. Il était 9 heures du soir. À 11 heures précises nous entourerions le village : le cheikh pourrait venir chercher nos costauds et les conduire dans la maison du commandant. Les deux conspirateurs s'en furent satisfaits pendant que nous éveillions nos soldats qui dormaient épuisés près de leurs chameaux tout chargés. La nuit était d'un noir de poix.

Mes gardes préparèrent les charges d'explosif pour le pont. Je remplis mes poches de détonateurs. Nacer envoya des hommes à chaque section du Camel Corps pour la mettre au courant (et au niveau) de l'aventure : il s'agissait d'avancer silencieusement, en évitant le désastre d'un chameau qui beugle. Le Camel Corps promit d'être à la hauteur. En une longue colonne double, notre troupe descendit à tâtons un sentier tortueux, au ras d'un canal d'irrigation, sur une crête. En cas de trahison, cette piste nous serait fatale : découverte, sans issue à droite ni à gauche, sinueuse, étroite et glissante à cause de l'eau du canal. Je marchai donc en tête avec Nacer et nos hommes aux sens entraînés : l'oreille écoutant chaque bruit, les yeux constamment aux aguets. En face de nous tombait la cascade dont le grondement oppressant avait donné son caractère à cette nuit inoubliable où, en compagnie d'Ali-ibn-el-Hussein, nous avions tenté l'assaut de ce même pont par l'autre pente du ravin. Mais ce soir nous étions plus proches encore : le bruit angoissant se gonflait, montait, emplissait nos oreilles.

Nous nous glissions maintenant avec beaucoup de lenteur et de prudence. Nos pieds nus ne faisaient pas le moindre bruit ; les soldats plus lourds ondulaient, retenant leur souffle, derrière. Eux non plus ne faisaient pas de bruit ; les chameaux marchent toujours en silence la nuit, et nous avions calé équipements et selles de façon à éviter le moindre cliquetis, le moindre craquement. Un tel silence rendait l'obscurité plus obscure encore et plus intense la menace de ces vallées chuchotantes, à droite et à gauche. Des bouffées d'air humide, montant de la rivière, venaient à notre avance, nous soufflaient leur froid au visage. Soudain Rahail dévala rapidement sur ma gauche et me saisit le bras en désignant une lente colonne de fumée blanche qui s'élevait de la vallée.

Nous courûmes au bord de l'à-pic pour scruter l'ombre : mais tout le fond était noyé de gris à cause des brumes montant du torrent, et nous ne vîmes rien qu'un abîme vague et cette flèche de vapeur pâle qui s'élevait du lit de brouillard horizontal. Quelque part, en bas, passait la voie ferrée ; craignant un piège, nous arrêtâmes la colonne. Trois d'entre nous, pas à pas, descendirent la pente glissante ; enfin nous entendîmes des voix. Tout à coup la colonne de fumée se rompit, glissa, dans le halètement d'un robinet de vapeur qu'on ouvre ; puis le cri des freins nous annonça qu'une locomotive s'arrêtait de nouveau. Un long train devait attendre au-dessous de nous. Rassurés, nous fîmes reprendre l'avance jusqu'à l'éperon même au-dessous du village.

Déployés en travers de l'étroit passage, nous attendîmes cinq minutes, dix minutes. Elles passaient lentement. La densité même de la nuit, avant le lever de la lune, nous chuchotait de nous taire ; à elle seule elle eût imposé la patience à nos hommes agités, sans l'avertissement supplémentaire des chiens, et de temps à autre, le « qui vive ? » des sentinelles sur le pont métallique. À la fin nous laissâmes nos hommes glisser silencieusement de leurs selles. Que signifiaient ce retard, l'active surveillance turque et ce train arrêté sans bruit au-dessous de nous ? La brume roidissait, alourdissait nos manteaux de laine, et nous frissonnions.

Longtemps après une tache plus claire avança dans l'ombre. C'était le jeune cheikh, son manteau brun ouvert pour montrer, en guise de drapeau blanc, sa chemise. Son plan, murmura-t-il, avait échoué. Un train (celui dans le ravin) venait juste d'arriver avec un colonel allemand et les réserves germano-turques d'Afouleh envoyées par Liman von Sanders au secours de Deraa saisie de panique.

Le petit Arménien avait été mis aux arrêts pour abandon de poste. L'ennemi disposait de mitrailleuses à profusion et des patrouilles surveillaient les alentours sans répit. En fait il y avait un fort piquet sur notre sentier même à moins de cent mètres du lieu où nous étions assis : la bizarrerie de cette rencontre me fit rire, mais silencieusement.

Nouri Saïd offrit d'enlever la place d'assaut. Nous avions assez de bombes et de fusées éclairantes ; le nombre et l'initiative seraient pour nous. C'était une belle occasion ; mais je venais précisément d'évaluer la valeur de l'objectif en vies humaines et, comme d'ordinaire, je le trouvais trop cher. Bien sûr, la plupart des actions militaires sont trop chères et d'excellents exemples nous eussent justifiés d'entamer celle-ci et de la mener jusqu'au bout. Mais j'étais, malgré mes protestations, secrètement très fier de nos plans de campagne. Je dis donc à Nouri que je votais contre. Nous avions, dans cette journée, coupé deux fois la ligne Damas-Palestine ; le fait d'avoir attiré ici la garnison d'Afouleh était pour Allenby un troisième bénéfice. Nous avions donc très largement fait honneur à notre parole.

Après un instant, Nouri m'approuva. Ayant souhaité le bonsoir au jeune cheikh qui avait essayé honnêtement de nous rendre un tel service, nous remontâmes la colonne en murmurant à chaque soldat de tourner bride en silence. Puis nous nous assîmes à l'écart, en un petit groupe, nos fusils à la main (le mien, portant en lettres d'or la marque Lee-Enfield, était un trophée des Dardanelles donné jadis à Fayçal par Enver Pacha) pour attendre que tous nos hommes fussent hors de la zone dangereuse.

Assez étrangement, ce fut l'instant le plus dur de la nuit. Maintenant que le travail était fini nous pouvions à peine résister à la tentation d'agacer les Allemands, ces empêcheurs de danser en rond. Il eût été si facile de leur décocher une fusée au beau milieu du bivouac; et voilà ces hommes solennels qui se jetteraient sur leurs armes avec une hâte ridicule et ouvriraient un feu d'enfer sur la pente vide et brumeuse qui se taisait au-dessous d'eux. La même idée se présenta spontanément à l'esprit de Nacer, de Nouri Saïd et au mien. Nous la lâchâmes en même temps, puis chacun eut honte de l'enfantillage des autres. Par de mutuels conseils de prudence nous sauvegardâmes notre respectabilité. À Mezerib, pourtant, après minuit, l'impression générale fut qu'il fallait faire quelque chose pour venger ce pont confisqué. Deux groupes de mes hommes, avec des guides fournis par Tallal, contournèrent donc Sahab et coupèrent la ligne en deux points, au-delà du pont, sur des pentes désertes. L'écho des explosions fit passer aux Allemands une mauvaise nuit. Allumant des fusées, ils fouillèrent tous les environs pour découvrir ce que nous tramions contre eux.

Nous étions satisfaits de leur imposer une nuit aussi fatigante que la nôtre : le lendemain nous ne serions pas les seuls vaseux. À chaque minute de nouveaux amis venaient nous baiser les mains et nous jurer une fidélité éternelle. Leurs chevaux nerveux sillonnaient le camp noyé de brume parmi des centaines d'hommes endormis et nos chameaux inquiets dont les grandes mâchoires, toute la nuit, mâchonnaient les tortillons d'herbe avalés pendant le jour.

Avant l'aube, les autres pièces de Pisani et la fin des troupes de Nouri Saïd arrivèrent de Tell Arar. Nous avions écrit à Joyce que dès le matin nous repartirions vers le Sud afin de boucler par Nisib notre cercle autour de Deraa. Je lui avais suggéré de revenir directement à Oumtaiye pour nous y attendre; avec son eau abondante, ses magnifiques pâturages et sa position également distante de Deraa, du Djebel Druse et du désert Roualla, Oumtaiye me semblait un lieu de rassemblement idéal. Nous y attendrions des nouvelles d'Allenby. En occupant ce point nous coupions (ou tout comme), de Damas, la Quatrième Armée turque, celle qui se trouvait sur la rive Est du Jourdain, l'oiseau qui nous était réservé. Enfin nous étions à pied d'œuvre pour une nouvelle démolition de la ligne principale quand l'ennemi l'aurait presque remise en état.

CHAPITRE CXII

Bon gré mal gré, il fallait s'y remettre : une nouvelle journée d'efforts nous attendait. Nous éveillâmes l'armée qui s'ébranla dans un tohu-bohu énorme à travers la gare de Mezerib. Une gare mal peignée, où fumaient nos incendies éteints. Young et moi, à loisir, piquâmes quelques tulipes pendant que nos troupes se fondaient dans les vallonnements, devers Remthé, afin d'échapper à la fois aux vues de Deraa et de Sahab. Les avions turcs bourdonnaient sur nos têtes. Nous renvoyâmes donc nos paysans à travers Mezerib vers leurs villages. Aussitôt les aviateurs signalèrent que nous étions très nombreux, huit à neuf mille peut-être, et que nos mouvements centrifuges semblaient être dirigés dans toutes directions à la fois.

Pour augmenter l'ahurissement ennemi, le château d'eau de Mezerib sauta, avec un bruit énorme, plusieurs heures après notre départ : les canonniers français avaient placé cette mine à cordeau lent. Les Allemands qui, à cette heure même, sortaient de Sahab pour gagner Deraa, surpris de ce choc inexplicable, revinrent gravement se mettre sur leurs gardes jusque tard dans l'après-midi.

Cependant nous étions bien loin, marchant d'un bon pas vers Nisib : nous atteignîmes le sommet de sa colline vers 4 heures de l'après-midi. L'infanterie montée fut autorisée à prendre un court repos pendant que nous disposions canonniers et mitrailleurs sur la première crête d'où le terrain descendait rapidement vers la gare.

Les pièces ayant pris position à l'abri, nous leur demandâmes d'ouvrir aussitôt le feu sur les bâtiments de la gare à 2 000 mètres. Les sections de Pisani travaillèrent avec tant d'émulation que bientôt de longs trous déchiquetés apparurent dans les toits et les hangars. Cependant nous poussions nos mitrailleuses en avant et à gauche : elles balayèrent les tranchées qui ripostèrent avec un chaud entêtement. Le terrain offrait des abris à nos troupes, qui avaient en outre le soleil de l'après-midi dans le dos. Nous n'eûmes donc pas de mal. L'ennemi non plus. Mais tout ceci n'était qu'un jeu : la prise de la gare n'entrait pas dans nos plans. Notre véritable objectif était le grand pont au nord du village. La crête, à nos pieds, décrivait une longue courbe jusqu'à cet ouvrage et devenait une des pentes de la gorge qu'enjambait le pont. Le village était sur l'autre pente. Les Turcs tenaient le pont au moyen d'une petite redoute et maintenaient le contact grâce à des soldats postés dans le village et qui tiraillaient à l'abri de ses murs.

Deux pièces de Pisani et six mitrailleuses dirigèrent leur feu sur le poste (petit mais profondément retranché) avec l'espoir d'en faire sortir les occupants. Cinq mitrailleuses arrosèrent le village. Un quart d'heure après, ses notables venaient nous rejoindre fort troublés.

Nouri leur déclara qu'il ne cesserait le feu que s'ils chassaient immédiatement les Turcs de leurs maisons. Ils promirent. Ainsi la gare et le pont furent coupés l'un de l'autre.

Nous redoublâmes d'ardeur contre ces deux objectifs. Le feu des quatre ailes devint violent car nous disposions de vingt-cinq mitrailleuses et les Turcs étaient aussi largement munis. À la fin, nous concentrâmes les pièces de Pisani contre la redoute ; et après quelques salves, nous crûmes voir sa garde sortir des tranchées bombardées et se glisser sous le pont derrière le ballast.

Ce ballast avait vingt pieds de haut. Si la garde du pont décidait de défendre l'ouvrage à travers les arches, la position allait nous coûter cher. Je pensai toutefois que les Turcs préféreraient se replier et rejoindre leurs camarades de la gare. J'appelai donc la moitié de ma garde du corps pour m'accompagner avec des explosifs le long de la crête où étaient postées nos mitrailleuses, jusqu'à un jet de pierre de la redoute.

C'était un noble après-midi, doux et doré, d'une paix indescriptible : drôle de repoussoir pour notre canonnade ininterrompue. La lumière déclinante frôla le moutonnement des dunes, modelant leurs moindres contours de ses rayons moelleux, en une délicate complexité de plans. Puis le soleil descendit encore : le terrain se couvrit d'ombre ; seuls émergèrent un moment les innombrables cailloux qui le jonchaient, chaque facette occidentale (réfléchissante) effleurée d'une flamme comme un diamant noir.

Un après-midi très mal choisi pour mourir, semblaient penser mes hommes. Pour la première fois leurs nerfs flanchèrent : ils refusèrent de quitter leur abri pour aller s'exposer aux balles claquant de toutes parts. Ils étaient fatigués, et leurs bêtes, à bout de force, ne pouvaient plus marcher qu'au pas ; d'ailleurs les hommes savaient qu'une seule balle, frappant leur charge d'explosif, les projetterait jusqu'aux cieux.

J'essayai de les remonter par quelques plaisanteries :

en vain ; à la fin, je les envoyai au diable et choisis seulement Hemeid, le plus jeune et le plus timide d'entre eux, pour m'accompagner au sommet de la colline. Il tremblait comme dans un cauchemar, mais il me suivit sans mot dire. Nous filâmes jusqu'à l'extrémité de la crête pour considérer le pont de près.

Nouri Saïd était là qui suçait sa pipe de bruyère et plaisantait avec les canonniers : ceux-ci maintenaient un barrage sur les routes déjà plus sombres entre le pont, le village et la gare. Nouri, de belle humeur, me proposa différents plans d'attaque et différents ordres d'assaut contre cette gare que, précisément, nous ne voulions pas prendre d'assaut. Nous discutâmes tactique pendant dix minutes, profilés sur le ciel, tandis qu'Hemeid se contractait dans sa selle au crachotement des balles (quelques-unes renvoyées par le roc) et au bourdonnement des ricochets qui nous frôlaient les oreilles comme des abeilles furieuses. Les rares balles convenables plongeaient dans les cailloux, soulevant une poussière calcaire dont la transparence flottait un instant dans la lumière reflétée.

Nouri me promit de couvrir, dans la mesure du possible, mon avance jusqu'au pont. Je renvoyai Hemeid avec mon chameau dire aux autres qu'il leur en cuirait (plus qu'une blessure) s'ils ne le suivaient pas dans la zone dangereuse, à ma rencontre ; car je désirais m'assurer que le poste était en effet abandonné.

Ils hésitaient, quand survinrent Abdullah l'imperturbable — casse-cou aventureux à qui rien ne faisait peur — et Zaagi. Fous de colère en apprenant qu'on m'avait laissé descendre seul, ils se ruèrent sur les poltrons qui passèrent enfin l'épaulement sans autre mal que six égratignures. La redoute était vraiment abandonnée. Tout le monde mit donc pied à terre et je fis dire à Nouri de cesser le feu. Dans le silence nous nous glissâmes discrètement sous les arches du pont : elles étaient aussi évacuées.

En hâte on empila le coton-poudre contre les culées,

qui mesuraient environ cinq pieds d'épaisseur sur vingt-cinq de haut. Un beau pont — mon 79e — stratégiquement fort important, car nous allions vivre en face de lui à Oumtaiye jusqu'au moment où Allenby viendrait nous relever. Aussi avais-je décidé de ne pas laisser une pierre en place.

Nouri, cependant, poussait, dans le crépuscule, infanterie, canonniers et mitrailleurs vers la ligne, avec l'ordre d'avancer d'un mille dans le désert, de se former en colonne et d'attendre.

Le passage de tant de chameaux sur le ballast devait prendre un temps considérable. Nous résolûmes de nous asseoir et de bavarder sous le pont, les allumettes à la main, prêts à mettre le feu au cordeau (malgré les troupes) en cas d'alerte. Heureusement, tout marcha bien et une heure après Nouri me donna le signal. Trente secondes plus tard (ma sacrée préférence pour les cordeaux de six pouces !) et juste comme je plongeais dans la redoute turque, les 400 kilos d'explosif sautaient à la fois sillonnant l'air noir de pierres sifflantes. J'étais à vingt mètres ; l'explosion m'assomma. On dut l'entendre jusqu'à mi-chemin de Damas.

Nouri, angoissé, vint me tirer de mon abri. Il avait donné le signal « voie libre » sans savoir qu'une compagnie d'infanterie montée manquait. Par bonheur, mes gardes brûlaient de racheter leur couardise. Tallal-el-Hareidhin les emmena sur la crête pendant que Nouri et moi attendions près du puits béant qui avait été le pont, une lampe électrique à la main pour leur donner un point de repère.

Mahmoud revint une demi-heure après : il ramenait triomphalement l'unité perdue. Quelques coups de feu rappelèrent les autres hommes partis à sa recherche, Puis nous partîmes à découvert dans la direction d'Oumtaiye. Après deux ou trois milles, le terrain se fit raboteux — des moraines de dolérite glissante. Criant donc avec joie l'ordre de halte, nous nous couchâmes au milieu de nos hommes pour un sommeil bien gagné.

CHAPITRE CXIII

Mais il semblait que Nacer et moi dussions perdre l'habitude de dormir. L'explosion de Nisib avait proclamé notre présence aussi loin que, la veille, l'incendie de Mezerib. Nous étions à peine allongés qu'un flot de visiteurs arriva des trois côtés à la fois pour discuter avec nous des derniers événements. La rumeur courait que nous faisions un raid, non pas une occupation, et que nous allions nous enfuir, comme les Anglais de Salt, laissant à nos amis locaux le soin de payer la note.

Toute la nuit, heure après heure, fut brisée par ces arrivants. Ils tournaient en criant autour des bivouacs, errant à notre recherche comme des âmes perdues, puis, à la façon paysanne, bavaient sur nos mains, protestaient que nous étions leurs seigneurs les plus hauts et eux, nos plus humbles serviteurs. Peut-être notre accueil fut-il un peu inférieur à l'ordinaire ; mais en revanche nos hôtes nous appliquèrent la torture de nous maintenir éveillés, douloureusement éveillés. Trois jours et trois nuits que nous nous surmenions, pensant, ordonnant, exécutant ; et maintenant, sur le bord du repos, gaspiller aussi notre quatrième nuit au vieux jeu douteux et sans gloire d'acquérir des partisans !

Leur moral ébranlé, d'ailleurs, nous fit une impression de plus en plus mauvaise : Nacer finit par me prendre à part et me murmurer qu'évidemment il y avait aux environs un foyer de mécontentement. Je lâchai mes gardes paysans dans la foule des villageois en leur demandant de découvrir la vérité ; bientôt leurs rapports nous apprirent que le centre de méfiance se trouvait sans doute à El Taïba, le premier village à la frontière du désert. Le retour des autos blindées de Joyce, la veille, quelques incidents dus au hasard et la crainte justifiée d'être le point le plus exposé si nous battions en retraite, avaient soulevé cette inquiétude.

J'appelai donc Aziz et nous partîmes pour El Taïba à

travers des coulées détestables de lave, sans piste, coupées d'empilements rocheux. Dans la hutte du chef siégeait le conclave qui avait infecté nos visiteurs. Ces notables désignaient l'émissaire qui s'en irait demander grâce aux Turcs, quand nous entrâmes sans être annoncés. Cette arrivée sans escorte les abasourdit par la suprême assurance qu'elle supposait. Nous parlâmes pendant une heure de choses et d'autres (sans rapport avec le sujet) : moissons ou prix des produits agricoles ; puis, ayant bu un peu de café, nous nous levâmes pour partir. Derrière nous les bavardages reprirent, mais l'esprit inconstant des villageois avait tourné à ce qui paraissait le vent le plus fort ; ils n'envoyèrent pas de message à l'ennemi qui les bombarda pourtant, le jour suivant, en punition d'une opiniâtre complicité.

Nous revînmes avant l'aube et je m'étendis pour dormir soudain, une forte détonation retentit sur la ligne, suivie par l'explosion d'un obus au-delà de notre armée endormie. Les Turcs nous avaient envoyé un train blindé avec un canon de montagne. Seul, j'aurais couru la chance ; car mon sommeil avait été juste assez long pour me donner une envie folle de le prolonger. Mais l'armée avait dormi six heures et s'ébranlait.

Nous filâmes en hâte, sur un terrain horrible. Un avion vint nous survoler en cercles pour rectifier le tir. Les obus commencèrent à suivre de très près notre avance. Doublant le pas, notre colonne s'émietta en petits groupes largement épars. Soudain, l'avion fut pris de ratés, obliqua nerveusement vers la ligne et parut atterrir. Le canon plaça encore un obus heureux qui nous tua deux chameaux ; puis il perdit sa précision ; après une cinquantaine de coups, nous nous trouvâmes hors de portée. Il se mit alors à punir El Taïba.

Joyce, mis en éveil par notre fusillade, sortit d'Oumtaiye pour nous accueillir. Derrière sa haute stature, une troupe d'hommes bariolés crénelait les ruines. Il y avait là des échantillons de tous les villages et de toutes les tribus du Hauran venus nous rendre hommage et offrir, au moins en paroles, leurs services. Abandonnant ces visiteurs au dégoût accablé de Nacer, je m'en fus avec Joyce et Winterton. Je leur racontai l'histoire de cet avion contraint d'atterrir et suggérai l'envoi d'une auto blindée pour le débusquer et le reconduire chez lui. Juste à ce moment deux nouveaux avions ennemis apparurent et se posèrent à peu près à la même place.

Mais notre breakfast (la premier depuis assez longtemps) était prêt. Nous nous assîmes donc et Joyce me raconta comment les hommes d'El Taïba l'avaient canardé, afin de lui apprendre, sans doute, ce qu'ils pensaient des étrangers qui viennent agacer un guêpier turc pour déguerpir ensuite.

Le déjeuner prit fin. Nous demandâmes une auto volontaire pour aller reconnaître l'aérodrome ennemi. Tous nos conducteurs s'avancèrent avec une bonne volonté et une résolution silencieuses qui me serrèrent la gorge. Joyce finit par choisir deux voitures — une pour Junor et une pour moi — et nous partîmes pour la vallée (à environ cinq milles de là) à l'embouchure de laquelle les avions semblaient avoir atterri.

Enfin, les moteurs en sourdine, nous glissâmes sur la pente du vallon. À 2 000 mètres environ du chemin de fer, la vallée faisait un coude et s'évasait en une prairie plane : à l'autre extrémité reposaient les trois appareils. C'était splendide, et nos voitures se ruèrent — pour s'arrêter devant un fossé profond, avec des pentes à pic, dont la terre s'éboulait : infranchissable.

Le fossé courait en diagonale à travers la prairie : nous le suivîmes à une allure folle. Comme nous faisions halte à 1 200 mètres du but, deux des avions partirent. Nous ouvrîmes le feu, cherchant la hausse juste d'après les éclaboussures de terre ; mais déjà les appareils décollaient et, dans un grand fracas, se balançaient au-dessus de nos têtes.

Le troisième avion boudait. Le pilote et l'observateur s'escrimaient autour de l'hélice. Notre tir était meilleur à chaque seconde. Ils finirent par sauter dans la tranchée du chemin de fer. Cependant nous criblions le fuselage qui se mit à danser sous cette grue. Ayant placé 1 500 balles dans le but (les Turcs brûlèrent l'appareil dans l'après-midi) nous revînmes chez nous.

Par malheur, les deux avions fugitifs avaient eu le temps d'aller à Deraa et de revenir pleins de dépit. L'un des pilotes, stupide, laissa tomber de haut ses quatre bombes et nous manqua très largement ; mais l'autre, avec des glissades très basses, ne les lâcha que l'une après l'autre et chaque fois avec le plus grand soin. Cependant nous nous traînions sur le sol, lentement, à cause des pierres ; sans défense, nous avions l'impression d'être des sardines dans une boîte condamnée, à mesure que se rapprochaient les bombes. L'une d'elles cribla de menue ferraille la fente avant de la voiture, mais sans autre résultat que de nous écorcher les doigts. Une autre arracha un pneu et faillit faire capoter l'auto.

De tous les dangers, qu'on me donne celui qui se court seul. Enfin, nous atteignîmes Oumtaiye sains et saufs, et rapportâmes notre succès à Joyce. Nous avions prouvé aux Turcs que leur aérodrome ne valait rien ; Deraa, d'ailleurs, se trouvait également exposée à une attaque automobile. Cela dit, je m'allongeai à l'ombre d'une voiture et m'endormis ; tous les Arabes du désert, tous les aéroplanes turcs qui vinrent nous bombarder, ne purent rien contre mon sommeil. Dans le tumulte de l'action, l'homme enfiévré ne sent pas la fatigue ; mais aujourd'hui nous avions heureusement terminé la première manche ; et j'avais besoin de repos pour considérer en toute lucidité nos prochains mouvements. Je m'endormis, comme d'ordinaire, dès toucher le sol, et ne me réveillai que dans l'après-midi.

Du point de vue stratégique, notre tâche était de tenir Oumtaiye qui nous donnait à volonté le contrôle des trois lignes de Deraa. En nous y maintenant une semaine encore, nous étranglerions les armées turques, si peu que fît Allenby de son côté. Mais du point de vue tactique, Oumtaiye était une position dangereuse. Sans un écran de guérilla, une troupe inférieure en nombre, composée exclusivement de soldats réguliers, ne pouvait s'y maintenir en sécurité. C'est pourtant à cet état que nous serions bientôt réduits si notre infériorité aérienne demeurait aussi patente.

Les Turcs disposaient au moins de neuf appareils. Nous étions campés à douze milles de leur aérodrome, sans abri, au milieu du désert, groupés autour de l'unique point d'eau, avec d'immenses troupeaux de chameaux et de chevaux qu'il fallait bien faire paître aux environs. Les premiers bombardements turcs avaient suffi à inquiéter les irréguliers indigènes qui étaient nos yeux et nos oreilles. Bientôt ils allaient se disperser et nous n'aurions plus aucune utilité. El Taïba, de son côté, ce premier village qui nous couvrait de Deraa, était offert, tremblant et sans défense, aux attaques répétées de l'ennemi. Si nous voulions rester à Oumtaiye, il fallait satisfaire El Taïba.

Notre premier devoir était donc clairement tracé : obtenir d'Allenby des renforts aériens. Un avion devait nous apporter de ses nouvelles à Azrag le surlendemain. Je jugeai utile de prendre l'avion pour aller m'entendre en personne avec Allenby. Je serais de retour le 22. Oumtaiye tiendrait jusque-là, car nous pouvions dépister les aéroplanes pendant quelque temps en nous transportant à Oum-el-Sourab, le plus proche village romain.

Oumtaiye ou Oum-el-Sourab — pour rester en sécurité nous devions garder l'initiative. La direction de Deraa nous était fermée pour l'instant par la méfiance des paysans ; restait la ligne du Hedjaz. Le pont du kilomètre 149 était presque réparé. Il fallait le redémolir, ainsi qu'un autre au sud, pour arrêter les trains apportant le matériel de réparation. Une reconnaissance de Winterton la veille montrait que la première démolition exigeait une attaque régulière avec des troupes et des canons. Pour le second objectif, un raid suffisait. Je m'en fus donc voir si mes gardes pouvaient le faire avec moi en m'accompagnant à Azrag.

Quelque chose n'allait pas. Les hommes avaient les yeux rougis, une démarche hésitante et craintive. Enfin je compris que pendant mon absence du matin, Zaagi, Abdullah et les autres chefs avaient châtié impitoyablement ceux qui avaient flanché à Nisib. C'était leur droit, car depuis Tafila j'avais laissé à leur soin la discipline, mais le résultat, pour l'instant, était que je ne pouvais me servir de mes hommes. L'annonce de tels châtiments provoquait la crainte ; mais leur souvenir immédiat rendait plus sauvages, plus indomptables encore les victimes vraiment fortes, et accroissait chez les témoins les chances de violences. Ces hommes eussent été dangereux pour moi, pour eux ou pour l'ennemi, suivant les circonstances ou la folie du moment, si je les avais menés au combat cette nuit même.

Je suggérai donc à Joyce, pour les remplacer, de renvoyer les Égyptiens et les Gourkhas à Akaba ; s'il me prêtait en outre une auto blindée, je les accompagnerais jusqu'à la ligne, leur première étape, et je ferais là ce qu'on pouvait faire. Nous allâmes trouver Nacer et Nouri Saïd : je leur dis que le serais de retour le 22 avec des avions de combat pour nous délivrer des reconnaissances et des combats aériens. En attendant, nous payerions à El Taïba les dommages causés par les Turcs et Joyce établirait des terrains d'atterrissage ici et à Oum-el-Sourab en prévision de mon retour avec des renforts aériens.

Ah ! la démolition de cette nuit, quel gâchis fantastique ! Dès le coucher du soleil notre troupe fila dans une vallée ouverte, à trois milles du chemin de fer, sur un terrain facile. Une menace pouvait venir de la gare de Mafrak. Mon auto blindée, secondée par Junor dans sa Ford, garderait ce côté contre toute avance de l'ennemi. Cependant les Égyptiens marcheraient droit à la ligne et feraient sauter le pont.

Or, moi qui guidais les autos, je perdis mon chemin. Nous errâmes trois heures dans un labyrinthe de vallées ; sans trouver la voie, ni les Égyptiens, ni même notre point de départ. Enfin une lumière apparut. Nous filâmes sur elle, pour nous trouver en face de Mafrak. Comme nous retournions afin de prendre position, nous entendîmes le bruit d'une locomotive qui sortait de la gare et filait vers le nord. Nos voitures partirent en chasse derrière sa flamme intermittente, avec l'espoir de la coincer entre nous et le pont démoli; mais avant que nous l'eussions rejointe, l'éclair et le bruit de l'explosion se produisirent loin devant nous: Peake allumait ses trente charges.

Quelques cavaliers passèrent au galop près de nous, piquant vers le sud. Nous ouvrîmes le feu sur eux. Puis le train revint fuyant à toute vapeur le danger de Peake. Roulant parallèlement au train, nous dirigeâmes sur lui nos Vickers, tandis que Junor, avec son Lewis, l'arrosait d'une averse verdâtre de balles éclairantes. Plus haut que la fusillade et le bruit de la locomotive, nous pouvions entendre les hurlements des Turcs, terrifiés par cette attaque lumineuse. Ils ripostaient tant bien que mal. Soudain notre grosse voiture éternua et s'arrêta. Une balle avait traversé l'extrémité du réservoir d'essence, le seul point sans blindage de toutes nos voitures. Il nous fallut une heure pour aveugler la fente.

Ce travail achevé, nous revînmes le long de la voie silencieuse jusqu'aux rails tordus et aux ponceaux béants: nos amis n'étaient plus là. Après un mille sur le chemin du retour, l'on s'arrêta pour dormir: trois heures, enfin, de parfait sommeil avant l'aube. Je m'éveillai rafraîchi et reconnus sans difficulté le lieu où nous étions. C'était probablement la cinquième nuit sans sommeil qui avait rendu mes esprits un peu cotonneux. L'on reprit la route et, après avoir dépassé les Égyptiens et les Gourkhas, l'on atteignit Azrag au début de l'après-midi. Fayçal était là avec Nouri Châalan, anxieux tous deux d'avoir des nouvelles. Nous nous expliquâmes en détail. Puis je m'en fus voir Marshall à l'hôpital temporaire. Tous nos grands blessés étaient là, confiés à ses soins silencieux. Mais comme ils étaient moins nombreux qu'on n'avait prévu, il put me donner un brancard en guise de lit.

À l'aube, Joyce arriva à l'improviste. Il jugeait de son devoir, pendant ce répit, de redescendre à Aba-el-Lissan pour aider Zeid et Jaafar devant Maan et faire avancer Hornby parmi les Beni-Sakhrs. À cet instant arriva l'avion de Palestine qui nous apportait le premier récit de la stupéfiante victoire d'Allenby. Il avait écrasé, enfoncé, pourchassé les Turcs à une allure inconcevable. Notre guerre prenait une face nouvelle ; nous avertîmes en hâte Fayçal, en lui conseillant de déclencher un soulèvement général pour tirer parti de la situation. Une heure plus tard, j'étais sain et sauf en Palestine.

Le camp d'aviation de Ramleh me donna une voiture pour gagner le G.Q.G. Je trouvai là le grand homme impassible : sa joie ne se manifestait que par la lueur qui passait dans son regard lorsque Bols, tous les quarts d'heure, entrait précipitamment avec la nouvelle d'une victoire élargie, Allenby était si sûr de lui avant l'attaque que le résultat l'ennuyait presque. Mais aucun général, si scientifique soit-il, ne peut tout de même voir ses plans compliqués réalisés sur un espace immense, dans le moindre détail, avec un succès complet, sans connaître une certaine joie intérieure ; surtout s'il sent (comme Allenby devait le sentir) dans cette victoire la récompense de la largeur d'esprit qui lui a fait concevoir des mouvements si peu orthodoxes, briser pour eux tous les règlements administratifs, et les soutenir de tous ses atouts moraux et matériels, militaires ou politiques.

Il ébaucha pour moi le plan de ses mouvements futurs. Il tenait maintenant la Palestine historique ; les Turcs, en déroute dans les montagnes, espéraient un ralentissement de sa poursuite. Eh bien ! pas du tout. Bartholomew et Evans étaient prêts à fournir trois chocs nouveaux : l'un, à travers le Jourdain, sur Amman avec les Zélandais de Chaytor ; le deuxième, à travers le Jourdain, sur Deraa, avec Barrow et ses Indiens ; le troisième, à travers le Jourdain, sur Kouneitra, avec les

Australiens de Chauvel. Chaytor se reposerait à Amman ; Barrow et Chauvel, dès qu'ils auraient atteint leurs premiers objectifs, convergeraient sur Damas. Nous devions aider les trois mouvements ; et je devais garder pour moi ma menace impudente de prendre Damas, jusqu'au moment où nous marcherions ensemble.

J'exposai alors notre situation et comment toute notre action risquait d'être ruinée par notre impuissance aérienne. Il pressa un bouton ; quelques minutes plus tard, Salmond et Borton tenaient conseil avec nous. Leurs appareils avaient joué un rôle capital dans l'offensive d'Allenby (j'admirais la perfection de cet homme capable d'employer l'infanterie et la cavalerie, l'artillerie et l'aviation, la flotte et les autos blindées, les feintes et les troupes irrégulières, chacune de la meilleure façon possible) et l'avaient mené, ce rôle, jusqu'au bout. Il n'y avait plus un Turc dans le ciel — « excepté de notre côté », insinuai-je avec précipitation. Tant mieux, dit Salmond ; ils allaient envoyer à Oumtaiye deux Bristol de combat ; nous les garderions tant que nous en aurions besoin. Avions-nous des pièces de rechange ? De l'essence ? Pas une goutte ? Comment pouvait-on en amener là ? Par air seulement ? Une unité de combat toute aérienne ? Inouï.

Mais Salmond et Borton étaient des hommes avides de nouveauté. Ils combinèrent leurs charges pour un D. H. 9 et un Handley-Page tandis qu'Allenby, assis près de nous, écoutait en souriant, sûr que le travail serait fait. La coopération des forces aériennes avec le déroulement de son plan avait été, en effet, d'une promptitude et d'une élasticité surprenantes : liaison complète, informée et rapide. C'était la Royal Air Force qui avait changé la retraite turque en déroute, anéanti les communications téléphoniques et télégraphiques de l'ennemi, bloqué les colonnes de camions et dispersé les unités de fantassins.

Les chefs de notre aviation se tournèrent vers moi :

nos terrains d'atterrissage étaient-ils assez bons pour un Handley-Page à pleine charge ? Je n'avais aperçu cette énorme machine qu'une fois dans son hangar ; mais sans hésiter je répondis « oui » — ajoutant toutefois qu'ils feraient mieux de me faire accompagner par un expert le lendemain, dans les Bristol, pour s'assurer de la chose. Il pourrait être de retour à midi ; le Handley arriverait à 3 heures. Salmond se leva. « Fort bien, Monsieur, nous ferons le nécessaire. » Et je m'en fus déjeuner.

Le Quartier Général d'Allenby était un endroit parfait : une maison blanchie à la chaux, fraîche, bien aérée, protégée des mouches et égayée par le murmure du vent dans les arbres à l'extérieur. Je me sentis coupable de jouir ainsi de la nappe blanche, du café et du service pendant que nos gens, à Oumtaiye, allongés comme des lézards sur les pierres, mangeaient du pain sans levain en attendant le prochain bombardement. J'étais agité, aussi, comme les taches poussiéreuses de soleil qui éclaboussaient le sentier à travers le feuillage : après le long envoûtement du désert ascétique, les fleurs et l'herbe semblaient souffrir d'agitation nerveuse et le bourgeonnement des plantes cultivées apparaissait vulgaire dans sa fécondité envahissante.

En tout cas, Clayton, et Deedes, et Dawnay étaient l'amitié même, ainsi que l'État-Major de l'Air Force ; la bonne humeur, d'autre part, et la force consciente du Général en Chef étaient un bain de réconfort pour un homme épuisé par un long surmenage. Bartholomew remuait des cartes, expliquait ce qu'on allait faire. Je pouvais apporter ma pierre à sa connaissance de l'ennemi car j'étais son officier de renseignements le mieux placé : en retour, son exposé m'assura de la victoire quoi qu'il pût arriver à notre petit groupe bloquant l'ennemi, là-bas, de toutes ses forces. Pourtant il me parut qu'un choix s'offrait aux Arabes : soit laisser cette victoire n'être qu'une victoire nouvelle, soit, en se risquant une fois de plus, la rendre définitive. Non pas que ce fût, sous cette forme, un choix très réel : mais lorsque le corps et l'esprit sont aussi malades de fatigue que l'étaient les miens à ce moment-là, ils cherchent presque instinctivement un moyen plausible d'éviter le danger.

CHAPITRE CXIV

Avant l'aube, sur l'aérodrome australien, deux Bristol et un D.H. 9 se trouvèrent prêts à partir. Dans l'un était Ross Smith, mon vieux pilote, choisi pour piloter l'Handley-Page neuf, seul avion de sa classe en Égypte, la prunelle des yeux de Salmond. Le fait qu'il me le prêtait pour accomplir, par-dessus les lignes ennemies, une besogne aussi basse qu'un transport de bagages, donnait la mesure de sa bonne volonté à notre égard.

Une heure après, nous survolions Oumtaiye. Voyant que l'armée avait disparu, je fis signe au pilote de nous ramener à Oum-el-Sourab. Ils étaient là en effet : le groupe défensif d'automobiles, les Arabes que le bruit suspect du moteur faisait se cacher ici, là, un peu partout, et les bons chameaux épars un à un par toute la plaine, se bourrant de ce merveilleux pâturage. Young, dès qu'il aperçut nos insignes, plaça un signal d'atterrissage et des bombes fumigènes sur le terrain épierré par ses soins et ceux de Nouri Saïd.

Aussitôt après l'atterrissage, Ross Smith parcourut anxieusement le terrain préparé, en étudiant ses imperfections. Mais il rejoignit avec un visage souriant la table où les pilotes déjeunaient. Le terrain était O.K. pour le Handley-Page. Young nous parla des bombardements répétés qu'ils avaient subis la veille et l'avant-veille : quelques soldats réguliers et des canonniers de Pisani avaient été tués; les alertes incessantes avaient fatigué tout le monde; on avait donc changé de camp dans la nuit. Ces idiots de Turcs bombardaient encore Oumtaiye, vide puisque les hommes s'y rendaient seulement aux heures tranquilles, à midi ou le soir.

J'appris aussi le dernier exploit de Winterton : une histoire drôle. Il était allé, dans la nuit, faire sauter un tronçon de voie. Rencontrant un soldat inconnu, il lui avait expliqué en mauvais arabe que les choses marchaient d'une façon épatante. L'autre remercia Allah de Sa miséricorde et disparut dans l'obscurité : un moment plus tard, des mitrailleuses ouvraient le feu à droite et à gauche ! Winterton n'en avait pas moins allumé ses charges et s'était retiré en bon ordre, sans perte. Nacer vint nous rejoindre et nous fit son rapport : tel homme blessé, tel autre tué, un clan prêt à nous rejoindre, un autre rallié déjà, d'autres repartis chez eux — tout le commérage du pays. Nos avions étincelants avaient restauré la confiance des Arabes qui louèrent les Anglais, sans oublier leur propre bravoure et leur endurance. Cependant je racontai à mon tour l'épopée à peine croyable d'Allenby — Naplouse prise, Afouleh prise, Baïssan, et Semakh, et Haïfa. L'esprit de mes auditeurs flambait derrière moi. Tallal prit feu, se vanta ; les Rouallas, à grands cris, demandèrent la marche immédiate sur Damas. Mes gardes eux-mêmes, dont les yeux boueux et les visages crispés témoignaient encore de la sévérité de Zaagi, s'égayèrent, commencèrent à se lisser les plumes devant la foule, illuminés par une aube heureuse. Un frisson de confiance et d'enthousiasme parcourut le camp. Je résolus d'appeler Fayçal et Nouri Châalan pour les faire participer à l'effort final.

Cependant l'heure du breakfast approchait : un parfum de saucisses flottait dans l'air. Nous nous assîmes en rond, de grand appétit ; quand le veilleur, perché sur sa tour en ruine, hurla : « Un avion ! » Il montait de Deraa. Nos Australiens, en une bousculade folle, coururent aux appareils encore chauds et mirent aussitôt les moteurs en marche. Ross Smith et son observateur sautèrent dans le premier avion qui grimpa comme un chat et prit de la hauteur. Peters les suivit, tandis que le troisième pilote, debout près du D.H. 9, me considérait fixement.

Je fis semblant de ne pas comprendre. Les Lewis, les montées en chandelle, les visées, les anneaux qui pivotent, les pinnules, les boutons qui montent et descendent sur des parallèles oscillantes, les tirs qu'il faut faire de ce côté ou de cet autre suivant la vitesse variable, la direction de son propre appareil et celle de l'ennemi — on m'avait enseigné la théorie de tout cela ; j'aurais pu même en répéter des bribes ; mais ma tête seule en savait quelque chose, et les règles d'action ne sont que des pièges tant que la pratique ne les a pas chassées de la tête vide jusque dans les doigts. Non ! je n'allais pas livrer mon combat aérien. Tant pis si je me déshonorais aux yeux du pilote. C'était un Australien, d'une race qui se plaît aux risques gratuits, et non pas un Arabe devant qui je dusse bluffer.

Il était trop respectueux pour parler : mais son regard plein de reproches ne me quitta pas tandis que je considérais avec les autres le combat dans le ciel. L'ennemi avait un biplace et trois avions de chasse. Ross Smith s'accrocha au plus gros et, après cinq minutes d'un aigre caquetage entre mitrailleuses, l'Allemand plongea brusquement vers la voie ferrée. Comme il passait en trombe derrière la montagne basse, une banderole de fumée en jaillit ; puis, du point de chute, s'éleva un nuage sombre et moelleux. Un immense « Ah ! » sortit des bouches arabes. Cinq minutes plus tard, Ross Smith était de retour, et, sautant gaiement de la carlingue, jurait que le front arabe était le filon.

Les saucisses étaient encore chaudes ; on les mangea en buvant du thé (nos dernières provisions anglaises, mises en perce pour nos hôtes). Mais nous en étions à peine aux raisins du Djebel Druse que, de nouveau, le guetteur agita son manteau : « Avion ! » Cette fois Peters gagna la course, Ross Smith étant second et Traill, inconsolable, toujours en réserve. L'ennemi, timide, décampa si vite que Peters le rattrapa seulement aux abords d'Arar : mais là, il abattit sa proie de haute lutte. Plus tard, quand la vague de la guerre roula dans ces régions, nous découvrîmes l'épave en miettes avec les deux corps allemands calcinés.

Ross Smith aurait voulu rester toujours sur ce front arabe, avec un ennemi toutes les demi-heures, et jalousait profondément les jours à venir de Peters. Mais il devait retourner chercher le Handley-Page chargé d'essence, de vivres et de pièces de rechange. Le troisième avion partait recueillir à Azrag l'observateur qu'on y avait abandonné la veille, je décidai de faire le voyage pour voir Fayçal.

Le temps devenait spacieux pour ceux d'entre nous qui volaient : nous étions à Azrag trente heures après l'avoir quitté. Je renvoyai les Gourkhas et les Égyptiens rejoindre l'armée pour de nouvelles démolitions dans le Nord, puis, avec Fayçal et Nouri Châalan, entassés dans la Vaux-hall verte, nous repartîmes pour Oum-El-Sourab afin de voir atterrir le Handley-Page.

Nous roulions à toute vitesse sur le cailloutis ou la boue, laissant le moteur énorme s'en donner à cœur joie ; mais la chance était contre nous. On nous rapporta une dispute entre indigènes : il fallut faire un contour jusqu'à un camp de Serahins. Notre temps ne fut pas, d'ailleurs, complètement perdu : nous ordonnâmes à leurs guerriers de rejoindre Oumtaiye ; et des estafettes portèrent l'annonce de notre victoire de l'autre côté de la ligne avec l'injonction de fermer les pistes des montagnes d'Ajloun aux armées turques en déroute qui essaieraient de se mettre en lieu sûr.

Puis notre auto fonça de nouveau vers le Nord. À vingt milles d'Oum-el-Sourab nous aperçûmes un Bedaoui seul qui courait vers le sud, dans un état d'agitation extrême, sa barbe et sa chevelure grises au vent et sa chemise, fourrée dans sa corde-ceinture, gonflée comme une voile derrière lui. Il dévia de sa course pour passer près de nous et, dressant ses longs bras osseux, beugla : « Le plus gros avion du monde ! » avant de disparaître vers le sud dans un grand flic-flac de toile pour répandre la nouvelle parmi les tentes.

À Oum-el-Sourab, le Handley reposait majestueusement sur l'herbe, les deux Bristol et le 9.A comme des oisillons sous son envergure. Autour de lui s'empressaient les Arabes admiratifs : « Enfin, enfin ! ils nous ont envoyé l'Aéroplane dont les autres n'étaient que les faons. » Avant la nuit, le bruit de la puissance de Fayçal avait traversé le Djebel Druse et la dépression du Hauran, apprenant à tous que la balance penchait de notre côté.

Borton lui-même était venu dans l'avion pour prendre les mesures de secours. Pendant que nous nous consultions, nos hommes retiraient du fuselage et des casiers à bombes une tonne d'essence, de l'huile et des pièces de rechange pour les Bristol ; du thé, du sucre et des conserves pour nos hommes ; des lettres, des télégrammes Reuter et des remèdes pour nous. Puis l'énorme appareil s'éleva dans le crépuscule et piqua vers Ramleh. Nous nous étions mis d'accord sur un programme de bombardements nocturnes contre Deraa et Mafrak afin d'achever la destruction des voies qu'avait commencée notre coton-poudre.

De notre côté, nous maintiendrions notre pression au coton-poudre. Allenby nous avait réservé la Quatrième Armée turque. Nous devions la harasser et la contenir jusqu'au moment où Chaytor viendrait la chasser d'Amman ; puis la mettre en pièces pendant sa retraite. Cette retraite n'était qu'une affaire de jours : or, nous étions sûrs, autant qu'on peut l'être en temps de guerre, de soulever la population des plaines entre nous et Damas dès la semaine prochaine. Aussi Fayçal décida-t-il d'ajouter à notre colonne les chameliers rouallas de Nouri Châalan, venus d'Azrag. Cela porterait notre troupe à quatre mille hommes — irréguliers pour les trois quarts, mais irréguliers en qui l'on pouvait avoir confiance, car le vieux Nouri, dur, cynique et silencieux, tenait la tribu dans son poing comme un outil.

Il était cet homme rare dans le désert — celui qui ne discute pas. Il voulait ou ne voulait pas : c'était fini. Quand les autres avaient achevé leurs discours, il leur faisait part de sa volonté en quelques phrases sans relief et attendait calmement qu'on obéît : et l'on obéissait, par peur. Il était vieux et sage, c'est-à-dire fatigué et désabusé ; si vieux que je m'étonnais toujours de le voir se lier à notre enthousiasme.

Je me reposai le jour suivant sous la tente de Nacer, parmi ses visiteurs paysans, comparant les nouvelles que leur esprit aigu et leur zèle rendaient trop abondantes. Pendant ce jour de repos, Nouri Saïd, avec Pisani et deux canons, Stirling, Winterton, Young, les autos blindées et une troupe considérable allèrent à découvert jusqu'à la voie, la nettoyèrent par les moyens militaires classiques, détruisirent un kilomètre de rails et brûlèrent le timide échafaudage de bois que les Turcs avaient dressé pour réparer le pont détruit par Joyce et moi, avant notre première attaque sur Deraa. Nouri Châalan, dans son manteau de drap noir, conduisit en personne ses cavaliers rouallas, galopant avec les meilleurs d'entre eux. La tribu, sous son regard, fit preuve d'une valeur qui arracha des louanges à Nouri Saïd lui-même.

CHAPITRE CXV

L'opération de Nouri fut pour les Turcs le coup de grâce : après cela, ils renoncèrent à réparer la ligne entre Amman et Deraa. Mais nous n'en savions rien ; émus par un croque-mitaine, nous avions hâte de détruire un tronçon de voie encore plus considérable. Dès l'aube du lendemain, donc, nous partîmes, Winterton, Djémil et moi, pour examiner la ligne au sud de Mafrak. Nous fûmes reçus par un feu de mitrailleuses d'une vigueur, d'une précision, d'une intensité auxquelles nous n'étions pas accoutumés. Ces tireurs d'élite furent faits prisonniers plus tard : c'était une section d'Allemands. Pour l'instant nous battîmes en retraite, fort intrigués, pour revenir un peu plus loin devant un pont qui eût bien fait notre affaire. Je résolus de filer rapidement en auto jusque sous ses voûtes pour placer la mine contre la culée à l'abri de la maçonnerie. Je montai donc dans une auto blindée, on chargea 60 livres de coton-poudre à l'arrière et je dis au conducteur de foncer droit sous l'arche.

Winterton et Djémil suivaient dans l'auto de secours. « Il fait bien chaud », grogna Djémil. « Il va faire encore plus chaud là-bas », répliqua Winterton. Cependant nous avancions sur un terrain médiocre, où explosaient çà et là des obus sans grande précision. Nous choisissions notre chemin, à cinquante mètres de la ligne, sous une grêle de balles (on en aurait eu pour se battre une semaine) rebondissant contre notre blindage, quand un soldat, caché derrière le ballast, lança sur nous une grenade à main.

Cette nouveauté rendait mon plan irréalisable. D'abord, un choc sur l'arrière de la voiture risquait de faire sauter l'explosif et de nous envoyer à tous les diables ; en second lieu, l'auto n'était pas protégée contre une grenade lancée à ras du sol. Il fallut donc nous retirer, perplexes, devant les moyens de défense ainsi gaspillés pour un bout de ligne, et fort intéressés, amusés même, par cette insistance valeureuse après tant de facilité. Nos imaginations voyaient en effet l'Échec sous la forme d'un petit homme massif et furieux, roulant ses yeux de tous côtés sous ses sourcils en broussaille, à la recherche d'une issue ; tandis que la Victoire, à côté de lui, était une grande femme maigre, pâle et languissante. Il faudrait essayer encore cette nuit. À Oum-el-Sourab, Nacer nous fit part de ses intentions : il voulait ramener le camp à Oumtaiye. J'en fus ravi, car c'était une première étape vers Damas ; c'était aussi, d'ailleurs, une bonne excuse pour ne rien tenter cette nuit contre la voie. En guise d'expédition, nous nous assîmes pour raconter des histoires vécues en attendant minuit, heure à laquelle le Handley-Page devait bombarder la garde de Mafrak. Il vint en effet, et les bombes de 100 livres succédèrent aux bombes de 100 livres jusqu'au moment où les wagons massés sur les voies de garage prirent feu ; et le tir des Turcs s'arrêta.

Nous nous endormîmes après avoir décerné le premier prix à une histoire sur Enver Pacha. Les Turcs venaient de reprendre Charkeui. Enver se rendit sur les lieux dans un bateau-mouche avec le prince Djémil et un État-Major somptueux. Les Bulgares, en entrant dans le village, avaient massacré les Turcs ; et quand ils s'étaient retirés, les paysans bulgares les avaient suivis. De sorte que les Turcs ne trouvèrent presque plus personne à tuer. Un vieillard fut pourtant amené à bord pour servir de souffre-douleur au Général en Chef. Mais celui-ci fut bientôt las. Il fit un signe à deux de ses *bravi* et, ouvrant la porte de la chaufferie, dit : « Jetez-le là-dedans. » Le vieux hurla ; mais les officiers furent les plus forts et la porte se rabattit sur lui. « Malades d'écœurement, dit Djémil, nous fîmes un pas pour partir. Mais Enver, la tête un peu inclinée, l'oreille tendue, nous arrêta. » Au bout d'un instant, il y eut une explosion dans la fournaise. Il sourit, approuva de la tête et dit : « Leurs crânes font toujours ce bruit de bouchon. »

Toute la nuit et le jour suivant, l'incendie des wagons s'aggrava. Il apportait aux Arabes la preuve du désastre turc dont les rumeurs couraient depuis la veille. On me dit que la Quatrième Armée remontait d'Amman en une cohue désordonnée. Les Beni-Hassans, qui encerclaient les traînards et les détachements trop faibles, les comparaient à une troupe de bohémiens.

Nous tînmes conseil. Notre action contre la Quatrième Armée était finie. Ce qui échapperait aux Arabes atteindrait Deraa à l'état de bandes sans armes. Notre nouvel effort devait tendre à une évacuation rapide de Deraa : ainsi les Turcs ne pourraient pas reformer les fugitifs en arrière-garde. Je proposai donc d'avancer vers le nord, plus loin que le Tell Arar, puis de franchir la voie ferrée a l'aube le lendemain matin pour aller nous poster dans le village de Cheikh Saad. Il était placé dans un pays amical, avec de l'eau en abondance, une observation facile et une retraite sûre vers l'ouest, le nord, ou même vers le sud-ouest si nous étions directement attaqués. Cette position coupait Deraa de Damas ; Mezerib également.

Tallal me soutint avec enthousiasme. Nouri Châalan fit son signe de tête ; Nacer et Nouri Saïd approuvèrent. Nous nous préparâmes donc à lever le camp. Les autos blindées ne pouvaient pas nous accompagner. Elles étaient mieux placées à Azrag jusqu'à la chute de Deraa ; nous aurions besoin d'elles pour entrer dans Damas. Les Bristol avaient aussi terminé leur tâche en débarrassant l'air des aéroplanes turcs. Ils pouvaient retourner en Palestine et y porter la nouvelle de notre déplacement à Cheikh Saad.

Après un grand cercle, ils partirent. En les regardant s'en aller, nous aperçûmes un énorme nuage de poussière qui s'ajoutait à la fumée montant lentement de Mafrak en ruines. Sur ces entrefaites, un des avions revint et laissa tomber un mot griffonné : un large corps de cavaliers turcs avançait droit de la ligne vers nous.

Nouvelle bien désagréable, car nous n'étions pas en état de combattre. Les autos étaient parties, les avions étaient partis, une compagnie d'infanterie montée marchait déjà en avant, les mules de Pisani avaient reçu leurs charges et se tenaient formées en colonne. Je courus vers Nouri Saïd qui se tenait avec Nacer sur un tas de cendres au sommet de la colline. Fallait-il partir ou rester ? À la fin, il nous parut plus sage de fuir ; Cheikh Saad serait une butée plus solide. L'ordre de départ fut donc donné en hâte à nos troupes régulières.

Pourtant nous pouvions difficilement laisser les choses dans cet état. Nouri Châalan et Tallal partirent donc à la tête des cavaliers rouallas et hauranis pour retarder la poursuite. Un allié inattendu vint leur prêter main-forte : nos autos, sur le chemin d'Azrag, avaient aperçu l'ennemi. Renseignements pris, il ne s'agissait pas de cavaliers marchant à l'attaque, mais d'éléments égarés à la recherche d'un raccourci pour rentrer chez eux. Nous prîmes quelques centaines de prisonniers mourant de soif et beaucoup d'animaux de bât. La panique fut telle que le gros de la troupe, dans la plaine, coupa les traits des chevaux et s'enfuit sur les bêtes nues. Cette épouvante se propagea le long de la voie et des troupes, à plusieurs milles de toute action arabe, jetant leur équipement et jusqu'à leurs fusils, se ruèrent affolées vers Deraa où elles pensaient trouver quelque sécurité.

Cette interruption, pourtant, nous retarda d'une nuit. Il était difficile de faire traverser le Hauran dans l'obscurité à une troupe de méharistes en kaki, sans une escorte suffisante de cavaliers indigènes pour avertir les villageois soupçonneux que nous n'étions pas des Turcs. Tard dans l'après-midi, donc, nous fîmes halte pour laisser à Tallal, à Nacer et à Nouri Châalan le temps de nous rejoindre.

Cet arrêt donna à certains le temps de réfléchir à notre manœuvre. On se demanda s'il était sage de retraverser la voie ferrée pour aller occuper la position dangereuse de Cheikh Saad, juste en travers de la ligne de retraite que devait suivre le gros des forces turques. Enfin, vers minuit, Sabin vint me trouver sur le tapis où je veillais au milieu des troupes. Il suggéra que nous en avions assez fait. Allenby nous avait demandé de surveiller la Quatrième Armée turque. Nous venions d'assister à sa fuite désordonnée. Notre tâche était donc accomplie et nous pouvions honorablement nous garer à vingt milles plus à l'est, à Bosra où Nesib-el-Bekri rassemblait les Druses pour nous aider. Là, nous attendrions la prise de Deraa par les Anglais et notre récompense, à la fin de cette campagne victorieuse.

Cette attitude me dépassait : car si nous nous retirions vers le Djébel Druse, nous abandonnions le service actif avant la victoire, laissant à Allenby le dernier choc. Très jaloux de l'honneur arabe, j'étais prêt, pour le servir, à avancer coûte que coûte. Les Arabes étaient entrés dans la guerre pour conquérir leur liberté ; la reprise de leur vieille capitale, par la force de leurs propres armes, serait le signe qu'ils comprendraient le mieux.

Le « devoir » est une pauvre chose, comme les gens qui n'ont que ce mot à la bouche. Évidemment, en nous jetant dans Cheikh Saad, derrière Deraa, nous pressions sur les Turcs plus que ne pouvait le faire n'importe quelle unité anglaise. Nous leur interdisions définitivement ce côté de Damas ; ce gain était peu payé de nos existences. La prise de Damas, c'était la fin de la guerre en Orient et même, à mon avis, la fin de la guerre générale ; car les Pouvoirs Centraux dépendaient les uns des autres et la rupture du maillon le plus faible, la Turquie, allait tout émietter. Donc, pour toutes sortes de raisons raisonnables, stratégiques, tactiques, politiques, morales même, nous allions continuer.

L'esprit opiniâtre de Sabin ne voulut pas se laisser convaincre. Revenant vers Pisani et Winterton, il reprit la discussion — lentement, parce que Nouri Saïd, allongé sur le tapis voisin, ne dormait qu'à moitié, et que Sabin désirait le faire participer à la conférence.

Il insista donc sur l'aspect militaire de la question : notre but atteint et le danger de la ligne du Hedjaz. Notre retard nous avait empêchés de la traverser cette nuit. Demain il serait fou de tenter l'opération. La voie serait gardée de bout en bout par les dizaines de milliers de Turcs évacuant Deraa. Et s'ils nous laissaient traverser, nous serions plus dangereusement placés encore. Joyce, dit-il, l'avait désigné dans cette expédition comme conseiller militaire ; son devoir était de faire remarquer, à regret, qu'il était officier régulier et connaissait son affaire.

Si j'avais été un officier régulier moi-même, j'aurais

pu trouver quelque chose d'irrégulier dans cette obstination de Sabin à inquiéter les autres. La situation étant ce qu'elle était, je supportai ses récriminations en me contentant de pousser un soupir patient toutes les fois qu'il pouvait irriter le protestataire. Enfin je dis à tout hasard que j'avais sommeil, qu'il faudrait se lever tôt demain matin pour traverser la voie et que mon intention était de partir en avant avec ma garde du corps, parmi les Bédouins — où qu'ils fussent, car il était étrange que Nouri Châalan et Tallal ne nous eussent pas encore rejoints. En tout cas, j'allais dormir.

Pisani, qui avait fait toute sa carrière militaire comme subordonné, dit avec correction qu'il prendrait les ordres et suivrait. Je l'aimai pour cette parole et tâchai d'adoucir ses doutes honnêtes en lui rappelant que nous avions travaillé maintenant dix-huit mois ensemble sans qu'il ait jamais eu l'occasion de m'appeler téméraire. Il répondit avec un rire bien français qu'il jugeait tout cela fort téméraire, mais qu'il était soldat.

L'instinct de Winterton lui faisait prendre parti pour le plus faible, en toute autre circonstance que la chasse au renard. Nouri Saïd, feignant de dormir, avait gardé le silence pendant toute notre conversation ; mais quand Sabin se fut retiré il roula sur le côté et me murmura : « Est-ce vrai ? » Je répondis que je ne voyais pas de risque extraordinaire à traverser la voie au milieu de l'après-midi et qu'avec de la prudence nous éviterions les pièges à Cheikh Saad. Satisfait, il se remit sur le dos.

CHAPITRE CXVI

Nacer, Nouri Châalan et Tallal nous avaient dépassés dans l'obscurité. Nos forces se rejoignirent enfin et s'avancèrent vers le Nord, sous une brise capiteuse, parmi les labours de villages fertiles et heureux. Sur les champs moissonnés, dont la paille semblait arrachée plutôt que tranchée, poussaient des chardons hauts comme un enfant mais jaunes, desséchés et morts maintenant. Le vent cassait leurs tiges creuses au ras de la racine, roulait les têtes hérissées sur le sol et, soufflant chardon sur chardon, enchevêtrant leurs épines, formait à la fin des boules énormes qui fuyaient à travers les jachères comme des meules de foin en maraude.

Des femmes arabes, sorties d'un village avec leurs ânes pour chercher de l'eau, coururent vers nous en criant qu'un avion avait atterri tout près de là quelques instants auparavant. Il portait sur le ventre les anneaux qui forment la marque des chameaux chérifiens. Peake partit à sa recherche et découvrit deux Australiens : une balle avait frappé le radiateur, au-dessus de Deraa. Ils furent tout joyeux, quoique étonnés, de rencontrer des amis. Lorsque la fuite eût été aveuglée, nous imposâmes aux femmes une taxe d'eau, le radiateur fut rempli et ils s'envolèrent sains et saufs.

À chaque instant, des cavaliers venaient nous rejoindre, et, de chaque village, les jeunes audacieux couraient à pied pour se mêler à nos rangs. Pendant cette marche où nous étions si étroitement serrés les uns contre les autres dans la lumière dorée du soleil, nous pouvions enfin, par une rare chance, voir l'armée arabe dans son ensemble : rapidement nous devînmes une personnalité, un organisme dans l'orgueil duquel chacun de nous se sentait grandi. Des plaisanteries, volontairement énormes, nous aidèrent à exorciser une beauté trop pressante.

À midi nous entrâmes dans des champs de pastèques. L'armée se jeta sur cette aubaine, pendant que nous allions en éclaireurs surveiller la ligne qui tremblait en face de nous, dans le soleil, déserte. Comme nous regardions, un train passa. La ligne était rétablie depuis la veille au soir seulement; ceci était le troisième train. Nous avançâmes sur la voie sans rencontrer aucune résistance, en une horde ayant bien deux milles de front. Une destruction hâtive commença, tous ceux qui possédaient des explosifs en usant à leur guise. Nos centaines de novices étaient pleins de zèle et les démolitions, quoique inhabiles, furent importantes.

Évidemment notre retour avait surpris l'ennemi hébété : nous devions élargir et améliorer cette chance. Nous nous rendîmes donc auprès de Nouri Châalan, Aouda et Tallal pour demander à chacun d'eux quel effort local il voudrait entreprendre. Tallal l'énergique parla d'attaquer Ezraa, le grand dépôt de blé au nord; Aouda se décida pour Kirbet-el-Ghazala, la gare correspondante au sud; Nouri, cependant, voulait lancer ses hommes sur la route principale, vers Deraa, avec l'espoir d'y rencontrer quelques groupes turcs.

C'étaient trois bonnes idées. Les chefs s'en furent les réaliser; nous, reformant notre colonne, poursuivîmes notre route devant les ruines de Cheikh Miskin, lugubres sous le clair de lune. Ses fossés pleins d'eau mirent le désordre dans nos milliers d'hommes, et nous fîmes halte dans les éteules au-delà pour attendre l'aube. Quelques-uns allumèrent des feux pour se protéger du brouillard pénétrant de ce Hauran argileux. D'autres dormirent sans plus de façon, sur le sol visqueux de rosée. Des hommes perdus appelaient leurs amis de cette plainte aiguë, lancée à pleine gorge, du villageois arabe. La lune s'était couchée; le monde était noir et froid.

Je réveillai ma garde et nous marchâmes d'un pas si alerte qu'à l'aube nous entrions dans Cheikh Saad. Comme nous franchissions le défilé de roches pour entrer dans la petite plaine derrière les arbres, la terre parut renaître à la vie sous l'éclat du soleil nouveau. La lumière matinale argenta les oliveraies et des hommes sortirent d'une tente en poils de chèvre pour nous offrir l'hospitalité. Je demandai de qui était ce camp. « D'Ibn Smeir », me répondit-on. Voilà bien la complication que je redoutais. Rachid était un ennemi de Nouri Châalan : nous tombions sur lui, avant toute réconciliation. Aussitôt je fis avertir Nacer. Heureusement, Ibn Smeir était absent. Les hommes de sa famille allaient être nos hôtes pour l'instant et Nouri, offrant l'hospitalité, devrait observer les règles.

Ce fut un soulagement car nous possédions déjà dans nos rangs des centaines d'ennemis mortels dont les vendettas étaient simplement suspendues par la paix de Fayçal. L'effort nécessaire pour les maintenir dans le même jeu et employer ceux qui avaient la tête trop chaude dans des sphères différentes, en gardant toujours une balance exacte, afin que notre commandement fut jugé supérieur à toute jalousie, formait un tracas suffisant. La conduite de la guerre en France aurait été plus dure si chaque division, presque chaque brigade de notre armée, avait voué aux autres une haine mortelle et si chaque rencontre imprévue avait été l'occasion de combats. Nous avions réussi à maintenir la paix entre nos hommes pendant deux ans : par bonheur il ne restait plus que quelques jours à y songer.

Nos détachements revinrent de leurs raids nocturnes riches de butin. Ezraa avait été faiblement défendu par Abd-el-Kader l'Algérien entouré de ses partisans, quelques volontaires et des troupes. Dès l'arrivée de Tallal, les volontaires s'étaient joints à lui ; les troupes avaient fui ; les partisans étaient si peu nombreux qu'Abd-el-Kader avait dû quitter la place sans combat. Nos hommes étaient trop alourdis de butin pour le poursuivre.

Aouda arriva plein de vantardise. Il avait pris El Ghazala d'assaut, capturé un train abandonné, des canons et deux cents hommes dont quelques Allemands. Nouri Châalan annonça quatre cents prisonniers avec des mules et des mitrailleuses. Les simples soldats turcs avaient été envoyés dans des villages éloignés comme valets de ferme pour gagner leur entretien.

Un avion anglais vint tourner au-dessus de nous, cherchant à savoir si nous étions l'armée arabe. Young étala des signaux sur le sol et reçut du ciel un message annonçant que la Bulgarie venait de se rendre aux

Alliés. Nous ignorions même qu'il y eût une offensive dans les Balkans. Ainsi la nouvelle resta isolée et comme privée de signification dans notre esprit. Sans nul doute la fin, non seulement de la Grande Guerre mais de notre guerre à nous, était proche. Encore un dur effort et notre épreuve serait terminée. Chacun de nous, libéré, retournerait à ses affaires, oubliant la folie vécue : car pour la plupart d'entre nous c'était la première guerre et nous voyions, à sa fin, le repos et la paix.

Le gros de l'armée était arrivé. Les bosquets se remplirent d'hommes. Chaque détachement choisissait la meilleure place vide, puis dessellait les bêtes sous des figuiers, des palmiers ou des oliviers, d'où les oiseaux fuyaient en nuages peureux traversés de cris innombrables. Nos hommes menaient leurs animaux à la petite rivière qui serpentait à travers des arbustes verts, des fleurs et des arbres fruitiers — tout ce qui nous était devenu étrange en ces années d'errance dans un désert caillouteux.

Les habitants de Cheikh Saad vinrent timidement regarder l'armée de Fayçal, restée si longtemps pour eux un être de légende et maintenant dans leur village, sous la conduite de chefs fameux ou redoutables — Tallal, Nacer, Nouri, Aouda. Nous les regardions, en retour, enviant secrètement leur vie rustique.

Pendant que nos hommes chassaient de leurs jambes la roideur de la selle, je montai, avec cinq ou six compagnons, au sommet des ruines afin de regarder dans la plaine au sud ce qui pouvait nous menacer. À notre grand étonnement, nous aperçûmes, juste au-delà des murs, une faible troupe de réguliers — Turcs, Autrichiens et Allemands, avec huit mitrailleuses sur des animaux de bât. Ils remontaient de Galilée, à marches forcées, vers Damas, après leur défaite par Allenby ; sans espoir, mais sans souci, avançant à leur aise parce qu'ils se croyaient à 50 milles de toute guerre.

Nous ne donnâmes pas l'alarme pour éviter de nouvelles fatigues à nos troupes épuisées. Seul Durzi-ibn-

Doughmi, avec le Kaffadji et quelques autres de la famille, montèrent sans bruit sur leurs chameaux et, d'un sentier étroit, tombèrent sur la petite troupe. Les officiers qui faisaient mine de résister furent tués aussitôt. Les hommes jetèrent bas leurs armes. Cinq minutes plus tard, fouillés et dépouillés, on les poussait comme un morne troupeau le long des rigoles d'arrosage entre les jardins jusqu'à une espèce de fourrière à ciel ouvert qui semblait faire une prison convenable. Cheikh Saad nous payait vite et bien de nos peines.

Loin à l'est apparurent trois ou quatre taches noires qui se déplaçaient vers le nord. Nous lâchâmes sur elles les Haoueitates qui revinrent au bout d'une heure en riant. Chacun d'eux tirait par la bride une mule ou un cheval, pauvres brutes épuisées, blessées, qui montraient clairement dans quelles difficultés se débattait l'armée vaincue. Leurs cavaliers étaient des soldats sans armes fuyant devant l'avance anglaise. Les Haoueitates avaient dédaigné de tels prisonniers. « Nous les avons donnés comme domestiques aux garçons et aux filles des villages », dit Zaal, avec son sourire mince.

La nouvelle nous parvint de l'ouest que de faibles troupes de Turcs se réfugiaient dans les villages pour échapper aux attaques de Chauvel. Nous leur dépêchâmes quelques groupes de Naïms, tribu paysanne qui était venue se joindre à nous la nuit dernière à Cheikh Miskin, sur l'invitation de Nacer. Ils en feraient ce qu'ils pourraient. La levée en masse que nous préparions depuis si longtemps roulait maintenant sa crue par tout le pays, montant à mesure que nos victoires fournissaient des armes à de nouveaux rebelles. Dans quarante-huit heures, nous pourrions avoir 60 000 hommes armés en mouvement.

Nous réglâmes encore quelques bagatelles sur la route de Damas. Soudain, une fumée lourde s'éleva au-dessus de la montagne qui nous cachait Deraa. Un courrier surgit au galop pour avertir Tallal que les Allemands, ayant mis le feu aux avions et aux magasins, se tenaient prêts à évacuer la ville. Un avion anglais laissa tomber un message : les troupes de Barrow approchaient de Remthé ; deux colonnes turques, l'une de 4 000 hommes, l'autre de 2 000, battaient en retraite vers nous de Deraa et de Mezerib respectivement.

Il me parut que ces 6 000 hommes étaient tout ce qui restait de la Quatrième Armée, celle de Deraa, et de la Septième qui avait résisté à l'avance de Barrow. Leur destruction mettrait fin à notre tâche ici. Cependant, tant que nous n'aurions pas de certitude, nous devions garder Cheikh Saad. Je décidai donc de laisser passer la plus grande colonne, celle de 4 000, attachant seulement à ses pas, avec quelques paysans du Nord, Khalid et ses Rouallas pour harceler ses flancs et son arrière-garde.

CHAPITRE CXVII

L'autre groupe de 2 000 hommes, plus proche, semblait aussi mieux à notre taille. Nous leur opposerions la moitié de nos troupes régulières et deux canons de Pisani. Tallal était plein d'angoisse : leur route probable, en effet, leur ferait traverser Tafas, son propre village. Il nous demanda d'aller en hâte en occuper la crête sud. Par malheur, toute « hâte » était bien relative avec des hommes aussi las que les nôtres. Je partis avec mes troupes pour Tafas, comptant me placer en écran au-delà du village pour rompre lentement, sans cesser de combattre, en attendant l'arrivée des autres. À mi-chemin, nous rencontrâmes des cavaliers arabes poussant vers Cheikh Saad un troupeau de prisonniers en loques. Il les chassaient devant eux impitoyablement, comme l'attestaient les dos pâles des misérables, bleus de meurtrissures. Mais je les abandonnai à leur sort, car c'étaient les Turcs du bataillon de police de Deraa dont les iniquités brutales avaient fait si souvent ruisseler de sang et de larmes les visages des paysans d'alentour.

Les Arabes nous dirent que la colonne turque — le régiment des lanciers de Djémal Pacha — entrait déjà dans Tafas. Quand le village apparut, nous vîmes en effet qu'il avait été pris : un coup de feu y éclatait encore de temps à autre, et les troupes étaient arrêtées aux environs. De faibles colonnes de fumée montaient entre les maisons. Sur la pente devers nous, un groupe de rescapés, vieillards, enfants et femmes, dans les chardons jusqu'aux genoux, nous fit le terrible récit de l'assaut une heure auparavant.

Nous restâmes aux aguets : bientôt l'ennemi quitta son terrain de rassemblement derrière les maisons. Il marchait en bon ordre vers Miskin, les lanciers en avant et en arrière, quelques unités composites d'infanterie en colonne avec des mitrailleuses sur les flancs, les canons et les bagages au centre. Nous ouvrîmes le feu sur la tête de la colonne lorsqu'elle dépassa les maisons. En réponse, ils pointèrent sur nous deux pièces de campagne. Comme d'ordinaire, leur tir était trop long et les shrapnells nous passèrent sans danger au-dessus de la tête.

Nouri survint avec Pisani. Devant les troupes marchaient Aouda Abou Tayi, en attente, et Tallal presque fou au récit des atrocités que ne cessaient de lui rapporter les survivants de son village. Les derniers Turcs s'en échappaient. Nous nous glissâmes derrière eux pour mettre un terme à l'anxiété de Tallal, tandis que notre infanterie prenait position et arrosait l'ennemi du feu de ses Hotchkiss ; Pisani fit avancer sa demi-batterie, et les obus français à explosif puissant jetèrent le désordre dans l'arrière-garde turque.

Le village gardait une immobilité de mort, sous ses guirlandes de fumées blanches. Nous avançâmes prudemment. Des amas grisâtres, qui semblaient se cacher dans l'herbe haute, embrassaient le sol de l'étroit embrassement des cadavres. Notre regard se détourna d'eux : ils étaient morts. Mais d'un des amas se détacha une petite chose trébuchante, comme pour nous échapper. C'était une enfant de trois à quatre ans dont la robe sale était tachée sur l'épaule : le sang coulait d'une large blessure — sans doute un coup de lance — juste à la naissance du cou.

L'enfant fit quelques pas en courant puis s'arrêta et cria avec une force étonnante (tout était silence alentour) : « Ne me frappe pas, Baba. » Abd-el-Aziz, étouffant un sanglot — c'était son village et l'enfant pouvait être de sa famille — sauta de son chameau et roula à genoux dans l'herbe. Ce mouvement épouvanta l'enfant qui, levant les bras au ciel, essaya de hurler ; mais elle s'écroula en un tas minuscule, tandis que le sang jaillissait de sa blessure ; puis, je pense, elle mourut.

Nous marchâmes le long d'autres corps — hommes, femmes, et quatre bébés, souillés apparemment — vers le village dont le silence, nous le savions maintenant, signifiait horreur et mort. À l'entrée, sur des murs bas de pisé (un parc à bestiaux) je vis quelque chose de rouge et de blanc. De près, c'était un corps de femme, plié en travers du mur sur le ventre, cloué là par une baïonnette dont la poignée émergeait hideusement entre ses jambes nues. Elle était enceinte. Autour d'elle j'en trouvai d'autres, peut-être vingt, tuées de façons variées, mais toujours présentées avec un goût obscène.

Zaagi fit éclater un rire sauvage, rendu plus sinistre encore par le tiède soleil et l'air transparent de cet après-midi montagnard. Je dis : « Le meilleur d'entre vous m'apportera le plus de cadavres turcs », et nous tournâmes notre fureur sur l'ennemi qui s'échappait, tuant au passage ceux qui, tombés au bord de la route, venaient implorer notre pitié. Un Turc blessé, à demi nu, incapable de se tenir debout, s'assit et tendit vers nous un visage ruisselant de larmes. Abdullah détourna son chameau, mais Zaagi, avec des jurons, traversa la route et décocha trois balles de son pistolet automatique dans la poitrine nue. Le sang jaillit selon les pulsations du cœur — hop, hop, hop — de plus en plus lentement.

Tallal avait vu comme nous. Poussant un gémissement

de bête blessée, il grimpa sur un monticule et s'y tint un instant immobile, raide sur sa jument, le corps secoué de frissons, le regard fixé sur les Turcs. Je m'avançai pour lui parler, mais Aouda saisit la bride de ma bête et m'arrêta. Très lentement Tallal tira son voile sur son visage ; tout à coup il parut se ressaisir, plongea ses éperons dans les flancs de sa monture et partit ventre à terre, courbé et tanguant sur sa selle, droit vers les troupes ennemies.

La distance était longue à couvrir : une pente douce, puis un creux. Nous demeurâmes pétrifiés, tandis qu'il se ruait, dans un roulement de sabots d'une intensité surnaturelle : car nous avions cessé le feu et l'ennemi avait fait halte. Les deux armées attendaient. Tallal galopait toujours, oscillant dans le crépuscule et le silence. À quelques longueurs des Turcs, il se dressa et poussa son cri de guerre : « Tallal, Tallal », deux fois, en une clameur prodigieuse. Aussitôt fusils et mitrailleuses crépitèrent ; Tallal et sa jument, troués par des centaines de balles, vinrent mourir sur la pointe des lances.

Le visage d'Aouda était inflexible et très froid. « Dieu les prenne en sa miséricorde » dit-il. « Nous leur ferons payer son prix. » Il secoua la rêne et avança lentement vers les Turcs. Les paysans se rassemblèrent à notre appel, ivres de peur et de sang, nous les envoyâmes de part et d'autre de la colonne en retraite. Le vieux lion de bataille s'éveillait dans le cœur d'Aouda : il devenait, par droit naturel et fatal, notre chef. D'une manœuvre habile il entraîna l'ennemi sur un mauvais terrain et coupa sa colonne en trois.

Le dernier groupe, le plus faible, était surtout composé de mitrailleurs allemands et autrichiens groupés autour de trois autos blindées, avec une poignée d'officiers et d'hommes à cheval. Ils se battirent magnifiquement, repoussant tous nos assauts malgré leur violence. Les Arabes attaquaient comme des démons, aveuglés de sueur, la gorge brûlée de poussière. La flamme de cruauté et de vengeance qui brûlait dans leur corps les tordait à tel point que leurs mains pouvaient à peine manier leurs armes. Par mon ordre, et la seule fois dans cette guerre, on ne fit pas de prisonniers.

À la fin, nous abandonnâmes ce groupe énergique afin de poursuivre les deux autres plus rapides. Ils étaient en pleine déroute ; au coucher du soleil il n'en restait plus rien que de menus fragments gagnant seulement du terrain au prix de pertes terribles. Des flots de paysans s'étaient joints à nous. Au début ils étaient cinq ou six pour une arme. Puis, l'un gagnait une baïonnette, l'autre un sabre, l'autre un pistolet. Une heure plus tard ceux qui étaient venus à pied grimpaient sur un âne. Enfin tout le monde eut son cheval et son fusil. Le soir les chevaux étaient chargés de dépouilles et la plaine parsemée de morts, hommes et bêtes. Saisis d'une folie que l'horreur de Tafas avait fait naître, nous tuions sans arrêt, donnant le coup de grâce à tout ce qui était à terre : comme si leur mort et leur sang pouvaient éteindre notre souffrance.

Seul un groupe d'Arabes, qui n'avait pas reçu nos ordres, fit prisonnier les deux cents hommes qui restaient du groupe central. Leur répit fut bref. J'étais venu me renseigner, assez disposé à laisser vivre ces hommes comme témoins de ce qu'avait coûté Tallal. Mais un blessé gisant sur le sol cria quelque chose aux Arabes, qui, le visage blême, me conduisirent auprès de lui. C'était l'un d'entre nous — la cuisse déchiquetée. Le sang avait fait une mare par terre ; il mourait vidé. Mais même dans cet état on ne l'avait pas épargné. À la mode du jour, il avait été cloué au sol comme un insecte par des baïonnettes dans l'épaule et la jambe intactes.

Il gardait toute sa lucidité. Quand nous dîmes : « Hassan, qui a fait cela ? » il tourna les yeux vers les prisonniers blottis désespérément les uns contre les autres. Ils ne dirent rien quand on ouvrit le feu. À la fin, leur tas cessa de bouger ; Hassan était mort. Je remontai en selle et retournai chez moi (chez moi — c'était mon tapis à trois où quatre heures de là, à Cheikh Saad) dans le soir, si froid maintenant que le soleil avait disparu.

Blessures, souffrances, fatigue — rien ne put détourner ma pensée de Tallal — Tallal, le chef splendide, le beau cavalier, le compagnon de route courtois et fort; et au bout d'un instant je fis amener mon autre chamelle et partis avec un de mes gardes rejoindre les hommes qui donnaient la chasse à la grande colonne de Deraa.

Il faisait très sombre. Le vent passait en grandes rafales du sud et de l'est. Seuls le bruit des détonations qu'il nous jetait et quelques éclairs de canons nous guidèrent vers la bataille. Chaque champ, chaque creux avait ses Turcs, trébuchant à l'aveuglette vers le nord. Nos hommes s'accrochaient toujours à eux. La nuit les avait rendus plus hardis et ils se lançaient maintenant dans le corps à corps. Chaque village effleuré par la bataille reprenait le travail pour son compte. Le vent noir, glacial, roulait sauvagement les coups de feu, les cris, les salves, les galops de petits groupes rués les uns contre les autres.

Au coucher du soleil l'ennemi avait essayé de camper, mais Khalid l'avait harassé, contraint de reprendre sa route. Les uns partaient, d'autres s'arrêtaient. Beaucoup tombèrent de fatigue sur les pistes. Ils avaient perdu tout ordre, toute cohérence, fuyaient à la dérive dans la tempête par petits paquets perdus, prêts à tirer et à s'enfuir au moindre contact avec un autre groupe, ennemi ou non. Les Arabes étaient aussi dispersés et presque aussi incertains.

Les seules exceptions furent les groupes allemands. Ici, pour la première fois, je me sentis fier des ennemis qui avaient tué mes frères. Ils étaient à trois mille kilomètres de chez eux, sans espoir et sans guide, dans des conditions assez atroces pour briser les nerfs des plus braves. Pourtant leurs sections faisaient bloc et, fermement alignées, fendaient la débâcle arabe et turque comme des vaisseaux de guerre, visages hauts, sans une parole. Attaqués, ils faisaient halte, se mettaient en position et tiraient au commandement. Aucune hâte, pas de cris, pas d'hésitations. Il étaient superbes.

À la fin, retrouvant Khalid, je lui demandai de rassembler ses Rouallas et de laisser ce travail au temps et aux paysans. Une tâche plus dure peut-être nous appelait au Sud. Au crépuscule le bruit avait couru dans notre armée que Deraa était vide et que Trad, frère de Khalid, avec une bonne moitié des Anazehs, s'y était rendu en reconnaissance. Je craignais pour lui un revers : il y avait sûrement encore des Turcs dans la place et d'autres devaient lutter pour l'atteindre, sur la ligne et par les collines d'Irbid. À moins que Barrow (que nos derniers rapports signalaient comme retardé devant Remthé), n'eût perdu contact avec l'ennemi, une arrière-garde devait suivre.

Je demandai à Khalid d'aller soutenir son frère. Après, avoir passé une heure ou deux à crier ses ordres dans le vent, il finit par rassembler quelques centaines de cavaliers ou de méharistes. Sur la route de Deraa il chargea et défit plusieurs détachements turcs à la lumière des étoiles ; à Deraa il trouva Trad sain et sauf et maître des lieux. Dans les dernières lueurs du crépuscule, il avait pris d'assaut la gare, bondissant au galop par-dessus les tranchées et anéantissant les rares éléments turcs qui essayaient encore d'opposer quelque résistance.

Avec l'aide des indigènes locaux, les Rouallas pillèrent le camp et surtout les magasins ; ces derniers étaient bourrés de butin, mais en flammes, et les toitures risquaient à chaque instant de s'écrouler sur la tête des pillards. Mais c'était là une de ces nuits où les hommes deviennent fous, où la mort paraît impossible quel que soit le nombre des mourants à droite et à gauche, et où la vie d'autrui n'est plus qu'un jouet qu'on brise et rejette.

Cheikh Saad passa une mauvaise nuit, traversée d'alertes, de cris, de coups de feu, de hordes paysannes qui menaçaient d'ajouter le massacre des prisonniers au prix de Tallal et de son village. Les cheikhs ayant quelque autorité étaient loin, à la poursuite des Turcs; leur absence et celle de leur partisans privait le camp arabe de chefs expérimentés ainsi que d'yeux et d'oreilles. Les vendettas endormies jusque-là s'étaient réveillées dans les fureurs sanguinaires de l'après-midi; Nacer, Nouri Saïd, Young et Winterton n'avaient pas trop de tous leurs nerfs pour maintenir la paix.

Entrant dans le village après minuit, j'y trouvai les messagers de Trad qui arrivaient à peine de Deraa. Nacer partit pour l'y rejoindre. J'avais eu l'intention de dormir, car c'était ma quatrième nuit passée en selle, mais mon esprit refusait de me laisser sentir la fatigue de mon corps : vers 2 heures du matin je montai sur une troisième chamelle et m'en fus en pataugeant dans l'ombre vers Deraa, à nouveau sur la piste de Tafas, contre le vent qui soufflait du village sombre.

Nouri Saïd et son État-Major suivaient la même route, en avant de leur infanterie montée, et nos deux groupes chevauchèrent ensemble jusqu'au demi-jour. Puis mon impatience et le froid ne me permirent plus de garder le pas d'un cheval. Je lâchai la bride à ma chamelle — l'immense et rétive Baha — qui allongea aussitôt ses foulées, fatiguant mon escorte, pendant des milles et des milles, d'une allure aussi régulière qu'un va-et-vient de piston. Ainsi, lorsque je touchai Deraa, dans la pleine clarté de l'aube, j'étais tout à fait seul.

Nacer, à l'hôtel de ville, nommait un gouverneur militaire, organisait une police et faisait fouiller la place. Je complétai ses idées en faisant garder les pompes, les hangars des machines et ce qui restait des ateliers ou des magasins. Puis en une causerie d'une heure, j'exposai devant tous le programme que la situation allait exiger des Arabes, s'ils ne voulaient pas lâcher prise. Le pauvre Nacer me regardait avec ahurissement.

Je demandai des nouvelles du général Barrow. Un cavalier arrivant de l'Ouest me déclara que les Anglais se déployaient pour attaquer la ville : ils venaient juste de tirer sur lui. Pour prévenir de tels accidents je partis avec Zaagi sur les pentes du Boueib. Un fort détachement de mitrailleurs indiens, posté au sommet, essaya ses armes sur nous, fier d'objectifs si magnifiquement vêtus. Par bonheur un officier se montra avec quelques soldats et je pus ainsi m'expliquer. Ils étaient bien en train d'effectuer contre Deraa une manœuvre enveloppante et nous vîmes soudain leurs aéroplanes bombarder le malheureux Nouri Saïd au moment où il pénétrait dans la gare. S'il ne s'était pas laissé distancer par ma chamelle sur la route de Cheikh Saad, cela ne lui serait pas arrivé. Pour mettre un terme à ce châtiment, toutefois, je me hâtai de rejoindre le général Barrow qui inspectait en auto ses avant-postes.

Je lui dis que nous avions passé la nuit dans la ville : les coups de feu qu'il entendait étaient des salves de réjouissance. Il le prit sèchement avec moi. Mais j'avais peu de pitié pour un homme qui venait de passer un jour et une nuit à abreuver ses bêtes aux puits avares de Remthé quand sa carte lui montrait le lac et la rivière de Mezerib en face, précisément sur la route où il laissait échapper l'ennemi. En tout cas, me dit-il, il avait reçu l'ordre d'aller à Deraa, et à Deraa il irait.

Il me demanda de marcher à côté de lui : mais ses chevaux détestaient mon chameau, de sorte que tout l'État-Major dut bientôt trotter au ras du fossé, tandis que je tenais froidement le milieu de la route. Barrow dit qu'il devait poster des sentinelles dans le village pour maintenir l'ordre dans la populace. J'expliquai doucement que les Arabes venaient d'installer leur gouverneur militaire. Devant les puits, il déclara que ses sapeurs allaient inspecter les pompes. Je répondis que leur aide serait toujours la bienvenue : nous étions en train de chauffer les chaudières et dans une heure nous espérions fournir de l'eau à ses chevaux. Il grogna que nous avions l'air d'être chez nous : il se chargerait donc seulement de la gare. Je lui montrai du doigt une locomotive qui filait vers Mezerib (où notre petit cheikh avait empêché les Turcs de faire sauter le pont de Tell-el-Chehab devenu propriété arabe) et priai le général de donner des instructions à ses sentinelles afin qu'elles ne vinssent pas s'immiscer dans le fonctionnement normal de notre chemin de fer.

Il n'avait pas reçu d'ordres sur l'attitude à prendre envers les Arabes. Clayton nous avait rendu ce service : nous mériterions, avait-il pensé, ce que nous pourrions exiger. Barrow, donc, arrivant avec l'idée de nous traiter en population conquise, pouvait bien être abasourdi de ma calme assurance à le recevoir comme un hôte : mais il n'avait pas le choix et devait s'incliner. Mon cerveau fonctionnait à pleine vitesse pendant ces minutes : je voulais éviter ces premiers pas fatals par lesquels nos Anglais sans imagination, avec la meilleure volonté du monde, commencent par ôter aux indigènes, qui y consentent volontiers, le poids de toute responsabilité, créant ainsi une situation de fait qui exige ensuite, pour être corrigée, des années d'agitation, de réformes et d'émeutes.

J'avais étudié mon Barrow ; j'étais prêt. Des années auparavant, il avait publié certaine profession de foi où il faisait de la Peur le principal mobile des actions humaines, en paix comme en guerre. Je voyais dans la peur, pour ma part, un motif mesquin et surestimé ; stimulant sans doute, mais poison aussi, dont chaque injection ruinait un peu plus l'organisme auquel on l'appliquait. Je ne pouvais rien avoir de commun avec cette croyance pédantesque qui mène les hommes au ciel en les épouvantant. Le mieux était que Barrow et moi nous séparions tout de suite. Instinctivement j'ai toujours provoqué l'inévitable. C'est pourquoi je gardais l'échine très roide et la tête très haute.

Barrow se rendit en me demandant de lui trouver des fourrages et des vivres. En vérité nous fûmes bientôt les meilleurs amis du monde. En arrivant sur la place, je lui montrai le petit drapeau de soie de Nacer qui flottait au balcon roussi de la Préfecture, au-dessus d'une sentinelle bâillante. Barrow se redressa et salua avec raideur : un frisson de plaisir parcourut la foule des officiers et des soldats arabes.

En revanche nous fîmes l'impossible pour maintenir cet orgueil national dans les bornes des nécessités politiques. Nous gravâmes dans la tête des Arabes que ces soldats hindous étaient nos hôtes, qu'on devait leur permettre de faire — que dis-je ? — les aider à faire tout ce qu'ils désiraient. Cet enseignement eut des résultats inattendus. Toutes les poules disparurent bientôt du village et trois sowars hindous emportèrent le drapeau de Nacer, séduits par les franges d'argent et la lance de sa hampe de fantaisie. Le contraste ainsi marqué entre le général anglais qui salue et le soldat indien qui chaparde vint satisfaire heureusement le préjugé de race que les Arabes nourrissent à l'égard des Indiens.

Cependant nous prenions partout des hommes et des canons. Nos prisonniers se comptaient par milliers. Nous en passâmes quelques-uns aux Anglais qui les recomptèrent; mais la plupart furent mis, hors de compte, en pension dans les villages. Azrag connut bientôt tous les détails de notre victoire : Fayçal entra dans Deraa le lendemain, notre file d'autos blindées derrière sa Vaux-hall. Il s'installa dans la gare. Je vins faire mon rapport de régisseur; lorsque j'en eus terminé le récit, toute la pièce parut agitée d'un doux tremblement de terre.

CHAPITRE CXVIII

Barrow ayant reçu son eau, son fourrage et ses vivres, devait maintenant rejoindre Chauvel près de Damas pour faire dans la ville une entrée commune. Il nous demanda d'occuper le flanc droit, ce qui me convenait à merveille, car là, le long de la ligne du Hedjaz, était Nacer, accroché au gros des troupes turques en retraite en les décimant par des attaques perpétuelles de jour et de nuit. Comme j'avais encore beaucoup à faire, je résolus de passer une nuit de plus à Deraa et de savourer sa tranquillité après le départ des troupes. Car la gare était à la limite du désert, et les Indiens campés autour m'avaient irrité par leur incongruité. L'essence du désert est l'individu errant et solitaire, le fils de la route, aussi séparé du monde que dans une tombe. Ces soldats en troupeaux, comme de lents moutons, ne paraissaient pas dignes du privilège de l'espace.

Mon esprit trouvait dans les simples soldats indiens quelque chose de chétif et d'étriqué ; l'air de se juger eux-mêmes mesquins ; presque une servitude soigneusement estimée, entretenue, bien loin de la salubre roideur des Bédouins. L'attitude des officiers anglais envers leurs hommes horrifia mes gardes qui ignoraient encore l'inégalité personnelle.

J'avais ressenti là l'iniquité humaine : et je haïssais tant Deraa que j'avais passé toutes les nuits au milieu de mes hommes, sur le vieil aérodrome. Près des hangars brûlés, mes gardes, aussi capricieux que la surface de la mer, se chamaillaient à leur habitude ; là, pour la dernière fois, cette nuit, Abdullah m'apporta du riz dans le plat d'argent. Après le dîner j'essayai de pousser ma pensée plus loin dans le vide ; mais mon esprit était comme un grand trou, et la rafale du succès soufflait mes rêves comme des chandelles. Devant nous se dressait notre but, trop tangible, mais derrière gisait l'effort de deux années, avec ses misères oubliées ou exaltées. Des noms me sonnaient par la tête, dont chacun était en imagination un superlatif : Roum la magnifique, la brillante Petra, Azrag la lointaine, Batra l'immaculée. Pourtant les hommes avaient changé. La mort avait emporté les plus nobles et la stridence neuve de ceux qui restaient me choquait.

Le sommeil refusa de venir. Avant l'aube, donc, j'éveillai Stirling et mes conducteurs, et, grimpant tous quatre dans le « Brouillard Bleu », notre Rolls, nous partîmes pour Damas sur la route sale, défoncée d'abord puis bloquée par les convois et l'arrière-garde de la division Barrow. Nous coupâmes à travers champs jusqu'au chemin de fer français dont le vieux ballast nous fournit une route raboteuse, mais libre. Le conducteur mit tous les gaz. À midi nous aperçûmes le fanion de Barrow au bord d'une rivière où il abreuvait ses chevaux. Ma garde du corps était proche. Je pris donc mon chameau et m'en fus trouver le général. Comme tous les cavaliers convaincus, il méprisait un peu les chameaux : d'où sa remarque, faite à Deraa, que nous pourrions difficilement tenir pied à sa cavalerie qui gagnerait Damas en trois étapes forcées.

En me voyant sur ma monture fraîche, il montra donc quelque étonnement. Quand avions-nous quitté Deraa ? « Ce matin. » Son visage s'allongea. « Où ferez-vous halte ce soir ? — À Damas », dis-je gaiement, et je filai, avec un ennemi de plus. Je ne me jouais pas de lui sans remords car il était généreux pour mes demandes. Mais l'enjeu était haut, invisible même pour lui et je me souciais peu de ce qu'il penserait de moi si nous gagnions.

Je revins vers Stirling et nous repartîmes sur notre voiture. À chaque village, nous laissions, pour les éclaireurs anglais, des notes leur indiquant où nous étions et à quelle distance se trouvait l'ennemi. La prudence de Barrow nous donnait les fourmis, à Stirling comme à moi-même : des éclaireurs éclairant les vallées vides, des sections couronnant les hauteurs désertes, tout un écran de protection dans un pays ami. Là éclatait toute la différence entre la certitude de nos mouvements et les procédés tâtonnants de la guerre normale.

Aucune difficulté ne pouvait survenir avant Kisoué, où nous devions rencontrer Chauvel et où la ligne du Hedjaz se rapprochait de notre route. Sur la ligne même étaient Nacer, Nouri Châalan et Aouda avec les tribus, harcelant cette colonne de 4 000 Turcs (en vérité beaucoup plus près de 7 000) signalée par notre aéroplane près de Cheikh Saad trois jours auparavant — trois jours bien occupés pendant lesquels, si nous nous reposions, ils n'avaient cessé de se battre.

En approchant d'eux nous entendîmes la fusillade; des shrapnells éclatèrent derrière la crête à droite qui nous masquait le chemin de fer. Bientôt apparut la tête de la colonne turque, environ 2 000 hommes, en groupes haillonneux, qui s'arrêtaient de temps à autre pour tirer leurs canons de montagne. Nous filâmes pour rattraper leurs poursuivants, notre grande Rolls très bleue sur la route découverte. Quelques cavaliers arabes lâchèrent les Turcs pour galoper vers nous, sans ménager leurs montures empêtrées dans les fossés d'irrigation. Je reconnus Nacer sur son étalon bai, magnifique animal encore plein d'allant après cent soixante kilomètres de combat au galop; puis le vieux Nouri Châalan, et environ une trentaine de leurs domestiques. Ils nous dirent que la maigre colonne turque était tout ce qu'il restait des 7 000 ennemis. Tandis que les Rouallas s'accrochaient désespérément à leurs flancs, Aouda Abou Tayi venait de galoper derrière le Djébel Mania, rassembler les Ould Alis ses amis, et dresser là une embuscade pour la colonne qu'ils espéraient y pousser par-dessus la colline. Notre apparition annonçait elle enfin du secours?

Je leur dis que les Anglais, en force, arrivaient derrière. Si seulement ils pouvaient retarder l'ennemi une heure... Nacer regarda en face de lui, aperçut une ferme entourée de bois et de murs qui barrait la vallée. Il appela Nouri Châalan et tous deux se hâtèrent d'aller prendre position pour arrêter les Turcs.

Nous retournâmes en hâte de trois milles, jusqu'à la cavalerie indienne, avant-garde des troupes anglaises, et je dis à son vieux et morne colonel quel cadeau nous faisaient les Arabes. Il parut fâché de devoir rompre l'ordre magnifique de ses rangs, mais finit par détacher un escadron qui partit avec lenteur à travers la plaine. Les Turcs tournèrent leurs petits canons de leur côté. Un ou deux obus éclatèrent presque au milieu des rangs. Alors, à notre horreur (car Nacer, escomptant une aide immédiate, s'était mis dans une position des plus dangereuses) le colonel ordonna de battre en retraite et se replia rapidement vers la route. Stirling et moi, fous furieux, nous nous ruâmes sur lui, le suppliant de ne pas avoir peur de canons de montagne pas plus lourds que des pistolets à fusées. Ni amabilité ni rage ne firent bouger le vieux d'un pouce. Une troisième fois, nous repartîmes sur la route à la recherche de quelque autorité plus haute.

Un officier d'État-Major nous dit que le général Grégory était par là. Nous le couvrîmes de bénédictions. L'orgueil militaire de Stirling était si cruellement blessé qu'il pleurait presque. On fourra l'aide de camp dans la voiture et l'on découvrit son général à qui nous prêtâmes la Rolls pour que le chef de brigade fit porter sans retard des ordres à la cavalerie. Un cavalier partit ventre à terre chercher l'artillerie attelée qui ouvrit le feu juste au moment où les dernières lueurs du jour grimpaient les pentes et s'envolaient des sommets pour se réfugier dans les nuages. La Yeomanry du Middlesex apparut et fut poussée au milieu des Arabes pour charger l'arrière-garde turque. Avant la tombée de la nuit nous pûmes voir l'ennemi se débander, abandonner canons, transports, bagages, et fuir en hâte par le col vers les deux pics de Mania et ce qu'il croyait être, au-delà, la campagne vide.

Mais dans la campagne vide se tenait Aouda. Toute la nuit, pour sa dernière bataille, le vieux guerrier tua, tua, pilla captura, jusqu'au moment où l'aube vint lui montrer la fin de sa besogne. Là disparut la Quatrième Armée, notre pierre d'achoppement pendant deux années.

L'heureuse vigueur de Grégory nous donna du courage pour affronter Nacer. Nous roulâmes vers Kisoué où nous avions promis de le rencontrer avant minuit. Derrière nous venait le gros des troupes indiennes. Nous cherchâmes un endroit tranquille, mais déjà il y avait des milliers d'hommes partout.

Les courants et les contre-courants de tant d'hommes

et de tant de pensées m'emportèrent deçà delà, sans répit, dans l'agitation commune. Nul ne pouvait voir, dans la nuit, la couleur de ma peau : je pouvais marcher à ma guise, Arabe sans importance. Ainsi, perdu parmi les hommes de ma race et coupé d'eux, je me sentis étrangement seul. Dans les hommes de nos autos blindées je ne voyais pas des soldats mais des individus distincts, à cause de leur petit nombre et de notre longue camaraderie. D'ailleurs ils étaient bien des individus usés, modelés, raffinés par ces mois d'exposition aux flammes du soleil et aux brutalités du vent. Dans la cohue de cette soldatesque, Britanniques, Australiens, Indiens, ils se sentaient aussi étrangers et timides que moi-même. Ils s'en distinguaient d'ailleurs par leur crasse : leurs vêtements qu'ils n'avaient plus quittés depuis des semaines, moulés sur eux par la sueur et l'usure, étaient devenus moins une enveloppe qu'un tégument.

Mais les autres, ceux de la foule, étaient de vrais soldats — étrange nouveauté après deux ans de guérilla. Il me vint à l'esprit que le secret de l'uniforme était précisément de créer cette foule massive, digne, impersonnelle ; de lui donner l'unité et la roideur d'un individu bien planté. La livrée de la mort, isolant de la vie ordinaire ceux qui la vêtent, témoigne qu'ils ont vendu à l'État leurs volontés et leurs corps, et accepté par contrat une servitude qui, pour être volontaire au début, n'en est pas moins abjecte. Quelques-uns de ces hommes avaient obéi à un instinct d'évasion ; d'autres avaient faim ; d'autres recherchaient la gloire et le pittoresque imaginé d'une vie militaire ; mais seuls recevaient satisfaction ceux qui avaient cherché à se dégrader eux-mêmes ; car, aux yeux de l'homme de paix, ils étaient au-dessous de l'humanité. Seules quelques femmes lubriques peuvent être séduites par ces habits accusateurs ; la paie du soldat, non pas moyen de vivre comme la paie du travailleur, mais argent de poche, est sans doute le plus profitablement dépensée quand elle lui permet de boire et d'oublier, de temps à autre.

Les forçats cèdent à la force. Les esclaves, s'ils le pouvaient, seraient libres. Mais le soldat donne à son propriétaire, vingt-quatre heures par jour, l'usage de son corps et la conduite exclusive de son esprit et de ses passions. Un forçat a licence de détester la loi qui l'enchaîne, voire même l'humanité entière hors de sa geôle, s'il a faim de haïr. Mais le soldat qui boude est un mauvais soldat ; il n'est même pas un soldat du tout. Ses sentiments ne doivent être que des pions mercenaires sur l'échiquier du roi.

Étrange pouvoir de la guerre qui nous faisait à tous un devoir de nous avilir. Ces Australiens qui me poussaient familièrement de l'épaule avaient dépouillé la moitié de la civilisation avec leurs habits civils. Ils dominaient ce soir, trop sûrs d'eux-mêmes pour prendre garde. Et cependant — tandis qu'ils balançaient négligemment leurs corps rapides, hommes tout en courbes, sans une ligne droite, mais avec des yeux désillusionnés et vieux —, je les sentais chatouilleux, creux, instinctifs ; toujours au seuil de grandes choses ; avec la souplesse inquiétante de lames à moitié tirées du fourreau. Inquiétante : non pas terrible.

Les Anglais, eux, n'étaient pas instinctifs ni libres d'allure comme les Australiens ; ils gardaient avec soin une bonne tenue aux regards lents, presque moutonnière. Tirés à quatre épingles, silencieux, ils s'en allaient timidement par paires. Les Australiens s'arrêtaient en groupes ou marchaient seuls. Les Anglais s'accrochaient deux à deux, dans cette amitié de célibataires qui exprimait précisément l'égalité du rang, l'identité de leur uniforme. Ils appelaient cela « se serrer les coudes » : désir du temps de guerre qui veut garder entre quatre oreilles les pensées assez profondes pour blesser.

Autour de nos soldats allaient et venaient les Arabes : hommes d'une autre sphère, avec leur regard grave. Mon devoir tortueux m'avait exilé deux ans chez eux.

Aujourd'hui, j'étais plus près d'eux que des miens et j'en étais blessé comme d'une honte. Ce contraste, indiscrètement violent, se mêlait au mal du pays pour aiguiser mes facultés et multiplier mon dégoût. J'en vins, après avoir vu la différence de races et entendu la différence de langages, à discerner les deux odeurs : la lourde aigreur, solide, caillée, de la sueur séchée dans le coton, au-dessus des foules arabes ; et l'odeur sauvage des soldats anglais : aura chaude et pisseuse d'hommes engoncés dans leurs lainages, relent qui vous prend à la gorge, piquant ammoniacal, brûlante fermentation de naphte.

CHAPITRE CXIX

Notre guerre était finie. Pourtant nous couchâmes cette nuit à Kisoué : de l'avis des Arabes, en effet, les routes n'étaient pas sûres et nous n'avions aucune envie de mourir stupidement, dans le noir, aux portes de Damas. Les Australiens sportifs voyaient dans notre manœuvre une course en ligne droite, avec Damas comme poteau. Mais, en réalité, nous étions tous sous les ordres d'Allenby maintenant, et la victoire n'était que le fruit logique de son génie et du labeur de Bartholomew.

Leur plan tactique avait congrûment placé les Australiens au nord et à l'ouest de Damas, en travers des voies ferrées, avant l'entrée dans la ville de la colonne Sud ; et nous, les chefs arabes, avions attendu les Anglais plus lents en partie parce qu'Allenby n'avait jamais mis en doute notre exécution des ordres. Son pouvoir était dans cette calme admission qu'on lui obéirait aussi complètement qu'il faisait confiance.

Il espérait que nous assisterions à l'entrée dans la ville d'abord parce qu'il savait ce que Damas représentait aux yeux des Arabes — beaucoup plus qu'un simple trophée ; ensuite pour des raisons de prudence. Le Mouvement de Fayçal faisait, du pays ennemi, un pays ami pour les Alliés : grâce à lui, les convois pouvaient aller sans escorte, les villes étaient administrées sans garnison. Pendant qu'ils encerclaient Damas, les Australiens pouvaient être forçés d'y entrer malgré les ordres. Que quelqu'un résistât, tout l'avenir serait gâché. On nous donna donc une nuit pour préparer les Damascènes à recevoir les Britanniques comme leurs alliés.

Ceci était une révolution en conduite, sinon en opinion. Mais le comité de Fayçal, dans Damas, était prêt depuis des mois à saisir les rênes lorsque les Turcs s'écrouleraient. Il nous suffisait d'entrer en contact avec lui, de le renseigner sur les mouvements alliés et lui dire ce qu'on attendait de lui. Aussi, dès que l'ombre tomba, Nacer envoya dans la ville des cavaliers rouallas annoncer à Ali Riza, président de notre Comité, ou à Choukri-el-Ayoubi, son adjoint, que des secours seraient à leur disposition le lendemain matin s'ils formaient un gouvernement ce soir. En fait, ils y avaient déjà pourvu à 4 heures de l'après-midi, avant de recevoir notre avis. Ali Riza lui-même était absent, nommé au dernier moment par les Turcs à la tête de leur armée qui se retirait de Galilée devant Chauvel. Mais Choukri avait trouvé un support inattendu chez les deux frères algériens Mohammed Saïd et Abd-el-Kader. Avec l'aide de leurs partisans, le drapeau arabe flottait sur l'hôtel de ville avant le coucher du soleil, au moment où défilaient les dernières troupes allemandes et turques. On dit que le général de l'arrière-garde le salua ironiquement.

Je dissuadai Nacer d'entrer dans la ville. La situation serait confuse toute la nuit ; il convenait mieux à sa dignité d'entrer sereinement à l'aube. Lui et Nouri Châalan saisirent au passage le second groupe de chameliers rouallas partis avec moi de Deraa le matin même, et les envoyèrent tous dans Damas pour soutenir les cheikhs rouallas. Ainsi, à minuit, quand nous allâmes nous coucher, nous avions trois mille hommes armés dans la ville.

Je voulais dormir, car mon travail commencerait le

lendemain; mais je ne pus pas. Damas était le moment culminant de deux années d'incertitude; dans mon esprit tourbillonnaient toutes les bribes d'idées cent fois reprises et rejetées pendant ce laps de temps. D'ailleurs j'étouffais dans cette atmosphère de Kisoué, surchargée des exhalaisons de trop d'arbres, de trop de plantes, de trop d'êtres humains : résumé minuscule du monde bourré qui nous attendait.

Les Allemands, avant de quitter Damas, mirent le feu à leurs dépôts de munitions. Toutes les cinq minutes nous avions les oreilles déchirées d'explosions dont le premier sursaut blanchissait le ciel de flammes. À chacun de ces grondements la terre paraissait trembler; et chaque fois nous levions les yeux vers le nord pour voir le ciel pâle se hérisser soudain de gerbes jaunes lorsque les obus, projetés à des hauteurs terrifiantes par l'explosion d'un magasin, explosaient à leur tour en grappes de fusées. Me tournant vers Stirling, je murmurai : « Damas brûle » — malade de penser à cette grande ville réduite en cendres pour prix de sa liberté.

Quand l'aube pointa, nous roulâmes en voiture jusqu'à la tête du pont dominant l'oasis de la ville, sans oser, longtemps, regarder au nord de peur d'y voir les ruines que nous attendions. Mais non ! Dans les jardins silencieux, d'un vert que brouillait la brume du fleuve, restait sertie la cité frissonnante, plus belle que jamais, comme une perle dans le soleil levant. Les grondements de la nuit s'étaient tus : seule une colonne de fumée, épaisse et haute, dressait sa noirceur triste au-dessus des magasins de Kadem, terminus de la ligne du Hedjaz.

Notre voiture descendit la route aux bordures rectilignes, à travers les champs arrosés où les paysans commençaient leur travail du jour. Un cavalier au galop, à la vue de voiles arabes dans la voiture, s'arrêta et avec une exclamation joyeuse nous tendit une grappe de raisin doré : « Bonnes nouvelles : Damas vous salue ! » Il était envoyé par Choukri.

Nacer était juste derrière nous; nous lui portâmes la

nouvelle afin qu'il eût l'honneur de l'entrée dans la ville : ses cinquante batailles méritaient bien ce privilège. Avec Nouri Châalan à ses côtés, il éperonna son cheval pour un dernier galop et disparut dans un nuage de poussière qui resta longtemps suspendu au-dessus de la route, entre les miroitements qui éclaboussaient la plaine. Pour lui laisser une juste avance nous fîmes halte, Stirling et moi, auprès d'un ruisseau, frais dans le creux profond de sa rigole : de quoi se laver et se raser.

Quelques soldats indiens considérèrent curieusement nos personnes, notre voiture, ainsi que le short et la tunique en lambeaux du conducteur. Je portais le pur costume arabe ; Stirling, en dehors de sa coiffure, avait l'uniforme d'un officier d'État-Major britannique. Le sous-officier qui menait la troupe, stupide et hargneux, crut avoir fait des prisonniers. Quand nous nous fûmes débarrassés de lui, je jugeai que nous pouvions rejoindre Nacer.

Tranquillement, notre voiture remonta la longue rue qui conduisait au palais du Gouvernement, sur la rive de la Barada. Les trottoirs, la route, les fenêtres, les balcons, les toits grouillaient d'une foule solide. Beaucoup pleuraient ; quelques-uns poussaient de faibles acclamations ; les plus hardis crièrent nos noms ; mais la plupart regardaient, regardaient, les yeux brillants de joie. Un frémissement, comme un long soupir, nous accompagna de la porte au cœur de la cité.

À l'Hôtel de Ville le spectacle changea. Sur le perron, dans l'escalier, s'entassait une foule oscillante : hurlements, danses, chants, embrassements. En écrasant un peu plus la cohue, on nous fraya un chemin jusqu'à l'antichambre où se tenaient l'étincelant Nacer et Nouri Châalan, tous deux assis. De part et d'autre, Abd-el-Kader, mon vieil ennemi et Mohammed Saïd, son frère, étaient debout. Ce spectacle me laissa muet de stupeur. Mohammed Saïd bondit en avant, cria qu'eux, petits-fils d'Abd-el-Kader l'Émir, et Choukri-el-Ayoubi, de la Maison de Saladin, avaient formé hier le Gouvernement et proclamé Hussein « Roi des Arabes » aux oreilles des Turcs et des Allemands humiliés.

Pendant qu'il extravaguait ainsi, je me tournai vers Choukri ; ce n'était pas un homme d'État, mais un homme adoré du peuple, presque un martyr à ses yeux en raison des souffrances infligées par Djémal. Il me dit que les Algériens, seuls dans Damas, avaient soutenu les Turcs jusqu'au moment où ces derniers avaient dû battre en retraite. Alors, avec leurs compatriotes, ils avaient fait irruption dans la salle où le Comité de Fayçal était réuni en séance secrète et brutalement pris la direction des événements.

C'étaient des fanatiques religieux dont les idées procédaient non pas de la logique mais de la théologie. Je me tournai alors vers Nacer avec l'intention de mettre, par son instrument, dès le début, un terme à leur impudence. Mais une diversion survint. La presse hurlante alentour s'écarta, comme trouée par un bélier ; les hommes culbutèrent à droite et à gauche dans un écrasement de tables et de chaises ; soudain retentit l'éclat terrifiant d'une voix familière qui couvrit tout et fit un silence de mort.

Dans l'espace ainsi dégagé, Aouda Abou Tayi et Sultan-el-Atrach, chef des Druses, s'empoignaient avec fureur. Leurs partisans bondirent tandis que je sautais pour les séparer, cognant Mohammed-el-Dheilan qui s'était précipité dans le même but. Ensemble, nous eûmes raison d'eux : l'on força Aouda à reculer d'un pas tandis qu'Hussein-el-Atrach bousculait Sultan, plus léger, à travers la foule jusque dans une autre pièce.

Aouda, aveuglé par la rage, ne savait vraiment plus ce qu'il faisait. Nous l'emmenâmes dans la grande Salle du Conseil : une immense pièce, pompeuse et dorée, silencieuse comme une tombe, puisque toutes les portes du palais, sauf les nôtres, étaient closes. Nous poussâmes Aouda dans un fauteuil pour le maintenir plus aisément : il écumait dans son accès de rage, hurlait à se déchirer la voix, le corps tordu, soulevé de sursauts, les bras soudain lancés vers une arme entrevue, le visage injecté de sang, tête nue et ses longues mèches ruisselant sur ses yeux.

Sultan l'avait frappé le premier; l'esprit indomptable du vieux guerrier, enivré par le vin de la liberté sans limites qu'il avait bu toute sa vie, ne songeait plus qu'à laver l'insulte dans le sang druse. Zaal entra avec les Houbsis, et à quatre ou cinq nous pûmes maintenir Aouda; mais il se passa bien une demi-heure avant qu'il entendît nos paroles, et une autre demi-heure avant que nous eussions sa promesse de remettre, pour trois jours, le soin de sa vengeance aux mains de Mohammed et aux miennes. Je sortis et, en toute hâte, fis secrètement emmener Sultan-el-Atrach de la ville. Puis je cherchai Nacer et Abd-el-Kader pour mettre en ordre leur gouvernement.

Ils étaient partis. Les Algériens avaient persuadé Nacer de venir prendre chez eux quelques rafraîchissements. Bonne affaire, car il y avait des mesures plus pressantes à prendre. Nous devions prouver qu'une ère nouvelle commençait et qu'un gouvernement indigène était au pouvoir. Choukri serait pour cela mon meilleur instrument comme Gouverneur de fait. Nous partîmes donc nous montrer à la foule dans le « Brouillard Bleu », l'élévation au pouvoir de Choukri étant pour les citoyens le signe même de la Révolution.

Lors de notre arrivée nous avions traversé les vivats de quelques kilomètres de foule : mais chaque centaine d'alors s'était transformée en milliers. Dans cette ville, dont la population atteignait le quart du million, tous, hommes, femmes, enfants, semblaient être descendus dans la rue et n'avoir attendu que l'étincelle de notre apparition pour exploser d'enthousiasme. Damas devint folle de joie. Les hommes lançaient en l'air leurs turbans, les femmes déchiraient leurs voiles. Les locataires, aux fenêtres, jetaient devant nous des fleurs, des tentures, des tapis; et leurs épouses, se penchant avec des éclats de rire derrière les grillages, nous éclaboussaient de parfums.

De pauvres derviches se faisaient nos valets de pied, courant devant et derrière la voiture et se tailladant le corps avec frénésie ; cependant, sur les explosions locales d'enthousiasme et les hurlements des femmes, toujours montait la mélopée grondante des voix d'hommes — « Fayçal, Nacer, Choukri Ourens », en vagues qui naissaient sous nos pas, roulaient le long des places, traversaient le marché, fuyaient au long des rues jusqu'à la porte orientale, contournaient la muraille et revenaient par le Meidan, dressant autour de nous, près de la citadelle, une muraille de cris.

On me dit que Chauvel arrivait. Nos autos se croisèrent dans les faubourgs Sud. Je lui décrivis l'enthousiasme de la ville ; notre nouveau Gouverneur, lui dis-je, ne pouvait pas assurer la marche de services administratifs avant le lendemain, mais dans vingt-quatre heures je serais à son service pour discuter de ses besoins et des miens. En attendant, je prenais la pleine responsabilité de l'ordre public, lui demandant seulement de garder ses hommes hors des murailles ; car cette nuit allait voir une orgie carnavalesque comme la ville n'en avait plus connu depuis six cents ans, et la discipline des troupes anglaises pouvait en souffrir.

Chauvel, bon gré mal gré, suivit mes instructions, ses hésitations matées par mon assurance. Comme Barrow, il n'avait pas d'ordres concernant l'administration de la ville prise. Comme nous y étions entrés pour prendre le pouvoir, avec une claire connaissance du chemin et du but, nos mouvements préparés et nos atouts en mains, il n'avait d'autre choix que de nous laisser poursuivre. Son chef d'État-Major chargé du travail technique, Godwin, un soldat, fut ravi de couper au Gouvernement civil. Ses arguments renforcèrent ma position acquise.

Chauvel lui-même, d'ailleurs, la confirma aussitôt en me demandant la liberté de faire le tour de la ville. Je la lui accordai si joyeusement qu'il accentua sa demande :

serait-il convenable pour lui de faire une entrée formelle avec ses troupes le lendemain matin ? J'approuvai ; nous songeâmes donc à régler l'itinéraire. À cet instant je me souvins, en un éclair, du plaisir que nos hommes avaient éprouvé à Deraa lorsque Barrow avait salué leur drapeau : je citai le fait à Chauvel comme un exemple bon à suivre lorsqu'il passerait devant l'Hôtel de Ville. Je n'attachais pas autrement d'importance à cette idée, mais il y vit un sens redoutable et considéra comme une grave difficulté de saluer un autre drapeau que le britannique. J'avais envie, à cet instant, de lui tirer la langue, mais par bonté d'âme et pour lui tenir compagnie j'aperçus une difficulté également grave à passer devant le drapeau arabe en l'ignorant délibérément. Nous trébuchâmes de concert autour de ce problème tandis que la foule ignorante et joyeuse nous acclamait. En guise de compromis, je suggérai d'éviter l'Hôtel de Ville et d'emprunter quelque autre route passant — mettons — devant la Poste. Pure farce de ma part, car ma patience était à bout : mais Chauvel prit la chose très sérieusement, comme une idée heureuse ; il était prêt, me dit-il, à faire en retour une concession à mon point de vue et à celui des Arabes : il remplacerait « l'entrée » par une « traversée ». Il voulait dire par là qu'au lieu de marcher au milieu de ses hommes il serait à la tête, à moins qu'au lieu d'être à la tête il ne fût au milieu : j'ai oublié lequel des deux. Peut-être aussi n'ai-je pas entendu. Il pouvait bien entrer sous les pieds de ses troupes, voler au-dessus ou se couper en deux pour marcher de chaque côté : je m'en moquais éperdument.

CHAPITRE CXX

Pendant que nous discutions cérémonial et grimaces, un monde de travail, à l'intérieur comme à l'extérieur, attendait chacun de nous. Il était amer de descendre à de telles bouffonneries : d'ailleurs ce gain à la foire d'empoigne me laissait une rancœur qui gâtait mon entrée autant que je gâtais celle de Chauvel. Les promesses chimériques, beaux oiseaux bleus que l'Angleterre, dans ses jours d'inquiétude, avait dépêchés si généreusement aux Arabes, faisaient leur nid maintenant, pour la honte de mon pays. En tout cas le plan que j'avais tracé pour nous réussissait de point en point. Encore douze heures et nous serions saufs ; les Arabes se trouveraient dans une position assez forte pour garder leur conquête malgré la longue mêlée d'appétits politiques qui allait éclater autour d'un butin succulent.

Je revins furtivement à l'Hôtel de Ville pour en finir avec Abd-el-Kader. Il n'avait pas reparu. Je l'envoyai chercher, ainsi que son frère et Nacer. On me fit savoir sèchement qu'ils dormaient. J'aurais bien dû en faire autant ; mais au lieu de dormir, nous étions quatre ou cinq qui prenions un repas sur le pouce dans un salon de mauvais goût, assis sur des chaises dorées et torses, autour d'une table dorée aux jambes également torses jusqu'à l'obscénité.

Je mis les points sur les i, dans ma réponse. Le messager disparut et quelques minutes plus tard, un cousin des Algériens apparut, fort agité, et déclara qu'ils étaient en chemin. C'était un mensonge éhonté ; mais je répondis qu'ils faisaient bien d'être en chemin, puisque, dans une demi-heure, j'avais l'intention de requérir quelques troupes anglaises pour prendre soin d'eux. Il fila comme un éclair et Nouri Châalan me demanda posément ce que je comptais faire.

Déposer Abd-el-Kader et Mohammed Saïd, répondis-je, pour mettre à leur place Choukri, jusqu'à l'arrivée de Fayçal. Je le faisais avec cette douceur parce que je n'aimais pas blesser Nacer et parce que, en cas de résistance, je n'avais pas de forces à moi. « Mais les Anglais ne viendraient-ils pas ? » me demanda-t-il. Ils viendraient certainement, répliquai-je, mais ils pourraient bien ne plus s'en aller par la suite : voilà l'ennuyeux. Il réfléchit un moment et dit : « Vous aurez les Rouallas si vous faites ce que vous annoncez, et vite. » Aussitôt le vieillard sortit pour rassembler sa tribu et la mettre à mon service. Les Algériens vinrent au rendez-vous suivis de leurs gardes et le meurtre dans les yeux. Mais en chemin ils aperçurent les guerriers de Nouri Châalan massés de façon menaçante ; Nouri Saïd avec ses troupes régulières dans le square ; et, à l'intérieur, mes gardes, prêts à tout, flânant dans l'antichambre. Ils virent clairement que les jeux étaient faits : la réunion n'en fut pas moins orageuse.

Comme délégué de Fayçal, je proclamai l'abolition de leur Gouvernement civil dans Damas et nommai Choukri Pacha Ayoubi aux fonctions de Gouverneur militaire. Nouri Saïd prenait le commandement en chef des troupes ; Azmi, l'adjudance générale ; Djémil, le service de la Sûreté, Mohammed Saïd, dans une réponse violente, me stigmatisa comme chrétien et comme Anglais, et fit appel à Nacer pour le soutenir. Le pauvre Nacer, désemparé, ne pouvait qu'assister d'un air navré à cette querelle d'amis. Abd-el-Kader se leva d'un bond et me maudit, se gonflant, montant peu à peu au paroxysme de la rage. Les raisons qu'il invoquait me paraissaient dogmatiques et irrationnelles. Aussi n'y prêtai-je pas d'attention. Cette attitude finit par le rendre fou : soudain il se précipita, le poignard nu à la main.

Comme un éclair, Aouda tomba sur lui : hérissé depuis le matin de rage contenue, le vieillard ne désirait plus que se battre. Il eût goûté une joie paradisiaque à déchirer sur l'heure quelqu'un, de ses longs doigts. Abd-el-Kader fut dompté. Nouri Châalan mit fin aux débats en déclarant au tapis (un tapis énorme et criard) que les Rouallas étaient avec moi et que la question ne se posait pas. Les Algériens se levèrent et quittèrent la salle en claquant les portes. J'aurais dû, j'en étais persuadé, les faire prendre et fusiller. Mais je ne pus me résoudre à craindre vraiment leur pouvoir de nuire et à donner aux Arabes l'exemple d'une politique admettant les meurtres préventifs.

On se mit au travail. Notre but était un gouvernement arabe fondé sur des bases assez larges et assez nationales pour utiliser, à des fins pacifiques, l'enthousiasme et l'abnégation de la Révolte. Nous devions garder ce que nous pourrions du vieil esprit prophétique, mais tenir compte aussi de ces quatre-vingt-dix centièmes de la population qui avaient été trop massifs pour céder à la Révolte et qui, précisément, devaient constituer par leur masse les fondements du nouvel État.

Les rebelles, surtout les rebelles victorieux, font nécessairement de mauvais sujets et de pires gouverneurs. Fayçal allait avoir le triste devoir d'éloigner ses compagnons de lutte et de les remplacer par ces éléments qui avaient été le plus utiles au Gouvernement turc. Nacer avait trop peu de philosophie politique pour comprendre cela. Nouri Saïd savait; Nouri Châalan aussi.

En hâte ils rassemblèrent le noyau d'un État-Major et plongèrent dans le travail commun. L'histoire nous enseignait ces mesures monotones : nominations, bureaux et routine administrative. D'abord, la police. On choisit un commandant et des adjoints : on distribua les districts; salaires provisoires, doubles expéditions, uniformes, responsabilité. La machine se mit à fonctionner. On reçut une plainte : l'eau manquait. Le conduit était bouché de cadavres d'hommes et d'animaux. Un inspectorat, avec une équipe d'ouvriers à sa disposition, résolut ce problème. Une réglementation d'urgence fut affichée.

Le soir allait tomber et la population était dans les rues, turbulente. Un ingénieur fut mis à la tête de l'usine électrique avec l'ordre d'illuminer à tout prix la ville cette nuit. Le rétablissement de l'éclairage dans les rues serait le plus marquant des signes de paix. Ainsi fut fait, et c'est à l'éclat paisible des lampes que nous dûmes, pour une grande part, l'ordre qui régna ce premier soir de victoire; il faut ajouter que notre nouvelle police fit preuve de zèle et que les cheikhs, en de nombreux quartiers, facilitèrent le travail des patrouilles.

Ensuite le service sanitaire. Les rues étaient jonchées des débris de l'armée turque : charrettes et autos abandonnées, bagages, matériel, cadavres. Le typhus, la dysenterie et la pellagre régnaient dans les troupes turques; il n'y avait pas une ombre, sur la ligne de retraite, où un malade ne fût venu mourir. Nouri organisa des équipes de balayeurs pour un premier nettoyage des routes et terrains pestilentiels et répartit ses docteurs entre les hôpitaux avec promesse de médicaments et de vivres le lendemain, si nous en trouvions.

Puis une brigade de pompiers. Les pompes de la ville avaient été détruites par les Allemands et les magasins de l'armée brûlaient encore, mettant la ville en danger. Le crieur public appela des mécaniciens; des hommes entraînés, enrôlés de gré ou de force, allaient circonscrire l'incendie. Puis les prisons, Gardiens et pensionnaires avaient disparu de concert. Choukri fit de nécessité vertu en décrétant une amnistie générale, civile, politique, militaire. Mais les citoyens devaient être désarmés — ou, du moins, dissuadés de se promener avec leurs fusils. Une proclamation fut le traitement choisi, complété par quelques plaisanteries humoristiques qui finissaient en opérations de police. Nous devions ainsi atteindre notre but, sans provoquer de troubles, en trois ou quatre jours.

Secours à la population. Les malheureux Damascènes avaient été à demi affamés pendant des jours. On organisa une distribution des vivres endommagés qu'on put tirer des magasins militaires. Mais il fallait aussi penser au ravitaillement général. Les vivres pouvaient manquer en quarante-huit heures : il n'y avait pas de stocks à Damas. Les villages environnants fourniraient sans difficultés un secours temporaire si nous rétablissions la confiance, garantissions la sécurité des routes et remplacions les animaux de bât emmenés par les Turcs. Nous pouvions puiser dans nos prises. Les Anglais refusèrent de fournir leur part. Nous dûmes donc donner nos propres bêtes — le convoi de l'armée arabe.

L'approvisionnement normal de la ville exigeait la marche du chemin de fer. Il fallut trouver et engager immédiatement des aiguilleurs, des mécaniciens, des chauffeurs, des cheminots de toutes sortes. Puis vint le service télégraphique : les cadres inférieurs étaient à leurs postes; il fallut trouver des directeurs ainsi que des électriciens pour réparer les lignes. La poste pouvait attendre un jour ou deux, mais des logements pour nous et les troupes anglaises pressaient, ainsi que la reprise du commerce, l'ouverture des boutiques, ce qui impliquait des marchés et une monnaie acceptable.

L'état de la monnaie était horrible. Les Australiens avaient pillé des millions en billets turcs, les seuls en usage, et réduit leur valeur à zéro en les jetant par poignées. Un soldat donnait un billet de cinq cents livres au garçon qui lui tenait son cheval trois minutes. Young fit son apprentissage d'économiste en essayant de gager la monnaie avec ce qui restait de notre or d'Akaba; mais cela impliquait de nouvelles valeurs monétaires, donc une presse à imprimer. On l'avait à peine trouvée que la population réclama un journal. De plus, comme prenant la suite du Gouvernement turc, les Arabes devaient garder à jour les registres du fisc, du cadastre et de l'état civil. Tout cela pendant que le personnel prenait de joyeuses vacances.

Les réquisitions vinrent empoisonner notre existence quand nous ne savions pas encore si nous mangerions. Chauvel n'avait pas de fourrage et devait nourrir 40 000 chevaux. Si on ne lui apportait pas du fourrage il en chercherait lui-même; la liberté à peine allumée serait soufflée comme une allumette. De sa satisfaction dépendait la future constitution politique de la Syrie : et ses jugements ne feraient guère de part à l'indulgence.

Tout compte fait, ce fut une soirée de travail sérieux. Nous en vîmes la fin (apparente) par de hâtives délégations de pouvoir (trop souvent à des mains indignes : mais il fallait faire vite) et une réduction sévère de compétences. Stirling-le-Suave, Young-le-Compétent et Kirkbride-le-Sommaire soutinrent de leur mieux les efforts intelligents des officiers arabes.

Notre but était de dresser une façade plutôt qu'une bâtisse convenable. La besogne fut abattue si furieusement, et si bien, somme toute, que lorsque je laissai Damas, le 4 octobre, les Syriens avaient leur gouvernement de fait qui devait durer deux ans sans conseil technique étranger, dans un pays occupé, dévasté par la guerre, et contre la volonté d'éléments importants parmi les Alliés.

Plus tard dans la soirée j'étais assis seul dans ma pièce — travaillant et réfléchissant dans la mesure où le permettaient les souvenirs turbulents de ce jour — quand les muezzins lancèrent leur premier appel à la prière du soir, dans l'ombre humide, au-dessus des illuminations de la cité en fête. L'un d'eux, avec une voix claire d'une étrange douceur, jeta ses paroles vers ma fenêtre, d'une mosquée voisine. Involontairement je me mis à écouter les mots : « Dieu seul est grand. Je témoigne qu'il n'y a pas de dieux, mais Dieu ; et Mahomet, Son Prophète. Venez à la prière ; venez à la paix. Dieu seul est grand : il n'y a de dieu — que Dieu[1]. »

Vers la fin il laissa tomber l'intonation, presque au niveau de la conversation ordinaire, et ajouta d'une voix étouffée : « Et il est très bon pour nous en ce jour, ô peuple de Damas ! » La clameur de la ville, alors, se fit murmure comme si tous obéissaient à l'appel de la prière, en cette première nuit de parfaite liberté. Pour moi, dans l'accablement du silence, je ressentis ma solitude et l'absurdité de leur mouvement : car pour moi

1. Je n'ai jamais vu cet appel traduit exactement en anglais. En vérité la traduction est impossible, car dans l'arabe transparaît une quantification du prédicat qui manque à notre morphologie grammaticale.

seul, de tous les fidèles, cet événement était triste et cette phrase, privée de sens.

CHAPITRE CXXI

Un citoyen tremblant m'éveilla pour m'annoncer qu'Abd-el-Kader se révoltait. Je fis mander Nouri Saïd, heureux que cet imbécile d'Algérien creusât lui-même sa propre fosse. Il avait rassemblé ses hommes et, proclamant que tous ces chérifs n'étaient que des créatures de l'Angleterre, les avait conjurés de frapper un grand coup pour la religion et le Khalifat pendant qu'il était encore temps. Eux, simples partisans, habitués à obéir sans discussion, prirent son discours pour parole d'évangile et partirent en guerre contre nous.

Les Druses, dont j'avais, la nuit précédente, sèchement refusé de récompenser les services tardifs, le suivirent aussi. C'étaient des sectaires qui se souciaient fort peu de l'Islam, du Khalifat, des Turcs ou d'Abd-el-Kader ; mais un soulèvement anti-chrétien leur promettait du pillage et peut-être un massacre de Maronites. Ils coururent donc aux armes et commencèrent l'assaut des boutiques ouvertes.

Nous évitâmes d'engager l'action avant le jour. Le nombre de nos troupes n'était pas si grand que nous pussions gaspiller notre supériorité en armes et nous battre dans l'obscurité où les chances d'un homme et celles d'un imbécile sont égales. Mais au premier soupçon d'aube, nos troupes gagnèrent les quartiers hauts, poussant les rebelles vers la rivière et les quartiers du centre, là où les rues franchissaient des ponts, d'une surveillance facile.

Nous vîmes alors qu'il s'agissait de bien peu de chose. Nouri Saïd avait posté ses sections de mitrailleuses perpendiculairement aux avenues : elles les battaient d'un seul feu roulant qui butait contre des murs vides. C'est là que nos troupes, nettoyant la ville, poussèrent les dissidents. Épouvantés par le bruit, les Druses, lâchant leur butin, déguerpirent par les rues latérales. Mohammed Saïd, moins brave que son frère, fut pris dans sa maison et enfermé à l'Hôtel de Ville. De nouveau j'eus grande envie de le faire fusiller, mais j'attendis d'avoir l'autre.

Abd-el-Kader rompit et s'enfuit dans la campagne. À midi tout était terminé. Au début, j'avais téléphoné à Chauvel qui, aussitôt, m'avait offert ses troupes. Je l'avais remercié, le priant seulement de mettre un second escadron dans la caserne turque (le poste anglais le plus proche) prêt à répondre à mon appel; mais le combat fut si bénin que cet appel devint inutile.

Son plus gros retentissement fut chez les journalistes, rassemblés dans un hôtel dont le mur formait butoir pour un de nos barrages. Ils n'avaient pas pu, jusqu'ici, tremper leur plume dans beaucoup de sang, la campagne ayant marché plus vite que leurs voitures. Mais cette fusillade sous les fenêtres de leurs chambres était une bonne aubaine : ils se mirent à écrire et à télégraphier avec une telle fureur qu'Allenby, à Ramleh, prit peur. Il me communiqua une dépêche de presse où deux guerres des Balkans et cinq massacres arméniens n'atteignaient pas le carnage de ce jour : les rues pavées de cadavres, le sang courant dans les ruisseaux, et la Barada gonflée crachant son eau rougie par toutes les fontaines de la ville. Ma réplique fut une liste des pertes avec le nom des cinq victimes et les blessures des dix blessés. Trois des morts étaient dues à l'impitoyable revolver de Kirkbride.

Les Druses, chassés de la cité, perdirent leurs chevaux et leurs armes qui passèrent aux mains des Damascènes constitués pour la circonstance en gardes civiques. Leurs patrouilles donnèrent à la ville une allure guerrière jusque dans l'après-midi. Puis tout s'apaisa et, dans la rue redevenue normale, les mêmes camelots se remirent à circuler : sucreries, boissons glacées, fleurs et petits drapeaux du Hedjaz.

Nous revînmes à l'organisation des services publics. Un incident, amusant pour moi, fut la visite officielle du Consul espagnol — un monsieur parlant bien l'anglais, vernissé de belles manières, qui se présenta comme chargé d'affaires de dix-sept nationalités (y compris tous les combattants sauf les Turcs) et qui cherchait en vain l'autorité légale constituée de la ville.

Au lunch, un médecin australien me supplia, pour l'amour de l'humanité, de m'occuper de l'hôpital turc. Quel hôpital turc ? Je récapitulai dans mon esprit nos trois hôpitaux — militaire, civil et religieux — et dis que nous en prenions soin autant que nos moyens nous le permettaient. Les Arabes ne pouvaient pas inventer des médicaments et Chauvel ne pouvait pas nous en donner. Mais il insista, décrivit une énorme succession de bâtisses, horriblement sales, sans un major ni un infirmier, et bourrées de morts et de mourants. Des cas de dysenterie pour la plupart, mais au moins quelques typhoïdes ; et l'on pouvait seulement espérer l'absence de typhus ou de choléra.

À sa description, je reconnus la caserne turque dont une partie servait de logement à deux compagnies australiennes, en réserve pour assurer l'ordre dans la ville. Il y avait bien des sentinelles aux grilles ? Oui, me dit-il, c'était là ; mais cette caserne était pleine de Turcs malades. Je m'y rendis aussitôt et parlementai avec le poste, lequel n'eut d'abord que soupçons pour cet homme seul et à pied. Ils avaient l'ordre d'écarter tous les indigènes de peur d'un massacre des malades — étrange conception de la guerre arabe. Enfin mon discours en anglais me permit de franchir le petit pavillon dont le jardin était occupé par deux cents prisonniers misérables, à bout de forces et désespérés.

Franchissant la grande porte de la caserne, j'appelai par les corridors sonores et poussiéreux. Personne ne répondit. L'énorme cour déserte, véritable fosse à soleil, était dans un état de saleté ignoble. Des milliers de prisonniers, me dit le garde, étaient partis la veille de là pour un camp derrière la ville. Depuis ce moment plus personne n'était entré ou sorti. Je m'en fus jusqu'à la grande avenue centrale : à gauche s'ouvrait un vestibule aux fenêtres fermées, noir après le soleil éblouissant sur les murs de la cour enduits de plâtre.

J'entrai : une puanteur écœurante, et, lorsque mes yeux furent accoutumés, un spectacle écœurant m'accueillirent. Le dallage de pierre était couvert de cadavres gisant côte à côte, les uns en uniforme, d'autres en sous-vêtements, d'autres complètement nus. Ils étaient environ une trentaine, grouillant de rats qui avaient rongé dans leurs corps de rouges galeries. Quelques-uns me parurent des cadavres presque frais : d'un ou deux jours seulement. D'autres devaient être restés là longtemps. La chair de certains, en pourrissant, était devenue jaune, bleue et noire. Beaucoup s'étaient gonflés à deux ou trois fois leurs dimensions normales : dans leur visage gras riait la bouche noire, entre des mâchoires hérissées. Chez d'autres les parties les plus molles s'étaient affaissées. Quelques-uns avaient éclaté, se liquéfiaient lentement.

Au-delà s'ouvrait la perspective d'une grande pièce d'où je crus entendre sortir une plainte. Je m'avançai donc, enjambant le tapis de corps mous, dont les vêtements, jaunes d'ordures, craquaient sous mon poids. À l'intérieur de la salle, dans un air humide et silencieux, le bataillon des lits s'étirait, si tranquille que je crus tous les occupants morts aussi, chaque homme rigide sur sa couchette puante d'où l'ordure coulante s'était égouttée pour se cailler sur le ciment du sol.

Je fis quelques pas entre leurs rangs, relevant mes robes blanches pour ne pas poser mes pieds nus dans les flaques. Soudain j'entendis un soupir ; je me tournai brusquement pour rencontrer les yeux en amande d'un homme étendu tandis que les mots « Aman, aman » (pitié, pitié, pardon) sifflaient entre ses lèvres tordues.

Un frisson brun courut sur les lits lorsque quelques malades tentèrent de relever les mains, puis un froissement de feuilles sèches, lorsqu'elles retombèrent, vaines, sur les couvertures.

Personne n'avait assez de force pour parler, mais il y avait quelque chose de risible dans leurs murmures à l'unisson, comme sur un commandement. Sans doute avaient-ils eu maintes fois l'occasion de faire répétition dans les dernières quarante-huit heures chaque fois qu'un soldat curieux était venu jeter un coup d'œil dans la salle pour s'enfuir aussitôt.

Je courus dans le jardin où les Australiens avaient installé leurs piquets et leur demandai une équipe de terrassiers. Ils refusèrent. Des outils ? Ils n'avaient pas d'outils. Des docteurs ? Occupés. Kirkbride arriva ; les docteurs turcs, paraît-il, étaient au premier étage. Nous enfonçâmes une porte pour trouver sept hommes en pyjama, assis sur des lits fripés, dans une grande pièce, et faisant cuire du caramel. Je les persuadai rapidement qu'il serait sage de trier les vivants et les morts et de me préparer en une demi-heure un état de leur nombre respectif. La robuste charpente et les bottes robustes de Kirkbride le désignaient pour la surveillance de ce travail. Cependant j'allai voir Ali Riza Pacha et lui demandai de nous détacher un des quatre majors arabes.

Quand il vint, nous choisîmes les cinquante prisonniers les plus solides comme fossoyeurs. Or leur acheta des biscuits pour les nourrir, puis on les arma d'outils turcs pour creuser dans la cour de derrière une fosse commune. Les officiers australiens protestèrent que le lieu était mal choisi : l'odeur pourrait les chasser de leur jardin. Je rétorquai vivement que c'était là mon espoir sincère.

Il était cruel de faire travailler des hommes aussi fatigués et aussi malades que nos misérables Turcs, mais nous n'avions pas le choix. Les coups de pieds et de poings de leurs sous-officiers, passés au service du vainqueur, les réduisirent enfin à l'obéissance. On commença les opérations par un trou de six pieds d'un côté du jardin. On essaya de le creuser encore, mais il y avait du béton en dessous ; ainsi je dis que cela suffisait si on élargissait l'ouverture. Nous avions beaucoup de chaux vive, par là, qui couvrirait les corps de façon efficace.

Les docteurs nous annoncèrent 56 morts, 300 mourants et 700 malades guérissables. On organisa une équipe de porteurs pour charrier les cadavres : quelques-uns furent soulevés aisément, mais d'autres durent être ramassés ou plutôt raclés, morceau par morceau, à la pelle. Les porteurs pouvaient à peine supporter pareille besogne ; je dois même dire qu'avant la fin nous avions ajouté les corps de deux porteurs au tas de cadavres dans la fosse.

La tranchée était trop étroite, mais la masse si fluide que chaque nouveau venu, quand on le projetait, s'affalait mollement en soulevant juste les bords de la pile comme une gelée sous son poids. Le travail n'était pas fini à minuit ; je me donnai l'autorisation d'aller au lit, épuisé, car je n'avais pas dormi trois heures depuis notre départ de Deraa quatre jours auparavant. Kirkbride (encore un enfant, mais qui fit pendant ces quelques jours le travail de deux hommes) resta pour finir l'enterrement et répandre la chaux vive et la terre sur la fosse.

À l'Hôtel, d'ailleurs, un buisson d'affaires urgentes m'attendait : quelques condamnations à mort, une nouvelle organisation judiciaire et une disette d'orge pour le lendemain matin si les trains ne marchaient pas. À quoi il faut ajouter une plainte de Chauvel : quelques soldats arabes avaient été lents à saluer des officiers *australiens* !

CHAPITRE CXXII

Le lendemain matin, selon la brusquerie ordinaire des orages, tout était fini : notre vaisseau voguait sous un ciel clair. Les autos blindées entrèrent dans la ville et le plaisir que je lus sur les visages calmes de nos hommes me rendit du courage : Pisani arriva et me fit rire, tant ce bon soldat était ahuri par le méli-mélo politique. Pour sortir de là, il s'agrippait à ses devoirs militaires comme à un gouvernail. Damas était normale : les magasins ouverts, les camelots à leur commerce, les tramways électriques rétablis, le blé, les légumes et les fruits se déversant dans la ville.

On arrosait les rues pour tasser l'horrible poussière soulevée par les camions pendant trois années de guerre. Les foules avaient une lenteur heureuse ; de nombreux soldats anglais se promenaient dans la ville sans armes. La ligne télégraphique était rétablie avec la Palestine et Beyrouth que les Arabes avaient occupé dans la nuit. Dès l'époque d'El Ouedj, je les avais mis en garde contre cette faute, leur conseillant, quand ils prendraient Damas, de laisser le Liban aux Français, pour les amadouer, et de prendre Tripoli à la place. Car, comme port, Tripoli valait mieux que Beyrouth, et l'Angleterre se serait volontiers entremise pour le leur faire obtenir dans le traité de paix. Je fus donc fâché de leur erreur, mais heureux tout de même qu'ils se sentissent assez grands garçons pour ne plus suivre mes avis.

Même l'hôpital marchait mieux ce matin. J'avais prié Chauvel de le prendre à son compte, mais il refusa. À ce moment je pensai qu'il voulait nous faire plier sous la besogne pour justifier ensuite sa prise en main du gouvernement de la ville. Mais depuis, j'en suis venu à penser que la tension entre nous était une simple illusion de mes nerfs, épuisés par un effort qui me rendit presque fou ces jours-là. À coup sûr Chauvel gagna la dernière manche et me fit honte de ma mesquinerie lorsque, apprenant mon départ, il vint, avec Godwin, me remercier spontanément pour l'aide que je lui avais apportée dans ces moments difficiles. En tout cas, l'hôpital s'améliorait tout seul. Cinquante prisonniers avaient nettoyé la cour et brûlé les ordures. Une seconde équipe avait creusé une nouvelle fosse dans le jardin et mettait tout son zèle à l'emplir, à mesure que les occasions se présentaient. D'autres étaient allés de salle en salle, lavant les malades, leur mettant des chemises plus propres et retournant les matelas pour que le côté à peu près passable fût au moins en dessus. Nous avions trouvé une nourriture convenable pour tous les cas qui n'étaient pas trop extraordinaires et chaque salle possédait son infirmier sachant le turc pour répondre aux appels des malades. Une autre salle avait été débarrassée, brossée, désinfectée ; nous espérions y transporter les cas les moins graves pour aménager les salles tour à tour.

À cette vitesse, trois jours devaient suffire pour mettre tout en ordre et je projetais orgueilleusement de nouvelles améliorations quand un major s'avança à grands pas et me demanda sèchement si je parlais anglais. Opposant un front dégoûté à mes robes et mes sandales, il dit : « C'est vous qui êtes responsable ? » Modestement je minaudai que oui ; pour ainsi dire, c'était moi. Sur quoi il éclata : « Scandaleux ! Insensé ! Dépasse toutes les bornes ! Devrait être fusillé… » J'éclatai d'un rire caquetant, le rire sauvage des hommes qui sont à bout de nerfs. C'était extraordinairement drôle d'être ainsi engueulé juste au moment où je me targuais d'un triomphe sur une situation apparemment désespérée.

Ce major-là n'était pas entré dans le charnier la veille, n'en avait pas respiré l'odeur, ne nous avait pas vus enterrer ces corps au dernier état de la pourriture, dont le souvenir quelques heures auparavant m'avait encore fait sursauter dans mon lit, tremblant et couvert de sueur. Il me roula des yeux furieux en murmurant : « Bougre de brute ! » Je partis de mon rire aigu ; alors il me gifla et s'en fut à grands pas, me laissant plus de honte que de colère. Car au fond du cœur je sentais qu'il avait raison : quiconque mène au succès une révolte des faibles contre leurs maîtres doit en sortir si sali que rien au monde, ensuite, ne peut plus lui rendre l'impression d'être propre. En tout cas, c'était presque fini.

Quand je revins à mon hôtel, une foule l'assiégeait et je reconnus à la porte la Rolls Royce grise d'Allenby. Je courus à l'intérieur et le trouvai avec Clayton, Cornwallis et d'autres nobles personnages. En dix mots, il m'approuva d'avoir audacieusement dressé des gouvernements arabes ici et à Deraa sur le chaos de la victoire. Il confirma la nomination d'Ali Riza Rikabi comme Gouverneur militaire sous les ordres de Fayçal Commandant d'Armée, puis délimita la sphère arabe et celle de Chauvel.

Il tomba d'accord qu'il devait prendre à sa charge mon hôpital et le fonctionnement du chemin de fer. En dix minutes toutes les difficultés qui me rendaient fou s'étaient évanouies. Je perçus dans un brouillard que les jours âpres de mes batailles solitaires étaient passés. Seul j'avais gagné la partie contre toutes les chances du monde : je pouvais maintenant laisser mon corps se détendre à la tiédeur de cette confiance de cette décision et de cette bonté : Allenby.

On nous apprit alors que le train spécial de Fayçal venait juste d'arriver de Deraa. Young partit en hâte lui porter notre bienvenue et nous attendîmes son arrivée, annoncée par une houle de vivats qui s'écrasa contre notre fenêtre. Il était bien que les deux chefs se rencontrassent ainsi pour la première fois au cœur de leur victoire, et que je fusse entre eux pour leur servir d'interprète.

Allenby me tendit un télégramme du Foreign Office qui reconnaissait aux Arabes la qualité de belligérants, et me demanda de le traduire à l'émir. Mais aucun d'entre nous ne savait ce que cela signifiait en anglais, encore moins en arabe ; et Fayçal, souriant à travers les larmes que l'accueil de son peuple avait amenées à ses yeux, écarta la dépêche pour remercier en personne le Général Commandant en Chef de la confiance qui les avait faits, lui et son Mouvement, ce qu'ils étaient aujourd'hui. Ils offraient un étrange contraste : Fayçal, les yeux élargis, pâle et usé comme une belle dague ;

Allenby gigantesque, rouge et jovial, bon représentant du pays qui avait noué autour du monde une ceinture d'humour et de commerce vigoureux.

Après le départ de Fayçal, je fis à Allenby la dernière (et, aussi, je pense, la première) requête me concernant — je lui demandai la permission de m'en aller. Un instant il ne voulut rien entendre. Mais je raisonnai, lui rappelant la promesse qu'il m'avait faite une année auparavant et lui montrant combien la Loi Nouvelle s'établirait plus aisément dans ce pays sans l'irritation de ma présence. À la fin il céda ; et aussitôt je sus à quel point j'étais triste.

Damas, quand je débarquai en Arabie, ne semblait pas un fourreau pour mon épée. Mais sa prise me révéla la mort des motifs principaux qui m'avaient fait agir. Le plus puissant, d'un bout à l'autre, avait été un motif personnel, que je n'ai pas mentionné dans ce livre, mais qui me fut présent, je pense, chaque heure de ces deux années. Les douleurs et les joies de l'action pouvaient jaillir comme des tours parmi ces jours de lutte; mais, fluide comme l'air, cette poussée secrète, animation persistante, se reforma presque jusqu'à la fin. Ce motif-là était mort avant que nous eussions touché Damas.

Le plus fort ensuite avait été le désir combatif d'être vainqueur, accouplé à la conviction que, sans le secours arabe, l'Angleterre ne pouvait pas payer le prix de la victoire dans le secteur turc. Avec la chute de Damas prit fin la guerre orientale et, sans doute, toute la guerre.

Puis, une certaine curiosité m'avait poussé. Ayant lu, enfant, « Super flumina Babylonis *», j'en avais gardé le désir d'être un jour moi-même le centre d'un mouvement national. Nous prîmes Damas, et j'eus peur. Plus de trois jours de pouvoir arbitraire eussent bien vite éveillé en moi une racine d'autorité.*

Restait l'ambition historique, assez irréelle, comme motif distinct. J'avais rêvé dans la City School d'Oxford de forcer l'Asie, pendant mon existence, à prendre la forme nouvelle qu'inexorablement le temps poussait vers nous. La Mecque devait conduire à Damas; Damas, à l'Anatolie puis à Bagdad; enfin venait le Yémen. Illusions fantastiques, jugeront les hommes capables d'appeler mon début un effort ordinaire.

APPENDICE

Le tableau suivant de nos mouvements — ou plutôt de nos positions de bivouac — est extrait de mon journal-squelette. Le hasard, les préoccupations, la prudence ont déterminé quelques lacunes. Mon livre suit strictement l'ordre chronologique; mais néglige de nombreuses actions secondaires. Les dates données ici ne concordent pas parfaitement avec son texte. J'ai été aidé parfois par le souvenir d'une nuit de pleine lune ou de lune nouvelle : et j'ai préféré le souvenir au calendrier. Pour les noms arabes, j'ai adopté une orthographe quelconque afin de ne pas laisser croire que j'adhérais à un des « systèmes de transcription » existants.

Jan.	1 Nakhl Moubarak		27 *Hardinge*
	2 Nagb Dhifran		28 Le Caire, etc.
	3 Yanbo	Févr.	1 Suez
	14 *Suva*, etc.		4 *Arethusa*
	17 Bir Ouaheidi		6 Ouejh, etc.
	18 Semna		20 *Arethuse*
	19 Harrat Gelib		22 Le Caire, etc.
	20 Ouadi Dhulm	Mars	2 *Lama*
	21 Abou Zereibat		3 Ouejh, etc.
	23 Kurna		10 Seil Arja
	24 Habban		11 Abou Zereibat
	25 Ouejh		12 Ouadi Kitan

13 Ouadi Gara
14 Ouadi Tleih
15 Abou Markha
26 Ouadi Serum
27 Ouadi Meseij
28 El Djourf
29 Aba et Naam
30 Ouadi Turaa
31 Bir el Amri
Avril 1 Abou Markha
3 Magrah el Semn
4 El Fershah
5 Km. 1121
6 El Fershah
7 Bir-el-Amri
8 Abou Markha
10 Ouadi Geraia
11 Ouadi Hamdh
14 Ouejh
27 Magrab Raal
28 Ouadi Hamdh
Mai 1 Mellaha, etc.
3 Ouejh
6 Ouadi Hamdh
7 Ouedj
9 Kalaat el Zereib
10 El Kurr
12 Ouadi Arnoua
13 Abou Saad
14 Abou Raga
17 El Shegg
18 Ouadi Aish
19 Dizaad
20 Ouadi Abu Arad
21 Bir Fejr
22 Khabrat Ajaj
23 El Jaala
24 Kaseim Arfaja
25 Arfaja
26 Maiseri
27 Isawiya
30 Abou Tarfeiyat
Juin 1 Ouadi Bair
2 Ageila
3 Nebk, etc.
19 El Ouagf
20 Bair
21 El Ghadaf
22 Ouadi Mishnag
23 Hemme
24 Minifir
25 Ifdein
26 Dhaba
27 Ouadi Maghara
28 Bair
29 Rijt-el-Herar
30 El Djefer
Juillet 1 Km. 479
2 Foueilah
3 Nagb-el-Shtar
4 Gouiéra
5 Ouadi Yitm
6 Akaba
7 Bir Mohammed
8 Sudr Heidan
9 Suez
10 Le Caire
12 Alexandrie
13 Le Caire, etc.
15 Alexandrie
16 Le Caire
17 *Dufferin*
19 Djeddah
20 *Dufferin*
22 Djiddah
Août 1 Djiddah
2 *Hardinge*
4 Ouadi Itm, etc.
6 *Hardinge*
7 Le Cair
14 Alexandrie
16 *Hardinge*
17 Akaba, etc.
21 Kuntilla

22 Akaba, etc.
Sept. 7 Ouadi Itm
8 Ouadi Medeifein
9 Gouiéra
10 Hesma
11 Roum
12 Akaba
13 Roum, etc.
16 Ouadi Dumna
17 Mudowwara
18 Km. 587
19 Mudowwara
20 Roum
21 Itm el Imran
22 Akaba
26 Ouadi Itm
27 Hawara
28 Roum, etc.
Oct. 1 Ouadi Hafir
2 Batra
3 Shedia
4 Km. 489
5 El Kasr
6 Imsbash Hesma
7 Roum
8 Ouadi Itm
9 Akaba
11 Suez
12 Kelab
13 Ismailia
14 Suez
15 Akaba, etc.
24 Ouadi Itm
25 Roum
26 Ouadi Hafir
27 Shedia
28 El Djefer, etc.
30 Shegg
31 Bair Nov.
1 Ouadi Dhiroua
2 Ammri
3 Ain-el-Beidha
4 Hamad
5 Kseir'Hallabat
6 Ghadir Abyadh
7 Tell el Shabah
8 Abou Saouana
9 Minifir
Il Abou Saouana
12 Azrak, etc.
23 Ouadi Boutm
24 Bair
25 Djefer
26 Akaba
30 Ouadi Itm
Déc. 1 Ouadi Haouara
2 Ouadi Itm
3 Akaba
8 Kantara
9 Gaza
10 Suafa
11 G.H.Q., etc.
12 Gaza
13 Le Caire
21 Suez, etc.
25 Akaba
26 Gouiéra
27 Abou Saouana
28 Akaba
29 Gouiéra
30 Ramleh
31 Tell el Shahm

1918

Jan.	1	Abou Tarfeiyat
	2	Akaba, etc.
	10	Ouadi Itm
	11	Gouiéra
	15	Nagb Shtar
	16	Aba-el-Lissan
	18	Ouadi Musa
	19	Shobek
	20	Tafileh, etc.
	28	Mezra, etc.
Févr.	4	Odroh
	5	Gouiéra
	8	Khabr-el-Abid
	9	Basta
	10	Shobek
	11	Tafileh, etc.
	13	Bouseira
	14	Ghor-el-Safi
	16	Ouadi Dhahal
	17	Seil Hesa
	18	Hesban, etc.
	19	Tafileh
	20	Ouadi Araba
	21	Beersheba
	22	Ramleh, etc.
	27	Jérusalem
	28	Rafa
Mars	1	Le Caire
	4	Akaba
	6	*Borulos*
	8	Le Caire
	12	Suez
	13	*Borulos*
	15	Akaba
	16	Gouiéra
	17	Akaba
	18	Nagb Shtar
	19	Shobek
	20	Sadaka
	21	Akaba, etc.
	30	Gouiéra
Avril	1	Khabr-el-Abid
	2	Aba-el-Lissan
	3	Aneyza
	4	Ouadi-el-Jinz
	5	Ouadi-el-Hafir
	11	Djourf-el-Deraouish
	12	Odroh
	13	Gouiéra
	14	Ouaheida
	18	Retm
	19	Shahm
	20	Ramleh
	21	Disi
	22	Aba-el-Lissan
	23	Ouaheida
	25	Aba-el-Lissan
	27	*Arethusa*
	29	Le Caire
Mai	1	Sinaï
	2	G.H.Q.
	3	Jérusalem
	4	Aba-el-Lissan
	5	G.H.Q.
	6	Sinaï
	7	Le Caire
	14	Sinaï
	15	G.H.Q.
	16	Ouadi Hafira
	17	Le Caire
	19	*Imogen*
	21	Akaba
	22	Aba-el-Lissan
	23	Akaba
	24	Disi
	25	Mudowwara
	26	Akaba
	27	Aba-el-Lissan
	28	Fagair

	29	Towani
	30	Hesa, etc.
Juin	1	Sultani
	2	Oum-el-Rusas
	5	Themed
	6	Ouadi Mojeb
	7	Djourf
	8	Aba-el-Lissan
	10	*Arethusa*
	12	Suez
	13	Le Caire
	15	Alexandrie
	17	Le Caire
	18	Sinaï
	19	G.H.Q.
	20	Le Caire
	21	*Mansurah*
	25	Djiddah
Juillet	1	*Mansurah*
	3	Ouejh
	4	*Mansurah*
	6	Le Caire
	8	Alexandrie
	9	Le Caire
	11	Palestine
	13	Le Caire
	26	*Borulos*
	28	Akaba
	29	Aba-el-Lissan
	31	Akaba
Août	1	Akaba
	2	Ouadi Itm
	3	Ouadi Nejd
	4	Roum
	5	Akaba
	6	Aba-el-Heiran
	7	Akaba
	8	Aba-el-Lissan
	11	Djefer
	12	Oum Kharoug
	13	Amri, etc.
	15	Bair
	17	El Hadi
	18	Ouadi Ghadaf
	19	El Umdeisisat
	20	Muaggar
	21	Kusair-el-Amr
	22	Azrak
	23	Ammari
	24	Oum Kharoug
	25	Thlaithukhwat
	26	Aba-el-Lissan
Sept.	1	Aba-el-Lissan
	5	Bair
	6	Azrak, etc.
	13	Gian Khunna
	14	Oumtayé, etc.
	16	Mezerib
	17	Nasib
	18	Oumtayé
	19	Ifdein
	20	Azrak
	21	Ramleh
	22	Oum-el-Sourab
	24	Oumtayé
	25	Nueime
	26	Sheikh Miskin
	27	Sheikh Saad
	28	Deraa
	30	Kissoué
Oct.	1	Damas
	4	Kuneitra
	5	Sebaste
	6	Ramleh
	7	Sinaï
	8	Le Caire

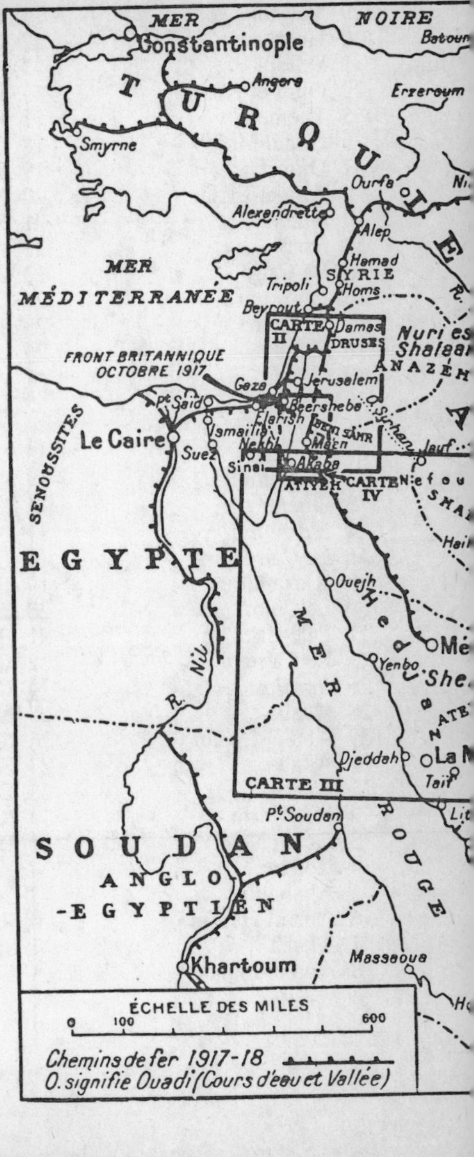

MER
NOIRE
Constantinople
Batoum
Angora
Erzeroum
TURQUIE
Smyrne
Ourfa
Alexandrette
Alep
Hamad
SYRIE
MER
MÉDITERRANÉE
Tripoli
Homs
Beyrout
CARTE II
Damas
DRUSES
Nuri es Shalaan
ANAZEH
FRONT BRITANNIQUE OCTOBRE 1917
Gaza
Jerusalem
Pt Said
Beersheba
El arish
SENOUSSITES
Le Caire
Ismailia
BENI SAKHR
Nekhl
Maan
Jauf
Suez
Sinai
Akaba
ATTYEH
CARTE IV
EGYPTE
Ouejh
Hedjaz
MER ROUGE
R. Nil
Yenbo
Djeddah
CARTE III
Taïf
Pt Soudan
SOUDAN
ANGLO-EGYPTIEN
Khartoum
Massaoua
ÉCHELLE DES MILES
0
100
600
Chemins de fer 1917-18
O. signifie Ouadi (Cours d'eau et Vallée)

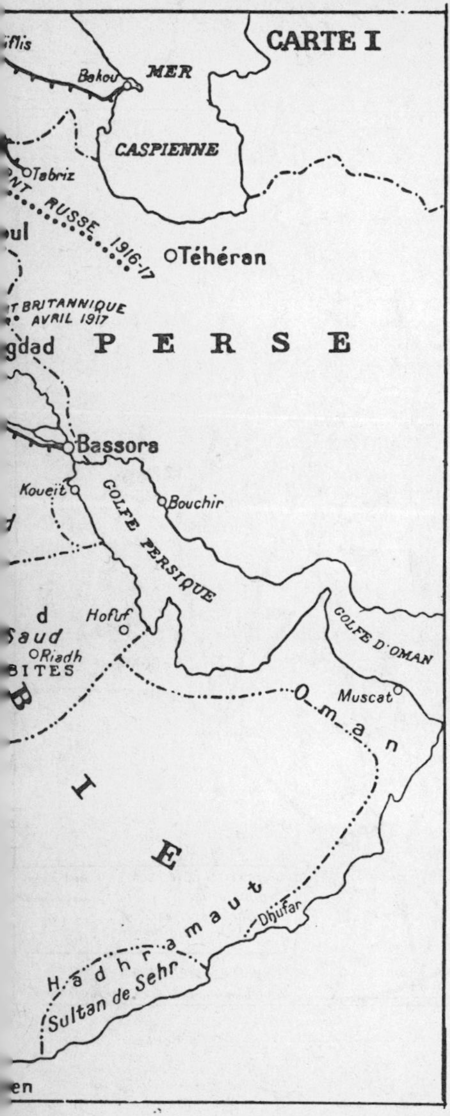
CARTE I
iflis
Bakou
MER
CASPIENNE
Tabriz
RUSSE
1916-17
Téhéran
BRITANNIQUE
AVRIL 1917
gdad
P E R S E
Bassora
Koueït
Bouchir
GOLFE PERSIQUE
GOLFE D'OMAN
Hofuf
Saud
Riadh
BITES
Muscat
O m a n
I
E
Dhufar
H a d h r a m a u t
Sultan de Sehr
en

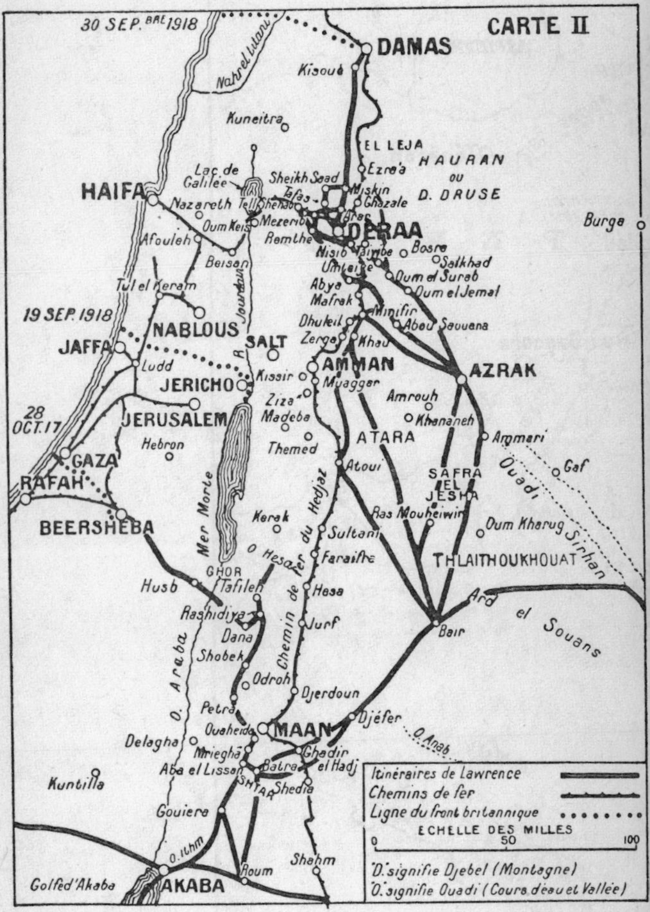

CARTE II
30 SEP.BRE 1918
Nahr el Litani
DAMAS
Kisoué
Kuneitra
EL LEJA
HAURAN
ou
D. DRUSE
Ezra'a
Lac de Galilée
Sheikh Saad
Miskin
Tafas
Ghazale
HAIFA
Nazareth
Tell Shehab
Mezerib
Oum Keis
Remthe
DERAA
Burga
Afouleh
Beisan
Nisib
Taïybe
Bosra
Salkhad
Oum el Surab
Oum el Jemal
Tul el Keram
Abya
Mafrak
Minifir
19 SEP. 1918
Dhuleil
Abou Saouana
NABLOUS
Jourdain
JAFFA
SALT
Zerqa
Khau
AMMAN
AZRAK
Ludd
JERICHO
Kissir
Muaggar
Amrouh
Ziza
28 OCT. 17
JERUSALEM
Madeba
Khananeh
ATARA
Ammari
Hebron
Themed
GAZA
Atoui
SAFRA EL JESHA
Gaf
RAFAH
Ouadi Sirhan
Mer Morte
Chemin de fer du Hedjaz
Ras Mouheiwir
BEERSHEBA
Kerak
Oum Kharug
Sultani
O. Hesa
Faraifra
THLAITHOUKHOUAT
GHOR
Husb
Tafileh
Hesa
Ard el Souans
Rashidiya
Jurf
Bair
Dana
O. Araba
Shobek
Odroh
Djerdoun
Petra
Djéfer
Ouaheida
MAAN
O. Anab
Delagha
Mriegha
Ghadir el Hadj
Aba el Lissan
Batra
SHTAR
Shedia
Kuntilla
Gouiera
O. Ithm
Shahm
Roum
Golfe d'Akaba
AKABA
Itinéraires de Lawrence
Chemins de fer
Ligne du front britannique
ECHELLE DES MILLES
0
50
100
"D." signifie Djebel (Montagne)
"O." signifie Ouadi (Cours d'eau et Vallée)

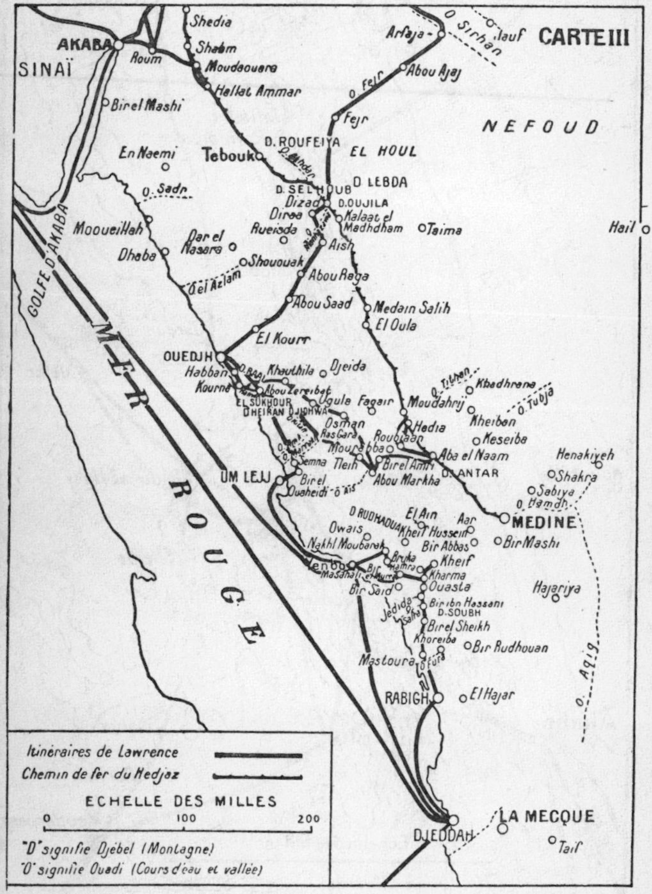
CARTE III
AKABA
SINAÏ
Roum
Shedia
Shahm
Moudaouara
Hallat Ammar
Bir el Mashi
En Naemi
Tebouk
D. ROUFEIYA
EL HOUL
NEFOUD
Arfaja
O. Sirhan
Jauf
Abou Ajaj
O. Fejr
Fejr
D. SELHOUB
D. LEBDA
Dizad
D. OUJILA
Diraa
Kalaat el Madhdham
Rueisda
Taima
Hail
O. Sadr
Mooueilah
Dar el Hasara
Dhaba
Shououak
Aish
O. el Azlam
Abou Raga
Abou Saad
Medain Salih
El Oula
El Kourr
GOLFE D'AKABA
OUEDJH
Habban
Kourna
Khauthila
Djeida
Abou Zereibat
EL SUKHOUR
DHEIRAN DJIDHWA
Ugula
Fagair
Moudahrij
Khadhrana
O. Tubja
Kheiban
Hadia
Osman
Ras Gara
Roubiaan
Keseiba
Mourabba
Aba el Naam
Henakiyeh
Semna
Tleih
Bir el Amri
D. ANTAR
Shakra
UM LEJJ
Bir el Ouaheidi
O. Ais
Abou Markha
Sabiya
O. Hamdh
MER ROUGE
D. RUDHAOUA
El Ain
Owais
Kheif Hussein
Aar
MEDINE
Bir Mashi
Nakhl Moubarak
Bir Abbas
Bruka
Hamra
Kheif
Masahali
Kharma
Bir Said
Ouasta
Hajariya
Jedida
Bir ibn Hassani
D. SOUBH
Bir el Sheikh
Khoreiba
Bir Rudhouan
Mastoura
O. Fura
O. Agig
RABIGH
El Hajar
LA MECQUE
DJEDDAH
Taif
Itinéraires de Lawrence
Chemin de fer du Hedjaz
ECHELLE DES MILLES
0
100
200
"D" signifie Djébel (Montagne)
"O" signifie Ouadi (Cours d'eau et vallée)

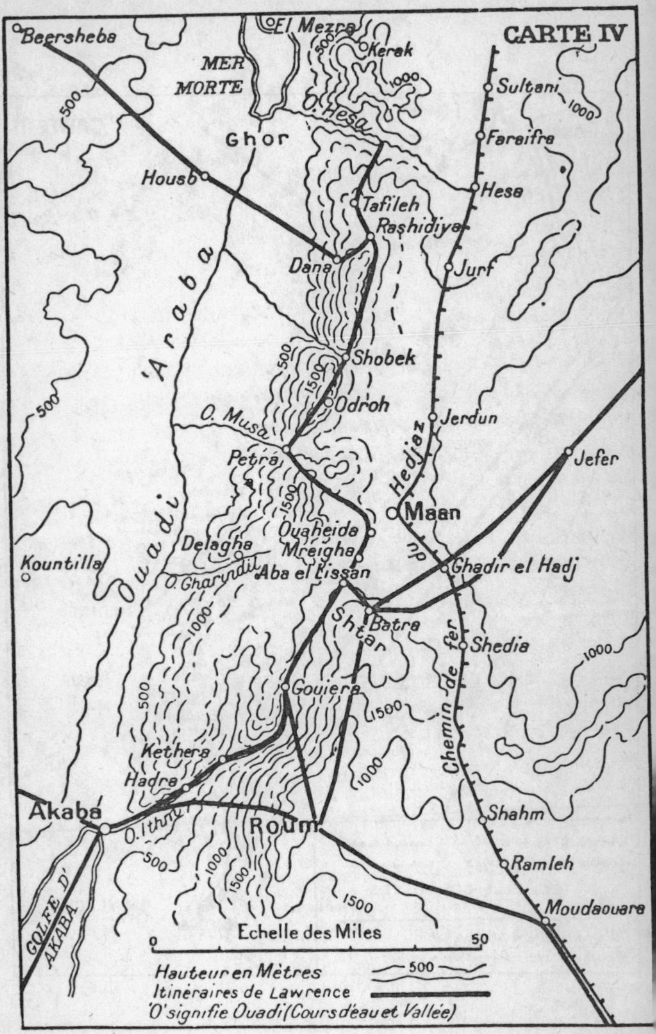
CARTE IV
Beersheba
El Mezra
Kerak
MER
MORTE
O. Hesa
Ghor
Sultani
Fareifra
Hesa
Housb
Tafileh
Rashidiya
Dana
Jurf
'Araba
Shobek
Odroh
O. Musa
Jerdun
Jefer
Petra
Hedjaz
Maan
Ouadi
Ouaheida
Mreigha
Delagha
Kountilla
O. Gharundil
Aba el Lissan
Ghadir el Hadj
du
Batra
Shtar
Shedia
Gouiera
Chemin de fer
Kethera
Hadra
Akaba
O. Ithm
Roum
Shahm
Ramleh
Moudaouara
GOLFE D' AKABA
Echelle des Miles
0
50
Hauteur en Mètres
Itinéraires de Lawrence
'O' signifie Ouadi (Cours d'eau et Vallée)

Petite Bibliothèque Payot

Guy Achard, La communication à Rome / **211**
Alfred Adler, Connaissance de l'homme / **26**
Alfred Adler, Le sens de la vie / **47**
Alfred Adler, Le tempérament nerveux / **84**
Alfred Adler, L'enfant difficile / **122**
Alfred Adler, L'éducation des enfants / **390**
Ernest Aeppli, Les rêves et leur interprétation / **64**
Giorgio Agamben, Enfance et histoire / **387**
Régis Airault, Fous de l'Inde / **437**
Franz Alexander, La médecine psychosomatique / **426**
Alexandrian, Histoire de la philosophie occulte / **205**
Alexandrian, Histoire de la littérature érotique / **230**
René Alleau, De la nature des symboles / **319**
Anne Ancelin-Schutzenberger, Le psychodrame / **394**
Jacques André, Être médecin à Rome / **256**
Gérard Apfeldorfer, Je mange, donc je suis / **140**
Hannah Arendt, Politique et pensée / **289**
Jean-Paul Aron, Le mangeur du XIXe siècle / **8**
Paul-Laurent Assoun, Freud et la femme / **219**
Piera Aulagnier, Un interprète en quête de sens / **43**
Pierre Avril, Essais sur les partis politiques / **41**
David Bakan, Freud et la tradition mystique juive / **395**
Michael Balint, Le défaut fondamental / **44**
Michael Balint, Les voies de la régression / **383**
Ilse Barande, Ferenczi / **270**
Jean-Pierre Barou, L'œil pense / **283**
Blandine Barret-Kriegel, L'État et les esclaves / **4**
Charles Baudouin, L'œuvre de Jung / **133**
Jean Bayet, La religion romaine / **360**
Walter Benjamin, Charles Baudelaire / **39**
Pierre Benoit, Le langage de la maladie / **318**
Edmund Bergler, La névrose de base / **382**
Edmund Bergler, Les parents ne sont pas responsables des névroses de leurs enfants / **399**
Eric Berne, Analyse transactionnelle et psychothérapie / **37**
Roger Beteille, La chemise fendue / **288**

Alfred Binet, Le fétichisme dans l'amour / **393**
Sarah Blaffer Hrdy, La femme qui n'évoluait jamais / **425**
Ernst Bloch, La philosophie de la Renaissance / **201**
Philippe Boulu, La dynamique du cerveau / **124**
François Boureau, Contrôlez votre douleur / **60**
Jean Bourguignon/Charles Houin, Vie d'Arthur Rimbaud / **172**
Régis Boyer, La saga de saint Óláf / **77**
T. Berry Brazelton, Écoutez votre enfant / **74**
T. Berry Brazelton, L'enfant et son médecin / **139**
Jacques Brosse, Mythologie des arbres / **161**
François Burgat, L'islamisme au Maghreb / **241**
Louis-Jean Calvet, Georges Brassens / **129**
Louis-Jean Calvet, Linguistique et colonialisme / **419**
Véronique Campion-Vincent/Jean-Bruno Renard,
Légendes urbaines / **338**
Henri Carré, Sully / **355**
Olivier Carré, Le nationalisme arabe / **285**
Bernard Cathelat, Publicité et société / **83**
Léonce Chaleil, La mémoire du village / **192**
Jean-Pierre Chartier, Introduction à la pensée freudienne / **162**
Jean-Pierre Chartier, Les parents martyrs / **163**
Roger Chartier, Pratiques de la lecture / **167**
Malek Chebel, L'esprit de sérail / **265**
Malek Chebel,
Le livre des séductions, *suivi de* Dix aphorismes sur l'amour / **284**
Malek Chebel, Psychanalyse des Mille et une nuits / **436**
Malek Chebel, La formation de l'identité politique / **331**
Léon Chertok, L'hypnose / **10**
Louis Chevalier, Juanito / **213**
Bernard Chevallier / Christophe Pincemaille,
L'impératrice Joséphine / **309**
Victor Chklovski, Le voyage de Marco Polo / **127**
Noam Chomsky, Le langage et la pensée / **31**
George Clare, Dernière valse à Vienne / **345**
Commission « Efficacité de l'État » du Xe Plan présidée par
François de Closets, Le pari de la responsabilité / **21**
A. Cohen, Le Talmud / **65**
Peter Collier / David Horowitz, Les Kennedy / **101**

Richard Evans, Entretiens avec Carl Gustav Jung / **427**
E. E. Evans-Pritchard,
Des théories sur la religion des primitifs / **414**
Christine Fauré,
Les déclarations des droits de l'homme de 1789 / **81**
Sandor Ferenczi, Thalassa / **112**
Thomas Ferenczi, L'invention du journalisme en France / **279**
Marc Ferro, Nicolas II / **62**
Marc Ferro, Comment on raconte l'histoire aux enfants / **82**
Moses I. Finley, Démocratie antique et démocratie moderne / **35**
James G. Frazer, Mythes sur l'origine du feu / **48**
Sigmund Freud,
Cinq leçons sur la psychanalyse, *suivi de* Contribution à l'histoire du mouvement psychanalytique / **1**
Sigmund Freud, Totem et tabou / **9**
Sigmund Freud, Psychopathologie de la vie quotidienne / **11**
Sigmund Freud, Essais de psychanalyse / **15**
Sigmund Freud, Introduction à la psychanalyse / **16**
Sigmund Freud / William C. Bullitt,
Le Président T. W. Wilson. Portrait psychologique / **27**
Erich Fromm, Le langage oublié / **17**
Erich Fromm, Le cœur de l'homme / **68**
Albert Gabrieleff, Psychiatre de quartier / **367**
John Kenneth Galbraith, La crise économique de 1929 / **3**
Théodore H. Gaster, Les plus anciens contes de l'humanité / **369**
Philippe Gillet, Le goût et les mots / **144**
Eva-Marie Golder, Au seuil de l'inconscient / **381**
Albert Grenier, Les Gaulois / **202**
Pierre Grimal, L'amour à Rome / **231**
Mirko D. Grmek, Claude Bernard / **69**
Mirko D. Grmek, Histoire du sida / **236**
Béla Grumberger, Le narcissisme / **160**
Jean Guiloineau, Nelson Mandela / **190**
Christian Guyonvarc'h / Françoise Le Roux,
La civilisation celtique / **254**
Esther Harding, Les mystères de la femme / **407**
Michael J. Harner, Les Jivaros / **264**
Gisèle Harrus-Révidi, Psychanalyse de la gourmandise/ **314**
Jean Hatzfeld, Histoire de la Grèce ancienne / **226**

Rudolf Otto, Le sacré / **218**
Rudolf Otto, Mystique d'Orient et mystique d'Occident / **278**
Marc-Alain Ouaknin,
Concerto pour quatre consonnes sans voyelles / **186**
Marc-Alain Ouaknin, Méditations érotiques / **187**
André Parrot, L'archéologie / **303**
Willy Pasini, La qualité des sentiments / **243**
Willy Pasini, Éloge de l'intimité / **306**
Willy Pasini, Nourriture et amour / **335**
Michel Perrin, Le chemin des Indiens morts / **297**
Michel Pinçon / Monique Pinçon-Charlot, La chasse à courre / **269**
Danielle Porte, Le prêtre à Rome / **255**
Jean Poueigh, Le folklore des pays d'oc / **212**
Paul C. Racamier, Les schizophrènes / **32**
Otto Rank, Le traumatisme de la naissance / **22**
Otto Rank, Don Juan, suivi de Le double / **23**
Jean-Jacques Rassial, L'adolescent et le psychanalyste / **305**
Wilhelm Reich, Écoute, petit homme ! / **29**
Wilhelm Reich, Reich parle de Freud / **343**
Wilhelm Reich, La psychologie de masse du fascisme / **344**
Wilhelm Reich, L'éther, Dieu et le diable / **357**
Wilhelm Reich, L'irruption de la morale sexuelle / **358**
Wilhelm Reich, La superposition cosmique / **368**
Theodor Reik, Le besoin d'avouer / **325**
Claude Revault d'Allonnes, Être, faire, avoir un enfant / **182**
Emmanuel Ringelblum, Chronique du ghetto de Varsovie / **246**
François Rivenc, Introduction à la logique / **14**
Jean-Noël Robert, Les plaisirs à Rome / **197**
Marthe Robert,
La révolution psychanalytique. La vie et l'œuvre de Freud / **2**
Géza Róheim, La panique des dieux / **375**
Jean Ropars, Au pays d'Yvonne / **138**
Jean Ropars, L'amour de la terre / **233**
Marie Rouanet, Les enfants du bagne / **214**
Maximilien Rubel, Marx critique du marxisme / **377**
Bertrand Russel, La conquête du bonheur / **411**
Bertrand Russel, La méthode scientifique en philosophie / **423**
Catherine Salles, Lire à Rome / **196**
Catherine Salles, Les bas-fonds de l'Antiquité / **220**